汽车先进技术译丛 汽车创新与开发系列

混合系统、最优控制和混合动力车辆——理论、方法和应用

[德] 托马斯·J. 伯梅（Thomas J. Böhme）
本亚明·弗兰克（Benjamin Frank） 著
吉林大学汽车仿真与控制国家重点实验室 组译
李杰 王文竹 张初旭 曲婷 卢萍萍 译

机械工业出版社

本书描述了一种新方法，首次向汽车工程师展示了如何将混合动力汽车配置建模为具有离散和连续控制的系统。本书向读者展示了如何制定和解决满足多个目标的控制问题，这些目标可能是任意的、复杂的，并且对油耗、排放和驾驶性能产生相互矛盾的影响。本文向工程师，研究生和研究人员介绍了混合最优控制问题的理论。一系列新颖的算法开发为解决混合动力汽车领域日益复杂的工程问题提供了工具。在教科书和科技专著中很少发现真正相关的重要主题，包括对转换成本、离散决策的敏感性，以及对节油的影响等进行讨论，并得到实际应用的支持。这些证明了最佳混合动力控制在预测能源管理、先进的动力总成校准，以及在燃油经济性、最低排放量和最平稳驾驶性能方面优化车辆配置方面的贡献。处理诸如计算资源、简化和稳定性之类的数字问题，使读者能够评估这种复杂的系统。为了帮助工业工程师和管理人员进行项目决策，从要求，收益和风险方面提供了混合动力汽车控制中许多重要问题的解决方案。本书适合汽车行业工程师、车辆工程及控制工程专业师生阅读，也适合研究人员参考使用。

前　言

欧洲汽车的混合动力化应当是一种尝试，分别为满足区域 CO_2（二氧化碳）排放和污染物排放（CO、NOx、颗粒和总碳氢化合物）目标做出积极贡献。这导致学术界和产业界为此进行了大量研究和开发，以便使必要的技术更为成熟并应用到大批量的系列化生产中去。

本书的内容致力于优化混合动力乘用车，介绍最优控制和混合动力车辆设计（动力传动结构和部件尺寸）领域的最新成果。

作者的目的是通过对性能有重大影响的关键要素之一——能源管理进行研究，为混合动力车辆的最优控制领域提供完整的概述。本书基于数学角度编写，但是为了照顾到其他不同方面的读者，在平衡控制、优化和汽车技术主题的呈现方式付出了很多努力。本书对应用于最优控制领域的理论结果进行了阐述和评论，为读者提供更多的见解和证明，但是省略了一些对例外情况的证明。

理解本书内容的先决条件为：读者应当熟悉一般的动态系统，尤其是其在状态空间的表示，如标准本科控制课程所述的那样。特别是，读者应当在建模和模拟机械及电气系统方面已经获得一些经验。此外，读者应当对微积分有很好的理解，对泛函分析、优化和最优控制理论有一些基本的了解。

预期的读者

本书是为控制工程、汽车技术和应用数学领域的硕士生、研究人员和工程实践人员编写的，他们对利用混合提供的控制自由度进一步限制最低能耗的技术感兴趣。从实际角度而言，本书旨在吸引：

1）来自不同学科，希望在汽车行业从事控制技术研发工作，实现从理论到应用的转变的学生；

2）寻找求解大规模最优控制问题的一些非标准算法的应用数学家。

3）参与确定、开发或标定能源管理系统的工程师，以便进入不容易获得的优化和控制的数学领域，以及如何对系统进行适当建模的提示。

4）有兴趣了解如何在行业中具体规定和解决能源管理问题的研究人员。

5）在这个领域希望获得数学工具潜力灵感的行业管理者或决策者。

本书的一部分内容已经在罗斯托克大学和鲁尔波鸿大学讲授。在过去 5 年里，我们指导了许多大四学生。从学生那里收到的评论，对于本书主题的选择和准备是有益的。

本书的贡献

在实践中，能源管理问题可能很大，这意味着涉及控制、状态和时间的范围很大。这就强化了良好的优化候选者要满足的困难条件，本书提出了解决混合最优控制问题等的方案。

在实际应用中，混合动力车辆会遇到许多问题。第一种观点似乎不容易通过数学优化理论解决，主要是由于在问题求解中出现离散决策的困难，这给许多优化器带来相当大的困难。将底层系统重新考虑为混合系统，将控制问题重新考虑为混合最优控制问题，可以简化找到解决方案的方法。本书支持这种方法，给出一系列现实问题，并将其处理为混合系统的最优控制问题。

我们决定不使用特定的第三方非线性规划求解器，而是对著名的 SQP 算法进行修改，以便改善收敛性和数值稳定性；书中详细列出了一些经过充分验证的算法，以便使读者更深入地了解相关的实现方面，这对于评估第三方非线性规划软件包或自己编写软件代码是必不可少的；书中一个主要的贡献是提出一个基于稀疏拟 Newton 算法更新的稀疏 SQP 框架，以便解决许多控制、状态和离散点的离散化最优控制问题；我们将提出一种新的、非常有效和鲁棒的稀疏 SQP 算法，其将 Hessian 更新机制分解为许多小维度的子问题，但具有较少的数值缺陷。

据作者所知，市场上几乎没有一本书涵盖了获得最优能源管理相关阶段的完整内容，在数学意义上包括理论方面的讨论、算法实现的综合处理和各种不同的应用场景。实践人员的第一个障碍是许多信息和算法广泛分散在不同学科之间，这为进入这个领域产生最初的障碍。许多重要的算法，例如来自图论数学领域的算法，对于工程师或应用数学家而言都是不容易理解的。因此，开发用于大型混合动力车辆问题的高效算法是一项耗时且艰巨的任务。然而，我们的目的不是为所有可能的问题提供蓝图，这在目前是不可能的，而是鼓励读者使用本书提供的信息，包括引用的文献和提出的算法等，作为解决读者自己问题的基本工具。

本书没有涉及的内容

本书专门进行了时不变过程的描述，这意味着过程参数在整个时间内保持不变。具有时变参数的过程类型，例如电池老化问题，本书没有涉及。但是，所提出的算法可以作为适应这类问题的初始工具集。

本书的结构

本书采用模块化结构，分为六个部分：

1）第一部分：理论和表示。

2）第二部分：最优控制方法。

3）第三部分：数值实现。

4）第四部分：混合动力车辆控制建模。

5）第五部分：应用。

6）第六部分：附录。

如果读者希望直接描述获得最优控制问题数值解的方法，则可以跳过本书的第一部分。

第 1 章讨论了当今混合动力车辆设计和标定的挑战，以促进最优控制理论的使用。其给出一般问题陈述作为后续章节的方向，讨论混合动力车辆最重要的控制策略：能源管理及其算法的挑战。

第一部分为理论和表示，包括第 2 ~ 4 章。第 2 章回顾了非线性规划理论。提出广泛应用的序列二次规划用于约束非线性最小化问题的求解，这是最优控制问题求解的优化框架的基础。提出一种灵敏性分析的简洁处理方法，作为研究系统参数变化的工具。

第 3 章介绍了混合和切换系统的一般定义，讨论用常微分方程组描述动态过程混合最优控制问题的一些重要公式。本章重点是切换系统，这是混合系统的子类，只根据响应命令在子系统之间切换，这个子类已经涵盖了大量的技术问题。

第 4 章讨论了 Pontryagin 最小原理。书中的这个重要结果由经典的变分学入手进行了简要的探讨，Hamilton - Jacobi - Bellman 方法作为获得最优一阶必要条件的可选方法得到讨论。结果表明，两种方法在限制性假设下相互对应。最初的 Pontryagin 连续最优控制问题的最小原理不适用于混合最优控制问题。然而，混合最优控制问题的一个相当自然的重构是承认 Pontryagin 意义上的一阶必要条件演绎的经典理论，这种方法的魅力在于其可理解的推导。

第二部分为最优控制方法，包括第 5 ~ 8 章。这部分开始介绍离散化的重要主题，因为所有数值过程都依赖于数值积分方案。第 5 章呈现了著名的 Runge - Kutta 离散化，简要讨论了 Runge - Kutta 阶次的确定，给出一至四阶的阶条件，包括求解最优控制问题的附加条件。关于最优控制问题，只讨论满足伴随微分方程附加条件的显式和隐式 Runge - Kutta 离散化问题。

第 6 章应用 Hamilton - Jacobi - Bellman 原理引入动态规划算法。在许多情况下，动态规划是求解最优控制问题的一种有吸引力的方法。与更为间接的方法相比，该方法的理论基础比较容易理解。一般算法可以以简单的形式表示，易于应用于连续的最优控制问题，并且只需稍作修改也非常适合于切换最优控制问题。

第 7 章讨论了求解最优控制问题的间接方法。间接方法依赖于一阶必要条件，归纳为 Pontryagin 最小原理，尝试生成满足这些条件的控制和状态轨迹。对切换和混合系统的间接打靶方法进行了扩展，为低复杂度的系统提供了解决方案。

第 8 章从先离散和后优化两个方面考虑切换系统最优控制问题的算法开发。通常，这些方法称为直接方法。直接方法通过时间网格上的控制和状态函数的离散化，将原问题转换为非线性约束优化问题。这个过程称为最优控制问题的直接转换，是指通过有限维问题逼近无限维问题，并且利用非线性规划算法求解。

第三部分为数值实现，包括第 9 章。由直接转换方法描述的最优控制问题导致大规模的非线性规划问题，求解这类优化问题的一个合适的框架是序列二次规划。但是，为了有效实现 SQP 算法，考虑目标函数和约束函数的特殊性质和结构是至关重要的。这导致 Karush - Kuhn - Tucker（KKT）矩阵，其在子问题中出现稀疏。第 9 章讨论了有关矩阵结构确定、数值导数计算和稀疏拟 Newton 算法更新实现的技术。

第四部分为混合动力车辆控制建模，包括第 10 章。第 10 章呈现主要的混合动力车辆配置，包括所有相关的机电子系统。模型是在优化基础上推导的，在复杂性和光滑性方面施加额外的限制，将并联和功率分流混合动力车辆配置的几种不同深度的动力传动模型表示为混合系统。最简单的模型包括电气和机械子系统的表示，而最复杂的模型还包括内燃机和排气系统的详细热力学模型以及排放模型。

第五部分为应用，包括第 11 ~ 13 章。第 11 章处理了混合动力车辆的标定过程，如果没有系统的标定方法，这可能是烦琐的任务。因此，混合动力车辆的燃料最优问题转换为切换最优控制问题，应用动态规划、间接打靶方法和直接方法求解。为标定过程以及改善车辆性能的新功能方法开发导出控制参数，而将最优控制问题的解转换为电子控制单元标定参数的步骤是非常重要的。结果表明，基于规则的能源管理的控制数据表，可以直接由解获得，从而显著缩短高质量标定所需的时间。

第 12 章提出了最优控制理论新的功能方法。最小化车轮到仪表能量损失的预测能量管理是新的功能候选者。针对纯电动车辆、全混合动力车辆和插电式混合动力车辆，讨论三种不同的预测控制策略，使得（切换）最优控制问题的解可以通过电子控制单元实时实现。如果驾驶路径的分布是已知的，这是唯一可行的，基于现代导航系统数据的预测对这种分布进行估计。结果表明，能量管理的预测控制策略在实际测试中可以显著节省燃料。

旨在寻求高效混合动力系统配置的工程师，可以从多目标优化和最优控制方法的无缝交互中获益。第 13 章讨论了固定并联混合动力传动结构的设计参数和能量管理的同步优化。

德国，吉夫霍德

2016 年 9 月

Thomas J. Böhme

Benjamin Frank

致谢

我们要感谢如下各位教授：Bernhard Lampe 博士、来自 University of Rostock 的 Torsten Jeinsch 博士、来自 Helmut Schmidt University of Hamburg 的 Kemal Yildiztekin 博士和 Technical University of Hamburg – Harburg 的 Leo Dostal 博士，他们的关注、建议和非常有价值的评论，消除了本书的一些错误，真正提高了本书的质量。感谢许多学生，他们在过去几年里参与了这个研究项目。我们还要感谢机电一体化汽油发动机部门经理 Matthias Schultalbers，是他使本书第一时间出版成为可能。最后，但同样重要的是，非常感谢家人在过去几年里的鼓励和支持。

目　录

第二部分　最优控制方法

第三部分　数值实现

第四部分　混合动力车辆控制建模

第五部分　应用

第1章　绪　论

1.1　动机、挑战和目标

由于生产成本下降和生活水平提高，自从社会上大部分人拥有个人交通工具以来，汽车出行已经成为人们生活中固有的一部分，汽车行业以及相应的行业对经济和生态都有重大影响。在世界范围内，车辆数量正在稳步增长，这导致严重的环境问题。全球约19%的二氧化碳（CO_2）排放来自于乘用车和货车[28]。

在许多地方，污染物排放（碳氢化合物、颗粒物和许多其他物质）危及了人们的健康和生活质量，尤其是生活在大城市地区；在全球范围内，即使是看似无害燃烧产物，如CO_2的排放，也构成我们这个时代最大的挑战之一，即全球变暖。考虑到这一点，减少造成全球变暖的CO_2排放和其他温室气体（GHG）排放是我们这个时代的主要挑战之一，因此成为世界大部分地区立法的一部分。全世界都已经认识到，将全球平均温度上升限制在2℃是一个核心的气候目标[30]。因此，欧盟已经做出大量努力，将汽车CO_2排放目标从2015年的130g/km提高到2020年的95g/km。

另一方面，过去几十年的低油价和个人移动出行的需求随着舒适性和动力性的增加而增加，导致对优化汽车燃料经济性的兴趣减少，纯电动汽车（BEV）目前被视为激发新车辆技术热情的一种方式。BEV能够在零排放的情况下行驶，同时增加动力性，用于推动车辆而不会对环境产生影响。如果用于驱动的电能可以来自于可再生能源，则这种车辆技术是减少全球变暖的一种有前景的方法。然而，BEV的最大挑战仍然是电能的储存。现代电池的效率和容量都得到了显著改善，但是还不能满足续驶距离的需要。当今车辆的最小续驶距离为500km，见Tanaka等的文献[68]。与传统内燃机车辆相比，具有几百千克额外质量的电池包是必需的。如果重复深度放电，电池容量至少需要75kW·h，如Tanaka等所述[68]。

具有商业竞争力的BEV的前景在很大程度上取决于电池成本。有人说，商业化点是成本突破150USD/kW·h[47]。然而，估计当前和未来的电池成本并不是一项简单的任务。在文献中，存在许多不同的成本估算，因为其取决于电池化学和电池应用。值得注意的是 Dinger 等[17]、Nykvist 和 Nilsson 的成本估算[47]。Dinger 等[17]曾估计，2010 年汽车锂离子电池包的成本为 1100USD/kW · h。即使整个行业估计锂离子技术的高容量电池价格约为 410USD/kW · h[47]，市场领先制造商的价格为 300USD/kW · h，每个车辆单是电池的成本就高达 30750 ~ 22500USD，这还是太昂贵了。因此，为了使近期的 BEV 能够负担得起，最近发布的车型都具有更短的行驶里程。尽管提高了电池的性能，电池仍然是能源密集型制造产品，使用的材料也对环境有害。这当然是一个很大的缺点，可能在设计过程中被视为原始的负面能量偏移。

然而，尽管存在问题，电池仍然是非常有效的“中期”能量存储设备。在与至少一个电能转换器的联合使用中，其潜力表现是正面的，易于被增加到具有内燃机和燃料箱的传统动力传动装置中。这样的动力传动装置构成混合动力电动车辆（HEV)。如果电池可以从外部电网充电，则这种混合动力车辆就称为插电式混合动力电动车辆（PHEV)。

通常，将混合动力车辆视为 BEV 的过渡技术。它们的动力传动设置提供了额外的自由度，可以用于降低燃料消耗和至少避免部分局部排放，同时显著延长 BEV 的续驶里程。

对于汽车制造商来说，PHEV/BEV 市场非常重要。尽管乘用车数量不断增加，但是有一些迹象表明，整个汽车市场将在未来停滞甚至萎缩。因此，带上绿色经济标签进入这个市场，肯定是具有战略意义的。调查表明，PHEV 和 BEV 存在着相当大的市场[68, 69]，如图 1.1 所示。

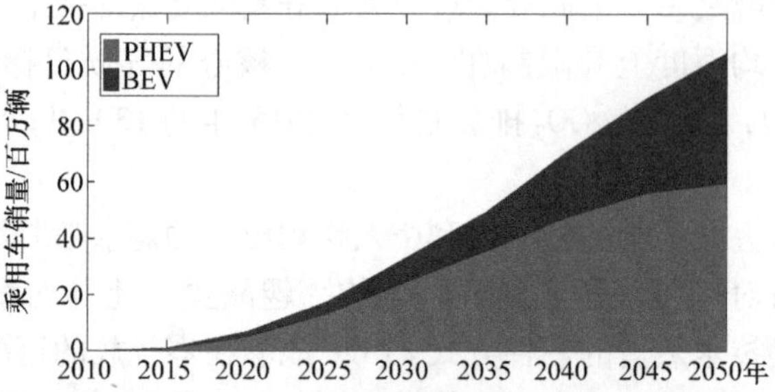

图 1.1　蓝图场景中全球 BEV 和 PHEV 的年度销量[68]，假设车辆型号正在稳步增长，BEV 的平均全电动行驶距离为 150km，PHEV 的最小全电动行驶距离为 40km

为了实现这一雄心勃勃的目标，重要的是所有著名的汽车制造商都提供了稳定增长的 PHEV/BEV 类型，以满足各种客户的关注，如续驶里程、能源效率、购置成本、运营成本、噪声污染和环境友好的生产。对于 PHEV，还必须满足每个国家的特定认证要求，如温室气体排放、氮氧化物排放和细颗粒物排放。当然，在很大程度上这也取决于客户的行为变化，以减少能源使用和信任这些技术。然而，低碳电力在能源结构中的份额等政治举措所控制的因素也起着重要作用。

为了应对这一巨大挑战，必须在未来几年内开发具有吸引力和高效的混合动力传动技术。这将导致混合动力传动系统布局中的部件数量不可避免地增加。然后，启发式方法在性能上很快会受到限制。为了推动这一巨大挑战，本文的主要目标是引入动力传动部件的数学模型和大规模最优控制优化方法，使工程师和科学家可以系统地分析和最小化车辆的能源消耗。

1.2 车辆设计方面

在车辆的设计和标定开始之前，通常可以在技术规格书中找到以下目标：

1）减少货币能源成本，如燃料和电能消耗的混合。

2）最小化 CO_2。

3）最小化氮氧化物（NO_x）。

4）进一步最小化温室气体排放。

5）提高驾驶舒适性和性能。

各国监管机构规定了 CO_2、NO_x 和其他温室气体排放等设计目标，而货币能源成本、驾驶性能和舒适性目标则由客户的期望形成。

不幸的是，这些设计目标是矛盾的，因为高驾驶性能不会导致低燃料消耗或低排放，在相同的运行条件下也不会实现能耗最小值。这迫使工程师在设计过程中进行权衡，自然会导致多目标问题，如图1.2所示。

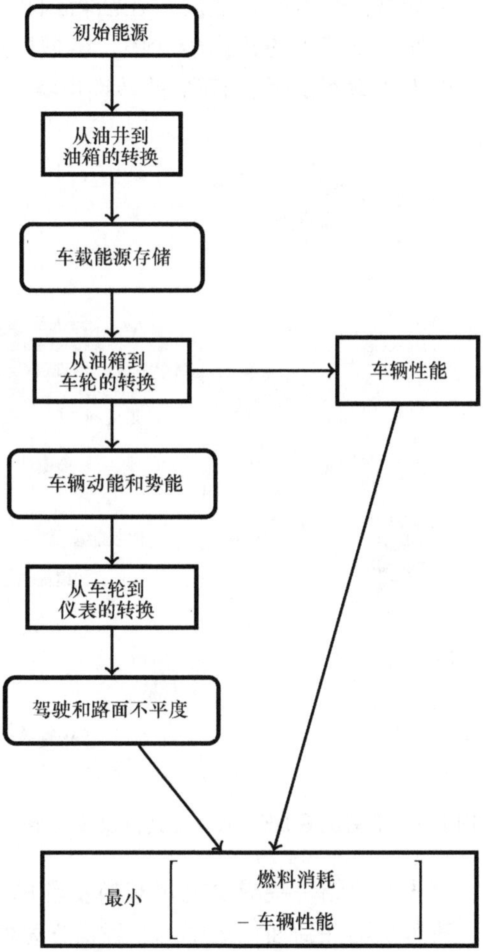

图1.2 多目标车辆设计的要素

从初始能源到覆盖距离的链条以能量阶段的效率为特征，这将在下节讨论。在问题的讨论中当然可以包括更多的目标，额外的设计目标可以是减少部件磨损、减少部件老化以及在生产过程中降低能源成本。

1.2.1 能量转换阶段

在车辆设计的现代视角中，将整个能量流分解为三个能量转换步骤。这样的过程描述包括所有损耗在内的完整能量演变，从初始能源开始到驱动仪表。

1）油井到油箱。

2）油箱到车轮。

3）车轮到仪表。

在油井到油箱的转换步骤中，将初始能源转化为能源载体，例如前者为化石碳氢化合物、可再生能源和铀等，后者为炼油厂和发电厂等，产品必须适用于车载存储，例如汽油和电能。然后，在油箱到车轮的转换步骤中，车载能量转换成机械能。在车轮到仪表的转换步骤中，机械能通过存储转换为车辆运动中的动能和势能。图 1.3 举例说明了 HEV 的转换步骤。

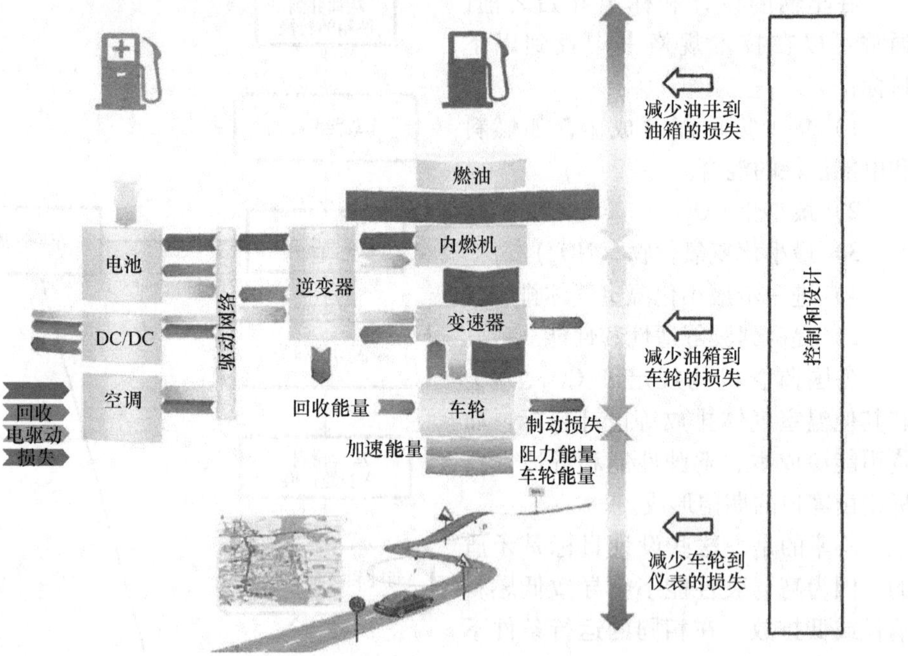

图 1.3　举例说明 HEV 从油井到仪表转换步骤以及最小化其损失的控制和设计过程的目的

首先，介绍一些减少能量转换步骤的重要行动。对于所有基于燃烧的动力传动，改善从油井到油箱效率的一般措施是使用燃烧时产生较少 CO_2 的燃料。使用电池单元提供牵引力的车辆可以在提高充电器效率中获益，PHEV 和 BEV 只能在电池供电的情况下行驶一段距离，这个距离表示为全电里程（AER）。在这种运行模式下，车辆不进行任何废气排放。但这些车辆只是在使用中实现了零排放，然而，在全球范围内，废气排放取决于煤炭、核能和可再生能源发电厂提供的能源组合。为了使这些汽车与具有传统动力传动的汽车竞争，重要的是将电网电力中的 CO_2 贡献降低到低于燃烧化石燃料的传统汽车的排放水平，这个目标称为低碳电力。

我们对改进由油箱到车轮转换的措施进行了很好的研究，包括发动机平均峰值效率的提高、发动机有效工作平均压力的增加和电动机/发电机效率的提高等。使用适当的动力传动部件也起着重要的作用，而且仍然是一个要求很高的主题。在减少燃料消耗和 CO_2 排放方面，PHEV 是一种潜在的重要技术，因为它可以在每次充电后依靠电力运行一定的距离，具体取决于电池的储能容量——通常预计在 20 ~ 80km 之间。例如，在欧洲，50% 的行程小于 10km，80% 的行程每天不到 25km[68]。如今，BEV 设计的全电动续驶里程约为 200km。这两项技术已经促使世界上许多国家推广这些车型，所有已知部署目标的国家的总计目标是到 2020 年底销售 720 万辆 PHEV/BEV [69]。例如，德国政府启动了一项庞大的电动汽车发展规划，以便增加德国道路上的 BEV 数量。

与传统的动力传动车辆相比，BEV 的一个重要优点是驱动电机的效率非常高和成本相对较低。BEV 的缺点是：

1）动力电池昂贵，易受温度影响，与化石能源载体（例如汽油）相比，它们的能量密度小。

2）在没有电网的地区，驾驶员对由于电池电量意外耗尽而突然停车的担忧较高。

3）与加油相比，充电时间更长。

对于汽车制造商及其供应商而言，这些问题仍然是说服潜在客户的挑战性问题。出于安全原因，为了保证最小可接受的续驶里程和峰值功率，电池容量都是过大的，远大于 PHEV 的电池容量。这揭示了根据客户预期的驾驶习惯进行部件大小适当调整的问题。

在很大程度上，车轮到仪表的能量转换取决于车辆遵循的驱动分布情况。在能源效率方面，在许多情况下，降低车速以获得更高的每千米能源效率是有益的。如 Boehme 等，可以通过优化推荐目标速度的过程产生较低的车速轨迹[11]。这种生态驱动技术可以是驾驶辅助系统的结果，如自适应巡航控制[34]。这种系统的一个挑战是提供让驾驶员们感到舒适和安全的建议[15]，这同样适用于产生耗能较少的加速度分布。这些方法通常用于自动限制车辆的牵引力，但是在紧急情况下，必须提供全部动力。

在智能交通控制领域，已经开展了许多研究活动。如 Liu 等所报道的，这样的系统可以控制交通流和交通密度，以达到总时间、制动和停止时间、排放等的最小值[43]。

能量消耗还取决于道路状况，也取决于道路坡度 $\alpha(\cdot)$。这就激发了选择能源要求较低路线的灵感，通过避开山路或丘陵道路节能。预测能量管理策略[3,58]利用现有可用的地理信息系统，可以显著降低能量消耗。在这方面，第 12 章给出了一些预测控制策略，以最小化油箱到车轮/油箱到仪表的能源消耗。

以下设计参数将进一步影响车轮到仪表的效率。通过应用具有较低滚动摩擦系数的车轮，可以实现降低滚动阻力。该系数随着车速呈非线性增加，并且很大程度上取决于轮胎压力。发动机小型化可以导致更小的发动机惯性，混合动力传动中使用的一些发动机完全没有双质量飞轮，但要求电动机/发电机必须连接到发动机上，发动机才能怠速运行。使用铝空间框架或碳纤维增强复合材料的轻型车辆构造方法是较为普便的方法，可以降低车辆的总质量。遗憾的是，来自带电部件的质量，如电动机/发电机或高压电池，对车辆的总质量具有负面影响。如果部件设计不合理，甚至尺寸过大，则尤其令人痛苦。图 1.4 举例说明具有和不具有能量回收装置的车辆。

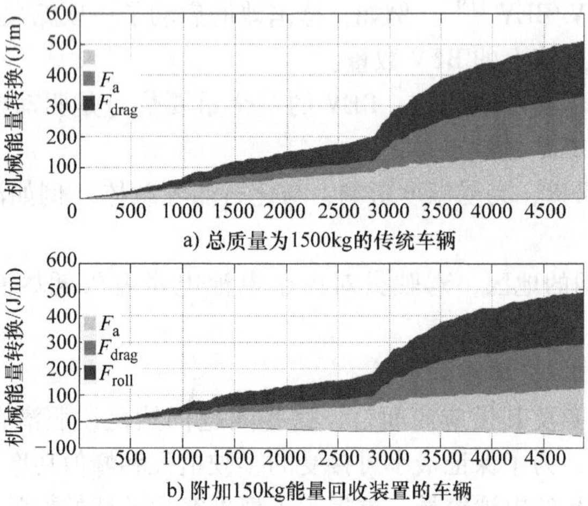

图 1.4　实际驱动循环的能量损失

从图 1.4b 可以看出，能量回收装置带来的节省可以忽略不计。附加质量增加由于加速和滚动阻力而产生的力，使得相应的能量消耗几乎与制动时回收的能量平衡。

在过去的几十年里，汽车行业逐渐认识到，为了全面分析能量消耗，必须考虑初始能源选择和所有三个能源转换步骤。初始能源选择和油井到油箱的效率对于车辆设计的影响肯定是非常重要的，但这超出本书的范围。本书将集中讨论技术设备和解决方案，这些设备和解决方案已经得到广泛认可，是公认的最大限度减少油箱到车轮/油箱到仪表能量转换中的大量能量损失的思路。

1.2.2　现实世界的驾驶概况、消耗和排放

通过各种研究可知，车辆设计和标定很大程度上取决于驾驶员的特定行为、习惯和环境。这些重要特性由实际驱动循环和相应的分布合理地表示，例如实际驱动循环对 BEV 和 PHEV 的电池尺寸和老化有着很大影响。Kwon 等研究了这种效应[40]，Fellah 等对具有不同激进和行驶里程的循环进行了分类[19]。最佳电池容量也可以因地区市场和消费群体而改变，例如与欧洲和日本相比，北美需要更大的最小续驶里程范围。现实世界的驱动循环不仅影响电池的大小，也影响其使用。就电池而言，这是负载（充电/放电）循环，用于 PHEV 和 BEV 的电池具有不同的工作

循环。当发动机处于混合模式时，除了频繁的用于动力辅助和再生制动的浅循环之外，PHEV 电池还经受深度放电循环。BEV 的电池更有可能经历重复的深度放电循环，而没有太多的中间或浅循环[68]。在这两种情况下，对电池的需求都与传统混合动力电动车辆不同，后者几乎完全经历浅放电/充电循环。

对于制造商而言，对于通过仿真软件模拟生成真实世界的速度和加速度分布，分析部件的超比例应力是非常感兴趣的。这使得工程师可以在设计的早期阶段就总结出部件的弱点。

今天，以实现型式认证的燃料经济性的车辆标定是基于规定的一致性测试循环。这些测试是在官方授权下进行的，并且确认车辆生产样品的燃料消耗量满足一致性要求。在底盘测功机实验室中，测试循环在预先设定的条件下进行，如 Franco 等的报道[20,21]，这些条件显然没有捕捉到真实驾驶场景的一些相关方面。为了弥补这种不足，车辆驾驶性能必须在真实驾驶条件下连续标定。因此，汽车制造商定义自己的额外实际测试循环以捕获相关的区域特征，如拓扑的变化和停车概率等是很正常的。这种两级标定过程的问题是解耦效应，意味着驾驶性能问题不考虑型式认证的燃料经济性，反之亦然。

这导致近年来引起争议的讨论，因为提供的大量证据表明，与实验室评估的测试循环相比，在更苛刻的驾驶条件实际场景下评估的 CO_2 排放量更高。这给客户带来很大的不确定性。作为一种反应，现实世界的驾驶场景越来越受到关注，因为动力传动的设计和标定相对于较少代表性的测试循环是没有意义的。

近年来，欧盟已经做出相当大的努力，更新目前的型式认证规程，称为机动车辆排放类别（MVEG），由更高的负荷和速度构成更现实的驾驶条件。试图引入全球统一的轻型车辆测试规程（WLTP）方法，旨在更好地表示道路上的实际车辆运行。自 2007 年以来，WLTP 一直在联合国和欧洲经济委员会污染与能源工作组的活动中发展，旨在提供一种全球统一的方法来确定气体和微粒排放、CO_2 排放量、燃料消耗、电能消耗和电动范围的水平，以可重复和可再生的设计方式代表现实世界的车辆运行。WLTP 似乎是朝着现实排放迈出的合理步骤，但是该法规最早在 2017 年生效。

早在 2011 年，可能更早的时候，一些欧洲研究机构，其中包括联合研究中心，就调查了使用真实和型式认证方法进行测量时的 CO_2 排放量的差异。他们提出一种基于相关性的公式，用于估算乘用车车队实际（也称为使用中）的 CO_2 排放量。这些数据由欧盟成员国收集，基于包括车辆质量、发动机排量、额定功率和功率质量比等关键变量的线性组合构建经验模型[44]。通过简化的一组数据[29]得到

$$\beta_{fuel,iu}(t) = 1.15 + 0.000392V_d + 0.00119m + 0.643\beta_{fuel,tp}(t) \tag{1.1}$$

式中，$\beta_{fuel,iu}(\cdot)$ 为每 100km 的型式认证燃料消耗量；m 为以 kg 为单位的车辆参考质量（空车重量 + 75kg 驾驶员，燃料为 20kg）；V_d 为内燃机的总排量，单位为 cm^3。

在使用中，修正式（1.1）已经用于基于 ICE 的汽油车辆，并且用于作为实际车队消耗的估算公式。

像 WLTP 这样的底盘测功机研究结果，通常比从现实场景中获得的结果更加精确和具有可重复性。然而，在过去几年里，便携式排放测量系统（PEMS）得到了显著的技术发展，正如 Franco 等报道的那样[20]。PEMS 是一套完整的车载排放测量仪器，可以在动态负载下实时测量排放。

1.3 过程模型、控制策略和优化

本章最后部分介绍一些挑战：

1）改善性能和燃料经济性只有通过复杂的动力传动总成才能获得。

2）多个相互矛盾的设计目标。

3）满足现实世界的驱动循环，可能包括许多时间离散点。

4）在设计阶段（结构和控制参数）之前，控制策略可能是未知的。

显然，这些挑战无法通过启发式模型和方法来解决。一种常用的方法是利用第一原理对动力传动进行建模，并且对闭环系统进行仿真。然而，只有在控制策略是已知的，或者可以由先前的控制设计结果容易获得的情况下，这种基于仿真的方法才能起到令人满意的作用。

本书讨论的更普便的方法是，使用数值优化寻找最优控制和状态轨迹，这是确定合适控制结构的基础。

1.3.1 一般问题陈述

前面提到的所有设计方面在本质上都非常复杂，需要进行结构化。一种优雅的方式是将设计问题转换为现代控制框图——一种统一的抽象层次。通常，设计问题包含没有和有时间依赖性的部分。后者需要一些控制策略来影响动态过程，以达到系统的特定目标。这就导致一对可以连接的系统和控制器，如图 1.5 所示。其中，$\mathcal{GP}(\cdot)$ 为广义系统，$\mathcal{K}(\cdot)$ 为控制策略。

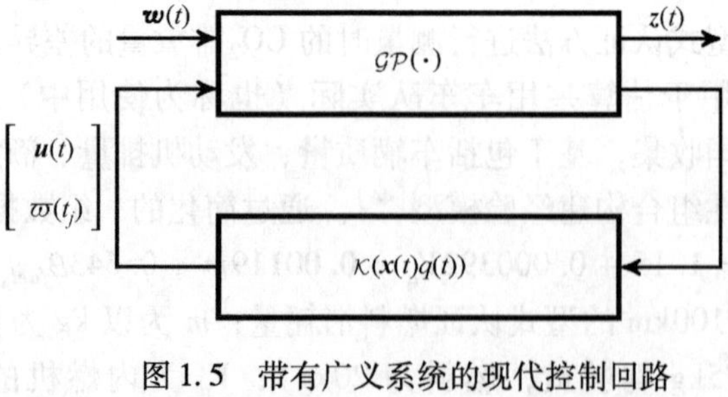

图 1.5 带有广义系统的现代控制回路

图1.5中，向量$\boldsymbol{w}(t) \in \mathbb{R}^{N_w}$表示控制系统的外部输入，例如

$$\boldsymbol{w}(t) = \begin{bmatrix} 参考(t) \\ 扰动(t) \\ 参数 \end{bmatrix}$$

$\boldsymbol{u}(t) \in \mathbb{R}^{N_u}$是连续值控制的向量,假设在非空内部给定凸集内其为实数值,称为短连续值控制。$\varpi(\cdot)$ 是一个定义在时刻 t_j 的函数：

$$\begin{cases} \varpi(t) \in \{1,2,\cdots\}, & t = t_j \\ \varpi(t) = 0, & t \neq t_j \end{cases}$$

其也称为离散控制。$\boldsymbol{x}(t) \in \mathbb{R}^{N_x}$是连续值状态的向量，假设其为实数值，称为短连续值状态。$q(\cdot)$ 称为离散状态，在 $q(t) \in \{1,2,\cdots\}$ 的有限集合定义。$\boldsymbol{z}(t) \in \mathbb{R}^{N_z}$是虚拟的输出向量，用于表示设计规范。

一般过程 $\mathcal{GP}(\cdot)$ 表示（建模的或真实的）车辆，并且包含许多不同的信息，例如：

1）参考指定控制系统的设定点。

2）扰动可能是未知的、可衡量或可观察的，例如道路坡度和曲线、道路摩擦和交通流量。

3）参数与时间无关，其影响车辆设计，从而影响系统中每个能量转换器的能量转换效率，例如车辆质量、车辆总惯性、车轮半径、滚动系数、空气阻力系数、最大车辆横截面积、功率转换器效率、电源效率和电网效率等。

4）连续值状态表示连续作用的物理单元可测量或可观察的操作条件，例如车辆速度和电池能量等。

5）离散状态表示如阀、晶闸管整流器等离散作用物理单元和控制软件结构的工作状态，在时间 t_j 改变它们的离散值。

6）连续值控制和离散控制都会影响能量流，例如转换器的转矩、车辆速度以及电源开关和阀门的开/关指令。

7）虚拟输出计算或测量重要的辅助变量，例如燃料消耗、排放、开/关切换次数。

8）设计规范对虚拟输出实施约束，例如低油耗、低开关频率。

这些参数，或者说更精确的设计参数跨越配置空间，以静态但全局的方式影响能量流。特定车辆配置的时间相关变量是控制和状态。连续值状态的演变由一组偏微分和/或普通的差分方程描述，而离散状态的演变由过渡方程描述。因此，控制器驱动由连续值状态和离散状态组成的混合状态，以动态但局部的方式影响车辆配置的能量流。

重要的是，要理解全局和局部能量效率之间的关系，这不应被误认为是全局和局部功能的最小化。前者确定整个驾驶任务与时间无关的全局效率，而后者确定瞬

时效率。两者一起构成了车辆的总效率，即

$$\eta_{veh,tot}(t) = \eta_{veh,g}\eta_{veh,l}(t)$$

对于良好的车辆设计而言，这揭示了必须最大化两个效率的重要性。此外，这些效率是交叉耦合的，这使得设计过程成为一个具有挑战性的任务。在实践中，分成两个不同的设计过程是首选方法，但是需要完整列举设计变量。因此，对于每种车辆配置，必须找到可行的控制策略 $\mathcal{K}(\cdot)$。控制策略 $\mathcal{K}(\cdot)$ 连接连续值状态和离散状态，以及可能的进一步信息，以生成可行的连续值控制和离散控制。可行性意味着控制和状态满足车辆配置所隐含的约束；如果不是，则完整的车辆配置是不可行的，这揭示了控制系统设计中经常受到影响的问题。在控制策略 $\mathcal{K}(\cdot)$ 的设计中，采用以下条件是一个很好的实践，这样使控制律生成有效和鲁棒的反馈控制。

1）控制和状态约束：在实际物理系统中，常遇到连续值控制和连续值状态的约束，这限制了闭环系统的性能。

2）可行性：控制策略必须满足技术、经济和环境的约束。

3）作用：对系统起作用需要能量，必须在控制设计中加以考虑，这可能是一项具有挑战性的建模任务，通常需要一些简化。

4）不确定性：假设对系统行为的完整表征是非常不现实的，这要求控制设计必须在存在不确定性的情况下表现良好。

1.3.2 能量管理

能量管理策略 $\mathcal{K}(\cdot)$ 对混合动力汽车的能源消耗具有很大的影响，因为可以控制新获得的自由度，以提高整体系统的效率。

通常，期望提供最优控制，以便在不损害车辆性能的情况下最小化燃料消耗和相关排放。这项任务是专门用于混合动力车辆的能量管理，由电子控制单元（ECU）执行，具体由接口、软件代码和许多标定参数组成。能量管理的复杂性取决于混合动力传动的自由度，例如力矩的重新分配取决于安装在动力传动系统中的电机数量。混合动力通常包含多个层的控制策略，上层构成监督控制结构，其与能量管理相连接，负责确定底层控制回路的设定点值。

图 1.5 中的能量管理控制器 $\mathcal{K}(\cdot)$ 可以使用不同的策略实现，这里回顾一下最重要的一些策略。

Schouten 等讨论了启发式和基于规则的（RB）策略[59]，具有完全因果关系的优势，因此直接应用于给定的混合动力配置。这些方法可以找到次优的标定参数，在实践中得到很好的应用。显然，由于参数数量众多，这样的能量管理会导致标定任务困难，并且没有证据表明解决方案几乎是最优的。因此，启发式设计过程既耗时又繁琐，结果通常局限于一种特定的车辆配置。

在文献中，解决这一问题的公认解决方法是等效消耗最小化策略（ECMS）[62]。Paganelli 等首次提出了 ECMS 策略[48]，作为将优化问题简化为瞬时最小

化问题的一种方法。该方法基于燃料质量流量和加权电功率之和的瞬时最小化，等效燃料消耗可以表示为

$$\min_{\boldsymbol{u}(t)}\phi_{fuel}(\boldsymbol{u}(t)) = \int_{t_0}^{t_f}\dot{m}_{eq}(\boldsymbol{u}(t),s(t)) = \int_{t_0}^{t_f}\dot{m}_{fuel}(\boldsymbol{u}(t)) + \frac{s}{H_l}P_{bat}(\boldsymbol{u}(t))\mathrm{d}t \tag{1.2}$$

式中，$\dot{m}_{eq}(\cdot)$ 和 $\dot{m}_{fuel}(\cdot)$ 分别为混合动力系统的等效燃料质量流量和 IC 发动机的燃料质量流量，均以 kg/s 为单位；$P_{bat}(\cdot)$ 为电池功率；H_l 为燃料的较低热值，即每单位质量的能量含量；s 为等效因子，它将电池功率转换为等效的燃料质量流量，对该方法的成功有重大影响。

这种方法的优势当然是计算时间短，这使其成为实施在线控制策略的候选者。然而，加权系数 s 对等效燃料消耗的值有着显著影响。在实际应用中，确定有意义的等效因子可能是一项艰巨的任务，因为其强烈依赖于未知的未来驾驶循环。其值影响维持电池充电控制策略的有效性，如果过高，就会加大对电能消耗的惩罚，这阻止了电驱动；如果过低，电动能量对推动车辆来说便宜，因此电池的充电可能会完全耗尽。保持电池充电的操作，称为持续充电。这种简单的控制策略操作会导致非鲁棒行为，因为目标函数（1.2）没有明确包括电荷状态（SOC）$\xi(\cdot)$ 的信息。因此，式（1.2）的瞬时最小化不能将电池的电荷维持在预定范围内。为了克服这个缺点，引入校正项 $p(\xi(\cdot))$[49,62] 用于补偿与设定点的偏差，其是 SOC 的函数。这将 ECMS 策略扩展为

$$\min_{\boldsymbol{u}(t)}\phi_{fuel}(\boldsymbol{u}(t)) = \int_{t_0}^{t_f}\dot{m}_{fuel}(\boldsymbol{u}(t)) + \frac{s}{H_l}P_{bat}(\boldsymbol{u}(t))p(\xi(t))\mathrm{d}t \tag{1.3}$$

式（1.3）的性能可以通过等效因子 s 的自适应调整进一步提高[45]，然后其成为时间的函数，即 $s(t)$。频繁的选择是根据电池的充电/放电条件和车辆加速度来调节比例。

进一步的步骤是将目标函数的最后项考虑为微分方程 $\dot{\xi}(t) = g_1(\xi(t),u(t))$，这促使混合动力车辆在已知循环中将燃料最佳运行作为最优控制问题（OCP），即

$$\min_{\boldsymbol{u}(t)}\phi_{fuel}(\boldsymbol{u}(t)) = \int_{t_0}^{tf}\dot{m}_{fuel}(\boldsymbol{u}(t))\mathrm{d}t \tag{1.4}$$

受到电池 SOC 微分方程的约束：

$$\dot{\xi}(t) = g_1(\xi(t),\boldsymbol{u}(t)), \forall t \in [t_0,t_f] \tag{1.5}$$

然后，使用适当的数值方法求解这个问题。

ECMS 的式（1.2）、式（1.3）与最优控制问题式（1.4）、式（1.5）之间存在密切关系。如果建立相应的模型，关键是将式（1.2）、式（1.3）中积分的项解释为 Hamilton 函数，通常假设电功率的等效因子是恒定的。使用 Hamilton 解释，等价因子可以解释为共态。然后，可以应用最优控制方法确定等效因子。Kim 等对 ECMS 与最优控制之间的密切关系进行了更严谨的解释[37]。Hamilton 函数在最优

控制中起着重要作用，这将在接下来的章节展示。

在大多数问题陈述中，成本函数将类似于测试循环中的燃料消耗，但是不限于此。从排放的角度而言，IC 发动机产生的废气产品也可能是相关的。例如，如果氮氧化物的增加保持在一定的阈值以下，则允许最小化柴油混合车辆的总能量。因此，在某些情况下，施加额外的排放限制以解决某些发动机排放问题可能具有吸引力。一种常见的方法是将排放作为式（1.4）、式（1.5）基本问题的附加约束，即

$$\min_{\boldsymbol{u}(t)} \phi_{CO_2}(\boldsymbol{u}(t)) = \int_{t_0}^{t_f} r_1\, \dot{m}_{fuel}(\boldsymbol{u}(t))\,\mathrm{d}t$$

满足

$$\begin{aligned}
\dot{\xi}(t) &= g_1(\xi(t), \boldsymbol{u}(t)) \\
\dot{m}_{CO}(t) &= g_2(\boldsymbol{x}(t), \boldsymbol{u}(t)) \\
\dot{m}_{NO_x}(t) &= g_3(\boldsymbol{x}(t), \boldsymbol{u}(t)) \\
\dot{m}_{HC}(t) &= g_4(\boldsymbol{x}(t), \boldsymbol{u}(t)) \\
m_{CO}(t) &\leqslant Z_1^{max} \\
m_{NO_x}(t) &\leqslant Z_2^{max} \\
m_{HC}(t) &\leqslant Z_3^{max} \\
\boldsymbol{x}(t) &= [\xi(t), m_{CO}(t), m_{NO_x}(t), m_{HC}(t)]^T \\
\boldsymbol{z}(t) &= [m_{CO}(t), m_{NO_x}(t), m_{HC}(t)]^T
\end{aligned}$$

式中，Z_1^{max}、Z_2^{max} 和 Z_3^{max} 为相应排放：$m_{CO}(\cdot)$ 是一氧化碳（CO）、$m_{NO_x}(\cdot)$ 是氮氧化物和碳氢化合物 $m_{HC}(\cdot)$（HC）的上限；r 为恒定的转换系数，用于表示 CO_2 排放量与燃料消耗量之接的关系，即燃烧每升燃料排放的 CO_2 量，就是众所周知的发动机制动专用 CO_2 量[66]。

控制此类系统的一个主要困难在于，在文献中经常被忽略的事实是混合动力车辆包括连续值控制和离散控制，因此整个系统构成了一个混合系统，应当针对此特性建模。这样的例子在文献中很少见，值得注意的是 Zhu 等的文献［71］。混合系统自然地出现在许多技术应用以及生物学或化学等自然科学的应用中。当系统具有连续值控制输入，但同时又可以进行离散决策或在不同子系统之间切换时，可以将系统建模为混合系统。离散决策的一个突出例子是内燃机的起/停命令。在汽车应用中更复杂的决策则是档位选择或不同的驱动模式选择。

上述问题增加了控制动力传动的新自由度。应当指出的是，“混合动力车辆”中的术语“混合”不一定是指存在离散现象，而是指至少存在两种能量存储器和转换器的事实。在大多数情况下，额外的能量存储器将是一个高压电池，转换器是电动机/发电机。

寻找混合系统控制的任务称为混合最优控制问题（HOCP），术语混合最优控制问题由控制工程界提出。优化界使用混合整数最优控制问题（MIOCP）的术语，

用于强调优化问题的离散特性。

最优控制问题式（1.4）和式（1.5）的解产生开环控制律 $\boldsymbol{u}=\mathcal{K}$，其需要先验的测试循环知识。由经典控制理论可知，开环控制对扰动和模型不匹配具有非鲁棒性，而模型不匹配阻碍在线策略的直接应用。然而，最优控制问题的解在 RB 控制律的标定下通常是非常有用的。在第 11 章所讨论的启发式算法应用较少。另一种策略是在缩短的时间范围 $t_p \leqslant t_f$ 内求解 OCP，称为预测时间范围，如果超过基于连续值状态的特定阈值，则重新触发计算。这种控制策略是闭环的，称为模型预测控制（MPC），会在第 12 章中讨论，MPC 因其结合控制和状态约束的能力而广泛用于过程控制。针对混合动力系统 MPC，开发了许多专门的求解方法。例如，Passenberg 等已经证明[52]，可以使用混合 MPC 控制货车的速度和所选择的档位，使得燃料消耗和续驶时间同时优化，以实现利润最大化。在过去的几十年里，已经积累了很多经验，可以在汽车问题中有效地设置 MPC 策略[22,7]。但是，仍然存在一些障碍，使得能量管理的应用成为一项具有挑战性的任务。

1）求解能量管理的预测时间范围必须足够大，这需要 ECU 具有强大的计算能力。

2）MPC 策略依赖于未来关于约束、边界条件和扰动等的准确信息[3,4,13,51]，但是这样的信息是为长期预测而准备的，不容易获得，也不可靠。

然而，预测控制策略有可能使实验室评估的控制器测试与在真实条件下执行的测试之间的差距变小。与启发式和 ECMS 方法相比，使用最优控制理论可以显著降低标定负担，减少启发式，并且在“真实”最优条件下产生更好的结果。因此，建立了一个不断发展的研究领域，专注于混合动力车辆的最优控制。在许多研究中，这些工作由 Paganelli 等[50]、Sciarretta[26]、Liu 和 Peng [42]、Stockar 等[66]和 Sivertsson 等[64]完成。

1.3.3 数值解

混合系统最优控制的确定是复杂的，因为系统输入包括连续值控制和离散控制，并且由于这些输入之间的强相互作用，单独优化将产生不如组合方法优越的结果。尽管非混合系统的最优控制得到了很好研究，并且存在许多强大的算法，但是这些方法并不能轻易地转移到混合环境中。同样，当离散决策与连续值控制相互作用时，完善的离散优化方法也是不适用的，这越来越引起人们对求解 HOCP 高效算法的兴趣。算法的开发，在 Hedlund 和 Rantzer[27]、Bengea 和 DeCarlo[8]、Alamir 和 Attia[1]、Shaikh[63]、Sager[55]、Axelsson[2] 和帕森伯格[51] 等的工作中得到了处理。

（混合）最优控制问题的求解方法可以分为三种主要类型，如图 1.6 所示。将方法分类成三种主要类型不一定是唯一的分法，因为一些方法结合了几种类型的特性。混合系统，以各种子类为特征，例如具有固定或自由数量切换的混合系统，以

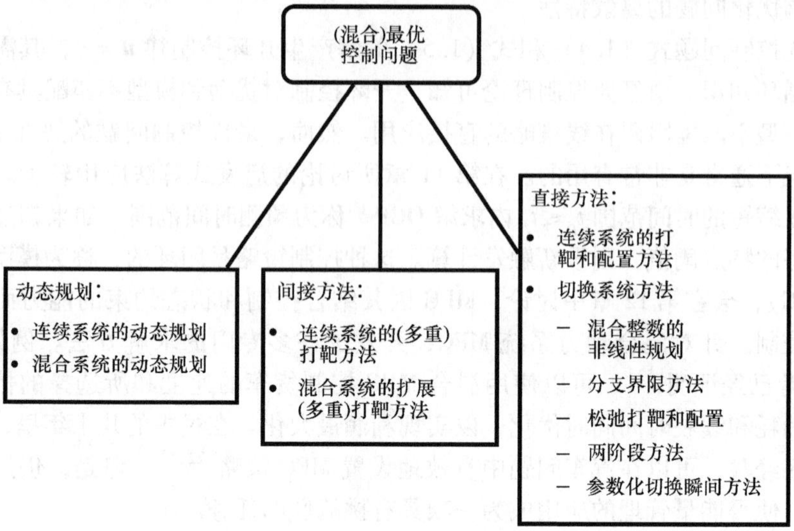

图 1.6　(混合)最优控制问题求解的主要方法综述

及具有从一个离散状态到另一个离散状态的自主或受控过渡机制的混合系统。通过忽略离散动态行为而不是直接应用切换命令，切换系统可以作为进一步的子类由混合系统获得。这种区别很重要，因为近年来主要的开发分支产生了专用于这些子类一个属性的高效算法。只有少数算法能够同时处理其中的几个属性。因此，必须专门为每个混合系统子类选择应用算法，并且要求对问题进行充分分析和分类。

求解最优控制问题非常准确的方法是间接方法（IM）。间接方法解决了多点边界值问题（MPBVP），该问题源于最优解必须满足局部极值的一阶必要条件。求解纯连续最优控制问题 MPBVP 的常用方法是梯度方法[38,14,65]和间接（多重）打靶方法[9,10]。根据 Riedinger 等的提议，对于具有受控和自动切换的混合系统，可以扩展多重打靶方法[53]，其中将混合系统轨迹分解成具有恒定离散状态固定数量的相（也称为弧）。第 7 章将描述间接求解方法。

另一种求解类是直接方法（DM）。直接方法比间接方法更有利，因为它具有更大的收敛域，这就降低了初始化难度，并且它在不需要或不太了解最优控制理论的情况下，可以直接适用于最优控制问题。直接方法具有结合状态约束的优点，而不需要预定义约束/无约束序列[67]。随着稀疏准 Newton 更新规则的非线性规划的发展，它们开始广泛应用于高维最优控制类问题。纯连续系统的算法可以通过凸化适应于切换系统，凸化方法允许将切换最优控制问题（SOCP）转换为更大但连续的 OCP 类，其中包括放松二元控制。为求解 SOCP 而专门定制的方法是分支技术、两阶段方法和混合整数非线性规划方法[23,24]，这些方法在计算上要求很高。

直接方法与间接方法相比，最优控制理论所需的知识水平较低，这是经常争论的问题。实际上，直接方法不直接使用最优条件，因此更容易应用于实际问题。然而，为了充分挖掘直接方法的潜力，数值方面变得更受关注，在这方面需要付出很大的努力，具体见第9章。

间接方法和直接方法的解只提供开环最优控制，而最优反馈控制律则由动态规划（DP）原理获得。这种方法可以在理论上扩展到混合系统的所有子类，包括不可微分的状态跳跃和切换成本。然而，必须强调的是，即使是具有自由最终时间 t_f 的标准问题描述也会引起一些算法上的挑战。尽管如此，DP 范例在学术界和工业界得到很好的认可，因为其实现相当简单，并且对建模数据的处理要求不高。后者使得使用甚至非平滑模型数据都变得可行，因为不可微分性在直接和间接的方法中可能导致灾难性结果。这种无问题的处理无疑是这种方法的主要优势，但仍然只适用于小规模问题。

表1.1总结了三种方法的主要特点。

切换成本对于可能导致机械磨损的频繁惩罚切换是重要的。直接方法也可以处理切换成本，但需要特殊的表示，会在第8章中讨论。

表1.1　动态规划、直接方法和间接方法的定性比较

分　类	动态规划（DP）	直接方法（DM）	间接方法（IM）
解的最优性	全局	局部	局部
收敛域	全局	大于 IM	小于 DM
初始化的易于性	好	中	低于 DM
应用的易于性	好	好，但是低于 DP	低于 DM
约束处理的易于性	中	好	低于 DP
精度	低	中 - 高	高
控制解	闭环	开环	开环

1.4　相关研究

Lin 等[41]、Schouten 等[59]和 Khayyam 等[35]讨论了基于规则的能量管理策略。基于模糊逻辑的能量管理策略也可以归类为基于规则的策略，并且由 Baumann 等[6]、Farrokhi 和 Mohebbi[18]等使用。

ECMS 策略最初由 Paganelli 等[48,50]提出，并由 Sciarretta 等[60]、Chen 和 Salman[16]、Musardo 等[45]、Liu 和 Peng[42]等进一步增强。根据低计算要求，ECMS 策略可以作为在线策略实现。对于 Paganelli 等[49]、Serrao 等[62]和 Jia[32]的研究，SOC 的罚函数 $p\ (\xi\ (\cdot))$ 在某种程度上是不同的，但有着相同的想法：当 SOC 低时，设置更高的罚因子，以防止过充电；当 SOC 较高时，设定较低的罚因子，以充分利用电能的潜力。

最优控制问题主要是离线求解，在线策略可以在模型预测控制的框架下实现。

一种广泛使用求解 OCP 的策略是应用 Pontryagin 最小原理（PMP），Rousseau 等[54]、Serrao 和 Rizzoni[61]、Kim 等[36]、Stockar 等[66]、Kim 等[37]和其他人讨论了这种方法。这些工作采用类似于准稳态模型建立混合动力车辆运行模型的通用方法，将问题减化为求解共态的初值问题。在 Serrao 和 Rizzoni[61]的研究中，电池老化也包括在问题描述中。

模型预测控制策略在汽车问题中得到广泛认可，并且由 Fritzsche 和 Dünow[22]、Behrendt 等[7]和 Back 等[3]进行了研究。

动态规划也广泛应用于求解准稳态模型问题，通常将 ECMS/PMP 的结果与选择的离散化的全局最优进行比较[33,54,31]。在 Kum 等[39]的工作中，DP 用于解决更复杂的最优控制问题，考虑了热力学和排放方面的约束。

一些作者提出非线性控制技术解决能量管理问题。例如，Barbarisi 等[5]使用了非线性解耦策略。

切换或混合最优控制问题可以被重新表述为混合整数非线性规划（MINLP）问题，许多作者对此进行了深入研究，值得注意的是 Sager[55-57]和 Grossmann[23-25]的研究。Uthaichana 等[70]使用嵌入求解具有两种模式的系统，Nüesch 等[46]提出的两阶段算法包括换档和发动机起动以及相关控制的成本。

参考文献

1. Alamir M, Attia S (2004) On solving optimal control problems for switched hybrid nonlinear systems by strong variations algorithms. In: 6th IFAC symposium on nonlinear control systems (NOLCOS), Stuttgart, Germany, pp 558–563
2. Axelsson H, Wardi Y, Egerstedt M, Verriest E (2008) Gradient descent approach to optimal mode scheduling in hybrid dynamical systems. J Optim Theory Appl 136. doi:10.1007/s10957-007-9305-y
3. Back M (2005) Prädiktive Antriebsregelung zum energieoptimalen Betrieb von Hybridfahrzeugen. PhD thesis, Universität Stuttgart
4. Back M (2005) Prädiktive Antriebsregelung zum energieoptimalen Betrieb von Hybridfahrzeugen. PhD thesis, Universität Karlsruhe
5. Barbarisi O, Westervelt ER, Vasca F, Rizzoni G (2005) Power management decoupling control for a hybrid electric vehicle. In: Proceedings of the 44th decision and control conference. IEEE, pp 2012–2017
6. Baumann BM, Washington G, Glenn BC, Rizzoni G (2000) Mechatronic design and control of hybrid electric vehicles. IEEE/ASME Trans Mechatron 5(1):58–72
7. Behrendt S, Dünow P, Lampe BP (2011) An application of model predictive control to a gasoline engine. In: 18th international conference on process control, pp 57–63
8. Bengea S, DeCarlo R (2003) Optimal and suboptimal control of switching systems. In: Proceedings of the 42nd IEEE conference on decision and control, pp 5295–5300
9. Betts JT (1998) Survey of numerical methods for trajectory optimization. J Guid Control Dyn 21(2):193–207
10. Bock H, Plitt K (1984) A multiple shooting algorithm for direct solution of optimal control problems. In: Proceedings of the 9th world congress of the international federation of automatic control, vol 9
11. Boehme TJ, Held F, Schultalbers M, Lampe B (2013) Trip-based energy management for electric vehicles: an optimal control approach. Proceedings of the 2013 American control conference (ACC 2013). IEEE, Washington, pp 5998–6003

12. Boehme TJ, Schori M, Frank B, Schultalbers M, Drewelow W (2013) A predictive energy management for hybrid vehicles based on optimal control theory. Proceedings of the 2013 American control conference (ACC 2013). IEEE, Washington, pp 6004–6009
13. Borhan HA, Vahidi A, Phillips AM, Kuang ML (2009) Predictive energy management of a power-split hybrid electric vehicle. Proceedings of the 2009 American control conference, St. Louis. IEEE, pp 3970–3976
14. Bryson A, Ho YC (1975) Applied optimal control—optimization, estimation and control. Taylor & Francis Inc., New York
15. Charalampidis AC, Gillet D (2014) Speed profile optimization for vehicles crossing an intersection under a safety constraint. In: European control conference (ECC), 2014. IEEE, pp 2894–2901
16. Chen JS, Salman M (2005) Learning energy management strategy for hybrid electric vehicles. In: IEEE conference on vehicle power and propulsion, pp 68–73
17. Dinger A, Martin R, Mosquet X, Rabl M, Rizoulis D, Russo M, Sticher G (2010) Batteries for electric cars: challenges, opportunities, and the outlook to 2020
18. Farrokhi M, Mohebbi M (2005) Optimal fuzzy control of parallel hybrid electric vehicles. ICCAS 2005 June pp 2–5
19. Fellah M, Singh G, Rousseau A, Pagerit S, Nam E, Hoffman G (2009) Impact of real-world drive cycles on PHEV battery requirements. In: SAE world congress, technical Paper 2009-01-1383
20. Franco V, Kousoulidou M, Muntean M, Ntziachristos L, Hausberger S, Dilara P (2013) Road vehicle emission factors development: a review. Atmos Environ 70:84–97
21. Franco et al.(2014) Franco C, Sánchez FP, German J, Mock P (2014) Real-world exhaust emissions from modern diesel cars
22. Fritzsche C, Dünow H (2008) Advanced torque control. In: Aschemann H (ed) New approaches in automation and robotics. INTECH Open Access Publisher, pp 239–260
23. Grossmann IE (2002) Review of nonlinear mixed-integer and disjunctive programming techniques. Optim Eng 3(3):227–252
24. Grossmann IE, Kravanja Z (1993) Mixed-integer nonlinear programming: a survey of algorithms and applications. IMA Vol Math Appl 93:73–100
25. Grossmann IE, Kravanja Z (1995) Mixed-integer nonlinear programming techniques for process systems engineering. Comput Chem Eng 19:189–204
26. Guzzella L, Sciarretta A (2005) Vehicle propulsion systems. Introduction to modeling and optimization. Springer, Berlin
27. Hedlund S, Rantzer A (2002) Convex dynamic programming for hybrid systems. IEEE Trans Autom Control 47:1536–1540
28. IEA (2009) Transport, energy and CO_2. Technical report, International Energy Agency
29. IEA (2014) Monitoring CO_2 emissions from passenger cars and vans in 2013. Technical report, International Energy Agency, technical report 19/2014. doi:10.2800/23352
30. IEA (2015) Energy and climate change. Technical report, International Energy Agency
31. de Jager B, van Keulen T, Kessels J (2013) Optimal control of hybrid vehicles. Springer
32. Jia Y (2014) Powertrain design for power split hybrid vehicles with global optimization procedures applied for test cycles. Master's thesis, Universität RWTH Aachen
33. Karbowski D, Rousseau A, Pagerit S, Sharer P (2006) Plug-in vehicle control strategy: from global optimization to real time application. In: 22nd electric vehicle symposium, EVS22, Yokohama, Japan
34. van Keulen T, Naus G, de Jager B, van de Molengraft R, Steinbuch M, Aneke E (2009) Predictive cruise control in hybrid electric vehicles. World Electr Veh J 3(1)
35. Khayyam H, Kouzani A, Nahavandi S, Marano V, Rizzoni G (2010) Intelligent energy management in hybrid electric vehicles. InTech
36. Kim N, Lee D, Cha SW, Peng H (2009) Optimal control of a plug-in hybrid electric vehicle (PHEV) based on driving patterns. In: International battery, hybrid and fuel cell electric vehicle symposium
37. Kim N, Cha S, Peng H (2011) Optimal control of hybrid electric vehicles based on Pontryagin's minimum principal. IEEE Trans Control Syst Technol 1279–1287

38. Kirk D (1970) Optimal control theory: an introduction. Englewood Cliffs, Prentice-Hall
39. Kum D, Peng H, Bucknor N (2011) Supervisory control of parallel hybrid electric vehicles for fuel and emission reduction. ASME J Dyn Syst Meas Control 133(6):4498–4503
40. Kwon J, Kim J, Fallas E, Pagerit S, Rousseau A (2008) Impact of drive cycles on PHEV component requirements. In: SAE world congress, technical Paper 2008-01-1337
41. Lin CC, Kang JM, Grizzle JW, Peng H (2001) Energy management strategy for a parallel hybrid electric truck. In: Proceedings of the 2001 American control conference, Arlington, vol 4, pp 2878–2883
42. Liu J, Peng H (2006) Control optimization for a power-split hybrid vehicle. In: Proceedings of the 2006 American control conference, Minneapolis, pp 466–471
43. Liu S, De Schutter B, Hellendoorn H (2014) Integrated traffic flow and emission control based on FASTLANE and the multi-class VT-macro model. In: European control conference (ECC), 2014. IEEE, pp 2908–2913
44. Mellios G, Hausberger S, Keller M, Samaras C, Ntziachristos L, Dilara P, Fontaras G (2011) Parameterisation of fuel consumption and CO_2 emissions of passenger cars and light commercial vehicles for modelling purposes. Technical report, Joint Research Centre (JRC) Science and Technical Reports. doi:10.2788/58009
45. Musardo C, Rizzoni G, Staccia B (2005) A-ECMS: an adaptive algorithm for hybrid electric vehicle energy management. In: Proceedings of the 44th IEEE conference on decision and control, pp 1816–1823
46. Nüesch T, Elbert P, Flankl M, Onder C, Guzzella L (2014) Convex optimization for the energy management of hybrid electric vehicles considering engine start and gearshift costs. Energies 7:834–856
47. Nykvist B, Nilsson M (2015) Rapidly falling costs of battery packs for electric vehicles. Nat Clim Change 5(4):329–332. doi:10.1038/NCLIMATE2564
48. Paganelli G, Ercole G, Brahma A, Guezennec Y, Rizzoni G (2001) General supervisory control policy for the energy optimization of charge-sustaining hybrid electric vehicles. JSAE Rev 22(4):511–518
49. Paganelli G, Tateno M, Brahma A, Rizzoni G, Guezennec Y (2001) Control development for a hybrid-electric sport-utility vehicle: strategy, implementation and field test results. In: Proceedings of the 2001 American control conference (ACC), vol 6. IEEE, pp 5064–5069
50. Paganelli G, Guezennec Y, Rizzoni G (2002) Optimizing control strategy for hybrid fuel cell vehicle. In: SAE world congress, technical Paper 2002-01-0102. doi:10.4271/2002-01-0102
51. Passenberg B (2012) Theory and algorithms for indirect methods in optimal control of hybrid systems. PhD thesis, Technischen Universität München
52. Passenberg B, Kock P, Stursberg O (2009) Combined time and fuel optimal driving of trucks based on a hybrid model. In: European control conference (ECC). IEEE, pp 4955–4960
53. Riedinger P, Daafouz J, Iung C (2005) About solving hybrid optimal control problems. IMACS05
54. Rousseau G, Sinoquet D, Rouchon P (2007) Constrained optimization of energy management for a mild-hybrid vehicle. Oil Gas Sci Technol Rev IFP 62(4):623–634
55. Sager S (2005) Numerical methods for mixed-integer optimal control problems. PhD thesis, Universität Heidelberg
56. Sager S, Bock HG, Reinelt G (2009) Direct methods with maximal lower bound for mixed-integer optimal control problems. Math Program 118(1):109–149
57. Sager S, Claeys M, Messine F (2014) Efficient upper and lower bounds for global mixed-integer optimal control. J Global Optim 61(4):721–743
58. Schori M, Boehme TJ, Frank B, Lampe B (2014) Optimal calibration of map-based energy management for plug-in parallel hybrid configurations: a hybrid optimal control approach. IEEE Trans Veh Technol 64(9):3897–3907. doi:10.1109/TVT.2014.2363877
59. Schouten NJ, Salman MA, Kheir NA (2003) Energy management strategies for parallel hybrid vehicles using fuzzy logic. Control Eng Pract 11:171–177
60. Sciarretta A, Back M, Guzzella L (2004) Optimal control of parallel hybrid electric vehicles. IEEE Trans Control Systems Technol 12(3):352–363

61. Serrao L, Rizzoni G (2008) Optimal control of power split for a hybrid refuse vehicle. In: Proceedings of the American control conference. IEEE, pp 4498–4503
62. Serrao L, Onori S, Rizzoni G (2011) A comparative analysis of energy management strategies for hybrid electric vehicles. J Dyn Syst Meas Control 133(3):031,012. doi:10.1115/1.4003267
63. Shaikh MS (2004) Optimal control of hybrid systems: Theory and algorithms. PhD thesis, Department of Electrical and Computer Engineering, McGill University, Montreal
64. Sundstroem S, Eriksson SM, Sundstroem C, Eriksson L (2011) Adaptive control of a hybrid powertrain with map-based ecms. In: Proceedings of the IFAC world congress, pp 357–362
65. Stengel RF (1994) Optimal control and estimation. Dover Publications
66. Stockar S, Marano V, Canova M, Rizzoni G, Guzzella L (2011) Energy-optimal control of plug-in hybrid electric vehicles for real-world driving cycles. IEEE Trans Veh Control 60(7):2949–2962
67. von Stryk O, Bulirsch R (1992) Direct and indirect methods for trajectory optimization. Ann Oper Res 37:357–373
68. Tanaka N et al (2011) Technology roadmap: eectric and plug-in hybrid electric vehicles. Technical report, International Energy Agency
69. Trigg T, Telleen P, Boyd R, Cuenot F, DAmbrosio D, Gaghen R, Gagné J, Hardcastle A, Houssin D, Jones A, et al. (2013) Global EV outlook: understanding the electric vehicle landscape to 2020. Technical report, International Energy Agency
70. Uthaichana K, Bengea S, Decarlo R, Pekarek S, Zefran M (2008) Hybrid model predictive control tracking of a sawtooth driving profile for an HEV. In: American control conference, 2008. IEEE, pp 967–974
71. Zhu Y, Chen Y, Tian G, Wu H, Chen Q (2004) A four-step method to design an energy management strategy for hybrid vehicles. In: Proceedings of the 2004 American control conference, vol 1. IEEE, pp 156–161

第一部分　理论和表示

第 2 章　非线性规划导论

2.1　引言

本章将回顾一些重要的数学优化理论，也称为数学规划，这些理论直接衍生出某些数值算法。然而，即使高效的算法也必须考虑问题的特殊性质和结构。存在许多可以专门应用于重要的特殊情况的专业算法，其中的一些如图 2.1 所示。

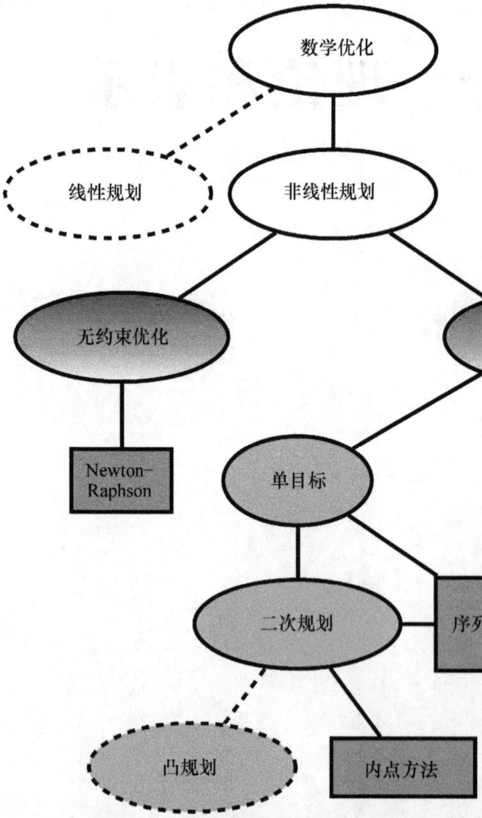

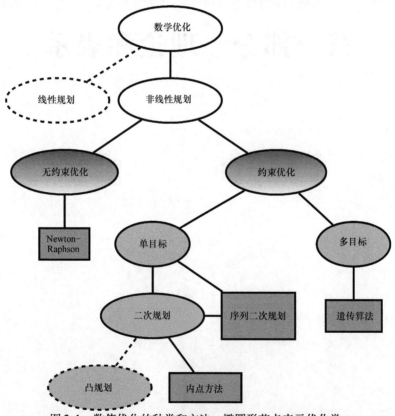

图 2.1　数值优化的种类和方法：椭圆形节点表示优化类；矩形节点表示优化方法；虚线节点表示本书没有涉及的优化类

这类数学规划的核心问题是最小化或最大化有限变量的给定函数，这些变量受到一组有限的等式和/或不等式约束。本章的第一部分集中讨论非线性规划（NLP），这可以视为数学优化的一部分。非线性规划处理优化问题，其中的目标函数或一些约束是非线性的。这与线性规划形成对比，线性规划为求解具有线性的目标和约束的优化问题构造算法；二次规划为求解具有二次目标和线性约束的优化问题构造算法；凸规划为求解具有凸目标和凹不等式约束的优化问题构造算法。本章针对非线性规划也使用二次规划求解方法。

本章第二部分通过扰动参数推广非线性规划问题求解方法。引入灵敏度的概念，研究扰动参数对最优解的影响，这使一些先进的算法得到扩展。

本章最后一部分将单目标公式推广到多目标公式。

首先通过引入迭代求解器收敛率的一些定义开始讨论。这些定义对于给出度量是非常有帮助的，用于评估求解非线性问题的算法。Ortega 和 ReimBoldt[62] 给出以下结果。

定义 2.1（Q－线性收敛性）

对于常量 $0 < c_{ql} < 1$，如果对于所有足够大的指标 i 均存在

$$\|\boldsymbol{y}_{i+1} - \boldsymbol{y}^*\| \leq c_{ql}\|\boldsymbol{y}_i - \boldsymbol{y}^*\|$$

则序列 $\{\boldsymbol{y}_i\} \subset R^{N_y}$ 收敛于固定点 $\{\boldsymbol{y}^*\}$，称为 Q－线性收敛。

定义 2.2（Q－超线性收敛性）

对于一个正因子序列 $c_{qs,i} \to 0$，如果对于所有足够大的指标 i 均存在

$$\|\boldsymbol{y}_{i+1} - \boldsymbol{y}^*\| \leq c_{qs,i}\|\boldsymbol{y}_i - \boldsymbol{y}^*\|$$

则序列称为 Q－超线性收敛。

定义 2.3（Q－二次收敛性）

对于常量 $0 < c_{qq} < 1$，如果对于所有足够大的指标 i 均存在

$$\|\boldsymbol{y}_{i+1} - \boldsymbol{y}^*\| \leq c_{qq}\|\boldsymbol{y}_i - \boldsymbol{y}^*\|^2$$

则序列称为 Q－二次收敛。

这些收敛率称为 Q－收敛率，因为上面定义中的收敛因子 c_{qx} 是一个商。类似定义的是 R－收敛率，收敛因子 c_{rx} 是一个根。在定义 2.1、定义 2.2 和定义 2.3 中，如果将式左边的指标 $i+1$ 替换为 $i+m$，则相应的收敛率表示 m 步收敛率。

R－收敛率定义在下面给出。

定义 2.4（R－线性收敛）

对于常量 $0 < c_{rl} < 1$，如果对于所有足够大的指标 i 均存在

$$\sqrt[i]{\|\boldsymbol{y}_i - \boldsymbol{y}^*\|} \leq c_{rl}$$

则序列 $\{\boldsymbol{y}_i\} \subset R^{N_y}$ 收敛于固定点 $\{\boldsymbol{y}^*\}$，称为 R－线性收敛。

定义 2.5（R－超线性收敛性）

对于一个正因子序列 $c_{rs,i} \to 0$，如果对于所有足够大的指标 i 均存在

$$\sqrt[i]{\|\boldsymbol{y}_i - \boldsymbol{y}^*\|} \leqslant c_{rs,i}$$

则序列称为 R－超线性收敛。

定义 2.6（R－二次收敛性）

对于常量 $0 < c_{rq} < 1$，如果对于所有足够大的指标 i 均存在

$$\sqrt[2^i]{\|\boldsymbol{y}_i - \boldsymbol{y}^*\|} \leqslant c_{rq}$$

则序列称为 R－二次收敛。

对于线性和超线性收敛，R 收敛率总是小于 Q 收敛率。因此，R－线性收敛一般比 Q－线性收敛慢，超线性收敛也是如此。对于二次收敛，这种关系不成立。

大多数优化算法的收敛分析都与 Q－收敛有关。

2.2 无约束非线性优化

本章首先从无约束优化的基本原理开始对数值优化进行简短介绍，这些内容是理解约束优化更复杂的算法所需要的，这些算法稍后将用于求解由问题描述产生的最优控制问题。

最简单的非线性规划问题，是函数 $f: R^{N_y} \to R$ 最小或最大的问题。这里将分析限于最小问题，因为问题 $\min f(\boldsymbol{y})$ 等价于问题 $\max(-f(\boldsymbol{y}))$。

定义 2.7（无约束非线性规划问题）

无约束非线性规划问题，也称为自由数学规划问题，给出如下形式：

$$\min_{\boldsymbol{y} \in R^{N_y}} f(\boldsymbol{y}) \tag{2.1}$$

其中，$f: R^{N_y} \to R$ 为 $\boldsymbol{y} \in R^{N_y}$ 的光滑实值目标函数向量。

向量

$$\boldsymbol{y} = \begin{bmatrix} y_1 \\ y_2 \\ \vdots \\ y_{N_y} \end{bmatrix}$$

包含无约束非线性规划的所有决策变量。

定义 2.8（极值）

在局部区域 U_ε，$\varepsilon > 0$ 的情况下，对于 $\forall \boldsymbol{y} \in U_\varepsilon(\boldsymbol{y}^*)$，如果存在

$$f(\boldsymbol{y}^*) \leqslant f(\boldsymbol{y}) \tag{2.2}$$

则点 $\boldsymbol{y}^* \in R^{N_y}$ 称为式（2.1）的局部极小值

如果采用下式替代式（2.2），即

$$f(\boldsymbol{y}^*) < f(\boldsymbol{y}) \tag{2.3}$$

则 $\boldsymbol{y}^*$ 称为式（2.1）的严格局部极小值。

对于式（2.2）满足任意 $\boldsymbol{y}\in R^{N_y}$ 的情况，$\boldsymbol{y}^*$ 称为式（2.1）的全局极小值。如果式（2.3）也适于全局极小值，则式（2.1）具有唯一的全局极小值。

本章的其余部分假设函数 f 在 R^{N_y} 上对于 $\boldsymbol{y}$ 连续两次可微，从而定义函数 $f(\cdot)$ 的 Hessian 矩阵。

2.2.1　最优性的充分必要条件

式（2.1）的每个局部极小值 $\boldsymbol{y}^*$ 满足一阶必要条件，即 $f(\boldsymbol{y}^*)$ 梯度为零（Fermat 条件）：

$$\nabla f(\boldsymbol{y}^*) = \boldsymbol{0} \tag{2.4}$$

以及二阶必要条件：

$$\boldsymbol{v}^T \nabla^2 f(\boldsymbol{y}^*)\boldsymbol{v} = 0, \quad \forall \boldsymbol{v}\in R^{N_y}, \boldsymbol{v}\neq \boldsymbol{0} \tag{2.5}$$

这意味着 Hessian 矩阵 $\nabla^2 f(\boldsymbol{y}^*)$ 必须为半正定的。

但是，这些必要条件也可以应用于局部极大值或鞍点，因此满足这些条件的点只能保证是式（2.1）的驻点或临界点。

如果除了必要条件之外，还有二阶充分条件，对于 $\boldsymbol{y}^*$ 点，$f(\boldsymbol{y}^*)$ 具有正定的 Hessian 矩阵，即 $f(\boldsymbol{y}^*)$ 是局部严格凸的：

$$\boldsymbol{v}^T \nabla^2 f(\boldsymbol{y}^*)\boldsymbol{v} > 0, \quad \forall \boldsymbol{v}\in R^{N_y}, \boldsymbol{v}\neq \boldsymbol{0}$$

则可以确定点 $\boldsymbol{y}^*$ 为局部极小值，称为严格局部极小值。

总之，每个局部极小值满足两个必要条件，但不一定满足充分条件。反之，满足必要条件和充分条件的每个点都保证是局部极小值。

2.2.2　Newton - Raphson 方法

为了找到式（2.1）的极小值，需要求解式（2.4），此公式通常是非线性的。一个常用的方法是 Newton - Raphson 方法。其将当前点 $\boldsymbol{y}$ 看成是固定的，引入一个新变量 $\boldsymbol{d}$ 作为与 $\boldsymbol{y}$ 的偏差，现在的想法是利用点 $\boldsymbol{y}$ 周围的线性 Taylor 逼近 $\nabla f(\boldsymbol{y}+\boldsymbol{d})$ 构造一个迭代过程：

$$\nabla f(\boldsymbol{y}+\boldsymbol{d}) \approx \nabla f(\boldsymbol{y}) + \nabla^2 f(\boldsymbol{y})\boldsymbol{d} \tag{2.6}$$

式中，$\boldsymbol{d}$ 表示搜索方向，而

$$\nabla f(\boldsymbol{y}) = \left[\frac{\partial f}{\partial y_1}\cdots\frac{\partial f}{\partial y_{N_y}}\right]$$

是对于 $\boldsymbol{y}$ 的 N_y 维梯度向量，且

$$\nabla^2 f(y) = \begin{pmatrix} \frac{\partial^2 f}{\partial y_1^2} & \frac{\partial^2 f}{\partial y_1 y_2} & \cdots & \frac{\partial^2 f}{\partial y_1 y_{N_y}} \\ \frac{\partial^2 f}{\partial y_2 y_1} & \frac{\partial^2 f}{\partial y_2^2} & \cdots & \frac{\partial^2 f}{\partial y_2 y_{N_y}} \\ \vdots & \vdots & \ddots & \vdots \\ \frac{\partial^2 f}{\partial y_{N_y} y_1} & \frac{\partial^2 f}{\partial y_n y_2} & \cdots & \frac{\partial^2 f}{\partial y_{N_y}^2} \end{pmatrix}$$

为 $N_y \times N_y$ 维 Hessian 对称矩阵。

简单地将式（2.6）的值设为0，可以得到 Newton 搜索方向：

$$\boldsymbol{d} = -(\nabla^2 f(\boldsymbol{y}))^{-1} \nabla f(\boldsymbol{y}) \tag{2.7}$$

使用式（2.7）的 Newton 搜索方向，通过应用更新法则

$$\boldsymbol{y}_{k+1} = \boldsymbol{y}_k + \boldsymbol{d}_k \tag{2.8}$$

可以生成序列$\{\boldsymbol{y}_k\}_{k\in N}$。

为了简洁表达，引入如下缩写：

$$\nabla f_k := \nabla f(\boldsymbol{y}_k), \nabla^2 f_k := \nabla^2 f(\boldsymbol{y}_k)$$

Kantorovich[46]首先以一般形式说明了该方法局部收敛于驻点 $\boldsymbol{y}^*$ 的证明和条件。对于式（2.1），本章使用 Kantorovich 定理的一个修正公式，类似于 Ferreira 和 Svaiter 的陈述[25]。

定理 2.1（Kantorovich 定理）

设$f(\cdot)$在 $\mathrm{int}(\boldsymbol{C})$（$\boldsymbol{C}$ 的内部）对 $\boldsymbol{y}$ 二次连续可微，其中 $\boldsymbol{C} \subseteq R^{N_y}$，$\boldsymbol{y}_0 \in \mathrm{int}(\boldsymbol{C})$，$L>0$，$\omega>0$，并且假设：

1）$\nabla^2 f_0$ 是非奇异的。

2）$\|(\nabla^2 f_0)^{-1}[\nabla^2 f_1 - \nabla^2 f_2]\| \leqslant L\|\boldsymbol{y}_1 - \boldsymbol{y}_2\|, \forall \boldsymbol{y}_1, \boldsymbol{y}_2 \in \boldsymbol{C}$。

3）$\|(\nabla^2 f_0)^{-1}\nabla f_0]\| \leqslant \omega$。

4）$\omega L \leqslant 1/2$。

定义半径

$$\boldsymbol{r}_1 := \frac{1 - \sqrt{1 - 2\omega L}}{L}$$

和

$$\boldsymbol{r}_2 := \frac{1 + \sqrt{1 - 2\omega L}}{L}$$

如果存在球体 $B[\boldsymbol{y}_0, \boldsymbol{r}_1] \subset \boldsymbol{C}$，则由 Newton – Raphson 方法生成序列$\{\boldsymbol{y}_k\}_{k\in N}$，初始点$\boldsymbol{y}_0$ 包含在 $B[\boldsymbol{y}_0, \boldsymbol{r}_1]$中，在 $B[\boldsymbol{y}_0, \boldsymbol{r}_1]$中收敛于式（2.4）的唯一零点 $\boldsymbol{y}^*$，并且

$$\|\boldsymbol{y}^* - \boldsymbol{y}_{k+1}\| \leqslant \frac{1}{2}\|\boldsymbol{y}^* - \boldsymbol{y}_k\|, \quad \forall k \in N$$

如果 $\omega L<1/2$ 也成立，则序列 $\{\boldsymbol{y}_k\}_{k\in N}$ 是 Q－二次收敛，并且

$$\|\boldsymbol{y}^* - \boldsymbol{y}_{k+1}\| \leqslant \frac{L}{2\sqrt{1-2\omega L}}\|\boldsymbol{y}^* - \boldsymbol{y}_k\|^2,\quad \forall k\in N$$

$\boldsymbol{y}^*$ 是在 $B[\boldsymbol{y}_0,\boldsymbol{\rho}]$ 中对应于式（2.4）的唯一零点，对于任意 $\boldsymbol{\rho}$ 有

$$\boldsymbol{r}_1 \leqslant \boldsymbol{\rho} \leqslant \boldsymbol{r}_2, B[\boldsymbol{y}_0,\boldsymbol{\rho}] \subset \boldsymbol{C}$$

这个定理的证明由 Kantorovich[46, 47] 和 Ortega[61] 给出。

在假设 1）~3）下，Kantorovich 定理给出 Q－线性收敛的充分条件，并且在额外假设 $\omega L<1/2$ 下 Q－二次收敛到一个驻点 $\boldsymbol{y}^*$；然而，它既无法保证该方法收敛到局部极小值，也不能保证该方法在初始点不在驻点附近的情况下完全收敛。

尽管 Kantorovich 定理没有明确给出保证序列 $\{\boldsymbol{y}_k\}_{k\in N}$ 收敛到 $\boldsymbol{y}^*$ 的半径 r_c，其中 $\|\boldsymbol{y}_k-\boldsymbol{y}^*\|\leqslant r_c$，但其的确保证 $r_c>0$。r_c 表示为 Newton－Raphson 方法的收敛半径，$B[\boldsymbol{y}^*, r_c]$ 作为收敛域。

如果初始点 $\boldsymbol{y}_0$ 位于收敛域内，Hessian 矩阵 $\nabla^2 f_0$ 是正定的，则 Kantorovich 定理保证其收敛到局部极小值。因为对于正定的 Hessian 矩阵 $\nabla^2 f$，其逆也是正定的。然后，有

$$\nabla f(\boldsymbol{y})^T(\nabla^2 f(\boldsymbol{y}))^{-1}\nabla f(\boldsymbol{y})>0 \tag{2.9}$$

并且，由式（2.7）得

$$\boldsymbol{d}^T\nabla f(\boldsymbol{y})<0 \tag{2.10}$$

上式称为下降条件，这保证 Newton－Raphson 方法的每一步都降低式（2.1）的函数值。

在这种情况下，对于所有进一步的迭代步骤，Hessian 矩阵 $\nabla^2 f_k$ 都保持正定。因此局部极小值的充分条件（2.5）在收敛点 $\boldsymbol{y}^*$ 得到满足。

如果初始点在收敛域内，并且 Hessian 矩阵不正定，Newton－Raphson 方法收敛到驻点，其可以为局部极小值、局部极大值或鞍点。如果没有收敛到局部极小值，必须用另一个适当的初始点重新开始 Newton－Raphson 迭代，或者必须使用全局策略找到一个局部极小值。

2.2.3　Newton－Raphson 方法的全局化

由上一节可以看到，如果初始点不在局部极小值的收敛域内，则不能保证收敛。因此，Newton－Raphson 方法的一个明显的扩展是要求每次迭代函数值最小减少，以建立全局收敛到一个固定点，并且希望达到局部极小值，即

$$f(\boldsymbol{y}_{k+1})<f(\boldsymbol{y}_k) \tag{2.11}$$

这个条件保证函数值为单调递减序列，并且如果函数在极小值上有界，则目标是在有限次数的迭代中达到收敛范围。

存在两种主要的算法，用于在每次迭代中找到满足条件（2.11）的点序列：

线搜索方法和信赖域方法。这里将重点关注线搜索方法，因为其对本书讨论的问题类有很好的效果。

通过使用线搜索方法，每个迭代满足迭代条件（2.11），强制使搜索方向 $\boldsymbol{d}_k$ 是式（2.10）的下降方向，并且在迭代规则式（2.8）中添加步长 $\alpha_k \in (0,1]$，然后将其称为线搜索迭代规则，即

$$\boldsymbol{y}_{k+1} = \boldsymbol{y}_k + \alpha_k \boldsymbol{d}_k$$

在收敛域内，Newton - Raphson 方法保证序列以步长 $\alpha_k = 1$ 收敛到驻点。在收敛域外，α_k 可以选得足够小以满足式（2.11），因为 $\boldsymbol{d}_k$ 是下降方向。Newton - Raphson 方法的这种修改称为阻尼 Newton - Raphson 方法。

下面将描述如何选择合适的步长以及如何将搜索方向 $\boldsymbol{d}_k$ 强制为下降方向。

2.2.3.1 步长算法

对于下一次迭代，合适的步长至少应当满足式（2.11）。因此，定义下降条件如下：

$$f(\boldsymbol{y}_k + \alpha_k \boldsymbol{d}_k) < f(\boldsymbol{y}_k) \tag{2.12}$$

如果只考虑下降条件来计算步长，则可能由于函数值的小幅下降而使收敛变得非常缓慢，或者算法根本不收敛。

这需要对式（2.12）使用因子 $\varepsilon \in [0,1]$ 进行修改，然后得到

$$f(\boldsymbol{y}_k + \alpha_k \boldsymbol{d}_k) < f(y_k) + \varepsilon \alpha_k \nabla f_k^T \boldsymbol{d}_k \tag{2.13}$$

这个条件是由 Armijo[2] 在 1966 年提出的，以简化最深下降算法的应用，并且到目前为止，它在确定合适的步长方面做出主要贡献。因此，式（2.13）称为 Armijo 条件。

如果因子 ε 足够大，则附加项强制 $f(\cdot)$ 与步长 α_k 和方向导数 $\boldsymbol{g}_k^T \boldsymbol{d}_k$ 成正比。显然，对于 $\varepsilon = 0$，Armijo 条件等价于下降条件（2.12），并且这个过程仍然有非常小的步长。

为了避免这个缺点，Wolfe[71,72] 引入附加条件

$$\nabla f(y_k + \alpha_k \boldsymbol{d}_k)^T \boldsymbol{d}_k \geqslant \rho \nabla f_k^T \boldsymbol{d}_k \tag{2.14}$$

并且将参数限制为 $\varepsilon \in [0,0.5]$ 和 $\rho \in (\varepsilon,1)$，这限制了步长减小到下确界。式（2.13）和式（2.14）称为 Wolfe 条件。

但是，满足这些条件的步长仍然不能接近最优步长。因此，可以通过修改来强化条件：

$$|\nabla f(\boldsymbol{y}_k + \alpha_k \boldsymbol{d}_k)^T \boldsymbol{d}_k| \leqslant \rho |\nabla f_k^T \boldsymbol{d}_k|$$

上式与式（2.13）一起称为强 Wolfe 条件。

如何计算满足 Armijo 条件、Wolfe 条件或强 Wolfe 条件的步长，还有待进一步研究。Armijo 条件的步长可以用相当简单的方式计算，因为如果步长足够小，则其自动满足。对于这个任务，可以使用基本回溯算法。

Nocedal 和 Wright[59] 描述的基本回溯算法采用 $\beta \in (0,1)$ 确定最小 $j \in N_{\geqslant 0}$，以

便 $\alpha_k=\beta^j$ 满足式（2.12）。通常的方法是从 $j=0$ 开始搜索满足下降条件（2.12）的第一个 j。

对于（强）Wolfe 条件，回溯算法不需要终止，因为非常小的步长是不可接受的。相反，可以使用 Moré 和 Thuente[57] 描述的线搜索算法。

2.2.3.2　下降搜索方向

如果 Hessian 矩阵是正定的，则 Newton 搜索方向式（2.7）是下降方向，见式（2.9）和式（2.10）。一般来说，只能期望在局部极小值附近得到正定 Hessian 矩阵。从全局范围来说，对于所有迭代 $\boldsymbol{y}_k$，Hessian 矩阵 $\nabla^2 f_k$ 不太可能都是正定的。为了得到下降搜索方向，可以在式（2.10）中采用任何其他的正定矩阵 $\boldsymbol{B}_k$ 替换 Hessian 矩阵 $\nabla^2 f_k$，从而计算搜索方向

$$\boldsymbol{d}_k = -\boldsymbol{B}_k^{-1}\nabla f_k \tag{2.15}$$

如果选择单位阵 $\boldsymbol{B}_k=\boldsymbol{I}$，则搜索方向 $\boldsymbol{d}_k$ 就是最陡的下降搜索方向。

这使得策略变得清晰，如果最小化过程的迭代没有达到具有正定 Hessian 矩阵的收敛域，则通过应用修改的矩阵 $\boldsymbol{B}_k$ 和适当的步长确定搜索方向式（2.15），直到具有正定 Hessian 矩阵的收敛域。此后，使用步长为 1 的 Newton 搜索方向，以便利用 Newton – Raphson 方法的快速二次收敛性。

实现正定矩阵与精确 Hessian 矩阵混合的一种常用方法是应用比例更新，即

$$\boldsymbol{B}_k = \kappa_k\boldsymbol{I} + \nabla^2 f_k$$

其中，必须选择足够大的 κ_k，以便保证 $\boldsymbol{B}_k$ 的正定性。随着 k 的增加，加权因子 κ_k 必须趋向于零，以便在收敛域内可以使用精确的 Hessian 矩阵。为了保证 $\boldsymbol{B}_k$ 是正定的，必须选择 κ_k 大于 $\nabla^2 f_k$ 的最负特征值的绝对值。Betts[7] 假设选择

$$\kappa_k = \tau_k(|\sigma_k|+1)$$

加权因子 $\tau_k\in[0,1]$，并且最负特征值的 Gershgorin 边界为

$$\sigma_k = \min_{1\leqslant i\leqslant N_y}\left\{h_{ii} - \sum_{i\neq j}^{N_y}|h_{ij}|\right\}$$

式中，h_{ij} 为 Hessian 矩阵 $\nabla^2 f_k$ 的第 i 行第 j 列的元素。

加权因子 τ_k 的选择本质上影响最小化过程的性能，在局部极小值的邻域内应当选择尽可能小的加权因子。因此，可以使用回溯算法找到使矩阵 $\boldsymbol{B}_k$ 仍然是正定的最小的 τ_k，第 9 章将给出检验 $\boldsymbol{B}_k$ 正定性的一种有效算法。

2.2.4　拟 Newton 方法

对于先前介绍的非线性无约束优化方法，每次迭代都需要计算 Hessian 矩阵。由于这种计算在数值上是一项昂贵的任务，而且在收敛域外计算通常没有太大作用，因此可以尝试使用更新规则近似 Hessian 矩阵或 Hessian 矩阵的逆，更新规则只需要目标函数的一阶导数。

对于每个迭代次数 k，Hessian 矩阵的近似用 $\boldsymbol{B}_k$ 表示，而 Hessian 矩阵的逆近似用 $\boldsymbol{H}_k$ 表示。

1966 年，Davidon 首先引入变尺度方法，即现在的拟 Newton 方法[17]。Davidon 使用对称的秩 1（SR1）的更新为

$$\boldsymbol{H}_{k+1} = \boldsymbol{H}_k + \frac{(\boldsymbol{\delta}_k - \boldsymbol{H}_k\boldsymbol{\gamma}_k)(\boldsymbol{\delta}_k - \boldsymbol{H}_k\boldsymbol{\gamma}_k)^T}{(\boldsymbol{\delta}_k - \boldsymbol{H}_k\boldsymbol{\gamma}_k)^T\boldsymbol{\gamma}_k}$$

使用秩 2 的更新为

$$\boldsymbol{H}_{k+1} = \boldsymbol{H}_k + \frac{\boldsymbol{\delta}_k\boldsymbol{\delta}_k^T}{\boldsymbol{\delta}_k^T\boldsymbol{\delta}_k^T} - \frac{\boldsymbol{H}_k\boldsymbol{\gamma}_k\boldsymbol{\gamma}_k^T\boldsymbol{H}_k}{\boldsymbol{\gamma}_k^T\boldsymbol{H}_k\boldsymbol{\gamma}_k} \tag{2.16}$$

以此近似 Hessian 矩阵的逆。其中，$\boldsymbol{\delta}_k = \boldsymbol{y}_{k+1} - \boldsymbol{y}_k$ 是 $\boldsymbol{y}_k$ 的变化，$\boldsymbol{\gamma}_k = \nabla f_{k+1} - \nabla f_k$ 是第 k 次迭代时梯度 $\nabla f(\boldsymbol{y})$ 的变化。Hessian 近似逆矩阵的优点是不需要求解线性方程组来计算搜索方向，而是使用简单的矩阵 - 向量乘法。Fletcher 和 Powell[31] 给出该方法的收敛性证明，式（2.16）的更新过程称为 DFP 更新公式，由 Davidon、Fletcher 和 Powell 的首字母命名。

Hessian 矩阵近似的 SR1 公式为

$$\boldsymbol{B}_{k+1} = \boldsymbol{B}_k + \frac{(\boldsymbol{\gamma}_k - \boldsymbol{H}_k\boldsymbol{\delta}_k)(\boldsymbol{\gamma}_k - \boldsymbol{H}_k\boldsymbol{\delta}_k)^T}{(\boldsymbol{\gamma}_k - \boldsymbol{H}_k\boldsymbol{\delta}_k)^T\boldsymbol{\delta}_k}$$

DFP 公式为

$$\boldsymbol{B}_{k+1} = \left(\boldsymbol{I} - \frac{\boldsymbol{\gamma}_k\boldsymbol{\delta}_k^T}{\boldsymbol{\delta}_k^T\boldsymbol{\gamma}_k^T}\right)\boldsymbol{B}_k\left(\boldsymbol{I} - \frac{\boldsymbol{\delta}_k\boldsymbol{\gamma}_k^T}{\boldsymbol{\gamma}_k^T\boldsymbol{\delta}_k^T}\right) + \frac{\boldsymbol{\gamma}_k\boldsymbol{\gamma}_k^T}{\boldsymbol{\delta}_k^T\boldsymbol{\gamma}_k} \tag{2.17}$$

SR1 公式和 DFP 公式的特点是割线方程的有效性：

$$\boldsymbol{\gamma}_k^T\boldsymbol{H}_{k+1} = \boldsymbol{\delta}_k^T \tag{2.18}$$

$$\boldsymbol{B}_{k+1}\boldsymbol{\delta}_k = \boldsymbol{\gamma}_k \tag{2.19}$$

因此，SR1 和 DFP 的更新沿着搜索路径跟踪目标函数的曲率，并且将这些信息存储在更新的矩阵中。为了保证更新后的矩阵保持正定曲率条件，在每次迭代中其必须满足

$$\boldsymbol{\delta}_k^T\boldsymbol{\gamma}_k > 0 \tag{2.20}$$

由此可以看出，如果式（2.19）从左侧乘以 $\boldsymbol{\delta}_k^T$，则此条件保持正定性。显然，如果式（2.18）从右侧乘以 $\boldsymbol{\gamma}_k^T$，则 Hessian 逆矩阵的割线方程也是如此。SR1 更新的缺点是分母可能消失，在这种情况下无法进行更新。

满足割线式（2.18）的 Hessian 逆矩阵的进一步更新方程为

$$\boldsymbol{H}_{k+1} = \left(\boldsymbol{I} - \frac{\boldsymbol{\delta}_k\boldsymbol{\gamma}_k^T}{\boldsymbol{\delta}_k^T\boldsymbol{\gamma}_k}\right)\boldsymbol{H}_k\left(\boldsymbol{I} - \frac{\boldsymbol{\gamma}_k\boldsymbol{\delta}_k^T}{\boldsymbol{\delta}_k^T\boldsymbol{\gamma}_k}\right) + \frac{\boldsymbol{\delta}_k\boldsymbol{\delta}_k^T}{\boldsymbol{\delta}_k^T\boldsymbol{\gamma}_k}$$

这个更新公式称为 BFGS 更新法则，由 Broyden、Fletcher、Goldfarb 和 Shanno 的首字母命名。BFGS 的逆公式为

$$\boldsymbol{B}_{k+1}=\boldsymbol{B}_k+\frac{\boldsymbol{\gamma}_k\boldsymbol{\gamma}_k^T}{\boldsymbol{\delta}_k^T\boldsymbol{\gamma}_k}-\frac{\boldsymbol{B}_k\boldsymbol{\delta}_k\boldsymbol{\delta}_k^T\boldsymbol{B}_k}{\boldsymbol{\delta}_k^T\boldsymbol{B}_k\boldsymbol{\delta}_k} \tag{2.21}$$

根据式（2.17）和式（2.21）的两个更新公式，可以用于表示一个凸更新规则类，称为 Broyden 类：

$$\boldsymbol{B}_{k+1}=(1-\phi_k)\boldsymbol{B}_{k+1}^{BFGS}+\phi_k\boldsymbol{B}_{k+1}^{DFP}$$

显式公式可以表示为

$$\boldsymbol{B}_{k+1}=\boldsymbol{B}_k+\frac{\boldsymbol{\gamma}_k\boldsymbol{\gamma}_k^T}{\boldsymbol{\delta}_k^T\boldsymbol{\gamma}_k}-\frac{\boldsymbol{B}_k\boldsymbol{\delta}_k\boldsymbol{\delta}_k^T\boldsymbol{B}_k}{\boldsymbol{\delta}_k^T\boldsymbol{B}_k\boldsymbol{\delta}_k}+\phi_k\boldsymbol{v}_k\boldsymbol{v}_k^T$$

其中

$$\boldsymbol{v}_k=(\boldsymbol{\delta}_k^T\boldsymbol{B}_k\boldsymbol{\delta}_k)^{1/2}\left(\frac{\boldsymbol{\gamma}_k}{\boldsymbol{\delta}_k^T\boldsymbol{\gamma}_k}-\frac{\boldsymbol{B}_k\boldsymbol{\delta}_k}{\boldsymbol{\delta}_k^T\boldsymbol{B}_k\boldsymbol{\delta}_k}\right)$$

如果满足如下条件

$$\lim\frac{\|[\boldsymbol{B}_k-\nabla^2 f(\boldsymbol{y}^*)](\boldsymbol{y}_{k+1}-\boldsymbol{y}_k)\|}{\|\boldsymbol{y}_{k+1}-\boldsymbol{y}_k\|}=0$$

Dennis 和 Moré[20] 证明拟 Newton 方法是 Q－超线性收敛。他们还证明，如果使用上述任何拟 Newton 更新方法并且满足曲率条件（2.20），则上述条件总是满足的。如果使用阻尼拟 Newton 方法，则步长必须在解 $\boldsymbol{y}^*$ 附近变为 1，这样才能保持 Q－超线性收敛率。

2.3 约束非线性优化

本节是关于受到约束的连续可微至少两次的函数的最小化。下面的定义和定理可以在许多教科书中找到，包括 Nocedal 和 Wright[59]、Fletcher[29]、McCormick[54]、Avriel[4] 和 Gill 等[36]。

定义 2.9（约束非线性规划问题）

等式和不等式约束的非线性规划问题形式如下

$$\begin{aligned}&\min_{\boldsymbol{y}\in R^{N_y}} f(\boldsymbol{y})\\&\boldsymbol{g}(\boldsymbol{y})\leqslant\boldsymbol{0}\\&\boldsymbol{h}(\boldsymbol{y})=\boldsymbol{0}\end{aligned} \tag{2.22}$$

式中，$f: R^{N_y}\to R$，$\boldsymbol{g}: R^{N_y}\to R^{N_g}$ 和 $\boldsymbol{h}: R^{N_y}\to R^{N_h}$ 都假设为二次连续可微实值函数。

约束定义为

$$\boldsymbol{g}(\boldsymbol{y}):=\begin{bmatrix}g_1(\boldsymbol{y})\\\vdots\\g_{N_g}(\boldsymbol{y})\end{bmatrix},\boldsymbol{h}(\boldsymbol{y}):=\begin{bmatrix}h_1(\boldsymbol{y})\\\vdots\\h_{N_h}(\boldsymbol{y})\end{bmatrix}$$

优化问题（2.22）的简化形式为

$$\min_{y \in S} f(\boldsymbol{y}) \tag{2.23}$$

式中，S 为可行点集合。

定义 2.10（可行集）

如果满足式（2.22）的所有约束，则点 $\boldsymbol{y} \in R^{N_y}$ 为可行的。可行集包括所有可行点，即

$$S := \{\boldsymbol{y} \in R^{N_y} \mid g_i(\boldsymbol{y}) \leqslant 0, i = 1,\cdots,N_g \wedge h_j(\boldsymbol{y}) = 0, j = 1,\cdots,N_h\}$$

可行集 $S \in R^{N_y}$ 为闭集合。

备注 2.1：集合 S 也称为可行域或机会集。

备注 2.2：假设可行集是由有限个方程的解给出的，不考虑抽象约束或变分不等式。

在导出式（2.23）的最优性条件之前，需要进一步的定义。

定义 2.11（有效指标集）

如果 $g_i(\boldsymbol{y}) = 0$，则称不等式约束 $g_i(\boldsymbol{y})$ 是有效的。然后，定义不等式约束的有效指标集 I：

$$I(\boldsymbol{y}) := \{i = 1,\cdots,N_g \mid g_i(\boldsymbol{y}) = 0\} \tag{2.24}$$

有效指标数量定义为

$$N_I := \# I(\boldsymbol{y})$$

式中，符号#表示元素的数量。

有效指标集表征不等式约束与最优解 $\boldsymbol{y}^*$ 的相关性，这意味着非有效不等式约束对最优解没有影响。

定义 2.12（极值）

如果 $\boldsymbol{y}^* \in S$ 和 $\varepsilon > 0$，并且对于 $\forall \boldsymbol{y} \in S \cap U_\varepsilon(\boldsymbol{y}^*)$，存在

$$f(\boldsymbol{y}^*) \leqslant f(\boldsymbol{y}) \tag{2.25}$$

则点 $\boldsymbol{y}^* \in R^{N_y}$ 称为式（2.23）的局部极小值。

如果存在

$$f(\boldsymbol{y}^*) < f(\boldsymbol{y}) \tag{2.26}$$

则 $\boldsymbol{y}^*$ 称为式（2.23）的严格局部极小值。对于式（2.26）满足 $\forall \boldsymbol{y} \in \boldsymbol{S}$ 的情况，$\boldsymbol{y}^*$ 称为式（2.23）的全局极小值。

2.3.1 最优性必要条件和充分条件

在文献中，可以找到许多具有不同强假设的必要条件，但是只有少数条件可以直接应用于实际优化问题。对于式（2.23），对现代非线性规划算法有影响的两个基本结果是 Fritz John 和 Karush – Kuhn – Tucker 条件。

说明式（2.23）的必要条件的一个先决条件是定义 Lagrange 函数，该函数以 18 世纪下半叶处理了等式约束优化问题的数学家 Lagrange 命名。

定义 2.13（Lagrange 函数[59]）

映射 L：$R^{N_y}\times R\times R^{N_g}\times R^{N_h}\to R$ 定义为

$$\mathcal{L}(\boldsymbol{y},l_0,\boldsymbol{\lambda},\boldsymbol{\mu}):=l_0 f(\boldsymbol{y})+\sum_{i=1}^{N_g}\lambda_i g_i(\boldsymbol{y})+\sum_{i=1}^{N_h}\mu_i h_i(\boldsymbol{y}) \tag{2.27}$$

称为式（2.23）的 Lagrange 函数。l_0 和如下向量的分量

$$\boldsymbol{\lambda}^T:=[\lambda_1,\cdots,\lambda_{N_g}],\boldsymbol{\mu}^T:=[\mu_1,\cdots,\mu_{N_h}] \tag{2.28}$$

称为 Lagrange 乘子。

定理 2.2（一阶必要条件，Fritz John 条件）

假设函数 $f(\cdot)$、$\boldsymbol{g}(\cdot)$ 和 $\boldsymbol{h}(\cdot)$ 对 $\boldsymbol{y}$ 连续可微，则在局部极小值（$\boldsymbol{y}^*$，$\boldsymbol{\lambda}$，$\boldsymbol{\mu}$）处满足如下 Fritz John 条件：

1）符号条件：

$$l_0\geqslant 0 \tag{2.29}$$

2）最优性条件：

$$\nabla_y L(\boldsymbol{y}^*,l_0,\boldsymbol{\lambda},\boldsymbol{\mu}):=l_0\nabla f(\boldsymbol{y}^*)+\nabla \boldsymbol{g}^T(\boldsymbol{y}^*)\boldsymbol{\lambda}+\nabla \boldsymbol{h}^T(\boldsymbol{y}^*)\boldsymbol{\mu}=\boldsymbol{0} \tag{2.30}$$

式中，$\boldsymbol{g}(\cdot)$ 和 $\boldsymbol{h}(\cdot)$ 的 Jacobi 矩阵的尺寸为$\nabla \boldsymbol{g}(\boldsymbol{y}^*)\in R^{N_gN_y}$和$\nabla \boldsymbol{h}(\boldsymbol{y}^*)\in R^{N_hN_y}$。

3）互补条件：

$$\boldsymbol{\lambda}\geqslant\boldsymbol{0},\boldsymbol{g}(\boldsymbol{y}^*)\leqslant\boldsymbol{0},\boldsymbol{\lambda}^T\boldsymbol{g}(\boldsymbol{y}^*)=0 \tag{2.31}$$

4）等式约束：

$$\boldsymbol{h}(\boldsymbol{y}^*)=\boldsymbol{0} \tag{2.32}$$

上述条件的证明，由 John[45]、Mangasarian[51]和 Bertsekas[6]给出。

满足式（2.29）~式(2.32）的每个向量（$\boldsymbol{y}^*$，l_0，$\boldsymbol{\lambda}$，$\boldsymbol{\mu}$）$\in R^{N_y+1+N_g+N_h}$称为式（2.23）的 Fritz John 驻点。可以证明，对于一个局部极小值 $\boldsymbol{y}^*$，只有在满足一个附加条件，称为正则性条件或约束条件时，才存在点（l_0，$\boldsymbol{\lambda}$，$\boldsymbol{\mu}$）$\neq 0$，$l_0>0$。如果这样的约束条件成立，不失一般性则，可以选择 $l_0=1$。

在关于优化的教科书中，可以找到许多非凸问题的约束条件。一般来说，为了尽可能少地限制所允许的约束，希望使用最弱的约束条件。但是，较弱的约束条件，例如拟正则性条件的一个主要缺点是不能以简单的方式进行评价。因此，经常使用更强但更容易评价的约束条件，如 Mangasarian – Fromowitz 约束条件或更强的线性无关约束条件，这些约束条件在下面定义。

定义 2.14（Mangasarian – Fromowitz 约束条件）

设点 $\boldsymbol{y}\in S$ 对于式（2.23）是可行的，由式（2.24）定义有效集 $L(\boldsymbol{y})$，如果等式约束的梯度$\nabla h_j(\boldsymbol{y}),j=1,\cdots,N_h$ 是线性无关的，即在这种情况下约束是正则的，并且对于向量 $\boldsymbol{b}\in R^{N_y}$存在

$$\nabla h_j^T(\boldsymbol{y})\boldsymbol{b}=0,j=1,\cdots,N_h \qquad \nabla g_i^T(\boldsymbol{y})\boldsymbol{b}<0(\forall i\in I(\boldsymbol{y}))$$

则 Mangasarian – Fromowitz 约束条件（MFCQ）成立。

定义 2.15（线性无关约束条件）

设点 $\boldsymbol{y}\in S$ 对于式（2.23）是可行的，由式（2.24）定义有效集 $L(\boldsymbol{y})$。如果梯度 $\nabla g_i(\boldsymbol{y})$，$\forall i\in I(\boldsymbol{y})$ 和 $\nabla h_j(\boldsymbol{y})$，$j=1,\cdots,N_h$ 是线性无关的，则线性独立约束条件（LICQ）成立。

备注 2.3：可以认识到这些约束条件是限制性极强的，甚至可以通过简单的测试证明这些约束条件是过度限制的。如果等式约束 $h_i(\boldsymbol{y})=0$ 由两个等价的不等式约束代替，例如 $g_i(\boldsymbol{y})\leqslant 0$ 和 $g_i(\boldsymbol{y})\geqslant 0$，则 MFCQ 和 LICQ 都不成立。

定理 2.3（Karush - Kuhn - Tucker 条件）

假设函数 $f(\cdot)$、$\boldsymbol{g}(\cdot)$ 和 $\boldsymbol{h}(\cdot)$ 对 $\boldsymbol{y}$ 连续可微，并且满足约束条件，则下列条件在局部极小值处（$\boldsymbol{y}^*$，$\boldsymbol{\lambda}$，$\boldsymbol{\mu}$）满足

$$\nabla_y L(\boldsymbol{y}^*,1,\boldsymbol{\lambda},\boldsymbol{\mu})=\boldsymbol{0} \tag{2.33}$$

$$\nabla_\mu L(\boldsymbol{y}^*,1,\boldsymbol{\lambda},\boldsymbol{\mu})=\boldsymbol{h}(\boldsymbol{y}^*)=\boldsymbol{0} \tag{2.34}$$

$$\nabla_\lambda L(\boldsymbol{y}^*,1,\boldsymbol{\lambda},\boldsymbol{\mu})=\boldsymbol{g}(\boldsymbol{y}^*)\leqslant\boldsymbol{0} \tag{2.35}$$

$$\boldsymbol{\lambda}^T\boldsymbol{g}(\boldsymbol{y}^*)=0 \tag{2.36}$$

$$\boldsymbol{\lambda}\geqslant\boldsymbol{0} \tag{2.37}$$

称为 Karush - Kuhn - Tucker（KKT）条件。

Karush[48]、Kuhn 和 Tucker[49]、Mangasarian[51]、Bertsekas[6]、Fiacco 和 McCormick[27]、Fletcher[29] 等给出定理 2.3 的证明。

备注 2.4：$l_0=1$ 的 Fritz John 条件，也称为 Karush - Kuhn - Tucker（KKT）条件。

类似于 Fritz John 条件，满足 KKT 条件（2.33）~式(2.37）的每个向量($\boldsymbol{y}^*$，$\boldsymbol{\lambda},\boldsymbol{\mu}$)$\in R^{N_y+N_g+N_h}$，称为式（2.23）的 KKT 驻点。

式（2.36）可以用严格的互补条件加强，即对于任何 $i=1$，…，N_g，排除 $\lambda_i=0$ 和 $g_i=0$ 的情况，灵敏度分析需要这样更强的假设。

定义 2.16（严格互补条件）

如果下式

$$\boldsymbol{\lambda}-\boldsymbol{g}(\boldsymbol{y})>\boldsymbol{0} \tag{2.38}$$

成立时，则满足严格互补条件。

为了保证任何 KKT 驻点（$\boldsymbol{y}^*$，$\boldsymbol{\lambda}$，$\boldsymbol{\mu}$）确实是式（2.23）的最优解，需要二阶充分条件（SOSC）。二阶充分条件在 2.4 节的灵敏度分析中也起着重要的作用。

对于二阶充分条件的描述，需要定义临界锥。

定义 2.17（临界锥）

假设 $\boldsymbol{y}$ 为可行点，则临界锥的定义为

$$T_y:=\left\{\begin{aligned}\boldsymbol{v}\in R^{N_y}\mid\ &\nabla g_i^T(\boldsymbol{y})\boldsymbol{v}\leqslant 0,i\in I(\boldsymbol{y}),\lambda_i=0\\&\nabla g_i^T(\boldsymbol{y})\boldsymbol{v}=0,i\in I(\boldsymbol{y}),\lambda_i>0\\&\nabla h_j^T(\boldsymbol{y})\boldsymbol{v}=0,j\in\{1,\cdots,N_h\}\end{aligned}\right\}$$

定理 2.4（二阶充分条件）

设 $\boldsymbol{y}^* \in S$ 为问题（2.23）的可行点，函数 $f(\cdot)$、$\boldsymbol{g}(\cdot)$ 和 $\boldsymbol{h}(\cdot)$ 对 $\boldsymbol{y}$ 二次连续可微。假设 Lagrange 向量 $\boldsymbol{\lambda}$ 和 $\boldsymbol{\mu}$ 存在，定理 2.3 成立，并且 Lagrange 函数的 Hessian 矩阵在临界锥上正定：

$$\boldsymbol{v}^T \nabla_y^2 \mathcal{L}(\boldsymbol{y}^*, \boldsymbol{\lambda}, \boldsymbol{\mu}) \boldsymbol{v} > 0, \ \forall \boldsymbol{v} \in T_{\boldsymbol{y}^*}, \boldsymbol{v} \neq \boldsymbol{0} \tag{2.39}$$

则 $\boldsymbol{y}^*$ 满足二阶充分条件，并且为问题（2.23）的严格局部极小值。

对此，Karush [48]、Fletcher [29] 和 Bertsekas [6] 给出证明。

2.3.2　投影 Hessian 矩阵

在实际中，由于定理 2.4 的临界锥确定相当困难，因此将 Lagrange 函数的 Hessian 矩阵投影到约束的核上，以获得可以数值求解的条件。

假定发现式（2.23）的（$\boldsymbol{y}^*$，$\boldsymbol{\lambda}$，$\boldsymbol{\mu}$）是可行的，并且 Lagrange 乘子的严格互补条件和约束条件成立，即切线锥是向量空间，则所有有效约束的 Jacobi 矩阵为

$$\boldsymbol{A}_y := (\nabla g_i(\boldsymbol{y}) \ \nabla h_j(\boldsymbol{y}))^T$$

其中，指标 $i \in L(\boldsymbol{y})$ 和 $j = 1, \cdots, N_h$，则可以重新表示临界锥为

$$T_y = \{\boldsymbol{v} \in R^{N_y} \mid \boldsymbol{A}_y \boldsymbol{v} = \boldsymbol{0}\} = \ker(\boldsymbol{A}_y)$$

集合 $\mathrm{key}(\boldsymbol{A}_y)$ 表示矩阵 $\boldsymbol{A}_y$ 的核。应当注意的是，矩阵的维数取决于有效约束 $\boldsymbol{A}_y \in R^{N_y \times N_s}$ 的数量，其中 $N_s := N_I + N_h$。

使用核 $\mathrm{key}(\boldsymbol{A}_y)$，式（2.39）等价为

$$\boldsymbol{v}^T \nabla_y^2 \mathcal{L}(\boldsymbol{y}^*, \boldsymbol{\lambda}, \boldsymbol{\mu}) \boldsymbol{v} > 0, \forall \boldsymbol{v} \in \ker(\boldsymbol{A}_y), \boldsymbol{v} \neq \boldsymbol{0}$$

引入列满秩矩阵 $\boldsymbol{P} \in R^{N_y \times (N_y - N_s)}$，其列跨越核 ker（$\boldsymbol{A}_y$），以便

$$\boldsymbol{A}_y \boldsymbol{P} = \boldsymbol{0}_{N_y \times (N_y - N_s)}$$

对于某个向量 $\boldsymbol{w} \in R^{N_y - N_s}$，任何向量 $\boldsymbol{v} \in \ker(\boldsymbol{A}_y)$ 可以唯一重新表示为

$$\boldsymbol{v} = \boldsymbol{P} \boldsymbol{w}$$

在严格互补条件（2.38）成立，并且 $\boldsymbol{P}$ 构成 $\ker(A_y)$ 的正交基，则条件（2.39）可重新表示为

$$\boldsymbol{w}^T \boldsymbol{P}^T \nabla_y^2 \mathcal{L}(\boldsymbol{y}^*, \boldsymbol{\lambda}, \boldsymbol{\mu}) \boldsymbol{P} \boldsymbol{w} > 0, \forall \boldsymbol{w} \in R^{N_y - N_s}, \boldsymbol{w} \neq \boldsymbol{0} \tag{2.40}$$

矩阵

$$\boldsymbol{B}_{red} = \boldsymbol{P}^T \nabla_y^2 \mathcal{L}(\boldsymbol{y}^*, \boldsymbol{\lambda}, \boldsymbol{\mu}) \boldsymbol{P} \in R^{(N_y - N_s) \times (N_y - N_s)} \tag{2.41}$$

称为投影或约化 Hessian 矩阵。由式（2.40）可以得出结论，约化 Hessian 矩阵的正定性等价于临界锥上的全 Hessian 矩阵的正定性。因此，通过显示投影 Hessian 矩阵的正定，减少对二阶充分条件的检查。

矩阵 $\boldsymbol{P}$ 可以通过 $\boldsymbol{A}_y^T$ 的 QR 分解得到，有

$$\boldsymbol{A}_y^T = \boldsymbol{QR} = (\boldsymbol{Q}_1 \quad \boldsymbol{Q}_2) \begin{pmatrix} R_1 \\ \boldsymbol{0}_{(N_y - N_s) \times N_s} \end{pmatrix} \tag{2.42}$$

其中，$\boldsymbol{Q} \in R^{N_y \times N_y}$为正交矩阵，$\boldsymbol{R}_1 \in R^{N_s \times N_s}$为正则上三角矩阵。则$\boldsymbol{P}: = \boldsymbol{Q}_2$形成key$(A_y)$的正交基，通过$\boldsymbol{Q}^T$左乘式（2.42），有

$$\begin{pmatrix} \boldsymbol{Q}_1^T \\ \boldsymbol{Q}_2^T \end{pmatrix} \boldsymbol{A}_y(\boldsymbol{y}) = \begin{pmatrix} \boldsymbol{R}_1 \\ \boldsymbol{0}_{(N_y - N_s) \times N_s} \end{pmatrix} \Rightarrow \boldsymbol{A}_y \boldsymbol{Q}_2 = \boldsymbol{0}_{N_s \times (N_y - N_s)}$$

2.3.3 序列二次规划

求解约束极小化问题（2.23）的一组非常流行的算法，是序列二次规划（SQP）方法。SQP方法是迭代算法，并且在每一次迭代中都要计算合适的搜索方向。Han[43]和Powell[65]表明，这种方法通过将Lagrange函数近似为二次函数，将非线性约束近似为线性约束，利用局部曲率信息收敛于NLP问题的一个解（KKT点）。他们还表明，如果由Broyden类（即BFGS或DFP）的一个更新方法得到Lagrange函数凸近似，则这些方法的局部收敛率是Q－超线性的。通过求解这些凸二次子问题的序列，找到局部极小值。

SQP方法有两种常见的变式，即线搜索和筛选SQP方法。线搜索SQP方法将无约束优化的拟Newton方法扩展到具有线搜索全局化策略的约束问题。考虑目标函数和约束条件，计算出合适的评价函数的步长。筛选SQP方法将具有信赖域全局策略的无约束优化的拟牛顿方法推广到约束问题。

对于无约束情况，将只关注用于约束优化的线搜索方法，因为两种类型的SQP算法的数值结果对于本书所考虑的问题几乎是相同的。此外，只讨论基于拟Newton方法的SQP方法。

线搜索SQP方法的构造类似于Newton－Raphson方法。Lagrange函数式（2.27）的梯度近似为一阶Taylor展开，根据必要条件，假定它在局部极小值处为零，则得到Lagrange函数的一阶Taylor展开：

$$\nabla_y L(\boldsymbol{y} + \boldsymbol{d}, \boldsymbol{\lambda}, \boldsymbol{\mu}) \approx \nabla f(\boldsymbol{y}) + \nabla \boldsymbol{g}^T(\boldsymbol{y})\boldsymbol{\lambda} + \nabla \boldsymbol{h}^T(\boldsymbol{y})\boldsymbol{\mu} + \boldsymbol{B}(\boldsymbol{y}, \boldsymbol{\lambda}, \boldsymbol{\mu})\boldsymbol{d} = \boldsymbol{0} \tag{2.43}$$

矩阵$\boldsymbol{B}(\boldsymbol{y}, \boldsymbol{\lambda}, \boldsymbol{\mu})$考虑了目标函数和约束的二阶导数，每次迭代采用合适的拟Newton更新策略进行更新。

在每次迭代时，约束$\boldsymbol{g}(\cdot)$和$\boldsymbol{h}(\cdot)$也可以近似为一阶Taylor展开：

$$\boldsymbol{g}(\boldsymbol{y} + \boldsymbol{d}) \approx \boldsymbol{g}(\boldsymbol{y}) + \nabla \boldsymbol{g}(\boldsymbol{y})\boldsymbol{d} \leqslant \boldsymbol{0} \tag{2.44}$$

$$\boldsymbol{h}(\boldsymbol{y} + \boldsymbol{d}) \approx \boldsymbol{h}(\boldsymbol{y}) + \nabla \boldsymbol{h}(\boldsymbol{y})\boldsymbol{d} = \boldsymbol{0} \tag{2.45}$$

搜索方向可以通过求解式（2.43）~式(2.45）来计算。如果已知不等式约束的有效集，则必须求解线性方程组以获得搜索方向。然而，一般来说，有效集不是先验已知的。

值得注意的是，式（2.43）和式（2.45）以及不等式（2.44）系统的解等价于具有线性约束的凸二次子问题（QSP）的极小值问题。

定义 2.18（二次子问题）

具有线性约束的二次子问题定义为

$$\min_{\boldsymbol{d} \in R^{N_y}} f(\boldsymbol{y}) + \nabla f^T(\boldsymbol{y})\boldsymbol{d} + \frac{1}{2}\boldsymbol{d}^T\boldsymbol{B}\boldsymbol{d} \tag{2.46}$$

约束为

$$\boldsymbol{g}(\boldsymbol{y}) + \nabla \boldsymbol{g}^T(\boldsymbol{y})\boldsymbol{d} \leqslant \boldsymbol{0}$$
$$\boldsymbol{h}(\boldsymbol{y}) + \nabla \boldsymbol{h}^T(\boldsymbol{y})\boldsymbol{d} = \boldsymbol{0}$$

将二次子问题（2.46）的解作为搜索方向 $\boldsymbol{d}_k$，其为某个评价函数的下降方向。类似于全局拟 Newton 方法，可以通过应用更新规则生成序列$\{\boldsymbol{y}_k\}_{k \in N}$:

$$\boldsymbol{y}_{k+1} = \boldsymbol{y}_k + \alpha_k \boldsymbol{d}_k$$

式中，α_k 为正步长；$\boldsymbol{d}_k$ 为求解二次子问题（2.46）的 SQP 算法的第 k 次迭代计算的可行搜索方向。

下面的三个小节给出求解二次子问题的一些方法，以获得搜索方向、计算步长以及计算合适的 Hessian 近似矩阵的拟 Newton 更新。

2.3.3.1　二次子问题的解

对于二次子问题 QSP（2.46）的求解，有效解集（AS）和内点（IP）方法尤为适用。求解凸二次问题的理论是相当复杂的，放入本书会占用很多篇幅。因此，只引入其基本形式的内点算法。感兴趣的读者可以查阅 Nocedal 和 Wright[59]、Fletcher[29] 和 Wright[73] 的教科书，以获得关于这类问题的更多信息。

在介绍 IP 算法之前，首先从只有等式约束的二次子问题开始，将变量重命名为 $\boldsymbol{\omega} := \boldsymbol{y}_k$、$\boldsymbol{x} := \boldsymbol{d}_k$、$\boldsymbol{y} := \boldsymbol{\mu}_k$ 和 $\boldsymbol{z} := \boldsymbol{\lambda}_k$，以获得更简洁的问题公式。

定义 2.19（具有等式约束的凸二次子问题）

具有等式约束的凸二次子问题可以简洁表示为

$$\min_{\boldsymbol{x} \in R^{N_y}} f + \boldsymbol{x}^T\boldsymbol{c} + \frac{1}{2}\boldsymbol{x}^T\boldsymbol{G}\boldsymbol{x}$$

满足

$$\boldsymbol{A}\boldsymbol{x} = \boldsymbol{b} \tag{2.47}$$

式中，$\boldsymbol{G} := \boldsymbol{B}_k$ 为对称的 $N_y \times N_y$ 维 Hessian 矩阵；$\boldsymbol{A} := \nabla \boldsymbol{h}^T(\boldsymbol{\omega})$ 为等式约束的 Jacobi 矩阵；$\boldsymbol{c} := \nabla f(\boldsymbol{\omega})$为目标函数的梯度；$\boldsymbol{b} := \boldsymbol{h}(\boldsymbol{\omega})$为等式约束；$f := f(\boldsymbol{\omega})$为第 k 次迭代时的目标函数值。

值得注意的是，最小化的项是二次的，约束是线性的。

由式（2.27）可知，二次问题（2.47）的 Lagrange 函数为

$$L(\boldsymbol{x},\boldsymbol{y}) = f + \boldsymbol{x}^T\boldsymbol{c} + \frac{1}{2}\boldsymbol{x}^T\boldsymbol{G}\boldsymbol{x} - \boldsymbol{y}^T(\boldsymbol{A}\boldsymbol{x} - \boldsymbol{b})$$

等式约束问题（2.47）的一阶 KKT 条件（定理 2.3）可以表示为

$$\boldsymbol{F}(\boldsymbol{x},\boldsymbol{y}) = \begin{bmatrix} \nabla_x L(\boldsymbol{x},\boldsymbol{y}) \\ \nabla_y L(\boldsymbol{x},\boldsymbol{y}) \end{bmatrix} = \begin{bmatrix} \boldsymbol{c} + \boldsymbol{G}\boldsymbol{x} - \boldsymbol{A}^T\boldsymbol{y} \\ -\boldsymbol{A}\boldsymbol{x} + \boldsymbol{b} \end{bmatrix} = \boldsymbol{0}_{(N_x+N_h)\times 1} \tag{2.48}$$

问题（2.48）对 $\boldsymbol{x}$ 和 $\boldsymbol{y}$ 的 Jacobi 矩阵为

$$\frac{\partial \boldsymbol{F}}{\partial(\boldsymbol{x},\boldsymbol{y})}=\begin{pmatrix}\nabla_x^2 L(\boldsymbol{x},\boldsymbol{y}) & \nabla_{xy} L(\boldsymbol{x},\boldsymbol{y})\\ \nabla_{yx} L(\boldsymbol{x},\boldsymbol{y}) & \nabla_y^2 L(\boldsymbol{x},\boldsymbol{y})\end{pmatrix}=\begin{pmatrix}\boldsymbol{G} & -\boldsymbol{A}^T\\ -\boldsymbol{A} & \boldsymbol{0}_{N_h\times N_h}\end{pmatrix} \tag{2.49}$$

上式也称为 Karush - Kuhn - Tucker 矩阵（简称 KKT 矩阵）。

问题（2.48）的解可以由下式计算：

$$\begin{bmatrix}\boldsymbol{x}\\ \boldsymbol{y}\end{bmatrix}=-\begin{pmatrix}\boldsymbol{G} & -\boldsymbol{A}^T\\ -\boldsymbol{A} & \boldsymbol{0}_{N_h\times N_h}\end{pmatrix}^{-1}\begin{bmatrix}\boldsymbol{c}\\ \boldsymbol{b}\end{bmatrix} \tag{2.50}$$

其与 Newton 搜索方向的计算等价。

备注 2.5：值得注意的是，等式约束的符号以及与 Lagrange 函数耦合的 Lagrange 参数 $\boldsymbol{y}^T(\boldsymbol{A}\boldsymbol{x}-\boldsymbol{b})$ 可以任意选择。

由二次问题（2.46），使用新变量，可以得到一般凸二次问题公式。

定义 2.20（凸二次子问题）

除了定义 2.19 之外，一般凸二次子问题也可以表示为

$$\min_{\boldsymbol{x}\in R^{N_y}} f+\boldsymbol{x}^T\boldsymbol{c}+\frac{1}{2}\boldsymbol{x}^T\boldsymbol{G}\boldsymbol{x}$$

满足

$$\boldsymbol{A}\boldsymbol{x}=\boldsymbol{b}$$
$$\boldsymbol{C}\boldsymbol{x}\geqslant\boldsymbol{d}$$

式中，$\boldsymbol{C}:=-\nabla\boldsymbol{g}^T(\boldsymbol{\omega})$ 为不等式约束的负 Jacobi 矩阵；$\boldsymbol{d}:=\boldsymbol{g}(\boldsymbol{\omega})$ 为不等式约束。

内点（IP）方法

将文献［55］中描述的 Mehrotra 预估 - 校正 IP 方法应用于定义 2.20。首先，引入松弛变量 $\boldsymbol{s}$ 将不等式约束转换为等式约束，并且为松弛变量附加界约束。然后，这个问题的一阶必要条件可以表示为

$$\begin{aligned}\boldsymbol{G}\boldsymbol{x}-\boldsymbol{A}^T\boldsymbol{y}-\boldsymbol{C}^T\boldsymbol{z}&=-\boldsymbol{c}\\ \boldsymbol{A}\boldsymbol{x}&=\boldsymbol{b}\\ \boldsymbol{C}\boldsymbol{x}-\boldsymbol{s}&=\boldsymbol{d}\\ \boldsymbol{z}\geqslant\boldsymbol{0},\quad \boldsymbol{s}\geqslant\boldsymbol{0},\quad \boldsymbol{z}^T\boldsymbol{s}&=0\end{aligned} \tag{2.51}$$

由于每个点（$\boldsymbol{x}_0$，$\boldsymbol{y}_0$，z_0，$\boldsymbol{s}_0$）、（z_0，$\boldsymbol{s}_0$）>0、z_0 >0 和 $\boldsymbol{s}_0$ >0 都是可行的，因此可以直接表示该方法的一个可行初始点。内点法的迭代总是可行的，因为通过合适的步长计算可以保证 $z_j>0$ 和 $\boldsymbol{s}_j>0$。与可行性相反，初始点通常不满足互补条件（2.51）。该算法的目标不是在每次迭代中都施加这个条件，而是适当减少选择这个条件的残差。因此，给出互补性度量：

$$\boldsymbol{\mu}=\frac{\boldsymbol{z}^T\boldsymbol{s}}{N_g} \tag{2.52}$$

其在内点法中起着重要的作用。因此，违反式（2.52），算法将迫使每次迭代变小。

给定一个初始点（x_0，y_0，z_0，s_0）、（z_0，s_0）>0 和参数 $\tau \in [2, 4]$ 的以下步骤 $j=1$，2，…，将重复直到验证收敛，并且算法以最优解结束。

算法 2.1 QP 内点算法[33]

1：$j \leftarrow 1$

2：$\mu_j \leftarrow \dfrac{z_j^T s_j}{N_g}$

3：if（对给定公差满足一阶必要条件）then

4：　　停止

5：end if

6：解（Δx_j^{off}，Δy_j^{off}，Δz_j^{off}，Δs_j^{off}）：

$$\begin{pmatrix} G & -A^T & -C^T & 0 \\ A & 0 & 0 & 0 \\ C & 0 & 0 & -I \\ 0 & 0 & S_j & Z_j \end{pmatrix} \begin{bmatrix} \Delta x_j^{off} \\ \Delta y_j^{off} \\ \Delta z_j^{off} \\ \Delta s_j^{off} \end{bmatrix} = -\begin{bmatrix} r_{Gj} \\ r_{Aj} \\ r_{Cj} \\ Z_j S_j e \end{bmatrix}$$

其中，$S_j = \mathrm{diag}(s_{j1}, s_{j2}, \cdots, s_{jNg})$，$Z_j = \mathrm{diag}(z_{j1}, z_{j2}, \cdots, z_{jNg})$，

$$r_{Gj} = Gx_j - A^T y_j - C^T z_j + c, r_{Aj} = Ax_j - b, r_{Cj} = Cx_j - s_j - d$$

7：计算

$$\alpha_j^{off} = \underset{\alpha \in (0,1]}{\mathrm{argmax}} \{ (z_j, s_j) + \alpha(\Delta z_j^{off}, \Delta s_j^{off}) \geqslant 0 \}$$

8：

$$\mu_j^{off} \leftarrow \frac{(z_j + \alpha_j^{off} \Delta z_j^{off})^T (s_j + \alpha_j^{off} \Delta z_j^{off})}{N_g}$$

9：

$$\sigma_j \leftarrow \left(\frac{\mu_j^{off}}{\mu_j} \right)^{\tau}$$

10：解（Δx_j，Δy_j，Δz_j，Δs_j）：

$$\begin{pmatrix} G & -A^T & -C^T & 0 \\ A & 0 & 0 & 0 \\ C & 0 & 0 & -I \\ 0 & 0 & S_j & Z_j \end{pmatrix} \begin{bmatrix} \Delta x_j \\ \Delta y_j \\ \Delta z_j \\ \Delta s_j \end{bmatrix} = -\begin{bmatrix} r_{Gj} \\ r_{Aj} \\ r_{Cj} \\ Z_j S_j e - \sigma_j \mu_j e + \Delta Z_j^{off} \Delta S_j^{off} e \end{bmatrix}$$

（续）

其中，ΔZ_j^{off} 和 ΔS_j^{off} 以第 6 步中的 Z_j 和 S_j 的相同方式定义。

11：计算

$$\alpha_j^{\max} = \underset{\alpha \in (0,1]}{\operatorname{argmax}} \{ (z_j, s_j) + \alpha(\Delta z_j, \Delta s_j) \geqslant \mathbf{0} \}$$

12：根据 Mehrotra 的启发式选择 $\alpha_j \in (0, \alpha_j^{\max})$

13：更新 $\boldsymbol{x}_{j+1} \leftarrow \boldsymbol{x}_j + \alpha_j \Delta \boldsymbol{x}_j$，$\boldsymbol{y}_{j+1} \leftarrow \boldsymbol{y}_j + \alpha_j \Delta \boldsymbol{y}_j$，$z_{j+1} \leftarrow z_j + \alpha_j \Delta z_j$，$\boldsymbol{s}_{j+1} \leftarrow \boldsymbol{s}_j + \alpha_j \Delta \boldsymbol{s}_j$ 以及 $j \leftarrow j+1$

14：回到第 2 步。

关于收敛准则实现、Mehrotra 步长确定的启发、线性方程组的简化以及更高阶修正的细节，感兴趣的读者可以参考 Mehrotra[55]、Gondzio[40] 与 Gertz 和 Wright[33]。

2.3.3.2 约束问题的拟 Newton 更新

2.2.4 节的拟 Newton 更新公式也可用于 SQP 方法，如果将 $\boldsymbol{\gamma}_k$ 定义替换为

$$\boldsymbol{\gamma}_k = \nabla_y L(\boldsymbol{y}_{k+1}, \boldsymbol{\lambda}_{k+1}, \boldsymbol{\mu}_{k+1}) - \nabla_y L(\boldsymbol{y}_k, \boldsymbol{\lambda}_{k+1}, \boldsymbol{\mu}_{k+1})$$

如果使用投影 Hessian 矩阵式（2.41），则这种约束优化拟 Newton 更新的局部收敛性的证明可以转换到无约束情况下。Powell[65] 表示了这一点：

$$\lim_{k \to \infty} \frac{\| \boldsymbol{P}_k^T [\boldsymbol{B}_k - \nabla_y^2 L(\boldsymbol{y}^*, \boldsymbol{\lambda}, \boldsymbol{\mu})] \boldsymbol{P}_k (\boldsymbol{y}_{k+1} - \boldsymbol{y}_k) \|}{\| \boldsymbol{y}_{k+1} - \boldsymbol{y}_k \|} = 0$$

这意味着

$$\frac{\boldsymbol{y}_{k+1} - \boldsymbol{y}^*}{\boldsymbol{y}_{k-1} - \boldsymbol{y}^*} \to 0 \tag{2.53}$$

其中，$\boldsymbol{P}_k$ 是与式（2.41）相同的投影矩阵，式（2.53）意味着两步超线性收敛率。应当注意的是，投影 Hessian 矩阵的存在，必须满足严格的互补条件，因此这个关于收敛率的结果是必需的。

约束优化拟 Newton 更新的一个实际缺点，是其往往不满足曲率条件（2.20），因此拟 Newton 更新矩阵 $\boldsymbol{B}_{k+1}$ 不再是正定的。为了避免这个缺点，Powell 建议应用改进 BFGS 更新，有

$$\boldsymbol{B}_{k+1} = \boldsymbol{B}_k + \frac{\boldsymbol{\eta}_k \boldsymbol{\eta}_k^T}{\boldsymbol{\delta}_k^T \boldsymbol{\eta}_k} - \frac{\boldsymbol{B}_k \boldsymbol{\delta}_k \boldsymbol{\delta}_k^T \boldsymbol{B}_k}{\boldsymbol{\delta}_k^T \boldsymbol{B}_k \boldsymbol{\delta}_k} \tag{2.54}$$

其中，用 $\boldsymbol{\eta}_k$ 替换 $\boldsymbol{\gamma}_k$，定义为

$$\boldsymbol{\eta}_k = \theta_k \boldsymbol{\gamma}_k + (1 - \theta_k) \boldsymbol{B}_k \boldsymbol{\delta}_k \tag{2.55}$$

θ_k 的表示为

$$\theta_k = \begin{cases} 1 & \boldsymbol{\delta}_k^T\boldsymbol{\gamma}_k \geqslant 0.2\boldsymbol{\delta}_k^T\boldsymbol{B}_k\boldsymbol{\delta}_k \\ \dfrac{0.8\boldsymbol{\delta}_k^T\boldsymbol{B}_k\boldsymbol{\delta}_k}{\boldsymbol{\delta}_k^T\boldsymbol{B}_k\boldsymbol{\delta}_k - \boldsymbol{\delta}_k\boldsymbol{\gamma}_k}, & \boldsymbol{\delta}_k^T\boldsymbol{\gamma}_k < 0.2\boldsymbol{\delta}_k^T\boldsymbol{B}_k\boldsymbol{\delta}_k \end{cases}$$

有了以上改进，更强的条件

$$\boldsymbol{\delta}_k^T\boldsymbol{\gamma}_k > 0.2\boldsymbol{\delta}_k^T\boldsymbol{B}_k\boldsymbol{\delta}_k$$

在 SQP 方法的每次迭代中都满足，并且 BFGS 矩阵保持正定。

更新式（2.54）在许多应用中被证明效果良好，甚至通常具有 Q－超线性收敛率，并且 Powell 证明了如果改进 BFGS 更新的一些附加假设成立，则收敛率至少是 R－超线性的[65]。然而，据我们所知，这个改进的更新公式还没有局部收敛性的一般证明。

2.3.3.3　采用评价函数的步长计算

在计算搜索方向 $\boldsymbol{d}_k$ 之后，必须确定合适的步长 α_k。为此，可以定义一个评价函数，对目标函数减少和约束违反的情况进行加权。一个先决条件是从 QP 获得的搜索方向 $\boldsymbol{d}_k$ 也是该函数的下降方向。

对于给定的一对点，评价函数的必要性可以想象得最好。如果这两个点是可行的，可以通过比较目标函数值来确定哪一个是最好的。然而，如果允许这些点是不可行的，这就成了问题。于是，这两个点中的哪个解是最佳近似就不明显了。

在 Han 和 Powell 提出的线搜索 SQP 算法中，引入了 l_1 评价函数：

$$\psi(\boldsymbol{y},\boldsymbol{\vartheta},\boldsymbol{\nu}) = f(\boldsymbol{y}) + \boldsymbol{\vartheta}^T\max(0,\boldsymbol{g}(\boldsymbol{y})) + \boldsymbol{\nu}^T|\boldsymbol{h}(\boldsymbol{y})|$$

其中，最大值必须按元素进行计算，并且 Powell 建议根据更新法则更新罚参数 $\boldsymbol{\vartheta}$ 和 $\boldsymbol{\nu}$：

$$\boldsymbol{\vartheta}_k = \begin{cases} |\boldsymbol{\lambda}_k|, & k = 0 \\ \max\left(|\boldsymbol{\lambda}_k|, \dfrac{1}{2}(\boldsymbol{\vartheta}_{k-1} + |\boldsymbol{\lambda}_k|)\right), & k > 0 \end{cases} \tag{2.56}$$

$$\boldsymbol{\nu}_k = |\boldsymbol{\mu}_k| \tag{2.57}$$

这意味着，评价函数为不断增加的违反约束的行为施加了一个正的惩罚。对于罚参数式（2.56）和式（2.57），可以表明搜索方向 $\boldsymbol{d}_k$ 是评价函数 l_1 的下降方向。由于评价函数 l_1 的不可微性，Powell 建议在步长确定过程中使用修改 Armijo 条件（2.13）的回溯算法：

$$f(\boldsymbol{y}_k + \alpha_k\boldsymbol{d}_k) < f(\boldsymbol{y}_k) + \varepsilon\alpha_k(f(\boldsymbol{y}_k + \boldsymbol{d}_k) - f(\boldsymbol{y}_k))$$

其中，$\varepsilon = 0.1$。

评价函数 l_1 的另一个缺点是其迭代可以循环，使得 SQP 算法根本不收敛或者收敛非常缓慢。这种效应称为 Maratos 效应[52]。

为了避免 Maratos 效应，可以对算法进行一些修改。克服该问题的一个可能的修改方法是 Chamberlain、Powell、Lemarechal 和 Pedersen 提出的看门狗技术[14]。

另一种方法是对二次子问题的解进行二阶修正，如 Mayne 和 Polak[53]、Fletcher[28]与 Coope[16]所述。

二阶修正的目的是通过修正更新替换 $\boldsymbol{y}_{k+1}=\boldsymbol{y}_k+\alpha_k\boldsymbol{d}_k$，即

$$\boldsymbol{y}_{k+1} = \boldsymbol{y}_k + \alpha_k\boldsymbol{d}_k + \alpha_k^2\tilde{\boldsymbol{d}}_k$$

其中，修正步长$\tilde{\boldsymbol{d}}_k$ 将由修正的等式或不等式约束二次子问题得到。

定义 2.21（二阶修正等式约束二次子问题[16]）

二阶修正等式约束二次子问题可以表示为

$$\min_{\tilde{\boldsymbol{d}}\in R^{N_y}} \tilde{\boldsymbol{d}}^T(\nabla f(\boldsymbol{y})+\boldsymbol{d})+\frac{1}{2}\tilde{\boldsymbol{d}}^T\tilde{\boldsymbol{d}}$$

满足

$$\boldsymbol{g}_{i\in I(y)}(\boldsymbol{y}+\boldsymbol{d})+\nabla\boldsymbol{g}^T{}_{i\in I(y)}(\boldsymbol{y})\tilde{\boldsymbol{d}}=\boldsymbol{0}$$
$$\boldsymbol{h}(\boldsymbol{y}+\boldsymbol{d})+\nabla\boldsymbol{h}^T(\boldsymbol{y})\tilde{\boldsymbol{d}}=\boldsymbol{0}$$

定义 2.22（Fletcher 二阶修正不等式约束二次子问题[16]

二阶修正不等式约束二次子问题可以表示为

$$\min_{\tilde{\boldsymbol{d}}\in R^{N_y}} \tilde{\boldsymbol{d}}^T(\nabla f(\boldsymbol{y})+\boldsymbol{d})+\frac{1}{2}\tilde{\boldsymbol{d}}^T\boldsymbol{B}\tilde{\boldsymbol{d}}$$

满足

$$\boldsymbol{g}(\boldsymbol{y}+\boldsymbol{d})+\nabla\boldsymbol{g}^T(\boldsymbol{y})\tilde{\boldsymbol{d}}\leqslant\boldsymbol{0},$$
$$\boldsymbol{h}(\boldsymbol{y}+\boldsymbol{d})+\nabla\boldsymbol{h}^T(\boldsymbol{y})\tilde{\boldsymbol{d}}=\boldsymbol{0}$$

这些二次子问题的解$\tilde{\boldsymbol{d}}$是约束曲率的二阶近似，如果$\|\tilde{\boldsymbol{d}}\|$足够小，则可以降低评价函数 l_1 和 Lagrange 函数。

受到 Mayne[53]、Coope[16]和 Fletcher[28]所描述的应用校正步骤的条件启发，只在满足条件

$$L(\boldsymbol{y}+\boldsymbol{d},\boldsymbol{\lambda}_k,\boldsymbol{\mu}_k) < L(\boldsymbol{y},\boldsymbol{\lambda}_k,\boldsymbol{\mu}_k)$$
$$L(\boldsymbol{y}+\boldsymbol{d}+\tilde{\boldsymbol{d}},\boldsymbol{\lambda}_k,\boldsymbol{\mu}_k) < L(\boldsymbol{y}+\boldsymbol{d},\boldsymbol{\lambda}_k,\boldsymbol{\mu}_k)$$

时计算修正步长。

2.4 灵敏度分析

最后一节研究具有固定边界参数的问题，即定义 2.9 的局部最优解 $\boldsymbol{y}^*$。在一些参数变化的情况下，不再认为解 $\boldsymbol{y}^*$ 是局部最优的。但是本章对不同参数非常感兴趣，以便能够为规定的 NLP 找到最优的参数集。处理这种参数变化问题最简单和最精确的方法，是对通过“蛮力”方法选择的几个参数组合问题进行重新优化[5,10]。“蛮力”方法可以处理参数中的任意大扰动，但是由于生成的数据集数量庞大，很难解释参数变化对结果的影响，使得该方法不仅计算量大，而且处理这些

问题时没有使用明确的系统学原理。

为了得到这类问题更系统的方法，第一步只要求参数集中具有小扰动的 NLP 解，这可以表示为对名义解的一阶修正。这类问题称为灵敏度问题，在优化理论中有着广泛的应用。使用基于 Kuhn - Tucker 条件（2.33）~式(2.37）的灵敏度方法，系统地考虑这类问题。这些方法避免了重新优化的计算，但仅仅是扰动解的局部近似。在这样做的过程中，引入参数向量 $\boldsymbol{p}=[p_1,p_2,\cdots,p^{N_p}]^T\in\mathcal{P}$，其中 $\mathcal{P}\subset R^{N_p}$ 是有限维参数的开集，并且定义了非线性规划问题（2.22）标准形式的修正问题。

定义 2.23（参数非线性规划问题[12]）

具有等式和不等式约束的参数非线性规划问题（NLP（p））定义为

$$\min_{\boldsymbol{y}\in R^{N_y}} f(\boldsymbol{y},\boldsymbol{p})$$

满足

$$\begin{aligned}\boldsymbol{g}(\boldsymbol{y},\boldsymbol{p}) &\leqslant \boldsymbol{0}\\ \boldsymbol{h}(\boldsymbol{y},\boldsymbol{p}) &= \boldsymbol{0}\end{aligned}\tag{2.58}$$

其中，f：$R^{N_y}\times\mathcal{P}\to R$，$\boldsymbol{g}$：$R^{N_y}\times\mathcal{P}\to R^{N_g}$和 $\boldsymbol{h}$：$R^{N_y}\times\mathcal{P}\to R^{N_h}$为实值，并且假设为对 $\boldsymbol{y}$ 二次连续可微。

约束定义为

$$\boldsymbol{g}(\boldsymbol{y},\boldsymbol{p}):=\begin{bmatrix}g_1(\boldsymbol{y},\boldsymbol{p})\\ \vdots\\ g_{N_g}(\boldsymbol{y},\boldsymbol{p})\end{bmatrix}\qquad \boldsymbol{h}(\boldsymbol{y},\boldsymbol{p}):=\begin{bmatrix}h_1(\boldsymbol{y},\boldsymbol{p})\\ \vdots\\ h_{N_h}(\boldsymbol{y},\boldsymbol{p})\end{bmatrix}$$

备注 2.6：对于参考参数向量 $\boldsymbol{p}=\boldsymbol{p}_0$，问题（2.58）称为无扰动或名义非线性规划问题 NLP（p_0）。

灵敏度分析的目的，是计算参数问题定义 2.23 的灵敏度。灵敏度是依赖于参数向量 $\boldsymbol{p}$ 的最优解的全微分。基于二阶充分条件，灵敏度分析的主要结果是灵敏度定理，其给出扰动参数存在情况下最优解存在的条件和性质。如果式（2.58）的参数向量 $\boldsymbol{p}$ 与名义优化问题（2.22）的参考值 $\boldsymbol{p}_0$ 不同，则给出一个摄动优化问题。

灵敏度分析的基础由 Fiacco[26] 奠定。本章遵循这个工作的定义，提出第 13 章使用的主要结果。假设函数 $f(\cdot)$、$\boldsymbol{g}(\cdot)$ 和 $\boldsymbol{h}(\cdot)$ 可以是 NLP 变量 $\boldsymbol{y}$ 的线性或非线性函数，参数 $\boldsymbol{p}$ 在优化过程中保持不变。然后，基于式（2.58），Lagrange 函数修改为 L：$R^{N_y}\times R^{N_g}\times R^{N_h}\times\mathcal{P}\to R$

$$L(\boldsymbol{y},\boldsymbol{\lambda},\boldsymbol{\mu},\boldsymbol{p}):=f(\boldsymbol{y},\boldsymbol{p})+\sum_{i=1}^{N_g}\lambda_i g_i(\boldsymbol{y},\boldsymbol{p})+\sum_{i=1}^{N_h}\mu_i h_i(\boldsymbol{y},\boldsymbol{p})$$

其中，Lagrange 乘子定义为式（2.28）。

备注 2.7：标准非线性规划问题（2.22）导出的充要条件，也适用于修正问题（2.58），每一个常扰动 NLP（p）都可以转化为一个标准的非线性规划问题。

与名义问题类似，扰动问题的一阶 KKT 条件（2.33）~式（2.37）必须成立。

因此，将 KKT 条件应用于问题（2.58）得到一个系统：

$$\boldsymbol{F}(\boldsymbol{y},\boldsymbol{\lambda},\boldsymbol{\mu},\boldsymbol{p}):=\begin{pmatrix}\nabla_y\mathcal{L}(\boldsymbol{y},\boldsymbol{\lambda},\boldsymbol{\mu},\boldsymbol{p})\\ \Delta\boldsymbol{g}(\boldsymbol{y},\boldsymbol{p})\\ \boldsymbol{h}(\boldsymbol{y},\boldsymbol{p})\end{pmatrix}=\boldsymbol{0}_{(N_y+N_g+N_h)\times 1} \tag{2.59}$$

其中，$\boldsymbol{\Delta}:=\mathrm{diag}(\lambda_1,\ \cdots,\ \lambda_{N_g})$。

在名义解 $\boldsymbol{F}(\boldsymbol{y}_0^*,\ \boldsymbol{\lambda}_0,\ \boldsymbol{\mu}_0,\ \boldsymbol{p}_0)$ 处，$\boldsymbol{F}(\cdot)$ 对变量 $\boldsymbol{y}$，$\boldsymbol{\lambda}$，$\boldsymbol{\mu}_0$ 的 Jacobi 矩阵以如下形式给出：

$$\frac{\partial\boldsymbol{F}}{\partial(\boldsymbol{y},\boldsymbol{\lambda},\boldsymbol{\mu})}(\boldsymbol{y}_0^*,\boldsymbol{\lambda}_0,\boldsymbol{\mu}_0,\boldsymbol{p}_0)=$$

$$\begin{pmatrix}\nabla_y^2(\boldsymbol{y}_0^*,\boldsymbol{\lambda}_0,\boldsymbol{\mu}_0,\boldsymbol{p}_0) & \nabla_y\boldsymbol{g}^T(\boldsymbol{y}_0^*,\boldsymbol{p}_0) & \nabla_y\boldsymbol{h}^T(\boldsymbol{y}_0^*,\boldsymbol{p}_0)\\ \Delta\nabla_y\boldsymbol{g}(\boldsymbol{y}_0^*,\boldsymbol{p}_0) & \boldsymbol{\Gamma} & \boldsymbol{0}_{N_g\times N_h}\\ \nabla_y\boldsymbol{h}(\boldsymbol{y}_0^*,\boldsymbol{p}_0) & \boldsymbol{0}_{N_h\times N_g} & \boldsymbol{0}_{N_h\times N_h}\end{pmatrix} \tag{2.60}$$

其中，矩阵 $\boldsymbol{\Gamma}$ 定义为 $\boldsymbol{\Gamma}:=\mathrm{diag}(g_1(\boldsymbol{y}_0^*,\boldsymbol{p}_0),\cdots,g_{N_g}(\boldsymbol{y}_0^*,\boldsymbol{p}_0))$。

矩阵式（2.60）为 KKT 矩阵。因为由 SOSC 式（2.39）假设$\nabla_y^2\mathcal{L}(\boldsymbol{y}_0^*,\boldsymbol{\lambda}_0,\boldsymbol{\mu}_0,\boldsymbol{p}_0)$在非零的 $\ker(\boldsymbol{A}_y^T(\boldsymbol{y}_0^*,\boldsymbol{p}_0))$为正定，所以 KKT 矩阵为正则的，也是可逆的。因此，经典隐函数定理可以应用于矩阵式（2.60），在 $\boldsymbol{p}_0$ 的邻域内得到可微函数 $\boldsymbol{y}$：$\mathcal{P}\rightarrow R^{N_y}$，$\boldsymbol{\lambda}$：$\mathcal{P}\rightarrow R^{N_g}$和 $\boldsymbol{\mu}$：$\mathcal{P}\rightarrow R^{N_h}$，以便$\lim_{\boldsymbol{p}\rightarrow\boldsymbol{p}_0}\boldsymbol{y}(\boldsymbol{p})=\boldsymbol{y}_0^*$，$\lim_{\boldsymbol{p}\rightarrow\boldsymbol{p}_0}\lambda(\boldsymbol{p})=\boldsymbol{\lambda}_0$ 和 $\lim_{\boldsymbol{p}\rightarrow\boldsymbol{p}_0}\boldsymbol{\mu}(\boldsymbol{p})=\boldsymbol{\mu}_0$。

定理 2.5（隐函数定理[26]）

设$(\boldsymbol{y}_0^*,\boldsymbol{p}_0)\in R^{N_y}\times\mathcal{P}$为给定的，假设函数 $\boldsymbol{K}$：$R^{N_y}\times\mathcal{P}\rightarrow R^{N_y}$，有 $\boldsymbol{K}(\boldsymbol{y}_0^*,\boldsymbol{p}_0)=\boldsymbol{0}$，在点（$\boldsymbol{y}_0^*$，$\boldsymbol{p}_0$）处是连续可微映射的，并且其对 $\boldsymbol{y}$ 的 Jacobi 矩阵，即$\nabla_y\boldsymbol{K}(\boldsymbol{y}_0^*,\boldsymbol{p}_0)$，为非奇异可逆的。则存在 $\gamma\subset R^{N_y}$（$\boldsymbol{y}_0^*\in\gamma$）及$\mathcal{P}\subset R^{N_p}$（$\boldsymbol{p}_0\in\mathcal{P}$）的邻域和唯一可微函数，其对于所有 $\boldsymbol{p}\in\mathcal{P}$满足条件 $\boldsymbol{K}(\boldsymbol{y}(\boldsymbol{p}),\boldsymbol{p})=\boldsymbol{0}$，有唯一解 $\boldsymbol{y}=\boldsymbol{y}(\boldsymbol{p})$。

Oliveira[60] 给出了定理的证明。

为了得到最优解的灵敏度导数和 Lagrange 乘子的显式公式，可以应用定理 2.5。

定理 2.6（最优解的可微性[10]）

在下述假设下考虑参数非线性问题（2.58）：

1）函数 $f(\cdot)$、$\boldsymbol{g}(\cdot)$ 和 $\boldsymbol{h}(\cdot)$ 在 $\boldsymbol{y}_0$ 的邻域内对 $\boldsymbol{y}$ 连续二次可微，并且使梯度 $\nabla_y f$、$\nabla_y\boldsymbol{g}$、$\nabla_y\boldsymbol{h}$ 和函数 $\boldsymbol{g}(\cdot)$、$\boldsymbol{h}(\cdot)$ 在 $\boldsymbol{p}_0$ 的邻域内对 $\boldsymbol{p}$ 连续可微。

2）$\boldsymbol{y}_0^*$ 为可行解，使得线性独立约束条件 LICQ 成立。

3）（$\boldsymbol{y}_0^*$，$\boldsymbol{\lambda}_0$，$\boldsymbol{\mu}_0$）为名义问题 NLP（p_0）的最优解，其参考参数向量 $\boldsymbol{p}=\boldsymbol{p}_0$ 满足定理 2.4 的二阶充分条件和严格互补条件（2.38）。

则下列条件成立：

1）存在 $\boldsymbol{p}_0$ 的邻域 $\mathcal{P}\subset R^{N_p}$，即 $\boldsymbol{p}_0\subset\mathcal{P}$，一次连续可微函数 $\boldsymbol{y}$：$\mathcal{P}\to R^{N_y}$，$\boldsymbol{\lambda}$：$\mathcal{P}\to R^{N_g}$ 和 $\boldsymbol{\mu}$：$\mathcal{P}\to R^{N_h}$ 具有下列性质：

① $\boldsymbol{y}(\boldsymbol{p}_0)=\boldsymbol{y}_0^*$，$\boldsymbol{\lambda}(\boldsymbol{p}_0)=\boldsymbol{\lambda}_0$，$\boldsymbol{\mu}(\boldsymbol{p}_0)=\boldsymbol{\mu}_0$。

② 对于所有 $\boldsymbol{p}\subset\mathcal{P}$，$(\boldsymbol{y}(\boldsymbol{p}),\boldsymbol{\lambda}(\boldsymbol{p}),\boldsymbol{\mu}(\boldsymbol{p}))$ 满足定理 2.4 的 SOSC 条件和摄动 NLP(p)的严格互补条件（2.38），$\boldsymbol{y}(\boldsymbol{p}_0)$ 是具有 Lagrange 乘子 $\boldsymbol{\lambda}(\boldsymbol{p})$ 和 $\boldsymbol{\mu}(\boldsymbol{p})$ NLP(p)问题的唯一局部极小值。

2）对于所有 $\boldsymbol{p}\subset\mathcal{P}$，有如下条件：

① 有效约束集合在 $\mathcal{P}$ 中为常量，即

$$I(\boldsymbol{y}(\boldsymbol{p}),\boldsymbol{p})\equiv I(\boldsymbol{y}_0^*,\boldsymbol{p}_0),\ \forall\boldsymbol{p}\in\mathcal{P}$$

② 有效约束的 Jacobi 矩阵为

$$\boldsymbol{A}_y(\boldsymbol{y}(\boldsymbol{p}),\boldsymbol{p}):=(\nabla_y g_i(\boldsymbol{y}(\boldsymbol{p}),\boldsymbol{p})\quad \nabla_y h_j(\boldsymbol{y}(\boldsymbol{p}),\boldsymbol{p}))$$

其中，指标为 $i\in I(\boldsymbol{y}_0^*,\boldsymbol{p}_0)$，$j=1$，…，$N_h$，并且矩阵为满秩，即

$$\operatorname{rank}(\boldsymbol{A}_y(\boldsymbol{y}(\boldsymbol{p}),\boldsymbol{p}))=N_s,\ \forall\boldsymbol{p}\in\mathcal{P}$$

Büskens[10] 给出了专门考虑主动约束的简化证明，Fiacco[26] 给出了考虑所有约束的原始证明。

备注 2.8：名义和扰动问题的有效集保持不变的要求可能是相当严格的。如果可能的话，删除一些约束以扩大 $\boldsymbol{p}_0$ 的邻域 $\mathcal{P}$，有时是有利的。

推论 2.1（灵敏度微分）

假设定理 2.5 成立，在名义参数 $\boldsymbol{p}_0$ 处，灵敏度微分由单位量 $\boldsymbol{K}(\boldsymbol{y}(\boldsymbol{p}),\boldsymbol{p})\equiv\boldsymbol{0}$ 对 $\boldsymbol{p}$ 的微分获得，有

$$\nabla_y\boldsymbol{K}(\boldsymbol{y}_0^*,\boldsymbol{p}_0)\,\nabla_p\boldsymbol{y}(\boldsymbol{p}_0)+\nabla_p\boldsymbol{K}(\boldsymbol{y}_0^*,\boldsymbol{p}_0))=\boldsymbol{0}\tag{2.61}$$

重新排列式（2.61），产生显式公式：

$$\nabla_p\boldsymbol{y}(\boldsymbol{p}_0)=-(\nabla_y\boldsymbol{K}(\boldsymbol{y}_0^*,\boldsymbol{p}_0))^{-1}\,\nabla_p\boldsymbol{K}(\boldsymbol{y}_0^*,\boldsymbol{p}_0))$$

与推论 2.1 类似，通过在名义参数 $\boldsymbol{p}_0$ 处对所有参数 $\boldsymbol{p}$ 的最优解式（2.59）进行微分，得到参数非线性规划问题（2.58）的灵敏度微分，产生线性方程：

$$\begin{pmatrix}\nabla_y^2\mathcal{L}_0 & \nabla_y\boldsymbol{g}_0^{\ T} & \nabla_y\boldsymbol{h}_0^{\ T}\\ \Delta\,\nabla_y\boldsymbol{g}_0 & \boldsymbol{\Gamma} & \boldsymbol{0}_{N_g\times N_h}\\ \nabla_y\boldsymbol{h}_0 & \boldsymbol{0}_{N_h\times N_g} & \boldsymbol{0}_{N_h\times N_h}\end{pmatrix}\begin{pmatrix}\dfrac{\mathrm{d}\boldsymbol{y}}{\mathrm{d}\boldsymbol{p}}(\boldsymbol{p}_0)\\ \dfrac{\mathrm{d}\boldsymbol{\lambda}}{\mathrm{d}\boldsymbol{p}}(\boldsymbol{p}_0)\\ \dfrac{\mathrm{d}\boldsymbol{\mu}}{\mathrm{d}\boldsymbol{p}}(\boldsymbol{p}_0)\end{pmatrix}+\begin{pmatrix}\nabla_{yp}\mathcal{L}_0\\ \Delta\,\nabla_p\boldsymbol{g}_0\\ \nabla_p\boldsymbol{h}_0\end{pmatrix}=\boldsymbol{0}_{(N_y+N_g+N_h)\times N_p}$$

其中，为了得到更好的可读性，定义 $\mathcal{L}_0:=\mathcal{L}(\boldsymbol{y}_0^*,\boldsymbol{\lambda}_0,\boldsymbol{\mu}_0,\boldsymbol{p}_0)$、$\boldsymbol{g}_0:=\boldsymbol{g}(\boldsymbol{y}_0^*,\boldsymbol{p}_0)$ 和 $\boldsymbol{h}_0:=\boldsymbol{h}(\boldsymbol{y}_0^*,\boldsymbol{p}_0)$。

因此，灵敏度微分的显式公式由以下推论获得。

推论 2.2（最优解的灵敏度微分）

假设定理 2.6 成立，在名义参数 $\boldsymbol{p}_0$ 处对所有参数 $\boldsymbol{p}$ 的最优解式（2.59）的灵

敏度微分为

$$\begin{pmatrix} \frac{\mathrm{d}\boldsymbol{y}}{\mathrm{d}\boldsymbol{p}}(\boldsymbol{p}_0) \\ \frac{\mathrm{d}\boldsymbol{\lambda}}{\mathrm{d}\boldsymbol{p}}(\boldsymbol{p}_0) \\ \frac{\mathrm{d}\boldsymbol{\mu}}{\mathrm{d}\boldsymbol{p}}(\boldsymbol{p}_0) \end{pmatrix} = -\begin{pmatrix} \nabla_y^2\mathcal{L}_0 & \nabla_y\boldsymbol{g}_0{}^T & \nabla_y\boldsymbol{h}_0{}^T \\ \Delta\nabla_y\boldsymbol{g}_0 & \boldsymbol{\Gamma} & \boldsymbol{0}_{N_g\times N_h} \\ \nabla_y\boldsymbol{h}_0 & \boldsymbol{0}_{N_h\times N_g} & \boldsymbol{0}_{N_h\times N_h} \end{pmatrix}^{-1} \begin{pmatrix} \nabla_{yp}\mathcal{L}_0 \\ \Delta\nabla_p\boldsymbol{g}_0 \\ \nabla_p\boldsymbol{h}_0 \end{pmatrix}$$

有人可能认为灵敏度微分计算是所有现代迭代求解算法的副产品，这些算法将 Newton 方法应用于 KKT 系统，例如 SQP 方法，因此出现 Kuhn – Tucker 矩阵。然而，对于大规模问题，在每次迭代中精确计算式（2.60）的 Lagrange 函数的 Hessian 矩阵 $\nabla_y^2\mathcal{L}_0$ 的代价过高。一般来说，应用拟 Newton 方法的低阶直接近似式（2.60）是不可能的，因为其不能收敛于 KKT 矩阵，对 Lagrange 函数的 Hessian 矩阵近似较低。这使得将灵敏度分析嵌入到现代求解算法时成为一项具有挑战性的任务。

Büskens 和 Maurer[12] 提出一种更直接的方法，将灵敏度微分计算作为后优化分析。

2.4.1 目标函数和约束的灵敏度分析

除了最优解 $\boldsymbol{y}^*$ 的灵敏度外，目标函数和约束的灵敏度也是令人感兴趣的。这些灵敏度的计算可以通过简单地将推论 2.2 扩展到关联函数来实现，关联函数可以解释为提供关于扰动 NLP（p）解的信息的函数。

定义 2.24（关联函数）

令$\widetilde{\boldsymbol{a}}$：$R^{N_y}\times R^{N_g}\times R^{N_h}\times\mathcal{P}\to R^{N_a}$为连续可微函数，并且假设灵敏度定理 2.6 成立，存在 $\boldsymbol{p}_0$ 的邻域$\mathcal{P}\in R^{N_p}$，定义可微函数 $\boldsymbol{y}$：$\mathcal{P}\to R^{N_y}$，$\boldsymbol{\lambda}$：$\mathcal{P}\to R^{N_g}$和 $\boldsymbol{\mu}$：$\mathcal{P}\to R^{N_h}$，则函数

$$\boldsymbol{a}(\boldsymbol{p}) := \widetilde{\boldsymbol{a}}(\boldsymbol{y}(\boldsymbol{p}),\boldsymbol{\lambda}(\boldsymbol{p}),\boldsymbol{\mu}(\boldsymbol{p}),\boldsymbol{p})$$

表示 NLP（p）的关联函数。

根据定义 2.24，如果函数 $f(\cdot)$、$\boldsymbol{g}(\cdot)$ 和 $\boldsymbol{h}(\cdot)$ 对于参数向量 $\boldsymbol{p}$ 是连续可微的，则 Lagrange 函数 $\mathcal{L}(\cdot)$ 是一个关联函数。此外，目标函数 $\boldsymbol{f}(\cdot)$ 和约束函数 $\boldsymbol{g}(\cdot)$ 和 $\boldsymbol{h}(\cdot)$ 也是关联函数。利用推论 2.2 和微分链规则，得到关联函数的灵敏度定理。

定理 2.7（关联函数的灵敏度）

令 $\boldsymbol{a}$：$\mathcal{P}\to R^{N_a}$为关联函数，进一步假设灵敏度定理 2.6 的扰动 NLP(p)最优解（$\boldsymbol{y}_0^*$，$\boldsymbol{\lambda}_0$，$\boldsymbol{\mu}_0$）对于 $\boldsymbol{p}=\boldsymbol{p}_0$ 成立，则

$$\frac{\mathrm{d}\boldsymbol{a}}{\mathrm{d}\boldsymbol{p}}(\boldsymbol{p}_0) = -(\nabla_y\boldsymbol{a}\ \nabla_\lambda\boldsymbol{a}\ \nabla_\mu\boldsymbol{a})\left[\begin{pmatrix} \nabla_y^2\mathcal{L}_0 & \nabla_y\boldsymbol{g}_0{}^T & \nabla_y\boldsymbol{h}_0{}^T \\ \Delta\nabla_y\boldsymbol{g}_0 & \boldsymbol{\Gamma} & \boldsymbol{0}_{N_g\times N_h} \\ \nabla_y\boldsymbol{h}_0 & \boldsymbol{0}_{N_h\times N_g} & \boldsymbol{0}_{N_h\times N_h} \end{pmatrix}^{-1} \begin{pmatrix} \nabla_{yp}\mathcal{L}_0 \\ \Delta\nabla_p\boldsymbol{g}_0 \\ \nabla_p\boldsymbol{h}_0 \end{pmatrix}\right] + \nabla_p\boldsymbol{a}$$

为关联函数的灵敏度微分。

证明：函数 $\boldsymbol{a}(\cdot)$ 为对 $\boldsymbol{y}(\cdot)$、$\boldsymbol{\lambda}(\cdot)$、$\boldsymbol{\mu}(\cdot)$ 和 $\boldsymbol{p}$ 的可微映射，再由推论 2.2 可以直接得到定理 2.7 的结果。

由此结果可以很容易说明目标函数和约束的灵敏度。

推论 2.3（约束的灵敏度微分）

假设定理 2.6 成立，则约束的灵敏度微分定义为

$$\frac{\mathrm{d}\boldsymbol{g}}{\mathrm{d}\boldsymbol{p}}(\boldsymbol{y}_0^*,\boldsymbol{p}_0) = -(\nabla_y \boldsymbol{g}_0 \boldsymbol{0}_{N_g\times N_g} \boldsymbol{0}_{N_g\times N_h})\left[\begin{pmatrix} \nabla_y^2 \mathcal{L}_0 & \nabla_y \boldsymbol{g}_0{}^T & \nabla_y \boldsymbol{h}_0{}^T \\ \Delta\nabla_y \boldsymbol{g}_0 & \boldsymbol{\Gamma} & \boldsymbol{0}_{N_g\times N_h} \\ \nabla_y \boldsymbol{h}_0 & \boldsymbol{0}_{N_h\times N_g} & \boldsymbol{0}_{N_h\times N_h} \end{pmatrix}^{-1}\begin{pmatrix} \nabla_{yp}\mathcal{L}_0 \\ \Delta\nabla_p \boldsymbol{g}_0 \\ \nabla_p \boldsymbol{h}_0 \end{pmatrix}\right] + \nabla_p \boldsymbol{g}_0 = \nabla_y \boldsymbol{g}_0 \frac{\mathrm{d}\boldsymbol{y}}{\mathrm{d}\boldsymbol{p}}(\boldsymbol{p}_0) + \nabla_p \boldsymbol{g}_0 \tag{2.62}$$

$$\frac{\mathrm{d}\boldsymbol{h}}{\mathrm{d}\boldsymbol{p}}(\boldsymbol{y}_0^*,\boldsymbol{p}_0) = -(\nabla_y \boldsymbol{h}_0 \boldsymbol{0}_{N_g\times N_g} \boldsymbol{0}_{N_g\times N_h})\left[\begin{pmatrix} \nabla_y^2 \mathcal{L}_0 & \nabla_y \boldsymbol{g}_0{}^T & \nabla_y \boldsymbol{h}_0{}^T \\ \Delta\nabla_y \boldsymbol{g}_0 & \boldsymbol{\Gamma} & \boldsymbol{0}_{N_g\times N_h} \\ \nabla_y \boldsymbol{h}_0 & \boldsymbol{0}_{N_h\times N_g} & \boldsymbol{0}_{N_h\times N_h} \end{pmatrix}^{-1}\begin{pmatrix} \nabla_{yp}\mathcal{L}_0 \\ \Delta\nabla_p \boldsymbol{g}_0 \\ \nabla_p \boldsymbol{h}_0 \end{pmatrix}\right] + \nabla_p \boldsymbol{h}_0 = \nabla_y \boldsymbol{h}_0 \frac{\mathrm{d}\boldsymbol{y}}{\mathrm{d}\boldsymbol{p}}(\boldsymbol{p}_0) + \nabla_p \boldsymbol{h}_0 \tag{2.63}$$

特殊地，有

$$\frac{\mathrm{d}g_{0_i}}{\mathrm{d}\boldsymbol{p}}(\boldsymbol{y}_0^*,\boldsymbol{p}_0) = \boldsymbol{0}, \forall i \in I(\boldsymbol{y}_0^*,\boldsymbol{p}_0)$$

成立。

证明：式（2.62）和式（2.63）可以由定理 2.7 直接得到。灵敏度微分对于主动约束是零。对于每一个 g_{0_i}，$i\in I(\boldsymbol{y}_0^*,\boldsymbol{p}_0)$ 由推论 2.2 得到

$$\nabla_y g_{0_i} \frac{\mathrm{d}\boldsymbol{y}}{\mathrm{d}\boldsymbol{p}}(\boldsymbol{p}_0) = -\nabla_p g_{0_i}$$

因此

$$\frac{\mathrm{d}g_i}{\mathrm{d}\boldsymbol{p}}(\boldsymbol{y}_0^*,\boldsymbol{p}_0) = -\nabla_p g_{0_i} + \nabla_p g_{0_i} = \boldsymbol{0}_{1\times N_p}$$

以上证明以相同的方式可以应用于等式约束。

推论 2.4（目标函数的灵敏度微分）

假设定理 2.6 成立，此外设函数 $f(\cdot)$ 对 $\boldsymbol{p}$ 一次连续可微，则目标函数的灵敏度微分为

$$\frac{\mathrm{d}f}{\mathrm{d}\boldsymbol{p}}(\boldsymbol{y}_0^*,\boldsymbol{p}_0) = -(\nabla_y f_0 \boldsymbol{0}_{1\times N_g} \boldsymbol{0}_{1\times N_h})\left[\begin{pmatrix} \nabla_y^2 \mathcal{L}_0 & \nabla_y \boldsymbol{g}_0{}^T & \nabla_y \boldsymbol{h}_0{}^T \\ \Delta\nabla_y \boldsymbol{g}_0 & \boldsymbol{\Gamma} & \boldsymbol{0}_{N_g\times N_h} \\ \nabla_y \boldsymbol{h}_0 & \boldsymbol{0}_{N_h\times N_g} & \boldsymbol{0}_{N_h\times N_h} \end{pmatrix}^{-1}\begin{pmatrix} \nabla_{yp}\mathcal{L}_0 \\ \Delta\nabla_p \boldsymbol{g}_0 \\ \nabla_p \boldsymbol{h}_0 \end{pmatrix}\right] +$$

$$\nabla_p f_0 = \nabla_y f_0 \frac{\mathrm{d}\boldsymbol{y}}{\mathrm{d}\boldsymbol{p}}(\boldsymbol{p}_0) + \nabla_p f_0 \tag{2.64}$$

$$\frac{\mathrm{d}f}{\mathrm{d}\boldsymbol{p}}(\boldsymbol{y}_0^*, \boldsymbol{p}_0) = \nabla_p \mathcal{L}_0 \tag{2.65}$$

其中，$f_0 := f(\boldsymbol{y}_0^*, \boldsymbol{p}_0)$。

证明：式（2.64）类似于推论 2.3，由定理 2.3 一阶必要条件有

$$\frac{\mathrm{d}f}{\mathrm{d}\boldsymbol{p}}(\boldsymbol{y}_0^*, \boldsymbol{p}_0) \overset{\text{定理 2.3}}{=\!=\!=} -\boldsymbol{\lambda}_0^T \nabla_y \boldsymbol{g}_0 \frac{\mathrm{d}\boldsymbol{y}}{\mathrm{d}\boldsymbol{p}}(\boldsymbol{p}_0) - \boldsymbol{\mu}_0^T \nabla_y \boldsymbol{h}_0 \frac{\mathrm{d}\boldsymbol{y}}{\mathrm{d}\boldsymbol{p}}(\boldsymbol{p}_0) + \nabla_p f_0$$

由于严格的互补条件（2.38），非有效的约束可以忽略不计。最后，由推论 2.3 和 Lagrange 函数（2.13）的定义得出

$$\begin{aligned}\frac{\mathrm{d}f}{\mathrm{d}\boldsymbol{p}}(\boldsymbol{y}_0^*, \boldsymbol{p}_0) &= -\boldsymbol{\lambda}_0^T \nabla_y \boldsymbol{g}_0 \frac{\mathrm{d}\boldsymbol{y}}{\mathrm{d}\boldsymbol{p}}(\boldsymbol{p}_0) - \boldsymbol{\mu}_0^T \nabla_y \boldsymbol{h}_0 \frac{\mathrm{d}\boldsymbol{y}}{\mathrm{d}\boldsymbol{p}}(\boldsymbol{p}_0) + \nabla_p f_0 \\ &\overset{\text{Coroll2.3}}{=\!=\!=} -\boldsymbol{\lambda}_0^T(-\nabla_p \boldsymbol{g}_0) - \boldsymbol{\mu}_0^T(-\nabla_p \boldsymbol{g}_0) + \nabla_p f_0 \\ &= \nabla_p(\boldsymbol{\lambda}_0^T \boldsymbol{g}_0 + \boldsymbol{\mu}_0^T \boldsymbol{g}_0 + f_0) \\ &\overset{\text{Def2.13}}{=\!=\!=} \nabla_p \mathcal{L}_0\end{aligned}$$

备注 2.9：可以看出，使用式（2.64）的目标函数的灵敏度微分需要二阶信息计算 $\mathrm{d}\boldsymbol{y}/\mathrm{d}\boldsymbol{p}(\boldsymbol{p}_0)$。相反，式（2.65）只需要一阶信息。其结果是，对于目标函数灵敏度的评估不需要线性方程组的解和二阶微分，这使得计算更有效率。

对该恒等式的进一步微分，产生目标函数的二阶灵敏度。

推论 2.5（目标函数的二阶灵敏度微分）

假设定理 2.6 成立，此外设函数 $f(\cdot)$、$\boldsymbol{g}(\cdot)$ 和 $\boldsymbol{h}(\cdot)$ 对 $\boldsymbol{p}$ 二次连续可微，则目标函数的二阶灵敏度微分为

$$\frac{\mathrm{d}^2 f}{\mathrm{d}p^2}(y_0^*, p_0) = \left(\frac{\mathrm{d}y}{\mathrm{d}p}\right)^T (P_0) \nabla_{yp} \mathcal{L}_0 + \left(\frac{\mathrm{d}\lambda}{\mathrm{d}p}\right)^T (P_0) \nabla_p g_0 + \left(\frac{\mathrm{d}\mu}{\mathrm{d}p}\right)^T (P_0) \nabla_p h_0 + \nabla_p^2 \mathcal{L}_0 \tag{2.66}$$

$$= 2\left(\frac{\mathrm{d}y}{\mathrm{d}p}\right)^T (P_0) \nabla_{yp} \mathcal{L}_0 + \left(\frac{\mathrm{d}y}{\mathrm{d}p}\right)^T (P_0) \nabla_y^2 \mathcal{L}_0 \frac{\mathrm{d}y}{\mathrm{d}p}(P_0) + \nabla_p^2 \mathcal{L}_0 \tag{2.67}$$

证明：使用 $\nabla_p \mathcal{L}_0 = \nabla_p f_0 + \boldsymbol{\lambda}_0^T \nabla_p \boldsymbol{g}_0 + \boldsymbol{\mu}_0^T \nabla_p \boldsymbol{h}_0$，式（2.66）可以由微分 $\mathrm{d}f/\mathrm{d}\boldsymbol{p}(\boldsymbol{p}_0)$ 得到

$$\begin{aligned}\frac{\mathrm{d}^2 f}{\mathrm{d}\boldsymbol{p}^2}(\boldsymbol{y}_0^*, \boldsymbol{p}_0) &= \frac{\mathrm{d}(\nabla_p f_0 + \boldsymbol{\lambda}_0^T \nabla_p \boldsymbol{g}_0 + \boldsymbol{\mu}_0^T \nabla_p \boldsymbol{h}_0)}{\mathrm{d}\boldsymbol{p}} \\ &= \left(\frac{\mathrm{d}\boldsymbol{y}}{\mathrm{d}\boldsymbol{p}}\right)^T (\boldsymbol{p}_0) \nabla_{fp} f_0 + \nabla_p^2 f_0 + \left(\frac{\mathrm{d}\boldsymbol{\lambda}}{\mathrm{d}\boldsymbol{p}}\right)^T (\boldsymbol{p}_0) \nabla_p \boldsymbol{g}_0 + \\ &\quad \left(\frac{\mathrm{d}\boldsymbol{\mu}}{\mathrm{d}\boldsymbol{p}}\right)^T (\boldsymbol{p}_0) \nabla_p \boldsymbol{h}_0 + \left(\frac{\mathrm{d}\boldsymbol{y}}{\mathrm{d}\boldsymbol{p}}\right)^T (\boldsymbol{p}_0) [\boldsymbol{\lambda}_0^T, \nabla_p \boldsymbol{g}_0] + \\ &\quad \left(\frac{\mathrm{d}\boldsymbol{y}}{\mathrm{d}\boldsymbol{p}}\right)^T (\boldsymbol{p}_0) [\boldsymbol{\mu}_0^T, \nabla_p \boldsymbol{h}_0] + [\boldsymbol{\lambda}_0^T, \nabla_p \boldsymbol{g}_0] + [\boldsymbol{\mu}_0^T, \nabla_p \boldsymbol{h}_0]\end{aligned}$$

$$= \left(\frac{\mathrm{d}\boldsymbol{y}}{\mathrm{d}\boldsymbol{p}}\right)^T(\boldsymbol{p}_0)\ \nabla_{fp}\mathcal{L}_0 + \left(\frac{\mathrm{d}\boldsymbol{\lambda}}{\mathrm{d}\boldsymbol{p}}\right)^T(\boldsymbol{p}_0)\ \nabla_p\boldsymbol{g}_0 + \left(\frac{\mathrm{d}\boldsymbol{\mu}}{\mathrm{d}\boldsymbol{p}}\right)^T(\boldsymbol{p}_0)\ \nabla_p\boldsymbol{h}_0 + \nabla_p^2\mathcal{L}_0$$

其中，算子$[\boldsymbol{b}(\boldsymbol{x}),\boldsymbol{A}(\boldsymbol{x})]$与参数$\boldsymbol{b}(\boldsymbol{x})\in R^{N_m}$和$\boldsymbol{A}(\boldsymbol{x})\in R^{N_m+N_p}$定义为

$$[\boldsymbol{b}(\boldsymbol{x}),\boldsymbol{A}(\boldsymbol{x})]:=\left[\sum_{i=1}^{N_m} b_i(\boldsymbol{x})\ \nabla_x a_{i,1}(\boldsymbol{x}),\cdots,\sum_{i=1}^{N_m} b_i(\boldsymbol{x})\ \nabla_x a_{i,p}(\boldsymbol{x})\right]$$

其中，算子变量$\boldsymbol{x}$分别为$\boldsymbol{y}(\cdot)$或$\boldsymbol{p}$的替换变量。

这就完成了目标函数二阶灵敏度的第一个式（2.66）的证明。

下面给出式（2.67）的证明。使用$\nabla_y\mathcal{L}_0=\nabla_y f_0+\boldsymbol{\lambda}^T\nabla_y\boldsymbol{g}_0+\boldsymbol{\mu}^T\nabla_y\boldsymbol{h}_0$和应用定理2.7直接生成下面的第一式，由推论2.3有下面的第二式和第三式：

$$\nabla_y^2\mathcal{L}_0\left(\frac{\mathrm{d}\boldsymbol{y}}{\mathrm{d}\boldsymbol{p}}\right)(\boldsymbol{p}_0) + \nabla_y\boldsymbol{g}_0^T\left(\frac{\mathrm{d}\boldsymbol{\lambda}}{\mathrm{d}\boldsymbol{p}}\right)(\boldsymbol{p}_0) + \nabla_y\boldsymbol{h}_0^T\left(\frac{\mathrm{d}\boldsymbol{\mu}}{\mathrm{d}\boldsymbol{p}}\right)(\boldsymbol{p}_0) = -\nabla_{zp}\mathcal{L}_0 \tag{2.68}$$

$$\Delta\nabla_y\boldsymbol{g}_0\left(\frac{\mathrm{d}\boldsymbol{y}}{\mathrm{d}\boldsymbol{p}}\right)(\boldsymbol{p}_0) = -\Delta\nabla_p\boldsymbol{g}_0 \tag{2.69}$$

$$\nabla_y\boldsymbol{h}_0\left(\frac{\mathrm{d}\boldsymbol{y}}{\mathrm{d}\boldsymbol{p}}\right)(\boldsymbol{p}_0) = -\nabla_p\boldsymbol{h}_0 \tag{2.70}$$

由式（2.68）右乘$\mathrm{d}\boldsymbol{y}/\mathrm{d}\boldsymbol{p}(\boldsymbol{p}_0)$，由式（2.69）左乘$(\mathrm{d}\boldsymbol{\lambda}/\mathrm{d}\boldsymbol{p})^T(\boldsymbol{p}_0)$，式（2.70）左乘（$\mathrm{d}\boldsymbol{\mu}/\mathrm{d}\boldsymbol{p})^T$（$\boldsymbol{p}_0$），并且相加得到下列关系：

$$\left(\frac{\mathrm{d}\boldsymbol{\lambda}}{\mathrm{d}\boldsymbol{p}}\right)^T(\boldsymbol{p}_0)\ \nabla_y\boldsymbol{g}_0\left(\frac{\mathrm{d}\boldsymbol{y}}{\mathrm{d}\boldsymbol{p}}\right)(\boldsymbol{p}_0) = -\left(\frac{\mathrm{d}\boldsymbol{\lambda}}{\mathrm{d}\boldsymbol{p}}\right)^T(\boldsymbol{p}_0)\ \nabla_p\boldsymbol{g}_0 \tag{2.71}$$

$$\left(\frac{\mathrm{d}\boldsymbol{\mu}}{\mathrm{d}\boldsymbol{p}}\right)^T(\boldsymbol{p}_0)\ \nabla_y\boldsymbol{h}_0\left(\frac{\mathrm{d}\boldsymbol{y}}{\mathrm{d}\boldsymbol{p}}\right)(\boldsymbol{p}_0) = -\left(\frac{\mathrm{d}\boldsymbol{\mu}}{\mathrm{d}\boldsymbol{p}}\right)^T(\boldsymbol{p}_0)\ \nabla_p\boldsymbol{h}_0 \tag{2.72}$$

将式（2.71）和式（2.72）代入式（2.66）的第一灵敏度，有

$$\begin{aligned}
\frac{\mathrm{d}^2 f}{\mathrm{d}\boldsymbol{p}^2}(\boldsymbol{y}_0^*,\boldsymbol{p}_0) &= \left(\frac{\mathrm{d}\boldsymbol{y}}{\mathrm{d}\boldsymbol{p}}\right)^T(\boldsymbol{p}_0)\ \nabla_{yp}\mathcal{L}_0 + \nabla_p^2\mathcal{L}_0 + \left(\frac{\mathrm{d}\boldsymbol{\lambda}}{\mathrm{d}\boldsymbol{p}}\right)^T(\boldsymbol{p}_0)\ \nabla_p\boldsymbol{g}_0 + \left(\frac{\mathrm{d}\boldsymbol{\mu}}{\mathrm{d}\boldsymbol{p}}\right)^T(\boldsymbol{p}_0)\ \nabla_p\boldsymbol{h}_0 \\
&= \left(\frac{\mathrm{d}\boldsymbol{y}}{\mathrm{d}\boldsymbol{p}}\right)^T(\boldsymbol{p}_0)\ \nabla_{yp}\mathcal{L}_0 - \left(\left(\frac{\mathrm{d}\boldsymbol{\lambda}}{\mathrm{d}\boldsymbol{p}}\right)^T(\boldsymbol{p}_0)\ \nabla_y\boldsymbol{g}_0 + \left(\frac{\mathrm{d}\boldsymbol{\mu}}{\mathrm{d}\boldsymbol{p}}\right)^T(\boldsymbol{p}_0)\ \nabla_y\boldsymbol{h}_0\right)\left(\frac{\mathrm{d}\boldsymbol{y}}{\mathrm{d}\boldsymbol{p}}\right)(\boldsymbol{p}_0) + \nabla_p^2\mathcal{L}_0 \\
&= \left(\frac{\mathrm{d}\boldsymbol{y}}{\mathrm{d}\boldsymbol{p}}\right)^T(\boldsymbol{p}_0)\ \nabla_{yp}\mathcal{L}_0 + \left(\nabla_y^2\left[\left(\frac{\mathrm{d}\boldsymbol{y}}{\mathrm{d}\boldsymbol{p}}\right)^T(\boldsymbol{p}_0)\mathcal{L}_0\right] + \nabla_{yp}\mathcal{L}_0^T\right)\left(\frac{\mathrm{d}\boldsymbol{y}}{\mathrm{d}\boldsymbol{p}}\right)(\boldsymbol{p}_0) + \nabla_p^2\mathcal{L}_0 \\
&= 2\left(\frac{\mathrm{d}\boldsymbol{y}}{\mathrm{d}\boldsymbol{p}}\right)^T(\boldsymbol{p}_0)\ \nabla_{yp}\mathcal{L}_0 + \left(\frac{\mathrm{d}\boldsymbol{y}}{\mathrm{d}\boldsymbol{p}}\right)^T(\boldsymbol{p}_0)\ \nabla_y^2\left[\mathcal{L}_0\left(\frac{\mathrm{d}\boldsymbol{y}}{\mathrm{d}\boldsymbol{p}}\right)(\boldsymbol{p}_0)\right] + \nabla_p^2\mathcal{L}_0
\end{aligned}$$

再由假设，得

$$\left(\frac{\mathrm{d}\boldsymbol{y}}{\mathrm{d}\boldsymbol{p}}\right)^T(\boldsymbol{p}_0)\ \nabla_{yp}\mathcal{L}_0 + \left(\left(\frac{\mathrm{d}\boldsymbol{y}}{\mathrm{d}\boldsymbol{p}}\right)^T(\boldsymbol{p}_0)\ \nabla_{yp}\mathcal{L}_0\right)^T = \nabla_{yp}\mathcal{L}_0^T\left(\frac{\mathrm{d}\boldsymbol{y}}{\mathrm{d}\boldsymbol{p}}\right)(\boldsymbol{p}_0)$$

与式（2.66）相比，式（2.67）的数值优势在于它独立于约束和 Lagrange 乘子的 Jacobi 矩阵。

2.4.2　线性摄动

参数扰动的一个特殊情况，是约束中的线性摄动。如果目标函数与参数向量$\boldsymbol{p}$

无关，并且约束涉及线性摄动，则得到以下形式的优化问题：

$$\min_{y \in R^{N_y}} f(\boldsymbol{y})$$

满足

$$\begin{aligned} \boldsymbol{g}_i(\boldsymbol{y}) - \boldsymbol{p}_{[i]} &\leqslant \boldsymbol{0}, i = 1,\cdots,N_g \\ \boldsymbol{h}_j(\boldsymbol{y}) - \boldsymbol{p}_{[N_g+j]} &= \boldsymbol{0}, j = 1,\cdots,N_h \end{aligned} \tag{2.73}$$

其中，$\boldsymbol{p} \in R^{N_g+N_h}$为线性摄动向量。

然后，直接得到最优解的灵敏度、约束和目标函数，存在如下推论。

推论 2.6（约束条件下线性摄动的灵敏度微分）

设约束条件下线性摄动问题（2.73），其中$\boldsymbol{p} \in R^{N_g+N_h}$为参考参数向量。如果问题（2.73）的隐函数定理 2.5 成立，则得到关于$\boldsymbol{p}$的灵敏度微分

1）最优解：

$$\begin{pmatrix} \dfrac{d\boldsymbol{y}}{d\boldsymbol{p}_{[i]}}(\boldsymbol{p}_0) \\ \dfrac{d\boldsymbol{\lambda}}{d\boldsymbol{p}_{[i]}}(\boldsymbol{p}_0) \\ \dfrac{d\boldsymbol{\mu}}{d\boldsymbol{p}_{[i]}}(\boldsymbol{p}_0) \end{pmatrix} = \begin{pmatrix} \nabla_y^2 \mathcal{L}_0 & \nabla_y \boldsymbol{g}_0^T & \nabla_y \boldsymbol{h}_0^T \\ \Delta \nabla_y \boldsymbol{g}_0 & \boldsymbol{\Gamma} & 0 \\ \nabla_y \boldsymbol{h}_0 & 0 & 0 \end{pmatrix}^{-1}_{[\cdot, N_y+i]}$$

2）约束：

$$\frac{d\boldsymbol{g}}{d\boldsymbol{p}}(\boldsymbol{y}_0^*, \boldsymbol{p}_0) = \nabla_y \boldsymbol{g}_0 \left(\frac{d\boldsymbol{y}}{d\boldsymbol{p}}\right)(\boldsymbol{p}_0) - \boldsymbol{I}_{N_g}$$

3）目标函数：

$$\frac{df}{d\boldsymbol{p}}(\boldsymbol{y}_0^*, \boldsymbol{p}_0) = \nabla_p \mathcal{L}_0 = \begin{pmatrix} \boldsymbol{\lambda}_0 \\ \boldsymbol{\mu}_0 \end{pmatrix}$$

特别是，对于$i \notin \mathcal{I}(\boldsymbol{y}_0^*, \boldsymbol{p}_0)$，$(df/d\boldsymbol{p}_{[i]})(\boldsymbol{y}_0^*, \boldsymbol{p}_0) = 0$ 成立。

4）目标函数二阶灵敏度：

$$\frac{d^2 f}{d\boldsymbol{p}^2}(\boldsymbol{y}_0^*, \boldsymbol{p}_0) = \begin{pmatrix} \dfrac{d\boldsymbol{\lambda}}{d\boldsymbol{p}}(\boldsymbol{y}_0^*, \boldsymbol{p}_0) \\ \dfrac{d\boldsymbol{\mu}}{d\boldsymbol{p}}(\boldsymbol{y}_0^*, \boldsymbol{p}_0) \end{pmatrix}$$

特别是，对于$i \notin \mathcal{I}(\boldsymbol{y}_0^*, \boldsymbol{p}_0)$，$(d^2 f/d\boldsymbol{p}_{[i]}^2)(\boldsymbol{y}_0^*, \boldsymbol{p}_0) = 0$ 成立。

证明：通过嵌入直接得到证明。

备注 2.10：同样的过程可以应用于目标函数形式$f(\boldsymbol{y}) - \boldsymbol{r}^T \boldsymbol{y}$，感兴趣的读者可以参考 Büskens[10] 获取更详细说明。

2.4.3 摄动解的近似

如果名义参数摄动$\Delta \boldsymbol{p} := \boldsymbol{p} - \boldsymbol{p}_0$足够小，使得有效约束集不变，则计算的灵敏

度微分现在可以用于近似优化问题的摄动解。如何计算有效集的置信域将是2.4.4节的主要内容。

利用灵敏度微分可以快速计算近似解$(\tilde{\boldsymbol{y}}(\boldsymbol{p}),\tilde{\boldsymbol{\lambda}}(\boldsymbol{p}),\tilde{\boldsymbol{\mu}}(\boldsymbol{p}))$，因此该方法适用于在线优化策略，这意味着如果最优解$\boldsymbol{y}_0^*$和灵敏度微分$(\mathrm{d}\boldsymbol{y}/\mathrm{d}\boldsymbol{p})(\boldsymbol{p}_0)$是离线事先计算的，即使在车辆电子控制单元上也可以实时计算近似解。

与用“蛮力”方法重新开始优化过程不同，根据一阶 Taylor 级数展开来近似摄动解$(\boldsymbol{y}(\boldsymbol{p}),\boldsymbol{\lambda}(\boldsymbol{p}),\boldsymbol{\mu}(\boldsymbol{p}))$：

$$\boldsymbol{y}(\boldsymbol{p}) \approx \tilde{\boldsymbol{y}}(\boldsymbol{p}):=\boldsymbol{y}_0^* + \left(\frac{\mathrm{d}\boldsymbol{y}}{\mathrm{d}\boldsymbol{p}}\right)(\boldsymbol{p}_0)\Delta\boldsymbol{p} \tag{2.74}$$

其中，$\tilde{\boldsymbol{\lambda}}(\cdot)$，$\tilde{\boldsymbol{\mu}}(\cdot)$类似于式（2.74）得到。

式（2.74）的计算非常快，因为一阶 Taylor 近似只使用矩阵向量乘法和向量加法。

对于目标函数，甚至可以进行二阶 Taylor 近似：

$$f(\boldsymbol{y}(\boldsymbol{p}),\boldsymbol{p}) \approx f(\tilde{\boldsymbol{y}}(\boldsymbol{p}),\boldsymbol{p}):=f_0+\frac{\mathrm{d}f}{\mathrm{d}\boldsymbol{p}}(\boldsymbol{y}_0^*,\boldsymbol{p}_0)\Delta\boldsymbol{p}+\frac{1}{2}\Delta\boldsymbol{p}^T\frac{\mathrm{d}^2 f}{\mathrm{d}\boldsymbol{p}^2}(\boldsymbol{y}_0^*,\boldsymbol{p}_0)\Delta\boldsymbol{p} \tag{2.75}$$

其中，$(\mathrm{d}f/\mathrm{d}\boldsymbol{p})(\boldsymbol{y}_0^*,\boldsymbol{p}_0)$和$(\mathrm{d}^2 f/\mathrm{d}\boldsymbol{p}^2)(\boldsymbol{y}_0^*,\boldsymbol{p}_0)$可以由式（2.65）和式（2.67）分别计算得到。

扰动问题的近似解会偏离扰动问题的最优解。下面的定理表明，扰动解$\tilde{\boldsymbol{y}}(\boldsymbol{p})$的误差、函数$\boldsymbol{f}(\tilde{\boldsymbol{y}}(\boldsymbol{p}),\boldsymbol{p})$，$\boldsymbol{g}(\tilde{\boldsymbol{y}}(\boldsymbol{p}),\boldsymbol{p})$，$\boldsymbol{h}(\tilde{\boldsymbol{y}}(\boldsymbol{p}),\boldsymbol{p})$、乘子$\tilde{\boldsymbol{\lambda}}(\boldsymbol{p})$，$\tilde{\boldsymbol{\mu}}(\boldsymbol{p})$和 Lagrange 函数$\mathcal{L}(\tilde{\boldsymbol{y}}(\boldsymbol{p}),\tilde{\boldsymbol{\lambda}}(\boldsymbol{p}),\tilde{\boldsymbol{\mu}}(\boldsymbol{p}),\boldsymbol{p})$对于扰动$\Delta\boldsymbol{p}$是二阶的。同样，只有不等式集的有效约束是重要的。因此，定义有效不等式约束向量为

$$\boldsymbol{g}_a:=(g_i)_{i\in L(\boldsymbol{y}_0^*,\boldsymbol{p}_0)} \tag{2.76}$$

定理 2.8（误差估计）

设灵敏度定理2.6的假设成立，如果函数$f(\cdot)$、$\boldsymbol{g}(\cdot)$和$\boldsymbol{h}(\cdot)$对$\boldsymbol{y}(\cdot)$和$\boldsymbol{p}$三次连续可微，则存在$\boldsymbol{p}_0$的邻域使得误差估计对所有$\boldsymbol{p}=\boldsymbol{p}_0+\Delta\boldsymbol{p}\in\mathcal{P}$成立：

$$\|\boldsymbol{y}(\boldsymbol{p})-\tilde{\boldsymbol{y}}(\boldsymbol{p})\| = O(\|\Delta\boldsymbol{p}\|^2)$$

$$\|f(\boldsymbol{y}(\boldsymbol{p}),\boldsymbol{p})-f(\tilde{\boldsymbol{y}}(\boldsymbol{p}),\boldsymbol{p})\| = O(\|\Delta\boldsymbol{p}\|^2)$$

$$\|\boldsymbol{g}_a(\boldsymbol{y}(\boldsymbol{p}),\boldsymbol{p})\| = O(\|\Delta\boldsymbol{p}\|^2)$$

$$\|\boldsymbol{h}(\boldsymbol{y}(\boldsymbol{p}),\boldsymbol{p})\| = O(\|\Delta\boldsymbol{p}\|^2)$$

$$\|\boldsymbol{\lambda}(\boldsymbol{p})-\tilde{\boldsymbol{\lambda}}(\boldsymbol{p})\| = O(\|\Delta\boldsymbol{p}\|^2)$$

$$\|\boldsymbol{\mu}(\boldsymbol{p})-\tilde{\boldsymbol{\mu}}(\boldsymbol{p})\| = O(\|\Delta\boldsymbol{p}\|^2)$$

$$\|\nabla_y\mathcal{L}(\tilde{\boldsymbol{y}}(\boldsymbol{p}),\tilde{\boldsymbol{\lambda}}(\boldsymbol{p}),\tilde{\boldsymbol{\mu}}(\boldsymbol{p}),\boldsymbol{p})\| = O(\|\Delta\boldsymbol{p}\|^2)$$

证明：Büskens 对此给出证明[11]。

2.4.4 置信区域的近似

前面提出的实时策略只能应用于保持有效指数集不变的扰动。这种限制是必要的，因为有效约束集的改变可能导致违反规则性条件，从而导致灵敏度微分不正确或甚至无效，这意味着式（2.74）和式（2.75）只受到有效集保持不变假设的限制。通过检查有效不等式约束式（2.76）的 Lagrange 乘子和非有效约束的线性近似，可以估计有效集改变的时间。为了获得非有效约束的线性近似，需要 Lagrange 乘子 $\boldsymbol{\lambda}(\boldsymbol{p})$ 和不等式约束 $\boldsymbol{g}(\boldsymbol{p})$ 的线性近似：

$$\boldsymbol{\lambda}(\boldsymbol{p}) \approx \widetilde{\boldsymbol{\lambda}}(\boldsymbol{p}):=\hat{\boldsymbol{\lambda}}+\frac{\mathrm{d}\boldsymbol{\lambda}}{\mathrm{d}\boldsymbol{p}}(\boldsymbol{p}_0)\Delta\boldsymbol{p}$$

$$\boldsymbol{g}(\boldsymbol{p}) \approx \widetilde{\boldsymbol{g}}(\boldsymbol{p}):=\hat{\boldsymbol{g}}+\frac{\mathrm{d}\boldsymbol{g}}{\mathrm{d}\boldsymbol{p}}(\boldsymbol{y}_0^*,\boldsymbol{p}_0)\Delta\boldsymbol{p} \tag{2.77}$$

在干扰的影响下，如果 g_i 变为 0，则非有效约束（$g_i \neq 0$，$\lambda_i=0$）将变为有效的。由式（2.77）使用 Taylor 级数展开，有

$$0=g_i(\boldsymbol{p}) \approx \hat{g}_i+\frac{\mathrm{d}g_i}{\mathrm{d}\boldsymbol{p}}(\boldsymbol{y}_0^*,\boldsymbol{p}_0)\Delta\boldsymbol{p}, i \notin L(\boldsymbol{y}_0^*,\boldsymbol{p}_0)$$

因此，可以通过使用线性预测近似导致 g_i 变为有效的扰动 $\Delta\boldsymbol{p}_{[j]}$：

$$\Delta\boldsymbol{p}_{[j]} \approx \frac{-\hat{g}_i}{\dfrac{\mathrm{d}g_i}{\mathrm{d}\boldsymbol{p}_{[j]}}(\boldsymbol{y}_0^*,\boldsymbol{p}_0)}, i \notin I(\boldsymbol{y}_0^*,\boldsymbol{p}_0), j \in \{1,\cdots,N_p\} \tag{2.78}$$

假设 $\mathrm{d}g_i/\mathrm{d}\boldsymbol{p}_{[j]}(\boldsymbol{y}_0^*,\boldsymbol{p}_0) \neq 0$ 成立。对于 $\mathrm{d}g_i/\mathrm{d}\boldsymbol{p}_{[j]}(\boldsymbol{y}_0^*,\boldsymbol{p}_0)=0$ 的情况，不等式约束 g_i 无法变为有效约束，并且置信域不再受到 $\Delta\boldsymbol{p}_{[j]}$ 限制。

与前面的情况类似，在扰动的影响下，如果 λ_i 变为 0，则有效约束（$g_i \neq 0$，$\lambda_i=0$）变为非有效约束。使用式（2.77）的 Taylor 级数展开，有

$$0=\lambda_i(\boldsymbol{p}) \approx \hat{\lambda}_i+\frac{\mathrm{d}\lambda_i}{\mathrm{d}\boldsymbol{p}}(\boldsymbol{p}_0)\Delta\boldsymbol{p}, i \notin I(\boldsymbol{y}_0^*,\boldsymbol{p}_0)$$

因此，可以利用线性预测近似引起 g_i 变为非有效集的扰动 $\Delta\boldsymbol{p}_{[j]}$：

$$\Delta\boldsymbol{p}_{[j]} \approx \frac{-\hat{\lambda}_i}{\dfrac{\mathrm{d}\lambda_i}{\mathrm{d}\boldsymbol{p}_{[j]}}(\boldsymbol{p}_0)}, i \notin I(\boldsymbol{y}_0^*,\boldsymbol{p}_0), j \in \{1,\cdots,N_p\} \tag{2.79}$$

再次假设 $\mathrm{d}g_i/\mathrm{d}\boldsymbol{p}_{[j]}(\boldsymbol{y}_0^*,\boldsymbol{p}_0) \neq 0$ 成立。

在将式（2.78）和式（2.79）应用于所有不等式约束获得 $\Delta\boldsymbol{p}_{[j]}$ 的最小值的情况下，这使得可以预测有效指标集的变化。

2.5 多目标优化

许多实际优化问题涉及多个目标，而这些目标往往相互冲突。如果一个目标的优化可能导致另一个目标的恶化，这一点就变得很明显。因此，不存在可以同时优

化所有目标的单一解。从逻辑上讲，需要引入另一个概念来优化这些问题，找到最优的权衡解。

先定义一个多目标优化问题。

定义 2.25（约束多目标优化）

一个约束多目标优化问题可表示为

$$\min \boldsymbol{f}(\boldsymbol{y}) = \begin{bmatrix} f_1(\boldsymbol{y}) \\ \vdots \\ f_{N_f}(\boldsymbol{y}) \end{bmatrix} \tag{2.80}$$

其中，$\boldsymbol{y}$ 由约束决策空间 Ω 中提取；Ω 定义为

$$\Omega := \{y \in R^{N_y} \mid \boldsymbol{g}(\boldsymbol{y}) \leqslant \boldsymbol{0} \wedge \boldsymbol{h}(\boldsymbol{y}) = \boldsymbol{0}\} \tag{2.81}$$

约束定义为

$$\boldsymbol{g}(\boldsymbol{y}) = \begin{bmatrix} g_1(\boldsymbol{y}) \\ \vdots \\ g_{N_g}(\boldsymbol{y}) \end{bmatrix}, \boldsymbol{h}(\boldsymbol{y}) = \begin{bmatrix} h_1(\boldsymbol{y}) \\ \vdots \\ h_{N_h}(\boldsymbol{y}) \end{bmatrix}$$

目标函数和约束 $\boldsymbol{f}$：$R^{N_y} \to R^{N_f}$、$\boldsymbol{g}$：$R^{N_y} \to R^{N_g}$ 和 $\boldsymbol{h}$：$R^{N_y} \to R^{N_h}$ 为实值的。

备注 2.11：为了扩大处理问题（2.80）和式（2.81）的潜在算法类，没有强制要求函数 $\boldsymbol{f}(\cdot)$、$\boldsymbol{g}(\cdot)$ 和 $\boldsymbol{h}(\cdot)$ 必须都是连续可微的。

定义 2.25 中的最小化运算符意味着，要同时最小化所有目标。如果存在一个单解 $\boldsymbol{y}^*$，其最小化了每个目标 $f_1(\boldsymbol{y}), \cdots, f_{N_f}(\boldsymbol{y})$，则称之为平凡解。但是，一般来说，一个目标的最小值对于其他目标不是最优的。因此，需要定义另一个最优性概念：Pareto 最优性概念。这个概念首先由 V. Pareto 提出，并且以非支配决策向量的形式定义[56,74]。

定义 2.26（支配决策向量）

对于所有 $i = 1, \cdots, N_f$，如果 $f_i(\boldsymbol{y}_1) \leqslant f_i(\boldsymbol{y}_2)$ 成立，并且 $f_j(\boldsymbol{y}_1) < f_j(\boldsymbol{y}_2)$ 至少对于一个指标 j 成立，则称决策向量 $\boldsymbol{y}_1 \in \Omega$ 支配另一个决策向量 $\boldsymbol{y}_2 \in \Omega$，$\boldsymbol{y}_1 \prec \boldsymbol{y}_2$。

定义 2.27（Parato 最优）

如果不存在其他支配 $\boldsymbol{y}^*$ 的决策向量 $\boldsymbol{y} \in \Omega$，则称决策向量 $\boldsymbol{y}^* \in \Omega$ 为 Parato 最优或非支配的。

所有 Pareto 最优解的集合称为 Pareto 最优集，其可以是非凸的和不连通的。因此定义 2.25 的解通常导致一个 Pareto 最优集。Pareto 最优集的图像称为 Pareto 前沿，如图 2.2 所示。

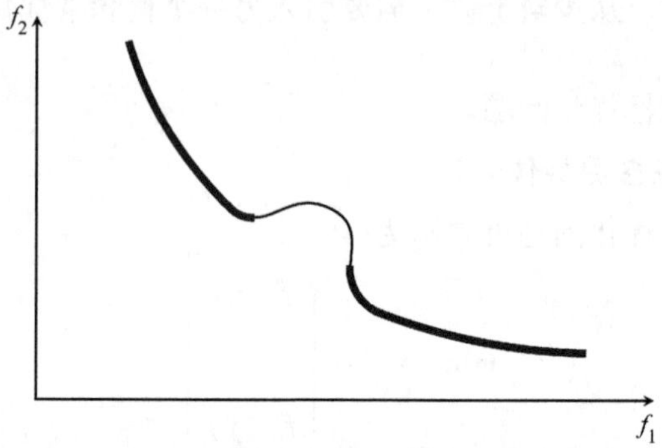

图 2.2 Pareto 前沿：粗线显示 Pareto 前沿，细线上的点由粗线上的点控制，因此不包含在 Pareto 前沿中，Pareto 前沿的非凸性可能是由有效不等式约束引起的

2.5.1 精英多目标进化算法

精英多目标进化算法（MOEA）归类为一种随机搜索技术，其保持和处理解的一个种群，在搜索更好解的过程中采用适者生存的策略[18]。这些解被聚集成非支配解前沿，与目前发现的最优解（精英主义概念）一起使用，通过选择、交叉和突变生成下一代。目前存在一些 MOEA 算法，Zhou 等[74]给出很好的概述。但是这里只集中关注精英非支配搜索遗传算法（NSGA），更准确地说是 Deb 等[19]提出的第二代 NSGA－Ⅱ。

在算法 2.2 中，描述了 NSGA－Ⅱ的工作原理。

算法 2.2 精英多目标进化算法（NSGA－Ⅱ）[19]

1：$k \leftarrow 0$
2：选择群体大小 N_{pop}
3：生成大小为 N_{pop} 的随机初始父种群 P_k
4：$Q_k \leftarrow$ MAKENEWPOPULATION（P_k）
5：if 达到规定代数 N_{gen} then
6：　　停止
7：end if
8：生成组合种群 $R_k \leftarrow P_k \cup Q_k$
9：计算 $F \leftarrow$ FASTNONDOMINATEDSORT（R_k）
10：设置 $P_{k+1} \leftarrow \phi$，$l \leftarrow 1$
11：while $|P_{k+1}| + |F_l| \leqslant N_{pop}$ do

（续）

12： $P_{k+1} \leftarrow P_{k+1} \cup F_l$
13： $l \leftarrow l+1$
14：end while
15：$I_{dist} \leftarrow$ CROWDINGDISTANCEASSIGNMENT（F_l）
16：$F_l =$ SORT（F_l，I_{dist}）
17：$P_{k+1} \leftarrow P_{k+1} \cup F^{[l]}_{1,\cdots,N_{pop}-|P_{k+1}|}$
18：$k \leftarrow k+1$
19：回到第4步

第一代种群 P_0 是随机产生的。然后，对于每个迭代 $k=0$，…，N_{gen}，使用种群 P_k 生成具有与父种群 P_k 相同数目成员 N_{pop} 的子代种群 Q_k，见算法 2.2 的步骤 4。因此，采用竞赛选择算法，选择一些父本，然后通过交叉或变异产生后代群体。一种简单的竞赛选择算法从群体 P_k 中随机选择两个成员作为父本，从中选择更适合的一个，称为二元竞赛选择。算法 MAKENEWPOPULATION 实现二元竞赛选择，用于选择 N_{pool} 个父本，见算法 2.3 的第 3 步。同时对这些父本执行概率为 90% 的模拟二进制交叉（SBX）和概率为 10% 的多项式变异，如 Seshadri[69] 所实现的，可以表述为算法 2.3。

算法 2.3 MAKENEWPOPULATION（P）

1：$Q \leftarrow \emptyset$
2：$N_q \leftarrow 0$
3：对种群 P 执行二元竞赛选择，以确定具有给定大小 N_{pool} 的一组父本集 P_{pool}
4：for $i \leftarrow 1$ to N_{pop} do
5： 得到随机数 $r \in [0, 1]$
6： if $r < 0.9$ then
7： 由 SBX 随机选择的父本 p_1，$p_2 \in P_{pool}$ 计算 c_1 和 c_2
8： $Q_{[N_q+1]} \leftarrow c_1$
9： $Q_{[N_q+2]} \leftarrow c_2$
10： $N_q \leftarrow N_q + 2$
11： else
12： 由多项式变异从随机选择的父本 $p \in P_{pool}$ 计算 c_3
13： $Q_{[N_q+1]} \leftarrow c_3$
14： $N_q \leftarrow N_q + 1$
15： end if
16：end for

对于每个决策变量，SBX（算法 2.3 第 7 步）选择随机数 $\omega \in [0, 1]$ 和对于所有 $j=1, \cdots, N_y$ 计算

$$\beta_j(\omega) = \begin{cases} (2\omega)^{\frac{1}{\eta_c+1}}, \omega \leqslant 0.5 \\ \dfrac{1}{[2(1-\omega)]^{\frac{1}{\eta_c+1}}}, \omega > 0.5 \end{cases}$$

然后，由父本 p_1 和 p_2 计算子代 c_1 和 c_2 的第 j 个决策变量，计算规则为

$$c_{j,1} = \frac{1}{2}[(1-\beta_j)p_{j,1} + (1+\beta_j)p_{j,2}]$$

$$c_{j,2} = \frac{1}{2}[(1+\beta_j)p_{j,1} + (1-\beta_j)p_{j,2}]$$

如果一个子代决策变量违反一个约束，则设置为极值。

对于每个决策变量，多项式变异（算法 2.3 第 12 步）选择随机数 $\omega \in [0, 1]$ 和对于所有 $j=1, \cdots, N_y$ 计算

$$\delta_j(\omega) = \begin{cases} (2\omega)^{\frac{1}{\eta_m+1}} - 1, \omega < 0.5 \\ 1 - [2(1-\omega)]^{\frac{1}{\eta_m+1}}, \omega \geqslant 0.5 \end{cases}$$

然后，由父本 p 计算子代 c_3 的第 j 个决策变量，即

$$c_{j,3} = p_j + (p_j^{\max} - p_j^{\min})\delta_j$$

式中，$p_j^{\min}$、$p_j^{\max}$ 分别为由父本 p 得到的第 j 个决策变量的下界和上界。

将父种群 P_k 和后代种群 Q_k 组合成两倍大小的共同种群 R_k，从 R_k 中选择最好的个体作为下一个群体 P_{k+1} 的成员。从组合种群 R_k 中进行选择是精英主义概念的任务，从而保证所有世代的最好成员得到保留。

为了从组合种群 R_k 中选择最好的成员，首先通过快速非支配排序算法对集合进行排序。该算法给每个成员分配一个前沿 F_r，其中 r 是成员的优势秩，即主要成员的数目。该算法可以表述，如算法 2.4 所示。

算法 2.4　FASTNONDOMINATEDSORT（P）[19]

```
for all p ∈ P do
    S_p ← Ø
    N_p ← 0
    for all q ∈ Q do
        if p ≺ q then
            S_p ← S_p ∪ {q}
        else if p ≻ q then
            N_p ← N_p + 1
        end if
```

（续）

10： end for
11： if $N_p = 0$ then
12： p_{rank} prank←1
13： $F_1 \leftarrow F_1 \cup \{q\}$
14： end if
15： end for
16： $r \leftarrow 1$
17： while $F_r \neq \emptyset$ do
18： $Q \leftarrow \emptyset$
19：   for all $p \in F_r$ do
20：   for all $q \in S_p$ do
21： $N_q \leftarrow N_q - 1$
22：   if $N_q = 0$ then
23： $q_{rank} \leftarrow r + 1$
24： $Q \leftarrow Q \cup \{q\}$
25：   end if
26：   end for
27：   end for
28： $r \leftarrow r + 1$
29： $F_r \leftarrow Q$
30： end while

从 $r=1$ 开始的前沿 F_r 被添加到下一个种群 P_{k+1}，直到达到一个指标 s，使得前沿 F_s 的添加将超过种群的大小。对于前沿 F_s，其拥挤距离根据算法2.5计算。

算法2.5　CROWDIGNDISTANCEASSINGNMENT（F）[19]

1： $j \leftarrow |F|$
2： for $i \leftarrow 1$, to j do
3： $I_i^{dist} \leftarrow 1$
4： end for
5： for all objectives $m \in [1, \cdots, N_f]$ do
6： $F \leftarrow$ sort (F, m)
7： $I_1^{dist} \leftarrow \infty$

（续）

$I_j^{dist} \leftarrow \infty$

for $i \leftarrow 2$, to $j-1$ do

$$I_i^{dist} \leftarrow I_i^{dist} + \frac{F_{i+1}^{[m]} - F_{i-1}^{[m]}}{f_{[m]}^{\max} - f_{[m]}^{\min}}$$

end for

end for

在算法 2.5 中，$F_i^{[m]}$ 是指集合 F 中的第 i 个个体的第 m 个目标函数值，而 $f_{[m]}^{\min}$ 和 $f_{[m]}^{\max}$ 是第 m 个目标函数的最小值和最大值。

将具有最大拥挤距离的 F_s 的成员添加到种群 P_{k+1} 中，直到达到所需的种群大小。最大拥挤距离的选择，导致成员具有更大的多样性。

2.5.2 MOGA 的评价

虽然进化算法（EA）的潜在机制简单，但是这些算法与平滑非线性规划技术相比具有一些优点，例如：

1）鲁棒性好。

2）具有自然处理不连续和不可微问题的能力。

另一方面，这些算法的非确定收敛性，使得算法收敛速度慢，只适用于离线优化，而 SQP 甚至具有超线性收敛特性。然而，由于用于确定搜索方向的梯度信息不准确，SQP 在具有非凸和不连续的问题中的性能较差。

另一种流行但更天真的方法是通过每次集中于一个特定的 Pareto 最优解，将多目标问题转化为单目标问题[44]。这些方法的困难在于，必须多次应用这个过程，希望找到尽可能逼近精确 Pareto 最优前沿的不同解。

2.6 相关研究

非线性规划的研究历史广泛而多样化，Giorgi 和 Kelelds[38] 提供了一个很好的历史概述。第一次涉及求非线性函数的局部极小点的时间，可以追溯到第二次世界大战和之后的年代。“非线性规划”这个术语最早是在 20 世纪 50 年代 Kuhn 和 Tucker[49] 的论文中提到的，后来发现 Karush 和 John[58] 早些时候发表了类似的结果。然而，Kuhn 和 Tucker[49] 的出现可以视为非线性规划作为自治研究领域的一个起点，其与其他学科如数学分析、数值和非平滑分析、线性代数、运筹学等有着很强的关系。

非线性规划的一些进一步主题，可以在下面的引文中找到。Arrow 等[3] 对 KKT

条件进行了弱化，并且对各种约束条件进行了分析。对 KKT 条件的约束条件的概述，可以在 Eustaquio 等的文献中找到[24]。Kantorovich 定理的进一步研究和特殊应用，可以在 Polyak[63]、Ferreira 和 Svaiter[25] 以及 Potra[64] 的文献中找到。

求解 NLP 的算法有很多种，但是对于所有的问题没有一种算法可以认为是最优的，但是文献一致认为 SQP 是求解约束 NLP 最有效的方法之一。

1963 年，Wilson[70] 提出第一个 SQP 方法，其使用了 Lagrange 函数的精确 Hessian 矩阵。

有大量关于很好的 SQP 方法研究和综述的论文。例如，Eldersveld[23]、Boggs 和 Tolle[8]、Gould 和 Toint [41]、Schittkowski 和 Yuan[68]、Gill 和 Wong[35] 等，这里仅举几个例子。对非线性规划和 SQP 的全面介绍，可以在 Nocedal 和 Wright[59] 的教科书中找到。SQP 方法可以用于线搜索和置信域结构，本书完全忽略了置信域方法，但是其在许多非线性规划教科书中都可以找到。推荐感兴趣的读者可以参考 Conn 等[15]，其对置信域方法进行了全面介绍；也可以参考 Fletcher 和 Leyffer[30] 以及 Fletcher 等[32] 有关本书省略的滤波器 SQP 方法的细节。

SQP 的替代方法使用增广 Lagrange 函数

$$\boldsymbol{\Psi}(\boldsymbol{y},\boldsymbol{\lambda},\boldsymbol{\mu},\boldsymbol{\vartheta},\boldsymbol{\nu}) = f(\boldsymbol{y}) + \boldsymbol{\lambda}^T\boldsymbol{g}(\boldsymbol{y}) + \boldsymbol{\mu}^T\boldsymbol{h}(\boldsymbol{y}) + \frac{1}{2}\boldsymbol{\vartheta}^T\boldsymbol{g}^2(\boldsymbol{y}) + \boldsymbol{\nu}^T\boldsymbol{h}^2(\boldsymbol{y})$$

作为 Boggs 和 Tolle[8] 以及 Gill 等[37] 所描述的一个评价函数。这些方法的优点是评价函数是可微的，从而允许更精确的线搜索方法。此外，通过构造，这些方法避免了 Maratos 效应。Rockafellar [66]、Di Pillo 和 Grippo[22]、Schittkowski[67]、Byrd 等[13]、Anitescu[1]、Gill 和 Robinson[34] 以及 Bertsekas[6] 也提出将稍微改进的增广 Lagrange 函数作为非线性规划的评价函数。

Dennis Jr 和 Schnabel[21]、Lemaréchal[50] 以及 Hager 和 Zhang[42] 给出了关于线搜索法的更多细节。

关于拟 Newton 更新的收敛性的更多信息，可以在 Boggs 等的文献中找到[9]。

在商业化的求解器中，SQP 方法中出现的二次子问题通常采用 AS 法求解。本书完全忽略了这种方法，因为这种用于二次子问题的求解器类特别适用于中小型问题，而不适用于大型问题。Goldfarb 和 Idnani [39] 描述了一种非常好和稳定的 AS 算法。

在线性规划中，灵敏度分析得到广泛的应用。Fiacco[26] 对非线性规划问题的灵敏度分析理论做出重要贡献，为进一步的研究奠定了基础。例如，Büskens [10-12] 广泛研究的在实时应用中的灵敏度转移。

自 20 世纪 70 年代以来，人们提出了几种进化算法，主要是遗传算法、进化规划和进化策略。所有这些工作都是关于解的种群的，因此是处理冲突目标（多目标）的基础。Zitzler 等[75] 对多目标进化算法进行了很好的介绍，Zhou 等[74] 也给出一篇很好的研究论文。

参考文献

1. Anitescu M (2002) On the rate of convergence of sequential quadratic programming with nondifferentiable exact penalty function in the presence of constraint degeneracy. Math Program 92(2):359–386
2. Armijo L (1966) Minimization of functions having Lipschitz continuous first partial derivatives. Pacific J Math 16(1):1–3
3. Arrow KJ, Hurwicz L, Uzawa H (1961) Constraint qualifications in maximization problems. Naval Res Logist Q 8(2):175–191
4. Avriel M (2003) Nonlinear programming: analysis and methods. Courier Corporation
5. Beltracchi TJ, Gabriele GA (1988) An investigation of new methods for estimating parameter sensitivities. Technical Report NASA-CR-183195, NASA
6. Bertsekas DP (2014) Constrained optimization and Lagrange multiplier methods. Academic press
7. Betts JT (2010) Practical methods for optimal control and estimation using nonlinear programming, 2nd edn. Society for industrial and applied mathematics. doi:10.1137/1.9780898718577
8. Boggs PT, Tolle JW (1995) Sequential quadratic programming. Acta Numer 4:1–51
9. Boggs PT, Tolle JW, Wang P (1982) On the local convergence of quasi-newton methods for constrained optimization. SIAM J Control Optim 20(2):161–171
10. Büskens C (1998) Optimierungsmethoden und Sensitivitätsanalyse für optimale Steuerprozesse mit Steuer- und Zustandsbeschränkungen. PhD thesis, Universität Münster
11. Büskens C (2002) Real-time optimization and real-time optimal control of parameter-perturbed problems. Universität Bayreuth, Habilschrift
12. Büskens C, Maurer H (2001) Sensitivity analysis and real-time optimization of parametric nonlinear programming problems. In: Online optimization of large scale systems. Springer, pp 3–16
13. Byrd R, Tapia R, Zhang Y (1992) An SQP augmented lagrangian BFGS algorithm for constrained optimization. SIAM J Optim 2(2):210–241
14. Chamberlain R, Powell M, Lemarechal C, Pedersen H (1982) The watchdog technique for forcing convergence in algorithms for constrained optimization. In: Algorithms for constrained minimization of smooth nonlinear functions. Springer, pp 1–17
15. Conn A, Gould N, Toint P (2000) Trust region methods. Society for industrial and applied mathematics, MPS-SIAM series on optimization
16. Coope I (1985) The Maratos effect in sequential quadratic programming algorithms using the l1 exact penalty function. Research report (University of Waterloo. Faculty of Mathematics), University of Waterloo, Computer Science Department
17. Davidon WC (1966) Variable metric method for minimization. [in Fortran for IBM 704]. Technical report, Argonne National Lab., IL (USA)
18. Davis L (1991) The handbook of genetic algorithms. Van Nostrand Reingold, New York
19. Deb K, Pratap A, Agarwal S, Meyarivan T (2002) A fast and elitist multiobjective genetic algorithm: NSGA-II. IEEE Trans Evol Comput 6:182–197
20. Dennis J, Moré JJ (1974) A characterization of superlinear convergence and its application to Quasi-Newton methods. Math Comput 28(126):549–560
21. Dennis Jr JE, Schnabel RB (1996) Numerical methods for unconstrained optimization and nonlinear equations, vol 16. Siam
22. Di Pillo G, Grippo L (1979) A new class of augmented Lagrangians in nonlinear programming. SIAM J Control Optim 17(5):618–628
23. Eldersveld SK (1992) Large-scale sequential quadratic programming algorithms. Technical Report SOL 92–4, DTIC Document
24. Eustaquio RG, Karas EW, Ribeiro AA (2008) Constraint qualifications for nonlinear programming. Federal University of Parana http://pessoal.utfpr.edu.br/eustaquio/arquivos/kkt.pdf
25. Ferreira OP, Svaiter BF (2012) Kantorovich's theorem on Newton's method. ArXiv e-prints 1209:5704
26. Fiacco AV (1983) Introduction to sensitivity and stability analysis in nonlinear programming. Elsevier

27. Fiacco AV, McCormick GP (1990) Nonlinear programming: sequential unconstrained minimization techniques, vol 4. Siam
28. Fletcher R (1982) Second order corrections for non-differentiable optimization. Springer
29. Fletcher R (2013) Practical methods of optimization. Wiley
30. Fletcher R, Leyffer S (2002) Nonlinear programming without a penalty function. Math Program 91(2):239–269. doi:10.1007/s101070100244
31. Fletcher R, Powell MJ (1963) A rapidly convergent descent method for minimization. Comput J 6(2):163–168
32. Fletcher R, Leyffer S, Toint PL, et al. (2006) A brief history of filter methods. Preprint ANL/MCS-P1372-0906. Argonne National Laboratory, Mathematics and Computer Science Division
33. Gertz EM, Wright SJ (2003) Object-oriented software for quadratic programming. ACM Trans Math Softw 29(1):58–81. doi:10.1145/641876.641880
34. Gill PE, Robinson DP (2012) A primal-dual augmented Lagrangian. Comput Optim Appl 51(1):1–25
35. Gill PE, Wong E (2012) Sequential quadratic programming methods. In: Lee J, Leyffer S (eds) Mixed Integer nonlinear programming, The IMA Volumes in Mathematics and its Applications, vol 154. Springer, New York, pp 147–224. doi:10.1007/978-1-4614-1927-3_6
36. Gill PE, Murray W, Wright MH (1981) Practical optimization. Academic press
37. Gill PE, Murray W, Saunders MA, Wright MH (1986) Some theoretical properties of an augmented Lagrangian merit function. Technical Report SOL 86-6R, Stanford Univ., CA (USA). Systems Optimization Lab
38. Giorgi G, Kjeldsen TH (2014) A historical view of nonlinear programming: traces and emergence. In: Traces and emergence of nonlinear programming. Springer, pp 1–43
39. Goldfarb D, Idnani A (1983) A numerically stable dual method for solving strictly convex quadratic programs. Math program 27(1):1–33
40. Gondzio J (1996) Multiple centrality corrections in a primal-dual method for linear programming. Comput Optim Appl 6(2):137–156. doi:10.1007/BF00249643
41. Gould NI, Toint PL (2000) SQP methods for large-scale nonlinear programming. Springer
42. Hager WW, Zhang H (2005) A new conjugate gradient method with guaranteed descent and an efficient line search. SIAM J Optim 16(1):170–192
43. Han SP (1976) Superlinearly convergent variable metric algorithms for general nonlinear programming problems. Math Program 11(1):263–282
44. Johannesson L, Murgovski N, Ebbesen S, Egardt B, Gelso E, Hellgren J (2013) Including a battery state of health model in the HEV component sizing and optimal control problem. Proceedings of the 7th IFAC symposium on advances in automotive control. Tokyo, Japan, pp 388–393
45. John F (2014) Extremum problems with inequalities as subsidiary conditions. In: traces and emergence of nonlinear programming. Springer, pp 197–215
46. Kantorovich L (1948) Functional analysis and applied mathematics. Uspekhi Mat Nauk 3(6(28)):89–185
47. Kantorovich L, Akilov G (1964) Functional analysis in normed spaces. International series of monographs in pure and applied mathematics, Pergamon Press; [distributed in the Western Hemisphere by Macmillan, New York]
48. Karush W (2014) Minima of functions of several variables with inequalities as side conditions. Springer
49. Kuhn HW, Tucker AW (2014) Nonlinear programming: a historical view. In: traces and emergence of nonlinear programming. Springer, pp 393–414
50. Lemaréchal C (1981) A view of line-searches. In: Optimization and optimal control. Springer, pp 59–78
51. Mangasarian OL (1993) Nonlinear programming, vol 10. siam
52. Maratos N (1978) Exact penalty function algorithms for finite dimensional and control optimization problems. PhD thesis, Imperial College London (University of London)

53. Mayne DQ, Polak E (1982) A superlinearly convergent algorithm for constrained optimization problems. In: Buckley A, Goffin JL (eds) Algorithms for constrained minimization of smooth nonlinear functions, mathematical programming studies, vol 16, Springer, Berlin Heidelberg, pp 45–61. doi:10.1007/BFb0120947
54. McCormick ST (1983) Optimal approximation of sparse Hessians and its equivalence to a graph coloring problem. Math Program 26(2):153–171
55. Mehrotra S (1992) On the implementation of a primal-dual interior point method. SIAM J Optim 2(4):575–601
56. Miettinen K (1999) Nonlinear multiobjective optimization. International series in operations research and management science, vol 12
57. Moré JJ, Thuente DJ (1994) Line search algorithms with guaranteed sufficient decrease. ACM Trans Math Softw 20(3):286–307. doi:10.1145/192115.192132
58. Moser J (ed) (1985) Fritz John collected papers, vol 1. Birkhäuser-Verlag, Basel-Boston
59. Nocedal J, Wright S (2006) Numerical optimization. Springer series in operations research and financial engineering, 2nd edn. Springer, Science+Business
60. de Oliveira ORB (2012) The implicit and the inverse function theorems: easy proofs. arXiv preprint arXiv:12122066
61. Ortega J (1968) The Newton-Kantorovich theorem. The Am Math Monthly 75(6):658–660
62. Ortega J, Rheinboldt W (2000) Iterative solution of nonlinear equations in several variables. Society for Industrial and Applied Mathematics, Classics in Applied Mathematics
63. Polyak BT (2006) Newton-Kantorovich method and its global convergence. J Math Sci 133(4):1513–1523
64. Potra FA (2005) The Kantorovich theorem and interior point methods. Math program 102(1):47–70
65. Powell MJ (1978) The convergence of variable metric methods for non-linearly constrained optimization calculations. Nonlinear programming 3
66. Rockafellar RT (1974) Augmented Lagrange multiplier functions and duality in nonconvex programming. SIAM J Control 12(2):268–285
67. Schittkowski K (1982) On the convergence of a sequential quadratic programming method with an augmented Lagrangian line search functions. Technical Report SOL 82–4, DTIC Document
68. Schittkowski K, Yuan YX (2011) Sequential quadratic programming methods. Wiley encyclopedia of operations research and management science
69. Seshadri A (2007) A fast elitist multi-objective genetic algorithm NSGA-II
70. Wilson RB (1963) A simplicial algorithm for concave programming. PhD thesis, Graduate School of Business Administration, George F. Baker Foundation, Harvard University
71. Wolfe P (1969) Convergence conditions for ascent methods. SIAM Rev 11(2):226–235
72. Wolfe P (1971) Convergence conditions for ascent methods. II: some corrections. SIAM Rev 13(2):185–188
73. Wright S (1997) Primal-dual interior-point methods. Society for industrial and applied mathematics
74. Zhou A, Qu BY, Li H, Zhao SZ, Suganthan PN, Zhang Q (2011) Multiobjective evolutionary algorithms: a survey of the state of the art. Swarm Evol Comput 1(1):32–49
75. Zitzler E, Laumanns M, Bleuler S (2004) A tutorial on evolutionary multiobjective optimization. In: Metaheuristics for multiobjective optimisation. Springer, pp 3–37

第3章 混合系统与混合优化控制

3.1 引言

混合系统是兼有连续事件和离散事件两种系统类型行为的动态系统的一般化。例如，一个电路的电流与电压可以随着时间连续变化，但是也可以随着开关的打开或者关闭而不连续变化[31]。连续事件和离散事件这两种系统都有其特定的表示方式，诸如离散事件系统的离散自动化表示和纯连续系统的微分方程表示。许多物理系统表现出两种动态行为，并且各自的模型需要结合两种类型的动力学，如 Riedinger 和 Kratz 所述[48]。因此，混合系统可以视为常规系统的推广。正是由于混合系统在系统技术和日常生活中的频繁出现，使得对其的研究稳步增长。

有许多不同的符号描述混合系统，主要由相应学科的角度所驱动，如系统和控制理论[58,31]、计算机科学和软件工程[55,67]。构建混合系统有两种常用方法：第一种方法是时间驱动连续系统经典理论的扩展，将常微分方程或差分方程给出的连续动力学结合离散现象推广到混合系统；第二种方法是通过添加时序和连续动力学完全扩展离散事件系统的建模方案，如有限状态机、有限自动机或 Petri 网。第二种方法产生更一般的混合系统的描述，主要受到计算机科学和排队理论的驱动。

本书采用第一种方法，即通过常微分方程描述感兴趣的子系统，建立最优控制问题，以数值方式确定最优前馈轨迹或反馈控制律。

3.2 系统定义

本节描述连续系统、混合系统和切换系统，这是本书主要的关注点。首先对这些非线性系统进行分类，并且提供其连续值控制和状态轨迹的存在性和唯一性条件。

3.2.1 连续系统

定义 3.1（连续系统）

连续系统由 4 个元素组成：

$$C:=(\boldsymbol{X},\boldsymbol{U},\boldsymbol{F},\boldsymbol{D})$$

式中，$\boldsymbol{X}$ 为连续值状态空间；$\boldsymbol{U}$ 为连续值控制空间；$\boldsymbol{F}$ 为描述连续动态的向量场的集合；$\boldsymbol{D}$ 为约束函数的集合。

连续非线性系统 C 的动力学通过非线性常微分方程（ODE）描述：

$$\dot{\boldsymbol{x}}(t)=\boldsymbol{f}(\boldsymbol{x}(s),\boldsymbol{u}(s)),\quad \forall t\in[t_0,t_f] \tag{3.1}$$

$$\boldsymbol{x}(t_0)=\boldsymbol{x}_0 \tag{3.2}$$

式中，$t\in[t_0,\ t_f]\in R$ 为时间；t_0 和 t_f 分别为初始和最终的时间；$\boldsymbol{x}_0$ 为初始状态。连续值状态空间是完整的 R^{N_x}，定义为 $\boldsymbol{X}:=R^{N_x}$。这同样适用于连续值控制空间，定义 $\boldsymbol{U}:=R^{N_u}$。$\boldsymbol{x}:[t_0,\ t_f]\rightarrow\boldsymbol{X}$ 是 N_x 维连续状态向量（简称连续值状态），$\boldsymbol{u}:[t_0,\ t_f]\rightarrow\boldsymbol{U}$ 是 N_u 维连续值控制向量（简称连续值控制），$\boldsymbol{f}$: $\boldsymbol{X}\times\boldsymbol{U}\rightarrow\boldsymbol{X}$，$\boldsymbol{F}=\boldsymbol{f}$ 是描述连续系统动力学的向量场。

系统式（3.1）和式（3.2）被归类为自治的，因为系统没有显式依赖于时间 t，而对于非自治系统，ODE 的右侧函数 $\boldsymbol{f}(\cdot,t)$ 显式依赖于时间。

接下来，将致力于对每个初始状态 $\boldsymbol{x}_0$ 和每个允许控制 $\boldsymbol{u}(\cdot)$ 的选择上，系统式（3.1）和式（3.2）在时间区间 $[t_0,\ t_f]$ 上具有唯一解 $\boldsymbol{x}(\cdot)$，这种系统称为适定性系统。为了保证这一点，必须对右侧函数 $\boldsymbol{f}(\cdot)$ 和允许的控制 $\boldsymbol{u}(\cdot)$ 施加一些规律性条件。

首先，通过假设最弱的属性，即可观测性，探究 $\boldsymbol{f}(x(t),\cdot)$ 相对于 $\boldsymbol{u}(\cdot)$ 的规律性。希望对可观测性概念有更深入理解的读者，可以参考 Adams 和 Fournier[2] 以及 Clarke[22] 的著作。对于一个函数空间 $\boldsymbol{u}(\cdot)$（将在下章更详细地回到这一点），通常用 $L^p([t_0,\ t_f],\ \boldsymbol{U})$ 表示可观测函数的空间。实值可观测函数 $\boldsymbol{u}(t)$ 在无穷维函数空间 $L^p([t_0,\ t_f],\ \boldsymbol{U})$ 的范数为

$$\|\boldsymbol{u}(\cdot)\|_p = \left(\int_{t_0}^{t_f}|\boldsymbol{u}(t)|^p \mathrm{d}t\right)^{\frac{1}{p}} < \infty$$

$L^p([t_0,\ t_f],\ \boldsymbol{U})$ 空间是 Banach 空间，即完备的赋范向量空间，其由 Lebesgue 积分定义。下面研究所有本质有界的可观测空间，用 $L^p([t_0,\ t_f],\ \boldsymbol{U})$ 表示。这个空间 $L^p([t_0,\ t_f],\ \boldsymbol{U})$ 的范数定义为

$$\|\boldsymbol{u}(\cdot)\|_\infty := ess\sup_{t\in[t_0,t_f]}|\boldsymbol{u}(t)|$$

对于 a. e. $t\in[t_0,\ t_f]$，如果 $\|\boldsymbol{u}(\cdot)\|_\infty<\infty$，即 $\boldsymbol{u}(t)<\infty$，则函数 $\boldsymbol{u}(t)$ 是本质有界的。缩写“a. e.”表示“几乎处处”。

使用这种相当复杂的规则形式，是为了符合大多数文献中建立的必要条件、存在性和唯一性的结果。然而，通过采用智能分段连续函数代替“可观测函数”可以极大地促进可观测函数的处理。分段连续函数在每个有界区间上只具有有限数量的不连续点，并且在每个不连续点处具有右边和左边的有限的极限值。这种替换甚

至不会违反必要条件，因为具有 Zeno 行为的解不在我们的考虑范围之内。为了说明问题，我们从 Zeno 行为角度讨论。如果解具有无限多次切换，其不能通过分段连续函数来表示。

其次，对于所有 $t \in [t_0, t_f]$，规定 $\boldsymbol{f}(\cdot, \boldsymbol{u}(t))$ 相对于 $\boldsymbol{x}(\cdot)$ 的正则性。首先假设 $\boldsymbol{x}(\cdot)$ 是绝对连续的。这意味着 $\boldsymbol{x}(\cdot)$ 处处连续，几乎处处连续可微，而且满足相应的积分方程：

$$\boldsymbol{x}(t) = \boldsymbol{x}_0 + \int_{t_0}^{t} \boldsymbol{f}(\boldsymbol{x}(s), \boldsymbol{u}(s))\,\mathrm{d}s, \quad t \in [t_0, t_f] \tag{3.3}$$

具有这些特性的函数称为绝对连续，并且这种函数的导数总是可观测的。这意味着，术语“几乎处处”来源于绝对连续函数的导数，其可以在一组可数的可观测零点上不连续。

用 $AC^{\infty}([t_0, t_f], \boldsymbol{X})$ 表示绝对连续函数 $\boldsymbol{x}(\cdot)$，在区间 $[t_0, t_f]$ 上如式（3.3）所示允许用 $\boldsymbol{f}(\cdot) \in L^{\infty}([t_0, t_f], \boldsymbol{X})$ 表示。$AC^{\infty}([t_0, t_f], \boldsymbol{X})$ 的范数[22]由下式定义：

$$\|\boldsymbol{x}(\cdot)\|_{AC^{\infty}} := |\boldsymbol{x}_0| + \|\boldsymbol{x}(\cdot)\|_{\infty}$$

如果 $\boldsymbol{f}(\cdot)$ 满足上述两个假设，根据 Carathéodory 存在定理[23]，则在区间 $[t_0, t_f]$ 上存在初值问题式（3.1）和式（3.2）的解 $\boldsymbol{x}(\cdot)$。然而，这种解并不是唯一的。为了获得唯一性，必须通过引入限制 $\boldsymbol{x}(\cdot)$ 对于时间的斜率来压缩可能的函数空间。

在这样做时，对于所有 t，要求 $\boldsymbol{f}(\cdot, \boldsymbol{u}(t))$ 对于 $\boldsymbol{x}(\cdot)$ 是 Lipschitz 连续的。对于 Lipschitz 连续性，必须存在一个 Lipschitz 常数 $0 \leqslant L_f < \infty$，使得

$$\|\boldsymbol{f}(\boldsymbol{x}_1, \boldsymbol{u}(t) - \boldsymbol{f}(\boldsymbol{x}_2, \boldsymbol{u}(t)\| \leqslant L_f \|\boldsymbol{x}_1 - \boldsymbol{x}_2\|, \forall \boldsymbol{x}_1, \boldsymbol{x}_2 \in \boldsymbol{X}, \forall \boldsymbol{u}(t) \in \boldsymbol{U}, \forall t \in [t_0, t_f] \tag{3.4}$$

成立。

如果 $\boldsymbol{f}(\cdot)$ 另外满足 Lipschitz 正则性，根据 Bellman – Gronwall 引理[54,68]，则初值问题式（3.1）和式（3.2）的解 $\boldsymbol{x}(\cdot)$ 是唯一的。事实上，对于每个固定的 $\boldsymbol{u}(t) \in L^{\infty}([t_0, t_f], \boldsymbol{U})$，可以进一步假设 $\boldsymbol{f}(\cdot, \boldsymbol{u}(t))$ 在 $\boldsymbol{x}(\cdot)$ 中是连续可微的，这是一个更强的假设，排除了一些系统。值得注意的是，在任何一种情况下，都不假设 $\boldsymbol{f}(\cdot, \boldsymbol{u}(t))$ 对于 $\boldsymbol{u}(\cdot)$ 的可微性。此外，要提到的是，满足 Lipschitz 条件（3.4）的每个函数也是绝对连续的。

在大多数情况下，$\boldsymbol{u}(\cdot)$ 和 $\boldsymbol{x}(\cdot)$ 将受到约束集合 $\boldsymbol{D}$ 的限制。集合 $\boldsymbol{D} = \{\boldsymbol{c}_{x,u}(\cdot), \boldsymbol{c}_x(\cdot), \boldsymbol{c}_u(\cdot)\}$ 是适用于所考虑系统的不同约束类型的集合，包括混合控制 – 状态约束 $\boldsymbol{c}_{x,u}(\cdot)$、纯状态约束 $\boldsymbol{c}_x(\cdot)$ 和纯控制约束 $\boldsymbol{c}_u(\cdot)$。因此，假设函数 $\boldsymbol{u}(\cdot)$ 和 $\boldsymbol{x}(\cdot)$ 属于允许的函数空间 $\boldsymbol{U}$ 和 $\boldsymbol{X}$。

连续非线性系统的一个有趣的特例，是控制系统中的仿射（或控制仿射）。对于这样的系统，$\boldsymbol{f}(\cdot, \boldsymbol{u}(t))$ 在连续值控制 $\boldsymbol{u}(t) \in L^{\infty}([t_0, t_f], \boldsymbol{U})$ 中是仿射的，使

其方程具有的形式为

$$\dot{\boldsymbol{x}}(t)=\boldsymbol{f}_0(\boldsymbol{x}(t))+\sum_{i=1}^{N_u}\boldsymbol{f}_i(\boldsymbol{x}(t))\boldsymbol{u}_i(t),\quad \forall \text{a. e. } t\in[t_0,t_f] \tag{3.5}$$

$$\boldsymbol{x}(t_0)=\boldsymbol{x}_0 \tag{3.6}$$

式中，$\boldsymbol{F}=\{\boldsymbol{f}_i:\boldsymbol{X}\to\boldsymbol{X}\mid i=0,\cdots,N_u\}$ 为 N_u+1 向量场组成的下标集。

这类系统在技术应用中非常常见，因为车辆中遇到的许多部件由于实施了低级控制方案而显示出输入线性行为。仿射系统在切换系统的表示中将起着重要作用。

3.2.2 混合系统

与连续系统相比，混合系统是在连续状态空间上进化的系统，包括连续控制和离散状态，混合系统的描述要比连续系统的描述复杂得多。下面首先描述一般混合系统，然后消除本书发现的问题不需要的一些条件。

定义 3.2（混合系统[44]）

混合系统由 9 个元素组成：

$$\boldsymbol{H}:=(\hat{\boldsymbol{Q}},\boldsymbol{X},\boldsymbol{U},\boldsymbol{F},\boldsymbol{\Pi},\boldsymbol{A},\boldsymbol{B},\boldsymbol{C},\boldsymbol{D})$$

式中，$\hat{\boldsymbol{Q}}$ 为离散状态集合；$\boldsymbol{X}$ 为连续值状态空间；$\boldsymbol{U}$ 为连续值控制空间的集合；$\boldsymbol{F}$ 为描述连续动态向量场的集合；$\boldsymbol{\Pi}$ 为离散过渡函数；$\boldsymbol{A}$ 为复位映射的集合；$\boldsymbol{B}$ 为容许的离散控制边界集合；$\boldsymbol{C}$ 为切换面的集合；$\boldsymbol{D}$ 为约束函数的集合。

通过将离散状态 $q:[t_0,t_f]\to\hat{\boldsymbol{Q}}=\{1,2,\cdots,N_q\}$ 添加到系统式（3.1）和式（3.2）的描述中，可以将混合系统想象为 $N_q\in N>0$ 级的分段分解，这定义了子系统或模式的活动[48,49]。在文献中，$q(\cdot)$ 作为离散状态集合 $\hat{\boldsymbol{Q}}$ 的元素，通常也称为位置。

通常，根据活动子系统使用的控制和状态的数量，混合系统的连续值控制空间和连续值状态空间划分为等维或不等维的几个控制和状态空间。然而，本书假设连续值控制空间和连续值状态空间的维数为常值，即 $\boldsymbol{U}:=R^{N_u}$ 和 $\boldsymbol{X}:=R^{N_x}$。

对于每个离散状态 $q\in\hat{\boldsymbol{Q}}$，定义一个向量场 $\boldsymbol{f}_q:\boldsymbol{X}\times\boldsymbol{U}\to\boldsymbol{X}$。总之，获得 N_q 子系统的向量场 $\boldsymbol{F}=\{\boldsymbol{f}_q:\boldsymbol{X}\times\boldsymbol{U}\to\boldsymbol{X}\mid q\in\hat{\boldsymbol{Q}}\}$ 的索引集合。整个系统共享一个共同的状态 $\boldsymbol{x}(\cdot)$，但是控制状态进化的向量场根据离散状态 $q(\cdot)$ 的当前值进行切换。整个系统的微分方程可以写成

$$\dot{\boldsymbol{x}}(t)=\boldsymbol{f}_{q(t)}(\boldsymbol{x}(t),\boldsymbol{u}(t)),\quad \forall \text{a. e. } t\in[t_0,t_f] \tag{3.7}$$

$$\boldsymbol{x}(t_0)=\boldsymbol{x}_0,q(t_0)=q_0 \tag{3.8}$$

其中，控制和状态再次限制于允许的函数空间，$\boldsymbol{u}(\cdot)\in U(q(\cdot))$ 和 $\boldsymbol{x}(\cdot)\in X(q(\cdot))$，并且 q_0 是初始离散状态。

时间表示为 t_j^- 和 t_j^+，前者指的是变化之前的时间，后者指的是变化之后的时间。因此，离散状态 $q(\cdot)$ 和式（3.7）的右端项变化。下标 j 表示切换次数，$q(\cdot)$

中不连续变化的总数表示为 N_{swt}。由初始混合状态（$x(t_0), q(t_0)$）开始的系统，将根据微分方程 $\dot{\boldsymbol{x}}(t) = \boldsymbol{f}_{q(t_0)}(\boldsymbol{x}(t), \boldsymbol{u}(t))$ 进化，直到在切换时间 t_j 发生切换。切换由转换函数 $\Pi(\cdot)$ 引入分段常数离散状态函数 $q(\cdot)$。这种转换函数可以捕获混合系统中四种不同的特征行为：自主切换、自主跳转、控制切换和控制跳转[17,44]。

在自主或控制切换时，持续离散状态 $q(\cdot)$ 受到离散控制 $\omega(\cdot)$ 的选择，这在控制切换的情况下是显式已知的，在自主切换的情况下是隐式定义的，这在稍后将会看到。离散控制的允许转换集合 B_q，定义为集合 $B_q = \{(q, q^0) \mid (q, q^0) \in \hat{\boldsymbol{Q}} \times \hat{\boldsymbol{Q}}\}$，其由所有元组（$q$，$q^0$）组成，表示为只允许从当前子系统 q 切换到下一个子系统 q^0。边集合 $B = \{B_q \mid \forall q \in \hat{\boldsymbol{Q}}\}$ 描述离散控制的所有允许元组。为了枚举这些元组的内容，定义函数 $g: \hat{\boldsymbol{Q}} \to \boldsymbol{N}$。然后，对于每个 $t_j \in [t_0, t_f]$，$j=1, 2\cdots, N_{swt}$，通过关系式 $\varpi(t_j) = g(q^0) - g(q)$，由允许控制边集合 B_q 确定离散控制 $\omega(t_j)$，否则为零。在更透明的定义中，定义带符号值的集合 $\hat{\boldsymbol{B}}_q = \{g(q^0) - g(q) \mid (q, q^0) \in B_q\}$ 和

$$\begin{cases} \varpi(t_j) \in \hat{\boldsymbol{B}}_q, t = t_j, t_j \in [t_0, t_f], j = 1, 2, \cdots, N_{swt} \\ \varpi(t_j) = 0, t \neq t_j \end{cases}$$

应当注意的是，允许的离散控制边集 B 不包含自调用。

在自动切换下，当状态在切换流形集合 $\boldsymbol{C} = \{\boldsymbol{C}_{(q(t_j^-), q(t_j^+))}(\cdot) \mid q \in \hat{\boldsymbol{Q}}\}$ 中遇到切换流形 $\boldsymbol{C} = \{\boldsymbol{C}_{(q(t_j^-), q(t_j^+))}(\cdot)$ 时，离散状态 $q(\cdot)$ 在时间 t_j 上按照预先定义的方式变化。如果一个 R^{N_x} 的切换流形 $\boldsymbol{C} = \{\boldsymbol{C}_{(q(t_j^-), q(t_j^+))}(\cdot)$ 的余维是1，可以认为其是一个非线性曲面。切换流形可以由 $\boldsymbol{C}_{(q(t_j^-), q(t_j^+))}(t) := \{\boldsymbol{x}(t) \mid c_{(q(t_j^-), q(t_j^+))}(\boldsymbol{x}(t), t) = 0, \boldsymbol{x}(t) \in \boldsymbol{X}, q(t) \in \hat{\boldsymbol{Q}}$ 表示，其中，式 $c_{(q(t_j^-), q(t_j^+))}(\boldsymbol{x}(t), t) = 0$ 必须由设计者对所有的转换进行指定，见表3.1。

表3.1 给定的连续值状态 $x(\cdot)$ 时间 t 切换流形

$q(\cdot)$	1	2	…	N_q
1	0	$c_{(1,2)}(\boldsymbol{x}(t), t) = 0$	…	$c_{(1,N_q)}(\boldsymbol{x}(t), t) = 0$
2	$c_{(2,1)}(\boldsymbol{x}(t), t) = 0$	0	…	$c_{(2,N_q)}(\boldsymbol{x}(t), t) = 0$
⋮	⋮	⋮	⋮	⋮
N_q	$c_{(N_q,1)}(\boldsymbol{x}(t), t) = 0$	$c_{(N_q,2)}(\boldsymbol{x}(t), t) = 0$	…	0

切换流形对于 $\boldsymbol{x}(\cdot)$ 至少是一次连续可微的，并且对于时间 t 是连续的。如果状态碰上切换流形，即 $\boldsymbol{x}(t_j) = \{\boldsymbol{C}_{(q(t_j^-), q(t_j^+))}(t_j)$，则触发离散控制 $\varpi(t_j) \in \hat{\boldsymbol{B}}_q$，使离散转移函数 $\Pi_{ifs}: \boldsymbol{X} \times \hat{\boldsymbol{Q}} \times \hat{\boldsymbol{B}}_q \to \hat{\boldsymbol{Q}}$[53] 执行，即

$$q(t_j^+) = \Pi_{ifs}(\boldsymbol{x}(t_j^-), q(t_j^-), \varpi(t_j)), \quad \boldsymbol{x}(t_j^-) \in \boldsymbol{X}, \quad q(t_j^-), q(t_j^+) \in \hat{\boldsymbol{Q}}, \quad \varpi(t_j) \in \hat{\boldsymbol{B}}_q \tag{3.9}$$

转换式（3.9）称为内部强制转换（IFS）[65]。

例如，当子系统 $q(t)=2$ 处于活动状态，并且状态轨迹在时间 t_j 与切换流形 $\boldsymbol{x}(t_j)=\boldsymbol{C}_{(2,3)}(t_j)$ 相交时，则自动触发 $\varpi(t_j)=q_2q_3=1$，$\varpi(t)=0$，$t\neq t_j$，迫使系统从子系统 $q(t_j^-)=2$ 切换到子系统 $q(t_j^+)=3$。

例如，如果有意识选择从子系统 $q(t)=2$ 到子系统 $q(t)=3$ 的过渡，则必须执行控制切换，也称为外部强制切换（EFS）。其中，$q(\cdot)$ 根据离散过渡函数 $\Pi_{efs}:\hat{\boldsymbol{Q}}\times\hat{\boldsymbol{B}}_q\rightarrow\hat{\boldsymbol{Q}}$ 确定：

$$q(t_j^+)=\Pi_{efs}(q(t_j^-),\varpi(t_j)),\quad q(t_j^-),q(t_j^+)\in\hat{\boldsymbol{Q}},\quad \varpi(t_j)\in\hat{\boldsymbol{B}}_q \tag{3.10}$$

响应离散控制 $\varpi(\cdot)$ 中的命令变化。

从控制的角度来看，自动切换完全由离散转换函数 $\Pi_{ifs}(\cdot)$ 描述，而控制切换需要外部命令 $\varpi(\cdot)$ 在通常未知的子系统之间启动切换。离散转换函数 $\Pi_{efs}(\cdot)$ 定义允许哪些子系统变化。可以将转换函数解释为记忆函数，这使得 $q(\cdot)$ 作为离散状态更容易理解。

通常，连续值状态 $\boldsymbol{x}(\cdot)$ 是连续的。在混合系统中，当发生切换时，状态 $\boldsymbol{x}(\cdot)$ 可能表现出不连续性。

如果假设子系统之间的过渡是快速的，则可以借助于重置（跳跃）函数 $\boldsymbol{\delta}_{(q(t_j^-),q(t_j^+))}:\boldsymbol{X}\rightarrow\boldsymbol{X},q(t_j^-)\neq q(t_j^+)$ 对不连续点进行建模：

$$\boldsymbol{x}(t_j^+)=\boldsymbol{x}(t_j^-)+\boldsymbol{\delta}_{(q(t_j^-),q(t_j^+))}(\boldsymbol{x}(t_j^-)) \tag{3.11}$$

然后，通过 $A=\{\boldsymbol{\delta}_{(q(t_j^-),q(t_j^+))}\mid\forall q(t_j^-),q(t_j^+)\in\hat{\boldsymbol{Q}}$ 和 $q(t_j^-)\neq q(t_j^+)$ 定义重置函数的集合。

重置函数 $\boldsymbol{\delta}_{(q(t_j^-),q(t_j^+))}(\cdot)$ 可以排列在表中，见表 3.2。

表 3.2　连续值状态 $\boldsymbol{x}(\cdot)$ 在时间 t_j 由跳跃高度 $\Delta\boldsymbol{x}$ 给出的函数值 $\boldsymbol{\delta}_{(q(t_j^-),q(t_j^+))}(\cdot)$

$q(\cdot)$	1	2	…	N_q
1	0	$\boldsymbol{\delta}_{(1,2)}(\boldsymbol{x}(t_j^-))$	…	$\boldsymbol{\delta}_{(1,N_q)}(\boldsymbol{x}(t_j^-))$
2	$\boldsymbol{\delta}_{(2,1)}(\boldsymbol{x}(t_j^-))$	0	…	$\boldsymbol{\delta}_{(2,N_q)}(\boldsymbol{x}(t_j^-))$
⋮	⋮	⋮	⋮	⋮
N_q	$\boldsymbol{\delta}_{(N_q,1)}(\boldsymbol{x}(t_j^-))$	$\boldsymbol{\delta}_{(N_q,2)}(\boldsymbol{x}(t_j^-))$	…	0

状态跳跃通常是复杂过程部件建模简化的结果。例如，考虑到操作离散开关所引起的能量成本。离散现象、控制切换、自主切换和状态跳跃的示意，如图 3.1 所示。

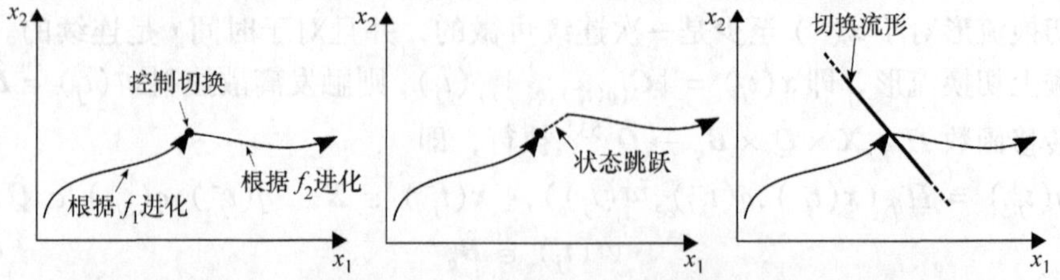

图 3.1　从左到右的混合现象：控制切换、控制状态跳跃和自主切换[44]

在图3.1中，粗直线表示切换流形，带箭头的曲线表示轨迹的连续部分，虚线表示状态跳跃，连续值状态的瞬时跳跃有时称为脉冲效应。

3.2.3 控制混合系统和切换系统

本书特别感兴趣的一类系统是只表现控制切换的混合系统。通过简单地将自主切换的切换流形设置为空集，即 $\boldsymbol{C}=\varnothing$，就可以由定义3.2获得这个类。然后，得到具有控制切换的混合系统的如下定义。

定义3.3（具有控制切换的混合系统）

具有控制切换和无状态跳跃的混合系统由6个元素组成：

$$\boldsymbol{H}_1:=(\hat{\boldsymbol{Q}},\boldsymbol{X},\boldsymbol{U},\boldsymbol{F},\boldsymbol{B},\boldsymbol{D})$$

定义3.4（具有控制切换和状态跳跃的混合系统）

具有控制切换和状态跳跃的混合系统由7个元素组成：

$$\boldsymbol{H}_2:=(\hat{\boldsymbol{Q}},\boldsymbol{X},\boldsymbol{U},\boldsymbol{F},\boldsymbol{A},\boldsymbol{B},\boldsymbol{D})$$

在系统定义3.3和3.4中，允许的离散控制边集 $\boldsymbol{B}$ 可能是不完整的，参见定义14.5。根据Xu和Antsaklis的研究[63,64]，进一步简化意味着允许的离散控制边集定义为 $\boldsymbol{B}:=(\hat{\boldsymbol{Q}}\times\hat{\boldsymbol{Q}})\setminus\{(q,q)\mid q\in\hat{\boldsymbol{Q}}\}$，这是一个完整的图。这意味着，对于离散状态 $q\in\hat{\boldsymbol{Q}}$ 的所有允许值，子集 $\boldsymbol{B}_q\subset\boldsymbol{B}$ 都是相同的。这种简化导致混合系统的一个子类，其中可以忽略离散控制 $\varpi(\cdot)$，而离散状态 $q(\cdot)$ 可以在允许的集合 $\hat{\boldsymbol{Q}}$ 中随时自由选择。这种特殊的类，即所谓的切换系统，涵盖了大量的技术问题。根据这个定义，可以推出本书中经常考虑的两类重要的切换系统。

定义3.5（无状态跳跃的切换系统）

无状态跳跃的切换系统由5个元素组成：

$$\boldsymbol{S}_1:=(\hat{\boldsymbol{Q}},\boldsymbol{X},\boldsymbol{U},\boldsymbol{F},\boldsymbol{D})$$

定义3.6（具有状态跳跃的切换系统）

具有状态跳跃的切换系统由6个元素组成：

$$\boldsymbol{S}_2:=(\hat{\boldsymbol{Q}},\boldsymbol{X},\boldsymbol{U},\boldsymbol{F},\boldsymbol{A},\boldsymbol{D})$$

具有控制切换的混合系统和切换系统之间的主要区别，可以使用有限状态机解释，以便进行最好的说明。让 $\boldsymbol{G}=(\hat{\boldsymbol{Q}},\boldsymbol{B})$ 作为一个有向图，表示系统的离散模式结构。由图3.2可以看出，左图是完整的，允许在任何时间选择每个离散状态，而右图是不完整的，这阻止了任何时间从 $q=1$ 到 $q=3$ 的直接变化。因此，左图构成切换系统，右图构成混合系统。

3.2.4 允许状态及控制的存在性和唯一性

为了建立允许连续值状态及连续值控制的存在性和唯一性陈述，假设混合系统没有重置函数，即 $\boldsymbol{A}=\varnothing$，这让我们以类似于连续系统的方式进行。但是，事先需要引入以下定义。

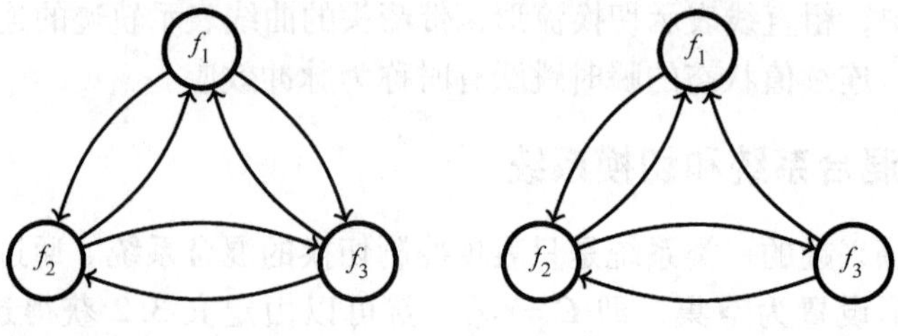

图 3.2 左侧切换系统子图，$\hat{\boldsymbol{Q}}=\{1,2,3\}$ 和 $\boldsymbol{B}=\{q_1q_2,q_1q_3,q_2q_1,q_2q_3,q_3q_1,q_3q_2\}$；右侧无切换系统子图，$\hat{\boldsymbol{Q}}=\{1,2,3\}$ 和 $\boldsymbol{B}=\{q_1q_2,q_2q_1,q_2q_3,q_3q_1,q_3q_2\}$

定义 3.7（混合执行[53]）

混合（切换）系统的执行由元组 $e_{\mathrm{H}}:=(T,D,S,Z)$ 定义，于是：

1）混合时间轨迹是严格递增的时间序列，$T=(t_0,t_1,t_2,\cdots,t_{N_{exe}})$，$0\leqslant N_{exe}<\infty$ 和 $t_{N_{exe}}=t_f$，在区间 $[t_0,\ t_f]$ 内存在不同活动子系统的有限多个弧（$[t_0,t_1),[t_1,t_2),\cdots,[t_{N_{exe}-1},t_{N_{exe}})$）。

2）离散状态函数 T 的相关序列由 $D=(q_0,q_1,q_2,\cdots,q_{N_{exe}-1})$ 给出，函数 q_j：$[t_j,t_{j+1})\rightarrow\hat{\boldsymbol{Q}}$。

3）连续状态函数 T 的相关序列由 $S=(\boldsymbol{x}_0,\boldsymbol{x}_1,\boldsymbol{x}_2,\cdots,\boldsymbol{x}_{N_{exe}-1})$ 给出，函数 $\boldsymbol{x}_j$：$[t_j,t_{j+1})\rightarrow\boldsymbol{X}$ 根据下式变化：

$$\hat{\boldsymbol{x}}_j(t)=\boldsymbol{f}_{q_j(t)}(\boldsymbol{x}_j(t),\boldsymbol{u}_j(t))$$

在区间 $[t_j,\ t_{j+1}]$ 上，满足状态跳跃条件 $\boldsymbol{x}(t_j^+)=\boldsymbol{x}(t_j^-)$，$j=1,\ 2,\ \cdots,\ N_{exe}$。

4）连续值控制函数 T 的相关序列由 $Z=(\boldsymbol{u}_0,\boldsymbol{u}_1,\boldsymbol{u}_2,\cdots,\boldsymbol{u}_{N_{exe}-1})$ 给出，控制函数为 $\boldsymbol{u}_j:[t_j,t_{j+1})\rightarrow\boldsymbol{U}$。

定义 3.8（切换顺序和切换时间）

切换顺序是基于时间的顺序，表示系统切换到不同模式的时间，定义为元组：

$$\boldsymbol{\Theta}:=((t_1,q_1),(t_2,q_2),\cdots,(t_{N_{exe}-1},q_{N_{exe}-1}))\tag{3.12}$$

其中，切换值 t_j 和 q_j 分别由序列 T 和 D 成对获取（定义 3.7）。因此，切换时间序列定义为元组：

$$\boldsymbol{\Theta}_t:=(t_1,t_2,\cdots,t_{N_{exe}-1})\tag{3.13}$$

然后，给出切换次数 $N_{swt}=N_{exe}-1$。

混合执行实例[50]

考虑 $\dot{\boldsymbol{x}}(t)=\boldsymbol{f}_{q(t)}(\boldsymbol{x}(t))$ 形式的系统，混合时间轨迹 $T=(t_0,t_1,t_2)=(0\mathrm{s},10\mathrm{s},20\mathrm{s})$，相关的离散状态序列 $D=(q_0,q_1,q_2)=(1,2,2)$。系统有两种模式，相应的两个向量场为

$$\boldsymbol{f}_1(\boldsymbol{x}(t))=\begin{bmatrix}-3x_1+0.2x_2\\2x_1-0.5x_2\end{bmatrix}\tag{3.14}$$

$$\boldsymbol{f}_2(\boldsymbol{x}(t))=\begin{bmatrix}-3(x_1+1)+0.2(x_2+1)\\2(x_1+1)-0.5(x_2+1)\end{bmatrix} \tag{3.15}$$

所描述系统的混合执行，如图3.3所示。由有效子系统$\boldsymbol{f}_1(\cdot)$开始，连续值状态从$\boldsymbol{x}(t_0)=[-1,-1]^T$演化为驻点$\boldsymbol{x}(t_1)=[0,0]^T$。根据定义3.8，混合执行揭示了在$t_1=10$s处的一个命令切换，其中离散状态由$q(t_1^-)=1$切换到$q(t_1^+)=2$。因此，有效向量场由$\boldsymbol{f}_1(\cdot)$切换到$\boldsymbol{f}_2(\cdot)$。需要注意的是，在切换$\boldsymbol{\delta}_{(q(t_j^-),q(t_j^+))}=\boldsymbol{0}\mid\forall q(t_j^-),q(t_j^+)\in\hat{\boldsymbol{Q}}$过程中并不意味着状态跳跃。因此，状态$\boldsymbol{x}(\cdot)$在$t_1$保持连续但是显然不是连续可微的。在切换之后，连续值状态演化为子系统$\boldsymbol{f}_2(\cdot)$的驻点$\boldsymbol{x}(t_2)=[-1,-1]^T$。

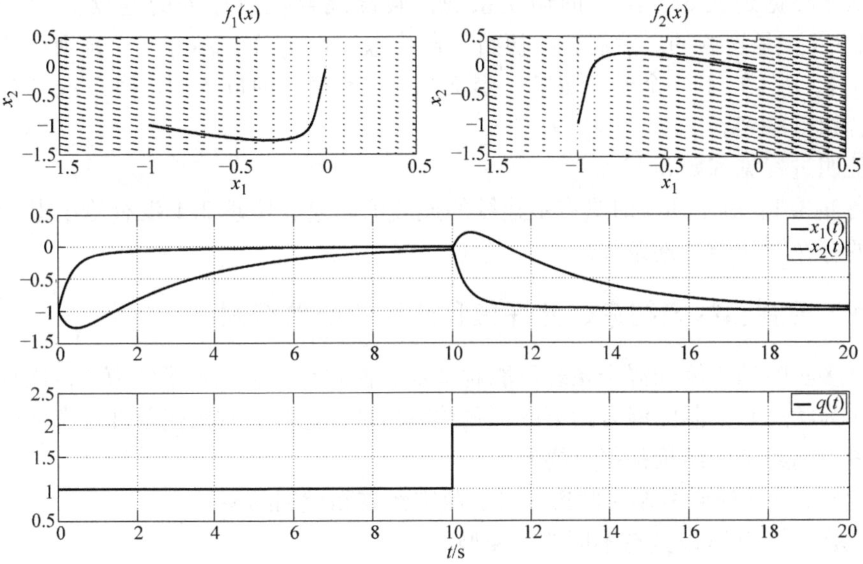

图3.3　由式（3.14）和式（3.15）表示的切换系统轨迹[50]

现在，利用最弱的假设来确定存在性和唯一性条件。对于所有切换系统和无状态不连续的混合系统，假设如下特性。

假设混合系统可以分解成混合轨迹：

1）因为右侧函数$\boldsymbol{f}_{q_j}(\boldsymbol{x}_j(\cdot),\boldsymbol{u}_j(\cdot))$对于$\boldsymbol{x}_j(\cdot)$和$\boldsymbol{u}_j(\cdot)$是连续可微的，并且控制函数$\boldsymbol{u}_j(\cdot)\in L^\infty([t_j,t_{j+1}),\boldsymbol{U})$相对于$t$是有界的和可观测的，所以对于每个固定的$\boldsymbol{x}_j(\cdot)\in AC^\infty([t_j,t_{j+1}),\boldsymbol{X})$，函数$\boldsymbol{f}_{q_j}(\boldsymbol{x}_j(\cdot),\boldsymbol{u}_j(\cdot))$在$t\in[t_j,t_{j+1}]$中是可观测的。

2）对于所有$t\in[t_j,t_{j+1}]$，函数$\boldsymbol{f}_{q_j}(\boldsymbol{x}_j(\cdot),\boldsymbol{u}_j(\cdot))$对于每个固定的$\widetilde{\boldsymbol{x}}=\boldsymbol{x}_j(\cdot)$是Lipschitz连续的。这意味着，对于每个固定的$\boldsymbol{u}_j(\cdot)\in L^\infty([t_j,t_{j+1}),\boldsymbol{U})$、所有$t\in[t_j,t_{j+1}]$和$q_j\in D$，必须满足Lipschitz条件：

$$\|\boldsymbol{f}_{q_j}(\widetilde{\boldsymbol{x}}_1,\boldsymbol{u}_j(t))-\boldsymbol{f}_{q_j}(\widetilde{\boldsymbol{x}}_2,\boldsymbol{u}_j(t))\|\leqslant L_f\|\widetilde{\boldsymbol{x}}_1-\widetilde{\boldsymbol{x}}_2\|,\forall\widetilde{\boldsymbol{x}}_1,\widetilde{\boldsymbol{x}}_2\in\boldsymbol{X} \tag{3.16}$$

这两个正则性条件保证了对于区间 $[t_j, t_{j+1}]$ 上固定的 $q_j\in\hat{\boldsymbol{Q}}$，$N_{swt}$ - IVPs 的唯一解的存在：

$$\dot{\boldsymbol{x}}_j(t)=\boldsymbol{f}_{q_j(t)}(\boldsymbol{x}_j(t),\boldsymbol{u}_j(t)),\forall t\in[t_j,t_{j+1})$$

$$\boldsymbol{x}_j(t_j^+)=\boldsymbol{x}_{j-1}(t_j^-)$$

因此，可以得出结论，通过给定初始混合状态条件（$\boldsymbol{x}_0$，q_0），在整个区间 $[t_j, t_{j+1}]$ 内演化的 ODE$\dot{\boldsymbol{x}}(t)=\boldsymbol{f}_{q(t)}(\boldsymbol{x}(t),\boldsymbol{u}(t))$ 的唯一解存在。利用这些正则性条件，能够说明具有连续状态的混合系统的存在性和唯一性定理。

定理 3.1（具有绝对连续状态轨迹的混合系统的存在性和唯一性[53]）

对于根据定义 3.5 给出的切换系统，假设混合执行序列的连续值状态轨迹（定义 3.7）是连续的。然后，由初始混合状态（$\boldsymbol{x}_j(t_j^+)$，$q_j(t_j^+)$）直到切换序列的（t_{j+1}，q_{j+1}）下一个受控切换（定义 3.8）或最终时间 t_f，切换系统具有唯一的混合执行序列。

证明过程见 Shaikh [53]。

备注 3.1：对于切换时具有不连续的连续值轨迹，定理 3.1 没有给出混合执行序列的存在性和唯一性条件。

3.2.5 控制和状态约束、允许集和允许的函数空间

许多实际的连续和混合系统可能对系统的控制和状态施加了约束 $\boldsymbol{D}$。这些约束可以作为状态和控制的混合约束或单独约束出现，这将导致最优条件略有不同。区分这些不同约束的结构是很重要的。

定义 3.9（混合控制 - 状态约束、状态约束和控制约束）

混合系统 H 可以具有不同约束类型的集合 D。

$N_{c_{x,u,q}}$ - 不等式（$N_{c_{x,u,q}}\in\boldsymbol{N}\geqslant 0$）取决于 $\boldsymbol{x}(\cdot)$ 和 $\boldsymbol{u}(\cdot)$，即

$$\boldsymbol{c}_{c_{x,u,q}}(\boldsymbol{x}(t),\boldsymbol{u}(t))\leqslant 0,\boldsymbol{x}(t)\in\boldsymbol{X},\boldsymbol{u}(t)\in\boldsymbol{U},q(t)\in\hat{\boldsymbol{Q}},\forall t\in[t_0,t_f] \tag{3.17}$$

称为混合控制 - 状态约束。

$N_{c_{x,q}}$ - 不等式（$N_{c_{x,q}}\in\boldsymbol{N}\geqslant 0$）直接取决于 $\boldsymbol{x}(\cdot)$，即

$$\boldsymbol{c}_{c_{x,q}}(\boldsymbol{x}(t))\leqslant 0,\boldsymbol{x}(t)\in\boldsymbol{X},q(t)\in\hat{\boldsymbol{Q}},\forall t\in[t_0,t_f] \tag{3.18}$$

称为状态约束。

$N_{c_{u,q}}$ - 不等式（$N_{c_{u,q}}\in\boldsymbol{N}\geqslant 0$）直接取决于 $\boldsymbol{u}(\cdot)$，即

$$\boldsymbol{c}_{c_{u,q}}(\boldsymbol{u}(t))\leqslant 0,\boldsymbol{u}(t)\in\boldsymbol{U},q(t)\in\hat{\boldsymbol{Q}},\forall t\in[t_0,t_f] \tag{3.19}$$

称为控制约束。

对于连续系统 C，混合控制 - 状态约束（3.17）减少到 $N_{c_{x,u}}$ - 不等式的形式：

$$\boldsymbol{c}_{c_{x,u}}(\boldsymbol{x}(t),\boldsymbol{u}(t))\leqslant 0,\boldsymbol{x}(t)\in\boldsymbol{X},\boldsymbol{u}(t)\in\boldsymbol{U},\forall t\in[t_0,t_f]$$

状态约束（3.18）减少到 N_{c_x} - 不等式的形式：

$$\boldsymbol{c}_{c_x}(\boldsymbol{x}(t)) \leqslant 0, \boldsymbol{x}(t) \in \boldsymbol{X}, \forall t \in [t_0, t_f]$$

并且控制约束（3.19）减少到 N_{c_u} - 等式的形式：

$$\boldsymbol{c}_{c_u}(\boldsymbol{u}(t)) \leqslant 0, \boldsymbol{u}(t) \in \boldsymbol{U}, \forall t \in [t_0, t_f]$$

例如：

$$\boldsymbol{x}(t) \leqslant 5, \text{区间约束}$$

$$\boldsymbol{x}(t) \leqslant \boldsymbol{u}(t), \text{混合控制 - 状态约束}$$

$$\boldsymbol{x}_1(t) \leqslant \boldsymbol{x}_2(t), \text{状态约束}$$

定义 3.10（允许控制集和允许状态集）

对于连续系统 C，取决于控制约束 $\boldsymbol{c}_u(\cdot)$ 的允许控制集定义为

$$\hat{U}(t) = \{\boldsymbol{u}(t) \in \boldsymbol{U} | \boldsymbol{c}_u(\boldsymbol{u}(t)) \leqslant 0\}$$

取决于状态约束 $\boldsymbol{c}_x(\cdot)$ 的允许状态集定义为

$$\hat{X}(t) = \{\boldsymbol{x}(t) \in \boldsymbol{X} | \boldsymbol{c}_x(\boldsymbol{x}(t)) \leqslant 0\}$$

取决于混合控制 - 状态约束 $\boldsymbol{c}_{x,u}(\cdot)$ 的允许状态相关控制集定义为

$$\hat{U}(\boldsymbol{x}(t), t) = \{\boldsymbol{u}(t) \in \boldsymbol{U} | \boldsymbol{c}_{x,u}(\boldsymbol{x}(t), \boldsymbol{u}(t)) \leqslant 0\}$$

对于混合系统 H，取决于控制约束 $\boldsymbol{c}_{u,q}(\cdot)$ 的允许控制集定义为

$$\hat{U}(q(t), t) = \{\boldsymbol{u}(t) \in \boldsymbol{U} | \boldsymbol{c}_{u,q}(\boldsymbol{u}(t)) \leqslant 0\}$$

取决于状态约束 $\boldsymbol{c}_{x,q}(\cdot)$ 的允许状态集定义为

$$\hat{X}(q(t), t) = \{\boldsymbol{x}(t) \in \boldsymbol{X} | \boldsymbol{c}_{x,q}(\boldsymbol{x}(t)) \leqslant 0\}$$

允许控制集的并集 $\cup_{1 \leqslant q \leqslant N_q} \hat{U}(q(t), t)$ 不一定是连在一起的。

对于非线性约束 $\boldsymbol{c}_u(\cdot)$ 和 $\boldsymbol{c}_x(\cdot)$ 降为线性约束的特殊情况，将此约束类型表示为区间约束。

定义 3.11（控制和状态的区间约束）

如果控制满足简单形式的区间约束：

$$u_{i,q}^{\min} \leqslant u_i(t) \leqslant u_{i,q}^{\max}, \forall t \in [t_0, t_f], i = \{1, \cdots, N_{u,q}\}, \forall q \in \hat{\boldsymbol{Q}}$$

则允许控制集定义为

$$\hat{U}(q(t)) = [u_{1,q}^{\min}, u_{1,q}^{\max}] \times \cdots \times [u_{N_u,q}^{\min}, u_{N_u,q}^{\max}]$$

如果状态满足简单形式的区间约束：

$$x_i^{\min} \leqslant x_i(t) \leqslant x_i^{\max}, \forall t \in [t_0, t_f], i = \{1, \cdots, N_x\}$$

则允许状态集定义为

$$\hat{X} = [x_1^{\min}, x_1^{\max}] \times \cdots \times [x_{N_x}^{\min}, x_{N_x}^{\max}]$$

边界 $u_{1,q}^{\min}$，…，$u_{N_u,q}^{\min}$ 和 $x_1^{\min}$，…，$x_{N_x}^{\min}$ 称为下限，边界 $u_{1,q}^{\max}$，…，$u_{N_u,q}^{\max}$ 和 $x_1^{\max}$，…，$x_{N_x}^{\max}$ 称为上限，下限和上限必须满足 $u_{i,q}^{\min} \leqslant u_{i,q}^{\max}$ 和 $x_i^{\min} \leqslant x_i^{\max}$。

由于具有下限和上限的控制约束可以分别表示为 $u_{i,q}^{\min} - u_i(\cdot) \leqslant 0$ 和 $u_i(\cdot) -$

$u_{i,q}^{\max} \leqslant 0$，因此所有区间控制约束均可以 $\boldsymbol{c}_u(\cdot) \leqslant \boldsymbol{0}$ 的形式表示。需要注意的是，明确允许 $u_{i,q}^{\min} = -\infty$ 和 $u_{i,q}^{\max} = \infty$，并且这些约束在问题描述中可以省略。这同样适用于区间状态约束。

定义 3.10 中的允许集合是针对每个 $t \in [t_0, t_f]$ 逐点定义的。允许状态和控制函数的相应函数空间在下面定义。

定义 3.12（允许控制函数空间和允许状态函数空间）

对于连续系统 C，在时间区间 $[t_0, t_f]$ 上，如果

$$\boldsymbol{u}(\cdot) \in U := \{\boldsymbol{u}(\cdot) \in L^{\infty}([t_0,t_f],\boldsymbol{U}) \mid \boldsymbol{c}_u(\boldsymbol{u}(t)) \leqslant \boldsymbol{0}, \forall t \in [t_0,t_f]\}$$

则连续值控制函数 $\boldsymbol{u}(\cdot)$ 是允许的控制函数，其中 U 是连续值控制允许的函数空间。

在时间区间 $[t_0, t_f]$ 上，如果

$$\boldsymbol{x}(\cdot) \in X := \{\boldsymbol{x}(\cdot) \in AC^{\infty}([t_0,t_f],\boldsymbol{X}) \mid \boldsymbol{c}_x(\boldsymbol{x}(t)) \leqslant \boldsymbol{0}, \forall t \in [t_0,t_f]\}$$

则连续值状态函数 $\boldsymbol{x}(\cdot)$ 是允许的状态函数，其中 X 是连续值状态的允许函数空间。

对于混合控制-状态约束 $\boldsymbol{c}_{x,u}(\cdot)$，在时间区间 $[t_0, t_f]$ 上，如果

$$U(\boldsymbol{x}(\cdot)) := \{\boldsymbol{u}(\cdot) \in L^{\infty}([t_0,t_f],\boldsymbol{U}) \mid \boldsymbol{c}_{x,u}(\boldsymbol{x}(t),\boldsymbol{u}(t)) \leqslant \boldsymbol{0}, \forall t \in [t_0,t_f]\}$$

则连续值控制函数 $\boldsymbol{u}(\cdot)$ 是允许的控制函数，其中 $U(\boldsymbol{x}(\cdot))$ 是连续值控制的允许函数空间，其取决于连续值状态 $\boldsymbol{x}(\cdot) \in L^{\infty}([t_0,t_f],\boldsymbol{X})$。

对于混合系统 H，在时间区间 $[t_0, t_f]$ 上，如果

$$\boldsymbol{u}(\cdot) \in U(q(\cdot)) := \{\boldsymbol{u}(\cdot) \in L^{\infty}[t_0,t_f],\boldsymbol{U}) \mid \boldsymbol{c}_{u,q}(\boldsymbol{u}(t)) \leqslant \boldsymbol{0}, \forall t \in [t_0,t_f]\}$$

则连续值控制函数 $\boldsymbol{u}(\cdot)$ 是允许的控制函数，其中 $U(q(\cdot))$ 是连续值控制的允许函数空间，其取决于离散状态 $q(\cdot) \in L^{\infty}[t_0,t_f],\hat{\boldsymbol{Q}})$。

在时间区间 $[t_0, t_f]$ 上，如果

$$\boldsymbol{x}(\cdot) \in X(q(\cdot)) := \{\boldsymbol{x}(\cdot) \in AC^{\infty}[t_0,t_f],\boldsymbol{X}) \mid \boldsymbol{c}_{x,q}(\boldsymbol{x}(t)) \leqslant \boldsymbol{0}, \forall t \in [t_0,t_f]\}$$

则连续值状态函数 $\boldsymbol{x}(\cdot)$ 是允许的状态函数，其中 $X(q(\cdot))$ 是连续值状态的允许函数空间，其取决于离散状态 $q(\cdot) \in L^{\infty}[t_0,t_f],\hat{\boldsymbol{Q}})$。

在时间区间 $[t_0, t_f]$ 上，如果

$$\varpi(\cdot) \in \boldsymbol{B}(q(\cdot)) := \{\varpi(\cdot) \in AC^{\infty}[t_0,t_f],\hat{\boldsymbol{B}}_q) \mid \varpi(\cdot) \in \hat{\boldsymbol{B}}_q, \forall t \in [t_0,t_f]\}$$

则离散控制函数 $\varpi(\cdot)$ 是允许的控制函数，其中 $\boldsymbol{B}(q(\cdot))$ 是离散控制的允许函数空间。

在时间区间 $[t_0, t_f]$ 上，如果

$$q(\cdot) \in Q := \{q(\cdot) \in L^{\infty}[t_0,t_f],\hat{\boldsymbol{Q}}) \mid q(\cdot) \in \hat{\boldsymbol{Q}}, \forall t \in [t_0,t_f]\}$$

则离散状态函数 $q(\cdot)$ 是允许的状态函数，其中 Q 是离散状态的允许函数空间。

3.2.6 切换系统的重构

切换系统 S 的重构新配置可能是有帮助的。离散状态 $q(\cdot)$ 被重新解释为分段

常数二元控制 $\boldsymbol{\sigma}:[t_0,t_f]\to\hat{\Omega}$，其定义了在时间 t 哪个子系统 $\boldsymbol{f}_{q(t)}(\cdot)$ 是有效的。$\hat{\Omega}:=\{0,1\}^{N_q}$ 是二元控制的允许集。在时间区间 $[t_0,t_f]$ 上，如果

$$\boldsymbol{\sigma}(\cdot)\in\Omega:=\{\boldsymbol{\sigma}(\cdot)\in L^{\infty}[t_0,t_f],\hat{\Omega})\mid\boldsymbol{\sigma}(t)\in\hat{\Omega},\forall t\in[t_0,t_f]\}$$

则 $\boldsymbol{\sigma}(\cdot)$ 称为允许的二元控制函数，其中 Ω 是允许的函数空间。

为了确保在任何时候只有一个子系统处于活动状态，即约束

$$\sum_{q=1}^{N_q}\sigma_q(t)=1,\forall t\in[t_0,t_f],\sigma_1,\cdots,\sigma_{N_q}\in\{0,1\}\tag{3.20}$$

必须满足和添加到系统描述中，其中 σ_q 指二元控制 $\boldsymbol{\sigma}(\cdot)$ 中的第 q 项。

然后，系统的微分方程可以重写成仿射形式[62,3]：

$$\dot{\boldsymbol{x}}(t)=\boldsymbol{F}(\boldsymbol{x}(t),\boldsymbol{\sigma}(t),\boldsymbol{u}(t))=\sum_{q=1}^{N_q}\sigma_q(t)\boldsymbol{f}_{q(t)}(\boldsymbol{x}(t),\boldsymbol{u}(t),\forall t\in[t_0,t_f]\tag{3.21}$$

其中，右侧函数 $\boldsymbol{F}:\boldsymbol{X}\times\hat{\Omega}\times\boldsymbol{U}\to\boldsymbol{X}$ 在 t 中是可观测的。使用级联控制向量 $\boldsymbol{\rho}(\cdot)\in U\times\Omega$，其包含连续值和二元控制：

$$\boldsymbol{\rho}(t)=[\boldsymbol{u}(t),\boldsymbol{\sigma}(t)],\forall t\notin[t_0,t_f]\tag{3.22}$$

系统可以写成传统的形式：

$$\dot{\boldsymbol{x}}(t)=\boldsymbol{F}(\boldsymbol{x}(t),\boldsymbol{\rho}(t),\boldsymbol{u}(t)),\forall t\in[t_0,t_f]\tag{3.23}$$

定义 3.13（二元切换系统）

切换系统式（3.7）和式（3.8）的动态行为可以通过式（3.20）~式(3.23)重新等效表述为二元切换系统：

$$\dot{\boldsymbol{x}}(t)=\boldsymbol{F}(\boldsymbol{x}(t),\boldsymbol{\rho}(t))=\sum_{q=1}^{N_q}\sigma_q(t)\boldsymbol{f}_{q(t)}(\boldsymbol{x}(t),\boldsymbol{u}(t),\forall t\in[t_0,t_f],$$

$$\sum_{q=1}^{N_q}\sigma_q(t)=1,\forall t\in[t_0,t_f],\boldsymbol{x}(t_0)=\boldsymbol{x}_0$$

向量场的集合简化为一个单变量 $F=\boldsymbol{F}(\cdot)$。

然后，定义无状态跳跃的二元切换系统：

$$S_3:=(\hat{Q},\boldsymbol{X},\boldsymbol{U},F,\hat{\Omega},\boldsymbol{D})$$

其中，$\hat{\Omega}$ 是允许的二元控制集合。

应当注意的是，$\boldsymbol{\sigma}(\cdot)$ 的二元字符使得允许控制集 $\hat{U}\times\hat{\Omega}$ 不相交。具体地说，允许集分解为彼此之间不相互连接的 N_q 个子集，特别是允许集是非凸的，这对于迭代最优控制求解器的收敛是有问题的，将在后面看到。

3.3 最优控制问题

对于连续控制以及离散自动机，通常主要兴趣是定义导致期望行为的控制律。

工程师和科学家经常以成本函数的形式描述这类问题，将其表示为时间、能量和资金成本或者它们各自组合的函数，任务就是找到与成本函数最小化有关的控制。因此，相应的描述成为最优控制问题，或者更具体地说，当底层系统是一个切换系统时，将其描述为切换最优控制问题，本节将考虑重要的描述问题。

3.3.1 泛函

有限维优化问题，是第 2 章的主题，旨在寻找 Euclid 空间 R^{N_y} 的优化点，从而最小化给定的成本函数。现在，在混合最优控制的设定下，需要在一个无限维的函数空间中寻找时间的函数，从而最小化给定的成本函数。因此，泛函是函数到单个实值的映射，也可以说，泛函是函数的函数。

在最优控制理论中，通常会对三种类型的成本泛函进行区分[33]。其中，所有三种类型都可以相互转换，如后面所述。因此，只使用一个符号 $\phi(\cdot)$ 表示一般的成本泛函。

纯积分型的泛函具有以下形式 $\phi: X\times U(\cdot)\rightarrow R$：

$$\phi(\boldsymbol{x}(\cdot),\boldsymbol{u}(\cdot)) = \int_{t_0}^{t_f} l_{q(t)}(\boldsymbol{x}(t),\boldsymbol{u}(t))\,\mathrm{d}t \tag{3.24}$$

其中，$X\times U(\cdot)$ 是状态的函数空间和控制的函数空间的 Descartes 积。

类型（3.24）的泛函称为积分泛函或 Lagrange 泛函。积分下的泛函 l_q：$\boldsymbol{X}\times\boldsymbol{U}\rightarrow R$ 是实值的，称为 Lagrange 算子、运行成本或瞬时成本，读者应当注意这个符号。一方面，$\phi(\cdot)$ 是函数 $\boldsymbol{x}(\cdot)$ 和 $\boldsymbol{u}(\cdot)$ 的泛函。另一方面，函数 $l_q(\cdot)$ 将实数值赋值给 Euclid 空间中轨迹的单个点（$\boldsymbol{x}(t),\boldsymbol{u}(t)$）。然后，对于给定的初始集（$t_0$；$\boldsymbol{x}_0$），动态行为由控制函数 $\boldsymbol{u}(\cdot)$ 参数化。因此，类型（3.24）的泛函为每个可行控制 $\boldsymbol{u}(\cdot)$ 分配一个成本值。

具有映射的端点泛函：$\phi: X\rightarrow R$ 只取决于状态函数的终端值 $\boldsymbol{x}(t_f)$，并为它们分配一个成本值：

$$\phi(\boldsymbol{x}(\cdot)) = m(\boldsymbol{x}(t_f))$$

其中，$m(\cdot)$ 称为端点泛函或 Mayer 泛函。

最后，两种类型的组合称为混合泛函或 Bolza 泛函：

$$\phi(\boldsymbol{x}(\cdot),\boldsymbol{u}(\cdot)) = m(\boldsymbol{x}(t_f)) + \int_{t_0}^{t_f} l_{q(t)}(\boldsymbol{x}(t),\boldsymbol{u}(t))\,\mathrm{d}t$$

不同的泛函类型是必要的，因为一些数值求解方法需要不同的公式。例如，动态规划求解方法要求将最优控制问题公式化为 Bolza 类型。

3.3.2 边界条件

为了获得适定的最优控制问题，需要边界条件。边界条件定义期望轨迹的初始值和/或最终值，常微分方程组的解通常需要每个微分方程的一个边界值才能得到唯一的解。对于 OCP，可以规定高达 $2N_x$ 的边界值，因为必要条件是对动态系统的 N_x 微分方程引入 N_x 伴随微分方程，如第 4 章所示。如果规定的边界条件较少，则必要条件将通过横截性条件定义缺失的边界条件。

定义 3.14（耦合和解耦边界条件）

边界条件 $\boldsymbol{\psi}_0(\cdot)$ 只对初始状态 $\boldsymbol{x}(t_0)$ 施加 N_{ψ_0} – 等式限制：

$$\boldsymbol{\psi}_0(\boldsymbol{x}(t_0)) = 0$$

边界条件 $\boldsymbol{\psi}_f(\cdot)$ 只对最终状态 $\boldsymbol{x}(t_f)$ 施加 N_{ψ_f} – 等式限制：

$$\boldsymbol{\psi}_f(\boldsymbol{x}(t_f)) = 0$$

这些条件归类为解耦边界条件[35]，因为它们在整个时间范围内是可分离的。

更一般的情况是耦合边界条件 $\boldsymbol{\psi}(\cdot)$：

$$\boldsymbol{\psi}(\boldsymbol{x}(t_0),\boldsymbol{x}(t_f)) = 0$$

其施加了 N_ψ – 等式限制，将端点的状态耦合在一起。

边界条件 $\boldsymbol{\psi}_0(\cdot)$、$\boldsymbol{\psi}_f(\cdot)$ 和 $\boldsymbol{\psi}(\cdot)$ 对于 $\boldsymbol{x}(t_0)$ 和 $\boldsymbol{x}(t_f)$ 通常是非线性的。对于边界条件退化为线性形式的特殊情况，初始状态和最终状态可以分别表示为

$$\boldsymbol{x}(t_0) = \boldsymbol{x}_0$$

$$\boldsymbol{x}_{[L_f]}(t_f) = \boldsymbol{x}_f$$

其中，集合 L_f 明确指定哪些最终状态 $\boldsymbol{x}_f$ 是给出的。相反，假设初始状态 $\boldsymbol{x}_0$ 全部给出。

这种类型的边界条件是非常重要的，因为其在许多实际应用中出现。由于在给出的示例中只考虑这种类型，因此只将问题公式和理论推导限制为这种边界类型。

3.3.3 连续最优控制问题

在连续系统 C 的最优控制问题中，任务是找到一个允许的控制函数 $\boldsymbol{u}(\cdot) \in L^\infty[t_0,t_f],\boldsymbol{U})$，产生相应的允许状态函数 $\boldsymbol{x}(\cdot) \in AC^\infty[t_0,t_f],\boldsymbol{X})$ 使得来自集合 $\boldsymbol{D} = \{\boldsymbol{c}_{x,u}(\cdot),\boldsymbol{c}_x(\cdot),\boldsymbol{c}_u(\cdot)\}$ 和边界条件的所有施加约束全部得到满足，并且成本泛函 $\phi(\boldsymbol{u}(\cdot))$ 最小化。

定义 3.15（连续最优控制问题）

连续系统 C 由定义 3.1 给出。连续最优控制问题（OCP）是一个（约束的）无限维优化问题，其中必须选择最优控制函数 $\boldsymbol{u}^*(\cdot)$，使得给定的成本泛函

$$\phi(\boldsymbol{u}^*(\cdot)) = \min_{\boldsymbol{u}(\cdot) \in U} \phi(\boldsymbol{u}(\cdot)) \tag{3.25}$$

满足连续系统：

$$\dot{\boldsymbol{x}}(t) = \boldsymbol{f}(\boldsymbol{x}(t),\boldsymbol{u}(t)), \forall t \in [t_0,t_f] \tag{3.26}$$

边界条件：

$$\boldsymbol{x}(t_0) = \boldsymbol{x}_0 \tag{3.27}$$

$$\boldsymbol{x}_{[L_f]}(t_f) = \boldsymbol{x}_f \tag{3.28}$$

控制和状态的约束：

$$u(\cdot) \in U \tag{3.29}$$

$$x(\cdot) \in X \tag{3.30}$$

如果泛函 $\phi(\cdot)$ 是整数型，则问题式（3.25）~式（3.30）称为 Lagrange 问题；如果泛函只是端点，则问题称为 Mayer 问题；如果泛函是混合的，则问题称为 Bolza 问题[33]。应当注意的是，通过改变 $\phi(\cdot)$ 的符号，总是可以将最小化问题转换为最大化问题。

对于本书遇到的所有问题定义，假设初始条件 $\boldsymbol{x}_0$ 在固定的初始时间 t_0 是已知的，终止时间 t_f 可以是固定的或自由的。终止时间自由的问题需要进一步研究，见 3.3.7 节。

如果系统（3.26）需要满足所有施加的约束式（3.27）~式（3.30），则说控制和状态函数是可行的。

仿射控制系统的最优控制具有 bang - bang 型的连续值最优控制轨迹。这意味着，$u_i(\cdot)$ 的轨迹除了一些奇异弧，只能取集合 $\{u_i^{\min}, u_i^{\max}\}$ 的值。这件事情将在后面的章节中用于通过嵌入方法模拟二元开关。对于仿射控制系统，Lagrange 问题必须具有以下的仿射结构：

$$l_0(\boldsymbol{x}(t)) + \boldsymbol{I}_l^T(\boldsymbol{x}(t))\boldsymbol{u}(t) \tag{3.31}$$

其中，l_0：$\boldsymbol{X} \to R$ 和 $\boldsymbol{I}_l$：$\boldsymbol{X} \to \boldsymbol{U}$。

定义 3.16（仿射最优控制问题）

由定义 3.1 给定的连续系统 C，线性控制（3.5）和仿射 Lagrange（3.31）的最优控制问题可以表示为

$$\phi(\boldsymbol{u}^*(\cdot)) = \min_{\boldsymbol{u}(\cdot) \in U} m(\boldsymbol{x}(t_f)) + \int_{t_0}^{t_f} l_0(\boldsymbol{x}(t)) + \boldsymbol{I}_l^T(\boldsymbol{x}(t))\boldsymbol{u}(t)\,\mathrm{d}t \tag{3.32}$$

满足

$$\dot{\boldsymbol{x}}(t) = \boldsymbol{f}_0(\boldsymbol{x}(t)) + \sum_{i=1}^{N_u} \boldsymbol{f}_i(\boldsymbol{x}(t))u_i(t), \forall t \in [t_0, t_f] \tag{3.33}$$

$$\boldsymbol{x}(t_0) = \boldsymbol{x}_0 \tag{3.34}$$

$$\begin{gathered} \boldsymbol{x}_{[L_f]}(t_f) = \boldsymbol{x}_f \\ \boldsymbol{x}(\cdot) \in X \end{gathered} \tag{3.35}$$

式（3.32）~式(3.35）称为仿射最优控制问题。

3.3.4 混合最优控制问题

对于混合最优控制问题，目标是找到混合系统 H 的连续值控制 $\boldsymbol{u}(\cdot) \in U(q(\cdot))$ 和离散控制 $\varpi(\cdot) \in \boldsymbol{B}(q(\cdot))$，以满足期望的特性。

较高的复杂性说明了从集合 F 中选择子系统，以便满足集合 $\boldsymbol{D} = \{\boldsymbol{c}_{x,u,q}(\cdot), \boldsymbol{c}_{x,q}(\cdot), \boldsymbol{c}_{u,q}(\cdot)\}$ 和边界约束，并且使成本泛函最小化。

无状态跳跃的混合系统的最优控制问题可以如下表述。

定义 3.17（无重置函数的混合最优控制问题）

由定义 3.3 给定的混合系统 H_1，其最优控制问题可以描述为 Bolza 问题：

$$\phi(\boldsymbol{u}^*(\cdot),\varpi^*(\cdot)) = \min_{\boldsymbol{u}(\cdot)\in U(q(\cdot)),\varpi(\cdot)\in \boldsymbol{B}(q(\cdot))} m(\boldsymbol{x}(t_f)) + \int_{t_0}^{t_f} l_{q(t)}(\boldsymbol{x}(t),\boldsymbol{u}(t))\mathrm{d}t \tag{3.36}$$

满足

$$\dot{\boldsymbol{x}}(t) = \boldsymbol{f}_{q(t)}(\boldsymbol{x}(t),\boldsymbol{u}(t)),\forall t\in[t_0,t_f] \tag{3.37}$$

$$q(t_j^+) = q(t_j^-) + \varpi(t_j),t_j\in \boldsymbol{\Theta}_t \tag{3.38}$$

$$\boldsymbol{x}(t_0) = \boldsymbol{x}_0 \tag{3.39}$$

$$\begin{gathered}\boldsymbol{x}_{[L_f]}(t_f) = \boldsymbol{x}_f \\ q(\cdot)\in Q,\boldsymbol{x}(\cdot)\in X(q(\cdot))\end{gathered} \tag{3.40}$$

式（3.36）~式(3.40）称为具有控制切换无状态跳跃的混合优化控制问题（HOCP）。

根据附加的自由度，将 HOCP 的可行性如下定义。

定义 3.18（HOCP 的可行性）

如果满足 ODE、边界条件和 HOCP 的所有约束，则认为函数的元组（$\boldsymbol{x}(\cdot)$，$q(\cdot),\boldsymbol{u}(\cdot),\varpi(\cdot)$）是可行的。

考虑具有重置的混合系统 H_2，需要将上面的混合最优控制问题进行扩展。

定义 3.19（具有重置函数的混合最优控制问题）

由定义 3.4 给定的混合系统 H_2，其最优控制问题可以描述为 Bolza 问题：

$$\phi(\boldsymbol{u}^*(\cdot),\varpi^*(\cdot)) = \min_{\boldsymbol{u}(\cdot)\in U(q(\cdot)),\varpi(\cdot)\in \boldsymbol{B}(q(\cdot))} m(\boldsymbol{x}(t_f)) + \int_{t_0}^{t_f} l_{q(t)}(\boldsymbol{x}(t),\boldsymbol{u}(t))\mathrm{d}t \tag{3.41}$$

满足

$$\dot{\boldsymbol{x}}(t) = \boldsymbol{f}_{q(t)}(\boldsymbol{x}(t),\boldsymbol{u}(t)),\forall t\in[t_0,t_f] \tag{3.42}$$

$$q(t_j^+) = q(t_j^-) + \varpi(t_j),t_j\in \boldsymbol{\Theta}_t \tag{3.43}$$

$$\boldsymbol{x}(t_j^+) = \boldsymbol{x}(t_j^-) + \boldsymbol{\delta}_{(q(t_j^-),q(t_j^+))}(\boldsymbol{x}(t_j^-)) \tag{3.44}$$

$$\boldsymbol{x}(t_0) = \boldsymbol{x}_0 \tag{3.45}$$

$$\begin{gathered}\boldsymbol{x}_{[L_f]}(t_f) = \boldsymbol{x}_f \\ q(\cdot)\in Q,\boldsymbol{x}(\cdot)\in X(q(\cdot))\end{gathered} \tag{3.46}$$

式（3.41）~式（3.46）称为具有状态跳跃的混合最优控制问题。

通常，添加重置条件（3.44）会导致非光滑的最优控制问题。

3.3.5 切换最优控制问题

根据 3.2.3 节中的假设，可以直接使用离散状态 $q(\cdot)$ 作为切换系统 S 的控制变量。因此，对于切换最优控制问题，目标是找到连续值控制 $\boldsymbol{u}(\cdot)\in U(q(\cdot))$ 和离散状态 $q(\cdot)\in Q$，以便满足期望的特性。

考虑无状态跳跃的切换系统 S_1 的最优控制问题，需要在公式中进行一些修改。

定义 3.20（无重置函数的切换最优控制问题）

由定义 3.5 给定的切换系统 S_1，其最优控制问题可以表示为 Bolza 问题：

$$\phi(\boldsymbol{u}^*(\cdot),\varpi^*(\cdot))=\min_{q(\cdot)\in Q,\boldsymbol{u}(\cdot)\in U(q(\cdot))} m(\boldsymbol{x}(t_f))+\int_{t_0}^{t_f} l_{q(t)}(\boldsymbol{x}(t),\boldsymbol{u}(t))\mathrm{d}t \tag{3.47}$$

满足

$$\dot{\boldsymbol{x}}(t)=\boldsymbol{f}_{q(t)}(\boldsymbol{x}(t),\boldsymbol{u}(t)),\forall t\in[t_0,t_f] \tag{3.48}$$

$$\boldsymbol{x}(t_0)=\boldsymbol{x}_0 \tag{3.49}$$

$$\begin{aligned}\boldsymbol{x}_{[L_f]}(t_f)&=\boldsymbol{x}_f\\ \boldsymbol{x}(\cdot)&\in X(q(\cdot))\end{aligned} \tag{3.50}$$

式（3.47）~式(3.50）称为无状态跳跃的切换最优控制问题（SOCP)。

调整的 SOCP 可行性定义如下。

定义 3.21（SOCP 的可行性）

如果 ODE、边界条件和 SOCP 公式的所有约束都满足，则函数的元组 $(\boldsymbol{x}(\cdot),q(\cdot),\boldsymbol{u}(\cdot))$ 是可行的。

定义 3.22（最优控制函数、最优连续状态函数和最优离散状态函数）

对于任何最优元组 $(\boldsymbol{x}^*(\cdot),q^*(\cdot),\boldsymbol{u}^*(\cdot))$，如果满足

$$(\boldsymbol{x}^*(\cdot),q^*(\cdot),\boldsymbol{u}^*(\cdot))=\arg\min_{\boldsymbol{x}(\cdot)\in X(q(\cdot)),q(\cdot)\in Q,\boldsymbol{u}(\cdot)\in U(q(\cdot))}\phi(\boldsymbol{x}(\cdot),q(\cdot),\boldsymbol{u}(\cdot))$$

则 $\boldsymbol{u}^*(\cdot)$ 称为最优控制函数；$\boldsymbol{x}^*(\cdot)$ 称为最优连续状态函数；$q^*(\cdot)$ 称为最优离散状态函数。

考虑具有重置的切换系统 S_2，需要对上述切换最优控制问题进行扩展。

定义 3.23（具有重置函数的最优切换控制问题）

由定义 3.6 给定的切换系统 S_2，其最优控制问题可以表示为 Bolza 问题：

$$\phi(q^*(\cdot),\boldsymbol{u}^*(\cdot))=\min_{q(\cdot)\in Q,\boldsymbol{u}(\cdot)\in U(q(\cdot))} m(\boldsymbol{x}(t_f))+\int_{t_0}^{t_f} l_{q(t)}(\boldsymbol{x}(t),\boldsymbol{u}(t))\mathrm{d}t \tag{3.51}$$

满足

$$\dot{\boldsymbol{x}}(t)=\boldsymbol{f}_{q(t)}(\boldsymbol{x}(t),\boldsymbol{u}(t)),\forall t\in[t_0,t_f] \tag{3.52}$$

$$\boldsymbol{x}(t_0)=\boldsymbol{x}_0 \tag{3.53}$$

$$\boldsymbol{x}_{[L_f]}(t_f)=\boldsymbol{x}_f \tag{3.54}$$

$$\begin{aligned}\boldsymbol{x}(t_j^+)&=\boldsymbol{x}(t_j^-)+\delta_{(q(t_j^-),q(t_j^+))}(\boldsymbol{x}(t_j^-))\\ \boldsymbol{x}(\cdot)&\in X(q(\cdot))\end{aligned} \tag{3.55}$$

式（3.51）~式（3.55）称为具有状态跳跃的切换最优控制问题。

3.3.6 二元切换最优控制问题

将3.2.6节的重构应用于离散状态 $q(\cdot)$，得到分段常值二元函数 $\boldsymbol{\sigma}:[t_0,t_f]\to\hat{\Omega}$，附加的约束（3.20）保证只有一个子系统处于活动状态。然后，定义3.20的SOCP可以等效地重构为二元切换系统的最优控制问题。二元切换最优控制问题的数值解是本书的重要组成部分。

定义3.24（二元切换最优控制问题）

由定义3.13给出的切换系统 S_3，其最优控制问题可以表示为Bolza问题：

$$\phi(\boldsymbol{\sigma}^*(\cdot),\boldsymbol{u}^*(\cdot))=\min_{\boldsymbol{\sigma}(\cdot)\in\Omega,\boldsymbol{u}(\cdot)\in U(q(\cdot))} m(\boldsymbol{x}(t_f))+\int_{t_0}^{t_f}\sum_{q=1}^{N_q}\sigma_q(t)l_q(\boldsymbol{x}(t),\boldsymbol{u}(t))\mathrm{d}t \tag{3.56}$$

满足

$$\dot{\boldsymbol{x}}(t)=\sum_{q=1}^{N_q}\sigma_q(t)\boldsymbol{f}_{q(t)}(\boldsymbol{x}(t),\boldsymbol{u}(t)),\forall t\in[t_0,t_f] \tag{3.57}$$

$$\boldsymbol{x}(t_0)=\boldsymbol{x}_0 \tag{3.58}$$

$$\boldsymbol{x}_{[L_f]}(t_f)=\boldsymbol{x}_f \tag{3.59}$$

$$1-\sum_{q=1}^{N_q}\sigma_q(t)=0,\forall t\in[t_0,t_f] \tag{3.60}$$

$$\boldsymbol{x}(\cdot)\in X(q(\cdot))$$

式（3.56）~式(3.60）称为二元切换最优控制问题（BSOCP）。

3.3.7 最优控制问题的转换

下面讨论几种有效的转换技术，它们可以将相当一般的最优控制问题转换为标准形式。

3.3.7.1 Bolza类型、Lagrange类型和Mayer类型问题的转换

Bolza类型、Lagrange类型和Mayer类型问题的最优控制问题可以等效地相互转换。这通常是必要的，因为同样的算法可以适用于不同的数值程序。首先，将Bolza类型问题转换为Mayer类型问题。

同样，Bolza类型问题包括最终状态成本 $m(\boldsymbol{x}(t_f))$ 和一组 N_q – Lagrange项：

$$\phi(q(\cdot),\boldsymbol{u}(\cdot))=m(\boldsymbol{x}(t_f))+\int_{t_0}^{t_f}l_{q(t)}(\boldsymbol{x}(t),\boldsymbol{u}(t))\mathrm{d}t \tag{3.61}$$

引入附加状态 $x_{N_x+1}(\cdot)$，其时间导数 $\dot{x}_{N_x+1}(t)=l_{q(t)}(\boldsymbol{x}(t),\boldsymbol{u}(t))$ 和初始条件 $x_{N_x+1}(t_0)=0$，成本泛函（3.61）可以很容易地表示为端点函数。然后，泛函（3.61）变为

$$\phi(q(\cdot),\boldsymbol{u}(\cdot)) = m(\boldsymbol{x}(t_f)) + x_{N_x+1}(t_f)$$

其动态系统的维数增加 1：

$$\dot{\hat{\boldsymbol{x}}}(t) = \begin{bmatrix} \dot{x}_1(t) \\ \vdots \\ \dot{x}_{N_x}(t) \\ \hline \dot{x}_{N_x+1}(t) \end{bmatrix} = \begin{bmatrix} \boldsymbol{f}_{q(t)}(\boldsymbol{x}(t),\boldsymbol{u}(t)) \\ \hline l_{q(t)}(\boldsymbol{x}(t),\boldsymbol{u}(t)) \end{bmatrix} \tag{3.62}$$

类似地，Lagrange 类型问题为

$$\phi(q(\cdot),\boldsymbol{u}(\cdot)) = \int_{t_0}^{t_f} l_{q(t)}(\boldsymbol{x}(t),\boldsymbol{u}(t))\mathrm{d}t \tag{3.63}$$

引入附加状态 $x_{N_x+1}(\cdot)$，其时间导数 $\dot{x}_{N_x+1}(t) = l_{q(t)}(\boldsymbol{x}(t),\boldsymbol{u}(t))$ 和初始条件 $x_{N_x+1}(t_0) = 0$，可以转换为 Mayer 类型问题。然后，泛函（3.63）变为

$$\phi(q(\cdot),\boldsymbol{u}(\cdot)) = x_{N_x+1}(t_f)$$

具有扩展的动态系统（3.62）。

Mayer 类型问题为

$$\phi(q(\cdot),\boldsymbol{u}(\cdot)) = m(\boldsymbol{x}(t_f)) \tag{3.64}$$

引入附加状态 $x_{N_x+1}(\cdot)$，其时间导数 $\dot{x}_{N_x+1}(t) = 0$ 和初始条件 $x_{N_x+1}(t_0) = (t_f - t_0)^{-1} \cdot m(\boldsymbol{x}(t_f))$，可以转换为 Lagrange 问题。然后，泛函（3.64）变为

$$\phi(q(\cdot),\boldsymbol{u}(\cdot)) = \int_{t_0}^{t_f} x_{N_x+1}(t)\mathrm{d}t$$

具有扩展的动态系统：

$$\dot{\hat{\boldsymbol{x}}}(t) = \begin{bmatrix} \dot{x}_1(t) \\ \vdots \\ \dot{x}_{N_x}(t) \\ \hline \dot{x}_{N_x+1}(t) \end{bmatrix} = \begin{bmatrix} \boldsymbol{f}_{q(t)}(\boldsymbol{x}(t),\boldsymbol{u}(t)) \\ \hline 0 \end{bmatrix} \tag{3.65}$$

引入附加状态 $x_{N_x+1}(\cdot)$，其时间导数 $\dot{x}_{N_x+1}(t) = 0$ 和初始条件 $x_{N_x+1}(t_0) = (t_f - t_0)^{-1} m(\boldsymbol{x}(t_f))$，Bolza 类型问题可以转换为 Lagrange 类型问题。然后，泛函（3.61）变为

$$\phi(q(\cdot),\boldsymbol{u}(\cdot)) = \int_{t_0}^{t_f} [l_{q(t)}(\boldsymbol{x}(t),\boldsymbol{u}(t)) + x_{N_x+1}(t)]\mathrm{d}t$$

具有扩展的动态系统（3.65）。

因此，可以说 Bolza 类型、Lagrange 类型和 Mayer 类型问题在理论上是等价的。Cesari[21] 对此进行了更深入的讨论。

3.3.7.2 转换为固定时间区间

一些问题需要自由的最终时间。对于这种情况，最终时间 t_f 变为 OCP 公式中的一个自由度。为了将此转换为等效问题，使用如下的线性时间转换：

$$t(\tau) = t_0 + \tau(t_f - t_0), \tau \in [0,1] \tag{3.66}$$

其将时间区间 $[t_0, t_f]$ 映射为 $[0, 1]$。由于假设 t_0 为零，式（3.66）简化为 $t(\tau) = \tau t_f$。用 $t(\tau)$ 代替 t 得到相对时间区间 $\tau \in [0, 1]$ 的连续值状态、连续值控制和离散状态：

$$\widetilde{\boldsymbol{x}}(\tau) := \boldsymbol{x}(t(\tau)) = \boldsymbol{x}(\tau t_f)$$
$$\widetilde{\boldsymbol{u}}(\tau) := \boldsymbol{u}(t(\tau)) = \boldsymbol{u}(\tau t_f)$$
$$\widetilde{q}(\tau) := q(t(\tau)) = q(\tau t_f)$$

最终时间可以处理为一个附加但恒定的状态 $\widetilde{x}_{N_x+1}(\tau) = t_f$，其时间导数给定为

$$\frac{\mathrm{d}\widetilde{x}_{N_x+1}(\tau)}{\mathrm{d}\tau} = 0 \tag{3.67}$$

现在，描述转换状态的演变为

$$\frac{\mathrm{d}\widetilde{\boldsymbol{x}}(\tau)}{\mathrm{d}\tau} = \boldsymbol{x}(t(\tau))\frac{\mathrm{d}t(\tau)}{\mathrm{d}\tau} = \boldsymbol{f}_{\widetilde{q}(t)}(\widetilde{\boldsymbol{x}}(t), \widetilde{\boldsymbol{u}}(t))x_{N_x+1}(\tau) \tag{3.68}$$

根据式（3.67）和式（3.68），增强状态向量 $\hat{\widetilde{\boldsymbol{x}}}(\cdot)$ 由下式给出：

$$\frac{\mathrm{d}\hat{\widetilde{\boldsymbol{x}}}(\tau)}{\mathrm{d}\tau} = \begin{bmatrix} \dfrac{\mathrm{d}\widetilde{x}_1(\tau)}{\mathrm{d}\tau} \\ \vdots \\ \dfrac{\mathrm{d}\widetilde{x}_{N_x}(\tau)}{\mathrm{d}\tau} \\ \hline \dfrac{\mathrm{d}\widetilde{x}_{N_x+1}(\tau)}{\mathrm{d}\tau} \end{bmatrix} = \left[\frac{\boldsymbol{f}_{q(t)}(\boldsymbol{x}(t), \boldsymbol{u}(t))}{0}\right]$$

获得等效转化的 SOCP：

$$\phi(\widetilde{q}^*(\cdot), \widetilde{\boldsymbol{u}}^*(\cdot)) = \min_{q(\cdot) \in Q, \boldsymbol{u}(\cdot) \in U(q(\cdot))} \phi(\widetilde{q}(t), \widetilde{\boldsymbol{u}}(t)) \tag{3.69}$$

满足

$$\frac{\mathrm{d}\hat{\widetilde{\boldsymbol{x}}}_{N_x+1}(\tau)}{\mathrm{d}\tau} = \left[\frac{\boldsymbol{f}_{\widetilde{q}(t)}(\widetilde{\boldsymbol{x}}(\tau), \widetilde{\boldsymbol{u}}(\tau), \widetilde{x}_{N_x+1}(\tau))}{0}\right], \forall \tau \in [0,1] \tag{3.70}$$

$$\hat{\widetilde{\boldsymbol{x}}}_{[1:N_x]}(0) = \boldsymbol{x}_0 \tag{3.71}$$

$$\begin{aligned} &\hat{\widetilde{\boldsymbol{x}}}_{[L_x]}(1) = \boldsymbol{x}_f \\ &\hat{\widetilde{x}}(\cdot) \in \hat{\widetilde{X}}(\widetilde{q}(\cdot)) \end{aligned} \tag{3.72}$$

其中，允许集合定义为

$$\widetilde{\boldsymbol{u}}(\cdot) \in \widetilde{U}(\widetilde{q}(\cdot)) := \{\widetilde{\boldsymbol{u}}(\cdot) \in L^{\infty}([0,1], \boldsymbol{U}) \mid \boldsymbol{c}_{\widetilde{u},\widetilde{q}}(\widetilde{\boldsymbol{u}}(\tau)) \leqslant \boldsymbol{0}, \forall \tau \in [0.1]\}$$

$$\widetilde{q}(\cdot) \in \widetilde{Q} := \{\widetilde{q}(\cdot) \in L^{\infty}([0,1], \hat{Q}) \mid \widetilde{q}(\tau)) \in \hat{Q}, \forall \tau \in [0.1]\}$$

并且

$$\hat{\hat{x}}(\cdot) \in \hat{\hat{X}}(\tilde{q}(\cdot)) := \{\hat{\hat{x}}(\cdot) \in AC^{\infty}([0,1],X) \mid c_{\hat{x},\tilde{q}}(\hat{\hat{x}}(\tau)) \leqslant 0, \forall \tau \in [0.1]\}$$

等效问题式（3.69）~式(3.72）可以按照 Gerdts[30] 所示的相同方式对自由初始时间 t_0 进行延长。

3.3.7.3 转换成具有固定时间区间的混合执行阶段

根据当前活动子系统，混合系统的混合执行原理促进了将混合最优控制问题虚拟分解为多个阶段的想法。然后，进行分解，使得离散状态 $q(\cdot)$ 具有恒定值。在混合时间轨迹 T 上，混合轨迹的较短子区间定义为

$$\boldsymbol{x}_j:[t_j,t_{j+1}] \to \boldsymbol{X}$$
$$\boldsymbol{u}_j:[t_j,t_{j+1}] \to \boldsymbol{U}$$
$$q_j:[t_j,t_{j+1}] \to \hat{Q}$$

这个概念将 Bolza 类型目标泛函修改为多个阶段：

$$m(\boldsymbol{x}_{N_{exe}}(t_f)) + \sum_{j=0}^{N_{exe}-1} \int_{t_j}^{t_{j+1}} l_{q_j(t)}(\boldsymbol{x}_j(t),\boldsymbol{u}_j(t))\,\mathrm{d}t \tag{3.73}$$

通过线性时间变换

$$t_j(\tau) = t_j + \tau(t_{j+1} - t_j), \tau \in [0,1], j = 0,\cdots,N_{exe} - 1 \tag{3.74}$$

将每个区间 $[t_j, t_{j+1}]$ 映射到 [0, 1]，将问题（3.73）转换为等效的问题公式。由式（3.74）得出

$$\frac{\mathrm{d}t_j(\tau)}{\mathrm{d}\tau} = t_{j+1} - t_j = \varsigma_j, j = 0,\cdots,N_{exe} - 1$$

其中，ς_j 可以解释为第 j 阶段的阶段长度。

通过 $t_j(\tau)$ 替换 t，得到新的连续值状态、连续值控制和相对时间区间 $\tau \in [0,1]$ 的离散状态：

$$\tilde{\boldsymbol{x}}_j(\tau) := \boldsymbol{x}_j(t_j(\tau))$$
$$\tilde{\boldsymbol{u}}_j(\tau) := \boldsymbol{u}_j(t_j(\tau))$$
$$\tilde{q}_j(\tau) := q_j(t_j(\tau))$$

转换跳跃条件为

$$\tilde{\boldsymbol{x}}_j(0) = \tilde{\boldsymbol{x}}_{j-1}(1) + \boldsymbol{\delta}_{(q_{j-1},q_j)}(\tilde{\boldsymbol{x}}_{q_{j-1}}(1)), j = 0,\cdots,N_{exe} - 1$$

通过使用连续变量 $t_j(\tau)$，现在可以描述变换状态的演变：

$$\frac{\mathrm{d}\tilde{\boldsymbol{x}}_j(\tau)}{\mathrm{d}\tau} = \frac{\mathrm{d}\boldsymbol{x}_j(t_j(\tau))}{\mathrm{d}t_j}\frac{\mathrm{d}t_j(\tau)}{\mathrm{d}\tau} = \dot{\boldsymbol{x}}_j(t_j(\tau))\frac{\mathrm{d}t_j(\tau)}{\mathrm{d}\tau} = \varsigma_j \boldsymbol{f}_{\tilde{q}_j(\tau)}(\tilde{\boldsymbol{x}}_j(\tau),\tilde{\boldsymbol{u}}_j(\tau)),$$
$$\forall \tau \in [0,1], j = 1,\cdots N_{exe} - 1$$

然后，转换后的问题如下：

$$\min_{\tilde{\boldsymbol{u}}_j(\cdot) \in \tilde{U}(\tilde{q}_j(\cdot)), \tilde{q}_j(\cdot) \in \tilde{Q}, \varsigma \in R^{N_\varsigma}, N_\varsigma \in N \geqslant 0} m(\tilde{\boldsymbol{x}}_{N_\varsigma}(1)) + \sum_{j=0}^{N_\varsigma} \int_0^1 \varsigma_j l_{\tilde{q}_j(t)}(\tilde{\boldsymbol{x}}_j(\tau),\tilde{\boldsymbol{u}}_j(\tau))\,\mathrm{d}\tau \tag{3.75}$$

满足

$$\frac{\mathrm{d}\widetilde{\boldsymbol{x}}_{N_j}(\tau)}{\mathrm{d}\tau} = \varsigma_j \boldsymbol{f}_{\widetilde{q}_j(\tau)}(\widetilde{\boldsymbol{x}}_j(\tau), \widetilde{\boldsymbol{u}}_j(\tau)), j = 0,\cdots,N_\varsigma, \forall \tau \in [0,1] \tag{3.76}$$

$$\widetilde{\boldsymbol{x}}_0(0) = \boldsymbol{x}_0 \tag{3.77}$$

$$\widetilde{\boldsymbol{x}}_{N_\varsigma}^{[L_x]}(1) = \boldsymbol{x}_f \tag{3.78}$$

$$\sum_{j=0}^{N_\varsigma} \varsigma_j = t_f - t_0 \tag{3.79}$$

$$-\varsigma_j \leqslant 0, j = 0,\cdots,N_\varsigma \tag{3.80}$$

$$\begin{aligned}\widetilde{\boldsymbol{x}}_j(0) &= \widetilde{\boldsymbol{x}}_{j-1}(1) + \boldsymbol{\delta}_{(q_{j-1},q_j)}(\widetilde{\boldsymbol{x}}_{q_{j-1}}(1)), j = 1,\cdots,N_\varsigma \\ \widetilde{\boldsymbol{x}}_j(\cdot) &\in \widetilde{X}(\widetilde{q}_j(\cdot)), j = 0,\cdots,N_\varsigma\end{aligned} \tag{3.81}$$

问题式（3.75）~式(3.81）可以解释为多阶段优化问题，阶段数 $N_\varsigma = N_{exe} - 1$ 和阶段长度的向量ς等效于问题式（3.51）~式(3.55)。如果阶段数 N_ς和模式序列 $D = (\widetilde{q}_0, \widetilde{q}_1, \cdots, \widetilde{q}_{N_{exe}})$ 是先验已知的，则会出现一个重要的特殊情况。然后，切换时间仍然是离散决策的自由度，则问题称为切换时间优化。

3.3.7.4 将切换成本转换为重置函数

在许多技术场景中，切换需要一定的能量，应当避免频繁切换。为了解释这一点，对于 q_{j-1}，$q_j \in \hat{Q}$ 和 $q_{j-1} \neq q_j$，可以将形式为 $\rho_{(q_{j-1},q_j)}$：$\boldsymbol{X} \to R$ 的切换成本函数添加到成本泛函中：

$$\begin{aligned}\phi(\boldsymbol{u}_j(\cdot), q_j(\cdot)) = {} & m(\boldsymbol{x}_{N_{exe}}(t_f)) + \sum_{j=1}^{N_{exe}-1} \rho_{(q_{j-1},q_j)}(\boldsymbol{x}_{j-1}(t_j^-)) + \\ & \sum_{j=0}^{N_{exe}-1} \int_{t_j}^{t_{j+1}} l_{q_j(t)}(\boldsymbol{x}_j(t), \boldsymbol{u}_j(t))\,\mathrm{d}t\end{aligned} \tag{3.82}$$

假设切换成本函数对于 t 至少一次连续可微。

利用 3.3.7.1 节给出的 Bolza 类型到 Mayer 类型的转换规则，式（3.82）中的切换成本可以转换为附加状态 $\widetilde{x}_j(\cdot)$。然后，将新状态 $\widetilde{x}_{N_{exe}}(t_f)$ 的最终值添加到 Mayer 项。给出 $\widetilde{x}_j(\cdot)$ 的时间导数和初始值为

$$\dot{\widetilde{x}}_j(t) = 0$$

$$\widetilde{x}_j(t_0) = 0$$

之后，系统随着时间的推移而演变：

$$\dot{\widetilde{\boldsymbol{x}}}_j(t) = \begin{bmatrix} \dot{\boldsymbol{x}}_j^{[1]}(t) \\ \vdots \\ \dot{\boldsymbol{x}}_j^{[N_x]}(t) \\ \hline \dot{\widetilde{x}}_j(t) \end{bmatrix} = \begin{bmatrix} \boldsymbol{f}_{q_j}(\boldsymbol{x}_j(t), \boldsymbol{u}_j(t)) \\ \hline 0 \end{bmatrix} \tag{3.83}$$

具有重置条件：

$$\breve{\boldsymbol{x}}_j(t_j^+) = \breve{\boldsymbol{x}}_{j-1}(t_j^-) + \hat{\boldsymbol{\delta}}_{(q_{j-1},q_j)}(\boldsymbol{x}_j(t_j^-)) = \breve{\boldsymbol{x}}_{j-1}(t_j^-) + \begin{bmatrix} \boldsymbol{0}_{N_x \times 1} \\ \boldsymbol{\rho}_{(q_{j-1},q_j)}(\boldsymbol{x}_{j-1}(t_j^-)) \end{bmatrix},$$

$$j = 1, \cdots, N_{swt}$$

其中，$\breve{\boldsymbol{x}}_j(t)$ 为扩展状态向量。

根据定义 3.23，将切换成本转换为重置函数产生标准形式的 SOCP：

$$\phi(q^*(\cdot), \boldsymbol{u}^*(\cdot)) = \min_{q_j(\cdot) \in Q, \boldsymbol{u}_j(\cdot) \in U(q_j(\cdot)), N_{swt} \in \boldsymbol{N} \geqslant 0} m(\boldsymbol{x}_{N_{exe}}(t_f)) + \tilde{x}_{N_{exe}}(t_f) + \sum_{j=0}^{N_{swt}} \int_{t_j}^{t_{j+1}} l_{q_j}(\boldsymbol{x}_j(t), \boldsymbol{u}_j(t)) \mathrm{d}t$$

满足

$$\breve{\boldsymbol{x}}_j(t) = \begin{bmatrix} \boldsymbol{f}_{q_j}(\boldsymbol{x}_j(t), \boldsymbol{u}_j(t)) \\ 0 \end{bmatrix}, \forall t \in [t_0, t_f]$$

$$\breve{\boldsymbol{x}}_0(t_0) = [\boldsymbol{x}_0, 0]^T$$

$$\breve{\boldsymbol{x}}_{N_{exe}}^{[L_x]}(t_f) = \boldsymbol{x}_f$$

$$\breve{\boldsymbol{x}}_j(t_j^+) = \breve{\boldsymbol{x}}_{j-1}(t_j^-) + \begin{bmatrix} \boldsymbol{0}_{N_x \times 1} \\ \boldsymbol{\rho}_{(q_{j-1},q_j)}(\boldsymbol{x}_{j-1}(t_j^-)) \end{bmatrix}, j = 1, \cdots, N_{swt}$$

$$\boldsymbol{x}_j(\cdot) \in X(q_j(\cdot))$$

对于具有状态跳跃的 SOCP，重置条件扩展如下：

$$\breve{\boldsymbol{x}}_j(t_j^+) = \breve{\boldsymbol{x}}_{j-1}(t_j^-) + \hat{\boldsymbol{\delta}}_{(q_{j-1},q_j)}(\boldsymbol{x}_j(t_j^-)) = \breve{\boldsymbol{x}}_{j-1}(t_j^-) + \begin{bmatrix} \boldsymbol{\delta}_{(q_{j-1},q_j)}(\boldsymbol{x}_{j-1}(t_j^-)) \\ \boldsymbol{\rho}_{(q_{j-1},q_j)}(\boldsymbol{x}_{j-1}(t_j^-)) \end{bmatrix},$$

$$j = 1, \cdots, N_{swt}$$

当然，有时应用相反的变换是有意义的，这会从重置函数中产生切换成本项。

3.4 相关研究

混合系统的应用领域是广泛和多方面的。大多数例子来自于机器人领域[25,28]、过程工程[5]、汽车控制[6-11,40,60,36]、电力系统和交通控制系统[24]，给人的印象是混合系统无处不在。事实上，工程、科学和日常生活中遇到的许多过程都可以有效地建模为混合系统。

最近出版了许多关于混合系统的教科书，如 Van Der Schaft[58]、Lunze 和 Lamnabhi-Lagarrigue[41]、Cassandras 和 Lafortune [19] 以及 Sun 和 Ge [56] 等。

Branicky 等的工作[15-17] 引入了一般的混合动力系统描述，这项工作基于 Sontag [54] 开发的动态系统的一般抽象定义。Labinaz 等[38] 给出了混合建模的进一步处理。

一类特殊的混合系统兼具时间驱动和事件驱动两种动态特性，考虑建模为排队结构，可以在许多制造系统中找到[20]。这个类的一个有趣的事实是，由事件驱动的状态是不可微。这导致非光滑优化问题，限制了经典非线性规划方法的适用性。

在最近的文献中，纯离散事件驱动系统也引起很多关注，值得注意的是如 Cassandras 和 Lafortune[19]、Eqtami[29]、Donkers [27] 和 Varutti [59] 等。其与混合系统有一些相似之处；然而，离散事件系统的焦点是只发生异步生成的离散事件，这些事件迫使状态转换瞬间完成。

具有集值动态系统的混合系统（称为差分包含形式）被认为考虑了时变和扰动效应[31]，并且描述了非光滑系统[1]。

Xu 和 Antsaklis[65] 定义了无状态重置函数的切换系统。相比之下，Attia [4] 报道了控制状态跳跃，其中跳跃的高度是控制变量。

切换（线性）系统实际上是一个重要的分支，例如分段仿射系统[34,47]、线性互补系统[58,41]、扩展线性互补系统和混合逻辑动态系统[13,43]。

互补系统是具有离散模式的动态系统，其离散模式由彼此互补的信号对决定。两个信号 $\boldsymbol{a}\geqslant\boldsymbol{0}$ 和 $\boldsymbol{b}\geqslant\boldsymbol{0}$，如果满足以下条件：

$$\boldsymbol{0}\leqslant\boldsymbol{a}\perp\boldsymbol{b}\geqslant\boldsymbol{0} \tag{3.84}$$

则认为两个信号服从于互补条件，符号 ⊥ 表示互补性，意味着满足信号的一个分量 $a_k=0$ 或 $b_k=0$。

式（3.84）可以重新表示为

$$\boldsymbol{a}^T b=\boldsymbol{0},\boldsymbol{a}\geqslant\boldsymbol{0},\boldsymbol{b}\geqslant\boldsymbol{0}$$

混合逻辑动态系统使用逻辑决策的重构。逻辑决策部分，通常由 Boole 值表示，通过简单地将 Boole 决策变量转换为 {0，1} 整数和将逻辑关系转换为混合整数线性不等式，嵌入到仿射状态方程中，如 Morari 等[43] 所示。Heemels 等[32] 证明了在输入、状态和输出的良好性和有界性的假设下，分段仿射、线性互补、扩展线性互补和混合逻辑动态混合系统是等价的。

在纯时间驱动的连续系统或离散事件驱动的系统中，没有遇到混合现象导致证明系统稳定性面临新的挑战，这个问题开启了广泛的研究活动。因此，经典稳定性理论得到统一和扩展，为混合系统的渐近稳定性提供了必要和充分的 Lyapunov 条件[62,42,31]。Lin 和 Antsaklis[39] 给出了切换线性系统的稳定性的最新结果，Lygeros 等[42] 给出了混合自动机解的存在性和唯一性。

文献中混合系统的主要焦点是最优控制，关于这个主题有很多论文；然而，大多数优秀的教科书只讨论连续最优控制对象[37,18,52]。

由偏微分方程或微分代数方程控制的最优控制问题也是一个广泛的研究领域，并且由 Gerdts[30] 进行了讨论。

Zhu 和 Antsaklis[67] 对混合和切换系统的最优控制进行了研究。混合系统最优控制的早期研究由 Witsenhausen[61] 和 Seidman[51] 完成，但是在过去的 20 年中，已经取得了一些理论和计算成果。混合最优控制问题理论分析领域的研究工作，包括最优控制必要条件的推导[51,57,46,53,48,49,26,45]。利用各种优化技术和高性能计算机来开发高效的数值方法，例如切换线性系统[65,66]、切换系统[14]和具有线性性能指数的切换线性系统[12]。

参考文献

1. Acary V, Brogliato B (2008) Numerical methods for nonsmooth dynamical systems. Applications in mechanics and electronics. Lecture notes in applied and computational mechanics, vol 35. Springer, Berlin
2. Adams RA, Fournier JJ (2003) Sobolev spaces, vol 140, 2nd edn. Academic Press
3. Alamir M, Attia S (2004) On solving optimal control problems for switched hybrid nonlinear systems by strong variations algorithms. In: 6th IFAC symposium on nonlinear control systems (NOLCOS), Stuttgart, Germany, pp 558–563
4. Attia SA, Azhmyakov VZ Jr (2007) State jump optimization for a class of hybrid autonomous systems. In: Proceedings of the 16th IEEE international conference on control applications, pp 1408–1413
5. Avraam M, Shah N, Pantelides C (1998) Modelling and optimisation of general hybrid systems in the continuous time domain. Comput Chem Eng 22:S221–S228
6. Balluchi A, Di Benedetto M, Pinello C, Rossi C, Sangiovanni-Vincentelli A (1997) Cut-off in engine control: a hybrid system approach. In: Proceedings of the 36th IEEE conference on decision and control, 1997, vol 5. IEEE, pp 4720–4725
7. Balluchi A, Bicchi A, Caterini C, Rossi C, Sangiovanni-Vincentelli AL (2000) Hybrid tracking control for spark-ignition engines. In: Proceedings of the 39th IEEE conference on decision and control, 2000, vol 4. IEEE, pp 3126–3131
8. Balluchi A, Benvenuti L, Lemma C, Murrieri P, Sangiovanni-Vincentelli AL (2004a) Hybrid models of an automotive driveline. Technical report, PARADES, Rome, I
9. Balluchi A, Di Natale F, Sangiovanni-Vincentelli A, Van Schuppen JH (2004b) Synthesis for idle speed control of an automotive engine. In: Hybrid systems: computation and control. Springer, pp 80–94
10. Balluchi A, Zoncu M, Villa T, Sangiovanni-Vincentelli AL (2004c) A nonlinear hybrid model of a 4-cylinder engine for idle speed control. Test case for the computation and control European project
11. Balluchi A, Benvenuti L, Ferrari A, Sangiovanni-Vincentelli A (2006) Hybrid systems in automotive electronics design. Int J Control 79(05):375–394
12. Baotic M, Christophersen FJ, Morari M (2006) Constrained optimal control of hybrid systems with a linear performance index. IEEE Trans Autom Control 51(12):1903–1919
13. Bemporad A, Morari M (1999) Control of systems integrating logic, dynamics, and constraints. Automatica 35(3):407–427
14. Bengea S, Uthaichana K, Žefran M, DeCarlo RA (2011) The control system handbook optimal control of switching systems via embedding into continuous optimal control problems, 2nd edn. CRC Press
15. Branicky M, Borkar V, Mitter S (1998) A unified framework for hybrid control: model and optimal control theory. IEEE Trans Autom Control 43(1):31–45
16. Branicky MS (1995) Studies in hybrid systems: modeling, analysis, and control. PhD thesis, Massachusetts Institute of Technology
17. Branicky MS, Borkar VS, Mitter SK (1994) A unified framework for hybrid control. Proceedings of the 33rd conference on decision and control (CDC), Lake Buena Vista. IEEE, pp 4228–4234
18. Bryson A, Ho YC (1975) Applied optimal control—optimization, estimation and control. Taylor & Francis Inc., New York
19. Cassandras CG, Lafortune S (2008) Introduction to discrete event systems, vol 2. Springer Science & Business Media

20. Cassandras CG, Pepyne DL, Wardi Y (2001) Optimal control of a class of hybrid systems. IEEE Trans Autom Control 46(3):398–415
21. Cesari L (2012) Optimization theory and applications: problems with ordinary differential equations, vol 17. Springer Science & Business Media
22. Clarke F (2013) Functional analysis, calculus of variations and optimal control, vol 264. Springer Science & Business Media
23. Coddington EA, Levinson N (1955) Theory of ordinary differential equations. Tata McGraw-Hill Education
24. De Schutter B, De Moor B (1999) The extended linear complementarity problem and the modeling and analysis of hybrid systems. In: Hybrid systems V. Springer, pp 70–85
25. Ding J, Gillulay JH, Huang H, Vitus MP, Zhang W, Tomlin CJ (2011) Hybrid systems in robotics. IEEE Robot Autom Mag 18(3):33–43
26. Dmitruk A, Kaganovich A (2008) The hybrid maximum principle is a consequence of Pontryagin maximum principle. Syst Control Lett 57(11):964–970
27. Donkers M (2011) Networked and event-triggered control systems. PhD thesis, Eindhoven: Technische Universiteit Eindhoven
28. Egerstedt M (2000) Behavior based robotics using hybrid automata. In: Hybrid systems: computation and control. Springer, pp 103–116
29. Eqtami A, Dimarogonas DV, Kyriakopoulos KJ (2011) Novel event-triggered strategies for model predictive controllers. In: Proceedings of the 50th IEEE conference on decision and control and european control conference (CDC-ECC), Orlando, Florida, pp 3392–3397. doi:10.1109/CDC.2011.6161348
30. Gerdts M (2012) Optimal control of ordinary differential equations and differential-algebraic equations. de Gruyter, Berlin
31. Goebel R, Sanfelice R, Teel A (2009) Hybrid dynamical systems. IEEE Control Syst 29(2):28–93
32. Heemels WP, De Schutter B, Bemporad A (2001) Equivalence of hybrid dynamical models. Automatica 37(7):1085–1091
33. Ioffe AD, Tihomirov VM (1979) Theory of extremal problems. North-Holland
34. Johansson M (2003) Piecewise linear control systems. Springer
35. Kirches C (2011) Fast numerical methods for mixed-integer nonlinear model-predictive control. Springer
36. Kirches C, Sager S, Bock HG, Schlöder JP (2010) Time-optimal control of automobile test drives with gear shifts. Optim Control Appl Methods 31(2):137–153. doi:10.1002/oca.892
37. Kirk D (1970) Optimal control theory: an introduction. Englewood Cliffs, Prentice-Hall
38. Labinaz G, Bayoumi MM, Rudie K (1997) A survey of modeling and control of hybrid systems. Annu Rev Control 21:79–92
39. Lin H, Antsaklis PJ (2009) Stability and stabilizability of switched linear systems: a survey of recent results. IEEE Trans Autom control 54(2):308–322
40. Liu Z, Fan G, Chen H (2011) Idle speed control of a 4-cylinder automotive engine using hybrid system method. In: Proceedings of 2011 international conference on modelling, identification and control (ICMIC). IEEE, pp 331–336
41. Lunze J, Lamnabhi-Lagarrigue F (2009) Handbook of hybrid systems control: theory, tools, applications. Cambridge University Press, Cambridge
42. Lygeros J, Johansson KH, Simic SN, Zhang J, Sastry SS (2003) Dynamical properties of hybrid automata. IEEE Trans Autom Control 48(1):2–17
43. Morari M, Baotic M, Borrelli F (2003) Hybrid systems modeling and control. Eur J Control 9(2):177–189
44. Passenberg B (2012) Theory and algorithms for indirect methods in optimal control of hybrid systems. PhD thesis, Technischen Universität München
45. Passenberg B, Leibold M, Stursberg O, M Buss PC (2011) The minimum principle for time-varying hybrid systems with state switching and jumps. In: Proceedings of the IEEE conference on decision and control, pp 6723–6729
46. Piccoli B (1999) Necessary conditions for hybrid optimization. In: Proceedings of the 38th IEEE conference on decision and control, Phoenix, vol 1. IEEE, pp 410–415

47. Rantzer A, Johansson M (2000) Piecewise linear quadratic optimal control. IEEE Trans Autom Control 45(4):629–637
48. Riedinger P, Kratz F (2003) An optimal control approach for hybrid systems. Eur J Control 9:449–458
49. Riedinger P, Kratz F, Iung C, Zannes C (1999) Linear quadratic optimization for hybrid systems. In: Proceedings of the 38th IEEE conference on decision and control, pp 3059–3064
50. Schori M (2015) Solution of optimal control problems for switched systems. Algorithms and applications for hybrid vehicles. PhD thesis, Universität Rostock
51. Seidman T (1987) Optimal control for switching systems. In: Proceedings of the 21st annual conference on information science and systems, pp 485–489
52. Sethi S, Thompson GL (2006) optimal control theory: applications to management science and economics. Springer
53. Shaikh MS (2004) Optimal control of hybrid systems: theory and algorithms. PhD thesis, Department of Electrical and Computer Engineering, McGill University, Montreal
54. Sontag ED (1998) Mathematical control theory: deterministic finite dimensional systems, 2nd edn. Springer Science & Business Media
55. Stauner T (2001) Systematic development of hybrid systems. PhD thesis, TU München
56. Sun Z, Ge SS (2005) Switched linear systems: control and design. Springer Science & Business Media
57. Sussmann HJ (1999) A maximum principle for hybrid optimal control problems. In: Proceedings of the 38th IEEE conference on decision and control, Phoenix, vol 1. IEEE, pp 425–430
58. Van Der Schaft AJ, Schumacher JM, van der Schaft AJ, van der Schaft AJ (2000) An introduction to hybrid dynamical systems, vol 251. Lecture notes in control and information science. Springer, London
59. Varutti P (2013) Model predictive control for nonlinear networked control systems. PhD thesis, Otto-von-Guericke-Universität Magdeburg
60. Vasak M, Baotic M, Petrovic I, Peric N (2007) Hybrid theory-based time-optimal control of an electronic throttle. IEEE Trans Ind Electron 54(3):1483–1494
61. Witsenhausen H (1966) A class of hybrid-state continuous-time dynamic systems. IEEE Trans Autom Control 11:161–167
62. Xu X (2001) Analysis and design of switched systems. PhD thesis, University of Notre Dame
63. Xu X, Antsaklis PJ (2000a) A dynamic programming approach for optimal control of switched systems. In: Proceedings of the 39th IEEE conference on decision and control, 2000, vol 2. IEEE, pp 1822–1827
64. Xu X, Antsaklis PJ (2000b) Optimal control of switched systems: new results and open problems. In: Proceedings of the American control conference, 2000, vol 4. IEEE, pp 2683–2687
65. Xu X, Antsaklis PJ (2003) Results and perspectives on computational methods for optimal control of switched systems. In: Hybrid systems: computation and control. Springer, pp 540–555
66. Xu X, Antsaklis PJ (2004) Optimal control of switched systems based on parameterization of the switching instants. IEEE Trans Autom Control 49. doi:10.1109/TAC.2003.821417
67. Zhu F, Antsaklis PJ (2011) Optimal control of switched hybrid systems: a brief survey. Technical report, ISIS-2013-007, ISIS Group at the University of Notre Dame
68. Ziebur A (1968) On the Gronwall-Bellman lemma. J Math Anal Appl 22(1):92–95

第4章 最小原理和 Hamilton – Jacobi – Bellman 方程

4.1 引言

为了更好理解最优控制，要研究其祖先——变分法。首先，引入经典变分法的一些重要概念。尽管变分法描述很强大，但是对于现代控制问题，变分法的经典方法只会产生不甚满意的答案，并且为控制活动开启了广泛领域（4.6 节的参考文献给出了一些历史标记）。尽管如此，这里还是使用这个简要概述引出 Pontryagin 最小原理（PMP），这可以视为变分法巨大演变的一个里程碑。为了满足本书描述的问题，只说明自治问题的条件。在这些问题中，不显式出现时间。

4.1.1 变分法

最优控制的数值方法取决于控制轨迹 $\boldsymbol{u}(\cdot)$ 和状态轨迹 $\boldsymbol{x}(\cdot)$ 必须满足的条件，以便成为最优解的候选。因此，将这些条件称为最优性的必要条件。获得这些条件的一个有力的数学理论是变分法，Gelfand[24]、Liberzon[40]、Vinter[55]、Kirk[37]、Bryson 和 Ho[10] 等所著文献有更详细的介绍。本节将说明变分分析的一些基本原理，以便用于推导最优控制中的必要条件。

首先考虑一个简单的问题，其目的是找到使泛函 $\phi(\boldsymbol{x}(\cdot))$ 最小化的轨迹（即函数）$\boldsymbol{x}^*(\cdot)$：

$$\phi(\boldsymbol{x}^*(\cdot)) = \min_{\boldsymbol{x}(\cdot)\in X}\phi(\boldsymbol{x}(\cdot)) = \int_{t_0}^{t_f} g(\boldsymbol{x}(t))\,\mathrm{d}t \tag{4.1}$$

其中，X 为一个具有范数的线性函数空间，即 Banach 空间。泛函 $\phi(\boldsymbol{x}(\cdot))$ 返回从 t_0 到 t_f 的轨迹 $\boldsymbol{x}^*(\cdot)$ 的标量值，即泛函将函数映射到标量。

本文对相邻轨迹 $\boldsymbol{x}(t)+\delta\boldsymbol{x}(t)$ 的关系感兴趣，因为希望轨迹 $\boldsymbol{x}(t)$ 比所有相邻轨迹 $\boldsymbol{x}(t)+\delta\boldsymbol{x}(t)$ 具有更低的 $\phi(\cdot)$ 。可以计算 $\boldsymbol{x}(t)$ 与任意相邻轨迹 $\boldsymbol{x}(t)+\delta\boldsymbol{x}(t)$ 之间的函数差异：

$$\Delta\phi(\boldsymbol{x},\delta\boldsymbol{x}) = \phi(\boldsymbol{x}+\delta\boldsymbol{x}) - \phi(\boldsymbol{x}) = \int_{t_0}^{t_f}(g(\boldsymbol{x}(t)+\delta\boldsymbol{x}(t)) - g(\boldsymbol{x}(t)))\,\mathrm{d}t$$

定义 4.1（泛函局部最小值）

对于所有相邻轨迹 $\boldsymbol{x}(t)+\delta\boldsymbol{x}(t)\in X$, 如果存在 $\|\delta\boldsymbol{x}\|=\|\boldsymbol{x}-\boldsymbol{x}^*\|<\varepsilon$, 使得

$$\Delta\phi(\boldsymbol{x}^*,\delta\boldsymbol{x})\geqslant 0$$

则泛函 $\phi(\boldsymbol{x}^*(\cdot))$ 具有局部最小值。其中，符号 $\|\cdot\|$ 为一个合适的范数，下文将更详细解释。对于 ε 取任意大值的情况，则 $\phi(\boldsymbol{x}^*(\cdot))$ 具有全局最小值。

为了在微积分意义上定义泛函的局部最小值的一阶必要条件，与有限维函数的优化所做的方式类似，参见第 2 章，需要将候选解相互比较。为此，需要测量两个函数的距离，这意味着需要计算函数的范数。因此，假设所有的候选解都定义在一个具有确定范数的线性函数空间中。不幸的是，具有不同范数的线性函数空间存在许多可能选择。一个非常常见的函数空间，是在区间 $[t_0,\ t_f]$ 上的连续函数空间，表示为 $C^0=([t_0,t_f],\boldsymbol{X})$。连续函数 $\boldsymbol{x}\in C^0=([t_0,t_f],\boldsymbol{X})$ 的一个可能也是非常常见的范数为 0 - 范数，定义为

$$\|\boldsymbol{x}(\cdot)\|_0=\sup_{t\in[t_0,t_f]}|\boldsymbol{x}(t)| \tag{4.2}$$

式中，$|\cdot|$ 为 Euclid 空间的标准范数。

另一个常用的函数空间是连续可微函数的空间 $C^1=([t_0,t_f],\boldsymbol{X})$，其范数是 0 - 范数和 1 - 范数，1 - 范数定义为

$$\|\boldsymbol{x}(\cdot)\|_1=\sup_{t\in[t_0,t_f]}|\boldsymbol{x}(t)|+\sup_{t\in[t_0,t_f]}|\dot{\boldsymbol{x}}(t)| \tag{4.3}$$

显然，可以定义函数空间的任意 k - 范数，该函数空间由至少 k 次可微函数组成，表示为 $C^k=([t_0,t_f],\boldsymbol{X})$。

根据 0 - 范数和 1 - 范数的定义，可以精确定义变分法中泛函的局部最小值。如果在函数空间 $C^1=([t_0,t_f],\boldsymbol{X})$ 中寻求最优轨迹，这在变分法中较为常见，并且使用定义 4.1 中的 0 - 范数，这样得出的最小值则为强最小值；如果使用 1 - 范数，则为弱最小值。显然，强最小值总是弱最小值，但是反之不成立。

结果是需要在函数空间 $C^0=([t_0,t_f],\boldsymbol{X})$ 中求解，或者在由 $C^1=([t_0,t_f],\boldsymbol{X})$ 表示的分段连续可微函数的函数空间中求最优控制问题的最优解。因此，必须依赖强局部最小值的条件。幸运的是，强最小值和弱最小值的一阶条件是相同的，其区别只是在于二阶条件的推导具有挑战性。本书只引入极值的一阶必要条件，读者可以参考最优控制理论的教科书，如 Liberzon[40]，学习对必要条件的完整介绍。第一步将假设候选解和涉及的所有函数都是对所有变量连续可微的。

为了描述一阶必要条件，需要引入一个可适用于泛函的导数。这种导数称为 Gateaux 导数，是对有限维函数著名的方向导数的推广，如第 2 章所述，即使对于无穷维函数也是如此。这一点是必要的，因为泛函是无限维的，这就变得很清楚。例如，如果考虑函数的幂级数近似，则基底是所有对于 $N_x=0,\ \cdots,\ \infty$ 的基本多项式 $P=x^{N_x}$ 的集合。因此，用偏导数计算具有无穷项的梯度，并且试图通过解无穷维方程组找到一个使梯度为零的函数是没有意义的。

定义 4.2（泛函的 Gateaux 导数）

设 $\phi(\cdot)$ 为泛函，将函数 $x(\cdot) \in C^k = ([t_0, t_f], \boldsymbol{R})$，$k \geqslant 0$ 映射成一个标量。然后，泛函 $\phi(\cdot)$ 在 $x(\cdot)$ 处在方向 $\delta x(\cdot) \in C^k = ([t_0, t_f], \boldsymbol{R})$，$k \geqslant 0$ 的 Gateaux 导数定义为

$$\begin{aligned}\delta\phi(x(\cdot);\delta x(\cdot)) &= \lim_{\tau \to 0} \frac{\phi(x(\cdot) + \tau\delta x(\cdot)) - \phi(x(\cdot))}{\tau} \\ &= \frac{\mathrm{d}}{\mathrm{d}\tau}\phi(x(\cdot) + \tau\delta x(\cdot)) \mid_{\tau=0}\end{aligned} \tag{4.4}$$

如果存在极限，则泛函称为在 $x(\cdot)$ 处 Gateaux 可微。

Gateaux 导数 $\delta\phi(x(\cdot);\ \delta x(\cdot))$ 定义了与函数 $x(\cdot)$ 同样的函数空间 $C^k = ([t_0, t_f], \boldsymbol{R})$ 中一个的函数。

通过在泛函（4.1）中应用 Gateaux 导数，得到所谓的泛函的第一次变分：

$$\delta\phi(\boldsymbol{x}(\cdot);\delta\boldsymbol{x}(\cdot)) = \int_{t_0}^{t_f} \frac{\partial g}{\partial x}(\boldsymbol{x}(t))\delta\boldsymbol{x}(t)\,\mathrm{d}t$$

对于函数的向量 $\boldsymbol{x}(\cdot)$，其要按照分量一一对应。为了简化起见，本书的其余部分对 Gateaux 微积分使用这种向量表示方法，这意味着运算要与向量的分量一一对应。

现在，可以定义函数 $\boldsymbol{x}(\cdot)$ 取最小值的必要条件。

定理 4.1（泛函最小值的一阶必要条件）

如果 $\boldsymbol{x}^*(\cdot)$ 是泛函 $\phi(\cdot)$ 的最小值，对于所有允许的 $\delta\boldsymbol{x}(\cdot)$，则 $\phi(\cdot)$ 的一阶导数为零：

$$\delta\phi(\boldsymbol{x}(\cdot);\delta\boldsymbol{x}(\cdot)) = \boldsymbol{0}$$

此定理的证明可以在 Gelfand 等的文献[24]中找到。

4.1.2　最优控制问题极值一阶必要条件的推导

前面的章节解释了简单泛函变分法的基本原理，同样的原理也可以应用于更复杂的最优控制问题。下面将把最优控制问题视为 Mayer 问题：

$$\phi(\boldsymbol{u}^*(\cdot)) = \min_{\boldsymbol{u}(\cdot) \in C^0([t_0,t_f],U)} \phi(\boldsymbol{u}(\cdot)) = m(\boldsymbol{x}^*(t_f)) \tag{4.5}$$

$$\dot{\boldsymbol{x}}(t) = \boldsymbol{f}(\boldsymbol{x}(t), \boldsymbol{x}(t)),\quad \forall t \in [t_0, t_f] \tag{4.6}$$

$$\boldsymbol{x}(t_0) = \boldsymbol{x}_0 \tag{4.7}$$

$$\boldsymbol{x}_{[L_f]}(t_f) = \boldsymbol{x}_f \tag{4.8}$$

假设连续值状态 $\boldsymbol{x}(\cdot)$ 为连续可微的，连续值控制 $\boldsymbol{u}(\cdot)$ 为连续的，函数 $m(\cdot)$ 和 $\boldsymbol{f}(\cdot)$ 相对于所有参数为连续可微的，端点边界 $\boldsymbol{x}_{[L_f]}(t_f)$ 由索引集合 $L_f \subseteq \{1, \cdots, N_x\}$ 标识的一些或全部连续值状态指定。指定的端点数目由 $N_f = \# L_f$ 表示，索引集合的补充由 $L_f^c = \{1, \cdots, N_x\} \setminus L_f$ 定义。

首先，扩充泛函以包含约束，微分方程附加连续可微共态向量 $\boldsymbol{\lambda}(\cdot)$：

$$\phi(\boldsymbol{u}(\cdot),\boldsymbol{x}(\cdot),\dot{\boldsymbol{x}}(\cdot),\boldsymbol{\lambda}(\cdot)) = m(\boldsymbol{x}(t_f)) + \int_{t_0}^{t_f}\boldsymbol{\lambda}^T(t)(\boldsymbol{f}(\boldsymbol{x}(t),\boldsymbol{u}(t)) - \dot{\boldsymbol{x}}(t))\mathrm{d}t$$

毫无疑问，对于所有允许的控制和状态变量，上式的附加积分项为零。然后，借助于 Lagrange 乘子$\boldsymbol{\mu}_0 \in R^{N_x}$，$\boldsymbol{\mu}_f \in R^{N_f}$将状态边界约束$\boldsymbol{x}(t_0) - \boldsymbol{x}_0$ 和$\boldsymbol{x}_{[L_f]}(t_f) - \boldsymbol{x}_f$联系起来，即

$$\phi_1(\boldsymbol{u}(\cdot),\boldsymbol{x}(\cdot),\dot{\boldsymbol{x}}(\cdot),\boldsymbol{\lambda}(\cdot),\boldsymbol{\mu}_0,\boldsymbol{\mu}_f) = m(\boldsymbol{x}(t_f)) + \boldsymbol{\mu}_0^T[\boldsymbol{x}(t_0) - \boldsymbol{x}_0] + \boldsymbol{\mu}_f^T[\boldsymbol{x}_{[L_f]}(t_f) - \boldsymbol{x}_f] + \int_{t_0}^{t_f}[\boldsymbol{\lambda}^T(t)\boldsymbol{f}(\boldsymbol{x}(t),\boldsymbol{u}(t)) - \boldsymbol{\lambda}^T(t)\dot{\boldsymbol{x}}(t)]\mathrm{d}t \tag{4.9}$$

需要注意的是，乘子向量$\boldsymbol{\mu}_0$ 和$\boldsymbol{\mu}_f$ 是不依赖时间的，将式（4.9）称为问题式（4.5）~式（4.8）的 Lagrange 问题。

至此，已经将 OCP 问题（4.5）~式（4.8）的所有条件扩充到泛函中，可以继续计算泛函的驻点，这意味着所有参数的导数必须为零。根据定理 4.1，需要计算所有参数的 Gateaux 导数，其为函数，要求其在所有方向上都为零，以便得到所需的一阶必要条件。为了简化，将导数采用向量表示，尽管导数必须按分量计算。

$\delta\phi_1(\cdot,\delta\boldsymbol{\lambda}(\cdot))$ 和 $\delta\phi_1(\cdot,\delta\boldsymbol{u}(\cdot))$ 的 Gateaux 导数必须为零，即

$$\begin{aligned}\delta\phi_1(\boldsymbol{u}(\cdot),\boldsymbol{x}(\cdot),\dot{\boldsymbol{x}}(\cdot),\boldsymbol{\lambda}(\cdot),\boldsymbol{\mu}_0,\boldsymbol{\mu}_f;\delta\boldsymbol{\lambda}(\cdot)) &= \int_{t_0}^{t_f}[\boldsymbol{f}(\boldsymbol{x}(t),\boldsymbol{u}(t)) - \dot{\boldsymbol{x}}(t)]\delta\boldsymbol{\lambda}(t)\mathrm{d}t \\ &= 0\end{aligned} \tag{4.10}$$

$$\begin{aligned}\delta\phi_1(\boldsymbol{u}(\cdot),\boldsymbol{x}(\cdot),\dot{\boldsymbol{x}}(\cdot),\boldsymbol{\lambda}(\cdot),\boldsymbol{\mu}_0,\boldsymbol{\mu}_f;\delta\boldsymbol{u}(\cdot)) &= \int_{t_0}^{t_f}\left(\frac{\partial \boldsymbol{f}}{\partial \boldsymbol{u}}\right)^T(\boldsymbol{x}(t),\boldsymbol{x}(t))\boldsymbol{\lambda}(t)\delta\boldsymbol{u}(t)\mathrm{d}t \\ &= 0\end{aligned} \tag{4.11}$$

在完成$\boldsymbol{x}(\cdot)$ 的 Gateaux 导数之前，需要去掉$\dot{\boldsymbol{x}}(\cdot)$ 项，通过分部积分得到

$$\int_{t_0}^{t_f}\boldsymbol{\lambda}^T(t)\dot{\boldsymbol{x}}(t)\mathrm{d}t = \boldsymbol{\lambda}^T(t_f)\boldsymbol{x}(t_f) - \boldsymbol{\lambda}^T(t_0)\boldsymbol{x}(t_0) - \int_{t_0}^{t_f}\dot{\boldsymbol{\lambda}}^T(t)\boldsymbol{x}(t)\mathrm{d}t \tag{4.12}$$

将式（4.12）代入到式（4.9）中，得到

$$\begin{aligned}\phi_2(\boldsymbol{u}(\cdot),\boldsymbol{x}(\cdot),\boldsymbol{\lambda}(\cdot),\boldsymbol{\mu}_0,\boldsymbol{\mu}_f) = {} & m(\boldsymbol{x}(t_f)) + \boldsymbol{\mu}_0^T[\boldsymbol{x}(t_0) - \boldsymbol{x}_0] + \boldsymbol{\mu}_f^T[\boldsymbol{x}_{[L_f]}(t_f) - \boldsymbol{x}_f] - \\ & \boldsymbol{\lambda}^T(t_f)\boldsymbol{x}(t_f) + \boldsymbol{\lambda}^T(t_0)\boldsymbol{x}(t_0) + \\ & \int_{t_0}^{t_f}[\boldsymbol{\lambda}^T(t)f(\boldsymbol{x}(t),\boldsymbol{u}(t)) + \dot{\boldsymbol{\lambda}}^T(t)\boldsymbol{x}(t)]\mathrm{d}t\end{aligned}$$

显然，$\phi_1(\cdot) = \phi_2(\cdot)$，但是后者变得清晰，说明 Lagrange 的哪个变量可以用于推导必要条件的不同部分。然后，$\delta\phi_2(\cdot,\delta\boldsymbol{x}(\cdot))$ 的 Gateaux 导数为零：

$$\delta\phi_2(\boldsymbol{u}(\cdot),\boldsymbol{x}(\cdot),\boldsymbol{\lambda}(\cdot),\boldsymbol{\mu}_0,\boldsymbol{\mu}_f;\delta\boldsymbol{x}(\cdot)) = \int_{t_0}^{t_f}\left[\left(\frac{\partial f}{\partial x}\right)^T(\boldsymbol{x}(t),\boldsymbol{u}(t))\boldsymbol{\lambda}(t) + \dot{\boldsymbol{\lambda}}(t)\right]\delta\boldsymbol{x}(t)\mathrm{d}t = 0 \tag{4.13}$$

另外，端点$\boldsymbol{x}(t_0)$ 和$\boldsymbol{x}(t_f)$ 的导数也为零：

$$\frac{\partial \phi_2}{\partial \boldsymbol{x}(t_0)}(\boldsymbol{u}(\cdot),\boldsymbol{x}(\cdot),\boldsymbol{\lambda}(\cdot),\boldsymbol{\mu}_0,\boldsymbol{\mu}_f) = \boldsymbol{\mu}_0 + \boldsymbol{\lambda}(t_0) = 0 \tag{4.14}$$

$$\frac{\partial \phi_2}{\partial \boldsymbol{x}(t_f)}(\boldsymbol{u}(\cdot),\boldsymbol{x}(\cdot),\boldsymbol{\lambda}(\cdot),\boldsymbol{\mu}_0,\boldsymbol{\mu}_f) = \frac{\partial m}{\partial \boldsymbol{x}(t_f)}(\boldsymbol{x}(t_f)) + \hat{\boldsymbol{\mu}}_f - \boldsymbol{\lambda}(t_f) = 0 \tag{4.15}$$

其中，$\hat{\boldsymbol{\mu}}_f \in R^{N_x}$定义为

$$\hat{\boldsymbol{\mu}}_f^{[L_f]} = \boldsymbol{\mu}_f$$

$$\hat{\boldsymbol{\mu}}_f^{[L_f^c]} = \boldsymbol{0}$$

如图 4.1 所示，假设轨迹 $\boldsymbol{x}(\cdot)$、$\boldsymbol{u}(\cdot)$ 和 $\boldsymbol{\lambda}(\cdot)$ 的变分 $\delta\boldsymbol{x}(\cdot)$、$\delta\boldsymbol{u}(\cdot)$ 和 $\delta\boldsymbol{\lambda}(\cdot)$ 为连续的，在边界处为零。

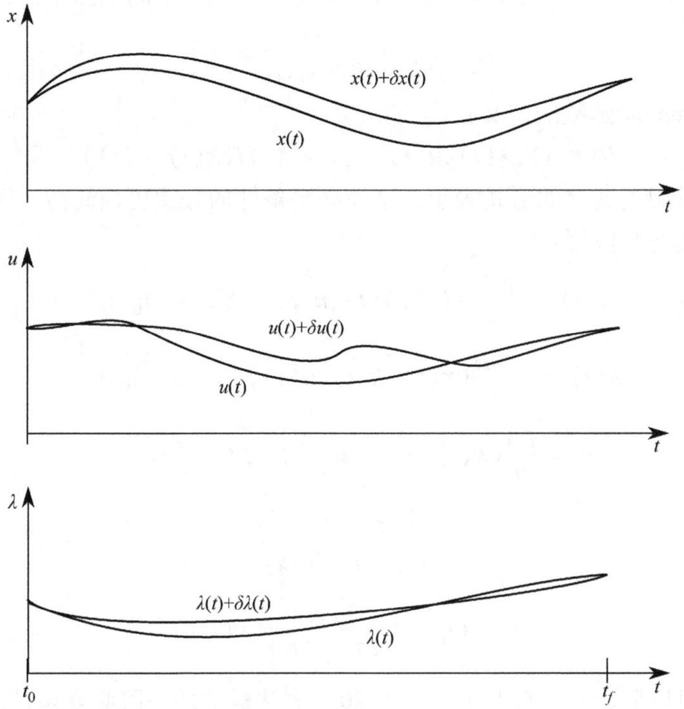

图 4.1 一阶系统轨迹的典型变分，即 $x(t)$，$u(t)$，$\lambda(t) \in R$ 具有固定终止时间 t_f

为了计算式（4.10）、式（4.11）和式（4.13）的第一变分，采用如下引理。

引理 4.1（变分法的基本引理）

对于满足 $\delta\boldsymbol{x}(t_0) = \delta\boldsymbol{x}(t_f) = \boldsymbol{0}$ 的任意连续 $\delta\boldsymbol{x}(\cdot)$，为了使连续函数 $\boldsymbol{h}(\boldsymbol{x}(\cdot))$ 实现

$$\int_{t_0}^{t_f} \boldsymbol{h}^T(\boldsymbol{x}(t)) \cdot \delta\boldsymbol{x}(t)\mathrm{d}t = 0$$

函数 $\boldsymbol{h}(\boldsymbol{x}(\cdot))$ 必须对所有 $t \in [t_0, t_f]$ 为零。

由此，得到必要条件：

$$\begin{aligned}
\dot{\boldsymbol{x}}(t) &= f(\boldsymbol{x}(t),\boldsymbol{u}(t)) \\
\dot{\boldsymbol{\lambda}}(t) &= -\left(\frac{\partial \boldsymbol{f}}{\partial \boldsymbol{x}}\right)^{T}(\boldsymbol{x}(t),\boldsymbol{u}(t))\boldsymbol{\lambda}(t) \\
\boldsymbol{0} &= \left(\frac{\partial \boldsymbol{f}}{\partial \boldsymbol{u}}\right)^{T}(\boldsymbol{x}(t),\boldsymbol{u}(t))\boldsymbol{\lambda}(t) \quad ,\forall t \in [t_0,t_f] \\
\boldsymbol{\lambda}(t_0) &= -\boldsymbol{\mu}_0 \\
\boldsymbol{\lambda}(t_f) &= \frac{\partial m}{\partial \boldsymbol{x}(t_f)}(\boldsymbol{x}(t_f)) + \hat{\boldsymbol{\mu}}_f
\end{aligned}$$

条件式（4.14）和式（4.15）称为横截性条件。由于$\boldsymbol{\mu}_0$和$\hat{\boldsymbol{\mu}}_f$可以任意选择，则可以忽略条件式（4.14）和式（4.15）的部分条件。剩余的是一个具有自由端点的连续值状态的横截性条件，从而为共态提供了进一步的端点条件：

$$\boldsymbol{\lambda}_{[L_f^c]}(t_f) = \frac{\partial m}{\partial \boldsymbol{x}_{[L_f^c]}(t_f)}\boldsymbol{x}(t_f)$$

根据 Hamilton 函数的定义：

$$H(\boldsymbol{x}(t),\boldsymbol{\lambda}(t),\boldsymbol{u}(t)) := \boldsymbol{\lambda}^{T}(t)\boldsymbol{f}(\boldsymbol{x}(t),\boldsymbol{u}(t)) \tag{4.16}$$

上述条件可以用更紧凑的形式表示，这使必要条件的公式更加简洁，因此在最优控制理论中得到普遍应用：

$$\dot{\boldsymbol{x}}(t) = \frac{\partial H}{\partial \boldsymbol{\lambda}}(\boldsymbol{x}(t),\boldsymbol{\lambda}(t),\boldsymbol{u}(t)), \forall t \in [t_0,t_f] \tag{4.17}$$

$$\dot{\boldsymbol{\lambda}}(t) = -\frac{\partial H}{\partial x}(\boldsymbol{x}(t),\boldsymbol{\lambda}(t),\boldsymbol{u}(t)), \forall t \in [t_0,t_f] \tag{4.18}$$

$$\boldsymbol{0} = \frac{\partial H}{\partial u}(\boldsymbol{x}(t),\boldsymbol{\lambda}(t),\boldsymbol{u}(t)), \forall t \in [t_0,t_f] \tag{4.19}$$

$$\begin{aligned}
\boldsymbol{x}(t_0) &= \boldsymbol{x}_0 \\
\boldsymbol{x}_{[L_f]}(t_f) &= \boldsymbol{x}_f \\
\boldsymbol{\lambda}_{[L_f]}(t_f) &= \frac{\partial m}{\partial \boldsymbol{x}_{[L_f]}(t_f)}(\boldsymbol{x}(t_f))
\end{aligned} \tag{4.20}$$

现在，可以使用式（4.17）~式(4.20）表达极值的一阶必要条件。

定理 4.2（连续最优控制问题必要条件）

设$\boldsymbol{u}^*(\cdot) \in C^0 = ([t_0,t_f],\boldsymbol{U})$和$\boldsymbol{x}^*(\cdot) \in C^1 = ([t_0,t_f],\boldsymbol{X})$为固定时间区间$[t_0, t_f]$内最优控制问题式（4.5）~式(4.8）的最优对，终止时间t_f给定，则存在一个满足非平凡条件$\boldsymbol{\lambda}(t) \neq 0$的连续可微的共态轨迹$\boldsymbol{\lambda}(\cdot) \in C^1 = ([t_0,t_f], R^{N_x})$，其 Hamilton 函数为式（4.16）的形式，得到如下条件。

1）对于所有$t \in [t_0, t_f]$、边界条件$\boldsymbol{x}^*(t_0) = \boldsymbol{x}_0$和$\boldsymbol{x}^*_{[L_f]}(t_f) = \boldsymbol{x}_f$，状态$\boldsymbol{x}^*(\cdot)$和共态$\boldsymbol{\lambda}^*(\cdot)$满足式（4.16）的 Hamilton 正则方程：

$$\dot{\boldsymbol{x}}^*(t) = \frac{\partial H}{\partial \boldsymbol{\lambda}}(\boldsymbol{x}^*(t), \boldsymbol{\lambda}(t), \boldsymbol{u}^*(t)) = \boldsymbol{f}(\boldsymbol{x}^*(t), \boldsymbol{u}^*(t)) \tag{4.21}$$

$$\dot{\boldsymbol{\lambda}}^*(t) = -\frac{\partial H}{\partial \boldsymbol{x}}(\boldsymbol{x}^*(t), \boldsymbol{\lambda}(t), \boldsymbol{u}^*(t)) = -\left(\frac{\partial \boldsymbol{f}}{\partial \boldsymbol{x}}\right)^T(\boldsymbol{x}^*(t), \boldsymbol{u}^*(t))\boldsymbol{\lambda}(t) \tag{4.22}$$

2）Hamilton 最小值条件

$$\boldsymbol{0} = \frac{\partial H}{\partial \boldsymbol{u}}(\boldsymbol{x}^*(t), \boldsymbol{\lambda}(t), \boldsymbol{u}^*(t)) \tag{4.23}$$

对于所有 $t \in [t_0, t_f]$ 成立。

3）在终止时间 t_f 满足横截性条件：

$$\boldsymbol{\lambda}_{[L_f^c]}(t_f) = \frac{\partial m}{\partial \boldsymbol{x}_{[L_f^c]}(t_f)}(\boldsymbol{x}^*(t_f)) \tag{4.24}$$

Hamilton 函数对时间的导数产生一个重要性质：

$$\begin{aligned}\dot{H}(\boldsymbol{x}(t), \boldsymbol{\lambda}(t), \boldsymbol{u}(t)) = {} & \dot{\boldsymbol{\lambda}}^T(t)\boldsymbol{f}(\boldsymbol{x}(t), \boldsymbol{u}(t)) + \\ & \boldsymbol{\lambda}^T(t)\left[\left(\frac{\partial \boldsymbol{f}}{\partial \boldsymbol{x}}\right)^T(\boldsymbol{x}(t), \boldsymbol{u}(t))\dot{\boldsymbol{x}}(t) + \left(\frac{\partial \boldsymbol{f}}{\partial \boldsymbol{u}}\right)^T(\boldsymbol{x}(t), \boldsymbol{u}(t))\dot{\boldsymbol{u}}(t)\right] = 0\end{aligned}$$

因此，Hamilton 函数是常量。对于终止时间 t_f 不固定的情况，导数 $\partial\phi_1(\cdot)/\partial t_f$ 必须为零：

$$\frac{\partial m}{\partial \boldsymbol{x}(t_f)}(\boldsymbol{x}(t_f))\dot{\boldsymbol{x}}(t_f) + \boldsymbol{\mu}_f^T \dot{\boldsymbol{x}}_{[L_f]}(t_f) = 0$$

如果利用基本引理 4.1 的推广，则可以弱化定理 4.2 的平滑性假设。

引理 4.2（变分法基本引理的一般形式）

对于满足 $\delta\boldsymbol{x}(t_0) = \delta\boldsymbol{x}(t_f) = \boldsymbol{0}$ 的任意连续 $\delta\boldsymbol{x}(\cdot)$，为了使可观测函数 $\boldsymbol{h}(\boldsymbol{x}(\cdot)) \in L^1([t_0, t_f])$ 实现

$$\int_{t_0}^{t_f} \boldsymbol{h}^T(\boldsymbol{x}(t))\delta\boldsymbol{x}(t)\mathrm{d}t = 0$$

则函数 $\boldsymbol{h}(\boldsymbol{x}(\cdot))$ 必须对所有 $t \in [t_0, t_f]$ 为零。

通过应用这个引理，连续值状态 $\boldsymbol{x}(\cdot)$ 和共态 $\boldsymbol{\lambda}(\cdot)$ 只需要绝对连续，连续值控制 $\boldsymbol{u}(\cdot)$ 只需要对时间可观测，定理 4.2 的条件需要保持“几乎每次”而不是“每次”。严格的解释可以在 Sussmann[54] 中找到，连续值控制的连续性假设的消除对于考虑控制仿射系统问题尤为重要。

4.2 最小值原理

到目前为止，假设控制 $\boldsymbol{u}(\cdot)$ 可以自由选择。在大多数技术应用中，会对控制变量有限制。例如，混合动力车辆的电动机/发电机不能提供无限转矩，其转矩被限制在一定范围内。这种附加约束可以如下形式应用于最优控制问题的描述：

$$\phi(\boldsymbol{u}^*(\cdot)) = \min_{u(\cdot)\in U} \phi(\boldsymbol{u}(\cdot)) = m(\boldsymbol{x}^*(t_f)) + \int_{t_0}^{t_f} l(\boldsymbol{x}^*(t),\boldsymbol{u}^*(t))\mathrm{d}t \tag{4.25}$$

满足

$$\dot{\boldsymbol{x}}(t) = f(\boldsymbol{x}(t),\boldsymbol{u}(t)), \quad \forall t \in [t_0,t_f] \tag{4.26}$$

$$\boldsymbol{x}(t_0) = \boldsymbol{x}_0 \tag{4.27}$$

$$\boldsymbol{x}_{[L_f]}(t_f) = \boldsymbol{x}_f \tag{4.28}$$

连续值控制限制于允许函数空间 $U = \{\boldsymbol{u}(\cdot) \in L^\infty([t_0,t_f],\boldsymbol{U}) \mid \boldsymbol{c}_u(\boldsymbol{u}(t)) \leqslant 0, \forall t \in [t_0,t_f]\}$，控制量从本质上有界可观测函数集 $L^\infty([t_0,t_f],\boldsymbol{U})$ 中取值。

在 $\partial H/\partial \boldsymbol{u}$ 为零的条件下，由上节提出的变分法得出了由正则方程和 Hamilton 极小性质表示的极值必要条件。虽然相对繁琐的导数有助于直观理解最小值原理，但由于变分法的一些限制，禁止应用于 OCP 式（4.25）~式（4.28）。其中：

1）经典变分法假定 $\boldsymbol{u}^*(\cdot)$ 是无界控制集的函数。然而，如果允许控制集 $\hat{U}(t)$ 具有边界，则当边界点处达到最小值时，$\partial H/\partial \boldsymbol{u}$ 不需要为 0。

2）由变分法导出的 Hamilton 最小化性质对动态系统的存在性和唯一性假设具有过多的限制，因为其依赖于 Hamilton 函数对于 $\boldsymbol{u}(\cdot)$ 的可微性，因而也意味着 $l(\cdot)$ 和 $\boldsymbol{f}(\cdot)$ 对 $\boldsymbol{u}(\cdot)$ 的可微性。读者应当注意到，动态系统 $\boldsymbol{f}(\cdot)$ 的存在性和唯一性是基于 Lipschitz - 连续性的，因此没有假设 $\boldsymbol{f}(\cdot)$ 对于 $\boldsymbol{u}(\cdot)$ 的可微性。然而，正如 4.1 节所述，对于实际的解，需要更强的规律性假设。

为了说明最小原理，需要 Hamilton 概念。前面的章节已经使用了 Hamilton 函数，现在对这个概念进行更详细的介绍。

定义 4.3（Hamilton 函数）

连续最优控制问题式（4.25）~式(4.28）的 Hamilton 函数 $H{:}AC^\infty([t_0,t_f],\boldsymbol{X}) \times AC^\infty([t_0,t_f],R^{N_x}) \times R \times L^\infty([t_0,t_f],\boldsymbol{U}) \to R$ 具有如下形式：

$$H(\boldsymbol{x}(\cdot),\boldsymbol{\lambda}(\cdot),\lambda_0,\boldsymbol{u}(\cdot)) := \lambda_0 l(\boldsymbol{x}(\cdot),\boldsymbol{u}(\cdot)) + \boldsymbol{\lambda}(\cdot)^T\boldsymbol{f}(\boldsymbol{x}(\cdot),\boldsymbol{u}(\cdot)) \tag{4.29}$$

其中，$\boldsymbol{\lambda}(\cdot) \in AC^\infty([t_0,t_f],R^{N_x})$ 是绝对连续共态。

注释 4.1：定义 4.3 中的 Hamilton 函数是取决于函数 $\boldsymbol{x}(\cdot)$、$\boldsymbol{\lambda}(\cdot)$、$\boldsymbol{u}(\cdot)$ 和标量 λ_0 的泛函。对于固定的 $\boldsymbol{x}(\cdot) \in AC^\infty([t_0,t_f],\boldsymbol{X})$，$\boldsymbol{\lambda}(\cdot) \in AC^\infty([t_0,t_f],R^{N_x})$，$\boldsymbol{u}(\cdot) \in AC^\infty([t_0,t_f],\boldsymbol{U})$，$\boldsymbol{\lambda}_0 \in R$，Hamilton 函数只取决于时间：

$$H(t) := \boldsymbol{\lambda}_0 l(\boldsymbol{x}(t),\boldsymbol{u}(t)) + \boldsymbol{\lambda}^T(t)\boldsymbol{f}(\boldsymbol{x}(t),\boldsymbol{u}(t))$$

下面的章节将使用 Hamilton 函数的两种解释。

最小原理的基本形式最初称为最大原理，是经典变分法的延伸，可以追溯到 20 世纪 50 年代早期 Hestenes[33] 以及 Pontryagin 等[46] 的工作。使用最小原理还是最大原理，由 Hamilton 函数的符号约定决定。最小原理表示满足伴随微分方程和

横截性条件的共态 $\boldsymbol{\lambda}^*(\cdot)$ 的存在性，最优控制 $\boldsymbol{u}^*(\cdot)$ 的特征为状态 $\boldsymbol{x}^*(\cdot)$ 和共态 $\boldsymbol{\lambda}(\cdot)$ 的隐函数。

定理 4.3（Pontryagin 最小原理）

设 $\boldsymbol{u}^*(\cdot) \in L^\infty([t_0,t_f],\boldsymbol{U})$ 为可观测和本质上有界的强最优控制函数，$\boldsymbol{x}^*(\cdot) \in AC^\infty([t_0,t_f],\boldsymbol{X})$ 为相应的绝对连续强最优状态函数，则存在绝对连续共态 $\boldsymbol{\lambda}(\cdot) \in AC^\infty([t_0,t_f],R^{N_x})$ 和常量 λ_0 对于每个 $t\in[t_0, t_f]$ 满足非平凡解 $(\boldsymbol{\lambda}_0, \boldsymbol{\lambda}(t))\neq 0$，由上述得到如下条件：

1）对于几乎每个 $t\in[t_0, t_f]$、边界条件 $\boldsymbol{x}(t_0) = \boldsymbol{x}_0$ 和 $\boldsymbol{x}_{[L_f]}(t_f) = \boldsymbol{x}_f$，状态 $\boldsymbol{x}^*(\cdot)$ 和共态 $\boldsymbol{\lambda}(\cdot)$ 满足 Hamilton 函数（4.29）的正则方程：

$$\dot{\boldsymbol{x}}^*(t) = \frac{\partial H}{\partial \boldsymbol{\lambda}}(\boldsymbol{x}^*(t),\boldsymbol{\lambda}(t),\lambda_0,\boldsymbol{u}^*(t))$$

$$\dot{\boldsymbol{\lambda}}^*(t) = -\frac{\partial H}{\partial \boldsymbol{x}}(\boldsymbol{x}^*(t),\boldsymbol{\lambda}(t),\lambda_0,\boldsymbol{u}^*(t))$$

2）Hamilton 函数不等式：

$$H(\boldsymbol{x}^*(t),\boldsymbol{\lambda}(t),\lambda_0,\boldsymbol{u}^*(t)) \leqslant H(\boldsymbol{x}^*(t),\boldsymbol{\lambda}(t),\lambda_0,\boldsymbol{u}(t))$$

对于几乎每个 $t\in[t_0, t_f]$ 和所有 $u(t)\in\hat{U}$ 成立，则最小条件

$$\boldsymbol{u}^*(t) = \arg_{u(t)\in\hat{U}(t)} H(\boldsymbol{x}(t),\boldsymbol{\lambda}(t),\lambda_0,\boldsymbol{u}(t)) \tag{4.30}$$

可以应用于几乎每个 $t\in[t_0, t_f]$。

3）由于问题是自治的，Hamilton 函数具有以下重要性质：

① 如果终止时间 t_f 是固定的，则 Hamilton 函数一定为常量：

$$H(\boldsymbol{x}^*(t),\boldsymbol{\lambda}(t),\lambda_0,\boldsymbol{u}^*(t)) = \boldsymbol{c} \quad \text{a. e.} \quad t\in[t_0,t_f] \tag{4.31}$$

② 如果终止时间 t_f 是自由的，则 Hamilton 函数一定等于零：

$$H(\boldsymbol{x}^*(t),\boldsymbol{\lambda}(t),\lambda_0,\boldsymbol{u}^*(t)) = \boldsymbol{0}$$

4）在终止时间 t_f 满足横截性条件：

$$\boldsymbol{\lambda}_{[L_f^c]}(t_f) = \frac{\partial m}{\partial \boldsymbol{x}_{[L_f^c]}(t_f)}(\boldsymbol{x}^*(t_f)) \tag{4.32}$$

这里省略复杂的证明，但感兴趣的读者可以参考 Pontryagin 等的著作[46]。对于建立最小原理所需的步骤，Liberzon[40]有很好的介绍。

注释 4.2：读者应当注意到，Pontryagin 的原始结果称为“最大原理”，这应该使读者感到困惑。按照符号约定，Pontryagin 的结果可以应用于最大化问题（或最小化问题）。

与 4.1.2 节使用经典变分法推导必要条件的一个区别，是 Gateaux 微分 $\partial H/\partial \boldsymbol{u} = \boldsymbol{0}$ 不再是必要条件。原因是对控制集设置了约束。另一个区别是 λ_0 的存在，这个正标量称为反常乘子，与 2.3.1 节的反常乘子类似。如果约束条件成立，则可以在不失一般性的情况下以某种方式选择 λ_0。然后，可以通过归一化（λ_0，

$\boldsymbol{\lambda}(t)$)恢复之前的定义（4.16），以便 $\lambda_0=1$ 成立。读者应当注意到，这种缩放不影响最小原理所述的任何性质。作为惯例，只要不显式写出反常乘子，可假设其等于1。

4.2.1 具有控制约束的最优控制问题的必要条件

定理4.3的最小原理表明最优控制 $\boldsymbol{u}^*(\cdot)$ 满足必要条件

$$\boldsymbol{u}^*(t) = \underset{\boldsymbol{u}(t)\in\hat{U}(t)}{\operatorname{argmin}}\, H(\boldsymbol{x}^*(t),\boldsymbol{\lambda}(t),\lambda_0,\boldsymbol{u}(t)) \tag{4.33}$$

这个必要条件是不实用的。事实上，为了实现实际的最优控制，需要更严格的表述。为此，采用 Hamilton 函数的增广表达式。在存在控制约束的情况下，Hestenes[33]使用变分法中的经典乘子规则。OCP式（4.25）~式（4.28）可以重新表述为以下最优控制问题：

$$\phi(\boldsymbol{u}^*(\cdot)) = \min_{\boldsymbol{u}(\cdot)\in C^0([t_0,t_f],\boldsymbol{U})} \phi(\boldsymbol{u}(\cdot)) = m(\boldsymbol{x}^*(t_f)) + \int_{t_0}^{t_f} l(\boldsymbol{x}^*(t),\boldsymbol{u}^*(t))\mathrm{d}t \tag{4.34}$$

$$\dot{\boldsymbol{x}}(t) = \boldsymbol{f}(\boldsymbol{x}(t),\boldsymbol{u}(t)),\text{a. e.}\quad t\in[t_0,t_f] \tag{4.35}$$

$$\boldsymbol{x}(t_0) = \boldsymbol{x}_0 \tag{4.36}$$

$$\boldsymbol{x}_{[L_f]}(t_f) = \boldsymbol{x}_f \tag{4.37}$$

$$\boldsymbol{c}_u(\boldsymbol{u}(t)) \leqslant 0,\quad \forall t\in[t_0,t_f] \tag{4.38}$$

则 Hamilton 函数为

$$H(\boldsymbol{x}(t),\boldsymbol{\lambda}(t),\lambda_0,\boldsymbol{u}(t)) := \lambda_0 l(\boldsymbol{x}(t),\boldsymbol{u}(t)) + \boldsymbol{\lambda}^T(t)\boldsymbol{f}(\boldsymbol{x}(t),\boldsymbol{u}(t))$$

其增广形式为

$$\begin{aligned} H(\boldsymbol{x}(t),\boldsymbol{\lambda}(t),\lambda_0,\boldsymbol{\gamma}(t),\boldsymbol{u}(t)) :&= \lambda_0 l(\boldsymbol{x}(t),\boldsymbol{u}(t)) + \boldsymbol{\lambda}^T(t)\boldsymbol{f}(\boldsymbol{x}(t),\boldsymbol{u}(t)) + \\ &\quad \boldsymbol{\gamma}^T(t)\boldsymbol{c}_u(t)(\boldsymbol{u}(t)) \\ &= H(\boldsymbol{x}(t),\boldsymbol{\lambda}(t),\lambda_0,\boldsymbol{u}(t)) + \boldsymbol{\gamma}^T(t)\boldsymbol{c}_u(t)(\boldsymbol{u}(t)) \end{aligned} \tag{4.39}$$

其中，$\gamma_i(t)\geqslant 0$ 为与时间有关的乘子，每当第 i 个约束 $\boldsymbol{c}_u^{[i]}(t)(\boldsymbol{u}(t))\leqslant 0$ 失效时 $\gamma_i(t)$ 为零。所有有效约束都用一组有效索引来标识：

$$L_{c_u}(t) := \{i=1,\cdots,N_{c_u} \mid \boldsymbol{c}_u^{[i]}(\boldsymbol{u}(t)) = 0\}$$

采用以下秩条件：

$$\operatorname{rank}\left[\left(\frac{\partial \boldsymbol{c}_u^{[i]}}{\partial \boldsymbol{u}}(\boldsymbol{u}(t))\right)_{i\in L_{c_u}(t)}\right] = \#L_{c_u}(t) \tag{4.40}$$

对于所有 $\boldsymbol{u}(\cdot)$ 可以沿着最优解产生。约束条件（4.40）意味着所有有效约束 $\boldsymbol{c}_u^{[i]}(\cdot)=0$ 的 Jacobi 矩阵 $\partial\boldsymbol{c}_u/\partial\boldsymbol{u}$ 必须是线性无关的。

将控制约束附加到 Hamilton 函数或 Lagrange 函数是个人爱好的问题。最小条件也适用于增广 Hamilton 函数：

$$H(\boldsymbol{x}^*(t),\boldsymbol{\lambda}(t),\lambda_0,\boldsymbol{u}^*(t))+\boldsymbol{\gamma}^T(t)\boldsymbol{c}_u(t)(\boldsymbol{u}^*(t))\leqslant H(\boldsymbol{x}^*(t),\boldsymbol{\lambda}(t),\lambda_0,\boldsymbol{u}(t))$$

对于几乎每个 $t\in[t_0,\ t_f]$，满足式（4.38）。Hestenes 只对函数 $C^k(\cdot)$ 使用增广 Hamilton 函数证明了最小条件。

如果承认 Hamilton 函数对 $\boldsymbol{u}(\cdot)$ 可微的情况，对于几乎每个 $t\in[t_0,\ t_f]$，增广 Hamilton 函数（4.39）的最小条件（4.23）可以表述为

$$\frac{\partial H_a}{\partial \boldsymbol{u}}(\boldsymbol{x}^*(t),\boldsymbol{\lambda}(t),\lambda_0,\boldsymbol{\gamma}(t),\boldsymbol{u}^*(t))=\frac{\partial l}{\partial \boldsymbol{u}}(\boldsymbol{x}^*(t),\boldsymbol{u}^*(t))\cdot\lambda_0+$$

$$\left(\frac{\partial \boldsymbol{f}}{\partial \boldsymbol{u}}\right)^T(\boldsymbol{x}^*(t),\boldsymbol{u}^*(t))\boldsymbol{\lambda}(t)+\left(\frac{\partial \boldsymbol{c}_u}{\partial \boldsymbol{u}}\right)^T(\boldsymbol{x}^*(t),\boldsymbol{u}^*(t))\boldsymbol{\gamma}(t)=0$$

由于 $l(\cdot)$、$\boldsymbol{f}(\cdot)$ 和 $\boldsymbol{c}_u(\cdot)$ 对于 $\boldsymbol{u}(\cdot)$ 的可微性假设，该最小条件比式（4.33）的约束更强。然而，非线性规划实现需要更强的最小条件，作为离散最优控制问题一阶必要条件的对应条件。

下面给出约束最优控制问题的一阶必要条件。

定理 4.4 （具有控制约束的连续最优控制问题的一阶必要条件）

设 $\boldsymbol{u}^*(\cdot)\in L^\infty([t_0,t_f],\boldsymbol{U})$ 为具有左极限和右连续的可观测的本质有界最优控制函数，$\boldsymbol{x}^*(\cdot)\in AC^\infty([t_0,t_f],\boldsymbol{X})$ 为绝对连续最优状态函数，则 $(\boldsymbol{x}(\cdot),\boldsymbol{u}(\cdot))$ 为 OCP 问题式（4.34）～式（4.38）在固定区间 $[t_0,\ t_f]$ 内的最优对。约束条件（4.40）对于满足 $\boldsymbol{u}(t)\in\hat{U}$ 和 $t\in[t_0,t_f]$ 的每个 $\boldsymbol{u}(t)$ 成立，则存在常数 $\lambda_0\geqslant 0$，绝对连续共态 $\boldsymbol{\lambda}(\cdot)\in AC^\infty([t_0,t_f],R^{N_x})$ 和满足非平凡解 $(\lambda_0,\boldsymbol{\lambda}(t),\boldsymbol{\gamma}(t))\neq\boldsymbol{0}$ 的分段连续乘子函数 $\boldsymbol{\gamma}(\cdot)\in\hat{C}^0([t_0,t_f],R^{N_{c_u}})$，其 Hamilton 定义为式（4.39），对于每个 $t\in[t_0,\ t_f]$ 下列条件成立。

1）状态 $\boldsymbol{x}^*(\cdot)$ 和共态 $\boldsymbol{\lambda}(\cdot)$ 满足关于 Hamilton 函数（4.29）的正则方程

$$\dot{\boldsymbol{x}}^*(t)=\frac{\partial H}{\partial \boldsymbol{\lambda}}(\boldsymbol{x}^*(t),\boldsymbol{\lambda}(t),\lambda_0,\boldsymbol{u}^*(t))=\boldsymbol{f}(\boldsymbol{x}^*(t),\boldsymbol{u}^*(t)) \tag{4.41}$$

$$\begin{aligned}\dot{\boldsymbol{\lambda}}(t)&=-\frac{\partial H}{\partial \boldsymbol{\lambda}}(\boldsymbol{x}^*(t),\boldsymbol{\lambda}(t),\lambda_0,\boldsymbol{u}^*(t))\\&=-\frac{\partial l}{\partial \boldsymbol{\lambda}}(\boldsymbol{x}^*(t),\boldsymbol{u}^*(t))\lambda_0-\left(\frac{\partial \boldsymbol{f}}{\partial \boldsymbol{\lambda}}\right)^T(\boldsymbol{x}^*(t),\boldsymbol{u}^*(t))\boldsymbol{\lambda}(t)\end{aligned} \tag{4.42}$$

对于几乎每个 $t\in[t_0,\ t_f]$，存在边界条件 $\boldsymbol{x}^*(t_0)\in\boldsymbol{x}_0$ 和 $\boldsymbol{x}^*_{[L_f]}(t_f)\in\boldsymbol{x}_f$。

2）Hamilton 最小条件

$$\boldsymbol{u}^*(t)=\arg\min_{\boldsymbol{u}(t)\in\hat{U}(t)}H(\boldsymbol{x}(t),\boldsymbol{\lambda}(t),\lambda_0,\boldsymbol{u}(t)) \tag{4.43}$$

和

$$\begin{aligned}&\frac{\partial H}{\partial \boldsymbol{u}}(\boldsymbol{x}^*(t),\boldsymbol{\lambda}(t),\lambda_0,\boldsymbol{\gamma}(t),\boldsymbol{u}^*(t))\\&=\frac{\partial l}{\partial \boldsymbol{u}}(\boldsymbol{x}^*(t),\boldsymbol{u}^*(t))\lambda_0+\left(\frac{\partial \boldsymbol{c}_u}{\partial \boldsymbol{u}}\right)^T(\boldsymbol{u}^*(t))\boldsymbol{\gamma}(t)+\left(\frac{\partial \boldsymbol{f}}{\partial \boldsymbol{u}}\right)^T(\boldsymbol{x}^*(t),\boldsymbol{u}^*(t))\boldsymbol{\lambda}(t)\\&=\boldsymbol{0}\end{aligned} \tag{4.44}$$

对于几乎每个 $t \in [t_0, t_f]$ 成立。

3) $\boldsymbol{\gamma}(\cdot) \in \hat{C}^0([t_0,t_f],R^{N_{c_u}})$ 为取决于时间的乘子和满足互补条件

$$\begin{aligned}&\gamma_i(t) \geqslant 0, \boldsymbol{c}_u^{[i]}(\cdot) \leqslant 0, i \notin \{1,\cdots,N_{C_u}\}\\&\boldsymbol{\gamma}^T(t)\boldsymbol{c}_u(\boldsymbol{u}^*(t)) = 0\end{aligned} \tag{4.45}$$

对于几乎每个 $t \in [t_0, t_f]$ 成立。

4) 在终止时间 t，端部 Lagrange 计算满足横截性条件：

$$\boldsymbol{\lambda}_{[L_f^c]}(t_f) = \frac{\partial m}{\partial \boldsymbol{x}_{[L_f^c]}(t_f)}(\boldsymbol{x}^*(t_f)) \tag{4.46}$$

Hestenes[33] 给出 $\boldsymbol{u}(\cdot) \in C^0([t_0,t_f],\boldsymbol{U})$ 和 $\boldsymbol{x}(\cdot) \in C^1([t_0,t_f],\boldsymbol{X})$ 的一个早期证明，更通用的证明可以参考 Hartl 等的研究论文[30]。

4.2.2 具有状态约束的最优控制问题的必要条件

在许多实际应用中，状态约束是一个自然特征。从最优控制理论诞生之日起，就开始进行具有状态约束最优控制问题的最优性必要条件的研究。然而，这些必要条件的推导比控制约束问题要困难得多。

必须区分纯状态约束形式

$$\boldsymbol{c}_x(\boldsymbol{x}(t)) \leqslant 0 \quad \forall t \in [t_0,t_f] \tag{4.47}$$

与混合控制状态约束形式

$$\boldsymbol{c}_{x,u}(\boldsymbol{x}(t),\boldsymbol{u}(t)) \leqslant 0 \quad \forall t \in [t_0,t_f]$$

纯控制状态约束（4.47）的一个最优控制问题可以描述为

$$\phi(\boldsymbol{u}^*(\cdot)) = \min_{\boldsymbol{u}(\cdot) \in L^\infty([t_0,t_f],\boldsymbol{U})} \phi(\boldsymbol{u}(\cdot)) = m(\boldsymbol{x}^*(t_f)) + \int_{t_0}^{t_f} l(\boldsymbol{x}^*(t),\boldsymbol{u}^*(t))\mathrm{d}t \tag{4.48}$$

$$\dot{\boldsymbol{x}}(t) = \boldsymbol{f}(\boldsymbol{x}(t),\boldsymbol{u}(t)) \quad \text{a. e.} \quad t \in [t_0,t_f] \tag{4.49}$$

$$\boldsymbol{x}(t_0) = \boldsymbol{x}_0 \tag{4.50}$$

$$\boldsymbol{x}_{[L_f]}(t_f) = \boldsymbol{x}_f \tag{4.51}$$

$$\boldsymbol{c}_u(\boldsymbol{u}(t)) \leqslant 0 \quad \forall t \in [t_0,t_f] \tag{4.52}$$

$$\boldsymbol{c}_x(\boldsymbol{x}(t)) \leqslant 0 \quad \forall t \in [t_0,t_f] \tag{4.53}$$

接下来讨论状态约束的一些重要性质，因此要仔细研究轨迹进入或离开状态约束边界的时刻。如果 $\boldsymbol{c}_x(\boldsymbol{x}(t)) < 0$ 和 $t \in [t_1,t_2)$，则将 $[t_1,t_2) \subset [t_0,t_f]$ 表示为状态轨迹的内部区间。类似地，如果对于任意的第 i 个约束有 $\boldsymbol{c}_x^{[i]}(\boldsymbol{x}(t)) = 0$ 和 $t \in [t_1,t_2)$，则将 $[t_1,t_2) \subset [t_0,t_f]$ 表示为边界区间。如果内部子区间以 $t=t_j$ 结束和边界区间以 $t=t_j$ 开始，则 t_j 称为入口时间点。如果边界子区间结束于 t_l 和内部子区间开始于 t_l，则 t_l 称为出口时间点。图 4.2 在一个边界区间上说明了这个概念。

对于入口和出口时间点重合的特殊情况，这个时间点称为接触时间点，称其为

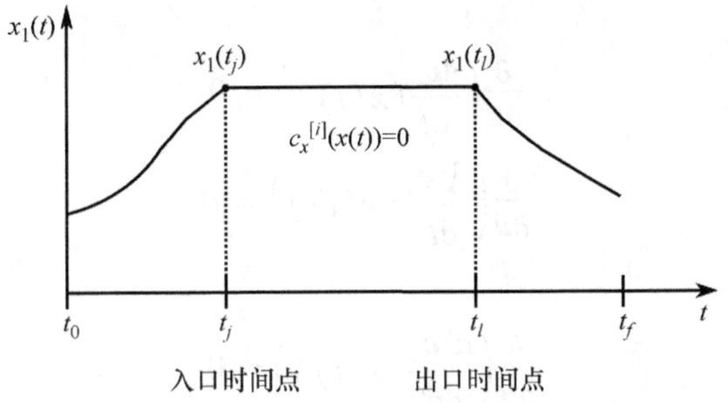

图 4.2　具有边界区间 $[t_j, t_l)$ 的状态轨迹 $\boldsymbol{x}(\cdot)$ 的第 i 个约束 $\boldsymbol{c}_x(\cdot)$，说第 i 个约束在 $[t_j, t_l)$ 是有效的

交点时间。为了推广这个概念，分别引入所有入口和出口时间点的向量 $\boldsymbol{t}_{ent} = [t_{j1}, t_{j2}, \cdots, t_{jN_{ent}}]^T$ 和 $\boldsymbol{t}_{ex} = [t_{l1}, t_{l2}, \cdots, t_{lN_{ex}}]^T$，则边界区间上的时间点定义为 $t_b \in [\boldsymbol{t}_{ent}^{[b]}, \boldsymbol{t}_{ex}^{[b]}]$，其中数字 b 代表区间边界。

使用索引集定义所有有效约束：

$$L_{C_x}(t) := \{i = 1, \cdots, N_{C_x} \mid \boldsymbol{c}_x^{[i]}(\boldsymbol{x}(t)) = 0\}$$

在时间区间 $[t_0, t_f]$ 中，约束状态总数由 $N_{C_x}^{arc}$ 表示。

在文献中，最优控制问题式（4.48）~式（4.53）存在不同的必要条件集，这取决于对 Hamilton 函数增加约束的方式和对乘子的假设。Hartl 等[30]列举了合并状态约束的三种方法。

1）直接邻接方法[41]。

2）互补松弛间接邻接方法[10]。

3）连续共态间接邻接方法[33]。

这里遵循直接邻接方法的论证，其更接近于数值优化过程。通过这种方法，状态约束直接与 Hamilton 函数结合，得到增广 Hamilton 函数：

$$H_a(\boldsymbol{x}^*(t), \boldsymbol{\lambda}(t), \lambda_0, \boldsymbol{\gamma}(t), \boldsymbol{\rho}(t), \boldsymbol{u}^*(t)) = \lambda_0 l(\boldsymbol{x}(t), \boldsymbol{u}(t)) + \boldsymbol{\lambda}^T(t)\boldsymbol{f}(\boldsymbol{x}(t), \boldsymbol{u}(t)) + \boldsymbol{\gamma}^T(t)\boldsymbol{c}_u(\boldsymbol{u}(t)) + \boldsymbol{\rho}^T(t)\boldsymbol{c}_x(\boldsymbol{x}(t)) \tag{4.54}$$

对于接下来定理的前提条件，有助于由迭代区分状态约束：

$$\frac{\mathrm{d}\boldsymbol{c}_x}{\mathrm{d}t}(\boldsymbol{x}(t)) = \frac{\mathrm{d}\boldsymbol{c}_x}{\mathrm{d}\boldsymbol{x}}(\boldsymbol{x}(t))\boldsymbol{f}(\boldsymbol{x}(t), \boldsymbol{u}(t))$$

$$\frac{\mathrm{d}^2\boldsymbol{c}_x}{\mathrm{d}t}(\boldsymbol{x}(t)) = \frac{\partial}{\partial \boldsymbol{x}}\left(\frac{\mathrm{d}}{\mathrm{d}t}(\boldsymbol{x}(t))\right)\boldsymbol{f}(\boldsymbol{x}(t), \boldsymbol{u}(t))$$

$$\vdots$$

$$\frac{\mathrm{d}^p\boldsymbol{c}_x}{\mathrm{d}t}(\boldsymbol{x}(t)) = \frac{\partial}{\partial \boldsymbol{x}}\left(\frac{\mathrm{d}^{p-1}\boldsymbol{c}_x}{\mathrm{d}t^{p-1}}(\boldsymbol{x}(t))\right)\boldsymbol{f}(\boldsymbol{x}(t), \boldsymbol{u}(t))$$

直到

$$\frac{\partial}{\partial \boldsymbol{u}}\left(\frac{\mathrm{d}\boldsymbol{c}_x}{\mathrm{d}t}(\boldsymbol{x}(t))\right)=0$$
$$\frac{\partial}{\partial \boldsymbol{u}}\left(\frac{\mathrm{d}^2\boldsymbol{c}_x}{\mathrm{d}t^2}(\boldsymbol{x}(t))\right)=0$$
$$\vdots$$
$$\frac{\partial}{\partial \boldsymbol{u}}\left(\frac{\mathrm{d}^p\boldsymbol{c}_x}{\mathrm{d}t^p}(\boldsymbol{x}(t))\right)\neq 0 \tag{4.55}$$

然后，对下述定理施加秩条件

$$\operatorname{rank}\left[\frac{\partial}{\partial \boldsymbol{u}}\left\{\left(\frac{\mathrm{d}^p\boldsymbol{c}_x}{\mathrm{d}t^p}(\boldsymbol{x}(t))\right)_{i\in L_{c_x}(t)}\right\}\right]=\#L_{c_x}(t),\ \forall i\in L_{c_x}(t),t\in[\boldsymbol{t}_{ent}^{[b]},\boldsymbol{t}_{ex}^{[b]}] \tag{4.56}$$

对于最优解成立。现在，准备陈述一个带有状态约束的最小原理公式，其对于应用于数值运算通常是有用的。

定理 4.5（具有状态不等式约束的连续最优控制问题的一阶必要条件[30]）

设 $\boldsymbol{u}^*(\cdot)\in L^\infty([t_0,t_f],\boldsymbol{U})$ 为具有左极限和右连续的可观测的本质有界最优控制函数，$\boldsymbol{x}^*(\cdot)\in AC^\infty([t_0,t_f],\boldsymbol{X})$ 为绝对连续最优状态函数，则 $(\boldsymbol{x}^*(\cdot),\boldsymbol{u}^*(\cdot))$ 为最优控制问题式（4.48）~式（4.53）在固定区间 $[t_0,t_f]$ 内的最优对，约束条件（4.40）对于每个 $\boldsymbol{u}(t)\in\hat{U}(t),t\in[t_0,t_f]$ 和约束条件（4.56）对于每个 $\boldsymbol{x}(t)\in\hat{X}(t),t\in[t_j,t_l]$ 成立。假设 $\boldsymbol{x}^*(\cdot)$ 只有有限多个交点时间，则存在常量 $\lambda_0\geqslant 0$，分段绝对连续共态 $\boldsymbol{\lambda}(\cdot)\in A\hat{C}^\infty([t_0,t_f],R^{N_x})$，分段连续乘子函数 $\boldsymbol{\gamma}(\cdot)\in\hat{C}^0([t_0,t_f],R^{N_{C_u}})$ 和 $\boldsymbol{\rho}(\cdot)\in\hat{C}^0([t_0,t_f],R^{N_{C_x}})$ 以及乘子向量 $\boldsymbol{\pi}_b$，对于 $\boldsymbol{\lambda}(\cdot)$ 不连续性的每个点 $t_b\in[t_{ent}^{[b]},t_{ex}^{[b]}]$ 满足每个 $t\in[t_0,t_f]$ 的非平凡解 $(\boldsymbol{\lambda}_0,\boldsymbol{\lambda}(t),\boldsymbol{\gamma}(t),\boldsymbol{\rho}(t),\boldsymbol{\pi}_1,\boldsymbol{\pi}_2,\cdots,\boldsymbol{\pi}_{N_{c_x}^{arc}})\neq 0$，Hamilton 函数（4.54）的定义满足以下条件。

1）状态 $\boldsymbol{x}^*(\cdot)$ 和共态 $\boldsymbol{\lambda}(\cdot)$ 满足 Hamilton 函数（4.54）的正则方程

$$\dot{\boldsymbol{x}}^*(t)=\frac{\partial H_a}{\partial\boldsymbol{\lambda}}(\boldsymbol{\lambda}(t),\lambda_0,\boldsymbol{\gamma}(t),\boldsymbol{\rho}(t),\boldsymbol{u}^*(t))=\boldsymbol{f}(\boldsymbol{x}^*(t),\boldsymbol{u}^*(t)) \tag{4.57}$$

$$\begin{aligned}\dot{\boldsymbol{\lambda}}(t)&=-\frac{\partial H_a}{\partial\boldsymbol{x}}(\boldsymbol{x}^*(t),\boldsymbol{\lambda}(t),\lambda_0,\boldsymbol{\gamma}(t),\boldsymbol{\rho}(t),\boldsymbol{u}^*(t))\\&=-\frac{\partial l}{\partial\boldsymbol{x}}(\boldsymbol{x}^*(t),\boldsymbol{u}^*(t))\lambda_0-\left(\frac{\partial\boldsymbol{f}}{\partial\boldsymbol{x}}\right)^T(\boldsymbol{x}^*(t),\boldsymbol{u}^*(t))\boldsymbol{\lambda}(t)-\\&\quad\left(\frac{\partial\boldsymbol{c}_x}{\partial\boldsymbol{x}}\right)^T(\boldsymbol{x}^*(t))\boldsymbol{\rho}(t)\end{aligned} \tag{4.58}$$

对于几乎每个 $t\in[t_0,t_f]$ 和边界条件 $\boldsymbol{x}^*(t_0)=\boldsymbol{x}_0$、$\boldsymbol{x}^*_{[L_f]}(t_f)=\boldsymbol{x}_f$ 成立。

2）Hamilton 最小条件

$$u^*(t) = \arg \min_{u(t) \in \hat{U}(t)} H(x^*(t), \lambda(t), \lambda_0, u(t)) \tag{4.59}$$

和

$$\begin{aligned} &\frac{\partial H_a}{\partial u}(x^*(t), \lambda(t), \lambda_0, \gamma(t), \rho(t), u^*(t)) \\ &= \frac{\partial l}{\partial u}(x^*(t), u^*(t))\lambda_0 + \left(\frac{\partial f}{\partial u}\right)^T (x^*(t), u^*(t))\lambda(t) + \left(\frac{\partial c_u}{\partial u}\right)^T (u^*(t))\gamma(t) \\ &= 0 \end{aligned} \tag{4.60}$$

对于几乎每个 $t \in [t_0, t_f]$ 成立。

3）$\gamma(\cdot) \in \hat{C}^0([t_0, t_f], R^{N_{c_u}})$ 是时间相关乘子，对于几乎每个 $t \in [t_0, t_f]$ 满足互补条件（4.45）。

4）$\rho(\cdot) \in \hat{C}^0([t_0, t_f], R^{N_{c_x}})$ 是时间相关乘子，对于几乎每个 $t \in [t_0, t_f]$ 满足互补条件

$$\begin{aligned} &\rho_i(t) \geqslant 0, c_x^{[i]}(\cdot) \leqslant 0, i \in \{1, 2, \cdots, N_{c_x}\} \\ &\rho^T(t) c_x(x^*(t)) = 0 \end{aligned} \tag{4.61}$$

5）在终止时间 t_f 满足横截性条件：

$$\lambda_{[L_f^c]}(t_f) = \frac{\partial m}{\partial x_{[L_f^c]}(t_f)}(x^*(t_f)) + \left(\frac{\partial c_x}{\partial x_{[L_f^c]}}\right)^T_{t=t_f} (x^*(t_f))\alpha_f \tag{4.62}$$

其中，$\alpha_f \in R^{N_{c_x}}$ 为乘子向量，满足互补条件：

$$\begin{aligned} &\alpha_f^{[i]} \geqslant 0, c_x^{[i]}(x^*(t_f)) \leqslant 0, i \in \{1, 2, \cdots, N_{c_x}\} \\ &\alpha_f^T(t) c_x(x^*(t_f)) = 0 \end{aligned} \tag{4.63}$$

6）对于每个边界区间或接触时间，共态在任何时间 $t_b \in [t_{ent}^{[b]}, t_{ex}^{[b]}]$ 可以不连续，这意味着以下跳跃条件成立：

$$\lambda(t_b^-) = \lambda(t_b^+) + \left(\frac{\partial c_x}{\partial x}\right)^T_{t=t_b} (x^*(t_b))\pi_b \tag{4.64}$$

$$H(t_b^-) = H(t_b^+) \tag{4.65}$$

其中，$\pi_b \in R^{N_{c_x}}$ 为满足 $\pi_b^{[i]} \geqslant 0$，$\pi_b^T c_x(x^*(t_b)) = 0$ 的乘子向量，并且 t_b^- 和 t_b^+ 表示左右极限。

Hartl 等的文献给出了证明[30]。

注释 4.3：注意 Hamilton 函数（4.65）是连续的，因为只处理自治问题。

注释 4.4：在许多实际应用中，状态约束是简单的边界约束，即其每个约束在 x_l 中对于索引 $l \in \{1, 2, \cdots, N_x\}$ 是线性的，边界约束可以应用于部分或全部 x_l。假设 $l \in L_f^c$ 是状态的索引，$i \in \{1, 2, \cdots, N_{c_x}\}$ 是相应的约束条件索引，则得到以下微分：

1）如果 $x_l^*(t_f)$ 没有约束，则 $\partial c_x^{[i]}(x^*(t_f))/\partial x_l = 0$ 成立，横截性条件简化

为

$$\boldsymbol{\lambda}_l(t_f) = \frac{\partial m}{\partial \boldsymbol{x}_l(t_f)}(\boldsymbol{x}^*(t_f)) \tag{4.66}$$

2）如果 $x_l^*(t_f)$ 有约束 $\boldsymbol{c}_x^{[i]}(x_l^*(t_f))$，不失去一般性假设 $\partial \boldsymbol{c}_x^{[i]}(x^*(t_f))/\partial x_l = 1$，并且需要区分两种情况：

① 如果状态约束在 t_f 是有效的，则根据互补条件 $\alpha_f^{[i]} > 0$ 成立。然后，可以随意选择 $\alpha_f^{[i]}$ 去满足横截性条件。因此，这种横截性条件可以作为边界条件被省略，并且要由状态约束 $\boldsymbol{c}_x^{[i]}(x_l^*(t_f)) = 0$ 代替。

② 如果状态约束在 t_f 不是有效的，则根据互补条件 $\alpha_f^{[i]} = 0$ 成立，横截性条件简化为式（4.66）。

注释 4.5：定理 4.5 的必要条件在实用性上还有一些障碍。

1）乘子函数 $\boldsymbol{\rho}(\cdot)$ 和 $\boldsymbol{\pi}_b$ 的相关性不直接明显。然而，如果可以证明存在一个具有分段连续导数的有界变分函数 $\tilde{\boldsymbol{\rho}}(\cdot)$ 为非增长函数，则可设

$$\boldsymbol{\rho}(t) = -\dot{\tilde{\boldsymbol{\rho}}}(t)$$

对于每个 t 存在 $\dot{\tilde{\boldsymbol{\rho}}}(\cdot)$，且

$$\boldsymbol{\pi}_b = \tilde{\boldsymbol{\rho}}(t_b^-) - \tilde{\boldsymbol{\rho}}(t_b^+)$$

在任何时间 $t_b \in [\boldsymbol{t}_{ent}^{[b]}, \boldsymbol{t}_{ex}^{[b]}]$ 和对于所有 $b = 1, \cdots, N_{c_x}^{arc}$，$\tilde{\boldsymbol{\rho}}(\cdot)$ 是不可微的。Maurer[41] 的证明取决于一个事实，即 $\tilde{\boldsymbol{\rho}}(\cdot)$ 是分段连续可微的。

2）这些条件通常需要对约束状态弧的开始和结束进行猜测，这使得数值方法，如间接方法，直接使用这些条件变得相当不灵活。如果状态约束非常重要，则第 8 章描述的直接方法通常产生非常好的结果和更灵活的算法。

注释 4.6：分段绝对连续函数 AC^∞ 在 $t_a \in [t_0, t_f]$ 上具有一定的不连续点。因此，$\hat{AC}^\infty$ 的元素是在每个区间 $[t_a, t_{a+1})$，$a = 0, 1, \cdots, m-1$ 和 $[t_m, t_f]$ 上绝对连续的函数；并且在不连续点 $t_1, t_2, \cdots$ 右连续[2]。

一般来说，由于 $\boldsymbol{c}_x(\cdot)$ 不显式依赖于 $\boldsymbol{u}(\cdot)$，并且 $\boldsymbol{x}(\cdot)$ 只能通过 ODE（4.49）间接控制。因此，推导纯状态约束的必要条件更加困难。对于混合控制状态问题，没有说明这些必要条件，但是感兴趣的读者可以参考 Hartl 等[30]。

4.2.3 具有仿射控制的最优控制问题的必要条件

考虑仿射最优控制问题

$$\min_{\boldsymbol{u}(\cdot) \in L^\infty([t_0, t_f], U)} \phi(\boldsymbol{u}(\cdot)) = m(\boldsymbol{x}^*(t_f)) + \int_{t_0}^{t_f} (l_0(\boldsymbol{x}^*(t)) + \boldsymbol{l}_1^T(\boldsymbol{x}^*(t))\boldsymbol{u}^*(t))\mathrm{d}t \tag{4.67}$$

$$\dot{\boldsymbol{x}}(t) = \boldsymbol{f}_0(\boldsymbol{x}(t)) + \sum_{i=1}^{N_u} \boldsymbol{f}_i(\boldsymbol{x}(t)) u_i(t), \quad \text{a. e.} \quad t \in [t_0, t_f] \tag{4.68}$$

$$\boldsymbol{x}(t_0) = \boldsymbol{x}_0 \tag{4.69}$$

$$\boldsymbol{x}_{[L_f]}(t_f) = \boldsymbol{x}_f \tag{4.70}$$

$$\boldsymbol{c}_u(\boldsymbol{u}(t)) \leqslant \boldsymbol{0}, \forall t \in [t_0, t_f] \tag{4.71}$$

Hamilton 函数形式为

$$H(\boldsymbol{x}(t), \boldsymbol{\lambda}(t), \lambda_0, \boldsymbol{u}(t)) = \lambda_0 l_0(\boldsymbol{x}(t)) + \boldsymbol{\lambda}^T(t)\boldsymbol{f}_0(\boldsymbol{x}(t)) + \lambda_0 \boldsymbol{l}_1^T(\boldsymbol{x}(t))\boldsymbol{u}(t) + \boldsymbol{\lambda}^T(t)\sum_{i=1}^{N_u}\boldsymbol{f}_i(\boldsymbol{x}(t))u_i(t) \tag{4.72}$$

Hamilton 函数对于 $\boldsymbol{u}(\cdot)$ 的微分等于零，导出奇异性条件：

$$\frac{\mathrm{d}H}{\mathrm{d}\boldsymbol{u}}(\boldsymbol{x}(t), \boldsymbol{\lambda}(t), \lambda_0, \boldsymbol{u}(t)) = \lambda_0 \boldsymbol{l}_1^T(\boldsymbol{x}(t)) + \boldsymbol{\lambda}^T(t)\sum_{i=1}^{N_u}\boldsymbol{f}_i(\boldsymbol{x}(t))\boldsymbol{\lambda}(t) = \boldsymbol{0}_{N_u \times 1} \tag{4.73}$$

式（4.73）与控制 $\boldsymbol{u}(\cdot)$ 无关。因此，$\boldsymbol{u}(\cdot)$ 可以从允许集取任何值。然而，Hamilton 最小条件的平稳条件依然成立：

$$\frac{\mathrm{d}^r}{\mathrm{d}t^r}\left(\frac{\partial H}{\partial \boldsymbol{u}}(\boldsymbol{x}(t), \boldsymbol{\lambda}(t), \lambda_0, \boldsymbol{u}(t))\right) = \boldsymbol{0}$$

如果 $u_i(\cdot)$ 第一次显式出现，称第 i 个连续值控制 $u_i(\cdot)$ 有奇点 r：

$$\frac{\partial}{\partial u_i}\left[\frac{\mathrm{d}^r}{\mathrm{d}t^r}\left(\frac{\partial H}{\partial \boldsymbol{u}}(\boldsymbol{x}(t), \boldsymbol{\lambda}(t), \lambda_0, \boldsymbol{u}(t))\right)\right] \neq 0$$

将函数

$$\boldsymbol{S}(\boldsymbol{x}(t), \boldsymbol{\lambda}(t), \lambda_0) = \lambda_0 \boldsymbol{l}_1^T(\boldsymbol{x}(t)) + \sum_{i=1}^{N_u}\boldsymbol{f}_i^T(\boldsymbol{x}(t))\boldsymbol{\lambda}(t)$$

表示为切换函数。通过使用切换函数，Hamilton 最小条件变为

$$\min_{\boldsymbol{u}(t) \in \hat{U}} H(\boldsymbol{x}(t), \boldsymbol{\lambda}(t), \boldsymbol{u}(t)) = \lambda_0 l_0(\boldsymbol{x}(t)) + \boldsymbol{\lambda}^T(t)\boldsymbol{f}_0(\boldsymbol{x}(t)) + \boldsymbol{S}^T(\boldsymbol{x}(t), \boldsymbol{\lambda}(t), \lambda_0)\boldsymbol{u}(t)$$

由于仿射控制上下界为 $\boldsymbol{u}(t) \in \hat{U} = [\boldsymbol{u}^{\min}, \boldsymbol{u}^{\max}]$，对于所有 $i \in \{1, 2, \cdots, N_u\}$，由最小条件得到最优控制

$$u_i^*(t) = \begin{cases} u_i^{\max} & S_i(\boldsymbol{x}^*(t), \boldsymbol{\lambda}(t), \lambda_0) < 0 \\ u_i^{\min} & S_i(\boldsymbol{x}^*(t), \boldsymbol{\lambda}(t), \lambda_0) > 0 \\ u_i^0 \in (u_i^{\min}, u_i^{\max}) & S_i(\boldsymbol{x}^*(t), \boldsymbol{\lambda}(t), \lambda_0) = 0 \end{cases} \tag{4.74}$$

在时间区间 $[t_1, t_2] \in [t_0, t_f]$ 上，对于切换函数 $\boldsymbol{S}_i(\boldsymbol{x}^*, \boldsymbol{\lambda}, \lambda_0)$ 只有孤立零点的情况，最优控制在控制边界 $u_i(t) \in [u_i^{\min}, u_i^{\max}]$ 上取值，在时间区间 $[t_1, t_2]$ 上称为 Bang - Bang 控制。在时间区间 $[t_1, t_2] \in [t_0, t_f]$ 上，对于切换函数完全为零的情况，即 $\boldsymbol{S}_i(\boldsymbol{x}^*, \boldsymbol{\lambda}, \lambda_0) = 0$，控制 u_i 称为奇异。

定理 4.6（仿射最优控制问题的一阶必要条件）

设 $\boldsymbol{u}^*(\cdot) \in L^\infty([t_0,t_f],\boldsymbol{U})$ 为可观测和本质上有界的最优控制函数，$\boldsymbol{x}^*(\cdot) \in AC^\infty([t_0,t_f],\boldsymbol{X})$ 为相应的绝对连续最优状态函数，$(\boldsymbol{x}^*(\cdot),\boldsymbol{u}^*(\cdot))$ 为最优控制问题式（4.67）~式（4.71）在固定区间 $[t_0,\ t_f]$ 上的最优对，则存在常量 $\lambda_0 \geqslant 0$，绝对连续共态 $\boldsymbol{\lambda}(\cdot) \in A\hat{C}^\infty([t_0,t_f],R^{N_x})$ 对于每个 $t \in [t_0,\ t_f]$ 满足非平凡解 $(\lambda_0,\boldsymbol{\lambda}(t)) \neq 0$，其中式（4.72）定义的 Hamilton 函数符合如下条件。

1）状态 $\boldsymbol{x}^*(\cdot)$ 和共态 $\boldsymbol{\lambda}(\cdot)$ 满足 Hamilton 函数（4.72）的正则方程

$$\dot{\boldsymbol{x}}^*(t) = \frac{\partial H}{\partial \boldsymbol{\lambda}}(\boldsymbol{x}^*(t),\boldsymbol{\lambda}(t),\lambda_0,\boldsymbol{u}^*(t)))$$

$$= \boldsymbol{f}_0(\boldsymbol{x}^*(t)) + \sum_{i=1}^{N_u} \boldsymbol{f}_i(\boldsymbol{x}^*(t))u_i^*(t) \tag{4.75}$$

$$\dot{\boldsymbol{\lambda}}(t) = -\frac{\partial H_a}{\partial \boldsymbol{x}}(\boldsymbol{x}^*(t),\boldsymbol{\lambda}(t),\lambda_0,\boldsymbol{u}^*(t))$$

$$= -\frac{\partial l_0}{\partial \boldsymbol{x}}(\boldsymbol{x}^*(t))\lambda_0 - \left(\frac{\partial \boldsymbol{I}_1}{\partial \boldsymbol{x}}\right)^T(\boldsymbol{x}^*(t))\boldsymbol{u}^*(t)\boldsymbol{\lambda}_0 -$$

$$\left(\frac{\partial \boldsymbol{f}_0}{\partial \boldsymbol{x}}\right)^T(\boldsymbol{x}^*(t))\boldsymbol{\lambda}(t) + \sum_{i=1}^{N_u}\left(\frac{\partial \boldsymbol{f}_i}{\partial \boldsymbol{x}}\right)^T(\boldsymbol{x}^*(t))u_i^*(t)\boldsymbol{\lambda}(t) \tag{4.76}$$

对于几乎每个 $t \in [t_0,t_f]$ 以及边界条件 $\boldsymbol{x}(t_0) = \boldsymbol{x}_0$ 和 $\boldsymbol{x}_{[L_f]}(t_f) = \boldsymbol{x}_f$ 成立。

2）Hamilton 最小条件

$$\boldsymbol{u}^*(t) = \arg\min_{\boldsymbol{u}(t) \in \hat{U}(t)} H(\boldsymbol{x}^*(t),\boldsymbol{\lambda}(t),\lambda_0,\boldsymbol{u}(t)) \tag{4.77}$$

对于几乎每个 $t \in [t_0,t_f]$ 成立，得到最优控制（4.74）。

3）在终止时间 t_f 满足关于终端 Lagrange 横截性条件

$$\boldsymbol{\lambda}_{[L_f^c]}(t_f) = \frac{\partial m}{\partial \boldsymbol{x}_{[L_f^c]}(t_f)}(\boldsymbol{x}^*(t_f)) \tag{4.78}$$

4.3 Hamilton – Jacobi – Bellman 方程

正如在前一节了解到的，最大原理给出系统固定最优状态的必要条件。Bellman[4]认识到了这一弱点，并在开发最大原理时创建了一个新概念，称为动态规划，其目的是确定系统在任何状态下的最优控制。这导致获得最优性的必要和充分条件的一个理论，通过所谓的 Hamilton – Jacobi – Bellman 偏微分方程表示。尽管动态规划与最大原理不同，但是它们在变分法中有其基础，两者之间有着重要的联系。

重新考虑 4.2 节具有空集 L_f 的最优控制问题式（4.25）~式(4.28)，假设最优控制 $\boldsymbol{u}(\cdot) \in L^\infty(\cdot,\boldsymbol{U})$ 和相应的绝对连续最优状态 $\boldsymbol{x}(\cdot) \in AC^\infty(\cdot,\boldsymbol{X})$ 存在。对于

给定的 t_0 和 $\boldsymbol{x}_0$，不考虑最小化最优控制问题 $\phi(\boldsymbol{u}(\cdot))$，而是考虑一系列与成本泛函相关的最小化问题：

$$\phi(\boldsymbol{x}(\cdot),\boldsymbol{u}(\cdot),t) = m(\boldsymbol{x}(t_f)) + \int_t^{t_f} l(\boldsymbol{x}(\tau),\boldsymbol{u}(\tau))\mathrm{d}\tau$$

其中，函数 $\boldsymbol{x}(\cdot)$ 必须解释为独立于控制 $\boldsymbol{u}(\cdot)$。换言之，这意味着，在没有邻接微分方程的情况下，最小化一系列成本泛函族 $\phi(\boldsymbol{x}(\cdot),\boldsymbol{u}(\cdot),t)$。值得注意的是，成本泛函的值取决于时间。

对于这些泛函，定义一个函数来度量完成轨迹的成本，该成本表示为价值函数或运行成本。价值函数 $V:AC^\infty(\cdot,\boldsymbol{X})\times[t_0,t_f]\rightarrow R$ 也是依赖于函数 $\boldsymbol{x}(\cdot)$ 和时间 t 的泛函。对于固定的 $\boldsymbol{x}(\cdot)\in AC^\infty(\cdot,\boldsymbol{X})$，价值函数只取决于时间。在接下来的章节中，将使用对价值函数的两种解释。

假设价值函数对函数 $\boldsymbol{x}(\cdot)$ 和时间 t 连续可微，则 $V(\cdot)$ 提供了从时间 t 开始的轨迹 $\boldsymbol{x}(\cdot)$ 的最优成本：

$$V(\boldsymbol{x}(\cdot),t) := \min_{\boldsymbol{u}(\cdot)\in L^\infty(\cdot,\boldsymbol{U})}\left\{m(\boldsymbol{x}(t_f)) + \int_t^{t_f} l(\boldsymbol{x}(\tau),\boldsymbol{u}(\tau))\mathrm{d}\tau\right\} \tag{4.79}$$

显然，价值函数满足边界条件

$$V(\boldsymbol{x}(\cdot),t_f) := m(\boldsymbol{x}(t_f)) \tag{4.80}$$

特别是，如果没有 Mayer 项，则有 $V(\boldsymbol{x}(\cdot),t_f)=0$。

现在可以表述一个重要的概念，称为最优性原理。

定理 4.7（最优性原理）

对于每对 $(\boldsymbol{x}(\cdot),t)\in AC^\infty(\cdot,\boldsymbol{X})\times[t_0,t_f]$ 和每个 $\Delta t\in(0,t_f-t)$，价值函数 $V(\cdot)$ 满足

$$V(\boldsymbol{x}(\cdot),t) = \min_{\boldsymbol{u}(\cdot)\in L^\infty(\cdot,\boldsymbol{U})}\left\{V(\boldsymbol{x}(t+\Delta t),t+\Delta t) + \int_t^{t+\Delta t} l(\boldsymbol{x}(\tau),\boldsymbol{u}(\tau))\mathrm{d}\tau\right\} \tag{4.81}$$

Bellman 给出了证明[4]。

定理 4.7 表明寻找最优控制等价于在小时间区间上寻找最优控制，使该时间区间上的成本最小，加上随后的最优运行成本。为了更好地理解，对于任意的 $t_1\in(t,t_f)$，将时间区间 $[t,t_f]$ 分为两个子区间：$[t,t_1]$ 和 $[t_1,t_f]$，如图 4.3 所示。然后，最优性原理（4.81）可以表示为

$$\begin{aligned} V(\boldsymbol{x}(\cdot),t) &= \min_{\boldsymbol{u}(\cdot)\in L^\infty(\cdot,\boldsymbol{U})}\left\{\int_t^{t_1} l(\boldsymbol{x}(\tau),\boldsymbol{u}(\tau))\mathrm{d}\tau + \int_{t_1}^{t_f} l(\boldsymbol{x}(\tau),\boldsymbol{u}(\tau))\mathrm{d}\tau\right\} \\ &= \min_{\boldsymbol{u}(\cdot)\in L^\infty(\cdot,\boldsymbol{U})}\left\{\int_t^{t_1} l(\boldsymbol{x}(\tau),\boldsymbol{u}(\tau))\mathrm{d}\tau + V(\boldsymbol{x}(\cdot),t_1)\right\} \end{aligned} \tag{4.82}$$

显然，由式（4.82），如果 $(\boldsymbol{x}^*(\cdot),\boldsymbol{u}^*(\cdot))$ 是从 $\boldsymbol{x}^*(t)$ 通过 $\boldsymbol{x}^*(t_1)$ 到 $\boldsymbol{x}^*(t_f)$ 的最优解，则从 $\boldsymbol{x}^*(t_1)$ 到 $\boldsymbol{x}^*(t_f)$ 的部分轨迹对于相同的价值函数也是最优的，并且以 $\boldsymbol{x}^*(t_1)$ 作为初始条件。读者可以注意到，价值函数出现在式（4.82）的两侧。因

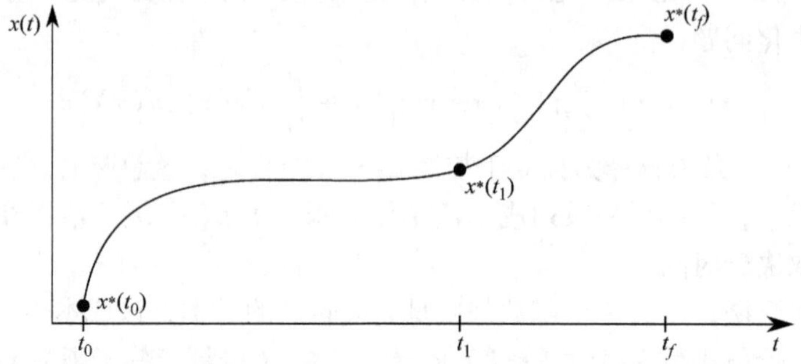

图 4.3　从 $\boldsymbol{x}^*(t_0)$ 到 $\boldsymbol{x}^*(t_f)$ 的最优轨迹 $\boldsymbol{x}^*(t)$ 和部分从 $\boldsymbol{x}^*(t_1)$ 到 $\boldsymbol{x}^*(t_f)$ 的最优轨迹

此，可以认为式（4.82）描述了对于不同的 $\boldsymbol{x}(\cdot)$ 和 t 的成本最优值之间的动态关系。

可以将式（4.81）表示成更紧凑的形式，即偏微分方程（PDE）的形式。用一阶 Taylor 级数展开表示 $V^*(\boldsymbol{x}(t+\Delta t), t+\Delta t)$：

$$\begin{aligned}V^*(\boldsymbol{x}^*(t+\Delta t), t+\Delta t) &= V(\boldsymbol{x}^*(t), t) + \frac{\partial V}{\partial t}(\boldsymbol{x}^*(t), t)\Delta t + \\ &\quad \left(\frac{\partial V}{\partial \boldsymbol{x}}\right)^T(\boldsymbol{x}^*(t), t)\frac{\partial \boldsymbol{x}}{\partial t}(t)\Delta t + O(\Delta t) \\ &= V(\boldsymbol{x}^*(t), t) + \frac{\partial V}{\partial t}(\boldsymbol{x}^*(t), t)\Delta t + \left(\frac{\partial V}{\partial \boldsymbol{x}}\right)T(\boldsymbol{x}^*(t), t) \\ &\quad \boldsymbol{f}(\boldsymbol{x}^*(t), \boldsymbol{u}(t))\Delta t + O(\Delta t)\end{aligned} \tag{4.83}$$

由式（4.81）得到

$$\int_t^{t+\Delta t} l(\boldsymbol{x}^*(\tau), \boldsymbol{u}(\tau))\mathrm{d}\tau = l(\boldsymbol{x}^*(t), \boldsymbol{u}(t))\Delta t + O(\Delta t) \tag{4.84}$$

将式（4.83）和式（4.84）代入式（4.81）中：

$$-\frac{\partial V}{\partial t}(\boldsymbol{x}^*(t), t) = \min_{\boldsymbol{u}(t)\in\hat{U}(t)}\left\{l(\boldsymbol{x}^*(t), \boldsymbol{u}(t)) + \left(\frac{\partial V}{\partial \boldsymbol{x}}\right)^T(\boldsymbol{x}^*(t), t)\boldsymbol{f}(\boldsymbol{x}^*(t), \boldsymbol{u}(t))\right\} \tag{4.85}$$

偏微分方程（PDE）式（4.85）称为 Hamilton－Jacobi－Bellman 方程（HJB），对于几乎每个 $t\in[t_0, t_f]$ 和轨迹 $\boldsymbol{x}^*(t)\in\hat{X}$ 成立。其中，$V(\cdot)$ 对于这些参数是连续可微的。从技术上讲，HJB 方程的意义在于其性质，即通过每个固定 $\boldsymbol{x}^*$ 的值找到使式（4.85）最小化的 $\boldsymbol{u}(t)$，将问题简化为每个阶段的优化，从而求解 $V(\cdot)$ 的偏微分方程，称之为经典结果，可以在许多教科书中找到。由此可以看出，最优控制问题式（4.25）～式（4.28）和 HJB 方程之间的联系是由动态规划原理提供的。

通过 $\partial V/\partial \boldsymbol{x}$ 将动态系统的右侧与 Lagrange 算子相联系，可以重新表述 Hamilton 函数：

$$H(\boldsymbol{x}^*(t), \partial V/\partial \boldsymbol{x}, \boldsymbol{u}^*(t)) = l(\boldsymbol{x}^*(t), \boldsymbol{u}^*(t)) + \left(\frac{\partial V}{\partial \boldsymbol{x}}\right)^T (\boldsymbol{x}^*(t), t) \boldsymbol{f}(\boldsymbol{x}^*(t), \boldsymbol{u}^*(t)) \tag{4.86}$$

由式（4.86）可以看出，$\partial V/\partial \boldsymbol{x}$ 对应于 PMP 的共态：

$$\boldsymbol{\lambda}(t) = \frac{\partial V}{\partial \boldsymbol{x}}(\boldsymbol{x}^*(t), t) \tag{4.87}$$

这从 HJB 方程中揭示 Hamilton 最小条件：

$$\frac{\partial V}{\partial t}(\boldsymbol{x}^*(t), t) = -\min_{\boldsymbol{u}(t) \in \hat{U}(t)} H(\boldsymbol{x}^*(t), \partial V/\partial \boldsymbol{x}, \boldsymbol{u}(t)) \tag{4.88}$$

将式（4.87）应用于边界条件（4.80），由 HJB 方程得到横截性条件：

$$\boldsymbol{\lambda}(t_f) = \left(\frac{\partial V}{\partial \boldsymbol{x}}\right)_{t=t_f} (\boldsymbol{x}^*(t_f), t_f) = \frac{\partial m}{\partial \boldsymbol{x}(t_f)}(\boldsymbol{x}^*(t_f)) \tag{4.89}$$

由此可以看出，式（4.88）的右侧类似于 PMP 的 Hamilton 最小条件，但是 PMP 和 HJB 方程在不同的假设下推导得到的结果是不同的。

HJB 方程（4.85）和 Hamilton 最小条件（4.88）构成了最优性的一阶必要条件，还可以进一步表明这些条件是充分的[40]。然而，由 HJB 方程得到的这些一阶条件过于严格，不能推导出 4.2 节的 PMP。出现这种情况的阻碍是对于 $\boldsymbol{x}(\cdot)$ 和 t 的全局连续可微价值函数的假设，即 $V(\cdot)$ 属于 $C^1([t_0, t_f], \boldsymbol{X})$ 类，不能期望这一事实在一般情况下是正确的。即使在简单的问题中，这种平滑性的缺乏也被认为是 Hamilton – Jacobi 理论适用于最优控制问题的严重限制。

然而，下面会说明获得最小原理的关系将是有价值的。利用 Crandall – Lions 的概念[17]建立了一个令人满意的数学基础，其基于一阶半微分得到 Hamilton – Jacobi 方程的粘性解。粘性解不需要在任何地方都是可微的，因而不受经典可微性问题的影响。这里以非正式的方式引入这个概念，关于这个问题的更多细节，感兴趣的读者可参考 Bardi 和 CapuzzoDolcetta[3] 以及 Capuzzo – Dolcetta[11] 的工作。

首先，用一种吸引人的形式表示粘性解的定义，从假设连续函数 v：$\boldsymbol{X} \to R$ 开始，函数 $v(\cdot)$ 对 $\boldsymbol{x} \in \boldsymbol{X}$ 可微，则有 $\nabla v(\boldsymbol{x}) = \boldsymbol{r} \in \boldsymbol{X}$，如果

$$v(\boldsymbol{y}) = v(\boldsymbol{x}) + \boldsymbol{r}^T(\boldsymbol{y} - \boldsymbol{x}) + \mathrm{O}(|\boldsymbol{y} - \boldsymbol{x}|) \tag{4.90}$$

对于所有 $\boldsymbol{y} \in R^{N_x}$ 成立，其中 $\nabla v(\cdot)$ 表示 $v(\cdot)$ 的梯度。然后，式（4.90）可以分解成两个关系：

$$\limsup_{\boldsymbol{y} \to \boldsymbol{x}} \frac{v(\boldsymbol{y}) - v(\boldsymbol{x}) - \boldsymbol{r}^T(\boldsymbol{y} - \boldsymbol{x})}{|\boldsymbol{y} - \boldsymbol{x}|} \leqslant 0 \tag{4.91}$$

和

$$\liminf_{\boldsymbol{y} \to \boldsymbol{x}} \frac{v(\boldsymbol{y}) - v(\boldsymbol{x}) - \boldsymbol{r}^T(\boldsymbol{y} - \boldsymbol{x})}{|\boldsymbol{y} - \boldsymbol{x}|} \geqslant 0 \tag{4.92}$$

将式（4.91）中的 $\boldsymbol{r}$ 记为超梯度，式（4.92）中的 $\boldsymbol{r}$ 记为次梯度。通常，次梯度和超梯度 $\boldsymbol{r}$ 是不唯一的。因此，函数 $D^+ v(\cdot)$ 称为超微分，其将 $\boldsymbol{x}(t) \in \boldsymbol{X}$ 映射为

$v(\boldsymbol{x})$ 的超梯度集，表示为

$$D^+ v(\boldsymbol{x}):=\left\{\boldsymbol{r}\in R^{N_x}\mid \limsup_{\boldsymbol{y}\to\boldsymbol{x}}\frac{v(\boldsymbol{y})-v(\boldsymbol{x})-\boldsymbol{r}^T(\boldsymbol{y}-\boldsymbol{x})}{|\boldsymbol{y}-\boldsymbol{x}|}\leqslant 0\right\}$$

将函数 $D^- v(\cdot)$ 称为次微分，其将 $\boldsymbol{x}(t)\in \boldsymbol{X}$ 映射为 $v(\boldsymbol{x})$ 的次梯度集，表示为

$$D^- v(\boldsymbol{x}):=\left\{\boldsymbol{r}\in R^{N_x}\mid \liminf_{\boldsymbol{y}\to\boldsymbol{x}}\frac{v(\boldsymbol{y})-v(\boldsymbol{x})-\boldsymbol{r}^T(\boldsymbol{y}-\boldsymbol{x})}{|\boldsymbol{y}-\boldsymbol{x}|}\geqslant 0\right\}$$

如果 $D^+ v(\cdot)$ 和 $D^- v(\cdot)$ 在某个 $\boldsymbol{x}$ 处都是非空的，则 $D^+ v(\boldsymbol{x}) = D^- v(\boldsymbol{x}) = \{\nabla v(\boldsymbol{x})\}$ 和 $v(\cdot)$ 在 $\boldsymbol{x}$ 处是可微的，这是一个小的推论。

其次，需要偏微分方程的粘性解的概念。考虑如下形式的偏微分方程：

$$F(\boldsymbol{x},v(\boldsymbol{x}),\nabla v(\boldsymbol{x}))=0 \tag{4.93}$$

其中，F：$\boldsymbol{X}\times R\times R^{N_x}\to\boldsymbol{R}$ 为连续函数。术语“粘性解”是从流体力学借用的，其中粘性流体的运动由偏微分方程描述。现在，可以定义式（4.93）粘性解的概念。

定义 4.4（粘性解[18]）

对于偏微分方程

$$F(\boldsymbol{x},v(\boldsymbol{x}),\nabla v(\boldsymbol{x}))=0$$

其粘性解为连续函数 $v(\cdot)\in C^0$，满足

$$F(\boldsymbol{x},v(\boldsymbol{x}),\boldsymbol{r})\leqslant 0,\forall \boldsymbol{r}\in D^+ v(\boldsymbol{x}),\forall \boldsymbol{x} \tag{4.94}$$

和

$$F(\boldsymbol{x},v(\boldsymbol{x}),\boldsymbol{r})\geqslant 0,\forall \boldsymbol{r}\in D^- v(\boldsymbol{x}),\forall \boldsymbol{x} \tag{4.95}$$

这可以用一个等价的概念来重申，该概念使用连续可微的测试函数（或验证函数）$\varphi:\boldsymbol{X}\to R$，更易于管理和应用。

定义 4.5（使用测试函数的粘性解[18]）

$v(\cdot)\in C^0$ 为

$$F(\boldsymbol{x},v(\boldsymbol{x}),\nabla v(\boldsymbol{x}))=0$$

的粘性解。假设对于所有 $\varphi(\cdot)\in C^1$。

如果 $\varphi(\boldsymbol{x})-v(\boldsymbol{x})$ 在 $\boldsymbol{x}$ 处达到局部最小值，则

$$F(\boldsymbol{x},v(\boldsymbol{x}),\nabla\varphi(\boldsymbol{x}))\leqslant 0 \tag{4.96}$$

如果 $\varphi(\boldsymbol{x})-v(\boldsymbol{x})$ 在 $\boldsymbol{x}$ 处达到局部最大值，则

$$F(\boldsymbol{x},v(\boldsymbol{x}),\nabla\varphi(\boldsymbol{x}))\geqslant 0 \tag{4.97}$$

满足式（4.94）或式（4.96）的粘性解称为次粘性解，满足式（4.95）或式（4.97）的粘性解称为超粘性解。Bardi 和 Capuzzo - Dolcetta 给出定义 4.4 和 4.5 的等价性证明[3]。

现在，准备从粘性角度解释 HJB 方程：

$$-\frac{\partial V}{\partial t}(\boldsymbol{x}^*(t),t)-\min_{\boldsymbol{u}(t)\in\hat{U}(t)}\left\{l(\boldsymbol{x}(t),\boldsymbol{u}(t))+\left(\frac{\partial V}{\partial \boldsymbol{x}}\right)^T(\boldsymbol{x}(t),t)\boldsymbol{f}(\boldsymbol{x}(t),\boldsymbol{u}(t))\right\}=0 \tag{4.98}$$

通过引入附加状态作为时间表示，将式（4.98）变换为自治的偏微分方程。然后，HJB 方程（4.98）采用式（4.93）的形式，除了 $v(\cdot)$ 定义在 R^{N_x+1} 上。

价值函数 $V(\cdot)$ 是具有边界条件（4.80）的 HJB 方程（4.85）唯一的次粘性解（也是 Lipschitz 条件），如果对于任何固定对 $\tilde{\boldsymbol{x}}_0 = (\boldsymbol{x}_0, t_0)$ 和每个测试函数 $\varphi(\tilde{\boldsymbol{x}})$，使得 $\varphi(\tilde{\boldsymbol{x}}) - V(\tilde{\boldsymbol{x}})$ 在 $(\boldsymbol{x}_0, t_0)$ 处达到局部最小值，则满足不等式

$$-\frac{\partial \varphi}{\partial t}(\tilde{\boldsymbol{x}}_0) - \min_{\boldsymbol{u}(t) \in \hat{U}(t)} \left\{ l(\boldsymbol{x}_0, \boldsymbol{u}(t)) + \left(\frac{\partial \varphi}{\partial \boldsymbol{x}}\right)^T (\tilde{\boldsymbol{x}}_0) \boldsymbol{f}(\boldsymbol{x}_0, \boldsymbol{u}(t)) \right\} \leqslant 0$$

这一结果在下述假设下成立：$\boldsymbol{f}(\cdot)$、$l(\cdot)$ 和 $m(\cdot)$ 对于所有参数是一致连续的，$\partial \boldsymbol{f}/\partial \boldsymbol{x}$、$\partial l/\partial \boldsymbol{x}$ 和 $\partial m/\partial \boldsymbol{x}$ 是有界的，并且允许控制集 $\tilde{U}(t)$ 是紧凑的[40]。

尽管存在上述讨论的问题，但是 HJB 方程有了新的解释。4.2 节对于最小原理的讨论说明对于几乎每个 $t \in [t_0, t_f]$，最优控制 $\boldsymbol{u}^*(\cdot)$ 必须满足

$$\boldsymbol{u}^*(t) = \arg\min_{\boldsymbol{u}(t) \in \hat{U}(t)} H\left(\boldsymbol{x}^*(t), \frac{\partial V}{\partial \boldsymbol{x}}(\boldsymbol{x}^*(t), t), \boldsymbol{u}(t)\right)$$

最优控制 $\boldsymbol{u}^*(\cdot)$ 完全由最优状态 $\boldsymbol{x}^*(\cdot)$ 决定。下面的章节分别将这些原理表示为开环策略和闭环策略。

4.4　混合最小原理

由于人们对混合系统的最优控制越来越感兴趣，在过去的 20 年中，对一阶必要条件进行了大量的研究。因此，考虑混合最优控制问题（HOCP）的形式：

$$\begin{aligned} \phi(q^*(\cdot), \boldsymbol{u}^*(\cdot)) &= \min_{q(\cdot) \in Q, \boldsymbol{u}(\cdot) \in U_{(q(\cdot))}} \phi(q(\cdot), \boldsymbol{u}(\cdot)) \\ &= m(\boldsymbol{x}^*(t_f)) \end{aligned} \tag{4.99}$$

$$\dot{\boldsymbol{x}}(t) = \boldsymbol{f}_{q(t)}(\boldsymbol{x}(t), \boldsymbol{u}(t)) \quad \text{a. e.} \quad t \in [t_0, t_f] \tag{4.100}$$

$$\boldsymbol{x}(t_0) = \boldsymbol{x}_0 \tag{4.101}$$

$$\boldsymbol{x}_{[L_f]}(t_f) = \boldsymbol{x}_f \tag{4.102}$$

$$\varphi(\boldsymbol{x}(t_j^-), \boldsymbol{x}(t_j^+)) = \boldsymbol{x}(t_j^+) - \boldsymbol{x}(t_j^-) - \boldsymbol{\delta}_{[q(t_j^-), q(t_j^+)]}(\boldsymbol{x}(t_j^-)) = \boldsymbol{0}, t_j \in \boldsymbol{\Theta}_t \tag{4.103}$$

其中，$j=1, 2, \cdots, N_{swt}$ 和 $\boldsymbol{\Theta}_t := (t_1, t_2, \cdots, t_{N_{swt}})$ 为切换时间序列。

一方面，这类系统研究最重要的结果是混合最小原理（HMP）。经典 PMP 的推导依赖于一类特殊的针状控制变量，理解起来相当复杂，使得其在本书的范围内不适合于推导 HMP。因此，这里依靠一种不同的方法推导 HMP，这种方法由 Dmitruk 和 Kaganovich[20] 引入，并且避免了复杂的变分法，但是利用了 4.2 节讨论的连续最优控制问题的 PMP 结果。Dmitruk 和 Kaganovich 证明了在对原始 HOCP 进行一些变换后，如果连续值状态或共态的所有不连续性发生在混合系统的过渡时，HMP 是经典 Pontryagin 最小定理的结果。该过程要求将混合系统的演化考虑为

3.2.4 节定义的混合轨迹，具有相应的轨迹（q_0，q_1，…，$q_{N_{exe}-1}$）、（$\boldsymbol{x}_0(t)$，$\boldsymbol{x}_1(t)$，…，$\boldsymbol{x}_{N_{exe}-1}(t)$）、（$\boldsymbol{\lambda}_0(t)$，$\boldsymbol{\lambda}_1(t)$，…，$\boldsymbol{\lambda}_{N_{exe}-1}(t)$）和（$\boldsymbol{u}_0(t)$，$\boldsymbol{u}_1(t)$，…，$\boldsymbol{u}_{N_{exe}-1}(t)$）。

为了清晰表示，混合最优控制问题式（4.99）~式(4.103）没有控制和状态约束。另外，将问题考虑为 Mayer 型问题，便于推导。此外，对于一般边界条件情况的横截性条件需要进行推广：

$$\boldsymbol{\psi}(\boldsymbol{x}(t_0),\boldsymbol{x}(t_f)) = \boldsymbol{0}$$

这是非常必要的，因为对于转换问题并不是所有的初值都将被定义。对于一般边界条件的横截性条件，有如下定义[40]：

$$\boldsymbol{\lambda}(t_0) = -\left(\frac{\partial \boldsymbol{\psi}}{\partial \boldsymbol{x}(t_0)}\right)^T(\boldsymbol{x}(t_0),\boldsymbol{x}(t_f))\boldsymbol{\pi} \tag{4.104}$$

$$\boldsymbol{\lambda}(t_f) = \frac{\partial m}{\partial \boldsymbol{x}(t_f)}(\boldsymbol{x}(t_f)) + \left(\frac{\partial \boldsymbol{\psi}}{\partial \boldsymbol{x}(t_0)}\right)^T(\boldsymbol{x}(t_0),\boldsymbol{x}(t_f))\boldsymbol{\pi} \tag{4.105}$$

假设系统轨迹被分解成一个混合轨迹。接下来的第一步是对混合轨迹进行变换，使得所有单独的时间区间［t_j，t_{j+1}］映射到相同的间隔上。通常，所有子区间映射到固定区间［0，1］。在此过程中，引入一个新的时间变量 $\tau \in [0,1]$，$\varsigma_j = t_{j+1} - t_j$，$j=0$，1，…，$N_{exe}-1$ 和函数 $\widetilde{t}_j:[0,1]\rightarrow R$。由 $\widetilde{t}_j(\tau) = t_j + \varsigma_j\tau$ 得到一组线性初值问题：

$$\frac{\mathrm{d}\widetilde{t}_j}{\mathrm{d}\tau}(\tau) = \varsigma_j,\widetilde{t}_j(0) = t_j$$

可以将函数 $\widetilde{t}_j(\cdot)$ 解释为一个附加的状态变量，表示具有连续性条件 $\widetilde{t}_j(1) = \widetilde{t}_j(0)$ 的子区间ς_j 上的时间，$j=1$，2，…，N_{swt}。可以认识到连续值状态 $\boldsymbol{x}_j(t)$、离散状态 $q_j(t)$、连续值控制 $\boldsymbol{u}_j(t)$ 和共态 $\boldsymbol{\lambda}_j(t)$ 现在分别是以 τ 为自变量的函数，即 $\boldsymbol{x}_j(\widetilde{t}_j(\tau))$、$q_j(\widetilde{t}_j(\tau))$、$\boldsymbol{u}_j(\widetilde{t}_j(\tau))$ 和 $\boldsymbol{\lambda}_j(\widetilde{t}_j(\tau))$。为了简化，表示为 $\boldsymbol{x}_j(\tau)$、$q_j(\tau)$、$\boldsymbol{u}_j(\tau)$ 和 $\boldsymbol{\lambda}_j(\tau)$。

然后，问题式（4.99）~式（4.103）可以变换到新的时域 $\tau \in [0,1]$：

$$\phi(\widetilde{q}_j^*(\cdot),\widetilde{\boldsymbol{u}}_j^*(\cdot)) = \min_{\widetilde{q}(\cdot)\in\widetilde{Q},\widetilde{\boldsymbol{u}}(\cdot)\in\widetilde{U}(\widetilde{q}_j(\cdot))} \phi(\widetilde{q}_j(\cdot),\widetilde{\boldsymbol{u}}_j(\cdot)) = m(\widetilde{\boldsymbol{x}}_{N_{exe}-1}^*(1)) \tag{4.106}$$

$$\frac{\mathrm{d}\widetilde{\boldsymbol{x}}}{\mathrm{d}\tau}(\tau) = \varsigma_j \boldsymbol{f}_{\widetilde{q}_j(\tau)}(\widetilde{\boldsymbol{x}}_j(\tau),\widetilde{\boldsymbol{u}}_j(\tau)),j = 1,2,\cdots,N_{exe}-1, \quad \text{a. e.} \quad \tau \in [0,1] \tag{4.107}$$

$$\widetilde{\boldsymbol{x}}_0(0) = \boldsymbol{x}_0 \tag{4.108}$$

$$\widetilde{\boldsymbol{x}}_{N_{exe}-1}^{[L_f]}(1) = \widetilde{\boldsymbol{x}}_f \tag{4.109}$$

$$\begin{aligned}\varphi(\widetilde{\boldsymbol{x}}_{j-1}(1),\widetilde{\boldsymbol{x}}_j(0)) &= \widetilde{\boldsymbol{x}}_j(0) - \widetilde{\boldsymbol{x}}_{j-1}(1) - \boldsymbol{\delta}_{[\widetilde{q}_{j-1}(1),q_j(0)]}(\widetilde{\boldsymbol{x}}_{j-1}(1)) \\ &= \boldsymbol{0},j = 1,2,\cdots,N_{swt}\end{aligned} \tag{4.110}$$

$$\frac{\mathrm{d}\tilde{t}_j}{\mathrm{d}_\tau}(\tau) = \varsigma_j, j = 1,2,\cdots,N_{exe} - 1, \forall \tau \in [0,1] \tag{4.111}$$

$$\tilde{t}_0(0) = t_0 \tag{4.112}$$

$$\tilde{t}_{N_{exe}-1}(1) = t_f \tag{4.113}$$

$$\tilde{t}_{j-1}(1) - t_j(0) = 0, j = 1,2,\cdots,N_{swt} \tag{4.114}$$

下面给出变换问题的一般边界条件：

$$\boldsymbol{\psi}(\boldsymbol{x}_0(0),\cdots,\boldsymbol{x}_{N_{exe}-1}(1),\tilde{t}_0(0),\cdots,\tilde{t}_{N_{exe}-1}(1)) = \begin{bmatrix} \tilde{\boldsymbol{x}}_0(0) - \boldsymbol{x}_0 \\ \varphi(\tilde{\boldsymbol{x}}_{j-1}(1),\tilde{\boldsymbol{x}}_j(0)), j = 1,2,\cdots,N_{exe} - 1 \\ \tilde{\boldsymbol{x}}^{[\mathcal{I}_f]}_{N_{exe}-1}(1) - \boldsymbol{x}_f \\ t_0(0) - t_0 \\ \tilde{t}_{j-1}(1) - \tilde{t}_j(0), j = 1,2,\cdots,N_{exe} - 1 \\ \tilde{t}_{N_{exe}-1}(1) - t_f \end{bmatrix} = \boldsymbol{0} \tag{4.115}$$

将变换问题的 Hamilton 函数定义为

$$\begin{aligned} \tilde{H}(\tilde{\boldsymbol{x}}(\tau),\tilde{\boldsymbol{\lambda}}(\tau),\tilde{\rho}(\tau),\tilde{\boldsymbol{u}}(\tau)) &= \sum_{j=0}^{N_{exe}-1} \tilde{H}(\tilde{\boldsymbol{x}}_j(\tau),\tilde{\boldsymbol{\lambda}}_j(\tau),\tilde{\rho}_j(\tau),\tilde{\boldsymbol{u}}_j(\tau),\varsigma_j) \\ &= \sum_{j=0}^{N_{exe}-1} [\tilde{\boldsymbol{\lambda}}_j^T(\tau)\frac{\mathrm{d}\tilde{\boldsymbol{x}}_j}{\mathrm{d}\tau}(\tau) + \tilde{\rho}_j(\tau)\frac{\mathrm{d}t_j}{\mathrm{d}\tau})] \\ &= \sum_{j=0}^{N_{exe}-1} \varsigma_j[\tilde{\boldsymbol{\lambda}}_j^T(\tau)\boldsymbol{f}_{\tilde{q}j(t)}(\tilde{\boldsymbol{x}}_j(\tau),\tilde{\boldsymbol{u}}_j(\tau)) + \\ &\quad \tilde{\rho}_j(\tau))], \quad \text{a. e.} \quad \tau \in [0,1] \end{aligned}$$

用通常的方法表示伴随微分方程

$$\frac{\mathrm{d}\tilde{\boldsymbol{\lambda}}_j}{\mathrm{d}\tau}(\tau) = -\frac{\partial\tilde{H}}{\partial\tilde{\boldsymbol{x}}_j}(\tilde{\boldsymbol{x}}_j(\tau),\tilde{\boldsymbol{\lambda}}_j(\tau),\tilde{\rho}_j(\tau),\tilde{\boldsymbol{u}}_j(\tau),\varsigma_j)$$

$$\frac{\mathrm{d}\tilde{\rho}_j}{\mathrm{d}\tau}(\tau) = -\frac{\partial\tilde{H}}{\partial\tilde{t}_j}(\tilde{\boldsymbol{x}}_j(\tau),\tilde{\boldsymbol{\lambda}}_j(\tau),\tilde{\rho}_j(\tau),\tilde{\boldsymbol{u}}_j(\tau),\varsigma_j)$$

对于几乎每个 $\tau \in [0,1]$，$j=0$，…，$N_{exe}-1$ 成立。读者应当注意到，$\tilde{\rho}_j(\cdot)$ 是将变换时间 $\tilde{t}_j(\cdot)$ 的微分方程与 Hamilton 函数相结合的共态。

通过将式（4.104）和式（4.105）从混合轨迹应用于每个堆叠子区间，得到变换问题的横截性条件。堆叠意味着来自混合轨迹的所有子区间被处理为同时变化，如图 4.4 所示。

应用叠加横截性条件原理（4.115）得到

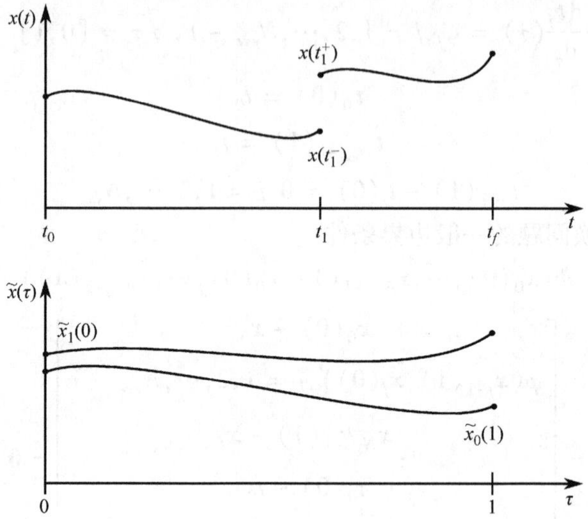

图 4.4　上图为原轨迹在 t_1 时有一次切换，状态不连续；下图为堆叠轨迹 $\tilde{x}_0(\tau)$ 和 $\tilde{x}_1(\tau)$

$$\tilde{\boldsymbol{\lambda}}_{j-1}(1) = -\left(\frac{\partial \boldsymbol{\psi}}{\partial \tilde{\boldsymbol{x}}_{j-1}(1)}\right)^T(\tilde{\boldsymbol{x}}_{j-1}(1),\cdots)\boldsymbol{\pi}_j$$

$$\tilde{\boldsymbol{\lambda}}_j(0) = -\left(\frac{\partial \boldsymbol{\psi}}{\partial \tilde{\boldsymbol{x}}_j(0)}\right)^T(\tilde{\boldsymbol{x}}_j(0),\cdots)\boldsymbol{\pi}_j$$

对于所有 $j=1, 2, \cdots, N_{swt}$ 成立，其中 $\boldsymbol{\pi}_j \in R^{N_x}$ 为 Lagrange 乘子。

使用微分

$$\frac{\partial \boldsymbol{\psi}}{\partial \tilde{\boldsymbol{x}}_{j-1}(1)} = \frac{\partial \varphi}{\partial \tilde{\boldsymbol{x}}_{j-1}(1)}(\tilde{\boldsymbol{x}}_{j-1}(1),\tilde{\boldsymbol{x}}_j(0)) = -\boldsymbol{I} - \frac{\partial \boldsymbol{\delta}_{(\tilde{q}_{j-1}(1),\tilde{q}_j(0))}}{\partial \tilde{\boldsymbol{x}}_{j-1}(1)}(\tilde{\boldsymbol{x}}_{j-1}(1))$$

$$\frac{\partial \boldsymbol{\psi}}{\partial \tilde{\boldsymbol{x}}_j(0)} = \frac{\partial \varphi}{\partial \tilde{\boldsymbol{x}}_j(0)}(\tilde{\boldsymbol{x}}_{j-1}(1),\tilde{\boldsymbol{x}}_j(0)) = \boldsymbol{I}$$

得到堆叠横截性条件

$$\boldsymbol{\lambda}_{j-1}(1) = -\left(\boldsymbol{I} + \frac{\partial \boldsymbol{\delta}_{(\tilde{q}_{j-1}(1),\tilde{q}_j(0))}}{\partial \tilde{\boldsymbol{x}}_{j-1}(1)}(\tilde{\boldsymbol{x}}_{j-1}(1))\right)^T \cdot \boldsymbol{\pi}_j \tag{4.116}$$

$$\boldsymbol{\lambda}_j(0) = -\boldsymbol{\pi}_j \tag{4.117}$$

如果将式（4.117）代入到式（4.116）中，得到一个重要特性

$$\boldsymbol{\lambda}_{j-1}(1) = \boldsymbol{\lambda}_j(0) + \left(\frac{\partial \boldsymbol{\delta}_{(\tilde{q}_{j-1}(1),\tilde{q}_j(0))}}{\partial \tilde{\boldsymbol{x}}_{j-1}(1)}\right)^T(\tilde{\boldsymbol{x}}_{j-1}(1))\boldsymbol{\lambda}_j(0) \tag{4.118}$$

式（4.118）称为状态跳跃的切换条件。利用对应关系 $\tilde{\boldsymbol{\lambda}}_{j-1}(1) = \boldsymbol{\lambda}(t_j^-)$，$\tilde{\boldsymbol{\lambda}}_j(0) = \boldsymbol{\lambda}(t_j^+)$ 和 $\tilde{\boldsymbol{x}}_{j-1}(1) = \boldsymbol{x}(t_j^-)$，获得原始时域中状态跳跃的切换条件：

$$\boldsymbol{\lambda}(t_j^-) = \boldsymbol{\lambda}(t_j^+) + \left(\frac{\partial \boldsymbol{\delta}_{(\tilde{q}_{j-1}(1),\tilde{q}_j(0))}}{\partial \tilde{\boldsymbol{x}}_{j-1}(1)}\right)^T(\boldsymbol{x}(t_j^-))\boldsymbol{\lambda}(t_j^+) \tag{4.119}$$

显然，没有状态跳跃的系统导致连续的共态。容易证明，终止时刻 $\tilde{t}_{N_{exe}-1}(1)$ 的横截性条件与连续最优控制问题的横截性条件完全类似。

只要只处理自治问题，则变换前后的 Hamilton 函数是相等的：

$$H(\boldsymbol{x}(t_j^-),q(t_j^-),\boldsymbol{\lambda}(t_j^-),\boldsymbol{u}(t_j^-)) = H(\boldsymbol{x}(t_j^+),q(t_j^+),\boldsymbol{\lambda}(t_j^+),\boldsymbol{u}(t_j^+))$$

堆叠后，可以得出结论，在切换时刻 t_j 允许共态 $\boldsymbol{\lambda}(\cdot)$ 是不连续的，而在时间区间 $[t_j,\ t_{j+1}]$ 必须满足伴随微分方程：

$$\dot{\boldsymbol{\lambda}}(t) = -\frac{\partial H}{\partial \boldsymbol{x}(t)}(\boldsymbol{x}(t),q(t),\boldsymbol{\lambda}(t),\boldsymbol{u}(t)),\quad a.e.\quad t \in [t_j,t_{j+1}),j = 0,1,\cdots,N_{exe}-1$$

其中，Hamilton 函数定义为

$$H(\boldsymbol{x}(t),q(t),\boldsymbol{\lambda}(t),\boldsymbol{u}(t)) = \boldsymbol{\lambda}^T(t)\boldsymbol{f}_{q(t)}(\boldsymbol{x}(t),\boldsymbol{u}(t)) \tag{4.120}$$

对于混合轨迹的所有弧，经典的 Pontryagin 意义上的连续控制 $\boldsymbol{u}(\cdot)$ 和离散状态 $q(\cdot)$ 都满足 Hamilton 最小条件：

$$(q^*(t),\boldsymbol{u}^*(t)) = \arg \min_{\boldsymbol{u}(t)\in\hat{U}(q(t),t),q(t)\in\hat{Q}} H(\boldsymbol{x}^*(t),q(t),\boldsymbol{\lambda}(t),\boldsymbol{u}(t))$$

综合所有结果，得到混合最优控制问题的一阶必要条件。

4.4.1　无状态跳跃的切换最优控制问题的必要条件

首先，对于状态轨迹无跳跃的切换系统的最优控制问题，导出的必要条件与纯连续系统的必要条件非常相似，可以参考 Sussmann[53]、Riedinger 等[47,48]和 Passenberg 等[43]的工作。这并不奇怪，如 3.2.6 节所示，可以将切换系统重新表述为常规系统。唯一的区别是，可行约束的集合 $\hat{U}(q(t),t)$ 不再是紧凑的和凸的。这一事实使得有必要将混合轨迹分解成以离散状态 $q(\cdot)$ 改变其位置的弧。

将无状态跳跃的原 SOCP 式（4.99）~式（4.103）分解到新的时域中，将经典的 Pontryagin 定理应用于每个弧，并且将变换后的一阶必要条件再返回原始时域，得到无状态跳跃的 HMP 式（4.99）~式（4.103），将这些结果总结成如下定理。

定理 4.8（无状态跳跃的切换最优控制问题的一阶必要条件）

设 $\boldsymbol{u}^*(\cdot) \in L^\infty([t_0,t_f],\boldsymbol{U})$、$\boldsymbol{x}^*(\cdot) \in AC^\infty([t_0,t_f],\boldsymbol{X})$ 和 $q^*(\cdot) \in L^\infty([t_0,t_f],\hat{Q})$ 为无状态跳跃 SOCP 式（4.99）~式（4.103）的最优元组，即 $\varphi(\boldsymbol{x}^*(t_j^-),\boldsymbol{x}^*(t_j^+)) = \boldsymbol{x}^*(t_j^+) - \boldsymbol{x}^*(t_j^-) = \boldsymbol{0}$，其时域为在固定时间区间 $[t_0,\ t_f]$。假设成本泛函以 Mayer 问题给出，这使得 Hamilton 函数定义为式（4.120）的形式，则存在满足非平凡解 $\boldsymbol{\lambda}(t) \neq \boldsymbol{0}$ 的绝对连续共态 $\boldsymbol{\lambda}(\cdot) \in AC^\infty([t_0,t_f],R^{N_x})$，满足下列条件。

1）状态 $\boldsymbol{x}^*(\cdot)$ 和共态 $\boldsymbol{\lambda}(\cdot)$ 满足 Hamilton 函数（4.120）的正则方程

$$\dot{\boldsymbol{x}}^*(t) = \frac{\partial H}{\partial \boldsymbol{\lambda}}(\boldsymbol{x}^*(t),q^*(t),\boldsymbol{\lambda}(t),\boldsymbol{u}^*(t)) = \boldsymbol{f}_{q^*(t)}(\boldsymbol{x}^*(t),\boldsymbol{u}^*(t)) \tag{4.121}$$

$$\dot{\boldsymbol{\lambda}}(t) = -\frac{\partial H}{\partial \boldsymbol{x}}(\boldsymbol{x}^*(t), q^*(t), \boldsymbol{\lambda}(t), \boldsymbol{u}^*(t)) = -\left(\frac{\partial \boldsymbol{f}_{q^*(t)}}{\partial \boldsymbol{x}}\right)^T (\boldsymbol{x}^*(t), \boldsymbol{u}^*(t))\boldsymbol{\lambda}(t) \tag{4.122}$$

对于几乎每个 $t \in [t_j, t_{j+1})$, $j=0$, 1, …, $N_{exe}-1$ 成立，边界条件为 $\boldsymbol{x}^*(t_0) = \boldsymbol{x}_0$ 和 $\boldsymbol{x}_{[L_f]}{}^*(t_f) = \boldsymbol{x}_f$。

2）Hamilton 最小条件

$$(q^*(t), \boldsymbol{u}^*(t)) = \arg \min_{\boldsymbol{u}(t) \in \hat{U}(q(t), t), q(t) \in \hat{Q}} H(\boldsymbol{x}^*(t), q^*(t), \boldsymbol{\lambda}(t), \boldsymbol{u}^*(t)) \tag{4.123}$$

对于几乎每个 $t \in [t_j, t_{j+1})$, $j=0$, 1, …, $N_{exe}-1$ 成立。

3）在终止时间满足端点 Lagrange 的横截性条件

$$\boldsymbol{\lambda}_{[L_f^c]}(t_f) = \frac{\partial m}{\partial \boldsymbol{x}_{[L_f^c]}(t_f)}(\boldsymbol{x}^*(t_f)) \tag{4.124}$$

4）对于在时间 t_j 的外部强制切换，满足以下跳跃条件：

$$\boldsymbol{\lambda}(t_j^-) = \boldsymbol{\lambda}(t_j^+) \tag{4.125}$$

$$H(\boldsymbol{x}^*(t_j^-), q^*(t_j^-), \boldsymbol{\lambda}(t_j^-), \boldsymbol{u}^*(t_j^-)) = H(\boldsymbol{x}^*(t_j^+), q^*(t_j^+), \boldsymbol{\lambda}(t_j^+), \boldsymbol{u}^*(t_j^+)) \tag{4.126}$$

Dmitruk 和 Kaganovich[20] 给出了相应证明，相似的结果也可在文献［52］中找到。

在 PMP 中表示的一阶必要条件，一个关键的区别在于，对于固定的 $t \in [t_0, t_f]$，连续值控制和离散状态的 Hamilton 函数同时最小化。

4.4.2 有状态跳跃的切换最优控制问题的必要条件

为了考虑状态跳跃，必须将具有状态跳跃的原 SOCP 问题式（4.99）~式（4.103）的轨迹在新的时域中分解为混合轨迹，以便应用堆叠过程。然后，将经典 Pontryagin 定理应用于每个弧，并且将变换后的一阶必要条件返回原始时域，得到状态跳跃的式（4.99）~式（4.103）的 HMP。

具有状态跳跃的切换系统的最优控制问题也面临着共态不连续的挑战，这要求准确了解切换弧的数目，并且需要在评估跳跃条件时进行一些额外的工作，将这些结果总结为如下定理。

定理 4.9（有状态跳跃的切换最优控制问题的一阶必要条件）

设 $\boldsymbol{u}^*(\cdot) \in L^\infty([t_0, t_f], \boldsymbol{U})$、$\boldsymbol{x}^*(\cdot) \in AC^\infty([t_0, t_f], \boldsymbol{X})$ 和 $q^*(\cdot) \in L^\infty([t_0, t_f], \hat{Q})$ 为有状态跳跃 SOCP 式（4.99）~式（4.103）的最优元组，即 $\varphi(\boldsymbol{x}^*(t_j^-), \boldsymbol{x}^*(t_j^+)) = \boldsymbol{x}^*(t_j^+) - \boldsymbol{x}^*(t_j^-) - \boldsymbol{\delta}_{(q^*(t_j^-), q^*(t_j^+))}(\boldsymbol{x}^*(t_j^-)) = \boldsymbol{0}$，其在固定的时间区

间 $[t_0, t_f]$ 上；假设成本泛函以 Mayer 问题给出，从而得到定义为式（4.120）的 Hamilton 函数，则存在满足非平凡解 $\boldsymbol{\lambda}(t) \neq \mathbf{0}$ 的绝对连续共态 $\boldsymbol{\lambda}(\cdot) \in AC^\infty([t_0, t_f], R^{N_x})$，下列条件成立。

1）对于几乎每个 $t \in [t_j, t_{j+1})$，$j=0, 1, \cdots, N_{exe}-1$、边界条件为 $\boldsymbol{x}^*(t_0) = \boldsymbol{x}_0$ 和 $\boldsymbol{x}_{[L_f]}{}^*(t_f) = x_f$，状态 $\boldsymbol{x}^*(\cdot)$ 和共态 $\boldsymbol{\lambda}(\cdot)$ 满足 Hamilton 函数（4.120）的正则方程式（4.121）和式（4.122）。

2）对于几乎每个 $t \in [t_j, t_{j+1})$，$j=0, 1, \cdots, N_{exe}-1$，Hamilton 最小条件成立。

3）在终止时间满足横截性条件（4.124）。

4）对于在时间 t_j 的外部强制切换，满足以下跳跃条件：

$$\boldsymbol{\lambda}(t_j^-) = \boldsymbol{\lambda}(t_j^+) + \left(\frac{\partial \delta_{(q(t_j^-), q(t_j^+))}}{\partial \boldsymbol{x}^*(t_j^-)}\right)(\boldsymbol{x}^*(t_j^-))\boldsymbol{\lambda}(t_j^+) \tag{4.127}$$

$$H(\boldsymbol{x}^*(t_j^-), \boldsymbol{\lambda}(t_j^-), q^*(t_j^-), \boldsymbol{u}^*(t_j^-)) = H(\boldsymbol{x}^*(t_j^+), \boldsymbol{\lambda}(t_j^+), q^*(t_j^+), \boldsymbol{u}^*(t_j^+)) \tag{4.128}$$

Dmitruk 和 Kaganovich[20] 给出了这个证明的简单结果。

4.4.3　重新审视：状态约束最优控制问题的必要条件

定理 4.5 描述了相当普遍的状态约束最优控制问题的一阶必要条件。特别是，共态的跳跃条件在实际中难以理解和应用。将状态约束最优控制问题重新解释为混合最优控制问题，没有提供进一步的信息，但是更容易推导出共态的跳跃条件。为了简单起见，考虑只有一个纯状态约束的最优控制问题的简单例子，这个例子被归结为一个混合最优控制问题。系统可以自动执行转换，如果当系统的第二状态遇到下述类型的切换流形时：

$$\boldsymbol{x}(t_j) = C_{(q(t_j^-), q(t_j^+))}(t) = \{\boldsymbol{x}(t) \mid c_x(\boldsymbol{x}(t)) = 0, \boldsymbol{x}(t) \in \boldsymbol{X}\}$$

再次假设 $c_x(\cdot)$ 在边界区间上满足秩条件（4.56），使得通过系统微分方程 $\boldsymbol{u}(\cdot)$ 可以隐式控制 $c_x(\cdot)$。

假设一个系统有两种状态，其中只有第二个状态允许有一个约束，即 $c_x(x_2(t))$。然后，将状态约束系统转换为混合系统，其中时间的演化可以分解为两个无约束弧和一个约束弧。$\boldsymbol{x}_1^{[2]}$ 被约束到斜坡上的这种情况，如图 4.5 所示。得到一个混合轨迹为

$$\dot{\boldsymbol{x}}_0(t) = \boldsymbol{f}_{q_0(t)}(\boldsymbol{x}_0(t), \boldsymbol{u}_0(t)) \quad a.e. \quad t \in [t_0, t_1)$$

$$\dot{\boldsymbol{x}}_1(t) = \boldsymbol{f}_{q_1(t)}(\boldsymbol{x}_1(t), \boldsymbol{u}_1(t)) \quad a.e. \quad t \in [t_1, t_2)$$

$$\dot{\boldsymbol{x}}_2(t) = \boldsymbol{f}_{q_2(t)}(\boldsymbol{x}_2(t), \boldsymbol{u}_2(t)) \quad a.e. \quad t \in [t_2, t_f)$$

其中，$[q_0,q_1,q_2 = = [1,2,1]$。

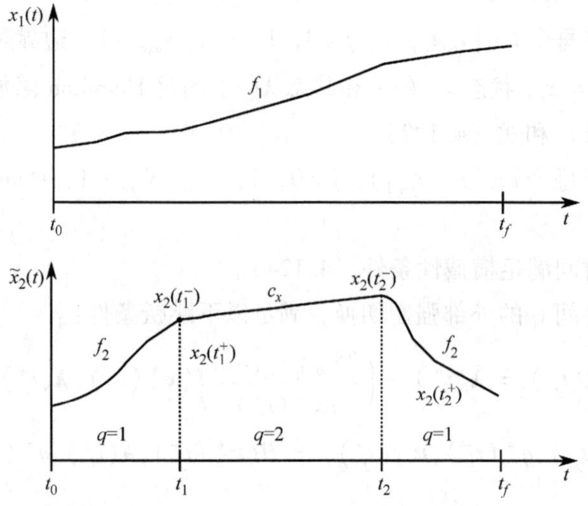

图 4.5　切换系统的示例状态轨迹 $x_1(\cdot)$ 和 $x_2(\cdot)$，其中第二个状态被限制在时间区间 $t\in[t_1,\ t_2)$ 中

约束状态 $\boldsymbol{x}_1^{[2]}$ 由下式隐含描述：

$$c_x(\boldsymbol{x}_1)=0 \quad \forall t\in[t_1,t_2)$$

然后，对于时域 $\tau\in[0,1]$，变换后的 Mayer 问题为

$$\begin{aligned}\phi(q^*(\cdot),\boldsymbol{u}^*(\cdot)) &= \min_{q(\cdot)\in Q,\boldsymbol{u}(\cdot)\in U(q(\cdot))} \phi(q(\cdot),\boldsymbol{u}(\cdot)) \\ &= m(\boldsymbol{x}_2{}^*(1))\end{aligned} \tag{4.129}$$

$$\frac{\mathrm{d}\widetilde{\boldsymbol{x}}_j}{\mathrm{d}\tau} = \varsigma_j \boldsymbol{f}_{\widetilde{q}_j(\tau)}(\widetilde{\boldsymbol{x}}_j(\tau),\widetilde{\boldsymbol{u}}_j(\tau)), j=0,\cdots,2, \forall\tau\in[0,1] \tag{4.130}$$

$$c_x(\widetilde{\boldsymbol{x}}_1) = 0, \forall\tau\in[0,1] \tag{4.131}$$

$$\widetilde{\boldsymbol{x}}_0(0) = \boldsymbol{x}_0 \tag{4.132}$$

$$\widetilde{\boldsymbol{x}}_2^{[L_f]}(1) = \boldsymbol{x}_f \tag{4.133}$$

$$\varphi(\widetilde{\boldsymbol{x}}_{j-1}(1),\widetilde{\boldsymbol{x}}_j(0)) = \widetilde{\boldsymbol{x}}_j(0) - \widetilde{\boldsymbol{x}}_{j-1}(1) = \boldsymbol{0}, j=1,2 \tag{4.134}$$

$$\dot{\widetilde{t}}_j(\tau) = \varsigma_j, j=0,\cdots,2, \forall\tau\in[0,1] \tag{4.135}$$

$$\widetilde{t}_0(0) = t_0 \tag{4.136}$$

$$\widetilde{t}_2(1) = t_f \tag{4.137}$$

$$\widetilde{t}_{j-1}(1) - \widetilde{t}_j(0) = 0, j=1,2 \tag{4.138}$$

根据变换问题，给出一般边界条件：

$$\boldsymbol{\psi}(\boldsymbol{x}_0(0),\cdots,\boldsymbol{x}_2(1),\tilde{t}_0(0),\cdots,\tilde{t}_2(1)) = \begin{bmatrix} \tilde{\boldsymbol{x}}_0(0) - \boldsymbol{x}_0 \\ \varphi(\tilde{\boldsymbol{x}}_{j-1}(1),\tilde{\boldsymbol{x}}_j(0)), j = 1,2 \\ \tilde{\boldsymbol{x}}_2^{[L_f]}(1) - \boldsymbol{x}_f \\ c_x(\tilde{\boldsymbol{x}}_1) \\ \tilde{t}_0(0) - t_0 \\ \tilde{t}_{j-1}(1) - \tilde{t}_j(0), j = 1,2 \\ \tilde{t}_2(1) - t_f \end{bmatrix} = 0 \tag{4.139}$$

直接将状态约束与 Hamilton 函数相结合：

$$\tilde{H}(\tilde{\boldsymbol{x}}(\tau),\tilde{\boldsymbol{\lambda}}(\tau),\tilde{\rho}(\tau),\tilde{\gamma}(\tau),\tilde{\boldsymbol{u}}(\tau),\varsigma) = \sum_{j=0}^{2}\varsigma_j[\tilde{\boldsymbol{\lambda}}_j^T(\tau)\boldsymbol{f}_{\tilde{q}_j(\tau)}(\tilde{\boldsymbol{x}}_j(\tau),\tilde{\boldsymbol{u}}_j(\tau)) + \tilde{\rho}_j(\tau)] + \tilde{\gamma}(\tau)c_x(\tilde{\boldsymbol{x}}_1(\tau)) \quad \text{a. e.} \quad \tau \in [0,1]$$

伴随微分方程为

$$\frac{\mathrm{d}\tilde{\boldsymbol{\lambda}}_j}{\mathrm{d}\tau} = -\varsigma_j\left(\frac{\partial \boldsymbol{f}_{\tilde{q}_j(\tau)}}{\partial \tilde{\boldsymbol{x}}_j}\right)^T(\tilde{\boldsymbol{x}}_j(\tau),\tilde{\boldsymbol{u}}_j(\tau))\tilde{\boldsymbol{\lambda}}_j(\tau), j \in \{0,2\}, \text{a. e.} \quad \tau \in [0,1]$$

$$\frac{\mathrm{d}\tilde{\boldsymbol{\lambda}}_1}{\mathrm{d}\tau} = -\varsigma_j\left(\frac{\partial \boldsymbol{f}_{\tilde{q}_j(\tau)}}{\partial \tilde{\boldsymbol{x}}_1}\right)^T(\tilde{\boldsymbol{x}}_1(\tau),\tilde{\boldsymbol{u}}_1(\tau))\tilde{\boldsymbol{\lambda}}_1(\tau) + \tilde{\gamma}(\tau)\frac{\partial c_x}{\partial \tilde{\boldsymbol{x}}_1}(\tilde{\boldsymbol{x}}_1(\tau)), \text{a. e.} \quad \tau \in [0,1]$$

$$\frac{\mathrm{d}\tilde{\rho}_j}{\mathrm{d}\tau} = 0, j = 0,\cdots,2 \qquad \forall \tau \in [0,1]$$

由于直接附加了状态约束，因此必须在约束弧上任意指定一个附加的点约束。选择入口点

$$c_x(\tilde{\boldsymbol{x}}_1(0)) = 0$$

连同约束（4.134）一起，应用一般横截性条件式（4.104）、式（4.105）到式（4.139），得到

$$\boldsymbol{\lambda}_0(1) = -\boldsymbol{\alpha}_0$$

$$\boldsymbol{\lambda}_1(0) = -\boldsymbol{\alpha}_0 - \frac{\partial c_x}{\partial \tilde{\boldsymbol{x}}_1(0)}(\tilde{\boldsymbol{x}}_1(0))\pi$$

其中，$\pi \in R$，$\pi \geqslant 0$ 为状态约束（4.131）的 Lagrange 乘子；$\boldsymbol{\alpha}_0 \in R^2$ 为 $j=0$ 时约束（4.134）的 Lagrange 乘子。因此，横截性条件给出下列共态跳跃条件：

$$\boldsymbol{\lambda}_0(1) = \boldsymbol{\lambda}_1(0) + \frac{\partial c_x}{\partial \tilde{\boldsymbol{x}}_1(0)}(\tilde{\boldsymbol{x}}_1(0))\pi$$

反变换到原时域，得到 4.2.2 节中在状态约束的入口点处的共态跳跃的一阶必

要条件，对于出口点处的跳跃推导完全类似。如果跳跃发生在状态约束的内部区间，则必须增加混合轨迹的附加段，然后根据相同的原理进行推导。

4.5 存在性

除非知道最优控制问题的解存在，否则必要条件可能是无用的甚至是误导的。但是怎样才能保证解存在呢？

在控制空间弱紧凑性的假设下，给出连续最优控制问题和切换最优控制问题的存在性定理。如此，首先考虑 Mayer 问题：

$$\phi(\boldsymbol{u}^*(\cdot)) = \min_{\boldsymbol{u}(\cdot)\in L^\infty([t_0,t_f],U)} \phi(\boldsymbol{u}(\cdot)) = m(\boldsymbol{x}^*(t_f)) \tag{4.140}$$

$$\dot{\boldsymbol{x}}(t) = \boldsymbol{f}(\boldsymbol{x}(t),\boldsymbol{u}(t)), \quad \text{a. e.} \quad t \in [t_0,t_f] \tag{4.141}$$

$$\boldsymbol{x}(t_0) = \boldsymbol{x}_0 \tag{4.142}$$

$$\boldsymbol{x}_{[L_f]}(t_f) = \boldsymbol{x}_f \tag{4.143}$$

$$\boldsymbol{c}_u(\boldsymbol{u}(t)) \leqslant \boldsymbol{0} \tag{4.144}$$

$$\boldsymbol{c}_x(\boldsymbol{x}(t)) \leqslant \boldsymbol{0} \tag{4.145}$$

其中，$\boldsymbol{x}^*(\cdot) \in AC^\infty([t_0,t_f],X)$，Mayer 项定义为 $m:\widetilde{X}\to S$ 且 $S\subseteq \boldsymbol{X}$ 闭合。

定义 Mayer 问题的可达集为

$$R^t(\boldsymbol{x}_0):=\{\boldsymbol{f}(\boldsymbol{x}(t),\boldsymbol{u}(t))\mid \boldsymbol{u}(t)\in \hat{U}(t)\}\in \boldsymbol{X}, \forall t\in[t_0,t_f] \tag{4.146}$$

可达集如图 4.6 所示。可达集是针对每个 $t\in[t_0,t_f]$ 的厚片，其中包含所有点 $\boldsymbol{f}(\boldsymbol{x}(t),\boldsymbol{u}(t))$，这些点可以由允许控制集 $\hat{U}(t)$ 获得任何控制。

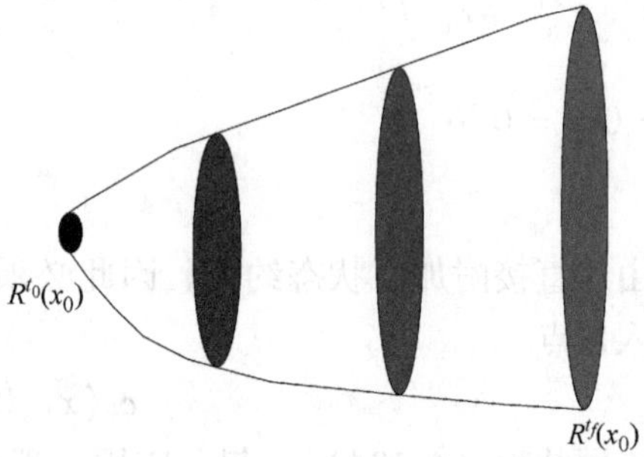

图 4.6 时间跨度 $t_0\leqslant t\leqslant t_f$ 上可达集 $R^t(x_0)$ 的变化

为了方便引入后面的定理，定义集合

$$M=\{(\boldsymbol{x}(t),\boldsymbol{u}(t))\mid \boldsymbol{x}(t)\in\hat{X}(t),\ \boldsymbol{u}(t)\in\hat{U}(t)\}\subset R^{N_x+N_u}$$

同时，设函数 $\boldsymbol{f}(\cdot)$ 定义在 M 上。

由这些定义，Cesari[13] 说明了如下的存在性定理。

定理 4.10（Mayer 问题的 Filippov 存在性定理[13]）

设 $\hat{X}(t)$ 和 S 为闭集，假设对于每个 $N\geqslant 0$ 存在紧集 $M_N=\{(\boldsymbol{x}(t),\boldsymbol{u}(t))\mid\in M\,|\boldsymbol{x}(t)|\leqslant N\}$，同时设端点泛函 $m(\cdot)$ 在 S 上是下半连续的，函数 $\boldsymbol{f}(\boldsymbol{x}(t),\boldsymbol{u}(t))$ 在 M 上连续。进一步假设对于几乎每个 $t\in[t_0,t_f]$ 可达集 $R^t(x_0)$ 是凸的，则问题式（4.140）~式（4.145）对于所有可行对 $(\boldsymbol{x}(\cdot),\boldsymbol{u}(\cdot))$ 有绝对最小值。

Cesari 给出了相应的证明[13]。

注释4.7：定理4.10中下画线的假设可以用下列选项之一代替：

1）存在常数 $C \geqslant 0$，使得对于所有 $(\boldsymbol{x}(\cdot),\boldsymbol{u}(\cdot)) \in M$ 和 $t \in [t_0,t_f]$，有 $x_1 f_1 + \cdots + x_{N_x} f_{N_x} \leqslant C(|\boldsymbol{x}(t)|^2 + 1)$。

2）存在常数 $C \geqslant 0$，使得对于所有 $(\boldsymbol{x}(\cdot),\boldsymbol{u}(\cdot)) \in M$ 和 $t \in [t_0,t_f]$，有 $|\boldsymbol{f}(\boldsymbol{x}(t),\boldsymbol{u}(t))| \leqslant C(|\boldsymbol{x}(t)|^2 + 1)$。

3）存在局部可积标量函数 $M(\cdot)$，使得对于所有 $(\boldsymbol{x}(\cdot),\boldsymbol{u}(\cdot)) \in M$ 和 $t \in [t_0,t_f]$，有 $|\boldsymbol{f}(\boldsymbol{x}(t),\boldsymbol{u}(t))| \leqslant M(t)(|\boldsymbol{x}(t)|^2 + 1)$。

注释4.8：下半连续函数是局部有下界的。

上述结果的存在性可以推广到 Lagrange 问题和 Bolza 型问题，如 Cesari[13] 所示，需要相应地重新定义可达集。

对于混合最优控制问题，存在性是通过使用堆叠参数由先前的结果得到一个平凡结果。如此，考虑将 HOCP 表示为 Mayer 问题：

$$\phi(q^*(\cdot),\boldsymbol{u}^*(\cdot)) = \min_{q(\cdot)\in Q,\boldsymbol{u}(\cdot)\in U(q(\cdot))} \phi(q(\cdot),\boldsymbol{u}(\cdot)) = m(\boldsymbol{x}^*(t_f)) \tag{4.147}$$

$$\dot{\boldsymbol{x}}(t) = \boldsymbol{f}_{q(t)}(\boldsymbol{x}(t),\boldsymbol{u}(t)), \quad \text{a. e.} \quad t \in [t_0,t_f] \tag{4.148}$$

$$\boldsymbol{x}(t_0) = \boldsymbol{x}_0 \tag{4.149}$$

$$\boldsymbol{x}_{[L_f]}(t_f) = \boldsymbol{x}_f \tag{4.150}$$

$$\varphi(\boldsymbol{x}(t_j^-),\boldsymbol{x}(t_j^+)) = \boldsymbol{x}(t_j^+) - \boldsymbol{x}(t_j^-) - \delta_{[q^-,q^+]}(\boldsymbol{x}(t_j^-)) = \boldsymbol{0}, t_j \in \Theta_t \tag{4.151}$$

$$\boldsymbol{c}_x(\boldsymbol{x}(t)) \leqslant \boldsymbol{0} \tag{4.152}$$

$$\boldsymbol{x}(t_j^-),\boldsymbol{x}(t_j^+) \in S_j, j = \{1,2,\cdots,N_{swt}\} \tag{4.153}$$

然后，端点泛函

$$\phi(\boldsymbol{x}(t_f),\boldsymbol{x}(t_j^-),\boldsymbol{x}(t_j^+)) = m(\boldsymbol{x}(_f)) + \sum_{j=1}^{N_{swt}} \boldsymbol{\pi}_j^T \varphi(\boldsymbol{x}(t_j^-),\boldsymbol{x}(t_j^+))$$

可以分解为 N_{exe} 个端点泛函：

$$\phi(\boldsymbol{x}(t_1^-),\boldsymbol{x}(t_j^+)) = \boldsymbol{\pi}_1^T \varphi(\boldsymbol{x}(t_1^-),\boldsymbol{x}(t_1^+))$$

$$\vdots$$

$$\phi(\boldsymbol{x}(t_{N_{swt}}^-),\boldsymbol{x}(t_{N_{swt}}^+)) = \boldsymbol{\pi}_{N_{swt}}^T \varphi(\boldsymbol{x}(t_{N_{swt}}^-),\boldsymbol{x}(t_{N_{swt}}^+))$$

$$\phi(\boldsymbol{x}(t_f)) = m(\boldsymbol{x}(t_f))$$

由于假设跳跃函数 $\boldsymbol{\delta}_{(q^-,q^+)}(\cdot)$ 对于 $\boldsymbol{x}(\cdot)$ 连续可微，因此端点泛函相对于其目标集的连续性假设仍然成立；同时，假设 $\boldsymbol{f}_q(\cdot)$ 在 M 上连续定义，则对于式（4.147）~式(4.153）的每个子问题，定理4.10给出最优控制的存在性。

4.6 相关研究

Sargent[50]给出了一篇关于最优控制和一些历史背景的很好的研究论文。一些历史要点是：最优控制理论始于近380年前的首次变分法尝试，主要参与者为Galileo、Newton和Euler等。1755年，Lagrange引入基于最优曲线变化的第一种分析方法，并且使用待定乘子，后来称为Lagrange乘子，变分法学科就此诞生。同时，Hamilton[42]在力学方程中采用变分原理，引入“系统运动的主函数”，现在称为Hamilton函数。Hamilton[28,29]采用一对偏微分方程表达其原理，但是1838年Jacobi表示其可以更简洁方式写成“Hamilton - Jacobi”方程，更多信息参见Goldstine[26]。在第二次世界大战结束后，最优控制产生了飞跃。此时，人们对战斗机的最小时间拦截问题非常感兴趣。由于飞机速度的提高，不能再忽略非线性项。然而，线性化并不是首选方法，许多著名的数学家都在寻求解决这类问题的通解方法。例如，Hestenes[31,32]写了两篇著名的RAND研究备忘录，尤其是备忘录[31]包含后来被称为最大原理的早期公式。Hestenes对变分法的深入研究，使他错过了对他的主要问题的彻底反思：无约束控制的假设。在航空研究中，Pontryagin等[46]认识到这个问题，并且首次建立了具有控制约束的控制问题的必要条件，从而引入著名的“最大原理”，他使用不是经典的Hamilton函数的一个函数$H(\cdot)$。后来，Clarke[16]将此函数称为“伪Hamilton函数”。然而，Hamilton函数的正则方程也适用于伪Hamilton函数，当且仅当Euler - Lagrange方程成立。事实上，Pontryagin为许多其他研究方向奠定了基础，他的最大原理甚至对于现代混合最优控制问题仍然适用，Pesch和Plail[44,45]对最大原理进行了一个很好的历史综述。另一个关键时刻是20世纪70年代和20世纪80年代的非光滑分析的发展，非光滑分析重新引起了人们对于最优控制问题的兴趣，并为旧问题带来新的解决方法，Clarke[16]是这一研究领域的主要人物之一。

关于最优控制理论这一课题，有许多优秀的参考书。Kirk首先引入变分法的理论，并且给出一些基本算法的简要描述[37]，更详细的内容由Bryson和Ho给出了推导[10]。Liberzon对最优控制理论给出了很好的介绍[40]，涉及变分法、Pontryagin最大原理和其证明概略以及一些高级问题。Vinter[55]、Ioffe和Tihomirov[35]与Girsanov[25]都给出了简洁而富含理论性的论述。同时，Clarke[14]以泛函分析为基础给出了最优控制的简明介绍。可观测和绝对连续的函数的复杂概念以一种易于理解的方式描述，Adams和Fournier[1]对这些概念给出了更专业的描述。

价值函数和Hamilton - Jacobi方程在变分法中的核心作用，由Caratheodory认识到[12]。类似的想法以动态规划的名义重新出现在Richard Bellman[4]的工作中，成为离散系统反馈控制综合的标准工具。利用Hamilton - Jacobi - Bellman方程导出了混合切换系统最优控制的必要条件，Riedinger和Kratz[47]利用动态规划论证导出了混合最优控制问题的必要条件集。其结果与堆叠过程相似，但隐含地表示价值函数属于 C^1。

对于状态不等式约束最优控制问题的必要条件，Hartl 等[30]给出了很好的概述，进一步的文献有 Jacobson 等[36]、Biswas 和 De Pinho[5,6]。Graichen 和 Petit[27]提出了一种将约束最优控制问题转化为无约束最优控制问题的方法，该方法采用输入输出线性化作为状态约束的坐标变换。变换后的状态约束呈线性，但在状态边界上是不可微的，这需要假设 OCP 只在接近状态约束的情况下控制系统。状态不等式约束的最大原理的多数证明是不易获得的，Dmitruk[19]讨论了最初由 Dubovitskii 和 Milyutin[21]提出的滑动变分法，基于泛函分析的著名结果证明了该问题类的最大原理。

对于一类非常普通的系统，Sussman 导出了混合情况的必要条件[53]。对于具有绝对连续状态的系统，可以在 Shaikh[52]和 Xu[57]以及 Riedinger 等[47, 48]的工作中找到更具体的结果。对于状态轨迹中具有不连续性的系统，Passenberig 等[43]和 Schori 等[51]给出了更具体的结果。Clarke 和 De Pinho[15]提出了一个理论，其对于具有控制状态约束的控制问题必要条件的推导起着重要作用，这种综合方法称为非光滑分析方法。Bonnans 和 Hermant[8,9]与 Hoehener[34]导出了具有状态不等式 OCP 的二阶必要条件，Boltyanski 和 Poznyak[7]给出了最优性的充分条件。

在自治系统的背景下，X. Xu[56]和 S. A. Attia[49]对具有状态跳跃的 HOCP 进行了处理。一个相关的案例是无状态跳跃的 HOCP，但是每次切换都会增加目标函数的额外成本，Garavello 和 Piccoli[23]提出了这种情况的必要条件。

Cesari[13]和 Clarke[14]深入研究了最优控制的存在性，进一步推荐的文献是 Knowles[38]、Lee 和 Markus[39]与 Filippov[22]。

参考文献

1. Adams RA, Fournier JJ (2003) Sobolev spaces, vol 140, 2nd edn. Academic Press
2. Azbelev N, Rakhmatullina L (2007) Introduction to the theory of functional differential equations: methods and applications. Contemporary mathematics and its applications. Hindawi
3. Bardi M, Capuzzo-Dolcetta I (1997) Optimal control and viscosity solutions of Hamilton-Jacobi-Bellman equations. Springer Science & Business Media
4. Bellman RE (2003) Dynamic programming, republication of the edition published by Princeton University Press (1957) edn. Dover Publications
5. Biswas HA, De Pinho MDR (2011) Necessary conditions for optimal control problems with and without state constraints: a comparative study. WSEAS Trans Syst Control 6(6):217–228
6. Biswas MHA (2013) Necessary conditions for optimal control problems with state constraints: theory and applications. PhD thesis, University of Porto, Nov 2013
7. Boltyanski VG, Poznyak A (2011) The robust maximum principle: theory and applications. Springer Science & Business Media
8. Bonnans JF, Hermant A (2009) Revisiting the analysis of optimal control problems with several state constraints. Control Cybernet 38(4A):1021–1052

9. Bonnans JF, Dupuis X, Pfeiffer L (2014) Second-order necessary conditions in Pontryagin form for optimal control problems. SIAM J Control Optim 52(6):3887–3916
10. Bryson A, Ho YC (1975) Applied optimal control-optimization. Estimation and control. Taylor & Francis Inc., New York
11. Capuzzo-Dolcetta I (1998) Hamilton-Jacobi-bellman equations and optimal control. Variational calculus, optimal control and applications. Springer, pp 121–132
12. Caratheodory C (1935) Variationsrechnung und partielle Differentialgleichungen erster Ordnung. B. G, Teubner, Leipzig
13. Cesari L (2012) Optimization theory and applications: problems with ordinary differential equations, vol 17. Springer Science & Business Media
14. Clarke F (2013) Functional analysis, calculus of variations and optimal control, vol 264. Springer Science & Business Media
15. Clarke F, De Pinho M (2010) Optimal control problems with mixed constraints. SIAM J Control Optim 48(7):4500–4524
16. Clarke FH (1990) Optimization and nonsmooth analysis, vol 5. Siam
17. Crandall MG, Lions PL (1983) Viscosity solutions of Hamilton-Jacobi equations. Trans Am Math Soc 277(1):1–42
18. Crandall MG, Evans LC, Lions PL (1984) Some properties of viscosity solutions of Hamilton-Jacobi equations. Trans Am Math Soc 282(2):487–502
19. Dmitruk A (1993) Maximum principle for the general optimal control problem with phase and regular mixed constraints. Comput Math Model 4(4):364–377
20. Dmitruk A, Kaganovich A (2008) The hybrid maximum principle is a consequence of Pontryagin maximum principle. Syst Control Lett 57(11):964–970
21. Dubovitskii AY, Milyutin A (1965) Constrained extremum problems. Zh v?chisl Mat mat Fiz 5(3):395–453
22. Filippov A (1962) On certain questions in the theory of optimal control. J Soc Ind Appl Math Ser A: Control 1(1):76–84
23. Garavello M, Piccoli B (2005) Hybrid necessary principle. SIAM J Control Optim 43: 1867–1887
24. Gelfand IM, Silverman RA et al (2000) Calculus of variations. Courier Corporation
25. Girsanov IV (1972) Lectures on mathematical theory of extremum problems, vol 67. Springer
26. Goldstine HH (2012) A history of the calculus of variations from the 17th through the 19th century, vol 5. Springer Science & Business Media
27. Graichen K, Petit N (2009) Incorporating a class of constraints into the dynamics of optimal control problems. Optim Control Appl Methods 30(6):537–561
28. Hamilton WR (1834) On a general method in dynamics; by which the study of the motions of all free systems of attracting or repelling points is reduced to the search and differentiation of one central relation, or characteristic function. Philos Trans R Soc Lond 124:247–308
29. Hamilton WR (1835) Second essay on a general method in dynamics. Philos Trans R Soc Lond 125:95–144
30. Hartl RF, Sethi SP, Vickson RG (1995) A survey of the maximum principles for optimal control problems with state constraints. SIAM Rev 37(2):181–218
31. Hestenes MR (1949) Numerical methods of obtaining solutions of fixed end-point problems in the calculus of variations. Technical report, RAND Corporation
32. Hestenes MR (1950) A general problem in the calculus of variations with applications to paths of least time. Technical report, Rand Corporation
33. Hestenes MR (1966) Calculus of variations and optimal control theory. Wiley
34. Hoehener D (2013) Second-order necessary optimality conditions in state constrained optimal control. In: Proceedings of the 52nd IEEE conference on decision and control (CDC). IEEE, pp 544–549
35. Ioffe AD, Tihomirov VM (1979) Theory of extremal problems. North-Holland
36. Jacobson DH, Lele M, Speyer JL (1971) New necessary conditions of optimality for control problems with state-variable inequality constraints. J Math Anal Appl 35(2):255–284

37. Kirk D (1970) Optimal control theory: an introduction. Englewood Cliffs, N.J., Prentice-Hall
38. Knowles G (1981) An introduction to applied optimal control. Academic Press
39. Lee EB, Markus L (1967) Foundations of optimal control theory. Technical report, DTIC Document
40. Liberzon D (2012) Calculus of variations and optimal control theory: a concise introduction. Princeton University Press
41. Maurer H (1979) On the minimum principle for optimal control problems with state constraints. Rechenzentrum d. Univ.
42. Nakane M, Fraser CG (2002) The early history of Hamilton-Jacobi dynamics 1834–1837. Centaurus 44(3–4):161–227
43. Passenberg B, Leibold M, Stursberg O, Buss M (2011) The minimum principle for time-varying hybrid systems with state switching and jumps. In: Proceedings of the IEEE conference on decision and control, pp 6723–6729
44. Pesch HJ, Plail M (2009) The maximum principle of optimal control: a history of ingenious ideas and missed opportunities. Control Cybern 38(4A):973–995
45. Pesch HJ, Plail M (2012) The cold war and the maximum principle of optimal control. Optimization Stories Documenta Mathematica
46. Pontryagin L, Boltyanskii V, Gamkrelidze R, Mishchenko E (1962) The mathematical theory of optimal processes. Wiley
47. Riedinger P, Kratz F (2003) An optimal control approach for hybrid systems. Eur J Control 9:449–458
48. Riedinger P, Kratz F, Iung C, Zannes C (1999) Linear quadratic optimization for hybrid systems. In: Proceedings of the 38th IEEE conference on decision and control, pp 3059–3064
49. SA Attia Jr, Azhmyakov V (2007) State jump optimization for a class of hybrid autonomous systems. In: Proceedings of the 16th IEEE international conference on control applications, pp 1408–1413
50. Sargent R (2000) Optimal control. J Comput Appl Math 124(1):361–371
51. Schori M, Boehme TJ, Jeinsch T, Lampe B (2015) Switching time optimization for discontinuous switched systems. In: Proceedings of the 2015 European control conference (ECC), 15–17 July. Linz, IEEE, pp 1742–1747
52. Shaikh MS (2004) Optimal control of hybrid systems: theory and algorithms. PhD thesis, Department of Electrical and Computer Engineering, McGill University, Montreal
53. Sussmann HJ (1999) A maximum principle for hybrid optimal control problems. In: Proceedings of the 38th IEEE conference on decision and control, Phoenix, vol 1. IEEE, pp 425–430
54. Sussmann HJ (2000) Transversality, set separation, and the proof of maximum principle, Part II
55. Vinter R (2010) Optimal control. Springer Science & Business Media. doi:10.1007/9780817680862
56. Xu X, Antsaklis P (2003) Optimal control of hybrid autonomous systems with state jumps. In: Proceedings of the American control conference. IEEE, pp 5191–5196
57. Xu X (2001) Analysis and design of switched systems. PhD thesis, University of Notre Dame

第二部分　最优控制方法

第5章 混合最优控制问题的离散化和积分方法

5.1 引言

本章通过考虑下面的混合最优控制问题（HOCP）开始讨论：

$$\phi(q^*(\cdot),\boldsymbol{u}^*(\cdot)) = \min_{q(\cdot)\in\mathcal{Q},\boldsymbol{u}(\cdot)\in\mathcal{U}(q(\cdot))} m(\boldsymbol{x}(t_f)) + \int_{t_0}^{t_f} l_{q(t)}(\boldsymbol{x}(t),\boldsymbol{u}(t))\mathrm{d}t \tag{5.1}$$

$$\dot{\boldsymbol{x}}(t) = \boldsymbol{f}_{q(t)}(\boldsymbol{x}(t),\boldsymbol{u}(t)) \tag{5.2}$$

$$\boldsymbol{x}(t_0) = \boldsymbol{x}_0 \tag{5.3}$$

在第3章中，引入$\phi(\cdot)$作为泛函，其中控制$q(\cdot)$和$\boldsymbol{u}(\cdot)$是可观测的，状态$\boldsymbol{x}(\cdot)$是绝对连续的。可观测和绝对连续对于推导必要条件是很重要的，但是对于实际相关的解这个概念太笼统，因为Zeno解本身被排除在实际需要的解之外。Zeno行为描述了在有限时间内具有无穷多个切换的切换模式的发生[29]。然后，将控制变量作为分段连续和状态变量作为分段可微就是很自然的选择。

此外，在第4章中，推导了在原理上可以获得显式的状态和控制函数的必要条件，从而使OCP最小化。然而，这种方法对于与实际相关的问题是不可行的，即使对于简单的问题也是不可行的。一般来说，需要对这些函数进行数值逼近。然后，任务是相当清楚的，在时间区间$t\in[t_0,t_f]$上，尝试在允许集合$\hat{U}(q(t),t)$和$\hat{X}(q(\cdot),t)$中找到近最优控制轨迹的数值分段逼近$\boldsymbol{u}^*(t)$和$\boldsymbol{x}^*(t)$。这个过程意味着使用时间网格对问题式（5.1）~式(5.3）进行离散化。这极大地改变了我们的观点：一个目标泛函变为一个目标函数，控制和状态的允许集合从无限维空间收缩到有限维空间。

5.2 初值问题的离散化

常微分方程（ODE）初值问题（IVP）的数值解，是混合最优控制问题式（5.1）~式(5.3）数值解的基础。为了更紧凑和更清晰地描述后面章节提出的算法，将混合系统向量场的符号 $\boldsymbol{f}_{q(t)}(\boldsymbol{x}(t),\boldsymbol{u}(t))$ 表示为 $\boldsymbol{f}(\boldsymbol{x}(t),q(t),\boldsymbol{u}(t))$。

对于式（5.2）和式（5.3）中受控切换系统的 IVP，假设 $q(\cdot)$ 和 $\boldsymbol{u}(\cdot)$ 是已知的，有

$$\dot{\boldsymbol{x}}(t) = \boldsymbol{f}(\boldsymbol{x}(t),q(t),\boldsymbol{u}(t)), \quad \forall t \in [t_0,t_f] \tag{5.4}$$

$$\boldsymbol{x}(t_0) = \boldsymbol{x}_0 \tag{5.5}$$

并且给出微分方程的所有初值式（5.5）。由于假设 $\boldsymbol{f}(\cdot)$ 在时间区间 $[t_0, t_f]$ 上是连续的，并且 $\boldsymbol{f}(\cdot)$ 满足定理 3.1 的 Lipschitz 条件，因此保证解存在且唯一。

假设自治系统不会导致一般性损失。通过引入附加变量 $x_{N_x+1}(\cdot)$，总是可以将非自治系统转化为自治系统：

$$x_{N_x+1}(t) = t \tag{5.6}$$

$$\dot{x}_{N_x+1}(t) = 1 \tag{5.7}$$

$$x_{N_x+1}(t_0) = 0 \tag{5.8}$$

用式（5.6）代替 t，从而满足式（5.7）和式（5.8）的 IVP。

为了使 IVP 式（5.4）和式（5.5）适合于数值积分，需要对问题进行一定的离散化。离散化将对解的质量和计算时间产生很大的影响，因此在选择离散化方法以及离散化参数时必须谨慎。这里只考虑 Runge - Kutta 类的显式一步法。

首先，由以下公式离散时间 t

$$t_k = kh_k, \quad k = 0,\cdots,N_t$$

式中，h_k 为步长。

获得的时间网格是一个严格增加的时间序列 $\{t_k\}$，$k=0$，…，N_t：

$$0 = t_0 < t_1 < t_2 < \cdots < t_{N_t} = t_f, \quad \mathcal{G}_t = \{t_0,t_1,t_2,\cdots,t_{N_t}\} \tag{5.9}$$

其中

$$t_0 = 0$$

$$t_1 = h_1$$

$$\vdots$$

$$t_f = N_t h_{N_t}$$

网格式（5.9）称为积分网格或离散网格。有时，在文献中使用术语“网格”来代替。步长 h_k 定义为

$$h_0 = 0$$

$$h_k = t_k - t_{k-1}, \quad k = 1,\cdots,N_t$$

步长不一定是等距的，因此

$$h^{\max} = \max_k h_k$$

为离散化网格 g_t 的精细度。

现在，寻找精确解在网格点 $k=0$，…，N_t 上的精确和稳定的数值逼近 $\boldsymbol{x}(t_k) \approx \boldsymbol{x}_k$。

定义 5.1（离散化方法）

IVP 式（5.4）和式（5.5）精确解 $\boldsymbol{x}(t)$ 的近似离散化方法是一个过程，其给 g_t 的每个网格点分配一个网格函数 $\boldsymbol{x}$：$g_t \to \hat{x}$。

最简单的离散化方法是显式 Euler 方法：

$$\begin{aligned} \boldsymbol{x}_{k+1} &= \boldsymbol{x}_k + h_k \boldsymbol{f}(\boldsymbol{x}_k, q_k, \boldsymbol{u}_k), \quad k = 0, \cdots, N_t - 1 \\ \boldsymbol{x}_0 &= \boldsymbol{x}(t_0) \end{aligned} \tag{5.10}$$

这个过程通过用 $\boldsymbol{f}(\boldsymbol{x}_k, q_k, \boldsymbol{u}_k)$ 近似 $\boldsymbol{f}(\boldsymbol{x}(t_k), q(t_k), \boldsymbol{u}(t_k))$ 和用前向差商 $(\boldsymbol{x}_{k+1} - x_k)/h_k$ 近似 $\dot{\boldsymbol{x}}(t_k)$ 来获得。

5.3 Runge - Kutta 积分方法

基于离散化方法（5.10）的启发，现在的目标是构造从 t_k 到 t_{k+1} 单步的通用表达式，其允许控制 IVP 近似的精度。

对式（5.4）和式（5.5）积分得

$$\begin{aligned} \boldsymbol{x}_{k+1} &= \boldsymbol{x}_k + \int_{t_k}^{t_{k+1}} \dot{\boldsymbol{x}}(t)\,\mathrm{d}t \\ &= \boldsymbol{x}_k + \int_{t_k}^{t_{k+1}} \boldsymbol{f}(\boldsymbol{x}(t), q(t), \boldsymbol{u}(t))\,\mathrm{d}t, \quad k = 0, \cdots, N_t - 1 \end{aligned}$$

为了计算积分，首先将积分步细分为 K 个子区间：

$$\tau_{l,k} = t_k + c_l h_k, \quad 对于 1 \leqslant l \leqslant K \tag{5.11}$$

其中

$$0 \leqslant c_1 \leqslant c_2 \leqslant \cdots \leqslant c_K \leqslant 1$$

为了得到 K 阶 Runge - Kutta 方法（每个积分步计算 K 个函数值），应用求积公式得到

$$\int_{t_k}^{t_{k+1}} \boldsymbol{f}(\boldsymbol{x}(t), q(t), \boldsymbol{u}(x))\,\mathrm{d}t \approx h_k \sum_{l=1}^{K} b_l \boldsymbol{f}_l$$

式中，$\boldsymbol{f}_l = \boldsymbol{f}(\boldsymbol{x}_{l,k}, \breve{q}_{l,k}, \breve{\boldsymbol{u}}_{l,k})$ 为在中间时间点 $\tau_{l,k}$，$1 \leqslant l \leqslant K$ 右侧向量函数的值。当然，这要求对连续状态 $\boldsymbol{x}_{l,k}$、离散状态 $\breve{q}_{l,k}$ 和连续值控制 $\breve{\boldsymbol{u}}_{l,k}$ 进行近似，将在下面描述。

连续值控制 $\boldsymbol{u}(\cdot)$ 用一组 N_t 基函数 $\Xi_k^u: \boldsymbol{U} \times \boldsymbol{U} \times [t_0, t_f] \to \boldsymbol{U}$ 进行离散化：

$$\boldsymbol{u}(t) = \begin{cases} \Xi_k^u(\boldsymbol{u}_k, \boldsymbol{u}_{k+1}, t), & \forall t \in [t_k, t_{k+1}), k = 0, \cdots, N_t - 2 \\ \Xi_{N_t-1}^u(\boldsymbol{u}_{N_t-1}, \boldsymbol{u}_{N_t}, t), & \forall t \in [t_{N_t-1}, t_{N_t}] \end{cases} \tag{5.12}$$

其定义为每个时间区间上的控制。为了保证离散化的可分离性，基函数 $\Xi_k^u(\cdot)$ 应具有局部支撑。von Stryk[28] 描述的分段常数和分段线性近似方案是基函数的常用选择，分段常数参数化在每个时间区间上采用常数控制值逼近精确控制：

$$
\boldsymbol{u}(t)=\begin{cases}\Xi_k^u(\boldsymbol{u}_k,\boldsymbol{u}_{k+1},t)=\begin{cases}\boldsymbol{u}_k, & \forall t\in\left[t_k,\dfrac{t_k+t_{k+1}}{2}\right)\\ \boldsymbol{u}_{k+1}, & \forall t\in\left[\dfrac{t_k+t_{k+1}}{2},t_{k+1}\right)\end{cases}, k=0,\cdots,N_t-2\\ \Xi_{N_t-1}^u(\boldsymbol{u}_{N_t-1},\boldsymbol{u}_{N_t},t)=\begin{cases}\boldsymbol{u}_{N_t-1}, & \forall t\in\left[t_{N_t-1},\dfrac{t_{N_t-1}+t_{N_t}}{2}\right)\\ \boldsymbol{u}_{N_t}, & \forall t\in\left[\dfrac{t_{N_t-1}+t_{N_t}}{2},t_{N_t}\right]\end{cases}\end{cases}
\tag{5.13}
$$

而分段线性参数化通过基函数在 $\boldsymbol{u}(t_k)$ 和 $\boldsymbol{u}(t_{k+1})$ 之间进行线性插值：

$$
\boldsymbol{u}(t)=\begin{cases}\dfrac{t_{k+1}-t}{t_{k+1}-t_k}\boldsymbol{u}_k+\dfrac{t-t_k}{t_{k+1}-t_k}\boldsymbol{u}_{k+1}, & \forall t\in[t_k,t_{k+1}), k=0,\cdots,N_t-2\\ \dfrac{t_{N_t}-t}{t_{N_t}-t_{N_t-1}}\boldsymbol{u}N_t-1+\dfrac{t-t_{N_t}-1}{t_{N_t}-t_{N_t-1}}\boldsymbol{u}_{N_t}, & \forall t\in[t_{N_t-1},t_{N_t}]\end{cases}
$$

注意这两种参数化类型的一些特征：

1）分段常数控制参数化具有阶数误差 $O(h)\left(h:=\max\limits_{k\in[1,\cdots,N_T]}h_k\right)$。

2）分段线性控制参数化具有阶数误差 $O(h^2)$。

3）这两种参数化类型不需要附加优化变量。

4）控制约束的 Jacobi 矩阵具有稀疏性。

高阶参数化，例如三次插值，可以在文献［19，3］中找到，但是需要附加优化变量。

由此，得到连续值控制的中间值：

$$
\check{\boldsymbol{u}}_{l,k}=\Xi_k^u(\boldsymbol{u}_k,\boldsymbol{u}_{k+1},\tau_{l,k})
$$

由于离散状态轨迹 $q(\cdot)$ 的分段常数性质，使用具有 N_t 个基函数 $\Xi_k^q:\widehat{Q}\times\widehat{Q}\times[t_0,t_f]\rightarrow\widehat{Q}$ 的相应分段常数近似方法：

$$
q(t)=\begin{cases}\Xi_k^q(q_k,q_{k+1},t)=\begin{cases}q_k, & \forall t\in\left[t_k,\dfrac{t_k+t_{k+1}}{2}\right)\\ q_{k+1}, & \forall t\in\left[\dfrac{t_k+t_{k+1}}{2},t_{k+1}\right)\end{cases}, k=0,\cdots,N_t-2\\ \Xi_{N_t-1}^q(q_{N_t-1},q_{N_t},t)=\begin{cases}q_{N_t-1}, & \forall t\in\left[t_{N_t-1},\dfrac{t_{N_t-1}+t_{N_t}}{2}\right)\\ q_{N_t}, & \forall\in\left[\dfrac{t_{N_t-1}+t_{N_t}}{2},t_{N_t}\right]\end{cases}\end{cases}
\tag{5.14}
$$

因此，得到离散状态的中间值：

$$\check{q}_{l,k} = \Xi_k^q(q_k, q_{k+1}, \tau_{l,k})$$

然后，对于 $1 \leqslant l \leqslant K$ 得到状态轨迹的中间值：

$$\boldsymbol{x}_{l,k} = \boldsymbol{x}_k + \int_{t_k}^{\tau_{l,k}} \boldsymbol{f}(\boldsymbol{x}(t), q(t), \boldsymbol{u}(t))\,\mathrm{d}t \approx \boldsymbol{x}_k + h_k \sum_{j=1}^{K} a_{l,j} \boldsymbol{f}(\boldsymbol{x}_{j,k}, \check{q}_{j,k}, \check{\boldsymbol{u}}_{j,k})$$

整理结果，得到用于求解初值问题式（5.4）和式（5.5）的一步法类，称为 Runge - Kutta（RK）方法。通常，由 Kutta[20] 表示的 K 阶 RK 方法由递推关系给出：

$$\boldsymbol{x}_{k+1} = \boldsymbol{x}_k + h_k \boldsymbol{\Gamma}_f(\boldsymbol{x}_k, \boldsymbol{x}_{k+1}, q_k, q_{k+1}, \boldsymbol{u}_k, \boldsymbol{u}_{k+1}, t_k, h_k), \quad k = 0, \cdots, N_t - 1$$

$$\boldsymbol{x}_0 = \boldsymbol{x}(t_0) \tag{5.15}$$

其中

$$\boldsymbol{\Gamma}_f(\boldsymbol{x}_k, \boldsymbol{x}_{k+1}, q_k, q_{k+1}, \boldsymbol{u}_k, \boldsymbol{u}_{k+1}, t_k, h_k) = \sum_{l=1}^{K} b_l \boldsymbol{k}_l \tag{5.16}$$

是一步法的时间区间 $[t_k,\ t_k + h_k]$ 的增量函数。

函数 $\boldsymbol{k}_l(\cdot)$ 是函数值 $\boldsymbol{f}(\cdot)$ 在区间 $[t_k,\ t_{k+1})$ 内的估计，对于所有 $1 \leqslant l \leqslant K$ 通过递归计算

$$\begin{aligned} &\boldsymbol{k}_l(\boldsymbol{x}_k, \boldsymbol{x}_{k+1}, q_k, q_{k+1}, \boldsymbol{u}_k, \boldsymbol{u}_{k+1}, t_k, h_k) \\ &= \boldsymbol{f}(\boldsymbol{x}_{l,k}, \check{q}_{l,k}, \check{\boldsymbol{u}}_{l,k}) \\ &= \boldsymbol{f}\left(\left[\boldsymbol{x}_k + h_k \sum_{j=1}^{K} a_{l,j} \boldsymbol{k}_j\right], \Xi_k^q(q_k, q_{k+1}, t_k + c_l h_k), \Xi_k^u(\boldsymbol{u}_k, \boldsymbol{u}_{k+1}, t_k + c_l h_k)\right) \end{aligned} \tag{5.17}$$

由于假设 $\boldsymbol{f}(\cdot)$ 是 Lipschitz 连续的，因此对于增量函数存在唯一的 Lipschitz 常数 L_f。式（5.15）~式（5.17）的系数 $a_{l,j}$、b_l 和 c_l 由相应的 Runge - Kutta 方法的所谓 Butcher 数组 $[\breve{\boldsymbol{c}},\ \breve{\boldsymbol{A}},\ \breve{\boldsymbol{b}}^T]$ 得到，最初在文献［5］中描述。Butcher 数组由三组参数组成：参数 $\breve{\boldsymbol{c}} = [c_1, c_2, c_3, \cdots, c_K]^T$，$c_l = \sum_{j=1}^{K} a_{l,j}$ 与积分网格的情况有关，其中 RK 积分用于计算式（5.4）右边函数；参数 $\breve{\boldsymbol{b}} = [b_1, b_2, \cdots, b_K]^T$ 是分配给每一个计算的相对权重；表参数 $\breve{\boldsymbol{A}} = [a_{l,j}]$ 影响 RK 积分方法一致性的阶数。

Butcher 数组通常以矩阵或表的形式表示，分别见表 5.1 或表 5.2。

当 $j \geqslant l$ 时，$a_{l,j} = 0$ 的格式称为显式，否则称为隐式。

Runge - Kutta 方法式（5.15）~式(5.17）通常通过配置方法引入。假设考虑式（5.4）和式（5.5）的近似解，在每个时间区间 $[t_k,\ t_{k+1})$ 上通过 K 阶多项式逼近：

$$\widetilde{\boldsymbol{x}}(t) = \boldsymbol{I}_0 + \boldsymbol{I}_1(t - t_k) + \cdots + \boldsymbol{I}_K(t - t_k)^K \tag{5.18}$$

表 5.1　Butcher 数组的矩阵表示

$\breve{\boldsymbol{c}}$	$\breve{\boldsymbol{A}}$
	$\breve{\boldsymbol{b}}$

表5.2 左表：用于隐式方法的 Butcher 数组，右表：用于显式方法的 Butcher 数组

$$
\begin{array}{c|ccccc}
c_1 & a_{1,1} & a_{1,2} & \cdots & a_{1,K-1} & a_{1,K} \\
c_2 & a_{2,1} & a_{2,2} & \cdots & a_{2,K-1} & a_{2,K} \\
c_3 & a_{3,1} & a_{3,2} & \cdots & a_{3,K-1} & a_{3,K} \\
\vdots & \vdots & \vdots & \ddots & \vdots & \vdots \\
c_K & a_{K,1} & a_{K,2} & \cdots & a_{K,K-1} & a_{K,K} \\
\hline
 & b_1 & b_2 & \cdots & b_{K-1} & b_K
\end{array}
\qquad
\begin{array}{c|ccccc}
0 & & & & & \\
c_2 & a_{2,1} & & & & \\
c_3 & a_{3,1} & a_{3,2} & & & \\
\vdots & \vdots & \vdots & \ddots & & \\
c_K & a_{K,1} & a_{K,2} & \cdots & a_{K,K-1} & \\
\hline
 & b_1 & b_2 & \cdots & b_{K-1} & b_K
\end{array}
$$

选择系数 $[\boldsymbol{l}_0, \boldsymbol{l}_1, \cdots, \boldsymbol{l}_K]$，使得在时间区间 $[t_k, t_{k+1})$ 的开始进行近似匹配，即

$$\widetilde{\boldsymbol{x}}(t_k) = \boldsymbol{x}_k$$

其导数在 K 个给定点与微分方程在中间点的向量场式（5.11）重合：

$$\dot{\widetilde{\boldsymbol{x}}}(\tau_{l,k}) = \boldsymbol{f}(\boldsymbol{x}(\tau_{l,k}), \Xi_k^q(q_k, q_{k+1}, \tau_{l,k}), \Xi_k^u(\boldsymbol{u}_k, \boldsymbol{u}_{k+1}, \tau_{l,k})) \tag{5.19}$$

条件（5.19）称为配置条件，式（5.18）称为配置多项式。因此，RK 方法式（5.15）~式（5.17）称为配置方法，该方法产生的解是一个分段多项式[1]。Hairer 和 Wanker[15]说明，配置方法等价于 K 级 RK 方法。

5.4 Runge - Kutta 方法的一致性阶数

与精确解相比，需要描述 Runge - Kutta 方法求解的程度，这就导致引入一致性阶数的概念。简而言之，只有 Runge - Kutta 方法的阶数。

Butcher[4] 发展了确定微分方程 Runge - Kutta 积分阶数的代数理论，其理论基于 B 级数和根树的相关微积分。本文简要介绍受到 StutHell 等[27] 教科书启发的 Butcher 理论，说明了基本概念，给出了直到 4 阶的 RK 方法的阶数条件。

为了得到阶数，采用 Taylor 逼近展开精确解 $\boldsymbol{x}(t+h)$ 和数值解 $\boldsymbol{x}_{k+1}$，比较级数的项。如果两个级数的所有项都匹配到 p 阶，则 RK 方法具有 p 阶一致性。为了简化起见，在以下推导假设步长 $h_k \equiv h$ 恒定。在此基础上，将精确解展开到 4 阶，得到

$$\boldsymbol{x}(t+h) = \boldsymbol{x}(t) + h\frac{\mathrm{d}}{\mathrm{d}t}\boldsymbol{x}(t) + \frac{h^2}{2}\frac{\mathrm{d}^2}{\mathrm{d}t^2}\boldsymbol{x}(t) + \frac{h^3}{3!}\frac{\mathrm{d}^3}{\mathrm{d}t^3}\boldsymbol{x}(t) + \frac{h^4}{4!}\frac{\mathrm{d}^4}{\mathrm{d}t}\boldsymbol{x}(t) + \mathcal{O}(h^5) \tag{5.20}$$

式中，$\mathcal{O}(h^5)$ 表示高阶项。

下一步是求微分。将微分方程 $\mathrm{d}\boldsymbol{x}/\mathrm{d}t = \boldsymbol{f}$ 对时间进行微分：

$$\frac{\mathrm{d}^2\boldsymbol{x}}{\mathrm{d}t^2} = \frac{\mathrm{d}\boldsymbol{f}}{\mathrm{d}t} = \frac{\partial\boldsymbol{f}}{\partial\boldsymbol{x}}\frac{\mathrm{d}\boldsymbol{x}}{\mathrm{d}t} = \boldsymbol{f}'\dot{\boldsymbol{x}} = \boldsymbol{f}'\boldsymbol{f} \tag{5.21}$$

式中，$\boldsymbol{f}' = \boldsymbol{f}_x$ 为向量场 $\boldsymbol{f}$ 的 Jacobi 矩阵。为了简单起见，省略了向量场及其导数的参数。

根据 Butcher 的理论，将 $f'f$ 表示为初等微分，可以用元素符号表示：

$$(f'f)_{[i]} = \sum_{k=1}^{N_x} \frac{\partial f_i}{\partial x_k} f_k, \quad i = 1, \cdots, N_x$$

式中，[i] 表示向量的第 i 个元素。

Butcher 提出将初等微分组织为根树。应用这一思想，初等微分 $f'f$ 可以方便组织为

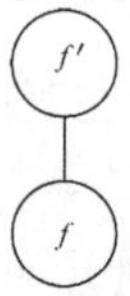

可以通过对式（5.21）微分，进一步得到

$$\frac{\mathrm{d}^3 \boldsymbol{x}}{\mathrm{d}t^3} = f''(f,f) + f'f'f \tag{5.22}$$

式（5.22）的两项可以按元素表示为

$$\begin{aligned}(f''(f,f))_{[i]} &= \sum_{k=1}^{N_x}\sum_{l=1}^{N_x} \frac{\partial f_i}{\partial x_k \partial x_l} f_k f_l \\ &= \sum_{k=1}^{N_x} f_k \Big[\sum_{l=1}^{N_x} \frac{\partial}{\partial x_l}\Big(\frac{\partial f_i}{\partial x_k}\Big) f_l\Big], \quad i = 1, \cdots, N_x\end{aligned}$$

和

$$\begin{aligned}(f'f'f)_{[i]} &= \sum_{k=1}^{N_x}\sum_{l=1}^{N_x} \frac{\partial f_i}{\partial x_k}\frac{\partial f_k}{\partial x_l} f_l \\ &= \sum_{k=1}^{N_x} \frac{\partial f_i}{\partial x_k}\Big[\sum_{l=1}^{N_x} \frac{\partial k_k}{\partial x_l} f_l\Big], \quad i = 1, \cdots, N_x\end{aligned}$$

或方便地表示为根树：

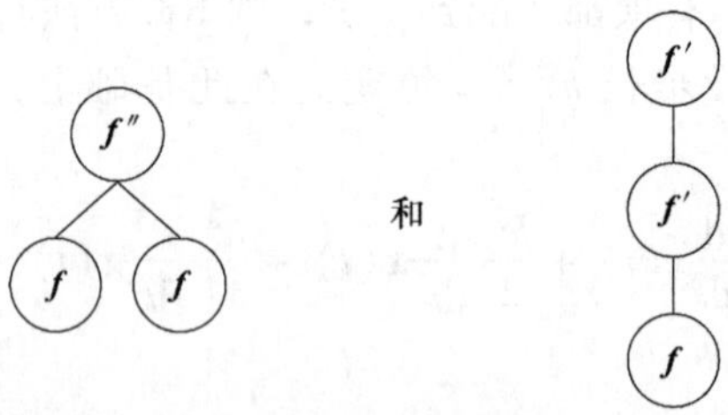

进一步通过对式（5.22）中的两项进行微分，可得第一项为

$$\begin{aligned}(f''(f,f))' &= f'''(f,f,f) + f''(f'f,f) + f''(f,f'f) \\ &= f'''(f,f,f) + 2f''(f,f'f)\end{aligned} \tag{5.23}$$

第二项为

$$(f'f'f)' = f''(f,f'f) + f'f''(f,f) + f'f'f'f \tag{5.24}$$

然后，通过综合式（5.23）和式（5.24），得到四阶微分：

$$\frac{\mathrm{d}^4 \boldsymbol{x}}{\mathrm{d}t^4} = \boldsymbol{f}'''(\boldsymbol{f},\boldsymbol{f},\boldsymbol{f}) + 3\boldsymbol{f}''(\boldsymbol{f},\boldsymbol{f}'\boldsymbol{f}) + \boldsymbol{f}'\boldsymbol{f}''(\boldsymbol{f},\boldsymbol{f}) + \boldsymbol{f}'\boldsymbol{f}'\boldsymbol{f}'\boldsymbol{f} \tag{5.25}$$

式（5.25）中的项可以按元素表示为

$$\begin{aligned}(\boldsymbol{f}'''(\boldsymbol{f},\boldsymbol{f},\boldsymbol{f}))_{[i]} &= \sum_{k=1}^{N_x}\sum_{l=1}^{N_x}\sum_{j=1}^{N_x}\frac{\partial^3 f_i}{\partial x_k \partial x_l \partial x_j} f_k f_l f_j \\ &= \sum_{k=1}^{N_x} f_k\left\{\sum_{l=1}^{N_x} f_l\left[\sum_{j=1}^{N_x}\frac{\partial}{\partial x_j}\left[\frac{\partial}{\partial x_l}\left(\frac{\partial f_i}{\partial x_k}\right)\right] f_j\right]\right\}, \quad i = 1,\cdots,N_x\end{aligned}$$

和

$$\begin{aligned}(\boldsymbol{f}''(\boldsymbol{f},\boldsymbol{f}'\boldsymbol{f}))_{[i]} &= \sum_{k=1}^{N_x}\sum_{l=1}^{N_x}\sum_{j=1}^{N_x}\frac{\partial^2 f_i}{\partial x_k \partial x_l} f_k \frac{\partial f_l}{\partial x_j} f_j \\ &= \sum_{k=1}^{N_x} f_k\left\{\sum_{l=1}^{N_x}\frac{\partial}{\partial x_l}\left(\frac{\partial f_i}{\partial x_k}\right)\left[\sum_{j=1}^{N_x}\frac{\partial f_l}{\partial x_j} f_j\right]\right\}, \quad i = 1,\cdots,N_x\end{aligned}$$

和

$$\begin{aligned}(\boldsymbol{f}'\boldsymbol{f}''(\boldsymbol{f},\boldsymbol{f}))_{[i]} &= \sum_{k=1}^{N_x}\sum_{l=1}^{N_x}\sum_{j=1}^{N_x}\frac{\partial f_i}{\partial x_k}\frac{\partial^2 f_k}{\partial x_l \partial x_j} f_l f_j \\ &= \sum_{k=1}^{N_x}\frac{\partial f_i}{\partial x_k}\left\{\sum_{l=1}^{N_x} f_l\left[\sum_{j=1}^{N_x}\frac{\partial}{\partial x_j}\left(\frac{\partial f_k}{\partial x_l}\right) f_j\right]\right\}, \quad i = 1,\cdots,N_x\end{aligned}$$

和

$$\begin{aligned}(\boldsymbol{f}'\boldsymbol{f}'\boldsymbol{f}'\boldsymbol{f})_{[i]} &= \sum_{k=1}^{N_x}\sum_{l=1}^{N_x}\sum_{j=1}^{N_x}\frac{\partial f_i}{\partial x_k}\frac{\partial f_k}{\partial x_l}\frac{\partial f_l}{\partial x_j} f_j \\ &= \sum_{k=1}^{N_x}\frac{\partial f_i}{\partial x_k}\left\{\sum_{l=1}^{N_x}\frac{\partial f_k}{\partial x_l}\left[\sum_{j=1}^{N_x}\frac{\partial f_l}{\partial x_j} f_j\right]\right\}, \quad i = 1,\cdots,N_x\end{aligned}$$

或方便地表示为根树：

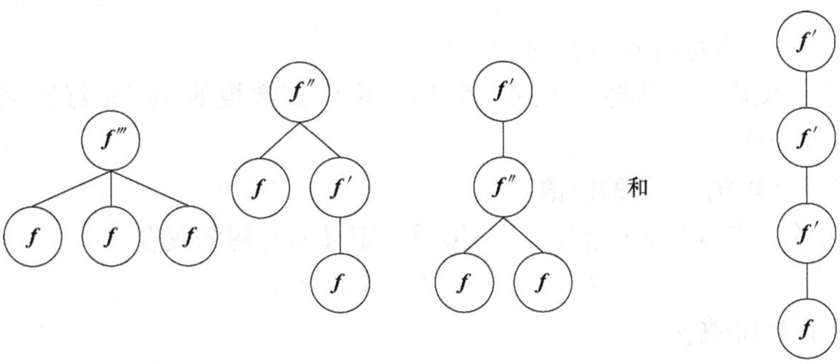

对更高阶导数 $f^{(N_k)}$ 的扩展很简单。现在，Butcher 的想法变得清晰了，将根树集合表示为

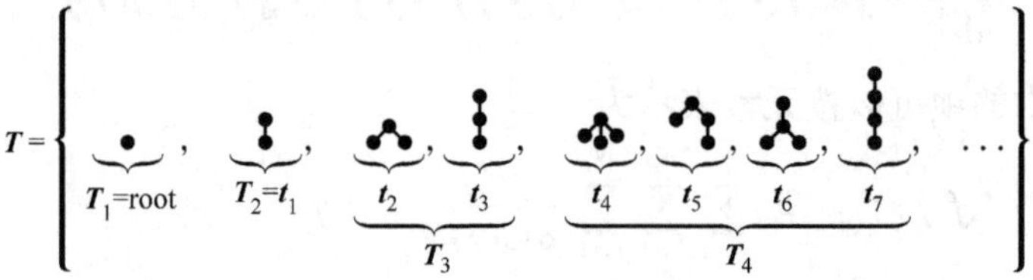

$$T = \left\{ \underbrace{\bullet}_{T_1=\text{root}}, \underbrace{\overset{\bullet}{\bullet}}_{T_2=t_1}, \underbrace{\overset{\bullet\ \bullet}{\bullet}}_{\underset{T_3}{t_2\ t_3}}, \underbrace{\overset{\bullet}{\overset{\bullet}{\bullet}}}_{}, \underbrace{\overset{\bullet\bullet\bullet}{\bullet}\ \overset{\bullet\bullet}{\overset{\bullet}{\bullet}}\ \overset{\bullet\bullet}{\overset{\bullet}{\bullet}}\ \overset{\bullet}{\overset{\bullet}{\overset{\bullet}{\bullet}}}}_{\underset{T_4}{t_4\ \ t_5\ \ t_6\ \ t_7}}, \cdots \right\}$$

$$= \{\text{root}\} \cup \left\{ [t_1, t_2, \ldots, t_{N_k}] : t_i \in T \right\}$$

式中，root = • 为树的根；括号[·]为将任意树附加到子根的算子。

$$[t_1, t_2, \ldots, t_{N_k}] := \quad .$$

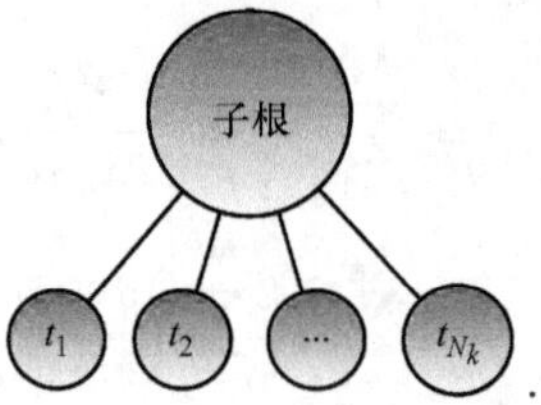

要生成任何根树，可以递归地使用［ · ］运算符，例如 ⁞=[[•]]或者 ⁙=[♣,⁞]=[[•,•],[•]]。根树和基本微分之间的关系可以用［ · ］算子递归地表述。

定义 5.2（与树 t 相关的基本微分）

对根树 $t \in T$ 赋值的基本微分由下式给出：

$$F(t)(x(t)) = \begin{cases} f(x(t), \cdot) & \text{对于 } t = \text{root} \\ f^{(N_k)}(x(t), \cdot)[F(t_1)(x(t)), F(t_2)(x(t)), \cdots, F(t_{N_k})(x(t))] & \text{对于 } t = [t_1, t_2, \cdots, t_{N_k}] \end{cases}$$

现在，将计算的微分应用于 Taylor 级数式（5.20）。根据定义 5.2，得到

$$x(t+h) = x(t) + hF(\text{root})(x(t)) + \frac{h^2}{2}F(t_1)(x(t)) + \frac{h^3}{3!}[F(t_2)(x(t)) +$$

$$F(t_3)(x(t))] + \frac{h^4}{4!}[F(t_4(x(t)) + 3F(t_5)(x(t)) + F(t_6)(x(t)) +$$

$$F(t_7)(x(t))] + \mathcal{O}(h^5) \tag{5.26}$$

利用这个术语，可以将结果式（5.26）推广到常规的 Taylor 级数来求解常微分方程式（5.20）。

定义 5.3（根树 $t \in T$ 的阶数）

$t \in T$ 树的节点数称为阶数 $\rho(t)$。然后，定义所有树的集合

$$T_p := \{ t \in T \mid \rho(t) \leq p \}$$

对于所有树直到阶数 p。

定义 5.4（对称和密度）

对称 $\beta(t)$ 定义为

$$\beta(\text{root}) = 1$$

$$\beta([\boldsymbol{t}_1^{l_1}, \boldsymbol{t}_2^{l_2}, \cdots, \boldsymbol{t}_{N_k}^{l_{Nk}}]) = \prod_{s=1}^{N_k} l_s ! \beta(\boldsymbol{t}_s)^{l_s}$$

指数 l_1，l_2，…，l_{N_k}为相等子树的数目。

密度 $\gamma(\boldsymbol{t})$ 定义为

$$\gamma(\text{root}) = 1$$

$$\gamma(\boldsymbol{t}) = \rho(\boldsymbol{t}) \prod_{s=1}^{N_k} \gamma(\boldsymbol{t}_s), \quad \boldsymbol{t} = [\boldsymbol{t}_1, \boldsymbol{t}_2, \cdots, \boldsymbol{t}_{N_k}]$$

定理 5.1（由基本微分表示的精确解）

精确解可以表示为

$$\boldsymbol{x}(t_k + h) = \boldsymbol{x}(t_k) + \sum_{\boldsymbol{t} \in \boldsymbol{T}_p} \frac{1}{\gamma(\boldsymbol{t})} \frac{h^{\rho(\boldsymbol{t})}}{\beta(\boldsymbol{t})} F(\boldsymbol{t})(\boldsymbol{x}(t_k)) + \mathcal{O}(h^{p+1}), \quad k = 0, \cdots N_t - 1 \tag{5.27}$$

精确解的 p 阶导数为

$$\frac{\mathrm{d}^p \boldsymbol{x}}{\mathrm{d}t^p} = \sum_{\boldsymbol{t} \in \boldsymbol{T}_p} \frac{1}{\gamma(\boldsymbol{t})} \frac{1}{\beta(\boldsymbol{t})} F(\boldsymbol{t})(\boldsymbol{x}(t_k))$$

其中，$\boldsymbol{x}(t_0)$为初始状态。

Butcher 给出了证明[4]。

与精确解类似，RK 离散化也需要类似的表达式。定义与基本微分具有（1 - 1）对应的一些函数是方便的，接下来定义如下的基本权重。

定义 5.5（RK 方法的基本权重）

K 阶 RK 离散化方法的基本权重 $\phi(\cdot)$ 定义为

$$\phi(\text{root}) = \sum_{l=1}^{K} b_l \tag{5.28}$$

$$\begin{aligned} \phi([\boldsymbol{t}_1, \boldsymbol{t}_2, \cdots, \boldsymbol{t}_{N_k}]) &= \sum_{l=1}^{K} b_l \prod_{s=1}^{N_k} \widetilde{\boldsymbol{\phi}}^{[l]}(\boldsymbol{t}_s) \\ &= \sum_{l=1}^{K} b_l \widetilde{\boldsymbol{\phi}}^{[l]}(\boldsymbol{t}_1) \widetilde{\boldsymbol{\phi}}^{[l]}(\boldsymbol{t}_2) \cdot \cdots \cdot \widetilde{\boldsymbol{\phi}}^{[l]}(\boldsymbol{t}_{N_k}) \end{aligned} \tag{5.29}$$

其中

$$\widetilde{\boldsymbol{\phi}}(\text{root}) = \left(\sum_{j=1}^{K} a_{l,j} = c_l \right)_{l=1,\cdots,K} \tag{5.30}$$

$$\widetilde{\boldsymbol{\phi}}([\boldsymbol{t}_1, \boldsymbol{t}_2, \cdots, \boldsymbol{t}_{N_k}]) = \left(\sum_{j=1}^{K} a_{l,j} \prod_{s=1}^{N_k} \widetilde{\boldsymbol{\phi}}^{[j]}(\boldsymbol{t}_s) \right)_{l=1,\cdots,K}$$

$$= \left(\sum_{j=1}^{K} a_{l,j} \widetilde{\boldsymbol{\phi}}^{[j]}(\boldsymbol{t}_1) \widetilde{\boldsymbol{\phi}}^{[j]}(\boldsymbol{t}_2) \cdot \cdots \cdot \widetilde{\boldsymbol{\phi}}^{[j]}(\boldsymbol{t}_{N_k}) \right)_{l=1,\cdots,K} \tag{5.31}$$

借助于定义 5.5 中的基本权值，可以表示与式（5.27）的对应关系。

定理 5.2（基本微分的 RK 解）

对于 RK 离散化求解，阶方程和递推方程为

$$\widetilde{\boldsymbol{x}}_{l,k+1} = \boldsymbol{x}(t_k) + \sum_{\boldsymbol{t} \in \boldsymbol{T}_p} \widetilde{\boldsymbol{\phi}}^{[l]}(\boldsymbol{t}) \frac{h^{\rho(\boldsymbol{t})}}{\beta(\boldsymbol{t})} F(\boldsymbol{t})(\boldsymbol{x}(t_k)) + \mathcal{O}(h^{p+1}), \quad \begin{array}{l} l = 1,\cdots,K \\ k = 0,\cdots,N_t - 1 \end{array} \tag{5.32}$$

$$\widetilde{\boldsymbol{x}}_{k+1} = \widetilde{\boldsymbol{x}}(t_k) + \sum_{\boldsymbol{t} \in \boldsymbol{T}_p} \phi(\boldsymbol{t}) \frac{h^{\rho(\boldsymbol{t})}}{\beta(\boldsymbol{t})} F(\boldsymbol{t})(\boldsymbol{x}(t_k)) + \mathcal{O}(h^{p+1}), \quad k = 0,\cdots,N_t - 1 \tag{5.33}$$

其中，$\boldsymbol{x}(t_0)$为初始状态。

式（5.32）和式（5.33）满足阶和递推方程的证明分别由 Butcher 给出[4]。

比较式（5.27）和式（5.33）的两个级数，可以得到 RK 方法的阶数。

定理 5.3（RK 方法的一致性阶数）

如果对于所有树 $\boldsymbol{t} \in \boldsymbol{T}_p$，满足条件

$$\frac{1}{\gamma(\boldsymbol{t})} = \phi(\boldsymbol{t}) = \sum_{l=1}^{K} b_l \widetilde{\boldsymbol{\phi}}^{[l]}(\boldsymbol{t}), \quad l = 1,\cdots,K$$

则 RK 方法具有 p 阶一致性。

Butcher 对此给出了证明[4]。

由定理 5.3 所确定的具有线性右侧函数 RK 方法的阶数可能更高。

注释 5.1：对于显式积分方法，一致性的阶数直接与级数 K 相关，而对于隐式积分方案，一致性的阶数可能大于 K。

对阶数条件的求取引出张量符号。为了避免这些相当复杂的符号，定义以下的辅助向量：

$$\check{\boldsymbol{b}}_{-1} := \begin{bmatrix} \frac{1}{b_1} \\ \frac{1}{b_2} \\ \vdots \\ \frac{1}{b_K} \end{bmatrix} \quad \check{\boldsymbol{b}}_{-2} := \begin{bmatrix} \frac{1}{b_1^2} \\ \frac{1}{b_2^2} \\ \vdots \\ \frac{1}{b_K^2} \end{bmatrix} \quad \check{\boldsymbol{d}} = \begin{bmatrix} d_1 \\ d_2 \\ \vdots \\ d_K \end{bmatrix} := \check{\boldsymbol{A}}^T \check{\boldsymbol{b}}$$

$$\check{\boldsymbol{d}}_2 := \begin{bmatrix} d_1^2 \\ d_2^2 \\ \vdots \\ d_K^2 \end{bmatrix} \quad \check{\boldsymbol{d}}_3 := \begin{bmatrix} d_1^3 \\ d_2^3 \\ \vdots \\ d_K^3 \end{bmatrix} \quad \mathbb{1}_{(K\times1)} := \begin{bmatrix} 1 \\ \vdots \\ 1 \end{bmatrix}$$

和辅助对角矩阵：

$$\check{\boldsymbol{C}} := \mathrm{diag}(c_1, c_2, \cdots, c_K)$$
$$\check{\boldsymbol{C}}_2 := \mathrm{diag}(c_1^2, c_2^2, \cdots, c_K^2)$$
$$\check{\boldsymbol{C}}_3 := \mathrm{diag}(c_1^3, c_2^3, \cdots, c_K^3)$$
$$\check{\boldsymbol{D}} := \mathrm{diag}(d_1, d_2, \cdots d_K)$$
$$\check{\boldsymbol{D}}_2 := \mathrm{diag}(d_1^2, d_2^2, \cdots d_K^2)$$

使用这些辅助量，阐明了直到阶数 $p=4$ 的阶数条件，并在表 5.3 中描述。对于所有条件，必须保证 $b_l > \mathbf{0}$。

经过矩阵向量乘法的计算，表 5.3 中四阶 Runge – Kutta 过程的条件具有以下形式：

$$b_1 + b_2 + b_3 + b_4 = 1$$
$$b_2 a_{21} + b_3(a_{31} + a_{32}) + b_4(a_{41} + a_{42} + a_{43}) = \frac{1}{2}$$
$$b_3 a_{32} a_{21} + b_4(a_{42} a_{21} + a_{43}[a_{31} + a_{32}]) = \frac{1}{6}$$
$$b_2 a_{21}^2 + b_3(a_{31} + a_{32})^2 + b_4(a_{41} + a_{42} + a_{43})^2 = \frac{1}{3}$$
$$b_2 a_{21}^3 + b_3(a_{31} + a_{32})^3 + b_4(a_{41} + a_{42} + a_{43})^3 = \frac{1}{4}$$
$$b_3(a_{31} + a_{32}) a_{32} a_{21} + b_4(a_{41} + a_{42} + a_{43})(a_{42} a_{21} + a_{43}[a_{31} + a_{32}]) = \frac{1}{8}$$
$$b_3 a_{32} a_{21}^2 + b_4(a_{42} a_{21}^2 + a_{43}[a_{31} + a_{32}]^2) = \frac{1}{12}$$
$$b_4 a_{43} a_{32} a_{21} = \frac{1}{24}$$

表 5.3　常微分方程 Runge – Kutta 离散化的阶数[27]

p	t	$F(t)$	$\beta(t)$	$\gamma(t)$	条　件
1	root	$\boldsymbol{f}$	1	1	${}^{T}_{K\times1}\check{\boldsymbol{b}}=1$
2		$\boldsymbol{f'f}$	1	2	${}^{T}_{K\times1}\check{\boldsymbol{d}}=\frac{1}{2}$

（续）

p	t	$F(t)$	$\beta(t)$	$\gamma(t)$	条　件
3		$f''(f,f)$	2	3	${}^{T}_{K\times 1}\check{C}\check{d}=\frac{1}{6}$
		$f'f'f$	1	6	${}^{T}_{K\times 1}\check{C}_2\check{b}=\frac{1}{3}$
4		$f'''(f,f,f)$	6	4	${}^{T}_{K\times 1}\check{C}_3\check{b}=\frac{1}{4}$
		$f''(f,f'f)$	1	8	$(\check{C}\check{b})^T\check{A}\check{c}=\frac{1}{8}$
		$f'f''(f,f)$	2	12	${}^{T}_{K\times 1}\check{C}_2\check{d}=\frac{1}{12}$
		$f'f'f'f$	1	24	$\check{d}^T\check{A}\check{c}=\frac{1}{24}$

OCP 离散近似的误差既取决于原问题解的光滑性，也取决于用于离散化 RK 方法的阶数。然而，Butcher 发展的理论并不适用于最优控制问题的离散化。Hager[14] 在其论文中指出，对于最优控制问题的解，必须具备 RK 离散化的附加条件。Hager 通过建立离散化问题的 Lagrange 乘子与 Pontryagin 最小原理共态之间的联系，推导出这些条件。有关 Pontryagin 最小原理的详细内容，请参阅 4. 4 节。

表 5. 4 给出了这些附加的阶数条件，标记为灰色底纹条目。有兴趣的读者可以参考 Hager 的论文[14] 了解更多细节和证明。

可以很容易地对表 5. 4 中的条件进行评估，以便在实施之前对优选的 RK 离散化进行检查。对于 RK 离散化，Bonnans 和 Laurent – Varin[2] 与 Flaig[12] 提供了直到六阶的附加阶数条件。

表 5. 4　最优控制问题 Runge – Kutta 离散化的阶数条件

阶数	条　件		
1	${}^{T}_{K\times 1}\check{b}=1$		
2	${}^{T}_{K\times 1}\check{d}=\frac{1}{2}$		
3	${}^{T}_{K\times 1}\check{C}\check{d}=\frac{1}{6}$	${}^{T}_{K\times 1}\check{C}_2\check{b}=\frac{1}{3}$	${}^{T}_{K\times 1}\check{D}_2\check{b}_{-1}=\frac{1}{3}$
4	${}^{T}_{K\times 1}\check{C}_3\check{b}=\frac{1}{4}$	$(\check{C}\check{b})^T\check{A}\check{c}=\frac{1}{8}$	${}^{T}_{K\times 1}\check{C}_2\check{d}=\frac{1}{12}$
	$\check{d}^T\check{A}\check{c}=\frac{1}{24}$	$(\check{C}\check{d}_2)^T\check{b}_{-1}=\frac{1}{12}$	$\check{d}_3^T\check{b}_{-2}=\frac{1}{4}$
	$(\check{C}\check{b})^T\check{A}(\check{D}\check{b}_{-1})=\frac{5}{24}$	$\check{d}^T\check{A}(\check{D}\check{b}_{-1})=\frac{1}{8}$	

5.5　稳定性

如果数值方法对小扰动不敏感，则其是稳定的。对于 Runge - Kutta 求积分的情况，这意味着在数值积分过程中没有对舍入误差进行累加。为了表示 RK 方法的稳定性，感兴趣的是具有固定步长 h 的 $t\to\infty$ 数值解的渐近性。

对于标量 IVP，应用任何 RK 方法

$$\dot{x}(t) = \lambda(x)t, \quad \lambda \in \mathbb{C}$$
$$x(t_0) = 1$$

得到

$$x_{l,k+1} = x_k + h\lambda \sum_{j=1}^{K} a_{l,j} x_{j,k+1}, \quad l = 1,\cdots,K \tag{5.34}$$

$$x_{k+1} = x_k + h\lambda \sum_{l=1}^{K} b_l x_{l,k+1} \tag{5.35}$$

对于所有 $k=0$，…，N_t-1，由式（5.34）整理所有的 K 阶项得

$$\boldsymbol{X}_{k+1} := [x_{1,k+1}, x_{2,k+1}, \cdots, x_{K,k+1}]^T \in \mathbb{C}^K \tag{5.36}$$

由式（5.34）和式（5.36）得到一个线性方程组

$$\boldsymbol{X}_{k+1} = \mathbb{1}_{K\times1} x_k + h\lambda \check{\boldsymbol{A}} \boldsymbol{X}_{k+1} \tag{5.37}$$

由式（5.37）进一步得到

$$(\boldsymbol{I} - h\lambda\check{\boldsymbol{A}})\boldsymbol{X}_{k+1} = \mathbb{1}_{K\times1} x_k$$

如果 $(\boldsymbol{I}-h\lambda\check{\boldsymbol{A}})$ 是正定的，则取逆得

$$\boldsymbol{X}_{k+1} = (\boldsymbol{I} - h\lambda\check{\boldsymbol{A}})^{-1} \mathbb{1}_{K\times1} x_k \tag{5.38}$$

将式（5.38）代入式（5.35）得

$$\begin{aligned} x_{k+1} &= x_k + h\lambda \check{\boldsymbol{b}}^T \boldsymbol{X}_{k+1} \\ &= (1 + z\check{\boldsymbol{b}}^T(\boldsymbol{I} - z\check{\boldsymbol{A}})^{-1} \mathbb{1}_{K\times1}) x_k, z = h\lambda \\ &= R(z) x_k \end{aligned}$$

定义 5.6（稳定性函数）

复值函数

$$R(z) = 1 + z\check{\boldsymbol{b}}^T(\boldsymbol{I} - z\check{\boldsymbol{A}})^{-1} \mathbb{1}_{K\times1}$$

称为著名的 Dahlquist 检验方程的 RK 方法的稳定性函数。对于 Dahlquist 检验方程，有

$$\dot{x}(t) = \lambda x(t), \quad \lambda \in \mathbb{C} \tag{5.39}$$

$$x(t_0) = 1 \tag{5.40}$$

集合

$$\mathcal{S}_{rk} = \{z \in \mathbb{C} \mid |R(z)| \leqslant 1\}$$

称为 RK 方法的稳定域。

注释 5.2：下面的稳定性函数的等价形式可能更适合于计算

$$R(z)=\frac{\det\begin{pmatrix}\boldsymbol{I}-z\check{\boldsymbol{A}} & \mathbb{1}_{K\times 1}\\ -z\check{\boldsymbol{b}}^{T} & 1\end{pmatrix}}{\det(\boldsymbol{I}-z\check{\boldsymbol{A}})}$$

尽管简单，Dahlquist 方程提供了刚性常微分方程的基本特性，并且可以很好地作为数值方法的测试方程。

由线性系统理论可以知道，式（5.39）的精确解是 $x(t_k+h)=e^{z}x(t_k)$，这意味着 $R(z)$ 近似于指数函数。

对于良好的数值解，要求式（5.39）具有 $\mathrm{Re}z\leqslant 0$，$z=h\lambda$，满足

$$|x(t_k+h)|\leqslant|x(t_k)| \quad 或 \quad \lim_{\mathrm{Re}z\to-\infty}x(t_k+h)=\lim_{\mathrm{Re}z\to-\infty}e^{z}x(t_k)=0$$

这意味着，在最好的情况下，稳定域 S_{rk} 是在复域的完全左半平面。

这引出重要的稳定性定义。

定义 5.7（A 稳定性）

如果

$$|R(z)|\leqslant 1,\quad \forall z\in\mathbb{C} 和 \mathrm{Re}\,z\leqslant 0$$

成立，则 Runge – Kutta 方法是 A 稳定性的。

定义 5.8（L 稳定性）

如果 Runge – Kutta 方法是 A 稳定性的，附加条件

$$\lim_{\mathrm{Re}z\to-\infty}R(z)=0$$

成立，则 Runge – Kutta 方法是 L 稳定性的。

5.6 一些低阶的 Runge – Kutta 积分方法

Runge – Kutta 积分方法有显式和隐式两种方法。显式方法的优点是易于计算，而隐式方法一般要求在每个步长 h_k 处求解 K 阶非线性方程组。非线性方程组由于 $\boldsymbol{x}_{k+1}$ 出现在左边和右边而产生。因此，与显式相比，隐式计算工作量更大，但具有改进数值特性（例如 A 稳定性）的优点。

本书只说明满足 Hager[14] 提出的附加 OCP 条件的 RK 方法。此外，只讨论可以方便用于最优控制问题直接配置的隐式 RK 方法。特别地，只考虑这样的 RK 方法，其可以直接应用于等式约束，而不需要引入附加的优化变量或非线性方程组的附加解。

为了简化符号，对于所有 RK 方法，假设连续值控制 $\boldsymbol{u}(\cdot)$、连续状态 $\boldsymbol{x}(\cdot)$ 和离散状态 $q(\cdot)$ 都是在时间网格 g_t 上近似的数值表示。然后，元素 $\boldsymbol{u}_k$ 存储在离散向量中：

$$\bar{\boldsymbol{u}}:=[\boldsymbol{u}_0,\boldsymbol{u}_1,\cdots,\boldsymbol{u}_{N_t}]\in\mathbb{R}^{N_u(N_t+1)}$$

元素 q_k 存储在离散向量中：

$$\bar{\boldsymbol{q}}:=[q_0,q_1,\cdots,q_{N_t}]\in\mathbb{R}^{N_q(N_t+1)}$$

元素 $\boldsymbol{x}_k$ 存储在离散向量中：

$$\bar{\boldsymbol{x}}:=[\boldsymbol{x}_0,\boldsymbol{x}_1,\cdots,\boldsymbol{x}_{N_t}]\in\mathbb{R}^{N_x(N_t+1)}$$

采用“上画线”符号标记由离散化过程组装而成的向量。

5.6.1　显式 Runge – Kutta 方法

1. 显式 Euler 离散化

Runge – Kutta 最基本的求解方法是显式 Euler 方法。其计算需求最小（级数 $K=1$），但一致性阶数最低（阶数 $p=1$）。

显式 Euler 方法的 Butcher 数组，见表 5.5。

表 5.5　显示 Euler 方法，$K=1$，$p=1$

$$\begin{array}{c|c} c_1 & a_{1,1} \\ \hline & b_1 \end{array} = \begin{array}{c|c} 0 & 0 \\ \hline & 1 \end{array}$$

显式 Euler 方法具有稳定性函数

$$\boldsymbol{R}(z)=1+z \tag{5.41}$$

例如，在实数情况下，对于 $z=h\lambda<-2$ 的实负特征值，稳定性函数超过单位圆 $|R(z)|>1$，这意味着显式 Euler 方法是不稳定的。状态计算的递归为

$$\begin{aligned}\bar{\boldsymbol{x}}_{[k+1]}&=\bar{\boldsymbol{x}}_{[k]}+h_k\boldsymbol{\Gamma}_f(\bar{\boldsymbol{x}}_{[k]},\bar{\boldsymbol{q}}_{[k]},\bar{\boldsymbol{u}}_{[k]},t_k,h_k)\\&=\bar{\boldsymbol{x}}_{[k]}+h_k\boldsymbol{f}(\bar{\boldsymbol{x}}_{[k]},\bar{\boldsymbol{q}}_{[k]},\bar{\boldsymbol{u}}_{[k]}),\quad k=0,\cdots,N_t-1\end{aligned}$$

增量函数与 h_k 无关，即

$$\boldsymbol{\Gamma}_f(\bar{\boldsymbol{x}}_{[k]},\bar{\boldsymbol{q}}_{[k]},\bar{\boldsymbol{u}}_{[k]},t_k,h_k)=\boldsymbol{f}(\bar{\boldsymbol{x}}_{[k]},\bar{\boldsymbol{q}}_{[k]},\bar{\boldsymbol{u}}_{[k]})$$

稳定性和准确性的缺乏限制了它的使用，使其不能很好地处理问题。

$\bar{\boldsymbol{x}}_{[k]}$ 的近似精度在很大程度上取决于积分步长。当然，要获得令人满意的近似质量，与关心的最小系统时间常数相比，步长必须足够小。

2. 显式 Heun 离散化

Heun 方法具有一致性阶数 $p=2$ 和两级（级数 $K=2$），也称为显式梯形法则。表 5.6 显示了显式 Heun 方法的 Butcher 数组。

表 5.6　显示 Heun 方法，$K=2$，$p=2$

$$\begin{array}{c|cc} c_1 & & \\ c_2 & a_{2,1} & \\ \hline & b_1 & b_2 \end{array} = \begin{array}{c|cc} 0 & & \\ 1 & 1 & \\ \hline & \frac{1}{2} & \frac{1}{2} \end{array}$$

稳定性函数为

$$R(z) = 1 + z + \frac{1}{2}z^2 \tag{5.42}$$

两级的递推公式为

$$\begin{aligned}\bar{\boldsymbol{x}}_{[k+1]} &= \bar{\boldsymbol{x}}_{[k]} + h_k \boldsymbol{\Gamma}_f(\bar{\boldsymbol{x}}_{[k]}, \bar{\boldsymbol{q}}_{[k]}, \bar{\boldsymbol{q}}_{[k+1]}, \bar{\boldsymbol{u}}_{[k]}, \bar{\boldsymbol{u}}_{[k+1]}, t_k, h_k) \\ &= \bar{\boldsymbol{x}}_{[k]} + \frac{h_k}{2}(\boldsymbol{k}_1 + \boldsymbol{k}_2), \quad k = 0, \cdots, N_t - 1\end{aligned}$$

其中

$$\begin{aligned}\boldsymbol{k}_1 &= \boldsymbol{f}(\bar{\boldsymbol{x}}_{[k]}, \bar{\boldsymbol{q}}_{[k]}, \bar{\boldsymbol{u}}_{[k]}) \\ \boldsymbol{k}_2 &= \boldsymbol{f}([\bar{\boldsymbol{x}}_{[k]} + h_k \boldsymbol{k}_1], \bar{\boldsymbol{q}}_{[k+1]}, \bar{\boldsymbol{u}}_{[k+1]})\end{aligned}$$

对于这里和以下所有离散化方法，增量函数依赖于 h_k，即

$$\begin{aligned}&\boldsymbol{\Gamma}_f(\bar{\boldsymbol{x}}_{[k]}, \bar{\boldsymbol{q}}_{[k]}, \bar{\boldsymbol{q}}_{[k+1]}, \bar{\boldsymbol{u}}_{[k]}, \bar{\boldsymbol{u}}_{[k+1]}, t_k, h_k) \\ &= \frac{1}{2}[\boldsymbol{f}(\bar{\boldsymbol{x}}_{[k]}, \bar{\boldsymbol{q}}_{[k]}, \bar{\boldsymbol{u}}_{[k]}) + \boldsymbol{f}([\boldsymbol{x}_{[k]} + h_k \boldsymbol{k}_1], \bar{\boldsymbol{q}}_{[k+1]}, \bar{\boldsymbol{u}}_{[k+1]})]\end{aligned}$$

3. 显式 Hermite - Simpson 离散化

表 5.7 为显式 Hermite - Simpson（级数 $K=3$，一致性阶数 $p=3$）方法的 Butcher 数组。

表 5.7 显示 Hermite - Simpson 方法，$K=3$，$p=3$

$$\begin{array}{c|ccc} c_1 & & & \\ c_2 & a_{2,1} & & \\ c_2 & a_{3,1} & a_{3,2} & \\ \hline & b_1 & b_2 & b_3 \end{array} = \begin{array}{c|ccc} 0 & & & \\ \frac{1}{2} & \frac{1}{2} & & \\ 1 & -1 & 2 & \\ \hline & \frac{1}{6} & \frac{2}{3} & \frac{1}{6} \end{array}$$

稳定性函数是

$$R(z) = 1 + z + \frac{1}{2}z^2 + \frac{1}{6}z^3 \tag{5.43}$$

状态计算的递推公式为

$$\begin{aligned}\bar{\boldsymbol{x}}_{[k+1]} &= \bar{\boldsymbol{x}}_{[k]} + h_k \boldsymbol{\Gamma}_f(\bar{\boldsymbol{x}}_{[k]}, \bar{\boldsymbol{q}}_{[k]}, \bar{\boldsymbol{q}}_{[k+1]}, \bar{\boldsymbol{u}}_{[k]}, \bar{\boldsymbol{u}}_{[k+1]}, t_k, h_k) \\ &= \bar{\boldsymbol{x}}_{[k]} + \frac{h_k}{6}(\boldsymbol{k}_1 + 4\boldsymbol{k}_2 + \boldsymbol{k}_3), \quad k = 0, \cdots, N_t - 1\end{aligned} \tag{5.44}$$

其中

$$\begin{aligned}\boldsymbol{k}_1 &= \boldsymbol{f}(\bar{\boldsymbol{x}}_{[k]}, \bar{\boldsymbol{q}}_{[k]}, \bar{\boldsymbol{u}}_{[k]}) \\ \boldsymbol{k}_2 &= \boldsymbol{f}\left(\left[\bar{\boldsymbol{x}}_{[k]} + \frac{h_k}{2}\boldsymbol{k}_1\right], \boldsymbol{\Xi}_k^q\left(\bar{\boldsymbol{q}}_{[k]}, \bar{\boldsymbol{q}}_{[k+1]}, t_k + \frac{h_k}{2}\right), \boldsymbol{\Xi}_k^u\left(\bar{\boldsymbol{u}}_{[k]}, \bar{\boldsymbol{u}}_{[k+1]}, t_k + \frac{h_k}{2}\right)\right) \\ \boldsymbol{k}_3 &= \boldsymbol{f}([\bar{\boldsymbol{x}}_{[k]} + h_k(-\boldsymbol{k}_1 + 2\boldsymbol{k}_2)], \bar{\boldsymbol{q}}_{[k+1]}, \bar{\boldsymbol{u}}_{[k+1]})\end{aligned}$$

4. 显式经典 Runge – Kutta 离散化

表5.8为经典 Runge – Kutta（级数 $K=4$，一致性阶数 $p=4$）方法的 Butcher 数组。

表5.8　显式经典 Runge – Kutta 方法，$K=4$，$p=4$

$$
\begin{array}{c|cccc}
c_1 & & & & \\
c_2 & a_{2,1} & & & \\
c_3 & a_{3,1} & a_{3,2} & & \\
c_4 & a_{4,1} & a_{4,2} & a_{4,3} & \\
\hline
 & b_1 & b_2 & b_3 & b_4
\end{array}
=
\begin{array}{c|cccc}
0 & & & & \\
\frac{1}{2} & \frac{1}{2} & & & \\
\frac{1}{2} & 0 & \frac{1}{2} & & \\
1 & 0 & 0 & 1 & \\
\hline
 & \frac{1}{6} & \frac{1}{3} & \frac{1}{3} & \frac{1}{6}
\end{array}
$$

稳定性函数是

$$R(z) = 1 + z + \frac{1}{2}z^2 + \frac{1}{6}z^3 + \frac{1}{24}z^4 \tag{5.45}$$

状态计算的递推公式为

$$\begin{aligned}\bar{\boldsymbol{x}}_{[k+1]} &= \bar{\boldsymbol{x}}_{[k]} + h_k \boldsymbol{\Gamma}_f(\bar{\boldsymbol{x}}_{[k]}, \bar{\boldsymbol{q}}_{[k]}, \bar{\boldsymbol{q}}_{[k+1]}, \bar{\boldsymbol{u}}_{[k]}, \bar{\boldsymbol{u}}_{[k+1]}, t_k, h_k) \\ &= \bar{\boldsymbol{x}}_{[k]} + \frac{h_k}{6}(\boldsymbol{k}_1 + 2\boldsymbol{k}_2 + 2\boldsymbol{k}_3 + \boldsymbol{k}_4), \quad k = 0, \cdots, N_t - 1\end{aligned} \tag{5.46}$$

其中

$$\boldsymbol{k}_1 = \boldsymbol{f}(\bar{\boldsymbol{x}}_{[k]}, \bar{\boldsymbol{q}}_{[k]}, \bar{\boldsymbol{u}}_{[k]})$$

$$\boldsymbol{k}_2 = \boldsymbol{f}\left(\left[\bar{\boldsymbol{x}}_{[k]} + \frac{h_k}{2}\boldsymbol{k}_1\right], \boldsymbol{\Xi}_k^q\left(\bar{\boldsymbol{q}}_{[k]}, \bar{\boldsymbol{q}}_{[k+1]}, t_k + \frac{h_k}{2}\right), \boldsymbol{\Xi}_k^u\left(\bar{\boldsymbol{u}}_{[k]}, \bar{\boldsymbol{u}}_{[k+1]}, t_k + \frac{h_k}{2}\right)\right)$$

$$\boldsymbol{k}_3 = \boldsymbol{f}\left(\left[\bar{\boldsymbol{x}}_{[k]} + \frac{h_k}{2}\boldsymbol{k}_2\right], \boldsymbol{\Xi}_k^q\left(\bar{\boldsymbol{q}}_{[k]}, \bar{\boldsymbol{q}}_{[k+1]}, t_k + \frac{h_k}{2}\right), \boldsymbol{\Xi}_k^u\left(\boldsymbol{u}_{[k]}, \boldsymbol{u}_{[k+1]}, t_k + \frac{h_k}{2}\right)\right)$$

$$\boldsymbol{k}_4 = \boldsymbol{f}([\bar{\boldsymbol{x}}_{[k]} + h_k\boldsymbol{k}_3], \bar{\boldsymbol{q}}_{[k+1]}, \bar{\boldsymbol{u}}_{[k+1]})$$

对于一致性阶数 $p \geqslant 5$，不存在 $K=p$ 级的 p 阶显式 Runge – Kutta 方法。

5.6.2　隐式 Runge – Kutta 方法

1. Radau 离散化

最简单的 Radau 方法是隐式 Euler 方法，也称为向后 Euler 方法，级数 $K=1$。隐式 Euler 方法具有稳定函数

$$R(z) = \frac{1}{1-z}$$

应用定义5.8，意味着隐式 Euler 方法是 L 稳定性的。其具有的一致性阶数为 $p=1$，即 $O(h)$。

表5.9为隐式 Euler 方法的 Butcher 数组。

表 5.9　显式 Euler 方法，$K=1$，$p=1$

$$\begin{array}{c|c} c_1 & a_{1,1} \\ \hline & b_1 \end{array} = \begin{array}{c|c} 1 & 1 \\ \hline & 1 \end{array}$$

状态计算的递推公式为

$$\begin{aligned} \bar{\boldsymbol{x}}_{[k+1]} &= \bar{\boldsymbol{x}}_{[k]} + h_k \boldsymbol{\Gamma}_f(\bar{\boldsymbol{x}}_{[k]}, \bar{\boldsymbol{x}}_{[k+1]}, \bar{\boldsymbol{q}}_{[k]}, \bar{\boldsymbol{q}}_{[k+1]}, \bar{\boldsymbol{u}}_{[k]}, \bar{\boldsymbol{u}}_{[k+1]}, t_k, h_k) \\ &= \bar{\boldsymbol{x}}_{[k]} + h_k \boldsymbol{k}_1, \quad k = 0, \cdots, N_t - 1 \end{aligned} \tag{5.47}$$

其中

$$\boldsymbol{k}_1 = \boldsymbol{f}([\bar{\boldsymbol{x}}_{[k]} + h_k \boldsymbol{k}_1], \Xi_k^q(\bar{\boldsymbol{q}}_{[k]}, \bar{\boldsymbol{q}}_{[k+1]}, t_k + h_k), \Xi_k^u(\bar{\boldsymbol{u}}_{[k]}, \bar{\boldsymbol{u}}_{[k+1]}, t_k + h_k)) \tag{5.48}$$

比较式（5.47）和式（5.48），得出结论

$$\boldsymbol{k}_1 = \boldsymbol{f}(\bar{\boldsymbol{x}}_{[k+1]}, \bar{\boldsymbol{q}}_{[k+1]}, \bar{\boldsymbol{u}}_{[k+1]})$$

与显式 Euler 积分方法相比，隐式 Euler 积分方法需要计算一个附加函数 $\boldsymbol{f} = (\bar{\boldsymbol{x}}_{[k+1]}, \bar{\boldsymbol{y}}_{[k+1]}, \bar{\boldsymbol{z}}_{[k+1]})$。

表 5.10 为 Radau IIA 方法的 Butcher 数组，其一致性阶数 $p=3$。级数 $K=2$ 时，得到的一致性阶数 $p=3$，这在任何显式离散化方法中都是不可能的。

表 5.10　隐式 Radau 方法，$K=2$，$p=3$

$$\begin{array}{c|cc} c_1 & a_{1,1} & a_{1,2} \\ c_2 & a_{2,1} & a_{2,2} \\ \hline & b_1 & b_2 \end{array} = \begin{array}{c|cc} \frac{1}{3} & \frac{5}{12} & -\frac{1}{12} \\ 1 & \frac{3}{4} & \frac{1}{4} \\ \hline & \frac{3}{4} & \frac{1}{4} \end{array}$$

稳定性函数为

$$R(z) = \frac{1 + \frac{1}{3}z}{1 - \frac{2}{3}z + \frac{1}{3}\frac{z^2}{2!}}$$

这意味着 Radau IIA（3）是 L 稳定性的。

状态计算的递推公式为

$$\begin{aligned} \bar{\boldsymbol{x}}_{[k+1]} &= \bar{\boldsymbol{x}}_{[k]} + h_k \boldsymbol{\Gamma}_f(\bar{\boldsymbol{x}}_{[k]}, \bar{\boldsymbol{x}}_{[k+1]}, \bar{\boldsymbol{q}}_{[k]}, \bar{\boldsymbol{q}}_{[k+1]}, \bar{\boldsymbol{u}}_{[k]}, \bar{\boldsymbol{u}}_{[k+1]}, t_k, h_k) \\ &= \bar{\boldsymbol{x}}_{[k]} + h_k \left(\frac{3}{4}\boldsymbol{k}_1 + \frac{1}{4}\boldsymbol{k}_2\right), \quad k = 0, \cdots, N_t - 1 \end{aligned} \tag{5.49}$$

其中

$$\boldsymbol{k}_1 = \boldsymbol{f}\left(\left[\bar{\boldsymbol{x}}_{[k]} + h_k\left(\frac{5}{12}\boldsymbol{k}_1 - \frac{1}{12}\boldsymbol{k}_2\right)\right], \Xi_k^q\left(\bar{\boldsymbol{q}}_{[k]}, \bar{\boldsymbol{q}}_{[k+1]}, t_k + \frac{h_k}{3}\right), \Xi_k^u\left(\bar{\boldsymbol{u}}_{[k]}, \bar{\boldsymbol{u}}_{[k+1]}, t_k + \frac{h_k}{3}\right)\right) \tag{5.50}$$

$$\boldsymbol{k}_2 = \boldsymbol{f}\left(\left[\bar{\boldsymbol{x}}_{[k]} + h_k\left(\frac{3}{4}\boldsymbol{k}_1 + \frac{1}{4}\boldsymbol{k}_2\right)\right], \Xi_k^q(\bar{\boldsymbol{q}}_{[k]}, \bar{\boldsymbol{q}}_{[k+1]}, t_k + h_k), \Xi_k^u(\bar{\boldsymbol{u}}_{[k]}, \bar{\boldsymbol{u}}_{[k+1]}, t_k + h_k)\right) \tag{5.51}$$

比较式（5.49）和式（5.51），可以得出 $\boldsymbol{k}_2=\boldsymbol{f}(\bar{\boldsymbol{x}}_{[k+1]},\bar{\boldsymbol{q}}_{[k+1]},\bar{\boldsymbol{u}}_{[k+1]})$ 可以在积分区间的端点计算的结论。检验式（5.50）表明，$\boldsymbol{k}_1$ 是隐式给出的。但幸运的是，在递推方程式（5.49）中，用 $\boldsymbol{f}(\bar{\boldsymbol{x}}_{[k+1]},\bar{\boldsymbol{q}}_{[k+1]},\bar{\boldsymbol{u}}_{[k+1]})$ 来替代 $\boldsymbol{k}_2$，可以显式求出 $\boldsymbol{k}_1$。对 k_1 分离得到 $\boldsymbol{k}_1=4/3h_k\cdot(\bar{\boldsymbol{x}}_{[k+1]}-\bar{\boldsymbol{x}}_{[k]})-1/3\boldsymbol{f}(\boldsymbol{x}_{[k+1]},\bar{\boldsymbol{q}}_{[k+1]},\bar{\boldsymbol{u}}_{[k+1]})$。这个结果和 $\boldsymbol{k}_2=\boldsymbol{f}(\bar{\boldsymbol{x}}_{[k+1]},\bar{\boldsymbol{q}}_{[k+1]},\bar{\boldsymbol{u}}_{[k+1]})$ 现在用于式（5.50）中，得到一个可以计算的表达式：

$$\boldsymbol{k}_1=\boldsymbol{f}\left(\left[\frac{4}{9}\bar{\boldsymbol{x}}_{[k]}+\frac{5}{9}\bar{\boldsymbol{x}}_{[k+1]}-\frac{2h_k}{9}\boldsymbol{f}(\bar{\boldsymbol{x}}_{[k+1]},\bar{\boldsymbol{q}}_{[k+1]},\bar{\boldsymbol{u}}_{[k+1]})\right],\bar{\boldsymbol{q}}_{[k]},\right.$$
$$\left.\Xi_k^u\left(\bar{\boldsymbol{u}}_{[k]},\bar{\boldsymbol{u}}_{[k+1]},t_k+\frac{h_k}{3}\right)\right)$$

现在，可以重新表示增量函数，并且阶数为 3 的 Radau IIA 方法的计算形式由式（5.49）给出，级方程为

$$\boldsymbol{k}_1=\boldsymbol{f}\left(\left[\frac{4}{9}\bar{\boldsymbol{x}}_{[k]}+\frac{5}{9}\bar{\boldsymbol{x}}_{[k+1]}-\frac{2h_k}{9}\boldsymbol{f}(\bar{\boldsymbol{x}}_{[k+1]},\bar{\boldsymbol{q}}_{[k+1]},\bar{\boldsymbol{u}}_{[k+1]})\right],\right.$$
$$\left.\bar{\boldsymbol{q}}_{[k]},\Xi_k^u\left(\bar{\boldsymbol{u}}_{[k]},\bar{\boldsymbol{u}}_{[k+1]},t_k+\frac{h_k}{3}\right)\right)$$
$$\boldsymbol{k}_2=\boldsymbol{f}(\bar{\boldsymbol{x}}_{[k+1]},\bar{\boldsymbol{q}}_{[k+1]},\bar{\boldsymbol{u}}_{[k+1]})$$

Radau 方法的一个独特性质是，只在时间区间的一端施加配置条件，通常在 $c_K=1$ 处。

2. Lobatto 离散化

Lobatto 方法的特点是也使用每个积分子区间［t_k，t_{k+1}］的端点作为配置点，即 $c_1=0$，$c_K=1$。符号Ⅲ通常与 Lobatto 方法相关联，而符号Ⅰ和Ⅱ则保留给两种类型的 Radau 方法。Lobatto 方法有三种，分别称为ⅢA、ⅢB 和ⅢC。它们都是隐式方法，阶数为 $2K-2$。因此，选择级数 $K\geqslant3$，可以得到一致性阶数大于级数的积分方法。

两种著名的 Lobatto 方法是隐式梯形法则和隐式 Hermite－Simpson rule 法则。由于简单易行，这些积分方法在实际中得到广泛使用。

表 5.11 为阶数 $p=2$ 的 Lobatto ⅢA 方法的 Butcher 数组，也称为隐式梯形法则。

表 5.11　隐式梯形方法，$K=2$，$p=2$

$$\begin{array}{c|cc} c_1 & a_{1,1} & a_{1,2} \\ c_2 & a_{2,1} & a_{2,2} \\ \hline & b_1 & b_2 \end{array} = \begin{array}{c|cc} 0 & 0 & 0 \\ 1 & \frac{1}{2} & \frac{1}{2} \\ \hline & \frac{1}{2} & \frac{1}{2} \end{array}$$

稳定性函数为

$$R(z)=\frac{1+\frac{1}{2}z}{1-\frac{1}{2}z}$$

这意味着隐式梯形法则是 A 稳定性的。

状态计算的递推公式为

$$\begin{aligned}\bar{\boldsymbol{x}}_{[k+1]}&=\bar{\boldsymbol{x}}_{[k]}+h_k\boldsymbol{\Gamma}_f(\bar{\boldsymbol{x}}_{[k]},\bar{\boldsymbol{x}}_{[k+1]},\bar{\boldsymbol{q}}_{[k]},\bar{\boldsymbol{q}}_{[k+1]},\bar{\boldsymbol{u}}_{[k]},\bar{\boldsymbol{u}}_{[k+1]},t_k,h_k)\\&=\bar{\boldsymbol{x}}_{[k]}+\frac{h_k}{2}(\boldsymbol{k}_1+\boldsymbol{k}_2),\quad k=0,\cdots,N_t-1\end{aligned}\tag{5.52}$$

其中

$$\boldsymbol{k}_1=\boldsymbol{f}(\bar{\boldsymbol{x}}_{[k]},\bar{\boldsymbol{q}}_{[k]},\bar{\boldsymbol{u}}_{[k]})\tag{5.53}$$

$$\boldsymbol{k}_2=\boldsymbol{f}(\bar{\boldsymbol{x}}_{[k+1]},\bar{\boldsymbol{q}}_{[k+1]},\bar{\boldsymbol{u}}_{[k+1]})\tag{5.54}$$

表 5.12 为一致阶数 $p=4$ 的 Lobatto ⅢA 方法的 Butcher 数组，也称为隐式 Hermite－Simpson 方法。

表 5.12　Lobatto ⅢA 方法，$K=3$，$p=4$

$$\begin{array}{c|ccc}c_1&a_{1,1}&a_{1,2}&a_{1,3}\\c_2&a_{2,1}&a_{2,2}&a_{2,3}\\c_2&a_{3,1}&a_{3,2}&a_{3,3}\\\hline&b_1&b_2&b_3\end{array}=\begin{array}{c|ccc}0&0&0&0\\\frac{1}{2}&\frac{5}{24}&\frac{1}{3}&-\frac{1}{24}\\1&\frac{1}{6}&\frac{2}{3}&\frac{1}{6}\\\hline&\frac{1}{6}&\frac{2}{3}&\frac{1}{6}\end{array}$$

稳定性函数为

$$R(z)=\frac{1+\frac{1}{2}z+\frac{1}{12}z^2}{1-\frac{1}{2}z+\frac{1}{12}z^2}$$

这意味着 Hermite－Simpson 方法是 A 稳定性的。

状态计算的递推公式为

$$\begin{aligned}\bar{\boldsymbol{x}}_{[k+1]}&=\bar{\boldsymbol{x}}_{[k]}+h_k\boldsymbol{\Gamma}_f(\bar{\boldsymbol{x}}_{[k]},\bar{\boldsymbol{x}}_{[k+1]},\bar{\boldsymbol{q}}_{[k]},\bar{\boldsymbol{q}}_{[k+1]},\bar{\boldsymbol{u}}_{[k]},\bar{\boldsymbol{u}}_{[k+1]},t_k,h_k)\\&=\bar{\boldsymbol{x}}_{[k]}+\frac{h_k}{6}(\boldsymbol{k}_1+4\boldsymbol{k}_2+\boldsymbol{k}_3),\quad k=0,\cdots,N_t-1\end{aligned}\tag{5.55}$$

其中

$$\boldsymbol{k}_1=\boldsymbol{f}(\bar{\boldsymbol{x}}_{[k]},\bar{\boldsymbol{q}}_{[k]},\bar{\boldsymbol{u}}_{[k]})\tag{5.56}$$

$$\boldsymbol{k}_2=\boldsymbol{f}\left(\left[\bar{\boldsymbol{x}}_{[k]}+h_k\left(\frac{5}{24}\boldsymbol{k}_1+\frac{1}{3}\boldsymbol{k}_2-\frac{1}{24}\boldsymbol{k}_3\right)\right],\boldsymbol{\Xi}_k^q\left(\bar{\boldsymbol{q}}_{[k]},\bar{\boldsymbol{q}}_{[k+1]},t_k+\frac{h_k}{2}\right)\right.$$

$$\Xi_k^u\left(\bar{\boldsymbol{u}}_{[k]},\bar{\boldsymbol{u}}_{[k+1]},t_k+\frac{h_k}{2}\right)\Bigg) \tag{5.57}$$

$$\boldsymbol{k}_3=\boldsymbol{f}\left(\left[\bar{\boldsymbol{x}}_{[k]}+h_k\left(\frac{1}{6}\boldsymbol{k}_1+\frac{2}{3}\boldsymbol{k}_2+\frac{1}{6}\boldsymbol{k}_3\right)\right],\bar{\boldsymbol{q}}_{[k+1]},\bar{\boldsymbol{u}}_{[k+1]}\right) \tag{5.58}$$

再次比较式（5.55）和式（5.58），得出 $\boldsymbol{k}_3=\boldsymbol{f}(\bar{\boldsymbol{x}}_{[k+1]},\bar{\boldsymbol{q}}_{[k+1]},\bar{\boldsymbol{u}}_{[k+1]})$。这意味着，可以在积分区间的端点 t_k 和 t_{k+1} 分别计算 $\boldsymbol{k}_1$ 和 $\boldsymbol{k}_3$。与 Radau ⅡA 方法类似，级方程式（5.57）将通过在级方程中分别用 $3/2[(\bar{\boldsymbol{x}}_{[k+1]}-\bar{\boldsymbol{x}}_{[k]})/h_k-\boldsymbol{k}_1/6-\boldsymbol{k}_3/6]$ 和 $\boldsymbol{f}(\bar{\boldsymbol{x}}_{[k+1]},\bar{\boldsymbol{q}}_{[k+1]},\bar{\boldsymbol{u}}_{[k+1]})$ 替换 $\boldsymbol{k}_2$ 和 $\boldsymbol{k}_3$，以易于计算的形式重新形成。这导致直接配置方法中一个简单的计算表示：

$$\boldsymbol{k}_2=\boldsymbol{f}\Bigg(\left\{\bar{\boldsymbol{x}}_{[k]}+\frac{1}{2}(\bar{\boldsymbol{x}}_{[k+1]}-\bar{\boldsymbol{x}}_{[k]})+\frac{h_k}{8}[\boldsymbol{f}(\bar{\boldsymbol{x}}_{[k]},\bar{\boldsymbol{q}}_{[k]},\bar{\boldsymbol{u}}_{[k]})-\boldsymbol{f}(\bar{\boldsymbol{x}}_{[k+1]},\bar{\boldsymbol{q}}_{[k+1]},\bar{\boldsymbol{u}}_{[k+1]})]\right\}$$

$$\Xi_k^q\left(\bar{\boldsymbol{q}}_{[k]},\bar{\boldsymbol{q}}_{[k+1]},t_k+\frac{h_k}{2}\right),\Xi_k^u\left(\bar{\boldsymbol{u}}_{[k]},\bar{\boldsymbol{u}}_{[k+1]},t_k+\frac{h_k}{2}\right)\Bigg)$$

因此，现在可以重新表示增量函数式（5.55）和具有级方程的 4 阶 Lobatto ⅢA方法的计算形式：

$$\boldsymbol{k}_1=\boldsymbol{f}(\bar{\boldsymbol{x}}_{[k]},\bar{\boldsymbol{q}}_{[k]},\bar{\boldsymbol{u}}_{[k]}) \tag{5.59}$$

$$\boldsymbol{k}_2=\boldsymbol{f}\Bigg(\left\{\bar{\boldsymbol{x}}_{[k]}+\frac{1}{2}(\bar{\boldsymbol{x}}_{[k+1]}-\bar{\boldsymbol{x}}_{[k]})+\frac{h_k}{8}[\boldsymbol{f}(\bar{\boldsymbol{x}}_{[k]},\bar{\boldsymbol{q}}_{[k]},\bar{\boldsymbol{u}}_{[k]})-\boldsymbol{f}(\bar{\boldsymbol{x}}_{[k+1]},\bar{\boldsymbol{q}}_{[k+1]},\bar{\boldsymbol{u}}_{[k+1]})]\right\}$$

$$\Xi_k^q\left(\bar{\boldsymbol{q}}_{[k]},\bar{\boldsymbol{q}}_{[k+1]},t_k+\frac{h_k}{2}\right),\Xi_k^u\left(\bar{\boldsymbol{u}}_{[k]},\bar{\boldsymbol{u}}_{[k+1]},t_k+\frac{h_k}{2}\right)\Bigg) \tag{5.60}$$

$$\boldsymbol{k}_3=\boldsymbol{f}(\bar{\boldsymbol{x}}_{[k+1]},\bar{\boldsymbol{q}}_{[k+1]},\bar{\boldsymbol{u}}_{[k+1]}) \tag{5.61}$$

Lobatto 方法的一个独特性质，是网格点与配置点重合。

通常，具有大的一致性阶数和 A 或 L 稳定性的 RK 方法具有最佳的收敛性。显式 Runge - Kutta 方法具有稳定性函数式（5.41）、式（5.42）、式（5.43）和式（5.45），它们不是 A 稳定的。因此，对于这些 RK 方法，必须仔细选择步长以保持在单位圆内，而 Radau 和 Lobatto 方法表现出大的渐近域，允许使用大的步长。在没有正式证明的情况下，与显式方法相比，A 和 L 稳定性的隐式方法更适合于求解刚性微分方程。

5.7　不连续切换系统积分方法的注释

正如第 3 章所述，实际中一些汽车系统由包括切换点的不连续模型描述。在系统描述式（5.4）和式（5.5）中，假设状态变量 $\boldsymbol{x}(\cdot)$ 是 Lipschitz 连续的，并且在推导 RK 方法时也需要这种平滑性假设。对于不连续的切换系统，在切换处

$$\dot{\boldsymbol{x}}(t)=\boldsymbol{f}(\boldsymbol{x}(t),q(t),\boldsymbol{u}(t)),\quad \forall t\in[t_0,t_f] \tag{5.62}$$

$$\boldsymbol{x}(t_j^+)=\boldsymbol{x}(t_j^-)+\boldsymbol{\delta}(q(t_j^-),q(t_j^+),\boldsymbol{x}(t_j^-)) \tag{5.63}$$

$$x(t_0) = x_0 \tag{5.64}$$

这种平滑性假设不再适用。至少，不能推导出统一的 Lipschitz 常数。请注意，类似于前面几节，使用符号 $\boldsymbol{\delta}(q^-, q^+, \boldsymbol{x})$ 代替 $\boldsymbol{\delta}_{(q^-, q^+)}$ 来定义切换时的状态跳跃。

这种理论上的不足避免了在不了解切换时间实例的情况下开发积分方法。相反，这意味着需要准确的切换检测。特别地，频繁切换需要积分方法，这些方法能够以较低的附加计算成本处理这些影响。这使得 IVP 式（5.62）~式(5.64）的数值处理比连续性的 IVP 更具有挑战性。

幸运的是，这个问题在微分方程数值求解的理论中已经存在很多年，而没有明确地关注混合系统。根据 Hairer 和 Wanner[15]，建立了三种处理不连续的数值计算方法。

1）忽略不连续：这些概念依赖于一个变步长控制来适当地处理不连续。

2）奇异性检测：这些概念用于计算比较局部误差估计和步长。

3）使用切换函数：这些概念在切换事件 t_j 发生时停止积分，并对具有边界条件 $\boldsymbol{x}(t_j^+) = \boldsymbol{x}(t_j^-) + \boldsymbol{\delta}(q(t_j^-), q(t_j^+), \boldsymbol{x}(t_j^-))$ 的右侧函数 $\boldsymbol{f}(\cdot)$ 重新积分。

奇异性检测在某些仿真包中也称为过零检测，例如 Simulink。

第一种方法可能导致求解器在不连续点附近采取许多小步长来考虑这些影响，以获得更小的离散化（截断）误差[15]，这会导致过多的计算时间。前两种方法是 ODE 求解程序包的标准技术，最后一种方法比其他方法更快速和更可靠，并且在混合系统求解器中得到实现。

如果假设在离散状态下的转换只能发生在网格 g_t 的采样时刻 t_k 上，则后一种方法的实现对于配置方法就变得相当简单。如果不能这样假设，则应当考虑实施适当步长的控制。

5.8 离散化对最优控制问题的影响

由前述可以看到，控制和状态动态的离散化对于获得求解函数的数值逼近是非常重要的。但是，一个重要的问题仍然没有解决，对于 $h_k \to 0$，$k = 0$，$\cdots$，$N_t - 1$，最优控制问题的离散近似是否收敛于连续公式。

Mordukhovich[21,22] 和 Gerdts[13] 讨论了这个问题，他们对一些纯连续最优控制问题的离散近似给出了详细的收敛分析。不幸的是，对于本书所关注的特定类型的混合最优控制问题，这个问题变得更加复杂，因此无法完全回答。

然而，大致来说可以推断出混合最优控制问题的下列结果。

1）即使每个变量的量化步长无限小，HOCP 的离散近似可能并不总是收敛其连续情况。

2）HOCP 离散近似的局部最小值可能与其连续情况对应的局部最小值不同。

3）由 HOCP 离散近似得到的灵敏度结果可能与其连续情况对应的灵敏度结果不一致。

乍一看，这些表述可能会为数值求解 HOCP 引入一些理论障碍。然而，对于实际问题，某些假设下的收敛分析是不太可能成功进行的。因此，可以合理假设离散近似是收敛的，读者应当将上面的语句解释为一个警告，不要高估数值近似的质量。

5.9　相关研究

在过去的几十年中，提出了许多不同的积分方法，试图精确地求解不同类型的常微分方程，包括 Adams – Bashforth – Moulton 方法、反向差分公式和 Runge – Kutta 方法。关于这一主题的优秀参考书有很多，其中包括 Hairer 和 wanner[15,16]、Strehmel 等[27]。方法可以分为一步法、两步法和多步法，在 Hairer 和 Wanner[16] 的著作中可以找到多步法的描述。

大量的论文，例如 Henrici[18]、Butcher[5]、Hairer 和 Wanner[17] 等，给人的印象是，Runge – Kutta 方法族是最著名和最常用的常微分方程数值积分方法。

包括 Hager[14]、Schwartz[26] 在内的许多作者都对 RK 积分方法用于最优控制问题进行了研究。Dontchev 等[7] 提出了一些条件，在这些条件下，具有控制约束的 OCP 的 RK 离散化产生连续值控制的二阶近似。

由 Dormand 等[8] 提出的 Runge – Kutta – Nystrom 方法的推广直接近似高阶微分方程。

一些历史上的关键点是：1895 年，Carl Runge[24] 发表了他的著名论文，将 Euler 近似方法扩展为一个更精细的方案，能够获得更高的精度。Runge 的思路是利用改进的公式作为中点和梯形法则来近似求解微分方程，对函数 $\boldsymbol{f}(\cdot)$ 在积分区间内多次求导的要求，给出 Runge – Kutta 方法的特征。

1901 年，Kutta[20] 将 Runge – Kutta 方法的分析扩展到 5 阶，包括表 5.8 所示的著名的经典 Runge – Kutta 方法。Kutta 的 5 阶近似有微小误差，Nystrom[23] 对其进行了修正。

Fehlberg 是嵌入方法的先驱之一[10,11]。他开发了带有简化假设的嵌入 RK 公式，该公式在低阶公式中有一个小的主截断项。Fehlberg 的工作使自动步长控制策略的成功开发成为可能。进一步的嵌入方法由 Sarafyan[25] 和 England[9] 推导得到。

Chai[6] 提出了一种基于多步法的局部误差估计方法，但是与一步法和两步法相比，要求更少的计算时间。

参考文献

1. Betts JT (2010) Practical methods for optimal control and estimation using nonlinear programming, 2nd edn. Society for Industrial and Applied Mathematics. doi:10.1137/1:9780898718577
2. Bonnans JF, Laurent-Varin J (2006) Computation of order conditions for symplectic partitioned Runge-Kutta schemes with application to optimal control. Numerische Mathematik 103(1):1–10
3. Büskens C (1998) Optimierungsmethoden und Sensitivitätsanalyse für optimale Steuerprozesse mit Steuer- und Zustandsbeschränkungen. PhD thesis, Universität Münster
4. Butcher JC (1963) Coefficients for the study of Runge-Kutta integration processes. J Aust Math Soc 3(2):185–201
5. Butcher JC (1987) The numerical analysis of ordinary differential equations: Runge-Kutta and general linear methods. Wiley, New York
6. Chai A (1968) Error estimate of a fourth-order Runge-Kutta method with only one initial derivative evaluation. In: Proceedings of the April 30–May 2, 1968, spring joint computer conference, ACM, pp 467–471
7. Dontchev AL, Hager WW, Veliov VM (2000) Second-order Runge-Kutta approximations in control constrained optimal control. SIAM J Numer Anal 38(1):202–226
8. Dormand J, El-Mikkawy M, Prince P (1987) Families of Runge-Kutta-Nystrom formulae. IMA J Numer Anal 7(2):235–250
9. England R (1969) Error estimates for Runge-Kutta type solutions to systems of ordinary differential equations. Comput J 12(2):166–170
10. Fehlberg E (1968) Classical fifth-, sixth-, seventh-, and eighth-order Runge-Kutta formulas with stepwise control. Tech. rep., NASA TR R-287
11. Fehlberg E (1969) Low-order classical Runge-Kutta formulas with stepwise control and their application to some heat transfer problems. Tech. rep., NASA TR R-315
12. Flaig TG (2013) Implicit Runge-Kutta schemes for optimal control problems with evolution equations. arXiv:13110640
13. Gerdts M (2012) Optimal control of ordinary differential equations and differential-algebraic equations. de Gruyter, Berlin
14. Hager WW (2000) Runge-Kutta methods in optimal control and the transformed adjoint system. Numerische Mathematik 87(2):247–282
15. Hairer E, Wanner G (1993) Solving ordinary differential equations i: nonstiff problems, vol 14. Springer
16. Hairer E, Wanner G (1996) Solving ordinary differential equations ii: stiff and differential-algebraic problems, vol 14. Springer
17. Hairer E, Wanner G (1999) Stiff differential equations solved by Radau methods. J Comput Appl Math 111(1):93–111
18. Henrici P (1962) Discrete variable methods in ordinary differential equations. Wiley, New York, 1962:1
19. Kirches C (2011) Fast numerical methods for mixed-integer nonlinear model-predictive control. Springer
20. Kutta W (1901) Beitrag zur näherungweisen Integration totaler Differentialgleichungen. Z Math Phys 46:435–453
21. Mordukhovich B (1978) On difference approximations of optimal control systems. J Appl Math Mech 42(3):452–461
22. Mordukhovich B (2006) Variational analysis and generalized differentiation II. Applications, Grundlehren der mathematischen Wissenschaften. Springer, Berlin
23. Nyström EJ (1925) Über die numerische Integration von Differentialgleichungen. Societas Scientiarum Fennica 50(13)
24. Runge C (1895) Über die numerische Auflösung von Differentialgleichungen. Mathematische Annalen 46(2):167–178
25. Sarafyan D (1966) Error estimation for Runge-Kutta methods through pseudo-iterative formulas. Tech. Rep. Techn. Rep. No 14, Louisiana State University

26. Schwartz AL (1989) Theory and implementation of numerical methods based on Runge-Kutta integration for solving optimal control problems. PhD thesis, University of California at Berkeley
27. Strehmel K, Weiner R, Podhaisky H (2012) Numerik gewöhnlicher Differentialgleichungen: nichtsteife, steife und differential-algebraische Gleichungen. Springer Science & Business Media
28. von Stryk O (1995) Numerische Lösung optimaler Steuerungsprobleme: Diskretisierung, Parameteroptimierung und Berechnung der adjungierten Variablen. Fortschritt-Berichte VDI-Verlag 8
29. Zhang J, Johansson KH, Lygeros J, Sastry S (2001) Zeno hybrid systems. Int J Robust Nonlinear Control 11(5):435–451. doi:10.1002/rnc.592

第6章　动态规划

6.1　引言

非线性系统的动态规划（DP）由 Bellman[2] 根据其最优性原理提出。Bellman 的最优性原理表明，从最优解的任何中间状态到最终状态的解也是最优的。这一重要事实在 DP 中得到利用，通过从最终状态开始在时间上向后回溯，将最优控制问题分解为许多小问题。与更加复杂的间接方法相比，这使得理论基础更容易理解。通用算法可以更简单的形式表示，易于应用于纯连续最优控制问题（OCP），并且通过一些小的修改，也非常适用于具有不可微输入的混合最优控制问题（HOCP）和动力学。这意味着，即使系统在切换时出现状态跳跃，或者子系统之间的切换受到惩罚，也不会影响 DP 的使用。此外，解是以闭环形式获得的，并且与只产生开环解的最优控制的间接方法和直接方法相比，自然提供了反馈控制策略。考虑到这些方面，DP 似乎是汽车应用中几乎所有 OCP 的理想选择。然而，其在“非因果性”和“维数灾难”方面存在严重的缺陷，后者指的是计算需求（计算时间和存储器需求）随着连续值状态 N_x 和连续值控制 N_u 的数量呈指数增长的现象。但是，对于某些问题，DP 仍然是求解 HOCP 问题的一种方便和强大的方法。动态规划通常用于基准分析，以便比较其他优化方法的解。

6.2　连续系统的最优控制

首先考虑无状态约束的简单连续 OCP：

$$\begin{aligned}\phi(\boldsymbol{u}^*(\cdot)) &= \min_{\boldsymbol{u}(\cdot)\in\mathcal{U}} \phi(\boldsymbol{u}(\cdot)) \\ &= m(\boldsymbol{x}^*(t_f)) + \int_{t_0}^{tf} l(\boldsymbol{x}^*(t)\boldsymbol{u}^*(t)\mathrm{d}t \end{aligned} \tag{6.1}$$

满足

$$\dot{\boldsymbol{x}}(t) = \boldsymbol{f}(\boldsymbol{x}(t),\boldsymbol{u}(t)) \tag{6.2}$$

$$\boldsymbol{x}(t_0) = \boldsymbol{x}_0 \tag{6.3}$$

任务是应用动态规划原理推导出数值算法求解式（6.1）~式(6.3)，而不是试图找到函数 $\boldsymbol{u}(\cdot)$、$\boldsymbol{x}(\cdot)$ 和 $q(\cdot)$ 的解析解。这就需要离散化，因此导致有限维最优控制问题。

在开始逐步开发算法程序之前，先对上面的问题公式做一些技术评论。在式（6.1）~式(6.3) 中，没有施加最终状态条件 $x_i(t_f)=x_{i,f}$，$\forall i\in L_f$，其中集合 L_f 是指在端点 t_f 固定的状态。然而，这不是一个严格限制，因为最终状态条件可以容易作为软约束实现。顾名思义，软约束不能完全满足，并且允许偏离。通常其作为惩罚项实现，惩罚在终止时间 t_f 与期望值的偏差。通过选择适当的权重 $\boldsymbol{K}_f$ 控制惩罚，权重 $\boldsymbol{K}_f$ 缩放不同的约束，这表明在目标函数中使用端点函数 $m(\boldsymbol{x}(t_f))=\boldsymbol{K}_f(\boldsymbol{x}_{[L_f]}(t_f)-\boldsymbol{x}_f)$作为最终状态惩罚项。有限维允许集 $\hat{U}$ 和 $\hat{X}$ 是紧凑的并且被边界约束限制。对紧凑集的限制是非常关键的，因为数值过程不能搜索 $\boldsymbol{U}$ 和 $\boldsymbol{X}$ 的整个空间。

开发动态规划算法的第一步是由 4.3 节取成本函数 $V:\boldsymbol{X}\times[t_0,t_f]\to R$ 作为成本指标：

$$V(\boldsymbol{x}(\cdot),t) = \min_{\boldsymbol{u}(\cdot)\in\mathcal{U}}\left\{m(\boldsymbol{x}(t_f)) + \int_t^{t_f} l(\boldsymbol{x}(\tau),\boldsymbol{u}(\tau)\mathrm{d}\tau)\right\} \tag{6.4}$$

对式（6.4）应用定理 4.7 的最优性原理得到

$$V(\boldsymbol{x}(\cdot),t) = \min_{\boldsymbol{u}(\cdot)\in\mathcal{U}}\left\{\int_t^{t_1} l(\boldsymbol{x}(\tau),\boldsymbol{u}(\tau)\mathrm{d}\tau + V(\boldsymbol{x}(\cdot),t_1)\right\} \tag{6.5}$$

根据 4.3 节，已经知道具有最优轨迹 $\boldsymbol{x}^*(t)$的成本函数 $V(\cdot)$ 必须满足 Hamilton－Jacobi－Bellman（HJB）方程：

$$-\frac{\partial V}{\partial t}(\boldsymbol{x}^*(t),t) = \min_{\boldsymbol{u}(t)\in\hat{\mathcal{U}}}\left\{l(\boldsymbol{x}^*(t),\boldsymbol{u}(t)) + \left(\frac{\partial V}{\partial \boldsymbol{x}}\right)^T(\boldsymbol{x}^*(t),t)\boldsymbol{f}(\boldsymbol{x}^*(t),\boldsymbol{u}(t))\right\} \tag{6.6}$$

边界条件为

$$V(\boldsymbol{x}^*(t_f),t_f) = m(\boldsymbol{x}^*(t_f)) \tag{6.7}$$

读者应当知道，在大多数情况下，HJB 方程不允许 $V(\cdot)\in C^1$。然而，在式（6.6)和式（6.7）中的成本函数 $V(\cdot)$ 只是关于 $\boldsymbol{x}(\cdot)$ 的局部 Lipschitz，见 4.3 节。要记住的是，如果成本函数 $V(\cdot)$ 是 HJB 方程的唯一粘性子解，则 $\boldsymbol{x}^*(\cdot)$ 获得局部最小值。这是在 ODE 的右侧函数 $\boldsymbol{f}(\cdot)$、Lagrange 项 $l(\cdot)$ 和端点函数 $m(\cdot)$ 的技术假设下成立的[15]，其中 $\boldsymbol{f}(\cdot)$、$l(\cdot)$ 和 $m(\cdot)$ 对于所有参数都是一致连续的，$\partial\boldsymbol{f}/\partial\boldsymbol{x}$、$\partial l/\partial\boldsymbol{x}$ 和$\partial m/\partial\boldsymbol{x}$ 是有界的，允许控制集$\hat{U}$是紧凑的。这个事实使得动态规划方法适用于处理最优控制问题式（6.2）中的非线性系统 $\boldsymbol{f}(\cdot)$，该最优控制问题对于连续值控制 $\boldsymbol{u}(\cdot)$ 具有不可微性的假设。

显然，很难找到满足式（6.6）和式（6.7）成本函数的解析解，但是可以通过数值计算近似，只需要简单地将最优性原理应用于更小的时间步长。因此，引入

5.1 节的等距时间网格：

$$0 = t_0 < t_1 < t_2 < \cdots < t_{N_t} = f_t, \quad \mathcal{G}_t = \{t_0, t_1, \cdots, t_{N_t}\}$$

然后，由式（6.5）得到某一个时刻的成本函数：

$$V(\boldsymbol{x}(t_k), t_k) = \min_{\boldsymbol{u}(t) \in \hat{\mathcal{U}}} \left\{ \int_{t_k}^{t_{k+1}} l(\boldsymbol{x}(\tau), \boldsymbol{u}(\tau)) \mathrm{d}\tau + V(\boldsymbol{x}(t_{k+1}), t_{k+1}) \right\} \tag{6.8}$$

离散式（6.8）中的连续值状态 $\boldsymbol{x}(\cdot)$ 和连续值控制 $\boldsymbol{u}(\cdot)$，在网格 g_t 上使用任何显式 Runge - Kutta 方法，得到

$$V(\boldsymbol{x}_k, t_k) = \min_{\boldsymbol{u}_k \in \hat{\mathcal{U}}(kh)} \{ h\boldsymbol{\Gamma}_l(\boldsymbol{x}_k, \boldsymbol{u}_k, t_k, h) + V(\boldsymbol{g}(\boldsymbol{x}_k, \boldsymbol{u}_k), t_{k+1}) \} \tag{6.9}$$

边界条件为

$$V(\boldsymbol{x}_{N_t}, t_{N_t}) = m(\boldsymbol{x}_{N_t}). \tag{6.10}$$

连续状态 $\boldsymbol{x}_{k+1}$ 由 g：$\boldsymbol{X} \times \boldsymbol{U} \to R^{N_x}$ 给出：

$$\boldsymbol{x}_{k+1} = \boldsymbol{g}(\boldsymbol{x}_k, \boldsymbol{u}_k)$$

$$\boldsymbol{g}(\boldsymbol{x}_k, \boldsymbol{u}_k) = \boldsymbol{x}_k + h\boldsymbol{\Gamma}_f(\boldsymbol{x}_k, \boldsymbol{u}_k, t_k, h) \tag{6.11}$$

式中，$\boldsymbol{\Gamma}_f(\cdot)$ 为式（6.2）中 ODE 右侧的增量函数；h 为固定的积分步长。

式（6.9）和式（6.10）称为离散 Bellman 方程或动态规划方程，其是动态规划计算机实现的基础。注意式（6.9）和式（6.10）随着时间向后发展，这是一种可以在数值算法中探索的特性。

Lagrange 增量函数 $\boldsymbol{\Gamma}_l(\cdot)$ 可以类似地定义为

$$\boldsymbol{\Gamma}_l(\boldsymbol{x}_k, \boldsymbol{u}_k, t_k, h) = \sum_{l=1}^{k} b_l k_l$$

函数 $k_l(\cdot)$ 在区间［t_k，t_{k+1}］内估计 Lagrange 函数 $l(\cdot)$ 的值，通过递归计算

$$k_l(\boldsymbol{x}_k, \boldsymbol{u}_k, t_k, h) = l\left(\boldsymbol{x}_k + h\sum_{j=1}^{K} a_{l,j} k_j, \boldsymbol{\Xi}_k^u(\boldsymbol{u}_k, t_k + c_l h)\right)$$

对于所有阶段 $1 \leqslant l \leqslant K$，$\boldsymbol{\Xi}_k^u$ 是用于计算中间值的控制函数，参数 $a_{l,j}$、b_l 和 c_l 是 Butcher 数组参数。在时刻 t 达到成本函数式（6.9）的最小值，最优连续值控制 $\boldsymbol{u}_k^*$ 为

$$\boldsymbol{u}_k^* = \arg \min_{\boldsymbol{u}_k \in \hat{\mathcal{U}}(kh)} \{ h\boldsymbol{\Gamma}_l(\boldsymbol{x}_k, \boldsymbol{u}_k, t_k, h) + V(\boldsymbol{g}(\boldsymbol{x}_k, \boldsymbol{u}_k), t_{k+1}) \} \tag{6.12}$$

如前所述，成本函数的分析公式很少可用。为了得到成本函数的数值近似，在 $g_x^{N_x}$ 上对连续值状态 $\boldsymbol{x}_k$ 进行量化，对于每个维度使用 N_{gx} 值，即每个坐标

$$x^1 < x^2 < \cdots < x^{N_{\mathcal{G}_x}} \quad x^i \in \mathcal{G}_x = \{x^1, x^2, \cdots, x^{N_{\mathcal{G}_x}}\}$$

类似地，在 $g_u^{N_u}$ 上量化连续值控制 $\boldsymbol{u}_k$，对于每个维度使用的 N_{gu} 值

$$u^1 < u^2 < \cdots < u^{N_{\mathcal{G}_u}} \quad u^i \in \mathcal{G}_u = \{u^1, u^2, \cdots, u^{N_{\mathcal{G}_u}}\}$$

动态规划算法的目的是，使用向后递归方法计算网格 $g_x^{N_x} \times g_t$ 上每个点的成本函数。对于维数 $N_x = 1$ 的状态，该网格的示意如图 6.1 所示。

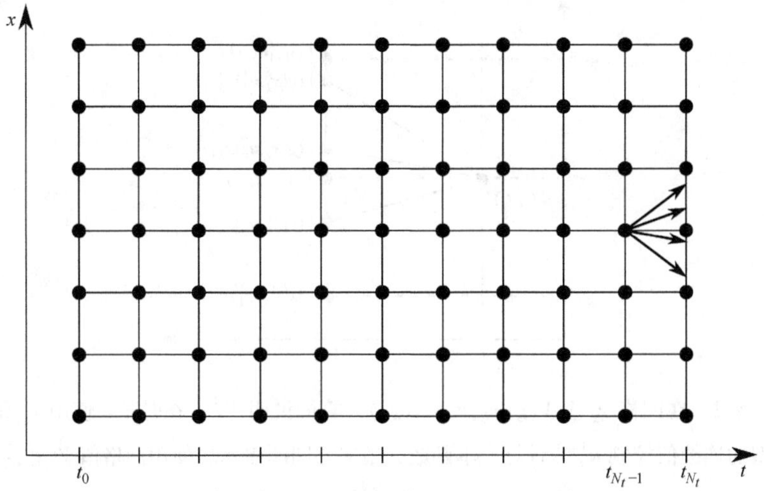

图6.1 网格 $g_x^1 \times g_t$

在（$\boldsymbol{x}_{N_t}$，t_{N_t}）的成本函数可以很容易地在网格 $g_x^{N_x} \times g_t$ 上进行计算，因为应用边界条件

$$V(\boldsymbol{x}_{N_t},t_{N_t}) = m(\boldsymbol{x}_{N_t}), \quad \forall \boldsymbol{x}_{N_t} \in \mathcal{G}_x^{N_x}$$

这导致成本函数 $V(\boldsymbol{x}_{N_t},t_{N_t})$ 在时刻 t_{N_t} 的 $\# g_x^{N_x}$ 数值计算的数量。对于下一次向后计算的时刻，离散 Bellman 方程（6.9）产生

$$V(\boldsymbol{x}_{N_t-1},t_{N_t-1}) = \min_{\boldsymbol{u}_{N_t-1} \in \hat{\mathcal{U}}((N_t-1)h)} \{ h\Gamma_l(\boldsymbol{x}_{N_t-1},\boldsymbol{u}_{N_t-1},t_k,h) + V(\boldsymbol{g}(\boldsymbol{x}_{N_t-1},\boldsymbol{u}_{N_t-1}),t_{N_t}) \} \tag{6.13}$$

式（6.13）中的成本函数 $V(\boldsymbol{x}_{N_t-1},t_{N_t-1})$ 是在网格 $g_x^{N_x}$ 上对于所有 $\boldsymbol{x}_{N_t-1} \in g_x^{N_x}$ 进行计算的。在此，最后一项 $V(\boldsymbol{g}(\boldsymbol{x}_{N_t-1},\boldsymbol{u}_{N_t-1}),t_{N_t})$ 必须对于所有 $\boldsymbol{u}_{N_t-1} \in g_u^{N_u}$ 到每个 $\boldsymbol{x}_{N_t-1} \in g_x^{N_x}$ 进行计算，其中连续状态 $\boldsymbol{g}(\boldsymbol{x}_{N_t-1},\boldsymbol{u}_{N_t-1})$ 可能落在 $g_x^{N_x}$ 的网格点之间，如图6.2所示。因此，必须使用适当的插值方法计算 $V(\boldsymbol{g}(\boldsymbol{x}_{N_t-1},\boldsymbol{u}_{N_t-1}),t_{N_t})$，以便可以假设成本函数完全在网格边界上定义。对于插值，期望在网格点 $g_x^{N_x}$ 上成本函数 $V(\boldsymbol{x}_{k+1},t_{k+1})$ 是已知的。

在非网格点 $\boldsymbol{g}(\boldsymbol{x}_{N_t-1},\boldsymbol{u}_{N_t-1})$ 上，有几种方法可以找到成本函数 $V(\boldsymbol{g}(\boldsymbol{x}_{N_t-1},\boldsymbol{u}_{N_t-1}),t_{N_t})$：最近邻域插值或线性插值。第一种方法采用状态网格 $g_x^{N_x}$ 最接近的值，并且使用该值计算成本函数。这种方法的优点是计算速度快，但精度不高。第二种方法提供了良好的精度，而附加的计算成本可以通过有效的插值方法和选择等距的状态网格 $g_x^{N_x}$ 而被接受。然后，对于每个网格点通过选择使 $V(\boldsymbol{g}(\boldsymbol{x}_{N_t-1},\boldsymbol{u}_{N_t-1}),t_{N_t})$ 最小的连续值控制，可以确定最优控制 $\boldsymbol{u}_{N_t-1}^*$。

对于每个 $\boldsymbol{x}_{N_t-1} \in g_x^{N_x}$，$V(\boldsymbol{x}_{N_t-1},t_{N_t-1})$ 的最优值保存在维数为 $g_x^{N_x} \times g_t$ 的矩阵

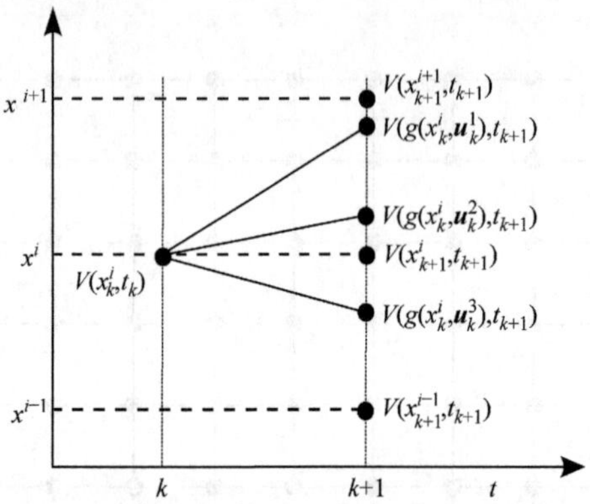

图 6.2 在网格 g_x^1 上 $V(g(x_k^i, u_k), t_{k+1})$ 计算的说明[11]:在时刻 k 使用 x_k^i 和三个典型的连续值控制 u_k^{1-3} 计算成本函数,用实心圆圈表示,使用网格值 $V(x_{k+1}^{i-1}, t_{k+1})$、$V(x_{k+1}^i, t_{k+1})$ 和 $V(x_{k+1}^{i+1}, t_{k+1})$ 进行插值

$V(\boldsymbol{x}_{N_t-1}, t_{N_t-1})$ 中,相应的最优连续值控制保存在类似的结构 $\boldsymbol{U}(\boldsymbol{x}_{N_t-1}, t_{N_t-1})$ 中。在网格上定义 $V(\boldsymbol{x}_{N_t-1}, t_{N_t-1})$,可以向后移动一步到 $N_t - 2$ 并重复相同的过程。这个算法可以总结如下,如算法 6.1 所示。

算法 6.1　OCP 的动态规划

1: 定义 g_t、g_x 和 g_u
2: for $k \leftarrow N_t$ to 0 do
3:　　for all $\boldsymbol{x}_j \in g_x^{N_x}$ do
4:　　　　if $k \leftarrow N_t$ then
5:　　　　　　$V(\boldsymbol{x}_j, t_k) \leftarrow m(\boldsymbol{x}_j)$
6:　　　　else
7:　　　　　　for all $\boldsymbol{u}_i \in g_u^{N_u}$ do
8:　　　　　　　　$\boldsymbol{x}_j^+ \leftarrow g(\boldsymbol{x}_j, \boldsymbol{u}_i)$
9:　　　　　　　　$C_i \in h\Gamma_l(\boldsymbol{x}_j, \boldsymbol{u}_i, t_k, h) + V(\boldsymbol{x}_j^+, t_{k+1})$
10:　　　　　end for
11:　　　　　$i^* \leftarrow \arg\min C_i$
12:　　　　　$V(\boldsymbol{x}_j, t_k) \leftarrow C_{i^*}$
13:　　　　　$U(\boldsymbol{x}_j, t_k) \leftarrow \boldsymbol{u}_{i^*}$
14:　　　end if
15:　　end for
16: end for

在算法6.1的第9行中，$V(\boldsymbol{x}_j^+, t_{k+1})$的计算需要插值，因为状态 $\boldsymbol{x}_j^+$ 不太可能在网格 $g_x^{N_x}$ 上。如果连续值控制和连续值状态受到不同于边界条件的其他附加条件限制，成本函数的最小化也必须受到进一步的限制。因此，引入用于控制和状态约束的附加惩罚函数 $P(\boldsymbol{x}_{k+1}, \boldsymbol{u}_{k+1})$，第9行中的代码变为

$$C_i = h\Gamma_l(\boldsymbol{x}_j, \boldsymbol{u}_i, t_k, h) + V(\boldsymbol{x}_j^+, t_{k+1}) + P(\boldsymbol{x}_j^+, \boldsymbol{u}_i) \tag{6.14}$$

一旦网格 $g_x^{N_x} \times g_t$ 上的成本函数的值及最优控制 $\boldsymbol{V}(\cdot)$ 和 $\boldsymbol{U}(\cdot)$ 由算法6.1定义，对于任意起始时间 $t_{kinit} \in g_t$ 和初始状态 $\bar{\boldsymbol{x}}_{[kinit]}^* \in \mathrm{conv}(g_x^{N_x})$，可以恢复最优轨迹 $\bar{\boldsymbol{x}}^*$ 和 $\bar{\boldsymbol{u}}^*$，其中 $\mathrm{conv}(g_x^{N_x})$ 表示状态网格的凸包。向量 $\bar{\boldsymbol{x}} := [\boldsymbol{x}_0, \boldsymbol{x}_1, \cdots, \boldsymbol{x}_{N_t}] \in R^{N_x(N_t+1)}$ 和 $\bar{\boldsymbol{u}} := [\boldsymbol{u}_0, \boldsymbol{u}_1, \cdots, \boldsymbol{u}_{N_t}] \in R^{N_x N_t}$ 用上画线标注，以表示离散化过程。最优轨迹的恢复过程，如算法6.2所示。

算法6.2 OCP的最优轨迹

定义 t_{kinit} 和 $\bar{\boldsymbol{x}}_{[kinit]}^*$
for $k \leftarrow k_{kinit}$ to $N_t - 1$ do
    $\bar{\boldsymbol{u}}_{[k]}^* \leftarrow \boldsymbol{U}(\bar{\boldsymbol{x}}_{[k]}^*, t_k)$
    $\bar{\boldsymbol{x}}_{[k+1]}^* \leftarrow \boldsymbol{U}(\bar{\boldsymbol{x}}_{[k]}^*, \bar{\boldsymbol{u}}_{[k]}^*)$
end for

对于给定的起始点（$\bar{\boldsymbol{x}}_{[kinit]}^*$，$t_{kinit}$），最优控制轨迹 $\bar{\boldsymbol{u}}_{[k]}^*$ 由 $\boldsymbol{U}(\bar{\boldsymbol{x}}_{[k]}^*, t_k)$确定。这通常需要插值，因为 $\bar{\boldsymbol{x}}_{[k]}^*$ 很可能不在状态网格 $g_x^{N_x}$ 上。使用这种控制，连续状态 $\bar{\boldsymbol{x}}_{[k+1]}^*$ 使用式（6.11）计算。重复这一过程，直到 $k = N_t - 1$。由于可以从任意起始点（$\bar{\boldsymbol{x}}_{[kinit]}^*$，$t_{kinit}$）计算最优轨迹，得到反馈控制律或控制策略。即使由于某种原因，初始状态 $\bar{\boldsymbol{x}}_{[kinit]}^*$ 偏离了最初计划的初始状态，仍然可以知道如何从受干扰的初始状态中恢复最优轨迹，只要这个状态在网格 $g_x^{N_x}$ 中。

这个动态规划方法称为确定性动态规划。

6.3 混合系统的最优控制

现在考虑混合最优控制问题。为了对算法进行更紧凑的描述，采用向量场符号 $\boldsymbol{f}_{q(t)}(\boldsymbol{x}(t), \boldsymbol{u}(t))$、Lagrange 函数 $l_{q(t)}(\boldsymbol{x}(t), \boldsymbol{u}(t))$和跳跃函数 $\boldsymbol{\delta}_{q(t_j^-), q(t_j^+)}(\boldsymbol{x}(t_j^-))$分别表示$\boldsymbol{f}(\boldsymbol{x}(t), q(t), \boldsymbol{u}(t))$、$l(\boldsymbol{x}(t), q(t), \boldsymbol{u}(t))$和 $\boldsymbol{\delta}(\boldsymbol{x}(q(t_j^-), q(t_j^+), t_j^-))$。然后，HOCP 可以表述为

$$\begin{aligned}\phi(\boldsymbol{u}^*(\cdot), \varpi^*(\cdot)) &= \min_{\boldsymbol{u}(\cdot) \in \mathcal{U}(q(\cdot)), \varpi(\cdot) \in B(q(\cdot))} \phi(\boldsymbol{u}(\cdot), \varpi(\cdot)) \\ &= m(\boldsymbol{x}^*(t_f)) + \int_{t_0}^{t_f} l(\boldsymbol{x}^*(t), q^*(t), \boldsymbol{u}^*(t))\mathrm{d}t \end{aligned} \tag{6.15}$$

$$\dot{\boldsymbol{x}}(t)=\boldsymbol{f}(\boldsymbol{x}(t)),q(t),\boldsymbol{u}(t)),\quad \text{a.e. } t\in[t_0,t_f] \tag{6.16}$$

$$q(t_j^+)=q(t_j^-)+\varpi(t_j),\quad t_j\in\boldsymbol{\Theta}_t \tag{6.17}$$

$$\boldsymbol{x}(t_j^+)=\boldsymbol{x}(t_j^-)+\boldsymbol{\delta}(q(t_j^-),q(t_j^+),\boldsymbol{x}(t_j^-)) \tag{6.18}$$

$$\boldsymbol{x}(t_0)=\boldsymbol{x}_0 \tag{6.19}$$

混合系统最优控制的主要挑战是离散状态 $q(\cdot)$ 的出现，动态规划可以处理这样复杂的问题。对于混合最优控制问题，类似于连续系统，动态规划必须满足 HJB 方程。为了将 HJB 方程扩展到混合情况式（6.15）~式(6.19)，引入一组成本函数 $V_{q(t)}(\cdot)$，其为扩展 HJB 方程的粘性子解：

$$-\frac{\partial V_{q(t)}}{\partial t}(\boldsymbol{x}^*(t),t)=\min_{\boldsymbol{u}(t)\in\hat{U}(q(t),t),\varpi(t)\in\hat{B}_q}\left\{l(\boldsymbol{x}^*(t),q(t),\boldsymbol{u}(t))+\left(\frac{\partial V_{q(t)}}{\partial \boldsymbol{x}}\right)^T(\boldsymbol{x}^*(t),t)\boldsymbol{f}(\boldsymbol{x}^*(t),q(t),\boldsymbol{u}(t))\right\} \tag{6.20}$$

边界条件为

$$V_{q(t)}(\boldsymbol{x}^*(t_f),t_f)=m(\boldsymbol{x}^*(t_f)) \tag{6.21}$$

状态转换为

$$V_{q(t_j^+)}(\boldsymbol{x}^*(t_j^+),t_j^+)=V_{q(t_j^-)}(\boldsymbol{x}^*(t_j^-),t_j^-)+\sum_{j=1}^{N_{swt}}\boldsymbol{\pi}_j^T\boldsymbol{\varphi}(\boldsymbol{x}^*(t_j^-),\boldsymbol{x}^*(t_j^+)) \tag{6.22}$$

式中，$\varphi(\boldsymbol{x}(t_j^-),\boldsymbol{x}(t_j^+))=\boldsymbol{x}(t_j^-)-\boldsymbol{x}(t_j^+)+\boldsymbol{\delta}(q(t_j^-),q(t_j^-),\boldsymbol{x}(t_j^-))$为式（6.18）的重新排列项；$\boldsymbol{\pi}_j$ 为乘子。

HJB 方程扩展到混合系统，遵循 4.4 节的堆叠原理。

由于存在堆叠参数，ODE 的右侧函数 $\boldsymbol{f}(\boldsymbol{x}(t),\ q(t),\ \boldsymbol{u}(t))$、跳跃函数 $\boldsymbol{\delta}(\boldsymbol{x}(q(t_j^-),\ q(t_j^+),\ t_j^-))$、Lagrange 项 $l(\boldsymbol{x}(t),\ q(t),\ \boldsymbol{u}(t))$和端点函数 $m(\cdot)$ 的假设与连续的对应项类似：$\boldsymbol{f}(\boldsymbol{x}(t),\ q(t)\ ,\boldsymbol{u}(t))$、$\boldsymbol{\delta}(\boldsymbol{x}(q(t_j^-),\ q(t_j^+),t_j^-))$、$l(\boldsymbol{x}(t),\ q(t),\boldsymbol{u}(t))$和 $m(\ \cdot\ )$对于所有参数是一致连续的，$\partial \boldsymbol{f}/\partial \boldsymbol{x}$、$\partial\boldsymbol{\delta}/\partial \boldsymbol{x}$、$\partial l/\partial \boldsymbol{x}$ 和 $\partial m/\partial \boldsymbol{x}$ 对于所有位置 $q(t)\in\hat{Q}$ 是有界的，并且允许控制集 $\hat{u}(q(t),t)$是紧凑的。这一事实使得将 DP 应用于具有离散状态的问题并不困难。实际上，DP 经常被用于优化多阶段决策过程，其中需要优化一系列离散的决策以使结果最大化。

为了使 6.2 节中的算法适用于混合系统，这里暂停一下，以便记住第 3 章中切换系统和混合系统之间的主要区别。一方面，混合系统可以随时自由选择其位置，如图 3.2 的左边子图所示，将这种特殊类型的混合系统表示为切换系统。另一方面，混合系统确实受限于其位置的选择，如图 3.2 的右边子图所示。换言之，对于一般的混合系统，必须从取决于当前离散状态的允许控制集中选择离散控制，这需要比切换系统更复杂的控制策略。

因此，在时间网格 g_t 上将离散状态式（6.17）的演变表示为

$$q_{k+1} = q_k + \varpi_k,$$

式中，q_k 为当前的离散状态；ϖ_k 为允许在位置之间切换的当前离散控制。

ϖ_k 的允许集合是由 $\hat{\boldsymbol{B}}_k = \{g(q^\circ) - g(q) \mid (q, q^\circ) \in B_q\}$ 表示的状态相关集合，其中函数 $g(\cdot)$ 枚举元组 $\mid (q, q^\circ)$ 使得集合包含带符号的值。如果在时刻 t_k 离散状态 q_k 是有效的，则 ϖ_k 只能取值，使得 q_{k+1} 仍在 $\hat{Q}$ 中，但只在允许的位置上。

然后，引入广义状态和控制向量是一种自然的选择：

$$\boldsymbol{z}_k = \begin{bmatrix} \boldsymbol{x}_k \\ q_k \end{bmatrix}, \quad \boldsymbol{w}_k = \begin{bmatrix} \boldsymbol{u}_k \\ \varpi_k \end{bmatrix}$$

函数 $\boldsymbol{g}(\cdot)$ 也需要一般化，因为其现在要反映广义状态 $\boldsymbol{z}_k$ 的差异，而不是只反映 $\boldsymbol{x}_k$。此外，要考虑跳跃函数 $\boldsymbol{\delta}(\cdot)$ 对于 $\varpi_k \neq 0$ 给出的状态不连续性：

$$\boldsymbol{z}_{k+1} = \boldsymbol{g}(\boldsymbol{z}_k, \boldsymbol{w}_k)$$

$$\boldsymbol{g}(\boldsymbol{z}_k, \boldsymbol{w}_k) = \begin{bmatrix} \boldsymbol{x}_k + h\boldsymbol{\Gamma}_f(\boldsymbol{x}_k, q_k, \boldsymbol{u}_k, t_k, h) + \boldsymbol{\delta}(q_k, q_k + \varpi_k, \boldsymbol{x}_k) \\ q_k + \varpi_k \end{bmatrix}$$

在算法6.1中，通过将广义状态 $g_z = g_x^{N_x} \times \hat{Q}$ 的网格代替 $g_x^{N_x}$ 的网格，增强控制向量 $g_w(q) = g_u^{N_u} \times \hat{\boldsymbol{B}}_q$ 代替 $g_u^{N_u}$，就可以简单地实现离散动态规划算法，如算法6.3所示。应当注意到，控制网格取决于当前状态 q，因此需要对于任何 $\hat{\boldsymbol{B}}_q$ 创建单独的网格。一个连续值状态和一个两值离散状态的离散化网格 $g_z \times g_t$，如图6.3所示。

算法6.3　HOCP的动态规划

定义 g_t、g_z 和 g_w
for $k \leftarrow N_t$ to 0 do
　for all $\boldsymbol{z}_j \in g_z$ do
　　if $k = N_t$ then
　　　$\boldsymbol{V}(\boldsymbol{z}_j, t_k) = m(\boldsymbol{z}_j)$
　　else
　　　for all $\boldsymbol{w}_i \in g_w(q_j)$ do
　　　　$\boldsymbol{z}_j^+ \leftarrow \boldsymbol{g}(\boldsymbol{z}_j, \boldsymbol{w}_i)$
　　　　$C_i \leftarrow h\boldsymbol{\Gamma}_l(\boldsymbol{z}_j, \boldsymbol{w}_i, t_k, h) + V(\boldsymbol{z}_j^+, t_{k+1}) + P(\boldsymbol{z}_j^+, \boldsymbol{w}_i)$
　　　end for
　　　$i^* \leftarrow \arg\min_i C_i$
　　　$\boldsymbol{V}(\boldsymbol{z}_j, t_k) = C_{i^*}$

（续）

$w(z_j, t_k) = w_{i^*}$
    end if
  end for
end for

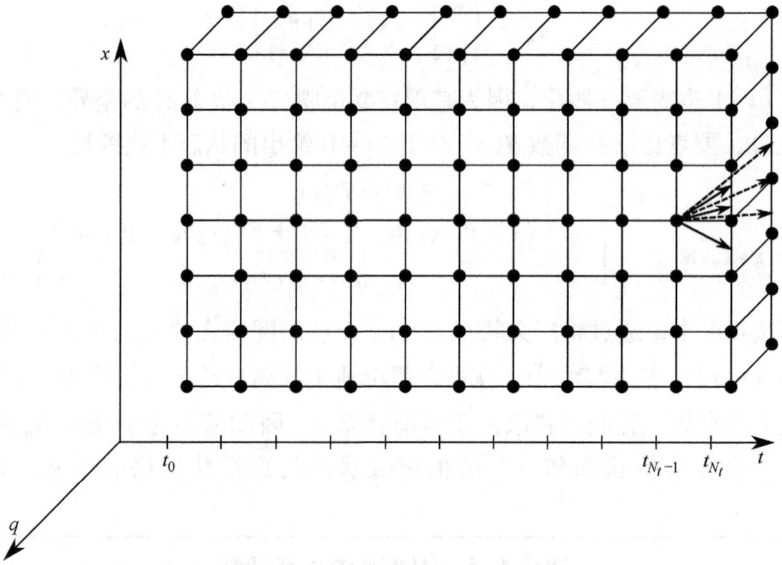

图 6.3　一个连续值状态 x_k 和两个离散状态 $q_k \in \{q_1, q_2\}$ 的网格 $g_z \times g_t$

由（$\bar{\boldsymbol{x}}^*_{[kinit]}$，$t_{kinit}$）确定最优轨迹的过程与纯连续系统的过程非常类似。然而，为了确定离散状态（$\bar{\boldsymbol{q}}^*_{[kinit]}$ 的最优初始值需要增加附加步骤，因为这在问题式(6.15)~式(6.19)中通常没有定义。当由 $\boldsymbol{W}(\bar{z}^*_{[k]}, t_k)$ 插值时，可能会出现ϖ_k 取值位于网格点之间的情况，即$\varpi_k \notin \hat{\boldsymbol{B}}_q$，在 $\hat{\boldsymbol{B}}_q$ 中两个值之间插值。为了避免这种情况，应使用最近的邻域插值确定ϖ_k，如算法 6.4 所示。

算法 6.4　HOCP 的最优轨迹

定义 k_{init} 和 $\bar{\boldsymbol{x}}^*_{[kinit]}$
$\bar{\boldsymbol{q}}^*_{[kinit]} \leftarrow \arg\min_q \{V([\bar{\boldsymbol{x}}^*_{[kinit]}, q]^T, t_{kinit})\}$
$\bar{z}^*_{[kinit]} := [\bar{\boldsymbol{x}}^*_{[kinit]} \bar{\boldsymbol{q}}^*_{[kinit]}]^T$
for $k \leftarrow k_{init}$ to $N_t - 1$ do

（续）

5:	$\bar{\boldsymbol{w}}^*_{[k]} \leftarrow \boldsymbol{W}(\bar{z}^*_{[k]}, t_k)$
6:	$\bar{z}^*_{[k+1]} \leftarrow g(\bar{z}^*_{[k]}, \bar{\boldsymbol{w}}^*_{[k]})$ else
7: end for	

$\bar{z}:=[z_0, z_1, \cdots, z_{N_t}] \in R^{(N_x+1)(N_t+1)}$ 和 $\bar{z}\boldsymbol{w}:=[z_0, z_1, \cdots, z_{N_t}] \in R^{(N_x+1)(N_t+1)}$ 是离散过程的向量。

最后，应当指出的是，考虑切换系统而不是通用混合系统，允许的离散集成为集合 $\hat{\boldsymbol{B}}:=\hat{Q}\times\hat{Q}\backslash\{(q,q)\mid q\in\hat{Q}\}$。这简化了算法 6.3，即 $g_z = g_x^{N_x} g_w = g_u^{N_u}\times\hat{Q}$，状态和控制向量为

$$z_k = \boldsymbol{x}_k, \quad \boldsymbol{w}_k = \begin{bmatrix} \boldsymbol{u}_k \\ q_k \end{bmatrix}$$

切换系统的实施工作几乎相同，但是执行时间要少得多。

6.4 讨论

在实现 DP 算法时，值得注意的一个问题是不可行状态和控制的成本函数的计算。不可行的状态和控制当然是无限昂贵的，因此应该具有无限的成本。如果使用无限成本来表示不可行状态，则在无限成本函数 $V(z_j^+, t_{k+1})$ 和有限成本函数 $V(z_{j+1}^+, t_{k+1})$ 之间进行插值导致无限成本函数 $V(z_j^+, t_k)$。因此，人为地增加了不可行区域。正如 Guzzella 和 Sciarretta[11] 与 Sundström 等[22] 指出的那样，如果处理不当，这将会导致重大错误。

在算法 6.3 的代码行中，使用大而有限的实值来惩罚不可行状态和控制，可以解决这个问题。但是，如果惩罚项 $V(z_j^+, t_{k+1})$ 选择的值太大，则在计算 C_i 时可能会出现数值误差。因此，该值应该选择得尽可能小，但是要大于可能出现的成本的任何值。另一种策略是从初始状态，即 $R^t(\boldsymbol{x}_0)$ 计算可达状态集合。然后，只需要为可达集合中的那些状态确定成本函数。边界线方法用于探索可达集合，寻找到可行区域和不可行区域之间的边界[22]。近似可达集合的另一种方法是水平集方法[14]。

应该谨慎选择惩罚项的权重 $\boldsymbol{K}_f$。过小的权重会导致不能令人满意地满足约束，而过大的权重会导致难以找到最小值。

DP 可以处理的最大系统维数取决于几个因素。所有 DP 算法都具有一个共同的复杂性，其与时间范围内的时间离散步的数量 N_t 呈线性增长，并且与连续值状态的数量 N_x 和连续值控制的数量 N_u 呈指数增长[11,20]。混合最优控制问题的扩展

动态规划算法具有的复杂性为

$$\mathcal{O}(N_t(\#\mathcal{G}_x^{N_x}N_q)(\#\mathcal{G}_u^{N_u}N_q)) \tag{6.23}$$

由式（6.23）可以看出，与连续值状态和连续值控制相比，复杂性对离散状态和控制的敏感度较低，其增长只是线性的。

显然，在每个坐标中大量的量化$\#g_x$和$\#g_u$会增加精确解的概率，但是由于N_x和N_u的指数特征，其反过来会需要较长的计算时间，并且可能是禁止的（“维数灾难”）。因此，对于较少数量的状态，DP是获得最优轨迹或最优控制律（也称为策略）的稳健性方法。对于$N_x \geqslant 4$的系统，通常不可以使用DP。但是对于较低的系统阶数，计算时间也可能高得不可思议。有几种方法可以改善算法的性能。由于计算成本，应该避免对$g(\cdot)$和$l(\cdot)$的小数据集或函数频繁插值。算法6.1和6.3中的三个嵌套循环也会带来很大的计算需求，对该代码片段的检查建议是，内部两个循环应该并行化，因为它们彼此之间不交换信息。如果一台计算机有多个内核甚至计算集群可用的话，并行化是一种加速循环执行的性能策略。

所有这些方法都适合于减少计算时间，在某些情况下效果非常显著。然而，它们通常不能实时实现和补偿维数灾难，这意味着对于许多系统，仍然要放弃选择使用DP。

相对于最优控制的其他优化技术，如间接方法和直接方法，DP的一个优点是其自动提供了反馈控制策略。在实际控制进程中，该反馈控制策略存储在矩阵$\boldsymbol{U}(\cdot)$中，而不是单一的最优控制序列。动态规划的另一个优点是，其可以易于修改以考虑状态和控制约束。

控制仿射的读者可能疑惑，将闭环解归因于DP的自然结果，而没有提到任何干扰。实际上，这是动态规划的另一个缺点。在本章中，假设干扰是预先知道的，这限制了DP对实时应用的适用性。更确切地说，只有在已知干扰的情况下，才能在实时控制应用中使用先验的DP。

最后，Bardi 和 Capuzzo - Dolcetta 的研究表明[1]，对于离散 Bellman 方程式（6.9）和式（6.10），通过执行极限过程，即$N_t \to \infty$和$h \to 0$，$V(\boldsymbol{x}_k, t_k)$是HJB的粘性子解。

应用这种关系，理论上可以由成本函数再次获得OCP的共态$\bar{\boldsymbol{\lambda}}_k$：

$$\tilde{\boldsymbol{\lambda}}_k = \frac{\partial V}{\partial \bar{\boldsymbol{x}}_{[k]}}(\bar{\boldsymbol{x}}_{[k]}, t_k), \quad k = 0, \cdots, N_t$$

由式（6.7）得到横截性条件为

$$\tilde{\boldsymbol{\lambda}}_{N_t} = \frac{\partial V}{\partial \bar{\boldsymbol{x}}_{[N_t]}}(\bar{\boldsymbol{x}}_{[N_t]}, t_{N_t}) = \frac{\partial m}{\partial \bar{\boldsymbol{x}}_{[N_t]}}(\bar{\boldsymbol{x}}_{[N_t]})$$

HOCP的共态类似于连续情况，再次获得

$$\tilde{\boldsymbol{\lambda}}_k = \frac{\partial V_{\bar{q}[k]}}{\partial \bar{\boldsymbol{x}}_{[k]}}(\bar{\boldsymbol{x}}_{[N_t]}, t_{N_t}), \quad k = 0, \cdots, N_t \tag{6.24}$$

终止时间的横截性条件由式（6.21）和式（6.22）求得

$$\widetilde{\boldsymbol{\lambda}}_{N_t}=\frac{\partial V_{\bar{q}_{[N_t]}}}{\partial\bar{\boldsymbol{x}}_{[N_t]}}(\bar{\boldsymbol{x}}_{[N_t]},t_{N_t})=\frac{\partial m}{\partial\bar{\boldsymbol{x}}_{[N_t]}}(\bar{\boldsymbol{x}}_{[N_t]})$$

由式（6.24）向后步进，在状态阶跃时获得以下条件：

$$\widetilde{\boldsymbol{\lambda}}_{k+1}=\frac{\partial V_{\bar{q}_{[k+1]}}}{\partial\bar{\boldsymbol{x}}_{[k+1]}}(\bar{\boldsymbol{x}}_{[k+1]},t_{k+1})=-\boldsymbol{\pi}_j$$

$$\widetilde{\boldsymbol{\lambda}}_{k}=\frac{\partial V_{\bar{q}_{[k]}}}{\partial\bar{\boldsymbol{x}}_{[k]}}(\bar{\boldsymbol{x}}_{[k]},t_{k})=-\left(\boldsymbol{I}+\frac{\partial\boldsymbol{\delta}}{\partial\bar{\boldsymbol{x}}_{[k]}}(\bar{\boldsymbol{q}}_{[k]},\bar{\boldsymbol{q}}_{[k+1]},\bar{\boldsymbol{x}}_{[k]})\right)^T\boldsymbol{\pi}_j$$

由 4.4 节产生已知的切换条件：

$$\widetilde{\boldsymbol{\lambda}}_{k}=\widetilde{\boldsymbol{\lambda}}_{k+1}+\left(\frac{\partial\boldsymbol{\delta}}{\partial\bar{\boldsymbol{x}}_{[k]}}\right)^T(\bar{\boldsymbol{q}}_{[k]},\bar{\boldsymbol{q}}_{[k+1]},\bar{\boldsymbol{x}}_{[k]})\widetilde{\boldsymbol{\lambda}}_{k+1}$$

6.5 相关研究

在 20 世纪 50 年代，Richard Bellman 提出了“动态规划”这个术语，作为处理多阶段决策过程问题的方法。就在 Pontryagin 最小原理在苏联发展的时候，Bellman 及其同事得出结论，经典的变分法无法解决现代控制问题。他的一个重大发现是提出了“最优性原理”。Dreyfus[8] 对 Richard Bellman 自传做了很好的总结，给出了动态规划哲学的一些有趣背景。

有关动态规划的优秀教科书，如 Bertsekas[3-5]，当然还有 Bellman[2]，详细介绍了基础理论。这些工作涵盖了算法以及对解的存在性和唯一性的研究。Kirk[13] 也很好地解释了基本算法，Sundström 和 Guzzella[21] 提供了 MATLAB 版本，Branicky 和 Mitter[7] 鼓励使用动态规划来求解最优控制问题。Gerdts[10] 更详细地描述了切换成本的合并问题。Rungger[19] 将动态规划应用于具有自主切换混合系统优化控制的更复杂情况。Hedlund 和 Rantzer[12]、Xu 和 Antsaklis[23]，使用 DP 理论推导了混合最优控制问题的算法概念。

动态规划可以很容易地应用于小型的最优控制问题，但是如果状态数大于 $N_x=4$，则动态规划很快变得不可行。同时，具有自由终止时间 t_f 的最优控制问题很难通过动态规划求解，因为问题的长度不是先验的而是未知的。为了克服这些局限性，已经提出了一些改进。其中包括迭代动态规划[16]、近似动态规划[18]、自适应动态规划[17]和神经动态规划[6]，这些方法获得的解只适用于特定类别的问题。Elbert 等[9]提出了一种 DP 算法，避免了由于向后可达和非向后可达的网格点之间的插值而造成的数值误差。

不同作者使用 Pontryagin 最小原理对 DP 和间接打靶方法进行了大量的比较研究，如 Yuan 等[24]，其中 DP 作为基准解。

参考文献

1. Bardi M, Capuzzo-Dolcetta I (1997) Optimal control and viscosity solutions of Hamilton-Jacobi-Bellman equations. Springer Science and Business Media
2. Bellman RE (2003) Dynamic Programming, republication of the edition published by princeton university press (1957) edn. Dover Publications
3. Bertsekas DP (1976) Dynamic programming and stochastic control. Academic Press, New York
4. Bertsekas DP (1995) Dynamic programming and optimal control, vol 1. Athena Scientific Belmont, MA
5. Bertsekas DP (1995) Dynamic programming and optimal control, vol 2. Athena Scientific Belmont, MA
6. Bertsekas DP, Tsitsiklis JN (1995) Neuro-dynamic programming: an overview. In: Proceedings of the 34th IEEE conference on decision and control, vol 1. IEEE, pp 560–564
7. Branicky MS, Mitter SK (1995) Algorithms for optimal hybrid control. In: Proceedings of the 34th conference on decision and control, pp 2661–2666
8. Dreyfus S (2002) Richard Bellman on the birth of dynamic programming. Oper Res 50(1): 48–51
9. Elbert P, Ebbesen S, Guzzella L (2013) Implementation of dynamic programming for-dimensional optimal control problems with final state constraints. IEEE Trans Control Syst Technol 21(3):924–931
10. Gerdts M (2012) Optimal control of ordinary differential equations and differential-algebraic equations. de Gruyter, Berlin
11. Guzzella L, Sciarretta A (2005) Vehicle propulsion systems. Introduction to modeling and optimization. Springer, Berlin
12. Hedlund S, Rantzer A (1999) Optimal control of hybrid systems. In: Proceedings of the 38th IEEE conference on decision and control, vol 4. IEEE, pp 3972–3977
13. Kirk D (1970) Optimal control theory: an introduction. Englewood Cliffs, N.J., Prentice-Hall
14. Kurzhanskiy A, Varaiya P (2011) Computation of reach sets for dynamical systems. In: Levine WS (ed) The control systems handbook. CRC Press
15. Liberzon D (2012) Calculus of variations and optimal control theory: a concise introduction. Princeton University Press
16. Luus R (2000) Iterative dynamic programming. CRC Press
17. Murray JJ, Cox CJ, Lendaris GG, Saeks R (2002) Adaptive dynamic programming. IEEE Trans Sys Man Cybern Part C: Appl Rev 32(2):140–153
18. Powell WB (2007) Approximate dynamic programming: solving the curses of dimensionality, vol 703. Wiley
19. Rungger M (2011) On the numerical solution of nonlinear and hybrid optimal control problems. PhD thesis, Universität Kassel
20. Sontag ED (1998) Mathematical control theory: deterministic finite dimensional systems, 2nd edn. Springer Science and Business Media
21. Sundström O, Guzzella L (2009) A generic dynamic programming Matlab function. In: Control applications, (CCA) and intelligent control,(ISIC), 2009 IEEE. IEEE, pp 1625–1630
22. Sundström O, Ambühl D, Guzzella L (2010) On implementation of dynamic programming for optimal control problems with final state constraints. Oil and Gas Science and Technology-Revue de lInstitut Français du Pétrole 65(1):91–102
23. Xu X, Antsaklis PJ (2000) A dynamic programming approach for optimal control of switched systems. In: Proceedings of the 39th IEEE conference on decision and control, 2000, vol 2. IEEE, pp 1822–1827
24. Yuan Z, Teng L, Fengchun S, Peng H (2013) Comparative study of dynamic programming and Pontryagins minimum principle on energy management for a parallel hybrid electric vehicle. Energies 6(4):2305–2318

第 7 章　最优控制的间接方法

7.1　引言

间接方法（IM）是基于 Pontryagin 最小原理获得一阶最优必要条件，试图找出最优控制和状态轨迹。将这些条件应用于任何给定的最优控制问题（OCP），通常会产生两点边值问题（TPBVP）或多点边值问题（MPBVP），这些问题可以通过一个适当的边值求解器来求解。

间接方法即使对于具有大量连续值控制和连续状态的控制问题，只要求解边值问题（BVP）的方法是收敛的，就可以提供高精度的解。间接方法的一个主要缺点是要求进行解析推导（如果可能的话），即对于每个问题实例推导出一阶必要条件，这限制了间接方法的实际适用性。对于高维系统来说，这通常是很麻烦的，并且要求用户至少有一些最优控制理论的知识，才能正确地推导出一阶必要条件，即使应用如 Maple 这样的符号代数包。间接方法也存在一些数值上的困难，这使得其在许多实际情况下不可行。例如，为了达到收敛，需要对近似的共态进行良好的初始猜测，而构建一个好的初始猜测是复杂的，如这需要对线性控制的切换结构进行估计。对于间接方法来说，具有状态约束的问题也可能是难以处理的。这就导致大量的问题，这些问题甚至不可能通过间接方法来求解，需要选择其他方法：最优控制的直接方法，这些解法将在第 8 章中描述。

尽管存在这些困难，但 IM 在精度方面可以胜过任何其他解法。此外，该理论可以更深入地洞察解的结构，这允许计算出有价值的参数集，用于控制器标定。在第 11 章中，将说明 IM 用于能量管理系统的标定。因此，研究间接方法的算法概念是值得的。

在本章的剩余部分中，将介绍图 7.1 所示的切换系统 IM 的分类。

由图 7.1 可以看出，间接方法只是考虑求解无状态不连续系统的最优控制问题。通过检查 4.4 节中混合系统的必要条件，限制间接方法应用于这些类的理由就变得清楚了。对于处理具有状态跳跃的混合系统，必须将混合系统的轨迹分解为固定数量的相或弧，具有常数离散状态，即定义 3.7 中给出的所谓混合执行。然而，

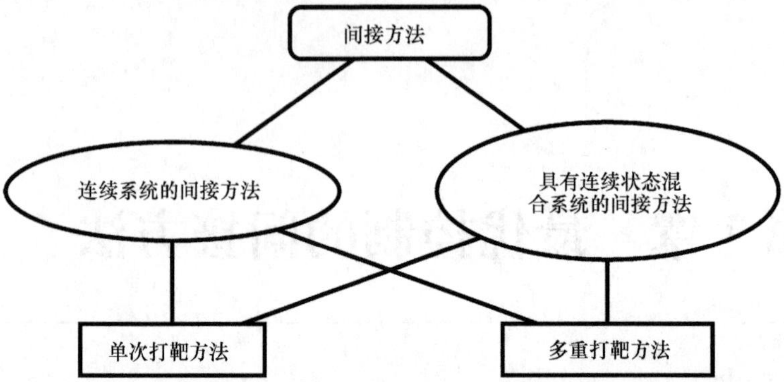

图 7.1　最优控制的间接方法：椭圆节点表示优化类；矩形节点表示优化方法

对于实际问题，不太可能事先知道确切的切换结构。一种可能的方法是采用直接方法来获得对切换结构的猜测，然后再通过间接方法进一步细化。然而，在不了解切换结构的情况下，间接方法的适用性只限于具有连续状态的混合系统。

7.2　连续系统的最优控制

7.2.1　间接打靶方法

在第 4 章中，对最优控制的一阶必要条件进行了描述，现在将其用于设计最优控制问题的求解迭代算法。在不失一般性的前提下，首先考虑 Bolza 类型的连续 OCP：

$$\min_{\boldsymbol{u}(\cdot)\in\mathcal{U}} \phi(\boldsymbol{u}(\cdot)) = m(\boldsymbol{x}^*(t_f)) + \int_{t_0}^{t_f} l(\boldsymbol{x}^*(t),\boldsymbol{u}^*(t))\mathrm{d}t \tag{7.1}$$

满足

$$\dot{\boldsymbol{x}} = \boldsymbol{f}(\boldsymbol{x}(t),\boldsymbol{u}(t)) \tag{7.2}$$

$$\boldsymbol{x}(t_0) = \boldsymbol{x}_0 \tag{7.3}$$

$$x_i(t_f) = x_{i,f}, \quad \forall i \in \mathcal{I}_f \tag{7.4}$$

式中，$\boldsymbol{x}_0$ 和 $x_{i,f}$分别为初始和（部分指定的）最终状态值；$\mathcal{I}_f$ 集合为指定在端点 t_f 的状态。

由第 4 章可以知道，必要条件的一部分是 Hamilton 函数的最小化。因此，对于所有 $t\in[t_0,t_f]$定义对应式（7.1）~式(7.4) 的 Hamilton 函数为

$$\mathcal{H}(\boldsymbol{x}(t),\boldsymbol{\lambda}(t),\boldsymbol{u}(t)) := l(\boldsymbol{x}(t),\boldsymbol{u}(t)) + \boldsymbol{\lambda}^T(t)\boldsymbol{f}(\boldsymbol{x}(t),\boldsymbol{u}(t)) \tag{7.5}$$

式中，$\boldsymbol{x}(\cdot)$ 和 $\boldsymbol{\lambda}(\cdot)$ 分别为连续状态和共态。

为简单起见，引入了增强的状态向量 $\boldsymbol{y}(t) \in \hat{X}\times R^{N_x}$，将状态和共态连在一起：

$$\boldsymbol{y}(t)=\begin{bmatrix}\boldsymbol{x}(t)\\ \boldsymbol{\lambda}(t)\end{bmatrix} \tag{7.6}$$

然后，由定理4.4中相应的正则方程式（4.41）和式（4.42）给出增强状态向量的时间导数。这就产生了一个新的系统 $\boldsymbol{G}\in\hat{X}\times R^{N_x}\times\hat{U}\rightarrow R^{2N_x}$，表示为

$$\begin{aligned}\dot{\boldsymbol{y}}(t)=\boldsymbol{G}(\boldsymbol{y}(t),\boldsymbol{u}(t))&=\begin{bmatrix}\left(\dfrac{\partial\mathcal{H}}{\partial\boldsymbol{\lambda}}\right)^T(\boldsymbol{x}(t),\boldsymbol{\lambda}(t),\boldsymbol{u}(t))\\ -\left(\dfrac{\partial\mathcal{H}}{\partial\boldsymbol{x}}\right)^T(\boldsymbol{x}(t),\boldsymbol{\lambda}(t),\boldsymbol{u}(t))\end{bmatrix}\\&=\begin{bmatrix}\boldsymbol{f}(\boldsymbol{x}(t),\boldsymbol{u}(t))\\ -\left(\dfrac{\partial l}{\partial\boldsymbol{x}}\right)^T(\boldsymbol{x}(t),\boldsymbol{u}(t))-\left(\dfrac{\partial\boldsymbol{f}}{\partial\boldsymbol{x}}\right)^T(\boldsymbol{x}(t),\boldsymbol{u}(t))\boldsymbol{\lambda}(t)\end{bmatrix}\end{aligned} \tag{7.7}$$

式（7.7）的轨迹 $\boldsymbol{y}(\cdot)$ 由连续状态的初始条件和终止条件唯一确定

$$\boldsymbol{x}(t_0)=\boldsymbol{x}_0$$

$$\boldsymbol{x}_{[\mathcal{I}_f]}(t_f)=\boldsymbol{x}_f$$

定理4.4的共态横截性条件为

$$\boldsymbol{\lambda}_{[\mathcal{I}_f^c]}(t_f)=\frac{\partial m}{\partial\boldsymbol{x}_{[\mathcal{I}_f^c]}(t_f)}(\boldsymbol{x}(t_f)) \tag{7.8}$$

为了计算 $\boldsymbol{y}(\cdot)$ 在时间区间 $[t_0,t_f]$ 上的轨迹，还需要控制轨迹 $\boldsymbol{u}(\cdot)$。由一阶必要条件可知，对于几乎每个 $t\in[t_0,t_f]$，最优控制 $\boldsymbol{u}(\cdot)$ 必须使 Hamilton 函数式（4.43）最小化。作为 Hamilton 函数最小化过程的结果，可以通过定义新的控制 $\boldsymbol{u}^*(\cdot)$ 来反转这种函数关系：

$$\boldsymbol{u}^*(t)=\arg\min_{\boldsymbol{u}(t)\in\hat{\mathcal{U}}(t)}\mathcal{H}(\boldsymbol{x}(t),\boldsymbol{\lambda}(t),\boldsymbol{u}(t))$$

在式（7.7）中，用 $\boldsymbol{u}^*(\cdot)$ 进行替代，得到 $\widetilde{\boldsymbol{G}}\in\hat{X}\times R^{N_x}\rightarrow R^{2N_x}$ 的 BVP，定义为

$$\dot{\boldsymbol{y}}(t)=\widetilde{\boldsymbol{G}}(\boldsymbol{y}(t))=\begin{bmatrix}\boldsymbol{f}(\boldsymbol{x}(t),\boldsymbol{u}^*(t))\\ -\left(\dfrac{\partial l}{\partial\boldsymbol{x}}\right)^T(\boldsymbol{x}(t),\boldsymbol{u}^*(t))-\left(\dfrac{\partial\boldsymbol{f}}{\partial\boldsymbol{x}}\right)^T(\boldsymbol{x}(t),\boldsymbol{u}^*(t))\boldsymbol{\lambda}(t)\end{bmatrix} \tag{7.9}$$

在轨迹的起始点 t_0 和终止点 t_f 指定端点值。这种类型的边值问题称为 TPBVP。如果连续状态的端点值部分没有完全指定，则式（7.8）的横截性条件适用于未指定的最终状态值，并且具有 TPBVP：

$$\boldsymbol{x}(t_0)=\boldsymbol{x}_0 \tag{7.10}$$

$$x_i(t_f)=x_{i,f},\quad\forall i\in\mathcal{I}_f \tag{7.11}$$

$$\lambda_j(t_f)=\frac{\partial m}{\partial x_j(t_f)}(\boldsymbol{x}(t_f)),\quad\forall j\in\mathcal{I}_f^c \tag{7.12}$$

式中，互补集定义为 $\mathcal{I}_f^c=\{1,\cdots,N_x\}\setminus\mathcal{I}_f$。

如果连续状态 $\boldsymbol{x}(t_f)$ 的所有端点值都完全给定，则会出现一种特殊情况。然后，TPBVP 具有 Dirichlet 条件：

$$\boldsymbol{x}(t_0) = \boldsymbol{x}_0$$
$$\boldsymbol{x}_{[\mathcal{I}_f]}(t_f) = \boldsymbol{x}_f$$

求解 BVP 常用的方法是打靶方法。其思想是将 BVP 处理为一个初值问题（IVP），在 BVP 的 t_0 处开始积分，然后使用一个初值求解器“射”到另一端 t_f 处，直到 t_f 处的边界条件收敛于其正确值。通过检查问题公式中的条件（7.3），可以清楚地看出使用初始值求解器的原因。假设初始状态 $\boldsymbol{x}(t_0)$ 给定，但是初始共态完全未知。实际上，没有条件给出初始共态值的信息。因此，只能猜测初始共态，将其表示为 $\hat{\boldsymbol{\lambda}}$。

从现在开始，请记住只能猜测共态的值，增强状态向量的初始值由下式给出：

$$\boldsymbol{y}(t_0) = \begin{bmatrix} \boldsymbol{x}_0 \\ \hat{\boldsymbol{\lambda}} \end{bmatrix} \tag{7.13}$$

增强状态向量的边界条件可以使用式（7.10）~式(7.12）组合在向量函数 $\boldsymbol{\gamma}(\cdot)$ 中：

$$\boldsymbol{\Upsilon}(\boldsymbol{y}(t_f)) = \begin{bmatrix} \boldsymbol{x}_{[\mathcal{I}_f]}(t_f) - \boldsymbol{x}_f \\ \boldsymbol{\lambda}_{[\mathcal{I}_f^c]}(t_f) - \dfrac{\partial m}{\partial \boldsymbol{x}_{[\mathcal{I}_f^c]}(t_f)}(\boldsymbol{x}(t_f)) \end{bmatrix} \tag{7.14}$$

为了满足边界条件，式（7.14）的函数必须接近零，进而需要使用猜测的初始共态 $\hat{\boldsymbol{\lambda}}$ 的每个函数求解 IVP 的式（7.9）和式（7.13）。

因此，主要的问题在于迭代找到估计的 $\hat{\boldsymbol{\lambda}}$，求解非线性方程 $\boldsymbol{\gamma}(\cdot) = \boldsymbol{0}$ 达到期望的精确度。这可以通过求解非线性方程的数值程序来实现，如 Newton 类型方法。

在数值过程中，引入 5.1 节的等距时间网格：

$$0 = t_0 < t_1 < t_2 < \cdots < t_{N_t} = t_f \quad \mathcal{G}_t = \{t_0, t_1, \cdots, t_{N_t}\} \tag{7.15}$$

其中

$$h = t_k - t_{k-1}, \quad k = 1, \cdots, N_t$$

为底层网格 g_t 对应的恒定步长。

恒定时间网格不是强制性的，因为一般来说，边值求解器使用可变步长。然而，为了方便起见，使用恒定的步长。

利用第 5 章中任何显式 Runge - Kutta 方法在网格 g_t 上离散扩展状态 $\boldsymbol{y}(\cdot)$ 和连续值控制 $\boldsymbol{u}(\cdot)$，产生一步求积公式：

$$\bar{\boldsymbol{y}}_{[k+1]} = \bar{\boldsymbol{y}}_{[k]} + h\boldsymbol{\Gamma}_{\widetilde{G}}(\bar{\boldsymbol{y}}_{[k]}, \bar{\boldsymbol{u}}^*_{[k]}, t_k, h) \tag{7.16}$$

式中，$\boldsymbol{\Gamma}_{\widetilde{G}}(\cdot)$ 为 $\widetilde{\boldsymbol{G}}(\cdot)$ 的增量函数；向量 $\bar{\boldsymbol{y}} := [\boldsymbol{y}_0, \boldsymbol{y}_1, \cdots, \boldsymbol{y}_{N_t}] \in R^{2N_x(N_t+1)}$ 和 $\bar{\boldsymbol{u}} := [\boldsymbol{u}_0, \boldsymbol{u}_1, \cdots, \boldsymbol{u}_{N_t-1}] \in R^{N_u N_t}$ 由 $\boldsymbol{y}(\cdot)$ 和 $\boldsymbol{u}(\cdot)$ 的离散化组合而成。

然后，在计算每个函数 $\boldsymbol{\gamma}(\cdot)$ 之前，必须先求解具有式（7.16）的 IVP 和

$$\bar{\boldsymbol{y}}_{[0]} = \begin{bmatrix} \boldsymbol{x}_0 \\ \hat{\boldsymbol{\lambda}} \end{bmatrix}$$

式中，$\boldsymbol{x}_0$ 和 $\hat{\boldsymbol{\lambda}}(\cdot)$ 为初始值。

在进行积分之前，必须通过离散 Hamilton 函数的逐点最小化来确定连续值控制：

$$\bar{\boldsymbol{u}}^*_{[k]} = \arg\min_{\bar{\boldsymbol{u}}_{[k]} \in \hat{\mathcal{U}}(kh)} \mathcal{H}(\bar{\boldsymbol{y}}_{[k]}, \bar{\boldsymbol{u}}_{[k]}) = l(\bar{\boldsymbol{x}}_{[k]}, \bar{\boldsymbol{u}}_{[k]}) + \bar{\boldsymbol{\lambda}}^T_{[k]} \boldsymbol{\Gamma}_f(\bar{\boldsymbol{x}}_{[k]}, \bar{\boldsymbol{u}}_{[k]}, t_k, h)$$

式中，$\boldsymbol{\Gamma}_f(\cdot)$ 为 ODE 的右侧函数 $\boldsymbol{f}(\cdot)$ 的递增函数。

为了求解这种最小化问题，定义一个约束非线性规划问题：

$$\min_{\bar{\boldsymbol{u}} \in \mathbf{R}^{N_u \cdot N_t}} \mathcal{H}(\bar{\boldsymbol{y}}, \bar{\boldsymbol{u}})$$

满足

$$\boldsymbol{c}_{\bar{\boldsymbol{u}}}(\bar{\boldsymbol{u}}) \leqslant \boldsymbol{0} \tag{7.17}$$

约束优化问题式（7.17）可以利用序列二次规划（SQP）有效求解，参见第 2 章。Hamilton 函数可能有几个局部最小值。因此，应该首先在粗糙网格上求解 Hamilton 函数，以确定 SQP 优化的一个合适的初始点。在算法上，间接打靶方法的主要功能可归纳为算法 7.1。

算法 7.1　连续 OCP 间接打靶方法的主要功能

需要：$\hat{\boldsymbol{\lambda}}$

1：$\boldsymbol{y}_{[0]} \leftarrow [\boldsymbol{x}_0, \hat{\boldsymbol{\lambda}}]$

2：for $k \leftarrow 0$ to $N_t - 1$ do

3：　$\bar{\boldsymbol{u}}^*_{[k]} \leftarrow \arg\min_{\bar{\boldsymbol{u}}_{[k]} \in \hat{u}(kh)} H(\bar{\boldsymbol{x}}_{[k]}, \bar{\boldsymbol{\lambda}}_{[k]}, \bar{\boldsymbol{u}}_{[k]})$

4：　$\bar{\boldsymbol{y}}_{[k+1]} \leftarrow \bar{\boldsymbol{y}}_{[k]} + h\, \boldsymbol{\Gamma}_{\tilde{G}}(\bar{\boldsymbol{y}}_{[k]}, \bar{\boldsymbol{u}}^*_{[k]}, t_k, h)$

5：end for

6：return $\bar{\boldsymbol{y}}$ 和 $\begin{bmatrix} \boldsymbol{y}_i^{[N_t]} - x_{i,f} \\ \bar{\boldsymbol{\lambda}}_i^{[N_t]} - \dfrac{\partial m}{\partial \bar{\boldsymbol{x}}_j^{[N_t]}}(\bar{\boldsymbol{x}}_{[N_t]}) \end{bmatrix}$

图 7.2 说明了只有一个连续状态的简单系统间接打靶算法的一些迭代。

7.2.2　间接多重打靶方法

尽管简单的打靶方法因其简单性而具有吸引力，但是由于对 $\hat{\boldsymbol{\lambda}}$ 初始猜测的强依赖性，正则方程的数值解可能是不准确的。如果这个猜测远不是满足边界条件（7.14）的解，则轨迹 $\boldsymbol{\lambda}(\cdot)$ 和 $\boldsymbol{x}(\cdot)$ 可能达到不希望的极值，这意味着在非线性方程的求解中存在相当大的数值困难。间接打靶的这种特性可以用 Hamilton 散度来

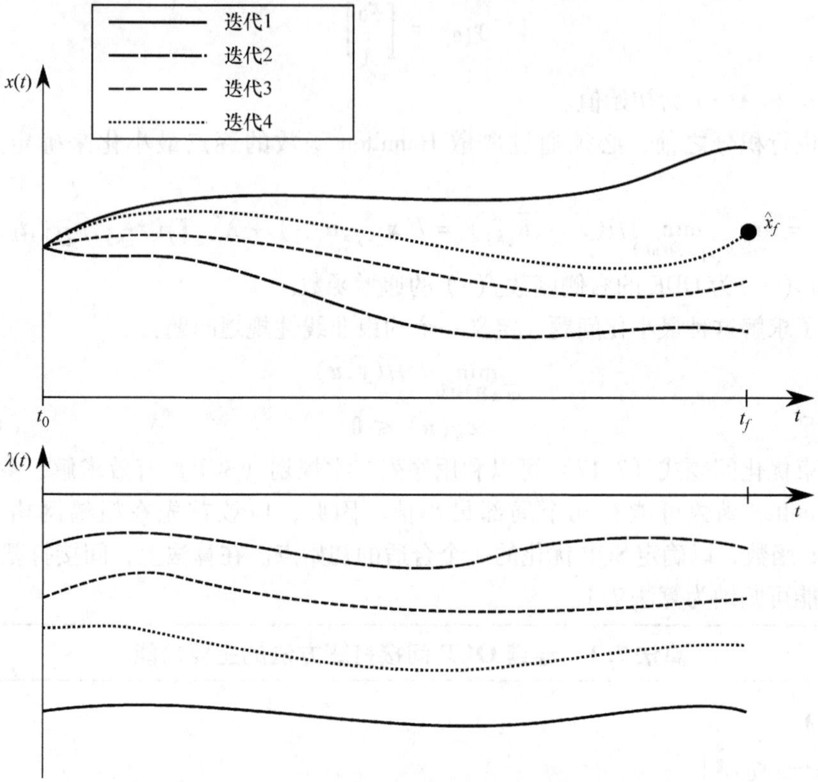

图 7.2　具有维度 $N_x=1$ 系统间接打靶方法的迭代示意

解释，见文献[16]。取 $H=\boldsymbol{\lambda}(t)\boldsymbol{f}(\boldsymbol{x}(t),\boldsymbol{u}(t))$，计算对于 $\boldsymbol{x}(\cdot)$ 和 $\boldsymbol{\lambda}(\cdot)$ 的 Gateaux 导数得到

$$\frac{\partial \mathcal{H}}{\partial x_i}(\boldsymbol{x}(t),\boldsymbol{\lambda}(t),\boldsymbol{u}(t)) = \boldsymbol{\lambda}(t)\frac{\partial \boldsymbol{f}}{\partial x_i}(\boldsymbol{x}(t),\boldsymbol{u}(t)) \tag{7.18}$$

$$\frac{\partial \mathcal{H}}{\partial \boldsymbol{\lambda}_i}(\boldsymbol{x}(t),\boldsymbol{\lambda}(t),\boldsymbol{u}(t)) = f_i(\boldsymbol{x}(t),\boldsymbol{u}(t)) \tag{7.19}$$

然后，将散度算子应用于向量项，由式（7.18）和式（7.19）得到

$$\begin{aligned}
&\sum_{i=1}^{N_x}\frac{\partial}{\partial \boldsymbol{\lambda}_i}\left(\frac{\partial \mathcal{H}}{\partial \boldsymbol{\lambda}_i}(\boldsymbol{x}(t),\boldsymbol{\lambda}(t),\boldsymbol{u}(t))\right)+\frac{\partial}{\partial x_i}\left(\frac{\partial \mathcal{H}}{\partial \boldsymbol{\lambda}_i}(\boldsymbol{x}(t),\boldsymbol{\lambda}(t),\boldsymbol{u}(t))\right)\\
&=\sum_{i=1}^{N_x}\frac{\partial f_i}{\partial x_i}(\boldsymbol{x}(t),\boldsymbol{u}(t))-\frac{\partial f_i}{\partial x_i}(\boldsymbol{x}(t),\boldsymbol{u}(t))\\
&=0
\end{aligned} \tag{7.20}$$

在式（7.20）中，Hamilton 散度是常数，意味着最优解邻域中的向量以相同的

速率发散。这个特性意味着在未知的初始共态 $\hat{\boldsymbol{\lambda}}$ 中产生的误差随着动态积分而放大，并导致解对于 $\hat{\boldsymbol{\lambda}}$ 高度敏感。这意味着，如果可解的话，积分的时间区间越长，解的准确性越低。

旨在降低轨迹对初始共态猜测的灵敏度的方法是间接多重打靶方法[7,11,15]。该方法的基本思想是通过将数值积分分解成几个更小的区间，并且通过附加条件将这些区间连接起来，使得多重打靶过程的完整解的轨迹 $\boldsymbol{y}(\cdot)$ 再次连续，以便扩展间接单次打靶方法。这样划分成更小的积分区间，大大提高了精度，其基本思路如图 7.3 所示。

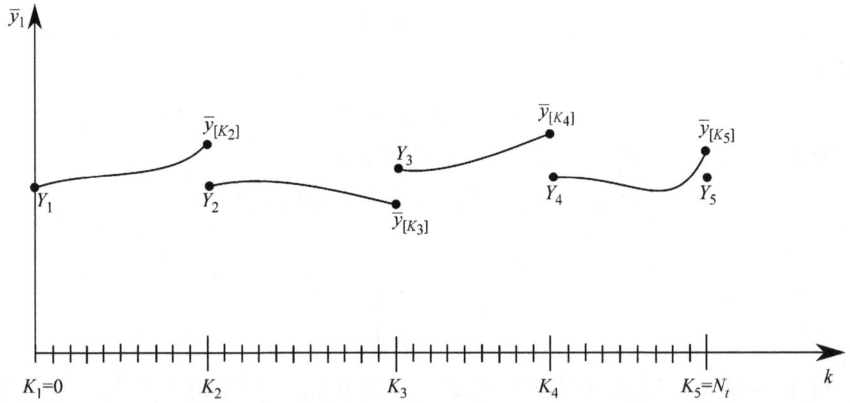

图 7.3 通过只描述增强状态向量 $\bar{\boldsymbol{y}}=[\bar{\boldsymbol{y}}_1,\bar{\boldsymbol{y}}_2]^T=[\bar{\boldsymbol{x}}_1,\bar{\boldsymbol{\lambda}}]^T$第一项的间接多重打靶方法的示意：精细网格是 g_t，节点 K_1，K_2，…，K_5 为精细网格 g_t 的整数倍，形成多重打靶网格 g_{sh}

不是在整个时间区间 $t\in[t_0,t_f]$ 上求解 IVP，而是在几个较小的部分区间上求解

$$\bar{\boldsymbol{y}}_{[K_j]}=\boldsymbol{Y}_j \tag{7.21}$$

$$\bar{\boldsymbol{y}}_{[k+1]}=\bar{\boldsymbol{y}}_{[k]}+h\boldsymbol{\Gamma}_G(\bar{\boldsymbol{y}}_{[k]},\bar{\boldsymbol{u}}^*_{[k]},t_k,h),\quad k=K_j,\cdots,K_{j+1}-1 \tag{7.22}$$

它们中的每个都有自己的初值 $\boldsymbol{Y}_j$。这些时间区间由时间网格上的打靶节点 K_1，K_2，…，K_{N_d}访问，这些节点在整个时间区间上或多或少均匀分布。K_1，K_2，…，K_{N_d}称为多重打靶节点，并且为简单起见假设为时间离散化 $t_k\in g_t$ 的整数倍。

然后，可以基于下面的时间离散 g_t 来定义打靶网格为

$$t_0=t_{K_1}<t_{K_2}<\cdots<t_{K_{N_d}}=t_f,\quad \mathcal{G}_{sh}=\{t_{K_1},t_{K_2},\cdots,t_{K_{N_d}}\},\quad \mathcal{G}_{sh}\subset\mathcal{G}_t \tag{7.23}$$

其中

$$K_1<K_2<\cdots<K_{N_d}$$

$$K_j\in\{1,\cdots,N_t-1\},\quad j=2,\cdots,N_d-1$$

打靶时间网格 g_{sh}的第一个节点 K_1 和最后一个节点 K_{N_d}是固定的，无法选择。它们被设置为 $K_1=0$ 和 $K_{N_d}=N_t$。

对于每个打靶区间，定义相应的初值 $\boldsymbol{Y}_j$，使得 IVP 的式（7.21）和式（7.22）可以在时间区间 $[t_{K_j}, t_{K_{j+1}}]$ 内求解，在两个连续打靶节点 K_j 和 K_{j+1} 之间独立于其他区间。为了获得连续轨迹 $\bar{\boldsymbol{y}}$，还需要附加匹配条件。这些条件要求任何部分轨迹 $\bar{\boldsymbol{y}}_{[K_j]}$ 的结束与随后轨迹的初值 $\boldsymbol{Y}_j$ 一致。

$\boldsymbol{Y}_1$ 和 $\boldsymbol{Y}_{N_d}$ 是边界，要满足不同的条件。$\boldsymbol{Y}_1$ 包含初始状态 $\bar{\boldsymbol{x}}_{[0]}=\boldsymbol{x}(t_0)$ 和猜测的初始共态 $\hat{\boldsymbol{\lambda}}_1=\boldsymbol{\lambda}(t_0)$，而 $\boldsymbol{Y}_{N_d}$ 必须满足最终状态 $\bar{\boldsymbol{y}}_{[N_t]}$ 的边界条件和横截性条件。这导致

$$\boldsymbol{Y}_1=\begin{bmatrix}\bar{\boldsymbol{x}}_{[0]}\\ \hat{\boldsymbol{\lambda}}_1\end{bmatrix}$$

和

$$\boldsymbol{Y}_{N_d}=\boldsymbol{\Upsilon}(\bar{\boldsymbol{y}}_{[N_t]})$$

打靶节点 K_2，…，K_{N_d-1} 的匹配条件必须满足

$$\bar{\boldsymbol{y}}_{[K_j]}-\boldsymbol{Y}_j=\boldsymbol{0},\quad j=2,\cdots,N_d-1$$

其中

$$\boldsymbol{Y}_j=\begin{bmatrix}\hat{\boldsymbol{x}}_j\\ \hat{\boldsymbol{\lambda}}_j\end{bmatrix}$$

$\hat{\boldsymbol{x}}_j$ 和 $\hat{\boldsymbol{\lambda}}_j$ 分别是要猜测（估计）打靶区间的初始状态和初始共态。匹配条件和边界条件连接成一个向量 $\boldsymbol{\Lambda}$：

$$\boldsymbol{\Lambda}=\begin{bmatrix}\boldsymbol{\theta}_1\\ \boldsymbol{\theta}_2\\ \vdots\\ \boldsymbol{\theta}_{N_d-2}\\ \boldsymbol{\Upsilon}(\bar{\boldsymbol{y}}_{[N_t]})\end{bmatrix}$$

子向量为

$$\begin{aligned}\boldsymbol{\theta}_1&=\bar{\boldsymbol{y}}_{[K_2]}-\boldsymbol{Y}_2\\ \boldsymbol{\theta}_2&=\bar{\boldsymbol{y}}_{[K_3]}-\boldsymbol{Y}_3\\ &\vdots\\ \boldsymbol{\theta}_{N_d-2}&=\bar{\boldsymbol{y}}_{[K_{N_d-1}]}-\boldsymbol{Y}_{N_d-1}\end{aligned}$$

求解意味着找到迭代估计的初始条件

$$[\boldsymbol{Y}_1^{[N_x+1:2N_x]},\cdots,\boldsymbol{Y}_{N_d-1}] \tag{7.24}$$

使求解 $\boldsymbol{\Lambda}=\boldsymbol{0}$ 直到期望的精度。

计算向量 $\boldsymbol{\Lambda}$ 的主要功能是基于算法 7.1 的扩展，如算法 7.2 所示。

算法 7.2　连续 OCP 间接多重打靶的主要功能

需要：$\boldsymbol{Y}$

for $j \leftarrow 0$ to $N_d - 1$ do
　　$\bar{\boldsymbol{y}}_{[K_j]} \leftarrow \boldsymbol{Y}_j$
　　for $k \leftarrow K_j$ to $K_{j+1} - 1$ do
　　　　$\bar{\boldsymbol{u}}^*_{[k]} \leftarrow \arg \min\limits_{\bar{\boldsymbol{u}}_{[k]} \in \hat{u}(kh)} H(\bar{\boldsymbol{x}}_{[k]}, \bar{\boldsymbol{\lambda}}_{[k]}, \bar{\boldsymbol{u}}_{[k]})$
　　　　$\bar{\boldsymbol{y}}_{[k+1]} \leftarrow \bar{\boldsymbol{y}}_{[k]} + h \boldsymbol{\Gamma}_{\widetilde{G}}(\bar{\boldsymbol{y}}_{[k]}, \bar{\boldsymbol{u}}^*_{[k]}, t_k, h)$
　　end for
　　$\theta_j = \bar{\boldsymbol{y}}_{[K_{j+1}]} - \boldsymbol{Y}_{j+1}$
end for
使用式（7.14）计算 $\boldsymbol{\gamma}(\bar{\boldsymbol{y}}_{[N_t]})$
组装 $\boldsymbol{\Lambda}$
返回 $\bar{\boldsymbol{y}}$、$\bar{\boldsymbol{u}}$ 和 $\boldsymbol{\Lambda}$

间接多重打靶方法比单次打靶方法更加稳健，尽管已经降低了对初始猜测的灵敏度，但是仍然存在寻找初值 $\boldsymbol{Y}$ 很困难的问题。在算法仍然不适用的情况下，可以使用在第 8 章描述的直接方法，通常以更加稳健的方式获得解。

7.3　混合系统的最优控制

考虑一类切换最优控制问题（SOCP）：

$$\min_{\boldsymbol{u}(\cdot) \in \mathcal{U}(q(\cdot)), q(\cdot) \in \mathcal{Q}} \phi(\boldsymbol{u}(\cdot), q(\cdot)) = m(\boldsymbol{x}^*(t_f)) + \int_{t_0}^{t_f} l_{q^*(t)}(\boldsymbol{x}^*(t), \boldsymbol{u}^*(t)) \mathrm{d}t \tag{7.25}$$

满足

$$\dot{\boldsymbol{x}}(t) = \boldsymbol{f}_{q(t)}(\boldsymbol{x}(t), \boldsymbol{u}(t)) \tag{7.26}$$

$$\boldsymbol{x}(t_0) = \boldsymbol{x}_0 \tag{7.27}$$

$$x_i(t_f) = x_{i,f}, \quad \forall i \in \mathcal{I}_f \tag{7.28}$$

同样，定义与 SOCP 式（7.25）~式（7.28）对应的 Hamilton 为

$$\mathcal{H}(\boldsymbol{x}(t), q(t), \boldsymbol{\lambda}(t), \boldsymbol{u}(t)) := l_{q(t)}(\boldsymbol{x}(t), \boldsymbol{u}(t)) + \boldsymbol{\lambda}^T(t) \boldsymbol{f}_{q(t)}(\boldsymbol{x}(t), \boldsymbol{u}(t)) \tag{7.29}$$

利用向量场 $\boldsymbol{f}_{q(t)}(\cdot)$ 和 Hamilton 函数 $H(\cdot)$ 使增广系统式（7.7）适应 SOCP 的正则方程，产生系统 $\boldsymbol{K}$：$\boldsymbol{X} \times R^{N_x} \times \hat{Q} \times \boldsymbol{U} \rightarrow R^{2N_x}$ 为

$$\dot{\boldsymbol{y}}(t)=\boldsymbol{K}(\boldsymbol{y}(t),q(t),\boldsymbol{u}(t))=\begin{bmatrix}\left(\dfrac{\partial\mathcal{H}}{\partial\boldsymbol{\lambda}}\right)^T(\boldsymbol{x}(t),q(t),\boldsymbol{\lambda}(t),\boldsymbol{u}(t))\\-\left(\dfrac{\partial\mathcal{H}}{\partial\boldsymbol{x}}\right)^T(\boldsymbol{x}(t),q(t),\boldsymbol{\lambda}(t),\boldsymbol{u}(t))\end{bmatrix}$$

$$=\begin{bmatrix}\boldsymbol{f}_{q(t)}(\boldsymbol{x}(t),\boldsymbol{u}(t))\\-\left(\dfrac{\partial l_{q(t)}}{\partial\boldsymbol{x}}\right)(\boldsymbol{x}(t),\boldsymbol{u}(t))-\left(\dfrac{\partial\boldsymbol{f}_{q(t)}}{\partial\boldsymbol{x}}\right)^T(\boldsymbol{x}(t),\boldsymbol{u}(t))\boldsymbol{\lambda}(t)\end{bmatrix}\tag{7.30}$$

由定理4.8，系统式（7.30）现在可以很容易使用 Hamilton 最小条件转化为 TPBVP。

$$(q^*(t),\boldsymbol{u}^*(t))=\arg\min_{q(t)\in\hat{Q},\boldsymbol{u}(t)\in\hat{\mathcal{U}}(q(t),t)}\mathcal{H}(\boldsymbol{x}^*(t),q(t),\boldsymbol{\lambda}(t),\boldsymbol{u}(t))\tag{7.31}$$

将最优控制轨迹 $\boldsymbol{u}^*(\cdot)$ 和 $q^*(\cdot)$ 代入式（7.30），产生 $\widetilde{\boldsymbol{K}}$：$\boldsymbol{X}\times R^{N_x}\to R^{2N_x}$的 TPBVP：

$$\dot{\boldsymbol{y}}(t)=\widetilde{\boldsymbol{K}}(\boldsymbol{y}(t))$$

$$=\begin{bmatrix}\boldsymbol{f}_{q^*(t)}(\boldsymbol{x}(t),\boldsymbol{u}^*(t))\\-\left(\dfrac{\partial l_{q^*(t)}}{\partial\boldsymbol{x}}\right)(\boldsymbol{x}(t),\boldsymbol{u}^*(t))-\left(\dfrac{\partial\boldsymbol{f}_{q^*(t)}}{\partial\boldsymbol{x}}\right)^T(\boldsymbol{x}(t),\boldsymbol{u}^*(t))\cdot\boldsymbol{\lambda}(t)\end{bmatrix}$$

通过对纯连续系统间接打靶算法的扩展，其可以采用边界条件式（7.10）~式(7.12)求解。最小条件（7.31）可用于获得在给定的时间步离散状态处于活跃的指标。

同样，使用时间网格式（7.15）来实现离散过程。剩下的挑战是要找到一个初始共态向量 $\overline{\boldsymbol{\lambda}}_{[1]}=\boldsymbol{\lambda}(t_0)$来满足最终状态条件 $\boldsymbol{\gamma}(\overline{\boldsymbol{y}}_{[N_t]})=\boldsymbol{0}$。主要的修正包括在每个时间步确定应用的离散状态 $\overline{\boldsymbol{q}}_{[k]}$ 以及在同一时间步确定连续值控制 $\overline{\boldsymbol{u}}_{[k]}$，分成两个阶段完成：

1）对于每个 $q\in\hat{Q}$，确定一个最优控制值 $\boldsymbol{u}_q^*$，使离散 Hamilton 函数式（7.29)最小化：

$$\boldsymbol{u}_q^*=\arg\min_{\boldsymbol{u}_q\in\hat{\mathcal{U}}(q,kh)}\mathcal{H}(\overline{\boldsymbol{x}}_{[k]},q,\overline{\boldsymbol{\lambda}}_{[k]},\boldsymbol{u}_q)$$

2）对于所有 $q\in\hat{Q}$，使用各自的控制值 $\boldsymbol{u}_q^*$ 比较函数值 $H(\cdot,\boldsymbol{u}_q^*)$，选择最优的离散状态 q^*，使 Hamilton 函数最小化：

$$\mathcal{H}(\overline{\boldsymbol{x}}_{[k]},q,\overline{\boldsymbol{\lambda}}_{[k]},\boldsymbol{u}_q^*)$$

应用离散状态 $\overline{\boldsymbol{q}}_{[k]}=q^*$ 和连续值控制 $\overline{\boldsymbol{u}}_{[k]}=\boldsymbol{u}_{q^*}^*$，基于时间网格 g_t 的下一个求积步计算

$$\overline{\boldsymbol{y}}_{[k+1]}=\overline{\boldsymbol{y}}_{[k]}+h\boldsymbol{\Gamma}_{\widetilde{K}}(\overline{\boldsymbol{y}}_{[k]},\overline{\boldsymbol{q}}_{[k]},\overline{\boldsymbol{u}}_{[k]},t_k,h)$$

向量 $\overline{\boldsymbol{y}}:=[\boldsymbol{y}_0,\boldsymbol{y}_1,\cdots,\boldsymbol{y}_{N_t}]\in R^{2N_x(N_t+1)}$、$\overline{\boldsymbol{u}}:=[\boldsymbol{u}_0,\boldsymbol{u}_1,\cdots,\boldsymbol{u}_{N_t-1}]\in R^{N_uN_t}$和 $\overline{\boldsymbol{q}}:=$

$[q_0, q_1, \cdots, q_{N_t-1}] \in R^{N_t}$由扩展状态 $\boldsymbol{y}(\cdot)$、连续值控制 $\boldsymbol{u}(\cdot)$ 和离散状态 $q(\cdot)$ 离散组合而成。

两阶段过程意味着主函数必须包含一个附加的“for 循环”的代码片段，迭代所有可能的离散状态和计算最优控制值 $\boldsymbol{u}_q^*$，用于寻找使 Hamilton 函数最小化的最优离散状态值 q^*，算法 7.3 总结了主要功能。

算法 7.3　无状态跳跃的间接单步打靶的主要功能

需要：$\hat{\boldsymbol{\lambda}}$

$\bar{\boldsymbol{y}}_{[0]} \leftarrow [\bar{\boldsymbol{x}}_{[0]}, \boldsymbol{\lambda}]^T$

for $k \leftarrow 0$ to $N_t - 1$ do

　　for $q \leftarrow 1$ to N_q do

　　　　$\boldsymbol{u}_q^* \leftarrow \arg \min\limits_{\boldsymbol{u}_q \in \hat{u}(q,kh)} H(\bar{\boldsymbol{x}}_{[k]}, q, \bar{\boldsymbol{\lambda}}_{[k]}, \boldsymbol{u}_q)$

　　end for

　　$q^* \leftarrow \arg \min\limits_{q \in \hat{Q}} H(\bar{\boldsymbol{x}}_{[k]}, q, \bar{\boldsymbol{\lambda}}_{[k]}, \boldsymbol{u}_q^*)$

　　$\bar{\boldsymbol{u}}_{[k]} \leftarrow \boldsymbol{u}_{q^*}^*$

　　$\bar{\boldsymbol{q}}_{[k]} \leftarrow q^*$

　　$\bar{\boldsymbol{y}}_{[k+1]} \leftarrow \bar{\boldsymbol{y}}_{[k]} + h\,\boldsymbol{\Gamma}_{\widetilde{K}}(\bar{\boldsymbol{y}}_{[k]}, \bar{\boldsymbol{q}}_{[k]}, \bar{\boldsymbol{u}}_{[k]}, t_k, h)$

end for

返回 $\bar{\boldsymbol{y}}$、$\bar{\boldsymbol{u}}$、$\bar{\boldsymbol{q}}$和 $\boldsymbol{\gamma}(\bar{\boldsymbol{y}}_{[N_t]})$

根据打靶网格规范式（7.23），将打靶区间分解为更小的子区间，算法 7.3 可以直接扩展到多重打靶。这使得算法更加复杂，但是增强了鲁棒性。多重打靶的版本需要以迭代的方式找到估计的初始条件（7.24），求解 $\boldsymbol{\Lambda} = \boldsymbol{0}$ 直到期望的精度。算法 7.4 总结了一种无状态跳转的 SOCP 间接多重打靶方法的主要功能。

算法 7.4　无状态跳跃的 SOCP 间接多重打靶方法的主要功能

需要：$\boldsymbol{Y}$

for $j \leftarrow 0$ to $N_d - 1$ do

　　$\bar{\boldsymbol{y}}_{[K_j]} \leftarrow \boldsymbol{Y}_j$

　　for $k \leftarrow K_j$ to $K_{j+1} - 1$ do

　　　　for $q \leftarrow 1$ to N_q do

　　　　　　$\boldsymbol{u}_q^* \leftarrow \arg \min\limits_{\boldsymbol{u}_q \in \hat{u}(q,kh)} H(\bar{\boldsymbol{x}}_{[k]}, q, \bar{\boldsymbol{\lambda}}_{[k]}, \boldsymbol{u}_q)$

（续）

```
        end for
        q* ← arg min_{q∈Q̂} H(x̄[k], q, λ̄[k], u*_q)
        ū[k] ← u*_{q*}
        q̄[k] ← q*
        ȳ[k+1] ← ȳ[k] + h Γ_K̃(ȳ[k], q̄[k], ū[k], t_k, h)
    end for
    θ_j = ȳ[K_{j+1}] − Y_{j+1}
end for
使用式(7.14)计算 γ(ȳ[N_t])
返回 ȳ、ū、q̄ 和 Λ
```

通过将离散决策限制在所有允许的离散控制$\varpi \in \hat{\boldsymbol{B}}_q$中，算法 7.3 和算法 7.4 可以很容易地修改以处理具有连续状态的混合系统。

如本章引言部分所述，这些算法只适用于具有连续状态的混合系统。对于具有状态跳跃的混合系统，最重要的区别在于，在连续值控制$\boldsymbol{u}(\cdot)$下，离散状态$q(\cdot)$可以用于满足 Hamilton 最小条件（4.123），而不需要预先知道任何切换数量的知识，这种简化可以归结为共态在离散状态变化上的连续性。为了考虑状态跳跃，混合系统必须分解为固定数量的阶段，具有恒定的离散状态，如 4.4 节已经采用的堆叠过程，这反过来又意味着切换结构$q=(q_0, q_1, q_2, \cdots)$和切换的数量$N_{swt}$必须是预先知道的。

本文提出的求解连续状态混合最优控制问题的间接方法，利用一阶必要条件，对本书中发现的一些问题获得了局部最小解。但是，由于没有进行任何收敛性的考虑，这些算法对其他问题实例可能不能很好地执行。

7.4 讨论

间接方法试图求解 TPBVP 或 MPBVP，以便找到满足一阶必要条件集的轨迹。如果可以找到解，则解通常是高精度的。然而，在实践中存在着阻碍间接方法应用的主要困难。再总结一下这些问题：

1）对于每个新的问题实例，必须导出一阶必要条件，这就需要用户具有扎实的最优控制理论知识。

2）即使对于有信心使用最优控制理论的用户来说，为复杂的黑箱应用构建这些表达式也可能非常困难甚至不可能[4]。

3）最优控制问题可能包含状态约束 $\boldsymbol{c}_x(\cdot)$。在求解方法中直接引入状态约束是非常困难的，这需要对约束/无约束的弧进行先验估计；此外，在入口点对 Hamilton 函数和共态施加正确的跳跃条件式（4.64）和式（4.65）时，约束/无约束的弧序列引入额外的困难。

4）间接方法只能提供开环解。

一般来说，后一点是实时实现的障碍。如第 6 章所述，基于动态规划原理的算法会自动生成闭环解。

对于具有二次泛函和线性动态系统及约束的 OCP，称为 LQ－OCP，可以显式求解一阶必要条件，获得最优的闭式控制律。然而，许多实际问题不能转换成 LQ－OCP。因此，必须采用单次打靶或多重打靶算法等数值方法来确定最优轨迹。然而，最优轨迹不能作为分析控制律，因为它们是针对特定边界条件计算的，只有在适用这些边界条件时才是最优的。正如 Geering[9] 指出的，使最优开环轨迹适应闭式控制律的简单的强力过程是，初始状态 $\boldsymbol{x}_0=\boldsymbol{x}(t)$ 在时间 t 给定时，在时间区间 $[t, t_f]$ 求解剩余的最优控制问题。这产生一个最优控制律 $\boldsymbol{u}(\boldsymbol{x}(t),t)$，作为初始状态函数 $\boldsymbol{x}(t)$ 和时间 t 的函数。第 12 章将讨论这种闭式控制律的改进版本，这种方法也可以应用于下一章讨论直接方法。

数值考虑

间接打靶方法由三个数值步骤组成：

1）用于求解给定 $\hat{\boldsymbol{\lambda}}$ 的 IVP 积分方法。

2）在 IVP 求解的每一步，最小化 Hamilton 函数的方法，以便确定每个时刻的连续值控制和离散状态。

3）非线性方程组 $\boldsymbol{\gamma}(\bar{\boldsymbol{y}}_{[N_t]})=\boldsymbol{0}$ 或 $\boldsymbol{\Lambda}=\boldsymbol{0}$ 的求解器。

IVP 求解包括许多积分步骤，每个步骤都用求积公式近似表示。因此，选择合适的积分方法对于 OCP 求解的成功至关重要，应当谨慎进行，因为舍入误差可能是整个过程中的一个重大问题。原则上，可以使用满足附加 Hager[10] 条件的任何显式 Runge－Kutta 方法。

每个时刻的连续值控制通常不是由解析给出的，而是由增广 Hamilton 的数值最小化确定的。在 IVP 的求解过程中，增广 Hamilton 最小化在每步都是逐点进行的。因此，应当是非常有效的。通常，有效优化可以由 SQP 算法完成。在某些情况下，Hamilton 函数可以显示出多个局部最小值。首先在网格上计算 Hamilton 值，然后选取最小值作为初值，使用 SQP 进一步细化，这可以提高数值收敛性。

$\boldsymbol{\gamma}(\bar{\boldsymbol{y}}_{[N_t]})=\boldsymbol{0}$ 或 $\boldsymbol{\Lambda}=\boldsymbol{0}$ 的最小化应该找到一个高精度的解。然而，$\hat{\boldsymbol{\lambda}}$ 初值可能特别难找。在大多数情况下，不能提供物理解释，甚至数量级也可能事先不知道。如

果没有可接受的猜测，$\boldsymbol{\gamma}(\bar{y}_{[N_t]})=\mathbf{0}$ 或 $\boldsymbol{\Lambda}=\mathbf{0}$ 求解的数值过程可能无法收敛。对于本书发现的特殊情况，边界条件减少到一个方程 $\boldsymbol{\gamma}(\cdot)=\mathbf{0}$，并且假定共态为常数。对于这种情况，试位法是求解 $\boldsymbol{\gamma}(\cdot)=\mathbf{0}$ 一个不错的选择。两种简单的试位法是二分法或割线法。在许多情况下，具有良好收敛行为的更为复杂的算法是 Pegasus 方法[8]。

最后可以说，间接打靶方法的适用性在很大程度上取决于要求解的具体问题。对于某些问题，间接方法可以胜过任何其他方法，并且可以产生高精度的结果，而对于其他问题，间接方法不能得到很好的实施。

7.5 相关研究

由于推导必要条件的繁琐过程[2]，间接最优控制方法对于实践者的吸引力不大，但是在精度方面可以胜过直接方法。求解纯连续最优控制问题 MPBVP 的常用方法是基于梯度的方法[6,12,20]和多重或单次的打靶方法[3,5]。间接多重打靶方法可以追溯到文献[7，11，15]。von Stryk 和 Bulirsch[21]强调了将间接方法和直接方法相结合的有效性，称为混合方法。

文献中用于求解 SOCP 的大多数算法都是基于两阶段的方法，使用必要条件来改进切换序列的初始猜测。Shaikh[19]描述了求解切换最优控制问题的一种间接方法，其算法根据共态和 Hamilton 的差异改变切换时间和切换时的状态。Riedinger 和 Kratz[17]由 Pontryagin 最小原理和 Bellman 原理导出了混合系统的必要条件，这些必要条件用于混合动态规划和 Hamilton 方法。

Riedinger 等[18]提出了具有控制和自主切换的混合最优控制问题的一种多重打靶算法，该算法将混合系统的轨迹分解为具有恒定离散状态的固定数量的弧。在 Alamir 和 Attia[1]的工作中，对连续值控制和离散状态序列进行了初始猜测，计算了相应的状态轨迹和共态轨迹。在下一步中，计算优化的控制输入和离散状态，使 Hamilton 函数在每个时刻最小化。

对于连续最优控制问题，由于数值解的成本太高而无法得到。Lukes[13]提出了获得闭式近似最优控制律的一种方法，适用于非线性动态系统和泛函。其中，微分方程的右侧函数 $f(\cdot)$ 和成本泛函的 Lagrange 项 $L(\cdot)$ 可以用多项式近似表示。

Teo 和 Jennings[22]提出了将状态约束转换为等效等式约束的一种方法，克服了需要已知约束/无约束弧序列的问题，但是总是产生次优解。

Oberle 和 Grimm[14]开发了多重打靶算法 BNDSCO，主要成功应用于飞行路径优化领域。

参考文献

1. Alamir M, Attia S (2004) On solving optimal control problems for switched hybrid nonlinear systems by strong variations algorithms. In: 6th IFAC symposium on nonlinear control systems (NOLCOS), Stuttgart, Germany, pp 558–563
2. Ascher UM, Mattheij RM, Russell RD (1994) Numerical solution of boundary value problems for ordinary differential equations, vol 13. SIAM
3. Betts JT (1998) Survey of numerical methods for trajectory optimization. J Guidance Control Dyn 21(2):193–207
4. Betts JT (2010) Practical methods for optimal control and estimation using nonlinear programming, 2nd edn. Society for Industrial and Applied Mathematics. doi:10.1137/1.9780898718577
5. Bock H, Plitt K (1984) A multiple shooting algorithm for direct solution of optimal control problems. In: Proceedings of the 9th world congress of the international federation of automatic control, vol 9
6. Bryson A, Ho YC (1975) Applied Optimal Control—Optimization, Estimation and Control. Taylor and Francis Inc., New York
7. Bulirsch R (1971) Die Mehrzielmethode zur numerischen Lösung von nichtlinearen Randwertproblemen und Aufgaben der optimalen Steuerung. Report der Carl-Cranz-Gesellschaft
8. Dowell M, Jarrat P (1972) The Pegasus method for computing the root of an equation. BIT Numer Math 12:503–508
9. Geering HP (2007) Optimal control with engineering applications. Springer, New York
10. Hager WW (2000) Runge-Kutta methods in optimal control and the transformed adjoint system. Numer Math 87(2):247–282
11. Keller HB (1968) Numerical methods for two-point boundary-value problems. Blaisdell, London
12. Kirk D (1970) Optimal control theory: an introduction. Englewood Cliffs, Prentice-Hall
13. Lukes DL (1969) Optimal regulation of nonlinear dynamical systems. SIAM J Control 7(1):75–100
14. Oberle H, Grimm W (1989) BNDSCO—a program for the numerical solution of optimal control problems. In: Report no. 515 der DFVLR, Reihe B, Bericht 36
15. Osborne MR (1969) On shooting methods for boundary value problems. J Math Anal Appl 27(2):417–433
16. Rao AV (2009) A survey of numerical methods for optimal control. Adv Astronaut Sci 135(1):497–528
17. Riedinger P, Kratz F (2003) An optimal control approach for hybrid systems. Eur J Control 9:449–458
18. Riedinger P, Daafouz J, Iung C (2005) About solving hybrid optimal control problems. IMACS05
19. Shaikh MS (2004) Optimal control of hybrid systems: theory and algorithms. PhD thesis, Department of electrical and computer engineering, McGill University, Montreal
20. Stengel RF (1994) Optimal control and estimation. Dover Publications
21. von Stryk O, Bulirsch R (1992) Direct and indirect methods for trajectory optimization. Ann Oper Res 37:357–373
22. Teo K, Jennings L (1989) Nonlinear optimal control problems with continuous state inequality constraints. J Optim Theory Appl 63(1):1–22

第8章 最优控制的直接方法

8.1 引言

如1.3.3节引言所述，混合系统最优控制的复杂性，使其不可能发展一种适用于混合系统任何子类的通用求解程序。因此，更有希望的是利用有趣问题类别的结构信息，开发适合于这些问题类别的算法。直接方法为定制所有三种求解类算法提供了最高潜力。本书将使用这些方法并讨论它们之间的关系，如图8.1所示。

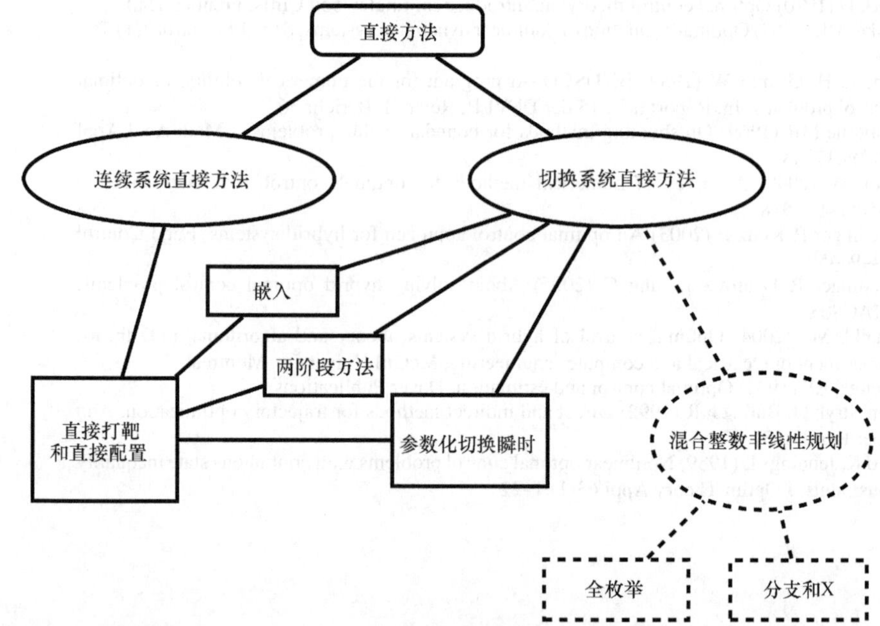

图8.1 求解SOCP的直接方法：椭圆节点表示优化类，矩形节点表示优化方法；虚线节点表示本书没有涉及的优化类

动态规划可以很容易地扩展到混合系统的许多子类中，但是受到维数的影响，这使得其只适用于小规模的问题，以达到可接受的精度。间接方法可以处理大型混

合系统，并且提供高精度的解，但是只能在小域内收敛。与这些方法相反，本章将讨论直接方法的类别。这些算法可以处理大型系统，具有较强的灵活性和鲁棒性，但与间接方法相比精度较低。

首先，从研究求解无状态跳跃切换最优控制问题（SOCP）的不同直接方法开始：

$$\min_{\boldsymbol{u}(\cdot)\in L\infty([t_0,t_f],U),q(\cdot)\in\mathcal{Q}} \phi(\boldsymbol{u}(\cdot),q(\cdot))$$
$$= m(\boldsymbol{x}^*(t_f)) + \int_{t_0}^{tf} l_{q*(t)}(\boldsymbol{x}^*(t),\boldsymbol{u}^*(t))\mathrm{d}t \tag{8.1}$$

满足

$$\dot{\boldsymbol{x}}(t) = \boldsymbol{f}_{q(t)}(\boldsymbol{x}(t),\boldsymbol{u}(t)),\quad 对于几乎每个 t\in[t_0,t_f] \tag{8.2}$$
$$\boldsymbol{x}(t_0) = \boldsymbol{x}_0 \tag{8.3}$$
$$\boldsymbol{x}_{[\mathcal{I}]_f}(t_f) = \boldsymbol{x}_f \tag{8.4}$$
$$\boldsymbol{c}_{u,q}(\boldsymbol{u}(t)) \leqslant \boldsymbol{0}_{N_{c_{u,q}}\times 1},\quad \forall t\in[t_0,t_f] \tag{8.5}$$
$$\boldsymbol{c}_{x,q}(\boldsymbol{x}(t)) \leqslant \boldsymbol{0}_{N_{c_{x,q}}\times 1},\quad \forall t\in[t_0,t_f] \tag{8.6}$$

式中，$\boldsymbol{x}_0$ 和 $\boldsymbol{x}_f$ 分别为初始和（部分指定的）最终状态值；$\mathcal{I}_f$ 为在端点 t_f 指定的状态集合。

求解式（8.1）~式(8.6) 的一种常用方法，是将该问题转化为混合整数非线性规划（MINLP）问题。在此过程中，应用直接转录将连续部分的问题公式转化为有限变量的有限维问题，组合在优化向量 $\bar{\boldsymbol{y}}=[y_0,y_1,\cdots,y_{N_y}]$ 中，向量上标表示离散过程。直接转录描述了将最优控制问题（OCP）的无穷维连续部分转化为有限维 NLP 的过程，可分类为直接单次打靶、直接多重打靶或直接配置[9,11,66]。通过简单地用分段常数格式离散，将离散状态表示为整数值向量 $\bar{\boldsymbol{q}}$。然后，MINLP 问题是一个有限维优化问题，涉及离散连续值变量以及整数值变量，可以视为非线性规划问题（NLP）和整数规划问题的一个非平凡组合。

定义 8.1（混合整数非线性规划问题）

MINLP 问题定义如下：

$$\min_{\bar{\boldsymbol{y}}\in R^{N_{\bar{y}}},\bar{\boldsymbol{q}}\in\bar{\mathcal{Q}}} f(\bar{\boldsymbol{y}},\bar{\boldsymbol{q}}) \tag{8.7}$$

满足

$$\boldsymbol{g}(\bar{\boldsymbol{y}},\bar{\boldsymbol{q}}) \leqslant \boldsymbol{0}$$
$$\boldsymbol{h}(\bar{\boldsymbol{y}},\bar{\boldsymbol{q}}) = \boldsymbol{0}$$

式中，假设f: $R^{N_{\bar{y}}}\times\bar{Q}\to R$、$\boldsymbol{g}$: $R^{N_{\bar{y}}}\times\bar{Q}\to R^{N_g}$和 $\boldsymbol{h}$: $R^{N_{\bar{y}}}\times\bar{Q}\to R^{N_h}$都为二次连续可微的和实值的；$\bar{Q}$ 为由一个多面体整数集定义的允许离散集，即 $\hat{Q}:=\{\boldsymbol{q}\in Z^{N_{\bar{q}}}\mid \boldsymbol{Aq}\leqslant \boldsymbol{a}\}$，矩阵 $\boldsymbol{A}\in R^{N_a\times N_{\bar{q}}}\times\bar{Q}\to R^{N_g}$和向量 $\boldsymbol{a}\in R^{N_a}$。

求解式（8.7）的一种单纯方法，是固定离散状态序列 $\bar{\boldsymbol{q}}$ 和进行完全枚举[36]。在完全枚举中，对于离散状态序列 $\bar{\boldsymbol{q}}$ 的所有可能组合计算 OCP 的解，然后将每个

OCP 的离散控制视为固定控制。显然，如果 $N_{\bar{q}}$ 很高，这种指数增长的过程会因为计算量很大而很快被抑制。这种单纯求解过程的另一个主要缺点是，获得不可行的 NLP 问题的概率，其受到固定的离散状态序列的强烈影响。

枚举技术的一般化是分支和 X（BX）方法，Grossmann[34] 对此给出了很好的概述。BX 最突出的成员是用于求解整数和组合问题的分支定界（BB）方法，从而提供一个可以求解式（8.7）的框架。BB 的基本思想是在整数变量的空间中执行树搜索，根由原问题组成，所有整数变量都放宽到非整数变量，称之为 NLP 问题松弛。

定义 8.2（非线性规划问题松弛）

假设定义 8.1 成立，给出一个非线性规划子问题的松弛问题：

$$z_{lo} = \min_{\bar{y} \in R^{N_{\bar{y}}}, \bar{q} \in \bar{Q}_r} f(\bar{y}, \bar{q})$$

满足

$$\begin{aligned} g(\bar{y}, \bar{q}) &\leqslant 0 \\ h(\bar{y}, \bar{q}) &= 0 \end{aligned} \tag{8.8}$$

式中，假设 $f: R^{N_{\bar{y}}} \times \bar{Q}_r \to R$、$g: R^{N_{\bar{y}}} \times \bar{Q}_r \to R^{N_g}$ 和 $h: R^{N_{\bar{y}}} \times \bar{Q}_r \to R^{N_h}$ 都为两次连续可微的和实值的；$\bar{Q}_r$ 为 $\bar{Q}$ 的一个松弛。

BB 方法的第一步是求解松弛 NLP 问题（8.8），其提供了问题的下界 z_{lo}。这个界是一个重要的指示，因为将离散状态固定为可行整数不能找到更好的成本值。

下一步是分支。划分根节点可行区域的一个明显的方法是在分数变量（非整数值）上分支，例如 $\bar{q}_i^{[j]}$，并且由于分支的缘故，对式（8.8）强制执行附加的简单约束 $\alpha_{i+}^{[j]} \leqslant \bar{q}_{i+}^{[j]}$ 和 $\bar{q}_{i-}^{[j]} \leqslant \beta_{i-}^{[j]}$。这就给出了两个新的子问题（节点）：

$$z_{lo}^{i+} = \min_{\bar{y}_{i+} \in R^{N_{\bar{y}}}, \bar{q}_{i+} \in \bar{Q}_r} f(\bar{y}_{i+}, \bar{q}_{i+}) \qquad z_{lo}^{i-} = \min_{\bar{y}_{i-} \in R^{N_{\bar{y}}}, \bar{q}_{i-} \in \bar{Q}_r} f(\bar{y}_{i-}, \bar{q}_{i-})$$

满足　　　　　　　　　　　　满足

$$\begin{aligned} g(\bar{y}_{i+}, \bar{q}_{i+}) &\leqslant 0 & \quad g(\bar{y}_{i-}, \bar{q}_{i-}) &\leqslant 0 \\ h(\bar{y}_{i+}, \bar{q}_{i+}) &= 0 & \quad h(\bar{y}_{i-}, \bar{q}_{i-}) &= 0 \\ \alpha_{i+}^{[j]} \leqslant \bar{q}_{i+}^{[j]} &\leqslant q^{max} & \quad q^{[min]} \leqslant \bar{q}_{i-}^{[j]} &\leqslant \beta_{i-}^{[j]} \end{aligned}$$

称这种分支为变量二分法。通过 $\alpha_{i+}^{[j]} \leqslant \lceil \bar{q}_i^{[j]} \rceil$ 和 $\beta_{i-}^{[j]} = \lfloor \bar{q}_i^{[j]} \rfloor$，由父节点 i 的分数值得到界，符号「 ⌉和⌊ 」分别是天棚功能和地板功能。必须求解这两个新产生的子问题。然而，通过对子问题各自的父节点的深度挖掘，可以排除子问题的整个子树。这种策略避免了完全枚举的完整树计算，可以归因于分支和界限的成功。根据 Leyffer 的研究[40]，可以忽略整个子树，如果父节点适用于以下条件之一。

1）不可行性：这个问题是不可行的，因为其子树中的任何子问题也是不可行的（菱形，浅灰色）。

2）完整性：这个问题产生一个整数可行解，因为在这种情况下，解对于整个子树（矩形，灰色）是最优的，如果其成本值低于当前的上界，则该解是问题的一个新的上界 z_{up}。

3）优势：问题的下界 z_{lo} 大于或等于当前的上界 z_{up}，因为在这种情况下，这个子树没有更好的整数解（菱形，灰色）。

这些规则，如图 8.2 所示。

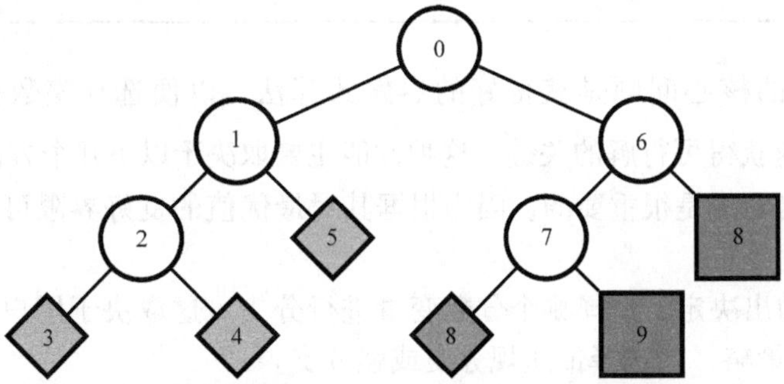

图 8.2　分支和分界的概念与深度优先搜索：在搜索树中，当节点不可行（浅灰色菱形）、由上界（灰色菱形）控制或生成整数解（灰色矩形）时，解析节点；否则，其会被分割成较小的子问题（白色圆圈），这些数字是深度搜索算法的执行顺序

如果根据上述标准评估所有分支，则重复和终止该过程。BB 方法的基本过程总结在算法 8.1 中。

算法 8.1　BB 概略[40]

设置 $z_{up}=\infty$ 为上界

将 NLP 松弛添加到集 L_{heap} 中

while $L_{heap}\neq\varnothing$ do

　　从集合 L_{heap} 删除一个子问题

　　找到子问题的解（$\bar{\boldsymbol{y}}_i$，$\bar{\boldsymbol{q}}_i$）

　　if 子问题不可行 then

　　　　通过不可行性删除子问题

　　else if f（$\bar{\boldsymbol{y}}_i$，$\bar{\boldsymbol{q}}_i$）$\geqslant z_{up}$ then

　　　　通过优势删除子问题

　　else if $\bar{\boldsymbol{q}}_i$ 是整数 then

　　　　更新：$z_{up}=f$（$\bar{\boldsymbol{y}}_i$，$\bar{\boldsymbol{q}}_i$）和 $\bar{\boldsymbol{q}}^*=\bar{\boldsymbol{q}}_i$

　　　　用下界 $z_{lo}\geqslant z_{up}$ 从 L_{heap} 中删除所有子问题

　　else

（续）

　　　　对分数变量 $\overline{\boldsymbol{q}}_i^{[j]}$ 分支，并且将两个新的子问题添加到集合 L_{heap} 中
　　end if
end while

算法 8.1 的核心问题是获得好的启发式算法，以便选择整数值约束 $\boldsymbol{\alpha}_{i+}^{[j]}$ 和 $\boldsymbol{\beta}_{i-}^{[j]}$，这是快速获得可行解的关键。这种性能主要取决于以下几个方面[54]。

1）好的启发式是很重要的，因为根据其对最优值的良好界限可以立即探索更多的子树。

2）必须做出决定，选择哪个分数变量进行分支。这取决于用户的选择，选择哪种“分支”策略，如选择最违规分支或强分支。

3）子问题进行的顺序，采用深度优先搜索和广度优先搜索的极端选择。第一个选项，顾名思义，首先以深度的方式探索新创建的子问题，而第二个选项首先在树的最高级别处理一个子问题。

针对特定问题，量身定制启发式是很正常的。这里对此问题不进行更深入的讨论，但是感兴趣的读者可以参考 Linderoth 和 Savelsbergh 提出的分支规则研究[43]。

这类问题的复杂性在时间上是非多项式的，即 NP 困难。因此，Grossmann 和 kravanja[31] 指出，只有当 NLP 子问题求解相对低廉时，BB 方法才通常具有吸引力。如果离散变量的维数较低，则情况就是如此；如果离散状态序列 $\overline{\boldsymbol{q}}$ 包含许多离散点，则绝对不是这种情况。这个障碍阻止了对大规模问题的应用，但是可以采用这种思想，例如获得二元可行解的舍入策略。

请记住，由于问题的不相交行为，不能将标准的非线性规划方法直接应用于 SOCP。然而，分支和定界方法使用了一个非常重要的因素来帮助克服这个问题：松弛。松弛基本上是一种重新规划的技巧，其提供了一个新的问题表述，对于数值解具有更理想的性质。然后，在应用直接转录方法之前，自然要松弛 SOCP 的离散状态。图 8.3 显示了这两种方法的微小差异，这对解决大规模问题具有重要影响。

Bengea 和 DeCarlo[5] 与 SAGER[54] 提出的嵌入方法，与二元切换最优控制问题（BSOSP）松弛 Boole 变量 $\boldsymbol{\sigma}(\cdot)$ 具有相同的思想。将原问题式（8.1）~式(8.6)转化为 BSOCP 并不困难。松弛后的二元变量 $\boldsymbol{\sigma}(t)\in\{0,1\}^{N_q}$可能取值为

$$\hat{\boldsymbol{\sigma}}(t)\in[0,1]^{N_q}$$

式中，$\hat{\boldsymbol{\sigma}}(\cdot)$ 为松弛的二元变量。

如果 $\hat{u}(q(t),t)$ 是凸的，则控制集 $\hat{P}=\hat{u}(q(t),t)\times[0,1]^{N_q}$ 就是凸集。然后，松弛二元系统 $\dot{\boldsymbol{x}}(t)=\boldsymbol{F}(\boldsymbol{x}(t),\boldsymbol{\rho}(t)),\boldsymbol{\rho}(t)\in\hat{P}$ 是连续值的，并且可以作为连续 OCP 的一部分通过直接转录方法进行求解。在许多情况下，这个问题的解将产生一个控

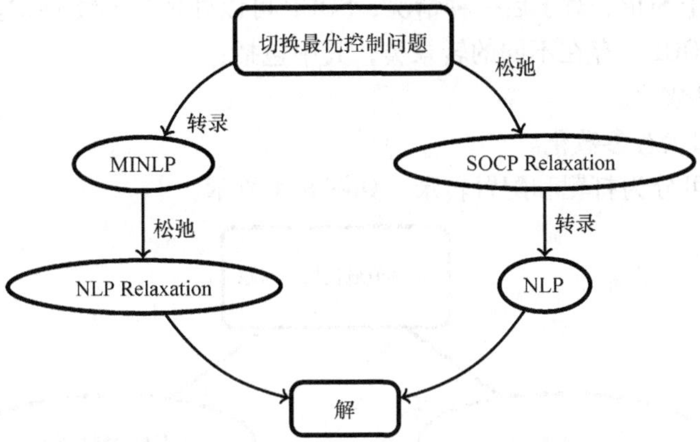

图 8.3　分支和定界与 SOCP 松弛的比较，在不同的阶段使用松弛

制轨迹，即对于离散控制，其是切换类型的，因此满足 $\hat{\boldsymbol{\sigma}}(t) \in \{0,1\}^{N_q}$。值得注意的是，嵌入方法正好能够解决切换最优控制问题，而 BB 方法可以包含处理混合系统的规则。

约束问题式（8.1）~式(8.5）也可以通过两阶段算法[76]求解。两阶段方法使用附加信息来改变离散状态轨迹，例如 Hamilton 函数对于离散状态的梯度。在第一阶段，采用固定的离散状态序列得到连续最优控制问题。然后，利用标准非线性规划方法求解 OCP 问题的连续值控制问题。在第二阶段，离散状态序列是可变的，以获得不同数量的切换或改变活动子系统的顺序。由于嵌套优化循环的存在，两阶段算法在计算上要求很高。对于一些实际问题简化的版本，只找到最优连续值控制和最优切换次数，假定活动子系统的模式序列是先验已知的。

8.2　连续系统的最优控制

本节引入基本转录方法，其是公认的求解连续最优控制问题的方法。

$$\min_{\boldsymbol{u}(\cdot) \in \mathcal{U}} \phi(\boldsymbol{u}(\cdot)) = m(\boldsymbol{x}^*(t_f)) + \int_{t_0}^{t_f} l(\boldsymbol{x}^*(t), \boldsymbol{u}^*(t))\mathrm{d}t \tag{8.9}$$

满足

$$\dot{\boldsymbol{x}}(t) = \boldsymbol{f}(\boldsymbol{x}(t), \boldsymbol{u}(t)), \quad \text{对于几乎每个 } t \in [t_0, t_f] \tag{8.10}$$

$$\boldsymbol{x}(t_0) = \boldsymbol{x}_0 \tag{8.11}$$

$$\boldsymbol{x}_{[\mathcal{I}_f]}(t_f) = \boldsymbol{x}_f \tag{8.12}$$

$$\boldsymbol{c}_u(\boldsymbol{u}(t)) \leqslant \boldsymbol{0}_{N_{c,u}\times 1}, \quad \forall t \in [t_0, t_f] \tag{8.13}$$

$$\boldsymbol{c}_x(\boldsymbol{u}(t)) \leqslant \boldsymbol{0}_{N_{c,x}\times 1}, \quad \forall t \in [t_0, t_f] \tag{8.14}$$

对于优化过程的初始估计，其比间接方法更稳健。基于非线性规划问题的描述，如果假设离散状态序列 $q(\cdot)$ 为先验已知，并且在整个优化任务中保持不变，则其同样适用于 SOP。对于后一种情况，SOCP 可以处理为连续 OCP。

对于连续 OCP，存在不同的转录类，其中包括：

1）控制参数化。

2）控制和状态参数化。

这些类别可分为打靶和配置转录，如图 8.4 所示。

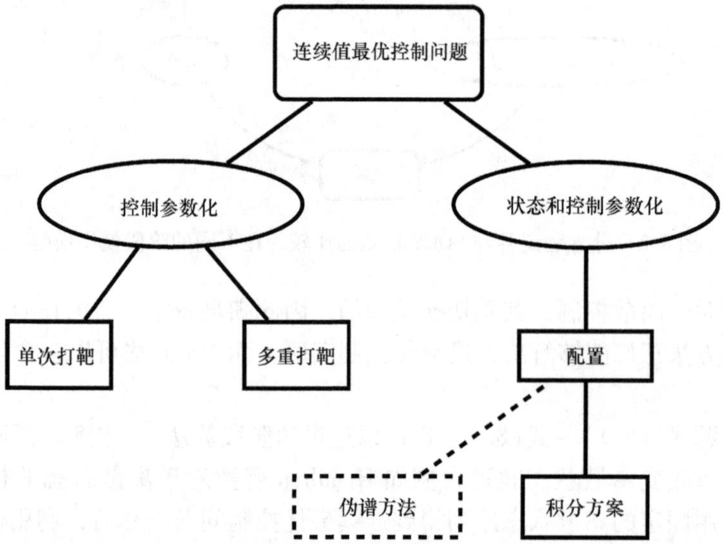

图 8.4　连续最优控制问题的直接转录类型：椭圆节点表示优化类；矩形节点表示优化方法；虚线节点表示本书没有涉及的优化类

底层离散方案是整个优化任务成功的关键。对于转录，如果选择任意精细的离散网格，假设连续 OCP 可以通过离散方案精确近似。这种假设并不总是成立的，8.5 节将提供一些备注。该积分方案对于获得高性能和高一致性阶数也起着重要的作用。在直接配置中，状态积分可以使用固定配置点的多项式计算近似。这种方法通常称为伪谱方法，用于提高精度。状态约束（8.14）的处理通常是一项要求很高的任务，直接配置方法的一个优点是可以有效处理这些约束。直接打靶方法生成问题的规模较小，可以有效求解中小型问题。

8.2.1　直接打靶方法

在式（8.9）~式(8.12）中，对于只有连续值控制离散的情况，得到的一种转录方法称为直接单次打靶方法。使用分段常数或分段线性离散方案进行连续值控制：

$$\boldsymbol{u}(t)=\begin{cases}\Xi_k^u(\boldsymbol{u}_k,\boldsymbol{u}_{k+1},t), & \forall t\in[t_k,t_{k+1}),k=0,\cdots,N_t-2\\ \Xi_{N_t-1}^u(\boldsymbol{u}_{N_t-1},\boldsymbol{u}_{N_t},t), & \forall t\in[t_{N_t-1},t_{N_t}]\end{cases}\tag{8.15}$$

给出离散向量为

$$\bar{y} = \bar{u} = [u_0, u_1, \cdots, u_{N_t}]^T \in \mathbb{R}^{N_{\bar{y}}} \tag{8.16}$$

在时间网格 g_t 上，定义 $N_{\bar{y}} = N_u(N_t+1)$。将式（8.15）和式（8.16）应用于式（8.9）~式(8.12)，得到一个有限维最优控制问题：

$$\min_{\bar{y} \in \mathbb{R}^{N_{\bar{y}}}} \phi(\bar{y}) = m(x^*(t_f)) + \int_{t_0}^{t_f} l(x^*(t), u^*(t))\mathrm{d}t \tag{8.17}$$

满足

$$\dot{x}(t) = f(x(t), u(t)),\quad 对于 t = t_{k+1/2}, k = 0,\cdots,N_t - 1 \tag{8.18}$$

$$x(t_0) = x_0 \tag{8.19}$$

$$x_{[\mathcal{I}_f]}(t_f) = x_f \tag{8.20}$$

$$c_u(u(t)) \leqslant 0_{N_{c,u}\times 1},\quad 对于 t = t_k,\quad k = 0,\cdots,N_t \tag{8.21}$$

式中，$t_{k+1/2} = (t_{k+1} + t_k)/2$；切换序列 $\bar{q}$ 和时间网格 g_t 处理为转录的固定边界条件。

对于给定的离散连续值控制 $\bar{u}$，应用第 5 章的任意 Runge - Kutta（RK）方法可以得到给定初始状态式（8.19）的常微分方程（ODE）的解。为了简单起见，这里首选显式 RK 方法，将产生

$$\bar{x}_{[k+1]} = \bar{x}_{[k]} + h\Gamma_f(\bar{x}_{[k]}, \bar{u}_{[k]}, \bar{u}_{[k+1]}, t_k, h),\quad k = 0,\cdots,N_t - 1$$

$$\bar{x}_{[0]} = x_0$$

因此，最终状态 $\bar{x}_{[N_t]}$ 可以在时间瞬间 $k = N_t$ 由 ODE 数值解法计算。显然，分段线性控制离散只适用于阶数高于 1 阶的 RK 方法。

应用 3.3.7.1 节的规则，将 Bolza 问题式（8.17）转化为 Mayer 问题，结果是

$$\phi(\bar{y}) = m(x_{[N_t]}) + \bar{\bar{x}}_{[N_t]}$$

附加项 $\bar{\bar{x}}_{[N_t]}$ 是使用显式 RK 方法的积分 Lagrange 项 $l(\cdot)$ 的最终值，即

$$\bar{\bar{x}}_{[k+1]} = \bar{\bar{x}}_{[k]} + h\Gamma_l(\bar{x}_{[k]}, \bar{u}_{[k]}, \bar{u}_{[k+1]}, t_k, h),\quad k = 0,\cdots,N_t - 1$$

$$\bar{\bar{x}}_{[0]} = 0$$

利用离散连续值控制和状态，可以将 OCP 的式（8.17）~式（8.21）重新表示为 NLP：

$$\min_{\bar{y} \in \mathbb{R}^{N_{\bar{y}}}} \phi(\bar{y}) = m(\bar{x}^*_{[N_t]}) + \bar{\bar{x}}^*_{[N_t]} \tag{8.22}$$

满足

$$\bar{x}_{[0]} = x_0 \tag{8.23}$$

$$(\bar{x}_{[N_t]})_{[\mathcal{I}_f]} - x_f = 0_{\#\mathcal{I}_f\times 1} \tag{8.24}$$

$$c_{\bar{u}}(\bar{u}_{[k]}) \leqslant 0_{N_{cu}\times 1},\quad k = 0,\cdots,N_t \tag{8.25}$$

式中，$N_{\bar{y}}$ 为 NLP 的变量数。

整理和组装等式和不等式约束

$$h(\bar{y}) = (\bar{x}_{[N_t]})_{[\mathcal{I}_f]} - x_f$$

和

$$g(\bar{y}) = [c_{\bar{u}}(\bar{u}_{[0]}), c_{\bar{u}}(\bar{u}_{[1]}), \cdots, c_{\bar{u}}(\bar{u}_{[N_t]})]^T \in \mathbb{R}^{N_{c_u}\cdot(N_t+1)}$$

生成标准的 NLP 格式。

当 $\bar{u}_{[k]} \in \hat{u}(kh), h = 0, \cdots, N_t$ 时，选择控制约束 $c_{\bar{u}}(\cdot)$ 使得 $c_{\bar{u}}(\bar{u}_{[k]}) \leqslant 0$，并且 $\bar{u}_{[k]}$ 是二次连续可微分的。

问题描述式(8.22)~式(8.24) 称为直接单次打靶方法，其算法过程总结在算法 8.2 中。

算法 8.2　直接单次打靶转录

已知 $\bar{y}, \bar{x}$

1: $\bar{x}_{[0]} = x_0$

2: for $k \leftarrow 0$ to $N_t - 1$ do

3: $\quad \bar{x}_{[k+1]} \leftarrow \bar{x}_{[k]} + h\Gamma_f(\bar{x}_{[k]}, \bar{u}_{[k]}, \bar{u}_{[k+1]}, t_k, h)$

4: $\quad \bar{\bar{x}}_{[k+1]} \leftarrow \bar{\bar{x}}_{[k]} + h\Gamma_l(\bar{x}_{[k]}, \bar{u}_{[k]}, \bar{u}_{[k+1]}, t_k, h)$

5: end for

6: 计算 $h(\bar{y})$

7: 计算 $g(\bar{y})$

8: 计算 $m(\bar{x}_{N_t}) + \bar{\bar{x}}_{[N_t]}$

9: 计算梯度 $\nabla_{\bar{y}} h(\bar{y})$

10: 计算梯度 $\nabla_{\bar{y}} g(\bar{y})$

11: 返回 $m(\bar{x}_{N_t}) + \bar{\bar{x}}_{[N_t]}$、$h(\bar{y})$、$g(\bar{y})$、$\nabla_{\bar{y}} h(\bar{y})$ 和 $\nabla_{\bar{y}} g(\bar{y})$

上述约束 $c_{\bar{u}}(\cdot)$ 的选择并不能保证控制在整个区间 $[t_k, t_{k+1})$ 内是可行的，而只能在区间的边界上可行。

直接单次打靶方法的一个缺点是所有决策变量对端点函数 $m(\bar{x}_{N_t}) + \bar{\bar{x}}_{[N_t]}$ 具有依赖性。Betts[10] 指出，这一事实导致有限的稳定性，因为在轨迹开始的优化变量的变化在微分方程上传播到轨迹的末端，这在决策变量的约束条件下导致相当大的非线性效应。因此，优化问题变得难以求解。

类似于间接多重打靶方法，可以简单地将问题分解成更短的步骤，以降低单次打靶的灵敏度，这种技术引出一种直接多重打靶方法。1984 年，Bock 和 Plitt[12] 提出了一种多重打靶算法的框架。

为了增强 $\bar{x}$ 的连续性，在每个阶段的端点处强制执行以下匹配条件：

$$\bar{x}_{[K_j]} - X_j = 0, \quad j = 2, \cdots, N_d - 1$$

式中，$\boldsymbol{X}_j$ 为阶段 j 的状态初值；$\bar{\boldsymbol{x}}_{[K_j]}$ 为阶段 $j-1$ 的状态终值。

通常，在较小的时间网格 $\mathcal{G}_{sh}$ 上，即式（7.23）定义阶段，见第 7 章：

$$t_0 = t_{K_1} < t_{K_2} < \cdots < t_{K_{N_d}} = t_f, \quad \mathcal{G}_{sh} = \{t_{K_1}, t_{K_2}, \cdots, t_{K_{N_d}}\}, \quad \mathcal{G}_{sh} \subset \mathcal{G}_t$$

$N_d < N_t$，而

$$K_1 < K_2 < \cdots < K_{N_d}$$

$$K_j \in \{1, \cdots, N_t - 1\}, \quad j = 2, \cdots, N_d - 1$$

打靶时间网格 $\mathcal{G}_{sh}$ 的第一个节点 K_1 和最后一个节点 K_{N_d} 是固定的，不能选择。设置为 $K_1 = 0$ 和 $K_{N_d} = N_t$。

因此，优化向量

$$\bar{\boldsymbol{y}} = [\boldsymbol{u}_0, \cdots, \boldsymbol{u}_{N_t}, \boldsymbol{X}_2, \cdots, \boldsymbol{X}_{N_d-1}]^T = [\bar{\boldsymbol{u}}_{[0:N_t]}, \boldsymbol{X}_2, \cdots, \boldsymbol{X}_{N_d-1}]^T \in \mathbb{R}^{N_{\bar{y}}}$$

增加到 $N_{\bar{y}} = N_u(N_t + 1) + N_x(N_d - 2)$ 个 NLP 变量。由多重打靶转录的连续性条件增加了等式约束：

$$\boldsymbol{h}(\bar{\boldsymbol{y}}) = \begin{bmatrix} \boldsymbol{\theta}_1 \\ \boldsymbol{\theta}_2 \\ \vdots \\ \boldsymbol{\theta}_{N_d-2} \\ (\bar{\boldsymbol{x}}_{[N_t]})_{[\mathcal{I}_f]} - \boldsymbol{x}_f \end{bmatrix} = \boldsymbol{0}_{(N_x(N_d-2)+\#\mathcal{I}_f)\times 1} \tag{8.26}$$

而向量 $\boldsymbol{\theta}$ 定义为

$$\begin{aligned} \boldsymbol{\theta}_1 &= \bar{\boldsymbol{x}}_{[K_2]} - \boldsymbol{X}_2 \\ \boldsymbol{\theta}_2 &= \bar{\boldsymbol{x}}_{[K_3]} - \boldsymbol{X}_3 \\ &\vdots \\ \boldsymbol{\theta}_{N_d-2} &= \bar{\boldsymbol{x}}_{[K_{N_d-1}]} - \boldsymbol{X}_{N_d-1} \end{aligned}$$

不等式约束没有改变：

$$\boldsymbol{g}(\bar{\boldsymbol{y}}) = [\boldsymbol{c}_{\bar{u}}(\bar{\boldsymbol{u}}_{[0]}), \boldsymbol{c}_{\bar{u}}(\bar{\boldsymbol{u}}_{[1]}), \cdots, \boldsymbol{c}_{\bar{u}}(\bar{\boldsymbol{u}}_{[N_t]})]^T \in \mathbb{R}^{N_{c_u}(N_t+1)} \tag{8.27}$$

如前所述，条件 $\bar{\boldsymbol{x}}_{[0]} = \boldsymbol{X}_1$ 和 $\bar{\boldsymbol{x}}_{[N_t]} = \boldsymbol{X}_{N_d}$ 是边界条件，因此不被视为优化变量，而每个打靶区间 $\boldsymbol{X}_2$，…，$\boldsymbol{X}_{N_d-1}$ 的初值可以自由变化。

显然，多重打靶转录增加了问题规模，达到 $N_x(N_d-2)$ 个 NLP 变量。幸运的是，约束的 Jacobi 矩阵是稀疏的，需要计算一个有效的稀疏拟 Newton 更新。尽管问题的规模越来越大，但由于积分区间明显更小，多重打靶技术可以帮助降低打靶的灵敏度。在每个积分阶段开始时，稳定效果是由附加的优化变量 $\boldsymbol{X}_j$ 产生的：

$$\bar{\boldsymbol{x}}_{[K_j]} = \boldsymbol{X}_j$$

$$\bar{\boldsymbol{x}}_{[k+1]} = \bar{\boldsymbol{x}}_{[k]} + h\boldsymbol{\Gamma}_f(\bar{\boldsymbol{x}}_{[k]}, \bar{\boldsymbol{u}}_{[k]}, \bar{\boldsymbol{u}}_{[k+1]}, t_k, h), \quad k = K_j, \cdots, K_{j+1} - 1$$

在算法上，多重打靶转录的计算过程总结在算法 8.3 中。

算法 8.3　直接多重打靶转录

已知 $\bar{\boldsymbol{y}}, \boldsymbol{X}_1$

1：for $j \leftarrow 0$ to $N_d - 1$ do

2：　　$\bar{\boldsymbol{x}}_{[K_j]} = \boldsymbol{X}_j$

3：　　for $k \leftarrow K_j$ to $K_{j+1} - 1$ do

4：　　　$\bar{\boldsymbol{x}}_{[k+1]} \leftarrow \bar{\boldsymbol{x}}_{[k]} + h\boldsymbol{\Gamma}_f(\bar{\boldsymbol{x}}_{[k]}, \bar{\boldsymbol{u}}_{[k]}, \bar{\boldsymbol{u}}_{[k+1]}, t_k, h)$

5：　　end for

6：　　$\theta_j \leftarrow \bar{\boldsymbol{x}}_{[K_{j+1}]} - \boldsymbol{X}_{j+1}$

7：end for

8：for $k \leftarrow 1$ to $N_t - 1$ do

9：　$\bar{\bar{\boldsymbol{x}}}_{[k+1]} \leftarrow \bar{\bar{\boldsymbol{x}}}_{[k]} + h\boldsymbol{\Gamma}_l(\bar{\boldsymbol{x}}_{[k]}, \bar{\boldsymbol{u}}_{[k]}, \bar{\boldsymbol{u}}_{[k+1]}, t_k, h)$

10：end for

11：利用式（8.26）组装 $\boldsymbol{h}(\bar{\boldsymbol{y}})$

12：利用式（8.27）计算 $\boldsymbol{g}(\bar{\boldsymbol{y}})$

13：计算梯度 $\nabla_{\bar{y}}\boldsymbol{h}(\bar{\boldsymbol{y}})$

14：计算梯度 $\nabla_{\bar{y}}\boldsymbol{g}(\bar{\boldsymbol{y}})$

15：计算 $m(\bar{\boldsymbol{x}}_{N_t}) + \bar{\bar{\boldsymbol{x}}}_{[N_t]}$

16：返回 $m(\bar{\boldsymbol{x}}_{N_t}) + \bar{\bar{\boldsymbol{x}}}_{[N_t]}$、$\boldsymbol{h}(\bar{\boldsymbol{y}})$、$\boldsymbol{g}(\bar{\boldsymbol{y}})$、$\nabla_{\bar{y}}\boldsymbol{h}(\bar{\boldsymbol{y}})$ 和 $\nabla_{\bar{y}}\boldsymbol{g}(\bar{\boldsymbol{y}})$

注释 8.1：转换为 Mayer 问题减少了用于 Lagrange 项积分的 for 循环代码片段。

在问题式（8.9）~式(8.12）中，如果必须考虑状态约束，则这两种间接打靶方法都会出现额外的缺点。在这种情况下，即使 Jacobi 矩阵是部分稀疏的，Lagrange 函数的 Hessian 矩阵也变得密集。使用直接打靶方法，将导致求解优化问题是非常低效的。因此，对于这样的问题，建议使用直接搭配转录，这可以由多重间接打靶方法的特殊情况 $N_d = N_t$ 导出。

8.2.2　直接配置

在历史上，直接配置方法发展了两个不同的分支，如图 8.4 所示。一方面，低阶直接配置首先由 Tsang 等[71]引入，起源于 ODE 的前向模拟。另一方面，伪谱方法最初是在流体力学的偏微分方程的背景下发展起来的，本书对此没有进行描述。在下面，使用术语“直接配置”表示使用的低阶直接配置。

与只离散连续值控制的直接打靶方法相比，直接配置方法也离散连续值状态。再次将式（8.15）应用于连续值控制离散，采用第 5 章的任何 Runge - kutta 格式

对连续值状态进行离散:

$$\bar{\boldsymbol{x}}_{[k+1]} = \bar{\boldsymbol{x}}_{[k]} + h\boldsymbol{\Gamma}_f(\bar{\boldsymbol{x}}_{[k]}, \bar{\boldsymbol{x}}_{[k+1]}, \bar{\boldsymbol{u}}_{[k]}, \bar{\boldsymbol{u}}_{[k+1]}, t_k, h), \quad k = 0, \cdots, N_t - 1$$

$$\bar{\boldsymbol{x}}_{[0]} = \boldsymbol{x}_0$$

然后，优化向量 $\bar{\boldsymbol{y}}$ 也包括离散连续值状态 $\bar{\boldsymbol{x}}_{[k]}$。因此，优化向量定义为

$$\bar{\boldsymbol{y}} = [\boldsymbol{u}_0, \cdots, \boldsymbol{u}_{N_t}, \boldsymbol{x}_1, \cdots, (\boldsymbol{x}_{N_t})_{[\mathcal{I}_f^c]}]^T = [\bar{\boldsymbol{u}}_{[0:N_t]}, \bar{\boldsymbol{x}}_{[1:N_t]}]^T \in \mathbb{R}^{N_{\bar{y}}} \quad (8.28)$$

式中，$N_{\bar{y}} = N_u(N_t+1) + N_x(N_t-1) + \# L_f^c$，其中 L_f^c 是由 $L_f^c = \{1, \cdots, N_x\} \backslash L_f$ 定义的互补集。

然后，完全离散最优控制问题可以描述为 NLP 公式:

$$\min_{\bar{\boldsymbol{y}} \in \mathbb{R}^{N_{\bar{y}}}} \phi(\bar{\boldsymbol{y}}) = m(\bar{\boldsymbol{x}}^*_{[N_t]}) + \bar{\bar{\boldsymbol{x}}}^*_{[N_t]} \quad (8.29)$$

满足

$$\bar{\boldsymbol{x}}_{[k+1]} - \bar{\boldsymbol{x}}_{[k]} - h\boldsymbol{\Gamma}_f(\bar{\boldsymbol{x}}_{[k]}, \bar{\boldsymbol{x}}_{[k+1]}, \bar{\boldsymbol{u}}_{[k]}, \bar{\boldsymbol{u}}_{[k+1]}, k, h) = \boldsymbol{0}_{N_x \times 1}, \quad k = 0, \cdots, N_t - 1 \quad (8.30)$$

$$\bar{\boldsymbol{x}}_{[0]} = \boldsymbol{x}_0 \quad (8.31)$$

$$(\bar{\boldsymbol{x}}_{[N_t]})_{[\mathcal{I}_f]} - \boldsymbol{x}_f = \boldsymbol{0}_{\#\mathcal{I}_f \times 1} \quad (8.32)$$

$$\boldsymbol{c}_{\bar{u}}(\bar{\boldsymbol{u}}_{[k]}) \leqslant \boldsymbol{0}_{N_{c_u} \times 1}, \quad k = 0, \cdots, N_t \quad (8.33)$$

$$\boldsymbol{c}_{\bar{x}}(\bar{\boldsymbol{x}}_{[k]}) \leqslant \boldsymbol{0}_{N_{c_x} \times 1}, \quad k = 1, \cdots, N_t \quad (8.34)$$

注释 8.2：连续值控制式（8.15）的离散格式可以与高阶离散格式交换，例如 von Stryk[65] 和 Büskens[18] 的研究。

RK 格式（8.30）的增量步加强了 ODE 的实现。边界条件式（8.31）和式（8.32）意味着不能改变 $\bar{\boldsymbol{x}}_{[0]}$ 和 $(\bar{\boldsymbol{x}}_{[N_t]})_{[L_f]}$，因此它们不是优化向量的一部分。然后，离散状态向量为

$$\bar{\boldsymbol{x}} = [\boldsymbol{x}_0, \cdots, \boldsymbol{x}_{N_t}]^T$$

使用边界条件和专用于连续值状态 $\bar{\boldsymbol{x}}$ 的优化向量式（8.28）进行组装。

将等式约束和不等式约束总结为简便的向量符号:

$$\boldsymbol{h}(\bar{\boldsymbol{u}}, \bar{\boldsymbol{x}}) = \begin{bmatrix} \bar{\boldsymbol{x}}_{[1]} - \bar{\boldsymbol{x}}_{[0]} - h\boldsymbol{\Gamma}_f(\bar{\boldsymbol{x}}_{[0]}, \bar{\boldsymbol{x}}_{[1]}, \bar{\boldsymbol{u}}_{[0]}, \bar{\boldsymbol{u}}_{[1]}, 0, h) \\ \vdots \\ \bar{\boldsymbol{x}}_{[N_t-1]} - \bar{\boldsymbol{x}}_{[N_t-2]} - h\boldsymbol{\Gamma}_f(\bar{\boldsymbol{x}}_{[N_t-2]}, \bar{\boldsymbol{x}}_{[N_t-1]}, \bar{\boldsymbol{u}}_{[N_t-2]}, \bar{\boldsymbol{u}}_{[N_t-1]}, N_t - 2, h) \\ \bar{\boldsymbol{x}}_{[N_t]} - \bar{\boldsymbol{x}}_{[N_t-1]} - h\boldsymbol{\Gamma}_f(\bar{\boldsymbol{x}}_{[N_t-1]}, \bar{\boldsymbol{x}}_{[N_t]}, \bar{\boldsymbol{u}}_{[N_t-1]}, \bar{\boldsymbol{u}}_{[N_t]}, N_t - 1, h) \\ (\bar{\boldsymbol{x}}_{[N_t]})_{[\mathcal{I}_f]} - \boldsymbol{x}_f \end{bmatrix}$$

$$= \boldsymbol{0}_{(N_x \cdot N_t + \#\mathcal{I}_f)} \times 1 \quad (8.35)$$

和

$$g(\bar{u},\bar{x}) = \begin{bmatrix} c_{\bar{u}}(\bar{u}_{[0]}), c_{\bar{u}}(\bar{u}_{[1]}), \cdots, c_{\bar{u}}(\bar{u}_{[N_t]}) \\ c_{\bar{x}}(\bar{x}_{[1]}), c_{\bar{x}}(\bar{x}_{[2]}), \cdots, c_{\bar{x}}(\bar{x}_{[N_t]}) \end{bmatrix}^T \leqslant \mathbf{0}_{(N_{c_u}(N_t+1)+N_{c_x}N_t)\times 1} \tag{8.36}$$

对于直接配置转录，可以应用任何 RK 格式。然而，高阶积分格式增加了所需的计算能力和存储空间。第 9 章将讨论 Jacobi 矩阵的稀疏性。

算法 8.4　直接配置转录

已知 $\bar{y}$

1：提取离散连续值控制，并将其分配给离散控制向量，即 $\bar{u} \leftarrow \bar{y}_{[0:N_t]}$

2：设置离散状态向量的边界条件，即 $\bar{x}_{[0]} = x_0$ 和 $(\bar{x}_{[N_t]})_{[L_f]} = x_f$

3：提取离散连续值状态，并将其赋值给离散状态向量，即 $\bar{x}_{[1:N_t]} \leftarrow \bar{y}_{[(N_t+2):2N_t+1]}$

4：利用式（8.35）计算 $h(\bar{u},\bar{x})$

5：利用式（8.36）计算 $g(\bar{u},\bar{x})$

6：计算 $m(\bar{x}_{N_t}) + \bar{\bar{x}}_{[N_t]}$

7：计算梯度 $\nabla_{\bar{y}} h(\bar{x},\bar{u})$

8：计算梯度 $\nabla_{\bar{y}} g(\bar{x},\bar{u})$

9：返回 $m(\bar{x}_{N_t}) + \bar{\bar{x}}_{[N_t]}$、$h(\bar{u},\bar{x})$、$g(\bar{u},\bar{x})$、$\nabla_{\bar{y}} h(\bar{x},\bar{u})$ 和 $\nabla_{\bar{y}} g(\bar{x},\bar{u})$

8.2.3　直接打靶和直接配置的比较

直接打靶方法导致问题的规模更小，如果 NLP 求解器与代数核一起用于密集矩阵，这是有益的。由于稀疏矩阵核在很长一段时间内没有得到广泛应用，这些方法非常流行。由于缺乏稀疏矩阵核，直接配置方法也只成功地应用于中小型问题（$N_y \approx 10^3$）[11]。然而，附加的离散状态表示将元素的数量增加了 $N_x(N_t - 1) + \#L_f^c$。从数值求解过程来看，这将需要对梯度估计进行更多的函数计算，并且需要更多的内存来存储 Hessian 矩阵，导致了在很长一段时间内直接配置方法与直接打靶方法竞争力不强。大量的 NLP 变量阻止了向大规模工程问题（数千个变量和约束）的转变，这一障碍在过去的几年里通过自然产生的稀疏矩阵结构得以解决，因为优化向量中的许多变量是相互独立的。一方面，这可以显著减少梯度计算所需的函数计算次数。另一方面，稀疏矩阵代数也可以应用于序列二次规划（SQP）过程中二次子问题的求解，这些最新问题将在第 9 章讨论。稀疏大尺度问题的数值处理和易于处理状态约束的优点，使得直接配置方法优于直接打靶方法。

8.2.4 由直接打靶和直接配置的共态恢复

对于连续型 OCP 的求解，直接转录方法的一个主要缺点是不能直接从解中得到共态 $\boldsymbol{\lambda}(\cdot)$。然而，对于共态的了解可能非常有用，因为其允许评估一阶必要条件的满足情况，并且在许多情况下，共态可以对解结构的理解提供帮助。在离散最优控制问题的解中，恢复共态的一种很好的方法是后优化计算。Enright 和 Conway[24] 提出了共态后优化恢复方法，von Stryk[65] 提出了直接配置方法，Büskens[18] 提出了直接打靶方法。

Büskens[18] 所描述的方法在最终时刻采用横截性条件：

$$\boldsymbol{\lambda}(t_f) = \frac{\partial m}{\partial \boldsymbol{x}(t_f)}(\boldsymbol{x}^*(t_f)) + \hat{\boldsymbol{\mu}}_f + \left(\frac{\partial \boldsymbol{c}_x}{\partial \boldsymbol{x}}\right)^T_{t=t_f}(\boldsymbol{x}^*(t_f))\boldsymbol{\alpha}_f \tag{8.37}$$

同时，对共态微分方程应用后向积分：

$$\dot{\boldsymbol{\lambda}}(t) = -\frac{\partial \mathcal{H}_a}{\partial \boldsymbol{x}}(\boldsymbol{x}^*(t), \boldsymbol{\lambda}(t), \lambda_0, \boldsymbol{\gamma}(t), \boldsymbol{\rho}(t), \boldsymbol{u}^*(t))$$

式中，$\boldsymbol{\alpha}_f \in R^{N_{cx}}$ 为 Lagrange 乘子向量，$\hat{\boldsymbol{\mu}}_f$ 定义为

$$\hat{\boldsymbol{\mu}}_f := \begin{cases} \hat{\boldsymbol{\mu}}_f^{[\mathcal{I}_f]} = \boldsymbol{\mu}_f \\ \hat{\boldsymbol{\mu}}_f^{[\mathcal{I}_f^c]} = \boldsymbol{0} \end{cases}$$

这些条件的推导可以在 4.2.2 节找到。请注意，横截性条件适用于所有的共态，即使其只适用于在必要条件中由集合 L_f^c 表示的共态。

如果使用直接打靶或配置方法对 OCP 进行转录，则由 NLP 求解器可以返回端点横截性条件所需的 Lagrange 参数。这里利用 Lagrange 参数的事实，即对于 $k=1,\cdots,N_t$，共态约束 $\boldsymbol{c}_{\bar{x}}(\bar{\boldsymbol{x}}_{[k]}) \leqslant \boldsymbol{0}$，$\boldsymbol{\mu}_f \in R^{\# L_f}$ 和 $\bar{\boldsymbol{\rho}}_{[k]} \in R^{N_{cx}}$，总是包含在离散优化问题的 Lagrange 函数中。

Mayer 形式的离散 OCP 的端点横截性条件为

$$\tilde{\boldsymbol{\lambda}}_{N_t} = \frac{\partial m}{\partial(\bar{\boldsymbol{x}}_{[N_t]})_{[\mathcal{I}_f^c]}}(\bar{\boldsymbol{x}}_{[N_t]}) + \hat{\boldsymbol{\mu}}_f + \left(\frac{\partial \boldsymbol{c}_{\bar{x}}}{\partial(\bar{\boldsymbol{x}}_{[N_t]})_{[\mathcal{I}_f^c]}}\right)^T(\bar{\boldsymbol{x}}_{[N_t]})\bar{\boldsymbol{\rho}}_{[N_t]}$$

式中，$\bar{\boldsymbol{\rho}}_{[N_t]}$ 对应于 $\boldsymbol{\alpha}_f$。

建议通过 RK 方法求解共态 ODE，如 5.3 节所述，在同一时间网格 g_t 上，采用转录方法：

$$\tilde{\boldsymbol{\lambda}}_k = \left[\boldsymbol{I} + h\frac{\partial \boldsymbol{\Gamma}_f}{\partial \bar{\boldsymbol{x}}_{[k]}}(\bar{\boldsymbol{x}}_{[k]}, \bar{\boldsymbol{x}}_{[k+1]}, \bar{\boldsymbol{u}}_{[k]}, \bar{\boldsymbol{u}}_{[k+1]}, t_k, h)\right]^T \tilde{\boldsymbol{\lambda}}_{k+1} + \left(\frac{\partial \boldsymbol{c}_{\bar{x}}}{\partial \bar{\boldsymbol{x}}_{[k]}}\right)^T(\bar{\boldsymbol{x}}_{[k]})\bar{\boldsymbol{\rho}}_{[k]},$$
$$k = N_t - 1, \cdots, 0$$

式中，$\boldsymbol{I}$ 为维数 $N_x \times N_x$ 的单位矩阵。

此外，还建议使用具有相同一致性阶的方法，以确保误差与状态 ODE 的解具有相同的阶。所需偏导数 $\partial \boldsymbol{\Gamma}_f / \partial \bar{\boldsymbol{x}}_{[k]}$ 和 $\partial \boldsymbol{c}_{\bar{x}} / \partial \bar{\boldsymbol{x}}_{[k]}$ 可以通过解析或有限差分计算。

显然，所述方法也可以作为一种应用于初始横截性条件的前向积分方法来实现：

$$\boldsymbol{\lambda}(t_0) = -\frac{\partial m}{\partial \boldsymbol{x}(t_0)}(\boldsymbol{x}^*(t_0)) - \boldsymbol{\mu}_0 - \left(\frac{\partial \boldsymbol{c}_x}{\partial \boldsymbol{x}}\right)^T_{t=t_0}(\boldsymbol{x}^*(t_0))\boldsymbol{\alpha}_0$$

式中，$\boldsymbol{\alpha}_0 \in R^{N_{cx}}$为 Lagrange 乘子向量。

这种变量的一个缺点是，初始横截性条件的 Lagrange 参数并不总是包含在离散 OCP 的 Lagrange 函数中，但其很容易被添加到实现中。Mayer 型离散 OCP 的初始横截性条件是

$$\tilde{\boldsymbol{\lambda}}_0 = -\frac{\partial m}{\partial(\bar{\boldsymbol{x}}_{[0]})}(\bar{\boldsymbol{x}}_{[0]}) - \boldsymbol{\mu}_0 - \left(\frac{\partial \boldsymbol{c}_{\bar{x}}}{\partial(\bar{\boldsymbol{x}}_{[0]})}\right)^T(\bar{\boldsymbol{x}}_{[0]})\bar{\boldsymbol{\rho}}_{[0]}$$

式中，$\bar{\boldsymbol{\rho}}_{[0]}$对应于$\boldsymbol{\alpha}_0$。

相应的前向集成方法可以表述为

$$\tilde{\boldsymbol{\lambda}}_{k+1} = \left[\boldsymbol{I} - h\frac{\partial \boldsymbol{\Gamma}_f}{\partial \bar{\boldsymbol{x}}_{[k]}}(\bar{\boldsymbol{x}}_{[k]}, \bar{\boldsymbol{x}}_{[k+1]}, \bar{\boldsymbol{u}}_{[k]}, \bar{\boldsymbol{u}}_{[k+1]}, t_k, h)\right]^T\tilde{\boldsymbol{\lambda}}_k - \left(\frac{\partial \boldsymbol{c}_{\bar{x}}}{\partial \bar{\boldsymbol{x}}_{[k]}}\right)^T(\bar{\boldsymbol{x}}_{[k]})\bar{\boldsymbol{\rho}}_{[k]},$$

$$k = 1, \cdots, N_t$$

状态约束弧内的共态跳跃是通过前向或后向积分自动产生的，因为其包含在 Lagrange 参数$\bar{\boldsymbol{\rho}}_{[k]}$中。

对于直接转录，共态恢复可以通过这两种方法中的一种来计算。此外，对于直接配置转录，一个附加的程序是可能的。RK 差分式（8.30）的 Lagrange 乘子已经近似于离散网格中点的共态，如 Vonstryk[65] 所示。因此，初始网格点的近似共态可以由非线性规划方法的解通过简单的插值程序得到，而初始时间 t_0 和最终时间 t_f 的共态可以通过横截性条件的外推或推导得到。

8.3 切换系统的最优控制

如本章的引言所述，SOCP 可以通过固定切换序列求解，剩余的连续最优控制问题使用直接转录方法求解。这存在一个潜在的缺点，即通常无法提前知道切换数量。更先进的分支 - X 方法只能在有限和小的离散网格上取得令人满意的效果，因为问题的复杂性呈指数级增长[70]。

本节提出连续状态 $\boldsymbol{x}(\cdot)$ 的 SOCP 求解的两种算法：

1）嵌入最优控制问题。

2）二阶段方法。

这些方法的优点是不需要对切换数量、切换时间实例和切换模式序列进行先验假设。对于求解轨迹不满足所需精度的情况，可以通过切换时间优化来细化轨迹。

8.3.1 嵌入最优控制问题

二元切换系统的控制向量为

$$\dot{\boldsymbol{x}}(t) = \boldsymbol{F}(\boldsymbol{x}(t), \boldsymbol{\rho}(t))$$

将连续值和离散控制连接到

$$\boldsymbol{\rho}(t) = [\boldsymbol{u}(t), \boldsymbol{\sigma}(t)]$$

允许集 $\hat{u}(q(t),t) \times \{0,1\}^{N_q}$可以分解为彼此不连通的 N_q 个子集，因此允许集一定是不可凸的。然而，优化问题的凸性在数值求解过程中起着重要的作用，并且对数值求解过程具有很强的影响。例如，如果应用于非凸问题，SQP（见第 2 章）可能无法产生最优和可靠的解。因此，为了简单起见，假设连续值控制可以从一个公共凸集中选择。在实际情况下，经常会出现这种情况。

嵌入方法的主要思想是松弛二元控制，以得到 BSOSP 的连续近似值。Boole 向量 $\boldsymbol{\sigma}(t) \in \{0,1\}^{N_q}$松弛产生

$$\hat{\boldsymbol{\sigma}}(t) \in [0,1]^{N_q} \tag{8.38}$$

其元素是由紧凑集提取的。为了更透明起见，将 $\hat{\boldsymbol{\sigma}}(\cdot)$ 表示为松弛二元控制，将符号 $\boldsymbol{\sigma}(\cdot)$ 保留为二元可行控制。

控制向量将连续值和松弛二元控制连接到

$$\hat{\boldsymbol{\rho}}(t) = [\boldsymbol{u}(t), \hat{\boldsymbol{\sigma}}(t)]$$

并且可以由凸集 $\hat{P} = \hat{u}(q(t),t) \times [0,1]^{N_q}$取值。动态系统现在可以处理为一个常规系统 $\boldsymbol{F}: \boldsymbol{X} \times \hat{P} \rightarrow \boldsymbol{X}$，没有不连续性现象：

$$\dot{\hat{\boldsymbol{x}}}(t) = \boldsymbol{F}(\hat{\boldsymbol{x}}(t), \hat{\boldsymbol{\rho}}(t)) = \sum_{q=1}^{N_q} \hat{\boldsymbol{\sigma}}_q(t) \boldsymbol{f}_{q(t)}(\hat{\boldsymbol{x}}(t), \boldsymbol{u}(t)), \quad \forall t \in [t_0, t_f] \tag{8.39}$$

其中，状态 $\hat{\boldsymbol{x}}(\cdot)$ 用尖号标记，说明状态轨迹是由嵌入系统描述得到的。如果应用 8.2.1 节或 8.2.2 节所讨论的直接转录方法，则可以用 NLP 求解器求解凸化问题的公式，而二元控制的 $\hat{\boldsymbol{\sigma}}(\cdot)$ 最好由分段常数函数近似：

$$\hat{\boldsymbol{\sigma}}(t) = \begin{cases} \Xi_k^{\hat{\sigma}}(\hat{\boldsymbol{\sigma}}_k, \hat{\boldsymbol{\sigma}}_{k+1}, t) = \dfrac{\hat{\boldsymbol{\sigma}}_k + \hat{\boldsymbol{\sigma}}_{k+1}}{2}, & \forall t \in [t_k, t_{k+1}], t = 0, \cdots, N_t - 2 \\ \Xi_{N_t-1}^{\hat{\sigma}}(\hat{\boldsymbol{\sigma}}_{N_t-1}, \hat{\boldsymbol{\sigma}}_{N_t}, t) = \dfrac{\hat{\boldsymbol{\sigma}}_{N_t-1} + \hat{\boldsymbol{\sigma}}_{N_t}}{2}, & \forall t \in [t_{N_t-1}, t_{N_t}] \end{cases}$$

求解凸化问题的直接打靶方法产生

$$\min_{\bar{\hat{\boldsymbol{\rho}}}} \phi(\bar{\hat{\boldsymbol{\rho}}}) = m(\bar{\hat{\boldsymbol{x}}}_{[N_t]}^{*}) \tag{8.40}$$

满足

$$g(\hat{\bar{\boldsymbol{\rho}}}) = \begin{bmatrix} \boldsymbol{c}_{\bar{u}}(\bar{\boldsymbol{u}}_{[k]}), & k=0,\cdots,N_t \\ -\hat{\bar{\boldsymbol{\sigma}}}_{[k]}, & k=0,\cdots,N_t \\ \hat{\bar{\boldsymbol{\sigma}}}_{[k]} - \mathbb{1}_{N_q\times 1}, & k=0,\cdots,N_t \end{bmatrix} \leqslant \boldsymbol{0}_{(N_u+2N_q)(N_t+1)} \tag{8.41}$$

$$h(\hat{\bar{\boldsymbol{\rho}}}) = \begin{bmatrix} (\hat{\bar{\boldsymbol{x}}}_{[N_t]})_{[\mathcal{I}_f]} - \boldsymbol{x}_f \\ \sum_{q=1}^{N_q} \hat{\bar{\boldsymbol{\sigma}}}_q^{[k]} - 1, \quad k=0,\cdots,N_t \end{bmatrix} = \boldsymbol{0}_{\#\mathcal{I}_f+N_q(N_t+1)} \tag{8.42}$$

凸化问题直接配置转录产生

$$\min_{\hat{\bar{\boldsymbol{\rho}}}} \phi(\hat{\bar{\boldsymbol{\rho}}}) = m(\hat{\bar{\boldsymbol{x}}}^*_{[N_t]}) \tag{8.43}$$

满足

$$g(\hat{\bar{\boldsymbol{\rho}}}) = \begin{bmatrix} \boldsymbol{c}_{\bar{u}}(\bar{\boldsymbol{u}}_{[k]}), & k=0,\cdots,N_t \\ \boldsymbol{c}_{\hat{\bar{x}}}(\hat{\bar{\boldsymbol{x}}}_{[k]}), & k=1,\cdots,N_t \\ -\hat{\bar{\boldsymbol{\sigma}}}_{[k]}, & k=1,\cdots,N_t \\ \hat{\bar{\boldsymbol{\sigma}}}_{[k]} - N_{q\times 1}, & k=0,\cdots,N_t \end{bmatrix} \leqslant \boldsymbol{0}_{(N_u+2N_q)(N_t+1)+N_xN_t} \tag{8.44}$$

$$h(\hat{\bar{\boldsymbol{\rho}}}) = \begin{bmatrix} \hat{\bar{\boldsymbol{x}}}_{[k+1]} - \hat{\bar{\boldsymbol{x}}}_{[k]} - h\boldsymbol{\Gamma}_F(\hat{\bar{\boldsymbol{x}}}_{[k]}, \hat{\bar{\boldsymbol{x}}}_{[k+1]}, \hat{\bar{\boldsymbol{\rho}}}_{[k]}, \hat{\bar{\boldsymbol{\rho}}}_{[k+1]}, t_k, h), & k=0,\cdots,N_t-1 \\ (\hat{\bar{\boldsymbol{x}}}_{[N_t]})_{[\mathcal{I}_f]} - \boldsymbol{x}_f & \\ \sum_{q=1}^{N_q} \hat{\bar{\boldsymbol{\sigma}}}_q^{[k]} - 1 & k=0,\cdots,N_t \end{bmatrix}$$

$$= \boldsymbol{0}_{N_xN_t+\#\mathcal{I}_f+N_q(N_t+1)} \tag{8.45}$$

问题式（8.40）~式(8.42）和式（8.43）~式(8.45）称为嵌入最优控制问题(EOCP)。请注意，$\boldsymbol{\Gamma}_F(\cdot)$是凸化动态系统式（8.39）的 RK 格式的增量函数。为了求一阶必要条件，定义 Hamilton 函数为

$$\mathcal{H}(\hat{\bar{\boldsymbol{x}}}_{[k]}, \bar{\boldsymbol{\lambda}}_{[k]}, \hat{\bar{\boldsymbol{\rho}}}_{[k]}) = \bar{\boldsymbol{\lambda}}^T_{[k]} \sum_{q=1}^{N_q} \hat{\bar{\boldsymbol{\sigma}}}_q^{[k]} \boldsymbol{f}_q(\hat{\bar{\boldsymbol{x}}}_{[k]}, \bar{\boldsymbol{u}}_{[k]}) \tag{8.46}$$

在 Hamilton 函数式（8.46）中，控制 $\hat{\bar{\boldsymbol{\sigma}}}_{[k]}$ 线性出现，这允许对所有 $q=1,\cdots,N_q$ 表示切换函数

$$\frac{\partial \mathcal{H}}{\partial \hat{\bar{\boldsymbol{\sigma}}}_q^{[k]}}(\hat{\bar{\boldsymbol{x}}}_{[k]}, \bar{\boldsymbol{\lambda}}_{[k]}, \hat{\bar{\boldsymbol{\rho}}}_{[k]}) = S_q(\hat{\bar{\boldsymbol{x}}}_{[k]}, \bar{\boldsymbol{\lambda}}_{[k]}, \bar{\boldsymbol{u}}_{[k]}) = \bar{\boldsymbol{\lambda}}^T_{[k]} \boldsymbol{f}_q(\hat{\bar{\boldsymbol{x}}}_{[k]}, \bar{\boldsymbol{u}}_{[k]}) = 0$$

由定理 4.6 可知，松弛二元控制可以由边界取值，对所有的 $q=1,\cdots,N_q$，如果切转函数有符号，即

$$\hat{\bar{\boldsymbol{\sigma}}}_q^{[k]} = \begin{cases} 1 & S_q(\hat{\bar{\boldsymbol{x}}}_{[k]}, \bar{\boldsymbol{\lambda}}_{[k]}, \bar{\boldsymbol{u}}_{[k]}) < 0 \\ 0 & S_q(\hat{\bar{\boldsymbol{x}}}_{[k]}, \bar{\boldsymbol{\lambda}}_{[k]}, \bar{\boldsymbol{u}}_{[k]}) > 0 \end{cases} \tag{8.47}$$

对于 $S_q(\bar{\bar{x}}_{[k]},\bar{\lambda}_{[k]},\bar{u}_{[k]})=0$，$k=0$，…，$N_t$ 的情况，松弛二元控制值满足条件 $\hat{\bar{\sigma}}_q^{[k]}\in(0,1)^{N_q}$，相应的弧称为奇异弧，见 4.2.3 节。因此，如果满足 $\hat{\bar{\sigma}}_{[k]}\in\{0,1\}^{N_q}$，$k=0$，…，$N_t$，则松弛二元控制轨迹 $\hat{\bar{\sigma}}$ 称为二元允许。如果松弛二元控制轨迹 $\hat{\bar{\sigma}}$ 是允许的和轨迹（$\bar{\bar{x}}$，$\hat{\bar{\sigma}}$，$\bar{u}$）也是可行的，则解对于原始 BSOSP 是有效的。在这种情况下，BSOSP 可以视为一个具有连续值控制的传统最优控制问题。否则，如果松弛二元控制轨迹 $\hat{\bar{\sigma}}$ 不是完全二元允许的，则必须对 EOCP 轨迹进行后处理，从而得到 BSOSP 的可行轨迹。在这种情况下，BSOSP 问题不能用经典方法求解，其实际上是一个混合最优控制问题。8.4 节讨论了获得二元可行轨迹的同伦或后最优近似策略。

算法 8.5 对嵌入过程进行了总结。

算法 8.5　嵌入方法

1：使用式（8.38）将原始 BSOCP 嵌入到更大的连续问题族中
2：应用适当的直接转录：式（8.40）~式(8.42) 或式（8.43）~式(8.45)
3：求解 NLP
4：如果出现奇异弧，则应用舍入策略，见 8.4 节

8.3.2　两阶段算法

间接打靶方法为 SOCP 产生高精度的解轨迹，但是由于难以做出良好的初始猜测，即对共态的猜测，其应用可能受到限制，这个障碍可能导致许多实际问题的小收敛范围。相反，直接转录方法对于具有预定义离散状态序列的问题工作有效且稳健。在求解过程中不需要共态，但是在终止之后共态可以从直接算法的解中恢复。因此，显然将这两个原则的一些特性结合可以获得针对 SOCP 的更稳健的优化策略，这导致两阶段算法类的出现。两阶段算法具有高计算成本，但是提高了算法的精度，扩大了收敛范围。

考虑用 Mayer 问题表示的 SOCP 式（8.1）~式(8.6)：

$$\min_{\boldsymbol{u}(\cdot)\in\mathcal{U}(q(\cdot)),q(\cdot)\in\mathcal{Q}}\phi(\boldsymbol{u}(\cdot),q(\cdot))=m(\boldsymbol{x}^*(t_f))\tag{8.48}$$

满足

$$\dot{\boldsymbol{x}}(t)=\boldsymbol{f}_{q(t)}(\boldsymbol{x}(t),\boldsymbol{u}(t)),\quad\text{对于几乎每个 } t\in[t_0,t_f]\tag{8.49}$$

$$\boldsymbol{x}(t_0)=\boldsymbol{x}_0\tag{8.50}$$

$$\boldsymbol{x}_{[\mathcal{I}_f]}(t_f)=\boldsymbol{x}_f\tag{8.51}$$

而 Hamilton 函数定义为

$$\mathcal{H}(\boldsymbol{x}(t),q(t),\boldsymbol{\lambda}(t),\boldsymbol{u}(t))=\boldsymbol{\lambda}^T(t)\boldsymbol{f}_{q(t)}(\boldsymbol{x}(t),\boldsymbol{u}(t))$$

对于以时间 t^* 为中心的时间区间 Δt，通过 $t_1<t^*-0.5\Delta t$ 和 $t^*+0.5\Delta t<t_2$，意图在切换序列 $\Theta=((t_0,q_0),(t_1,q_1),(t_2,q_2))$ 中插入一个附加模式 q^*，使得新

的切换时间表示为 $\Theta = ((t_0, q_0), (t_1, q_1), (t^* - 0.5\Delta t, q^*), (t^* + 0.5\Delta t, q_1), (t_2, q_2))$，原理如图 8.5 所示。

无状态跳跃 SOCP 的混合最小原理（HMP）的必要条件，是在切换序列改变前后 Hamilton 函数必须相同，即

$$\mathcal{H}(\boldsymbol{x}(t_j^-), q(t_j^-), \boldsymbol{\lambda}(t_j^-), \boldsymbol{u}(t_j^-)) = \mathcal{H}(\boldsymbol{x}(t_j^+), q(t_j^+), \boldsymbol{\lambda}(t_j^+), \boldsymbol{u}(t_j^+)) \tag{8.52}$$

这促使重新表示式（8.52）作为新模式 $q(t^*)$ 的下降条件：

$$\Delta\mathcal{H} = \mathcal{H}(\boldsymbol{x}(t^*), q(t^*), \boldsymbol{\lambda}(t^*), \boldsymbol{u}(t^*)) - \mathcal{H}(\boldsymbol{x}(t^*), q(t_{j+1}), \boldsymbol{\lambda}(t^*), \boldsymbol{u}(t^*)) \tag{8.53}$$

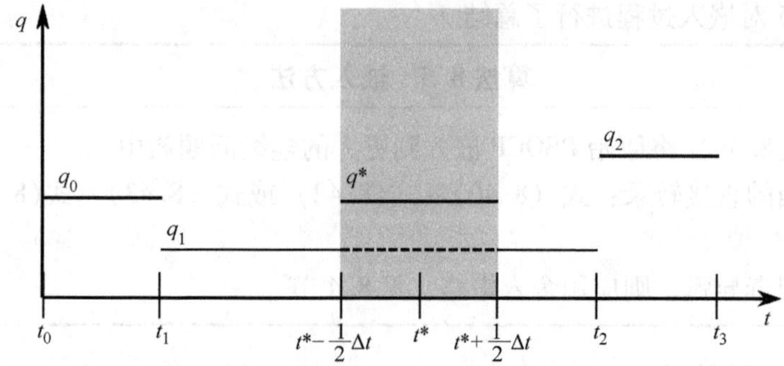

图 8.5　在区间 $[t^* - 0.5\Delta t,\ t^* + 0.5\Delta t]$ 插入新模式 q^*[60]

对于 $[t^* - 0.5\Delta t, t^* + 0.5\Delta t] \in [t_j, t_{j+1}]$，$j = 0, \cdots, N_{swt}$，Egerstedt 等[23] 和 Axelsson 等[3] 证明了下降条件是定义明确的成本函数对于切换时间 t^* 的偏导数：

$$\frac{\partial \phi}{\partial t^*} = \Delta\mathcal{H}$$

这个偏导数也由 Xu 和 Antsaklis[74] 以及 Kamgarpour 和 Tomlin[35] 导出。

当下降条件（8.53）相对于插入为负时，插入模式 q^* 可以使成本函数值减小。因此，希望改变切换顺序，其中下降条件（8.53）具有最低的负值：

$$q(t^*) = \arg\min \Delta\mathcal{H} \tag{8.54}$$

现在，应用直接打靶转录离散式（8.48）~式（8.51）：

$$\min_{\bar{\boldsymbol{y}} \in \mathbb{R}^{N_{\bar{y}}}, \bar{\boldsymbol{q}} \in \mathbb{N}_{>0}^{N_{\bar{q}}}} \phi(\bar{\boldsymbol{x}}^*_{[N_t]}) = m(\bar{\boldsymbol{x}}_{[N_t]})$$

满足

$$\begin{aligned}
\bar{\boldsymbol{x}}_{[0]} &= \boldsymbol{x}_0 \\
(\boldsymbol{x}_{[N_t]})_{[\mathcal{I}_f]} - \boldsymbol{x}_f &= \boldsymbol{0}_{\#\mathcal{I}_f \times 1} \\
\boldsymbol{c}_{\bar{u},\bar{q}}(\bar{\boldsymbol{u}}_{[k]}) &\leqslant \boldsymbol{0}_{N_{c_u} \times 1}, \quad k = 0, \cdots, N_t \\
\boldsymbol{c}_{\bar{q}}(\bar{\boldsymbol{q}}_{[k]}) &\leqslant \boldsymbol{0}_{N_{c_q} \times 1}, \quad k = 0, \cdots, N_t
\end{aligned}$$

式中，$\boldsymbol{c}_{\bar{q}}(\cdot)$ 为离散状态约束。

基于这种观察，引入以下两阶段算法。

1）第一阶段：应用直接打靶转录，寻找用于最优连续值控制的离散状态序列 $\bar{\boldsymbol{q}}$ 的初始猜测。一旦 NLP 求解器终止，对于假设的切换序列 $\bar{\boldsymbol{q}}$ 获得离散连续值状态 $\bar{\boldsymbol{x}}$ 和连续值控制 $\bar{\boldsymbol{u}}$ 以及一组 Lagrange 乘子 $\boldsymbol{\mu}_f$。使用 8.2.4 节提出的恢复过程的共态 $\boldsymbol{\lambda}(\cdot)$ 近似，可以计算 Hamilton 函数：

$$\mathcal{H}(\bar{\boldsymbol{x}}_{[k]},\bar{\boldsymbol{q}}_{[k]},\bar{\boldsymbol{\lambda}}_{[k]},\bar{\boldsymbol{u}}_{[k]}) = \bar{\bar{\boldsymbol{\lambda}}}^{T}_{[k]}\boldsymbol{f}_{\bar{q}_{[k]}}(\bar{\boldsymbol{x}}_{[k]},\bar{\boldsymbol{u}}_{[k]})$$

2）第二阶段：基于式（8.54）计算改变切换安排 $\bar{\boldsymbol{q}}$。在时刻 k 改变安排，此时通过改变 $\bar{\boldsymbol{q}}_{[k]}$ 可以使 Hamilton 函数下降最大。

算法在这两个阶段之间交替，直到满足终止准则。这样的准则满足

$$\Delta\mathcal{H}_{\min} < \epsilon \tag{8.55}$$

式中，$\Delta\mathcal{H}_{\min}$ 为任意 q 在某时刻 k 计算的 Hamilton 函数和在同一时刻计算的当前 Hamilton 函数之间的最大差值。

由于共态 $\bar{\bar{\boldsymbol{\lambda}}}$ 只是近似值，数值误差可能妨碍终止准则（8.55）的实现。因此，可能需要其他终止标准。

整体算法在此使用直接打靶转录，但也可以使用直接配置转录来实现。主函数 TwoStageMethod 接受 $\bar{\boldsymbol{q}}$ 的初始猜测，并且使用普通非稀疏的 NLP 求解器，为该切换序列找到最优连续值控制 $\bar{\boldsymbol{u}}$。求解器迭代调用函数 IVP 计算状态轨迹 $\bar{\boldsymbol{x}}$，使得可以计算成本函数。在完成非线性优化之后，对相应的连续值控制和给定的切换序列计算状态向量 $\bar{\boldsymbol{x}}$。

最终状态的 Lagrange 乘子 $\boldsymbol{\mu}_f$ 由 NLP 求解器返回，这是共态恢复所必需的。函数 CoStates 通过 8.2.4 节所述的后向积分方法计算共态 $\boldsymbol{\lambda}(\cdot)$ 的近似值。当然，通过前向积分的计算也是可能的。

一旦 $\bar{\bar{\boldsymbol{\lambda}}}$ 返回主程序 TwoStageMethod，可以针对每个时刻 k 和每个离散状态 q 计算最小 Hamilton 函数 H_q^k，并且将其与当前 Hamilton 函数 H_{cur}^k 进行比较。算法 8.6 的代码第 17 行的时刻 k 和离散状态 q 的组合，在时刻 k 产生 Hamilton 函数的最大降幅。然后，分别改变切换计划，重复这些步骤直到满足终止准则。

整个算法相当慢，因为每次迭代时切换计划在时刻 k 改变。在每次迭代期间可以修改更多时刻，但通常不建议这样做。

算法 8.6　两阶段算法[60]

1：function TWOSTAGEMETHOD

2：定义：ε、$\bar{\boldsymbol{q}}_{init}$、$\bar{\boldsymbol{u}}_{init}$、$\bar{\boldsymbol{x}}_{[0]}$ 和 $\bar{\boldsymbol{t}} = g_t$

3：$\bar{\boldsymbol{q}} \leftarrow \bar{\boldsymbol{q}}_{init}$

4：$\bar{\boldsymbol{u}} \leftarrow \bar{\boldsymbol{u}}_{init}$

（续）

$\Delta H_{\min} \leftarrow -\infty$
while $\Delta H_{\min} < \varepsilon$ do
  $(\bar{\boldsymbol{u}}, \boldsymbol{\mu}_f) \leftarrow \mathrm{NLP}(\bar{\boldsymbol{q}}, \bar{\boldsymbol{u}}, \bar{\boldsymbol{t}})$
  $\bar{\boldsymbol{x}} \leftarrow \mathrm{IVP}(\bar{\boldsymbol{q}}, \bar{\boldsymbol{u}}, \bar{\boldsymbol{t}}, \bar{\boldsymbol{x}}_{[0]})$
  $\bar{\bar{\boldsymbol{\lambda}}} \leftarrow \mathrm{CoSTATES}(\bar{\boldsymbol{x}}, \bar{\boldsymbol{q}}, \bar{\boldsymbol{u}}, \bar{\boldsymbol{t}}, \boldsymbol{\mu}_f)$
  $H_{cur}^k \leftarrow \bar{\bar{\boldsymbol{\lambda}}}_{[k]}^T \boldsymbol{f}(\bar{\boldsymbol{x}}_{[k]}, \bar{\boldsymbol{q}}_{[k]}, \bar{\boldsymbol{u}}_{[k]}), k = 0, 1, \cdots, N_t$
  for $k \leftarrow 0$ to N_t do
    for all $q \in \hat{Q}$ do
      $H_q^k \leftarrow \min\limits_{\boldsymbol{u} \in \hat{u}(kh, q)} H(\bar{\boldsymbol{x}}_{[k]}, q, \bar{\bar{\boldsymbol{\lambda}}}_{[k]}, \boldsymbol{u})$
      $\boldsymbol{u}_q^k \leftarrow \arg \min\limits_{\boldsymbol{u} \in \hat{u}(kh, q)} H(\bar{\boldsymbol{x}}_{[k]}, q, \bar{\bar{\boldsymbol{\lambda}}}_{[k]}, \boldsymbol{u})$
    end for
  end for
  $(i, j) \leftarrow \min\limits_{q, k}(H_q^k - H_{cur}^k)$
  $\bar{\boldsymbol{q}}_{[j]} \leftarrow i$
  $\bar{\boldsymbol{u}}_{[j]} \leftarrow \boldsymbol{u}_i^j$
  $\Delta H_{\min} \leftarrow (H_i^j - H_{cur}^j)$
  $H_{cur}^j \leftarrow H_i^j$
end while
返回 $\bar{\boldsymbol{x}}, \bar{\boldsymbol{u}}, \bar{\boldsymbol{\lambda}}, \bar{\boldsymbol{q}}$
end function
function $\mathrm{IVP}(\bar{\boldsymbol{q}}, \bar{\boldsymbol{u}}, \bar{\boldsymbol{t}}, \bar{\boldsymbol{x}}_{[0]})$
for $k \leftarrow 0$ to $N_t - 1$ do
  $h_k = t_{k+1} - t_k$
  $\bar{\boldsymbol{x}}_{[k+1]} \leftarrow \bar{\boldsymbol{x}}_{[k]} + h_k \boldsymbol{\Gamma}_f(\bar{\boldsymbol{x}}_{[k]}, \bar{\boldsymbol{q}}_{[k]}, \bar{\boldsymbol{q}}_{[k+1]}, \bar{\boldsymbol{u}}_{[k]}, \bar{\boldsymbol{u}}_{[k+1]}, t_k, h_k)$
end for
返回 $\bar{\boldsymbol{x}}$
end function
function $\mathrm{CoSTATES}(\bar{\boldsymbol{x}}, \bar{\boldsymbol{q}}, \bar{\boldsymbol{u}}, \bar{\boldsymbol{t}}, \boldsymbol{\mu}_f)$

（续）

$\bar{\bar{\boldsymbol{\lambda}}}_{[N_t]} = \dfrac{\partial m}{\partial(\bar{\boldsymbol{x}}_{[N_t]})}(\bar{\boldsymbol{x}}_{[N_t]}) + \hat{\boldsymbol{\mu}}_f$

for $k \leftarrow N_t - 1$ to 0 do

　　$h_k = t_{k+1} - t_k$

　　$\bar{\bar{\boldsymbol{\lambda}}}_{[k]} = [\boldsymbol{I} + h_k \dfrac{\partial \boldsymbol{\Gamma}_f}{\partial \bar{\boldsymbol{x}}_{[k]}}(\bar{\boldsymbol{x}}_{[k]}, \bar{\boldsymbol{q}}_{[k]}, \bar{\boldsymbol{q}}_{[k+1]}, \bar{\boldsymbol{u}}_{[k]}, \bar{\boldsymbol{u}}_{[k+1]}, t_k, h_k)]^T \bar{\bar{\boldsymbol{\lambda}}}_{[k+1]}$

end for

返回 $\bar{\bar{\boldsymbol{\lambda}}}$

end function

8.3.3 具有参数化切换间隔的切换时间优化

由 8.3.1 节获得的解轨迹可以相对于切换时间进一步细化。相应的优化称为切换时间优化（STO），并且取决于切换时间的初始估计，可以获得切换时刻 t_j 的精度的显著改进，因此获得的成本值显著改善。

切换时间优化的主要步骤是变时间变换。其将 SOCP 转换为等效连续最优控制问题，没有离散控制变量，但使切换弧参数化，这要求将 SOCP 的可行初始解分解为混合执行序列。在所有优化变量中，这样的新公式是连续可微的，并且允许相对于切换弧的导数进行数值计算。图 8.6 说明了使用切换弧表示二元解的想法。

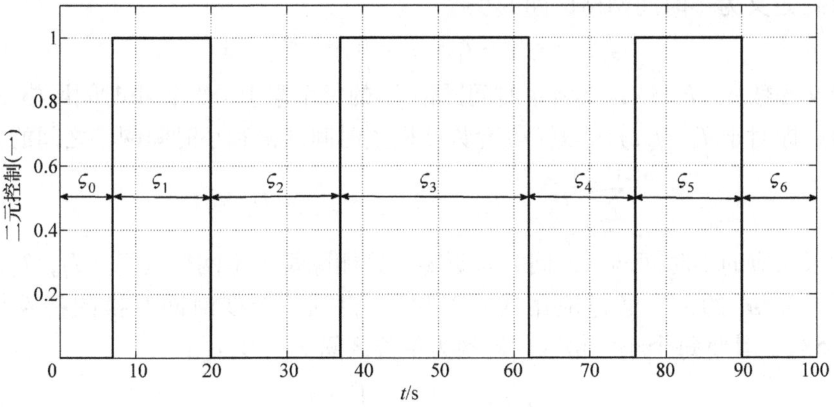

图 8.6　对于时间区间 $\forall t \in [0,100]$ 具有 $N_q = 1$ 系统的七个子区间的切换弧表示

在图 8.6 中，阶段数 N_ς 和模式序列 $D = (\sigma_0, \sigma_1, \cdots, \sigma_6)$ 必须是已知的，但切换弧 $\boldsymbol{\varsigma} = [\varsigma_0, \varsigma_1, \cdots, \varsigma_6]$ 可以变化。

对于时间区间 $[t_0, t_f]$，根据 Gerdts[28] 使用变时间变换。因此，除了标准时间网格 g_t 之外，还将引入主时间网格$\mathcal{G}_{t_2}$和小时间网格$\mathcal{G}_{t_3}$。主时间网格$\mathcal{G}_{t_2}$包含固定网格点 T_i，$i=1$，…，N_{t_2}，其不能通过优化来改变，有 $N_{t_2}\in N>0$ 个区间，定义为

$$t_0 = T_1 \leqslant T_2 \leqslant \cdots \leqslant T_{N_{t_2}} = t_f,\quad \mathcal{G}_{t_2}: = \{T_1, T_2, \cdots, T_{N_{t_2}}\} \tag{8.56}$$

小时间网格 g_{t_3} 选择取决于先前优化方法获得的离散控制解，离散控制序列 $\{\boldsymbol{\sigma}_j\} j=0$，…，$N_{t_3}-1$ 具有分段常数函数 $\boldsymbol{\sigma}(t)=\boldsymbol{\sigma}_j$。对于 $t\in[t_j, t_{j+1}]$，定义小时间网格为

$$t_0 \leqslant t_1 \leqslant t_2 \leqslant \cdots \leqslant t_{N_{t_3}} = t_f,\quad \mathcal{G}_{t_3}: = \{t_0, t_1, \cdots, t_{N_{t_3}}\} \tag{8.57}$$

其中，$\mathcal{G}_{t_2}\subseteq\mathcal{G}_{t_3}\subseteq\mathcal{G}_t$ 成立。

应该注意的是，小时间网格是非等距的，因为网格取决于 $\boldsymbol{\sigma}(\cdot)$ 的切换弧。

现在的想法是定义一个合适的变时间变换 $t=\tilde{t}(\tau)$，以便能够通过一个附加函数 $\varsigma(\cdot)$ 控制变换的小时间网格区间 $[t_j, t_{j+1}]$ 的长度。时间转换的一般形式由下式给出：

$$\tilde{t}(\tau): = t_0 + \int_{t_0}^{\tau} \varsigma(s)\,\mathrm{d}s,\quad \tau \in [t_0, t_f] \tag{8.58}$$

其中

$$\int_{t_0}^{t_f} \varsigma(s)\,\mathrm{d}s = t_f - t_0$$

式中，τ 为一个新的时间变量。

假设函数 $\varsigma(\cdot)$ 来自于分段常数的函数类，即对于 $t\in[t_j, t_{j+1}]$，$\varsigma(t)=\varsigma_i$。这允许将ς_i 定义为小时间网格区间的长度：

$$\varsigma_j: = t_{j+1} - t_j,\quad j = 0, \cdots, N_{t_3} - 1 \tag{8.59}$$

定义函数 α：$N\to N$，其将主时间网格 g_{t2} 的每个索引分配给小时间网格 g_{t3} 的对应索引，即对于 $T_i=t_j, j=\alpha(i)$。允许获取主时间网格和小时间网格之间的关系：

$$\sum_{j=\alpha(i)}^{\alpha(i+1)-1} \varsigma_j = T_{i+1} - T_i, i = 1, \cdots, N_{t_2} - 1$$

如果相应的小时间网格区间ς_j 接近零，则删除每个主网格区间 $[T_i, T_{i+1}]$ 内的二元控制 $\boldsymbol{\sigma}_j$ 的值。通过应用式（8.59），得到一个变时间变换的特殊情况的式（8.58），其将每个小网格区间转换为单位区间 $\tau=[0,1]$：

$$\begin{aligned}\tilde{t}_j(\tau): &= t_j + \int_0^{\tau} \varsigma_j \mathrm{d}s\\ &= t_j + \tau\varsigma_j\end{aligned}$$

对于 $j=0$，…，$N_{t_3}-1$，这种变换可以在文献[46]中找到，并且具有正效应，即连续值状态和控制独立于小时间网格区间的长度ς_j，$j=0$，…，$N_{t_3}-1$，允许连续值状态和控制可以通过第 5 章讨论的方法离散。

现在，连续值状态 $\boldsymbol{x}_j(\cdot)$、连续值控制 $\boldsymbol{u}_j(\cdot)$ 和二元控制 $\boldsymbol{\sigma}_j(\cdot)$ 是取决于新的时间变量 $\tau=[0,1]$ 的函数。然后，函数 $\widetilde{\boldsymbol{x}}_j:[0,1]\rightarrow\boldsymbol{X}$、$\widetilde{\boldsymbol{u}}_j:[0,1]\rightarrow\boldsymbol{U}$ 和 $\widetilde{\boldsymbol{\sigma}}_j:[0,1]\rightarrow\boldsymbol{\Omega}$ 在每个小时间网格定义：

$$
\begin{aligned}
\widetilde{\boldsymbol{x}}_j(\tau):&=\boldsymbol{x}(t_j+\tau\varsigma_j)\\
\widetilde{\boldsymbol{u}}_j(\tau):&=\boldsymbol{u}(t_j+\tau\varsigma_j)\\
\widetilde{\boldsymbol{\sigma}}_j(\tau):&=\boldsymbol{\sigma}(t_j+\tau\varsigma_j)
\end{aligned}
\tag{8.60}
$$

对于 $\tau=[0,1]$ 和 $j=0,\cdots,N_{t_3}-1$，连续值状态式（8.60）的演化是 ODE 系统的一个解：

$$\dot{\widetilde{\boldsymbol{x}}}_j(\tau)=\varsigma_j\boldsymbol{f}_{\widetilde{q}_j(\tau)}(\widetilde{\boldsymbol{x}}_j(\tau),\widetilde{\boldsymbol{u}}_j(\tau)),\quad j=0,\cdots,N_{t_3}-1$$

其由连续性条件连接：

$$\widetilde{\boldsymbol{x}}_j(0)=\widetilde{\boldsymbol{x}}_{j-1}(1),\quad j=1,\cdots,N_{t_3}-1$$

变时间转换具有如下结果：

1）如果 $\varsigma_j=0$，则区间 $[t_j,\ t_{j+1}]$ 收缩到单个点 $\{t_j\}$。

2）参数化时间 $\widetilde{t}_j(\tau)$ 对于新的时间变量 τ 的导数产生

$$\frac{\mathrm{d}\widetilde{t}_j}{\mathrm{d}\tau}(\tau)=\varsigma_j,\quad j=0,\cdots,N_{t_3}-1$$

然后，切换时间的连续最优控制问题可以表述为如下定义。

定义 8.3（具有主时间网格和小时间网格的切换时间优化）

让二元控制、连续值控制、连续值状态和约束通过 $\widetilde{\boldsymbol{\sigma}}_j:[0,1]\rightarrow\{0,1\}^{N_q}$ 在归一化区间定义，有 $N_q\in N>0$、$\widetilde{\boldsymbol{u}}_j:[0,1]\rightarrow\boldsymbol{U}$、$\widetilde{\boldsymbol{x}}_j:[0,1]\rightarrow\boldsymbol{X}$、$\boldsymbol{f}_{\widetilde{q}}:\boldsymbol{X}\times\boldsymbol{U}\rightarrow\boldsymbol{X}$、$\boldsymbol{c}_{\widetilde{u}}:\boldsymbol{U}\rightarrow\boldsymbol{R}^{N_{cu}}$ 和 $\boldsymbol{c}_{\widetilde{x}}:\boldsymbol{X}\rightarrow\boldsymbol{R}^{N_{cx}}$。然后，具有主时间网格式（8.56）和小时间网格式（8.57）的切换时间优化可以表示为 Mayer 问题：

$$\min_{\widetilde{\boldsymbol{x}}_j(\tau),\widetilde{\boldsymbol{u}}_j(\tau),\varsigma\in\mathbb{R}^{N_{t_3}}} m(\widetilde{\boldsymbol{x}}_{N_{t_3}-1}(1))\tag{8.61}$$

满足

$$\frac{\mathrm{d}\widetilde{\boldsymbol{x}}_j}{\mathrm{d}\tau}(\tau)=\varsigma_j\sum_{q=1}^{N_q}\widetilde{\boldsymbol{\sigma}}_j^{[q]}(\tau)\boldsymbol{f}_{\widetilde{q}(\tau)}(\widetilde{\boldsymbol{x}}_j(\tau),\widetilde{\boldsymbol{u}}_j(\tau)),\quad j=0,\cdots,N_{t_3}-1$$

$$\forall\tau\in[0,1]\tag{8.62}$$

$$\widetilde{\boldsymbol{x}}_0(0)=\boldsymbol{x}_0\tag{8.63}$$

$$(\widetilde{\boldsymbol{x}}_{N_{t_3}-1}(1))_{[\mathcal{I}_f]}=\boldsymbol{x}_f\tag{8.64}$$

$$\sum_{j=\alpha(i)}^{\alpha(i+1)-1}\varsigma_j-T_{i+1}+T_i=0,\quad i=1,\cdots,N_{t_2}-1\tag{8.65}$$

$$\widetilde{\boldsymbol{x}}_j(0)-\widetilde{\boldsymbol{x}}_{j-1}(1)=\boldsymbol{0}_{N_x\times1},\quad j=1,\cdots,N_{t_3}-1\tag{8.66}$$

$$-\varsigma_j\leqslant0,\quad j=0,\cdots,N_{t_3}-1\tag{8.67}$$

$$c_{\widetilde{u}}(\widetilde{\boldsymbol{u}}_j(\tau)) \leqslant \boldsymbol{0}_{N_{c_u}\times 1}, \quad \begin{array}{l} j=0,\cdots,N_{t_3}-1, \\ \forall \tau \in [0,1] \end{array} \tag{8.68}$$

$$c_{\widetilde{x}}(\widetilde{\boldsymbol{x}}_j(\tau)) \leqslant \boldsymbol{0}_{N_{c_x}\times 1}, \quad \begin{array}{l} j=0,\cdots,N_{t_3}-1, \\ \forall \tau \in [0,1] \end{array} \tag{8.69}$$

由此可以看出，约束式（8.66）将时间区间$j\in\{0,\cdots,N_{t_3}-1\}$的端点状态$\widetilde{\boldsymbol{x}}_j(0)$与前一时间区间的端点状态$\widetilde{\boldsymbol{x}}_{j-1}(1)$耦合，这些顺序约束称为连接条件或耦合条件。

对于每个切换弧ς_j，$j=0$，…，$N_{t_3}-1$，STO 的式（8.61）~式(8.69)可以通过 Runge－Kutta 离散在各个时间网格g_t^j上进行求解，产生离散状态方程：

$$\overline{\overline{\boldsymbol{x}}}_j^{[k+1]} = \overline{\overline{\boldsymbol{x}}}_j^{[k]} + h\boldsymbol{\Gamma}_f(\overline{\overline{\boldsymbol{x}}}_j^{[k]}, \overline{\overline{\boldsymbol{x}}}_j^{[k+1]}, \overline{\overline{\boldsymbol{u}}}_j^{[k]}, \overline{\overline{\boldsymbol{u}}}_j^{[k+1]}, \overline{\overline{\boldsymbol{\sigma}}}_j^{[k]}, \overline{\overline{\boldsymbol{\sigma}}}_j^{[k+1]}, t_k, h), \quad t_k \in g_t^j$$

必须选择时间网格g_t^j，以满足切换弧的端点。应用直接配置方法得出 NLP 公式：

$$\min_{\overline{\overline{x}},\overline{\overline{u}},\varsigma\in\mathbf{R}^{N_{t_3}}} \phi(\overline{\overline{\boldsymbol{x}}}_{N_{t_3}-1}^{[N_t]}) = m((\overline{\overline{\boldsymbol{x}}}^*_{N_{t_3}-1})_{[N_t]}) \tag{8.70}$$

满足

$$\boldsymbol{g}(\overline{\overline{\boldsymbol{x}}},\overline{\overline{\boldsymbol{u}}}) = \begin{bmatrix} c_{\overline{\overline{u}}}(\overline{\overline{\boldsymbol{u}}}_j^{[k]}), & j=0,\cdots,N_{t_3}-1, k=0,\cdots,N_t \\ c_{\overline{\overline{x}}}(\overline{\overline{\boldsymbol{x}}}_0^{[k]}), & j=0, k=1,\cdots,N_t \\ c_{\overline{\overline{x}}}(\overline{\overline{\boldsymbol{x}}}_j^{[k]}), & j=1,\cdots,N_{t_3}-1, k=0,\cdots,N_t \\ -\varsigma_j, & j=0,\cdots,N_{t_3}-1 \end{bmatrix} \leqslant \boldsymbol{0} \tag{8.71}$$

$$\boldsymbol{h}(\overline{\overline{\boldsymbol{x}}},\overline{\overline{\boldsymbol{u}}}) = \begin{bmatrix} \overline{\overline{\boldsymbol{x}}}_j^{[k+1]} - \overline{\overline{\boldsymbol{x}}}_j^{[k]} - h\boldsymbol{\Gamma}_f(\overline{\overline{\boldsymbol{x}}}_j^{[k]}, \overline{\overline{\boldsymbol{x}}}_j^{[k+1]}, \overline{\overline{\boldsymbol{u}}}_j^{[k]}, \overline{\overline{\boldsymbol{u}}}_j^{[k+1]}, \overline{\overline{\boldsymbol{\sigma}}}_j^{[k]}, \overline{\overline{\boldsymbol{\sigma}}}_j^{[k+1]}, t_k, h), \\ j=0,\cdots,N_{t_3}-1, k=0,\cdots,N_t-1 \\ (\overline{\overline{\boldsymbol{x}}}_{N_{t_3}-1}^{[N_t]})_{[\mathcal{I}_f]} - \boldsymbol{x}_f \\ \sum_{j=\boldsymbol{\alpha}_{[i]}}^{\overline{\boldsymbol{\alpha}}_{[i+1]}-1} \varsigma_j - T_{i+1} + T_i, \quad i=1,\cdots,N_{t_2}-1 \\ \overline{\overline{\boldsymbol{x}}}_j^{[0]} - \overline{\overline{\boldsymbol{x}}}_{j-1}^{[N_t]}, \quad j=1,\cdots,N_{t_3}-1 \end{bmatrix} = \boldsymbol{0}. \tag{8.72}$$

根据 Sager[54]的研究，将 SOCP 重新表示为 STO 可能会导致优化空间中出现附加的非凸性，因此需要对弧长ς_j，$j=0$，…，$N_{t_3}-1$和在切换时间的$\widetilde{\boldsymbol{x}}_j(0)=\boldsymbol{x}(t_j)$，$j=0$，…，$N_{t_3}-1$初值进行好的猜测。推荐的措施是使用具有舍入策略的 EOCP 轨迹，嵌入的最优控制问题对于切换弧的数量以及具有中等计算能力的轨迹初值可以提供很好的猜测。

如果 NLP 求解器将弧长度降为$\varsigma_j=0$，则相应的切换时间不确定，导致奇异情况。需要特别注意这种情况，如果不违反控制和状态约束，则实际的解决方案是删除该切换弧。

8.4 获得二元可行控制函数的数值方法

嵌入方法的解轨迹可能存在奇异弧。获得二元可行解的朴素过程是通过上限$\lceil\cdot\rceil$和下限$\lfloor\cdot\rfloor$运算符对于每个时刻 $t_k\in g_t$ 最接近的二元值单独向上和向下取整。通常，这不是一个好主意，因为四舍五入的解往往是较差的解，甚至是不可行的。确实，用这种不起作用的朴素舍入过程构造示例并不困难。例如由具有舍入二元可行控制 $\bar{\boldsymbol{\sigma}}$ 的 ODE 获得的连续值状态，可能会与松弛对应的连续值状态有很大的偏差。

Bengea 和 DeCarlo[5] 提出，可以计算二元可行轨迹，使状态轨迹任意接近不可行状态轨迹。对于数值算法，这就提出一个问题，即如何获得二元允许解以及如何测试通过舍入过程获得的特定二元解的任何松弛解的性能。

处理奇异解的一种策略是可以对 NLP 问题附加互补约束，这些公式称为具有互补约束的数学程序（MPCC）。对于具有两个二元控制的系统，可以将任何时刻的相应约束写为$\sigma_1(\cdot)\perp\sigma_2(\cdot)$，这意味着$\sigma_1(\cdot)$或$\sigma_2(\cdot)$在时间$t$为零。这个约束可以表示为

$$\sigma_1(t)(1-\sigma_1(t))+\sigma_2(t)(1-\sigma_2(t))=0$$
$$\sigma_1(t)+\sigma_2(t)=1$$

通常将第一个方程作为软约束应用于非线性规划问题，以惩罚不满足互补条件。对于一般情况，针对所有二元控制获得约束

$$\sum_{q=1}^{N_q}\sigma_q(t)\big(1-\sigma_q(t)\big)=0,\quad \sigma_q\in[0,1] \tag{8.73}$$

$$\sum_{q=1}^{N_q}\sigma_q(t)=1$$

然而，MPCC 具有潜在的缺点，即控制集不是凸的，甚至不是紧凑的。因此，约束条件 MFCQ 和 LICQ（见定义 2.14 和 2.15）不成立。这产生可观察到的结果，即 NLP 有时不能得到一致解。这在数学界提出一个问题，即 MPCC 是否在数字上不安全。确实，必须谨慎对待 MPCC，但可以达到很好的效果，如 Leyffer 提到的[42]。

通过引入下面公式，互补约束（8.73）可以在一定程度上改善：

$$\sum_{q=1}^{N_q}\sigma_q(t)\big(1-\sigma_q(t)\big)\leqslant\gamma,\quad \sigma_q\in[0,1]$$

通过重复优化过程，因子γ趋于零，而过程$\gamma\to0$称为同伦。因此，该方法称

为同伦方法[36]。

实现上述同伦方法的一种实用方法是将惩罚项（8.73）附加到成本函数中，产生

$$\hat{\phi}:=\phi+\alpha\sum_{q=1}^{N_q}\int_{t_0}^{tf}\sigma_q(t)\left(1-\sigma_q(t)\right)\mathrm{d}t$$

式中，α 为加权因子。

通常，α 增加并给予惩罚项（8.73）更大的权重，直到希望其消失。这种方法的成功在很大程度上取决于对 α 的选择和问题本身的表达。采用基于 Schäfer[59] 提出的同伦方法来避免第 13 章的奇异解。

Sager[54] 也对此方法进行了数值研究。减少对 α 因子错误选择的方法是，使用下式让惩罚项连续增加：

$$\alpha_i=\alpha_0\alpha_i^{inc},\quad i=0,1,2,\cdots$$

解决缺乏规律性的最新策略是，引入非线性互补问题（NCP）函数。Leyffer[42] 给出了可用于实现互补约束的不同 NCP 函数的综述。不幸的是，这些函数导致其他数值上的困难，因为它们通常是非凸的，并且在许多情况下局部不能连续微分。

Sager[54] 建议根据切换时间优化和惩罚项同伦对二元变量 $\boldsymbol{\sigma}(\cdot)$ 进行舍入策略组合，他分析了不同的舍入策略以获得次优解。关于舍入策略的误差范围的处理，可以在 Sager 等[58] 的文章中找到。Sager[54,55] 提出了几种取整策略，其中包括下述定义。

定义 8.4（汇总舍入）

设 $\hat{\boldsymbol{\sigma}}:[t_0,t_f]\to[0,1]^{N_q}$ 是由以下项定义的分段常数函数：

$$\hat{\sigma}_j(t):=b_{j,i},t\in[t_i,t_{i+1}),\quad i\in\{0,\cdots,N_{t4}-2\}$$

$$\hat{\sigma}_j(t):=b_{j,N_{t4}-1},t\in[t_{N_{t4}-1},t_{N_{t4}}]$$

在一个固定的网格 g_{t4} 上，$t_0=t_0<\cdots<t_{N_{t4}}=t_f$。令满足约束条件式（3.20）的二元可行控制函数 $\boldsymbol{\sigma}:[t_0,t_f]\to\{0,1\}^{N_q}$

$$\sigma_j(t):=a_{j,i},t\in[t_i,t_{i+1}),\quad i\in\{0,\cdots,N_{t4}-2\}$$

$$\sigma_j(t):=a_{j,N_{t4}-1},\quad t\in[t_{N_{t4}-1},t_{N_{t4}}]$$

然后，二元值 $a_{j,i}$ 由松弛函数值 $b_{j,i}$ 近似为

$$\widetilde{a}_{j,i}:=\sum_{k=1}^{i}b_{j,k}\Delta t_k-\sum_{k=1}^{i-1}a_{j,k}\Delta t_k$$

$$a_{j,i}:=\begin{cases}1 & 如果\ \widetilde{a}_{j,i}>\widetilde{a}_{k,i},\forall k\neq j\\1 & 如果\ \widetilde{a}_{j,i}=\widetilde{a}_{k,i}\ 和\ j<k\\0 & 否则\end{cases}$$

其中，$\Delta t_k=t_{k+1}-t_k$。因此，$\boldsymbol{\sigma}(\cdot)$ 是应用于 $\hat{\boldsymbol{\sigma}}(\cdot)$ 的汇总四舍五入过程的结果。

图8.7说明了汇总舍入。定义8.4中引入的网格可以不同于直接优化方法中使用的网格。对于所选定网格 g_{t4} 等于 g_t 的情况，常数 $b_{j,i}$ 恰好是离散控制向量 $\bar{\hat{\boldsymbol{\sigma}}}$ 的值。

为了估算汇总舍入误差，分别考虑松弛控制 $\hat{\boldsymbol{\sigma}}(\cdot)$ 和二元控制 $\boldsymbol{\sigma}(\cdot)$ 的仿射微分方程及其联系。为此，假设给出以下形式的IVP：

$$\dot{\boldsymbol{y}}(t) = \boldsymbol{A}(\boldsymbol{y}(t))\hat{\boldsymbol{\sigma}}(t), \quad \boldsymbol{y}(t_0) = \boldsymbol{y}_0 \tag{8.74}$$

式中，矩阵 $\boldsymbol{A}(\boldsymbol{y}) \in R^{N_y} \times R^{N_q}$ 的项取决于 $\boldsymbol{y}(\cdot)$。

以下定理说明了与IVP式（8.74）有关的解轨迹的差异如何取决于控制函数之间的积分差异。

定理8.1（汇总舍入误差[56]）

假设定义8.4成立，然后，令 $\boldsymbol{y}(\cdot)$ 和 $\boldsymbol{z}(\cdot)$ 为IVP的解：

$$\dot{\boldsymbol{y}}(t) = \boldsymbol{A}(\boldsymbol{y}(t))\hat{\boldsymbol{\sigma}}(t), \quad \boldsymbol{y}(t_0) = \boldsymbol{y}_0$$

$$\dot{\boldsymbol{z}}(t) = \boldsymbol{A}(\boldsymbol{z}(t))\boldsymbol{\sigma}(t), \quad \boldsymbol{z}(t_0) = \boldsymbol{z}_0 = \boldsymbol{y}_0$$

式中，$t \in [t_0, t_f]$。

如果存在正数 L_A，$M \in R > 0$，使得对于所有 $t \in [t_0, t_f]$

$$\|\hat{\boldsymbol{\sigma}}(t)\| \leqslant 1$$

$$\|\hat{\boldsymbol{\sigma}}(t)\| \leqslant 1$$

$$\|\boldsymbol{A}(\boldsymbol{z})(t)\| \leqslant M \qquad \forall \boldsymbol{z}(t) \in \mathbb{R}^{N_y}$$

$$\|\boldsymbol{A}(\boldsymbol{y}(t)) - \boldsymbol{A}(\boldsymbol{z}(t))\| \leqslant L_A \|\boldsymbol{y}(t) - \boldsymbol{z}(t)\| \quad \forall \boldsymbol{y}(t), \boldsymbol{z}(t) \in \mathbb{R}^{N_y}$$

适用，则有

$$\left\| \int_{t_0}^{tf} \hat{\boldsymbol{\sigma}}(t) - \boldsymbol{\sigma}(t)\,\mathrm{d}t \right\| \leqslant (N_q - 1)\Delta t$$

同理，对于所有 $t \in [t_0, t_f]$，有

$$\|\boldsymbol{y}(t) - \boldsymbol{z}(t)\| \leqslant (2M(N_q - 1) \min_{i=1,\cdots,N_t-1} \{t_{i+1} - t_i\})\mathrm{e}^{L_A t}$$

证明由Sager等给出[56]。

定理8.1允许将状态 $\boldsymbol{y}(\cdot)$ 和 $\boldsymbol{z}(\cdot)$ 之间的差联系起来，其中 $\boldsymbol{y}(\cdot)$ 由任何松弛解获得，而 $\boldsymbol{z}(\cdot)$ 是通过对网格大小舍入而获得的特定二元解。换句话说，通过由直接方法选取适当的网格细度可以选择最大允许误差。因此，可以任意减小误差。在Sager等的研究中[55,56]，结果表明不同的汇总舍入策略可以获得相似的结果。对于非自治系统 $\boldsymbol{A}(\cdot, t)$，Sager等提出了扩展的误差界限[57,58]。

另一类寻找二元可行解的舍入过程可以作为分支定界算法实现。遵循Turau[72]和Schori[60]的定义，提出以下基于贪婪的舍入策略。

引入元组 J 和 A 定义求解NLP时要遵守的约束。元组 J 包含索引对 (q, k)，$k = 0, \cdots, N_t$，$q \in \hat{Q}$，而元组 A 包含集合 $\{0, 1\}$ 中的值 a。对于 J 和 A 中的每对元素，需要另外强加约束

$$\hat{\boldsymbol{\sigma}}_q^{[k]} = a$$

最初，两个元组都是空的，求解 NLP。然后，元组通过以下两个步骤进行扩展。

第一步：是舍入步，对于 $0<\varepsilon \ll 1$，所有 $\hat{\boldsymbol{\sigma}}_q^{[k]}>1-\varepsilon$ 舍入到 1，所有 $\hat{\boldsymbol{\sigma}}_q^{[k]}<\varepsilon$ 舍入到 0，然后将舍入值作为附加约束。

第二步：找到索引对 $(q,k)\notin J$，其中距离 $|0.5-\hat{\boldsymbol{\sigma}}_q^{[k]}|$ 是最大的，对于这种索引对，$\hat{\boldsymbol{\sigma}}_q^{[k]}$ 也舍入为最接近的值：0 或 1。

第二步可以重复 N_r 次。选择较高的 N_r 值可以提高算法的速度，但是可能产生较差的效果，同样的方法也适用于 ε 的值。利用新定义的约束，再次求解 NLP。如果所有 $\hat{\boldsymbol{\sigma}}_q^{[k]}$ 被约束，则算法停止。然后，$\hat{\boldsymbol{\sigma}}$ 是二元可行解 $\bar{\boldsymbol{\sigma}}$。

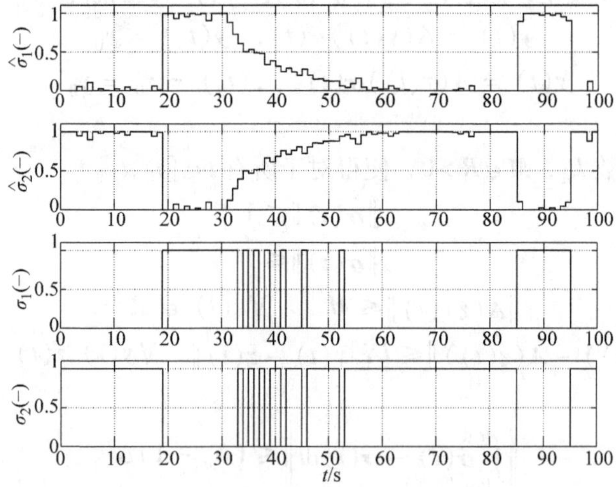

图 8.7　对于时间区间 $t\in[0,\ 100]$ 和 $N_q=2$ 的系统的舍入说明

8.5　讨论

通过尝试求解混合最优控制问题的一阶必要条件，间接方法通常找到高精度的解。因此，对于间接方法，有必要导出正则方程、Hamilton 最小条件和所有横截性条件。即使对于具有最优控制理论基础背景的经验丰富的用户，这也可能是一项艰巨的任务。如果这些表达式必须从复杂的黑箱应用中获得，如它们经常出现在汽车实践中，这将更加困难。

间接方法的许多问题可以用直接方法来求解。直接方法不需要推导一阶必要条件，这经常作为直接方法对用户更具有吸引力的论据。然而，稀疏的 NLP 求解器可能会引入许多附加的自由度，例如转录方法的选择、积分方案和稀疏的 NLP 配置，需要由用户选择适当的特定问题的描述。

直接方法的优点如下：

1）更大的收敛范围。

2）易于将状态约束 $c_x(\cdot)$ 通过直接配置转录合并到 NLP 公式中。

3）直接方法与数值或自动微分方案相结合，可以灵活地适应新问题的实例，而工作量更少。

直接方法的缺点如下：

1）解不如间接方法得到的解准确。

2）大型最优控制问题需要稀疏矩阵探索的 NLP 求解器。

3）无法直接获得共态轨迹。

4）即使假设状态跳跃只发生在网格点 g_t 的倍数上，状态跳跃 $\boldsymbol{\delta}_{(q(t_j^-),q(t_j^+))}(\cdot)$ 的结合也会导致两种直接转录成为非平滑优化问题。

为了克服直接方法和间接方法的某些缺点，可以将两种方法结合起来。常见的融合方法是同伦，这里的同伦是将复杂的问题嵌入到更简单子问题中的想法，这种方法在文献中也称为延拓、变形或嵌入的方法。这个想法可以应用于间接方法，为共态提供改进的初始猜测[16]。首先，将直接配置方法应用于简化的 OCP，其中忽略所有状态约束，只要产生的问题是很好定义的。然后，共态可以按照 8.2.4 节所述恢复。这种方法保留了间接方法的高精度，同时大大减少了因不适条件而导致的缺点。

一个重要的问题是，对于 $h_k \to 0$，$k=0$，…，N_t，SOCP 的离散逼近是否收敛于连续公式。当如嵌入方法那样将离散控制松弛为连续值控制时，Mordukhovich[48] 和 Gerdts[29] 在其收敛性分析中提出的必要的附加连续性要求可能是有问题的。在这种情况下，期望一个 bang - bang 解。因此，控制将不是连续的而是连续值的。Tavernini 的研究[68,69] 导出了具有状态跳跃的混合系统离散初值问题的逼近收敛速度。然而，这种收敛速度只有采用作者建议的变时间网格时才是有效的。

8.6 相关研究

在求解连续最优控制问题中，Betts[11]、Bock 和 Plitt[12] 与 von Stryk[65] 很好地描述了直接转录方法的应用。在 von Stryk[65] 的工作中，引入了不同的离散方案：具有分段线性状态离散的分段常数控制和具有分段三次状态离散的分段线性控制。近年来，伪谱方法越来越受到欢迎。在伪谱方法中，状态是使用固定的配置点和全局多项式来近似的，其可以在阶数上增加以实现高精度。这种方法最初是为了求解计算流体动力学问题中的偏微分方程而发展的。在最纯粹的形式中，这些方法不会将时间水平细分为时间区间，而是将状态表示为单次高阶多项式。连续最优控制问题离散近似的详细收敛分析，已经由 Mordukhovich[47,48] 和 Gerdts[29] 提出。

Grossmann[30] 很好地综述了 MINLP 方法，如分支定界、外部逼近、广义 Benders 分解和剖切面；Burer 和 Letchford 研究了非凸 MINLP[17]。Cook[21]对 BB 方法提出了一个很好的历史观点。BB 算法在 20 世纪 60 年代开发，用于整数规划[37]，但该名称最初由 Little 等[44]提出。随后，也将其应用于全局优化。外部逼近方法首先由 Duran 和 Grossmann[22]提出，然后由许多研究者继续使用。其中，Fletcher 和 Leyffer[25]提出了二次外部逼近。Geoffrion[26]提出的广义 Benders 分解与外部逼近方法相似。Quesada 和 Grossmann[50]提出了一种算法方案，该方案在原始的分支和切割方案中结合使用线性规划（LP）和 NLP。Bonami 等[14]提出了一种混合算法，使用 LP/NLP 分支定界和外部逼近。Sager 等[57]提出了对 MINLP 最大切换次数有约束的一种算法。von Stryk 和 Glocker[67]提出了用于 BB 的一种有效分解算法。Leyffer[41]的研究表明，在 NLP 求解器的每次迭代之后都允许进行分支，从而加快了优化速度。Gerdts 和 Sager[27]基于 ODE 的微分代数方程，概括了混合整数最优控制问题的必要条件和界限。

Xu 和 Antsaklis[75]描述了一般的两阶段过程。在第一阶段，对连续值控制 $\boldsymbol{u}(\cdot)$ 进行优化。第二步涉及优化切换时间 t_j、改变切换顺序和切换总数。没有提及改变切换顺序的具体过程。在相同研究者的不同工作中[74]，推导出价值函数对于切换时间的导数，并且采用梯度下降法来改变切换时间。Shaikh[63]提出的 HMP［MCS］算法基于对切换实例 t_j 的初始猜测，即在切换时间的连续值状态 $\boldsymbol{x}(t_j)$。对于每个区间 $[t_j, t_{j+1})$，求解连续的 OCP，并且在整个时间区间内组装轨迹 $\boldsymbol{x}(\cdot), \boldsymbol{\lambda}(\cdot)$。基于在切换时刻组装轨迹的共态和 Hamilton 函数的差，即 $\boldsymbol{\lambda}(t_j^+) - \boldsymbol{\lambda}(t_j^-)$ 和 $H(t_j^+) - H(t_j^-)$，改变状态 $\boldsymbol{x}(t_j)$ 和各自的时间，直到差的绝对值满足下限条件。在 Alamir 和 Attia[1]的工作中，首先对离散控制 $\bar{\boldsymbol{u}}$ 和离散状态 $\bar{\boldsymbol{q}}$ 进行了初始猜测，计算了相应的离散状态轨迹 $\bar{\boldsymbol{x}}$ 和共态轨迹 $\bar{\boldsymbol{\lambda}}$，从而可以随时计算 Hamilton 函数值。在下一步中，计算优化的控制输入 $\bar{\boldsymbol{u}}^*$ 和 $\bar{\boldsymbol{q}}^*$，以使每个时刻的 Hamilton 函数最小化。在 Hamilton 函数中加入惩罚因子，通过减少迭代过程中系统输入的连续变化来使算法稳定。Nüesch 等[49]提出了在求解 NLP 问题找到连续值控制和求解动态编程问题获得切换序列之间交替进行的方法。在动态规划问题中，成本函数由所有时刻的 Hamilton 函数之和与转换成本项组成。对于所考虑的特定情况，假设共态 $\boldsymbol{\lambda}(\cdot)$ 是常数。在 Xu 和 Antsaklis[77]、Egerstedt 等[23]、Kamgarpour 和 Tomlin[35]与 Axelsson 等[2,3]的研究中，描述了寻找连续状态和预定义模式序列的切换系统最优切换时间的方法，即通过使用成本函数的偏导数和对于切换时间的一阶最优性的必要条件将切换系统转换为 NLP。Egerstedt 等[23]和 Axelsson 等[3]从假设切换序列开始，在不修改模式序列的情况下优化每个区间 $[t_j, t_{j+1})$ 的长度。在下一步中，通过插入一个模式来修改切换模式序列，其中成本函数对于插入模式特别派生的导数不为零。Schorietal 等[62]将结果推广到具有不连续性的切换系统。对于类似的问题，Hwang 等[33]证明了一种基于微分变换的数值快速算法，将两点边值问题转换为求解代数方程组的问题。两阶段的另一种方法是将 SOCP 转换为

MINLP，并且使用BB方法求解。当SOCP转换为MINLP时，离散变量的数量通常非常高。因此，在大多数情况下，这种方法是不可行的。在减小搜索树的大小方面，已经做出了许多努力，Sager[54]概述了求解MINLP的方法及其在HOCP中的应用。

Bengea和DeCarlo[5-7]将凸嵌入思想应用于切换最优控制问题，结果表明可以任意逼近二元可行解。Riedinger等[52]考虑了嵌入最优控制情况下的奇异弧问题。Boehme等[13]的研究表明，通过启发式舍入策略可以找到次优解。对于具有状态跳转的混合系统，如果连续值状态$\boldsymbol{x}(\cdot)$的数量很少，则动态规划算法可以是一种有效的方法。如Schori等[62]所述，对于具有大量连续值状态的系统，直接嵌入方法会产生次优解，其通常接近于完全最优解。在自治系统的背景下，Xu[73]和Attia[53]处理了具有状态跳变的HOCP。相关情况是，产生无状态跳跃的HOCP，但是每次切换都会给目标函数增加附加成本。如Hedlund和Rantzer[32]所述，混合动态规划已经广泛应用于此类问题。在Sager等[57]的工作中，提出一种针对切换次数具有上限问题的求解方法，使用NLP求解器求解嵌入最优控制问题。为了找到满足切换次数上限的切换序列，求解混合整数线性规划问题。该问题使由嵌入问题的解获得的松弛切换序列的距离最小，但是同时满足整数条件和对切换次数所施加的条件。

在过去的几十年中，不可微优化，也称为非平滑优化，受到相当大的关注，如Bertsekas[8]和Clarke[20]。有几本有关该主题的教科书，其中包括Balinski等[4]、Bonnans等[15]和Shor[64]。不可微优化问题得益于自适应方法，如Butikofer[19]提出的非光滑方程的广义Newton类型方法。即使没有收敛的证明存在，但是许多情况已经表明，拟Newton方法在非光滑问题上表现良好，如Lewis和Overton[39]与Lukšan和Vlcek[45]。自动微分[51]与黑箱方法相结合，启发式由子梯度集定义梯度，其中函数非连续可微，可以改善收敛性[38]。对于状态跳跃的情况，Schori等[61]表明，使用凸跳跃函数$\boldsymbol{\delta}_{(q(t_j^-)-q(t_j^+))}$和子梯度可以使不连续的最优控制问题适合于标准的非线性规划求解器。利用凸跳跃函数，直接应用嵌入方法，获得不连续的嵌入最优控制问题。

Enright和Conway[24]与von Stryk[65]等提出了共态的后优化恢复过程，Büskens[18]研究了共态跳跃，提出了分别计算这些跳跃的算法。

参考文献

1. Alamir M, Attia S (2004) On solving optimal control problems for switched hybrid nonlinear systems by strong variations algorithms. In: 6th IFAC symposium on nonlinear control systems (NOLCOS), Stuttgart, Germany, pp 558–563
2. Axelsson H, Wardi Y, Egerstedt M (2005) Transition-time optimization for switched systems. In: Proceedings of IFAC world congress
3. Axelsson H, Wardi Y, Egerstedt M, Verriest E (2008) Gradient descent approach to optimal mode scheduling in hybrid dynamical systems. J Optim Theory Appl 136. doi:10.1007/s10957-007-9305-y
4. Balinski ML, Wolfe P, Bertsekas DP, Camerini P, Cullum J (1975) Nondifferentiable optimization. North-Holland, Amsterdam

5. Bengea S, DeCarlo R (2003) Optimal and suboptimal control of switching systems. In: Proceedings of the 42nd IEEE conference on decision and control, pp 5295–5300
6. Bengea S, Uthaichana K, Žefran M, DeCarlo RA (2011) The control system handbook optimal control of switching systems via embedding into continuous optimal control problems, 2nd edn. CRC Press
7. Bengea SC, DeCarlo RA (2005) Optimal control of switching systems. Automatica 41(1):11–27
8. Bertsekas DP (1975) Nondifferentiable optimization via approximation. In: Nondifferentiable optimization. Springer, pp 1–25
9. Betts J, Huffman W (1999) Exploiting sparsity in the direct transcription method for optimal control. Comput Optim Appl 14(2):179–201
10. Betts JT (1998) Survey of numerical methods for trajectory optimization. J Guid Control Dyn 21(2):193–207
11. Betts JT (2010) Practical methods for optimal control and estimation using nonlinear programming. Society for industrial and applied mathematics, 2nd edn. doi:10.1137/1.9780898718577
12. Bock H, Plitt K (1984) A multiple shooting algorithm for direct solution of optimal control problems. In: Proceedings of the 9th world congress of the international federation of automatic control, vol 9
13. Boehme TJ, Frank B, Schultalbers M, Schori M, Lampe B (2013) Solutions of hybrid energy-optimal control for model-based calibrations of HEV powertrains. In: SAE world congress, technical Paper 2013-01-1747. doi:10.4271/2013-01-1747
14. Bonami P, Biegler LT, Conn AR, Cornuéjols G, Grossmann IE, Laird CD, Lee J, Lodi A, Margot F, Sawaya N et al (2008) An algorithmic framework for convex mixed integer nonlinear programs. Discret Optim 5(2):186–204
15. Bonnans JF, Gilbert JC, Lemaréchal C, Sagastizábal CA (2006) Numerical optimization: theoretical and practical aspects. Springer Science & Business Media
16. Bulirsch R, Nerz E, Pesch H, von Stryk O (1993) Combining direct and indirect methods in optimal control: Range maximization of a hang glider. In: Bulirsch R, Miele A, Stoer J, Well K (eds) Optimal control, ISNM international series of numerical mathematics, vol 111. Birkhäuser, Basel, pp 273–288. doi:10.1007/978-3-0348-7539-4_20
17. Burer S, Letchford AN (2012) Non-convex mixed-integer nonlinear programming: a survey. Surv Oper Res Manag Sci 17(2):97–106
18. Büskens C (1998) Optimierungsmethoden und Sensitivitätsanalyse für optimale Steuerprozesse mit Steuer- und Zustandsbeschränkungen. PhD thesis, Universität Münster
19. Butikofer S (2008) Generalized Newton-type methods for nonsmooth equations in optimization and complementarity problems. PhD thesis, ETH Zürich
20. Clarke FH (1978) Nonsmooth analysis and optimization. In: Proceedings of the international congress of mathematicians (Helsinki), pp 847–853
21. Cook W (2012) Markowitz and Manne + Eastman + Land and Doig = branch and bound. Optim Storit 227–238
22. Duran MA, Grossmann IE (1986) An outer-approximation algorithm for a class of mixed-integer nonlinear programs. Math Program 36(3):307–339
23. Egerstedt M, Wardi Y, Axelsson H (2006) Transition-time optimization for switched-mode dynamical systems. IEEE Trans Autom Control 51. doi:10.1109/TAC.2005.861711
24. Enright P, Conway B (1992) Discrete approximations to optimal trajectories using direct transcription and nonlinear programming. J Guid Control Dyn 15(4):994–1002
25. Fletcher R, Leyffer S (1994) Solving mixed integer nonlinear programs by outer approximation. Math Program 66(1–3):327–349
26. Geoffrion AM (1972) Generalized Benders decomposition. J Optim Theory Appl 10(4):237–260
27. Gerdts S (2012) Mixed-integer DAE optimal control problems: necessary conditions and bounds. In: Campbell S, Mehrmann V, Biegler L (eds) Control and optimization with differential-algebraic constraints. SIAM, pp 189–212
28. Gerdts M (2006) A variable time transformation method for mixed-integer optimal control problems. Optim Control Appl Methods 27(3):169–182

29. Gerdts M (2012) Optimal control of ordinary differential equations and differential-algebraic equations. de Gruyter, Berlin
30. Grossmann IE (2002) Review of nonlinear mixed-integer and disjunctive programming techniques. Optim Eng 3(3):227–252
31. Grossmann IE, Kravanja Z (1995) Mixed-integer nonlinear programming techniques for process systems engineering. Comput Chem Eng 19:189–204
32. Hedlund S, Rantzer A (2002) Convex dynamic programming for hybrid systems. IEEE Trans Autom Control 47:1536–1540
33. Hwang I, Li J, Du D (2008) A numerical algorithm for optimal control of a class of hybrid systems: differential transformation based approach. Int J Control 81:277–293
34. Grossmann IE, ZK, (1993) Mixed-integer nonlinear programming: a survey of algorithms and applications. IMA Vol Math Appl 93:73–100
35. Kamgarpour M, Tomlin C (2012) On optimal control of non-autonomous switched systems with a fixed mode sequence. Automatica 48(6):1177–1181
36. Kirches C (2011) Fast numerical methods for mixed-integer nonlinear model-predictive control. Springer
37. Land AH, Doig AG (1960) An automatic method of solving discrete programming problems. Econ: J Econ Soc 497–520
38. Lemaréchal C (1989) Nondifferentiable optimization. In: Handbooks in operations research and management science. Elsevier Science Publishers B.V., North-Holland
39. Lewis A, Overton M (2012) Nonsmooth optimization via Quasi-Newton methods. Math Program 141:135–163
40. Leyffer S (1993) Deterministic methods for mixed integer nonlinear programming. PhD thesis, University of Dundee
41. Leyffer S (2001) Integrating SQP and branch-and-bound for mixed integer nonlinear programming. Comput Optim Appl 18(3):295–309
42. Leyffer S (2006) Complementarity constraints as nonlinear equations: theory and numerical experience. In: Optimization with multivalued mappings. Springer, pp 169–208
43. Linderoth JT, Savelsbergh MW (1999) A computational study of search strategies for mixed integer programming. INFORMS J Comput 11(2):173–187
44. Little JD, Murty KG, Sweeney DW, Karel C (1963) An algorithm for the traveling salesman problem. Oper Res 11(6):972–989
45. Lukšan L, Vlček J (1999) Globally convergent variable metric method for convex and nonsmooth unconstrained minimization. J Optim Theory Appl 102:593–613
46. Maurer H, Büskens C, Kim JH, Kaya C (2005) Optimization methods for the verification of second order sufficient conditions for bang-bang controls. Optim Control Appl Methods 26(3):129–156
47. Mordukhovich B (1978) On difference approximations of optimal control systems. J Appl Math Mech 42(3):452–461
48. Mordukhovich B (2006) Variational analysis and generalized differentiation II, applications. Grundlehren der mathematischen Wissenschaften. Springer, Berlin
49. Nüesch T, Elbert P, Flankl M, Onder C, Guzzella L (2014) Convex optimization for the energy management of hybrid electric vehicles considering engine start and gearshift costs. Energies 7:834–856
50. Quesada I, Grossmann IE (1992) An LP/NLP based branched and bound algorithm for convex MINLP optimization problems. Comput Chem Eng 16:937–947
51. Rall L (1981) Automatic differentiation: techniques and applications, vol 120. Lecture notes in computer science. Springer, Berlin
52. Riedinger P, Daafouz J, Iung C (2003) Suboptimal switched controls in context of singular arcs. In: Proceedings of the 42nd IEEE conference on decision and control, vol 6. IEEE, pp 6254–6259
53. SA Attia JR V Azhmyakov (2007) State jump optimization for a class of hybrid autonomous systems. In: Proceedings of the 16th IEEE international conference on control applications, pp 1408–1413
54. Sager S (2005) Numerical methods for mixed-integer optimal control problems. PhD thesis, Universität Heidelberg

55. Sager S (2009) Reformulations and algorithms for the optimization of switching decisions in nonlinear optimal control. J Process Control 19(8):1238–1247
56. Sager S, Bock HG, Diehl M (2007) Solving mixed–integer control problems by sum up rounding with guaranteed integer gap. Preprint, IWR, University of Heidelberg. http://www.ub.uni-heidelberg.de/archiv/8384
57. Sager S, Jung M, Kirches C (2011) Combinatorial integral approximation. Math Methods Oper Res 73(3):363–380
58. Sager S, Bock H, Diehl M (2012) The integer approximation error in mixed-integer optimal control. Math Program 133(1–2):1–23
59. Schäfer R (2014) Gemischt-ganzzahlige Optimalsteuerung, Sensitivitätsanalyse und Echtzeitoptimierung von Parallel-Hybridfahrzeugen. Master's thesis, Universität Bremen
60. Schori M (2015) Solution of optimal control problems for switched systems. Algorithms and applications for hybrid vehicles. PhD thesis, Universität Rostock
61. Schori M, Boehme TJ, Frank B, Schultalbers M (2014) Control optimization of discontinuous hybrid systems using embedding. Discret Event Syst 12:326–331
62. Schori M, Boehme TJ, Jeinsch T, Lampe B (2015) Switching time optimization for discontinuous switched systems. Proceedings of the 2015 European control conference (ECC), July 15–17. Linz. IEEE, pp 1742–1747
63. Shaikh MS (2004) Optimal control of hybrid systems: theory and algorithms. PhD thesis, Department of Electrical and Computer Engineering, McGill University, Montreal
64. Shor NZ (1985) Minimization methods for non-differentiable functions. Springer Ser Comput Math 3. doi:10.1007/978-3-642-82118-9
65. von Stryk O (1995) Numerische Lösung optimaler Steuerungsprobleme: Diskretisierung, Parameteroptimierung und Berechnung der adjungierten Variablen. Fortschritt-Berichte VDI-Verlag 8
66. von Stryk O, Bulirsch R (1992) Direct and indirect methods for trajectory optimization. Ann Oper Res 37:357–373
67. von Stryk O, Glocker M (2000) Decomposition of mixed-integer optimal control problems using branch and bound and sparse direct collocation. In: The 4th international conference on automation of mixed processes: hybrid dynamic systems, pp 99–104
68. Tavernini L (1987) Differential automata and their discrete simulators. Nonlinear Anal Theory Methods Appl 11:583–665
69. Tavernini L (2009) Generic asymptotic error estimates for the numerical simulation of hybrid systems. Nonlinear Anal: Hybrid Syst 3(2):108–123
70. Till J, Engell S, Panek S, Stursberg O (2004) Applied hybrid system optimization: an empirical investigation of complexity. Control Eng Pract 12(10):1291–1303
71. Tsang T, Himmelblau D, Edgar T (1975) Optimal control via collocation and non-linear programming. Int J Control 21(5):763–768
72. Turau V (2009) Algorithmische Graphentheorie. Oldenbourg Verlag
73. Xu X, Antsaklis PJ (2003) Optimal control of hybrid autonomous systems with state jumps. In: Proceedings of the American control conference. IEEE, pp 5191–5196
74. Xu X, Antsaklis PJ (2000) A dynamic programming approach for optimal control of switched systems. In: Proceedings of the 39th IEEE conference on decision and control, vol 2. IEEE, pp 1822–1827
75. Xu X, Antsaklis PJ (2000) Optimal control of switched systems: new results and open problems. In: Proceedings of the American control conference, vol 4. IEEE, pp 2683–2687
76. Xu X, Antsaklis PJ (2001) Switched systems optimal control formulation and a two stage optimization methodology. In: Proceedings of the 9th Mediterranean conference on control and automation
77. Xu X, Antsaklis PJ (2004) Optimal control of switched systems based on parameterization of the switching instants. IEEE Trans Autom Control 49. doi:10.1109/TAC.2003.821417

第三部分　数值实现

第9章 大型最优控制求解器的实际实现

9.1 稀疏线性代数

用于最优控制问题直接最小化的现代非线性规划求解器的关键特征，是稀疏线性代数核。最优控制问题的完全离散产生许多优化变量和约束，使得在序列二次规划（SQP）方法的 QP 子问题中出现的线性系统，具有非常高的维数和稀疏性。

因此，简要介绍稀疏矩阵的表示和稀疏线性代数的特性。

9.1.1 稀疏矩阵格式

正如许多关于稀疏矩阵计算的教科书中所描述的那样，例如 Tewarson[39]、Duff 等[8]、Saad[36]、Davis [7] 和 Pissanetzky[33]，存在很多种有效存储稀疏矩阵的方法。

在下面，使用附录中描述的一些基本的图论符号和概念。如果读者不熟悉这些内容，建议在学习本章之前阅读附录。

不同于密集矩阵的常用矩阵表示采用大小为 $N_n \times N_m$ 的二维数组存储，稀疏非对称矩阵（表示为双重矩阵）可以由长度为 N_{nz} 的三个向量存储：两个向量表示矩阵项的行和列索引，一个向量表示矩阵在由行向量和列向量定义的相应位置上的矩阵值。其中，N_{nz} 表示矩阵的非零项的数量。此外，如果矩阵具有空行或空列，则行维和列维必须存储为两个整数值。

稀疏对称矩阵（表示为带有附加对角元素的邻接矩阵）也可以用三个向量和两个整数值来存储，这种作为邻接矩阵解释的优点是只存储一半的非对角线元素。

因子 $d = N_{nz}/N_m$ 称为矩阵的密度。显然，d 越低，稀疏矩阵的存储效率越高。

尽管这种稀疏存储格式的内存消耗很低，但它有一个很大的优点，即许多矩阵和矩阵 - 向量操作可以非常高效地执行。例如，稀疏矩阵的转置可以通过简单交换行和列索引向量来计算，而对于矩阵 - 向量乘法，只需要计算 N_{nz} 个乘法和加法。

更有效的方法是存储长度为 N_n 的压缩行索引向量，而不是长度为 N_{nz} 的整行索引向量。在行列索引向量中，如果只存储每一行的非零项数，则可以实现此目的，这种压缩称为行压缩存储（RCS）格式。与未压缩的存储格式相比，它具有直接矩阵运算的小缺点。例如，矩阵转置的计算很复杂，但是矩阵 - 向量运算，如转置矩阵与向量的乘法运算，可以同样有效地执行。

与 RCS 格式类似，可以定义列压缩存储格式。其中，每个列的非零矩阵项的数量都存储在列索引向量中。

9.1.2 大型线性系统的数值解

对于所有的系统矩阵，即在最优控制的 SQP 框架中出现的 QP 子问题中的 KKT 矩阵（见 2.3.3.1 节）是大规模和对称的，这里简要介绍稀疏 LDL^T - 分解，这被认为是求解此类问题的最有效方法。Duff 等[8] 和 Hogg 等[21] 对这种方法进行了详细描述。

LDL^T - 分解应用于稀疏对称矩阵 $\boldsymbol{A}$，得到下三角矩阵 $\boldsymbol{L}$ 和块对角矩阵 $\boldsymbol{D}$，使得 $\boldsymbol{A}=\boldsymbol{LDL}^T$。对于正定矩阵 $\boldsymbol{A}$，矩阵 $\boldsymbol{D}$ 是只有正元素的对角矩阵。否则，对于不定矩阵 $\boldsymbol{A}$，矩阵 $\boldsymbol{D}$ 是块对角矩阵，并且包含 1×1 和 2×2 块。由于采用了旋转策略，在分解过程中定义了列和行的消去排序 $\boldsymbol{\pi}$，通常就完成了 $\boldsymbol{PAP}^T=\boldsymbol{LDL}^T$ 形式的分解。其中，$\boldsymbol{\pi}$ 是一个 1，…，N_n 的枚举排列，$\boldsymbol{P}$ 是一个 $N_n\times N_n$ 矩阵，如果 $\boldsymbol{\pi}_{[i]}=j$，则 $\boldsymbol{P}_{[i],[j]}=1$。这种在运行时定义 $\boldsymbol{\pi}$ 的分解的基本过程，如算法 9.1 所示。

算法 9.1 LDL^T - 分解

设置 $j\leftarrow1$，选择一个小量 $\varepsilon>0$
while $j\leqslant N_n$ do
  $\boldsymbol{\pi}_{[j]}\leftarrow j\leqslant N_n$
    if $|\boldsymbol{A}_{[j],[j]}|>\varepsilon$ then
      选择 1×1 主元 $\boldsymbol{D}_{[j],[j]}\leftarrow\boldsymbol{A}_{[j],[j]}$
      设置 $s\leftarrow1$
    else
      找到使 $|\boldsymbol{A}_{[k],[j]}|>\varepsilon$ 的 k
      对称排列行/列 k 到位置 $j+1$ 和设置 $\boldsymbol{\pi}_{[j+1]}\leftarrow k$
      选择 2×2 主元 $\boldsymbol{D}_{[j:j+1],[j:j+1]}\leftarrow\boldsymbol{A}_{[j:j+1],[j:j+1]}$
      设置 $s\leftarrow2$
    end if
  $\boldsymbol{L}_{[j:N_n],[j:j+s-1]}\leftarrow\boldsymbol{A}_{[j:N_n],[j:j+s-1]}\boldsymbol{D}^{-1}_{[j:j+s-1],[j:j+s-1]}$
  $\boldsymbol{A}_{[j:N_n],[j:N_n]}\leftarrow\boldsymbol{A}_{[j::N_n],[j::N_n]}-\boldsymbol{L}_{[j:N_n],[j:j+s-1]}\boldsymbol{D}_{[j:j+s-1],[j:j+s-1]}\boldsymbol{L}^T_{[j:j+s-1],[j:N_n]}$
  $j\leftarrow j+s$
end while

对于一个大型稀疏对称矩阵的分解来说，一个可管理的内存消耗是非常重要的，因为矩阵 $\boldsymbol{A}$ 的下三角形部分的稀疏模式，在大多数情况下与 $\boldsymbol{L}$ 因子的稀疏模式不同，如图 9.1 所示。通常，矩阵 $\boldsymbol{L}$ 中的元素个数至少是矩阵 $\boldsymbol{A}$ 的下三角部分的元素个数，在最坏的情况下，矩阵 $\boldsymbol{L}$ 会变得稠密。

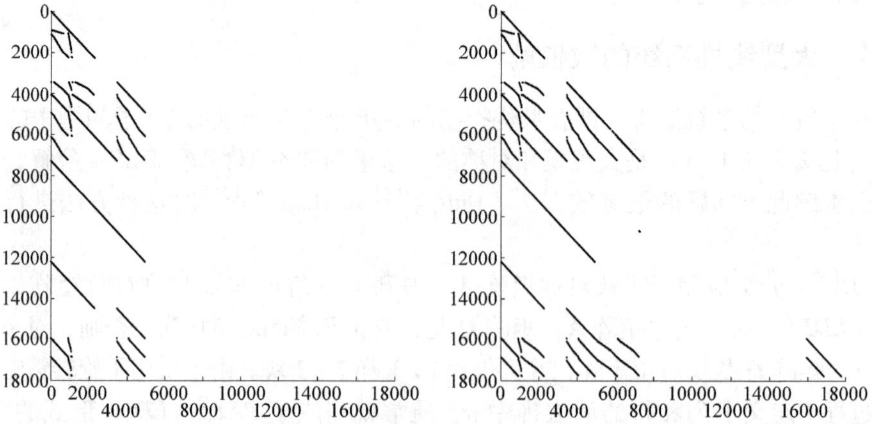

图 9.1　填充示例：左图中的点表示 KKT 矩阵的下三角部分的非对角线元素，右图中的点表示由 LDL^T – 分解引入的附加元素；在这种情况下，总填充量为 19903

因此，必须使因子的填充 $F(\boldsymbol{A},\boldsymbol{\pi})$ 最小化，这是由 LDL^T – 分解引入的附加元素的数量，以便使内存消耗最小化。这个数值在很大程度上取决于邻接矩阵 $\boldsymbol{A}$ 定义的图边和消除顺序 $\boldsymbol{\pi}$。首先，分解的第 j 步引入新的边，使得 v_j 与其相邻边变成一个小集合；然后，从图中消除顶点 v_j。每个添加的边表示因子中的一个附加元素。算法 9.2 实现附加元素的确定，对于给定消除排序 $\boldsymbol{\pi}$ 和具有边集合 β 的给定邻接矩阵 $\boldsymbol{A}$ 给出新边集合 B_{fill}，如 Tarjan 和 Yannakakis[38] 所描述的那样。

算法 9.2　填写计算[38]

定义逆消除排序 $\boldsymbol{\pi}^{-1}$ 为整数数组
定义临时整数数组 $\boldsymbol{\alpha}$ 和 $\boldsymbol{\beta}$
定义临时整数变量 v、w 和 x
$B_{fill} \leftarrow B$
for $j \leftarrow 1$ to N_n do
　　$\boldsymbol{\alpha}_{[i]} \leftarrow 0$

(续)

7: $\boldsymbol{\beta}_{[i]} \leftarrow 0$
8: $\boldsymbol{\pi}_{\boldsymbol{\pi}_{[i]}}^{-1} \leftarrow i$
9: end for
10: for $i \leftarrow 1$ to N_n do
11:    $w \leftarrow \boldsymbol{\pi}_{[i]}$
12:    $\boldsymbol{\alpha}_{[w]} \leftarrow w$
13:    $\boldsymbol{\beta}_{[w]} \leftarrow i$
14:    for all $(v, w) \in B$ do
15:      if $\boldsymbol{\pi}_{[v]}^{-1} < i$ then
16:         $x \leftarrow v$
17:         while $\boldsymbol{\beta}_{[x]} < i$ do
18:            $\boldsymbol{\beta}_{[x]} \leftarrow i$
19:            if $x \neq \boldsymbol{\alpha}_{[x]}$ and $(\boldsymbol{\alpha}_{[x]}, w) \notin B$ then
20:               $x \leftarrow \boldsymbol{\alpha}_{[x]}$
21:               将 (x, w) 添加到 B_{fill}
22:            end if
23:         end while
24:         if $x = \boldsymbol{\alpha}_{[x]}$ then
25:            $\boldsymbol{\alpha}_{[x]} \leftarrow w$
26:         end if
27:      end if
28:    end for
29: end for

之后，通过 $F = |B_{fill}| - |B|$ 计算填充量。

算法 9.2 表达了通过填充减少 LDL^T-分解的想法。首先，可以尝试找到填充减少排除次序 $\boldsymbol{\pi}_f$ 和置换矩阵 P_f。然后，算法 9.1 可以应用于矩阵 $P_f A P_f^T$，并且只在出现数值问题时才修正消除顺序。消除顺序的这些改变，反过来会导致比预期更高的填充。因此，小主元的处理是设计线性方程直接求解器的主要问题之一。

显然，最好的消除排序是不引入任何填充的排序，即 $F(A, \boldsymbol{\pi}_f) = 0$。这种排序称为完全消除排序（PEO）。不幸的是，任何对称稀疏矩阵都不存在 PEO，但是当且仅当邻接矩阵的图是弦时，可以证明 PEO 存在。对于具有弦图 $G(V, B)$ 的邻接矩阵，计算没有任何填充的 PEO 算法是最大基数搜索。

算法9.3　最大基数搜索[38]

1：定义消除排序 π 和逆消除排序 π^{-1} 为整数数组
2：定义临时集合数组 Λ
3：定义临时整数数组 α
4：定义临时整数变量 i、j、v 和 w
5：for $i \leftarrow 1$ to N_n do
6：　　$\Lambda_{[i]} \leftarrow \emptyset$
7：　　$\alpha_{[i]} \leftarrow 0$
8：　　$\pi_{[i]} \leftarrow 0$
9：　　$\pi^{-1}_{\pi_{[i]}} \leftarrow 0$
10：end for
11：$\Lambda_1 = \{1, \cdots, N_n\}$
12：$i \leftarrow n$
13：$j \leftarrow 0$
14：while $i > 0$ do
15：　　让 v 成为 $\Lambda_{[j+1]}$ 的第一个元素
16：　　在 $\Lambda_{[j+1]}$ 中消除 v
17：　　$\pi_{[v]} \leftarrow i$
18：　　$\pi^{-1}_{[i]} \leftarrow v$
19：　　$\alpha_{[v]} \leftarrow -1$
20：　　for all $(v, w) \in B$ do
21：　　　　if $\alpha_{[w]} \geq 0$ then
22：　　　　　　在 $\Lambda_{[\alpha_{[w]}+1]}$ 中消除 w
23：　　　　　　$\alpha_{[w]} \leftarrow \alpha_{[w]} + 1$
24：　　　　　　将 w 添加到 $\Lambda_{[\alpha_{[w]}+1]}$ 中
25：　　　　end if
26：　　end for
27：　　$i \leftarrow i - 1$
28：　　$j \leftarrow j + 1$
29：　　while $j \geq 0$ and $\Lambda_{[j+1]} = \emptyset$ do
30：　　　　$j \leftarrow j - 1$
31：　　end while
32：end while

在 Yannakakis[43] 的研究中，证明了具有最小消除排序的非弦图的确定，与具有最小附加边数的无向图弦扩展的确定是等价的。然而，Yannakakis[43] 也证明了这两个问题都是 NP - 完备的，这意味着解不能用多项式时间计算。尽管如此，仍然有一些填充减少策略计算快速，在实际应用中效果很好。一个好的算法是最小度算法，首先由 Markowitz[28] 引入，由 Tinney 和 Walker[40]、Rose[35]、Liu[27]、George 和 Liu[13] 与 Heggernes 等[20] 进一步研究和发展。另一种很好的算法是 George[11] 的嵌套分离算法，由 Lipton 等[26]、Gilbert 和 Tarjan[15] 与 Karypis 和 Kumar[24] 进一步研究和发展。

9.1.3 大型矩阵的正定性检验

对于快速收敛的 SQP 算法和灵敏度微分的应用，约简的 Hessian 矩阵必须是正定的，即其只有正的特征值。如果处理的是非常高维的问题和稀疏矩阵，则约简的 Hessian 矩阵及其特征值不能直接有效地计算。因此，需引入另一种基于矩阵惯性的方法。

二次矩阵 $\boldsymbol{H}$ 的惯性是非负整数的三元组：

$$In(\boldsymbol{H}) = (l_+(\boldsymbol{H}), l_-(\boldsymbol{H}), l_0(\boldsymbol{H}))$$

式中，l_+，l_- 和 l_0 分别为 $\boldsymbol{H}$ 的正、负和零特征值的数量。

定理 9.1（Sylvester 定理）

设 $\boldsymbol{S}$ 和 $\boldsymbol{H}$ 为实值二次矩阵，如果 $\boldsymbol{H}$ 是对称的和 $\boldsymbol{S}$ 是可逆的，则 $In(\boldsymbol{S}^T\boldsymbol{H}\boldsymbol{S}) = In(\boldsymbol{H})$。

对于复杂矩阵的定理 9.1 的更一般变化的证明可以在 Cain[3] 的研究中找到。

由于对称矩阵 $\boldsymbol{H}$ 的分解 $\boldsymbol{H} = \boldsymbol{L}\boldsymbol{D}\boldsymbol{L}^T$ 产生可逆矩阵 $\boldsymbol{L}$，其满足 Sylvester 定理 $In(\boldsymbol{H}) = In(\boldsymbol{L}^{-1}\boldsymbol{H}\boldsymbol{L}^{-T}) = In(\boldsymbol{D})$。因此，为了证明矩阵 $\boldsymbol{H}$ 的正定性，可以计算 LDL^T - 分解，检查矩阵 $\boldsymbol{D}$ 是否为只有正元素的对角矩阵。

为了证明约简的 Hessian 矩阵的正定性，可以计算 KKT 矩阵的惯性：

$$\boldsymbol{K} = \begin{pmatrix} \boldsymbol{G} & \boldsymbol{A}^T \\ \boldsymbol{A} & \boldsymbol{0}_{N_h \times N_h} \end{pmatrix}$$

式中，$\boldsymbol{G}$ 为 Hessian 矩阵；$\boldsymbol{A}$ 为主动约束的 Jacobi 矩阵。

根据 Chabrillac 和 Crouzeix 的研究[4]，当且仅当 KKT 矩阵 $\boldsymbol{K}$ 恰好具有 N_y 个正特征值时，约简的 Hessian 矩阵是正定的。此外，如果主动约束的 Jacobi 矩阵是满秩的，则 $\boldsymbol{K}$ 的惯性必定为（N_y，N_s，0）。为了计算 KKT 矩阵 $\boldsymbol{K}$ 的惯性，可以计算 LDL^T - 分解和分析矩阵 $\boldsymbol{D}$。每个正 1 × 1 块对应于一个正特征值，每个负 1 × 1 块对应于一个负特征值，每个零 1 × 1 块对应于一个零特征值，每个 2 × 2 块对应于一对共轭特征值，即一个正特征值和一个负特征值。

9.2 计算导数

为了将 SQP 方法应用于大规模优化问题，必须计算约束的 Jacobi 矩阵，并且 Lagrange 函数的 Hessian 矩阵必须是已知的，才能应用稀疏的拟 Newton 更新。为了进行灵敏度分析或使用精确的二阶导数，而不是拟 Newton 更新，也必须计算 Lagrange 函数的 Hessian 矩阵。因此，需要有效的算法检测稀疏 Jacobi 矩阵和 Hessian 矩阵的结构，并且计算一阶和二阶导数。由于使用稀疏矩阵，可以利用（bi）邻接矩阵的图表示来减少函数计算的次数。

下面将说明实现这两项任务的常用算法。

9.2.1 计算图

为了确定稀疏模式，首先引入计算图。在约束或 Lagrange 函数计算过程中，计算图可视化了执行序列数值运算的依赖关系。为此，要遵循 Griewank 和 Walther[18] 的定义。

对于给定函数 $\boldsymbol{f}$: $R^{N_y} \to R^{N_m}$ 和顶点集 $V=\{v_{1-N_y},\cdots,v_{N_l}\}$，将函数 $\boldsymbol{f}(\cdot)$ 的 N_y 个输入变量分配给顶点 $v_{1-N_y}\cdots v_0$，将函数的所有 N_l 个基本运算的中间结果也分配给顶点 $v_{1,\cdots},v_{N_l}$。然后，N_m 个输出变量对应于顶点 $v_{N_l-N_m+1}$，…，v_{N_l}。因此，$i>0$ 的每个顶点 v_i 是 $\phi_i(\cdot)$ 基本运算的结果，具有一个参数 $v_i=\phi_i(v_j)_{j<i}=\phi_i(v_j)$ 或两个参数 $v_i=\phi_i(v_j)_{j<i}=\phi_i(v_j,v_{\hat{i}})$。其中，从属关系或优先关系 $j<i$ 意味着 v_i 直接取决于 v_j。

顶点集 V 和边集 $B=\{v_jv_i\mid j<i,i=1,\cdots,N_l$ 形成有向无循环图，称为计算图。一个简单示例函数的计算图，如图 9.2 所示。

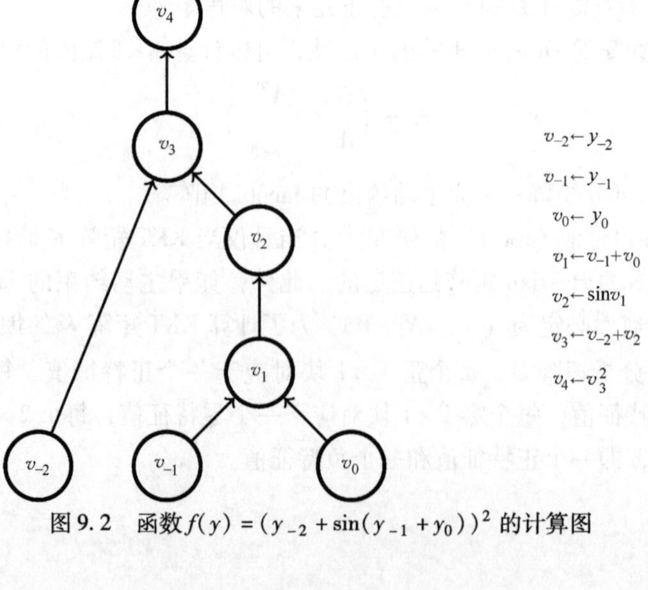

图 9.2　函数 $f(y)=(y_{-2}+\sin(y_{-1}+y_0))^2$ 的计算图

9.2.2　稀疏模式确定

9.2.2.1　Jacobi 矩阵的稀疏模式

为了确定可微函数$f:R^{N_y}\to R^{N_m}$的 Jacobi 矩阵的稀疏模式，可以使用称为稀疏模式传播的方法。这种方法背后的思想是根据函数的计算图，对于约束的每个数值计算传播 Jacobi 矩阵的非零值索引集。其由 Griewank 和 Walther[18]进行了阐述。

集合 M 包含所有非零元素的索引。因此，索引域 $M_{[N_l-N_m+1]}$，…，$M_{[N_l]}$包含 Jacobi 矩阵的每行非零元素的索引。下面包含关系成立：

$$\left\{j \leqslant N_n : \frac{\partial v_k}{\partial x_j} \neq 0\right\} \subseteq M_{[k]}$$

这种稀疏模式可能高估了真正的 Jacobi 结构，因为该算法不考虑数值消去或简并。

该算法的实际实现可以简单地通过运算符重载完成，因为正常程序是执行由计算图从叶遍历到根。函数求值使用的每个基本运算符都要重载，以实现算法 9.4 中的第 5 ~9 行。

算法 9.4　Jacobi 稀疏模式计算[18]

1：for $i \leftarrow 1$ to N_y do
2：　$M_{[i-N_y]} \leftarrow \{i\}$
3：end for
4：for $i \leftarrow 1$ to N_l do
5：　if $\phi_i(v_j)$，即 $\phi_i(\cdot)$ 只取决于一个参数 then
6：　　$M_{[i]} \leftarrow M_{[j]}$
7：　else if $\phi_i(v_j, v_{\hat{j}})$，即 $\phi_i(\cdot)$ 取决于两个参数 then
8：　　$M_{[i]} \leftarrow M_{[j]} \cup M_{[\hat{j}]}$
9：　end if
10：end for

将该算法应用于第 10 章说明的示例性问题的约束，采用步长为 1s 的直接配置方法进行 MVEG 测试循环和 Labatto ⅢA（4）离散方案，见 10.6 节，结果如图 9.3 所示。

虚线上方的行是来自于常微分方程（ODE）离散的等式约束，而虚线下方的行是不等式约束。前两列对应于连续值控制（发动机转矩和制动力矩），第三列和第四列对应于配置方法的离散状态（充电状态和燃料质量），后两列对应于嵌入离散控制（混合动力驱动模式和齿轮比）。

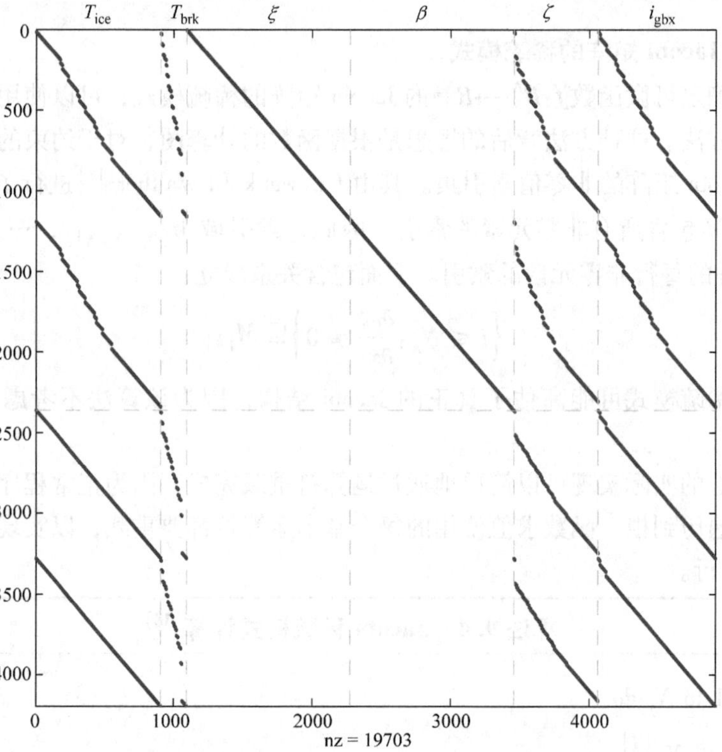

图 9.3　典型 Mayer 类型问题 Jacobi 矩阵稀疏模式的约束，行是优化变量 T_{ice}、T_{brk}、ξ、β、ζ 和 i_{gbx}的等式和不等式约束，nz 是非零项的数量

9.2.2.2　Hessian 矩阵的稀疏模式

为了确定至少两次可微函数 $\boldsymbol{f}: R^{N_y} \to R$ 的 Hessian 矩阵的稀疏模式，如 Lagrange 函数所假设的那样，需要引入附加的索引集 N_i，称为非线性相互作用域，使得

$$\left\{j \leqslant N_y : \frac{\partial^2 f}{\partial x_i \partial x_j} \neq 0\right\} \subseteq N_{[i]}$$

非线性相互作用域的计算可以作为索引域计算的扩展。

算法 9.5 的结果是一组非线性相互作用域 $N = \{N_1, \cdots, N_{N_y}\}$，其包含 Hessian 矩阵的每个行和列的非零元素索引。类似于 Jacobi 矩阵的指标域，非线性相互作用域可能高估了 Hessian 矩阵的稀疏性模式，因为其没有考虑数值消去或简并。

对于步长为 1s 的直接配置方法的 MVEG 测试循环和 Labatto ⅢA（4）离散方案，第 10 章将会阐述的示例性问题的 Hessian 矩阵，如图 9.4 所示。

前两行和两列对应于连续值控制（发动机转矩和制动力矩），第三和第四行和列对应于配置方法的离散状态（充电状态和燃料质量），后两行和后两列对应于嵌入离散控制（混合动力驱动模式和传动比）。

算法 9.5 Hessian 矩阵稀疏模式的计算[42]

1： for $i \leftarrow 1$ to N_y do
2：   if v_i 在 $f(\cdot)$ 中出现非线性 then
3： $M_{[i-N_y]} \leftarrow \{i\}$
4：   else
5： $M_{[i-N_y]} \leftarrow \emptyset$
6：   end if
7： $N_{[i]} \leftarrow \emptyset$
8： end for
9： for $i \leftarrow 1$ to N_l
10：   if $\phi_i(v_j)$，即 $\phi_i(\cdot)$ 只取决于一个参数 then
11： $M_{[i]} \leftarrow M_{[j]}$
12：   if $\phi_i(v_j)$ 是非线性的 then
13： $N_{[k]} \leftarrow N_{[k]} \cup M_{[i]}$ $\forall k \in M_{[i]}$
14：   end if
15：   else if $\phi_i(v_j, v_{\hat{j}})$，即 $\phi_i(\cdot)$ 取决于两个参数 then
16： $M_{[i]} \leftarrow M_{[j]} \cup M_{[\hat{j}]}$
17：   if $\phi_i(v_j, v_{\hat{j}})$ 在 v_j 中是线性的 then
18： $N_{[k]} \leftarrow N_{[k]} \cup M_{[\hat{j}]}$ $\forall k \in M_{[j]}$
19：   else if $\phi_i(v_j, v_{\hat{j}})$ 在 v_j 中是非线性的 then
20： $N_{[k]} \leftarrow N_{[k]} \cup M_{[i]}$ $\forall k \in M_{[j]}$
21：   end if
22：   if $\phi_i(v_j, v_{\hat{j}})$ 在 $v_{\hat{j}}$ 中是线性的 then
23： $N_{[k]} \leftarrow N_{[k]} \cup M_{[j]}$ $\forall k \in M_{[\hat{j}]}$
24：   else if $\phi_i(v_j, v_{\hat{j}})$ 在 $v_{\hat{j}}$ 中是非线性的 then
25： $N_{[k]} \leftarrow N_{[k]} \cup M_{[i]}$ $\forall k \in M_{[\hat{j}]}$
26：   end if
27：   end if
28： end for

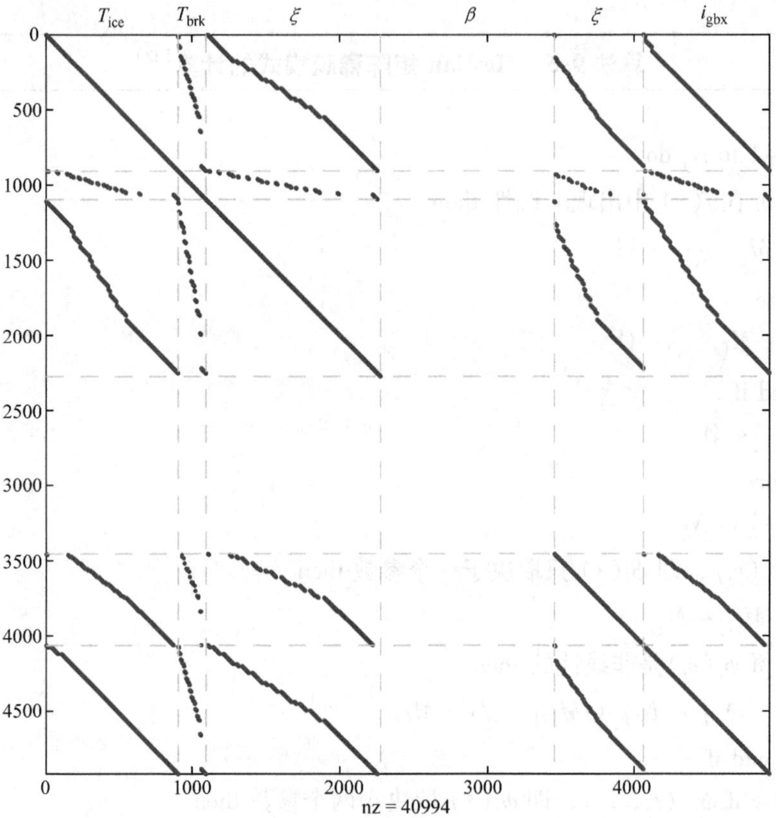

图 9.4　典型 Mayer 类型问题 Lagrange 的 Hessian 矩阵稀疏模式，T_{ice}、T_{brk}、ξ、β、ζ 和 i_{gbx} 是优化变量，nz 是非零项的数量

9.2.3　压缩导数计算

对于给定的稀疏矩阵 $\boldsymbol{H} \in R^{N_n \times N_m}$，列压缩矩阵 $\boldsymbol{B} = \boldsymbol{HS} \in R^{N_n \times N_s}$ 由描述列的二元种子矩阵 $\boldsymbol{S} \in R^{N_m \times N_s}$ 定义，可以通过数值微分同时计算。将其表示为压缩矩阵 $\boldsymbol{B}$ 的一个很大优点是，其计算需要的函数值通常比未压缩矩阵少得多。种子矩阵与相应（bi）邻接图的着色问题密切相关，Gebremedhin 等[10] 对这个问题进行了很好的研究。

这些（bi）邻接图的顶点着色 c 将在 9.2.3.1 节和 9.2.3.2 节进行讨论。如果着色 c 是已知的，则用于压缩 Jacobi 矩阵和 Hessian 矩阵的种子矩阵 $\boldsymbol{S}$ 可以分别通过下式计算：

$$\boldsymbol{S}_{[i][j]} = \begin{cases} 1, & (\text{当}\, j = \boldsymbol{c}_{[i]}) \\ 0, & (\text{当}\, j \neq \boldsymbol{c}_{[i]}) \end{cases} \tag{9.1}$$

在计算压缩矩阵 $\boldsymbol{B}$ 之后，如 9.2.4 节所述，通过有限差分法，可以对给定的着色 c 执行对全尺寸矩阵 $\boldsymbol{H}$ 的解压缩：

$$\boldsymbol{H}_{[i],[j]} = \boldsymbol{B}_{[i],[\boldsymbol{c}_{[j]}]} \tag{9.2}$$

9.2.3.1 压缩稀疏 Jacobi 矩阵

通过稀疏 Jacobi 矩阵压缩计算，减少函数计算次数的想法可以追溯到 Curtis 等[6]的研究，其描述了用于将稀疏 Jacobi 矩阵划为结构正交的列组算法。为了简单起见，下面将其表示为子矩阵。

定义 9.1（行和列的结构正交组）

对于任何组列 $\boldsymbol{C}_1^{[:],[j_1]}$ 和 $\boldsymbol{C}_2^{[:],[j_2]}$，如果不存在 $\boldsymbol{C}_1^{[i],[j_1]} \neq 0$ 和 $\boldsymbol{C}_2^{[i],[j_2]} \neq 0$ 都适用的行索引 i，则矩阵 $\boldsymbol{H} \in R^{N_n \times N_m}$ 的两组列 $\boldsymbol{C}_1 \subset \boldsymbol{H}$，$\boldsymbol{C}_1 \in R^{N_n \times N_{m1}}$ 和 $\boldsymbol{C}_2 \subset \boldsymbol{H}$，$\boldsymbol{C}_2 \in R^{N_n \times N_{m2}}$ 称为结构正交。以相同的方式定义结构正交的两个列，是 $m_1 = m_2 = 1$ 的情况。

这样的定义同样适用于矩阵的两行或两组行。

定义 9.2（行和列的结构正交分区）

如果任何两组列是结构正交的，列分区 $\boldsymbol{C} \in \{\boldsymbol{C}_1, \cdots, \boldsymbol{C}_{N_s}\}$ 将矩阵 $\boldsymbol{H} \in R^{N_n \times N_m}$ 划分为 N_s 列组，其中 $\boldsymbol{C}_j \in R^{N_n \times N_{mj}}$ 和 $\sum_{j=1}^{N_s} m_j = N_m$，则称为结构正交分区。

这样的定义同样适用于矩阵的行分区。

为了计算列压缩 Jacobi 矩阵，必须确定列的结构正交分区，以使组的数量 N_s 最小。然后，用于矩阵压缩的二元种子矩阵 $\boldsymbol{S} \in \{0,1\}^{N_n \times N_s}$ 由下式定义：

$$\boldsymbol{S}_{[i],[j]} = \begin{cases} 1, & (\boldsymbol{C}_j^{[i],[k]} \neq 0, \quad \forall k \in \{1, \cdots, m_j\}) \\ 0, & (\text{其他情况}) \end{cases} \tag{9.3}$$

如 Coleman 和 Moré[5] 所述，找到最小列分区的问题等价于矩阵 $\boldsymbol{H}$ 的二分图表示 $G = (V_1, V_2, B)$ 的距离 -2 着色问题，可以通过算法 9.6 计算。

算法 9.6 二分图的距离 −2 着色[10]

1：设 v_1，…，$v_{|V_2|}$ 是 V_2 的给定排序
2：用某个 $a \notin V_2$ 值初始化 $\boldsymbol{\Gamma}$
3：设 $\boldsymbol{c}$ 是零初始化的长度为 $|V_2|$ 的数组
4：for $i \leftarrow 1$ to $|V_2|$ do
5：　确定 $N_1(v_i) = \{w \mid wv_i \in B\}$
6：　for all $w \in N_1\{v_i\}$ do
7：　　for all $x \in N_1(w)$ 和 with $x \neq a$ do
8：　　　$\boldsymbol{\Gamma}_{[\boldsymbol{c}_{[x]}]} \leftarrow v_i$
9：　　end for

（续）

    end for
  $c_{[v_i]} \leftarrow \min \{b>0 \mid \Gamma_{[b]} \neq v_i\}$
end for

种子矩阵与式（9.3）相同，通过着色 c 由式（9.1）定义。

9.2.3.2 压缩稀疏 Hessian 矩阵

Powell 和 Toint[34] 将 Jacobi 矩阵压缩计算的思想推广到稀疏 Hessian 矩阵的压缩计算。为此，其定义了行和列的对称正交分区。

定义 9.3（行和列的对称正交分区）

将对称矩阵 $\boldsymbol{H} \in R^{N_n \times N_m}$ 的列分区 $\boldsymbol{C} \in = \{\boldsymbol{C}_1, \cdots, \boldsymbol{C}_{N_s}\}$ 分成 N_s 列组，由此 $\boldsymbol{C}_j \in R^{N_n \times N_{nj}}$ 和 $\sum_{j=1}^{N_s} n_j = N_n$ 成立，如果对于每个非零元素 $\boldsymbol{H}_{[i],[j]}$，或者包含第 j 列的组没有第 i 行非零的其他列，或者包含第 i 列的组没有第 j 行非零的其他列，称为对称正交。

这样的定义同样适用于对称矩阵的行分区。

然后，类似于稀疏 Jacobi 矩阵的压缩计算，需要确定一个列对称正交分区，使得组数 N_s 最小。

根据 McCormick 的研究[31]，这个问题等价于计算 Hessian 矩阵的邻接图表示的星形着色，其利用了 Hessian 矩阵的对称性。星形着色满足以下两个条件：

1）每对相邻顶点接收不同的颜色（距离 -1 着色）。

2）四个顶点上的每条路径至少使用三种不同的颜色。

Gebremedhin 等[10]给出了用于计算对称矩阵邻接图 $G=(V,B)$ 的星形着色算法，如算法 9.7 所示。

算法 9.7　邻接图的星形着色[10]

设 $v_1, \cdots, v_{|V|}$ 是 V 的给定排序
用某个 $a \notin V$ 值初始化 $\boldsymbol{\Gamma}$
设 $\boldsymbol{c}$ 是零初始化的长度为 $|V_2|$ 的数组
for $i \leftarrow 1$ to $|V|$ do
  确定 $N_1(v_i) = \{w \mid wv_i \in B\}$
  for all $w \in N_1\{v_i\}$ do
    if $w \neq a$ then
      $\Gamma_{[c_{[w]}]} \leftarrow v_i$
    end if

(续)

```
10:     for all x ∈ N₁(w) 和 with x ≠ a do
11:         if w = a then
12:             Γ_{c_{[x]}} ← v_i
13:         else
14:             if c_{[x]} < c_{[w]} then
15:                 Γ_{c_{[x]}} ← v_i
16:             end if
17:         end if
18:     end for
19: end for
20: c_{[v_i]} ← min{ b > 0 | Γ_{[b]} ≠ v_i }
21: end for
```

然后，通过式（9.1）用着色 c 定义种子矩阵。

9.2.4 有限差分

函数 $f: R \to R$ 导数数值计算的经典方法是有限差分，其依赖于函数的泰勒级数展开：

$$f(y+\epsilon) = f(y) + \epsilon \frac{\partial f}{\partial y}(y) + \frac{\epsilon^2}{2}\frac{\partial f}{\partial y}(\xi), \quad \xi \in [y, y+\epsilon], \quad \epsilon \in \mathbb{R} \quad (9.4)$$

由式（9.4），一阶导数的近似可以由前向差分表示为

$$\frac{\partial f}{\partial y}(y) = \frac{f(y+\epsilon) - f(y)}{\epsilon} + \mathcal{O}(\epsilon)$$

一阶导数的中心差分近似由两个泰勒级数的差来计算：

$$f(y+\epsilon) = f(y) + \epsilon\frac{\partial f}{\partial y}(y) + \frac{\epsilon^2}{2}\frac{\partial^2 f}{\partial y^2}(y) + \frac{\epsilon^3}{6}\frac{\partial^3 f}{\partial y^3}(\xi^+), \quad \xi^+ \in [y, y+\epsilon]$$

$$f(y-\epsilon) = f(y) - \epsilon\frac{\partial f}{\partial y}(y) + \frac{\epsilon^2}{2}\frac{\partial^2 f}{\partial y^2}(y) - \frac{\epsilon^3}{6}\frac{\partial^3 f}{\partial y^3}(\xi^-), \quad \xi^- \in [y-\epsilon, y]$$

于是：

$$\frac{\partial f}{\partial y}(y) = \frac{f(y+\epsilon) - f(y-\epsilon)}{2\epsilon} + \mathcal{O}(\epsilon^2)$$

显然，这两种近似都严重依赖于摄动步长 ϵ，但是中心差分近似的误差项在 ϵ 中是二次的，而前向差分近似的误差项在 ϵ 中只是线性的。

9.2.4.1 梯度计算

函数$f:R^{N_y}\rightarrow R$梯度的前向差分可以按元素计算：

$$\frac{\partial f}{\partial y_i}(\boldsymbol{y}) = \frac{f(\boldsymbol{y}+\epsilon\boldsymbol{e}_i)-f(\boldsymbol{y})}{\epsilon}+\mathcal{O}(\epsilon),\quad 对于 i=1,\cdots,N_y$$

式中，$\boldsymbol{e}_i$为第i个单位向量。

梯度计算需要N_y+1次函数计算。

中心差分的梯度可以按元素计算：

$$\frac{\partial f}{\partial y_i}(\boldsymbol{y}) = \frac{f(\boldsymbol{y}+\epsilon\boldsymbol{e}_i)-f(\boldsymbol{y}-\epsilon\boldsymbol{e}_i)}{2\epsilon}+\mathcal{O}(\epsilon^2)$$

中心差分计算的精度比前向差分高，但是其需要约双倍的计算时间，因为要完成$2N_y$次函数计算。

对于通过 Mayer 类型的直接配置方法离散的 OCP，目标函数的梯度只由一个已知元素组成，因此不需要有限差分。

9.2.4.2 Jacobi 矩阵计算

函数$\boldsymbol{r}$：$R^{N_y}\rightarrow R^{N_r}$的 Jacobi 矩阵$\boldsymbol{J}\in R^{N_r\times N_y}$，如非线性规划问题的约束函数，可以通过前向或中心有限差分格式按列计算：

$$\boldsymbol{J}_{[:],[i]}(\boldsymbol{y}) \approx \frac{\boldsymbol{r}(\boldsymbol{y}+\epsilon\boldsymbol{e}_i)-\boldsymbol{r}(\boldsymbol{y})}{\epsilon},\quad 对于 i=1,\cdots,N_y$$

或者

$$\boldsymbol{J}_{[:],[i]}(\boldsymbol{y}) \approx \frac{\boldsymbol{r}(\boldsymbol{y}+\epsilon\boldsymbol{e}_i)-\boldsymbol{r}(\boldsymbol{y}-\epsilon\boldsymbol{e}_i)}{2\epsilon},\quad 对于 i=1,\cdots,N_y$$

这导致前向差分格式对于函数$\boldsymbol{r}(\cdot)$进行N_y+1次计算，中心差分格式进行$2N_y$次计算。

使用种子矩阵的压缩技术，可以利用 Jacobi 矩阵的稀疏性，因为结构正交列的微分可以同时执行。压缩 Jacobi 矩阵$\boldsymbol{J}_c\in R^{N_r\times N_y}$可以通过下式计算：

$$\boldsymbol{J}_c^{[:],[i]}(\boldsymbol{y}) \approx \frac{\boldsymbol{r}(\boldsymbol{y}+\epsilon\boldsymbol{p}_i)-\boldsymbol{r}(\boldsymbol{y})}{\epsilon},\quad 对于 i=1,\cdots,N_s$$

式中，扰动向量$\boldsymbol{p}_i=\boldsymbol{S}_{[:],[i]}$为第$i$列；$N_s$为种子矩阵的列维度，其等于相应的距离-2着色问题的颜色数。

然后，压缩的 Jacobi 矩阵可以使用式（9.2）进行解压缩。

因此，不需要对前向差分进行N_y+1次约束计算，也不需要对中心差分进行$2N_y$次计算，只需要对函数$\boldsymbol{r}(\cdot)$进行N_s+1次或$2N_s$次计算。例如，如果使用上述压缩技术，图 9.3 中的 Jacobi 矩阵的前向差分计算只需 11 次而不是 4921 次函数计算。

9.2.4.3 Hessian 矩阵计算

函数f：$R^{N_y}\rightarrow R$的 Hessian 矩阵$\boldsymbol{B}\in R^{N_y\times N_y}$可以通过二阶前向差分来计算：

$$\frac{\partial^2 f}{\partial y_i \partial y_j}(\boldsymbol{y}) = \frac{f(\boldsymbol{y}+\epsilon e_i+\epsilon e_j)-f(\boldsymbol{y}+\epsilon \boldsymbol{e}_i)-f(\boldsymbol{y}+\epsilon \boldsymbol{e}_j)+f(\boldsymbol{y})}{\epsilon^2}+\mathcal{O}(\epsilon)$$

或者采用二阶中心差分：

$$\frac{\partial^2 f}{\partial y_i \partial y_j}(\boldsymbol{y}) = \frac{f(\boldsymbol{y}+\epsilon \boldsymbol{e}_i+\epsilon \boldsymbol{e}_j)-f(\boldsymbol{y}-\epsilon \boldsymbol{e}_i+\epsilon \boldsymbol{e}_j)}{4\epsilon^2} - \frac{f(\boldsymbol{y}+\epsilon \boldsymbol{e}_i-\epsilon \boldsymbol{e}_j)+f(\boldsymbol{y}-\epsilon \boldsymbol{e}_i-\epsilon \boldsymbol{e}_j)}{4\epsilon^2}+\mathcal{O}(\epsilon^2)$$

Hessian 矩阵的每一项必须单独计算，因此，如果利用矩阵的对称性，假使 Hessian 矩阵是一个完整矩阵，则前向差分需要进行$\frac{1}{2}N_y^2+\frac{3}{2}N_y+1$ 次函数计算，中心差分需要进行 $2(N_y^2+N_y)$ 次函数计算。可以直接利用先验已知的稀疏模式，导致前向差分的$\frac{1}{2}(N_{nz}+|\mathrm{diag}(\boldsymbol{B})|)+N_y+1$ 次函数计算和中心差分的 $2(N_{nz}+|\mathrm{diag}(\boldsymbol{B})|)$ 次函数计算，其中 N_{nz} 是 Hessian 矩阵的非零元素的数量。尽管如此，通过数值微分的方法计算大型 Hessian 矩阵的工作量比较大。

通过直接配置方法，如果将 Hessian 矩阵计算限制为离散 OCP 的 Lagrange 函数，则

$$\nabla_y^2 l(\boldsymbol{y},\boldsymbol{\lambda}) = \nabla_y^2 f(\boldsymbol{y}) + \sum_{i=1}^{N_g} \lambda_i \nabla_y^2 g_i(\boldsymbol{y})$$

式中，g_i 为对应于 Lagrange 乘子 $\boldsymbol{\lambda}_i$ 的第 i 个约束。

如果 OCP 以 Mayer 类型表示，可以进一步挖掘问题的结构。在这种情况下，Hessian 矩阵的$\nabla_y^2 f(\boldsymbol{y})$只有值为 1 的一个项，其在矩阵中的位置是已知的。如果现在将种子矩阵用于 Jacobi 矩阵和 Hessian 矩阵的组合，剩余约束计算的数量可以大大减少，如算法 9.8 所示。请注意，为了简单起见，没有区分等式约束和不等式约束。

算法 9.8 前向差分用于 Lagrange 函数的 Hessian 矩阵的压缩计算

1：如果不知道$\nabla_y^2 f(\boldsymbol{y})$，则通过有限差分计算

2：对于二分图表示的约束 Jacobi 稀疏结构，通过算法 9.6 计算距离 -2 着色的 $\boldsymbol{c}_J$

3：设 $N_J \leftarrow \max(\boldsymbol{c}_J)$表示使用的颜色数

4：根据式（9.1）定义的着色 $\boldsymbol{c}_J$ 计算种子矩阵 $\boldsymbol{S}_J$

5：对于邻接图表示的约束 Lagrange 的 Hessian 稀疏结构，通过算法 9.7 计算星形着色 $\boldsymbol{c}_B$

6：设 $N_B \leftarrow \max(\boldsymbol{c}_B)$表示使用的颜色数

7：根据式（9.1）定义的着色 $\boldsymbol{c}_B$ 计算种子矩阵 $\boldsymbol{S}_B$

（续）

$\boldsymbol{p}_1 \leftarrow \boldsymbol{g}(\boldsymbol{y})$
for $i \leftarrow 1$ to N_B do
    $\boldsymbol{y}_B \leftarrow \boldsymbol{y} + \varepsilon \boldsymbol{S}_B^{[:],[i]}$
    $\boldsymbol{p}_2 \leftarrow \boldsymbol{g}(\boldsymbol{y}_B)$
    for $j \leftarrow 1$ to N_J do
        $\boldsymbol{p}_3 \leftarrow \boldsymbol{g}(\boldsymbol{y} + \varepsilon \boldsymbol{S}_J^{[:],[j]})$
        $\boldsymbol{p}_4 \leftarrow \boldsymbol{g}(\boldsymbol{y}_B + \varepsilon \boldsymbol{S}_J^{[:],[j]})$
        $\boldsymbol{B}_{gcc}^{[j]} \leftarrow \dfrac{\boldsymbol{p}_1 - \boldsymbol{p}_2 - \boldsymbol{p}_3 + \boldsymbol{p}_4}{\varepsilon^2}$
    end for
    通过式（9.2）的着色 $\boldsymbol{c}_J$ 将双压缩矩阵 $\boldsymbol{B}_{gcc}$ 解压获得 $\boldsymbol{B}_{gunc}$
    $\boldsymbol{B}_{gc}^{[:],[i]} \leftarrow \boldsymbol{B}_{gunc}^T \boldsymbol{\lambda}$
end for
通过式（9.2）的着色 $\boldsymbol{c}_B$ 将双压缩矩阵 $\boldsymbol{B}_{gc}$ 解压获得 $\boldsymbol{B}_g$
计算 Lagrange 函数 $\nabla_y^2 l(\boldsymbol{y},\boldsymbol{\lambda}) \leftarrow \nabla_{yy}^2 f(\boldsymbol{y}) + \boldsymbol{B}_g$ 的 Hessian 矩阵

注释9.1：算法9.8中的前项差分格式可以用中心差分格式代替，不存在任何问题。

在应用直接配置方法离散 Mayer 类型 OCP 的情况下，通过算法9.8计算 Lagrange 函数的 Hessian 矩阵，只需要进行 $2s_B s_J + s_B + 1$ 次约束函数计算而不需要目标函数计算，因为$\nabla_{yy}^2 f(\boldsymbol{y})$是明确已知的。例如，图9.4中 Hessian 矩阵的压缩前向差分计算只需要316次约束计算而不需要目标函数计算，而不利用稀疏性结构进行计算则需要27303次约束计算。

9.2.4.4 扰动步长

如何选择最优扰动步长，对于有限差分是一项困难的任务，因为其取决于四舍五入误差、截断误差、数值误差，取决于有限差分格式的类型和阶数以及需要计算的推导阶数。

在 Mathur[30] 的研究中，对现有扰动步长的计算方法和近似最优扰动步长估计给出了很好的综述。如果忽略误差，对于双精度运算，假设最大总误差为 $u = 10^{-16}$，则梯度和 Jacobi 矩阵计算的前向差分的近似最优扰动步长为 $\varepsilon = 10^{-8}$，中心差分为 $\varepsilon = 10^{-6}$。在相同的假设下，通过前向差分计算 Hessian 矩阵的近似最优扰动步长是 $\varepsilon = 10^{-5}$，通过中心差分计算为 $\varepsilon = 10^{-4}$。

9.3　稀疏拟 Newton 更新

如2.2.4节所述，拟 Newton 更新公式通常会导致密集矩阵，即使精确的 Hessian 矩阵具有稀疏结构也是如此。因此，这些拟 Newton 更新公式不能直接应用于大规模优化方法，这是由于具有许多离散点的最优控制问题离散造成的。在大多数应用中，密集的拟 Newton 更新的计算时间和内存消耗是不可接受的。

为了获得更好的大规模优化性能，应当使用稀疏的拟 Newton 更新算法，该算法利用离散最优控制问题的结构。这些更新生成稀疏的拟 Newton 矩阵，其稀疏度结构与 Lagrange 函数的 Hessian 矩阵结构相同或几乎相同。然而，它们保留了 Hessian 矩阵的正定性。

9.3.1　部分可分函数的拟 Newton 更新

第一个稀疏的拟 Newton 更新算法利用了低阶 Runge – Kutta 离散最优控制问题的结构，由 Toint 和 Griewank[41] 引入。如果优化问题的 Lagrange 函数可以部分分离，则该更新策略执行许多小密集的块状更新，而不是一次大更新。如果函数可以表示为简单函数的和，则该函数称为部分可分的，即

$$f(\boldsymbol{y}) = \sum_{i=1}^{N_n} f_i(\boldsymbol{y})$$

其值依赖于某些优化变量。然后，梯度为

$$\nabla f(\boldsymbol{y}) = \sum_{i=1}^{N_n} \nabla f_i(\boldsymbol{y})$$

Hessian 函数也可分，即

$$\nabla^2 f(\boldsymbol{y}) = \sum_{i=1}^{N_n} \nabla^2 f_i(\boldsymbol{y})$$

因此，可以只针对出现在每个求和中的变量单独计算。

从图论的观点来看，部分可分函数的 Hessian 矩阵的邻接矩阵是断开的，并且由与部分可分函数和的数量一样多的子图组成。显然，如果更新的拟 Newton 矩阵 $\boldsymbol{B}_{k+1}$ 的所有更新的总和都是正定的，则 $\boldsymbol{B}_{k+1}$ 是正定的。然后，它也满足割线条件。

如果采用 Radau ⅡA（1）或 Lobatto ⅢA（2）的 Runge – Kutta 公式离散动态系统，则部分可分 Lagrange 函数是由最优控制问题离散产生的。

9.3.2　弦稀疏结构的简单拟 Newton 更新

如果离散最优控制问题的 Lagrange 函数不只是由单独的块组成，则不能应用部分可分函数的更新策略。如果采用 Radau ⅡA（3）或 Lobatto ⅢA（4）隐式 Runge – Kutta 公式离散动态系统，则通常就是这种情况。如果使用其中一种离散格

式，则 Lagrange 函数的 Hessian 矩阵由重叠块组成。

无论如何，应用块拟 Newton 更新的一种简单方法是删除那些连接子图的项。为了通过删除优选少量的边来计算子图，可以应用算法 9.2 将图变成弦图。然后，可以从这些集合的其中一个删除作为两个不同集合元素的顶点。因此，在第一步中，必须确定邻接图的 N_c 个集合 $C_{cl} = \{C_{cl,1}, C_{cl,2}, \cdots, C_{cl,N_c}\}$，这可以通过算法 9.9 完成。

算法 9.9 图 $G(V, B)$ 和消除排序 π 的集合确定

1： $A \leftarrow \emptyset$
2： for $i \leftarrow 1$ to N_c do
3：　　$S_{[i]} \leftarrow 1$
4： end for
5： $j \leftarrow 1$
6： $v \leftarrow \pi_{[1]}^{-1}$
7： $S_{[v]} \leftarrow 0$
8： for all $(v, w) \in B$ do
9：　　$A \leftarrow A \cup w$
10： end for
11： $C_{cl}^{[1]} \leftarrow A$
12： for $i \leftarrow 2$ to N_c do
13：　　$n_1 \leftarrow \sum_{k=1}^{|A|} S_{[A_{[k]}]}$
14：　　$v \leftarrow \pi_{[i]}^{-1}$
15：　　$S_{[v]} \leftarrow 0$
16：　　$A \leftarrow \emptyset$
17：　　for all $(v, w) \in B$ do
18：　　　　$A \leftarrow A \cup w$
19：　　end for
20：　　$n_2 \leftarrow \sum_{k=1}^{|A|} S_{[A_{[k]}]}$
21：　　if $n_1 \leq n_2$ then
22：　　　　$j \leftarrow j + 1$
23：　　　　$C_{cl}^{[j]} \leftarrow v$
24：　　for $k \leftarrow 1$ to $|A|$ do

（续）

if $S_{[A_{[k]}]}=1$ then
  $C_{cl}^{[j]} \leftarrow C_{cl}^{[j]} \cup A_{[k]}$
  end if
 end for
end if
end for

对于 N_c 个集合，单纯顶点集 $S=\{S_1,S_2,\cdots,S_{N_c}\}$ 由消除排序 $\boldsymbol{\pi}$ 处理，定义为

$$S_{[i]} = C_{cl}^{[i]} \backslash (C_{cl}^{[i+1]} \cup \cdots \cup C_{cl}^{[Nc]}), \forall i = 1,\cdots,N_c$$

然后，在去除单纯顶点之后，每个集合剩余顶点由集合 $R=\{R_1,R_2,\cdots,R_{N_c}\}$ 定义：

$$R_{[i]} = C_{cl}^{[i]} \cap (C_{cl}^{[i+1]} \cup \cdots \cup C_{cl}^{[Nc]}), \forall i = 1,\cdots,N_c$$

因此，对于每个集合，$C_{cl}^{[i]}=S_{[i]}\cup R_{[i]}$ 成立。

为了有效断开弦图，需要移除这些边。这些边将集合 $S_{[i]}$ 的顶点与集合 $R_{[i]}$ 的顶点连接，其中 $i=1$，…，N_c。换句话说，只由包含所有 $i=1$，…，N_c 的集合 $S_{[i]}$ 组成的邻接图，用于近似 Hessian 矩阵结构。然后，它可以应用于部分可分函数的更新。

算法 9.10 为具有重叠块的 Hessian 矩阵实现简单的更新策略。

算法 9.10 弦稀疏结构的简单块拟 Newton 更新

1：通过算法 9.3 计算 Hessian 稀疏结构的邻接图 $G(V,B)$ 的消除排序 $\boldsymbol{\pi}$
2：通过算法 9.2 计算稀疏结构的弦延伸 B_{fill}
3：通过算法 9.9 和消除排序 $\boldsymbol{\pi}$ 确定填充图 $G(V,B_{fill})$ 的集合 $C_{cl,1}$，$C_{cl,2}$，…，C_{cl,N_c}
4：确定单纯顶点 $S_{[i]}=C_{cl}^{[i]}\backslash(C_{cl}^{[i+1]}\cup\cdots\cup C_{cl}^{[Nc]})$，$\forall i=1$，…，$N_c$
5：然后，在每次 NLP 迭代中对拟 Newton 更新重复以下步骤：
6：for $i \leftarrow 1$ to N_c do
7： 通过 2.2.4 节中的更新公式更新子矩阵 $\boldsymbol{B}_{[S_{[i]}],[S_{[i]}]} v \leftarrow \boldsymbol{\pi}_{[1]}^{-1}$（由集合 $S_{[i]}$ 引起）
8：end for

步骤 1～步骤 4 必须在 NLP 求解过程开始时计算一次，步骤 6～步骤 8 描述实际更新的过程。

如果所有块都可以通过密集的拟 Newton 更新进行更新，则算法 9.10 保证在每个迭代步中割线方程成立和保持正定性。该算法的一个主要优点是，由于局部更新而导致算法的“局部特性”。因此，即使在某些方向上采取了小步骤，仍然可以更新大多数块。该算法的唯一缺点是，近似的 Hessian 矩阵结构不同于精确的 Hessian 矩阵结构。因此，近似的 Hessian 矩阵不能收敛于精确的 Hessian 矩阵，但是可以保证超线性的收敛速度。

9.3.3 弦稀疏结构的拟 Newton 更新

幸运的是，如果结构是弦的，则可以稍微修改简单的块状拟 Newton 更新，以便于实现精确的 Hessian 矩阵的稀疏结构。如果结构不是弦的，则必须先通过填充计算将稀疏结构扩展为弦结构。需要以下定理来推导算法。

定理 9.2

设 $\boldsymbol{B} \in R^{N_y \times N_y}$是具有弦邻接图的稀疏矩阵，并且 $C_{cl} = \{C_{cl,1}, C_{cl,2}, \cdots, C_{cl,N_c}\}$ 是图的集合，用 $\boldsymbol{B}_{C_{cl}^{[k]}} \in R^{N_y \times N_y}$，$k = 1$，$\cdots$，$N_c$ 表示只由集合 $C_{cl}^{[k]} \times C_{cl}^{[k]}$ 定义的索引处项的矩阵，并且由 $\overline{\boldsymbol{B}}_{C_{cl}^{[k]}} \in R^{|C_{cl}^{[k]}| \times |C_{cl}^{[k]}|}$表示 $\boldsymbol{B}_{C_{cl}^{[k]}}$ 的密集部分矩阵。

此外，让矩阵 $\boldsymbol{B}$ 由下式定义：

$$\boldsymbol{B} = \sum_{k=1}^{N_c} \boldsymbol{B}_{C_{cl}^{[k]}} \tag{9.5}$$

然后，如果每个$\overline{\boldsymbol{B}}_{C_{cl}^{[k]}}$是正定的，并且每个索引 $j \in \{1, \cdots, N_y\}$ 至少包含在一个集合 $C_{cl}^{[k]}$ 中，则 $\boldsymbol{B}$ 是正定的。

证明：

因为假设每个$\overline{\boldsymbol{B}}_{C_{cl}^{[k]}}$是正定的，所以矩阵 $\boldsymbol{B}_{C_{cl}^{[k]}}$ 都是正半定的。因此，对于每个正 $y \in R^{N_y}$，关系 $\boldsymbol{y}^T \boldsymbol{B} \boldsymbol{y} = \sum_{k=1}^{N_c} \boldsymbol{y}^T \boldsymbol{B}_{C_{cl}^{[k]}} \boldsymbol{y} \geqslant 0$ 成立。如果在和中至少一个$\boldsymbol{y}^T \boldsymbol{B}_{C_{cl}^{[k]}} \boldsymbol{y}$大于零，则更严格的关系$\boldsymbol{y}^T \boldsymbol{B} \boldsymbol{y} > 0$ 成立。由于 $\boldsymbol{y}$ 至少有一项非零，假设 $y_j \neq 0, j \in \{1, \cdots, N_y\}$就不失一般性。设$\widetilde{k}$是特定选择的索引，并且 $C_{cl}^{[\widetilde{k}]}$ 是包含 j 的集合。需要注意的是，每个假设都存在这样一个集合。然后，$\boldsymbol{y}_{C_{cl}^{[\widetilde{k}]}}^T \overline{\boldsymbol{B}}_{C_{cl}^{[\widetilde{k}]}} \boldsymbol{y}_{C_{cl}^{[\widetilde{k}]}} > 0$，因此 $\boldsymbol{y}^T \boldsymbol{B}_{C_{cl}^{[\widetilde{k}]}} \boldsymbol{y} > 0$，该定理得证。

然后，如果由集合 $C_{cl,1}$，$\cdots$，C_{cl,N_c}定义的正定矩阵的部分矩阵通过密集的拟 Newton 公式更新，则由式（9.5）定义的矩阵也是正定的，下面矩阵成立：

$$\widetilde{\boldsymbol{\gamma}} := \boldsymbol{B}\boldsymbol{\delta} = \sum_{k=1}^{N_c} \boldsymbol{B}_{C_{cl}^{[k]}} \boldsymbol{\delta} = \sum_{k=1}^{N_c} \boldsymbol{\gamma}_k$$

为了满足割线条件（2.19），下式成立：

$$\widetilde{\boldsymbol{\gamma}} = \boldsymbol{\gamma} \tag{9.6}$$

对于每个项$\widetilde{\boldsymbol{\gamma}}_{[k]}$都有贡献的所有集合，满足式（9.6）。因此，必须确定集合的数量，其包含 k。设集合数量由 N_{γ}^{k} 表示，并且由集合向量 $N_{\gamma}=[N_{\gamma,1},\cdots,N_{\gamma,N_{\gamma}}]^{T}$ 来计数。现在，如果在每个部分矩阵的拟 Newton 更新公式中使用向量$\overline{\boldsymbol{\gamma}}$替代 $\boldsymbol{\gamma}$，即

$$\overline{\boldsymbol{\gamma}}=\left[\frac{\boldsymbol{\gamma}_{[1]}}{\boldsymbol{N}_{\gamma}^{[1]}},\cdots,\frac{\boldsymbol{\gamma}_{[N_{\gamma}]}}{\boldsymbol{N}_{\gamma}^{[N_{\gamma}]}}\right]^{T}$$

则条件（9.6）成立。

因此，更新的矩阵是正定的，满足割线条件，并且保证了精确的 Hessian 矩阵的稀疏结构。算法 9.11 对整个算法进行了总结。

算法 9.11　弦稀疏结构的块拟 Newton 更新

通过算法 9.3 计算 Hessian 稀疏结构的邻接图 $G(V,B)$ 的消除排序 $\boldsymbol{\pi}$
通过算法 9.2 计算稀疏结构的弦延伸 B_{fill}
通过算法 9.9 和消除排序 $\boldsymbol{\pi}$ 确定填充图 $G(V,B_{fill})$ 的集合 $C_{cl,1}$，$C_{cl,2}$，…，C_{cl,N_c}
for $i \leftarrow 1$ to N_{γ} do
　　初始化 $\boldsymbol{N}_{\gamma}^{[i]} \leftarrow 0$
end for
for $i \leftarrow 1$ to N_c do
　　初始化部分矩阵 $\overline{\boldsymbol{B}}_{C_{cl,i}}=\boldsymbol{I}_{|C_{cl,i}|}$
　　for $j \leftarrow 1$ to $|C_{cl,i}|$ do
　　　　$\boldsymbol{N}_{\gamma}^{[C_{cl,i}^{[j]}]} \leftarrow \boldsymbol{N}_{\gamma}^{[C_{cl,i}^{[j]}]}+1$
　　end for
end for
然后，在每次 NLP 迭代中对拟 Newton 更新重复以下步骤：
计算$\overline{\boldsymbol{\gamma}}=\left[\frac{\boldsymbol{\gamma}_{[1]}}{\boldsymbol{N}_{\gamma}^{[1]}},\cdots,\frac{\boldsymbol{\gamma}_{[N_{\gamma}]}}{\boldsymbol{N}_{\gamma}^{[N_{\gamma}]}}\right]^{T}$
for $i \leftarrow 1$ to N_c do
对由 2.2.4 节定义的 $\boldsymbol{\delta}_{C_{cl}^{[i]}}$ 和 $\overline{\boldsymbol{\gamma}}_{C_{cl}^{[i]}}$ 的集合 $C_{cl}^{[i]}$ 引起的部分矩阵 $\overline{\boldsymbol{B}}_{C_{cl}^{[i]}}$ 执行密集拟 Newton 更新
end for
计算更新的矩阵 $\boldsymbol{B}=\sum_{i=1}^{N_c}\boldsymbol{B}_{C_{cl}^{[i]}}$

步骤 1 ~ 步骤 12 必须在 NLP 求解过程开始时执行一次，步骤 14 ~ 步骤 18 描述实际更新过程。$\boldsymbol{\gamma}$ 和 $\boldsymbol{\delta}$ 如 2.2.4 节所定义。如果 $\boldsymbol{\gamma}$ 被 $\boldsymbol{\eta}$ 代替，则相同的过程可以类似用于阻尼 BFGS 更新。

9.3.4 拟 Newton 更新的修正

在拟 Newton 更新中，曲率条件 $\boldsymbol{\delta}_k^T\boldsymbol{\gamma}_k$ 可能变得非常小，这将导致产生非常难以缩放的矩阵。在这种情况下，可以修改拟 Newton 更新以获得数值更稳定的更新。

如 Gill 等[16] 所述，可以定义新的点 $\widetilde{\boldsymbol{x}}_k$，在拟 Newton 更新中计算使用：

$$\widetilde{\boldsymbol{\delta}}_k = \boldsymbol{x}_{k+1} - \widetilde{\boldsymbol{x}}_k$$

$$\widetilde{\boldsymbol{\gamma}}_k = \nabla_y L(\boldsymbol{x}_{k+1}, \boldsymbol{\lambda}_{k+1}, \boldsymbol{\mu}_{k+1}) - \nabla_y L(\widetilde{\boldsymbol{x}}_{k+1}, \boldsymbol{\lambda}_{k+1}, \boldsymbol{\mu}_{k+1})$$

选择新点 $\widetilde{\boldsymbol{x}}_k$ 作为 QP 子问题的可行点。在 Gill 等[16] 的研究中，采用 QP 求解器作为第一个可行迭代。另一种可能的选择是 $\widetilde{\boldsymbol{x}}_k = \boldsymbol{x}_k + \alpha_k \widetilde{\boldsymbol{d}}_k$，其中 α_k 是当前 SQP 迭代的步长，$\widetilde{\boldsymbol{d}}_k$ 是如下线性子问题的解。

定义 9.4（线性子问题）

$$\min_{\widetilde{\boldsymbol{d}}_k \in \boldsymbol{R}^{N_y}} \quad \nabla f^T(\boldsymbol{y}_k)\widetilde{\boldsymbol{d}}_k$$

满足

$$\boldsymbol{g}(\boldsymbol{y}_k) + \nabla \boldsymbol{g}^T(\boldsymbol{y}_k)\widetilde{\boldsymbol{d}}_k \leqslant \boldsymbol{0}$$

$$\boldsymbol{h}(\boldsymbol{y}_k) + \nabla \boldsymbol{h}^T(\boldsymbol{y}_k)\widetilde{\boldsymbol{d}}_k = \boldsymbol{0}$$

相同的修改也可以应用于修改的 BFGS 更新，其中将 $\boldsymbol{\gamma}_k$ 替换为 $\boldsymbol{\eta}_k$。

9.3.5 离散最优控制问题的拟 Newton 更新

在算法 9.11 的陈述中，关于为部分矩阵选择合适的密集拟 Newton 更新的问题是开放的。

由于 SR1 - 更新（2.2.4 节）提供了最优的收敛结果，因此应当尽可能经常使用它。不幸的是，只有在曲率条件（2.20）成立时，才能应用 SR1 - 更新和保持数值稳定性，这需要更严格的条件 $\boldsymbol{\delta}_k^T\boldsymbol{\gamma}_k > \varepsilon_1$ 和 $\varepsilon_1 > 0$。如果不能应用 SR1 - 更新，则应当使用由 $\boldsymbol{\gamma}_k$ 替换 $\boldsymbol{\eta}_k$ 的阻尼拟 Newton 式（2.54），其由式（2.55）定义。对于阻尼拟 Newton 更新的应用，条件 $\boldsymbol{\delta}_k^T\boldsymbol{\eta}_k > \varepsilon_2$ 和 $\varepsilon_2 > 0$ 必须成立。如果阻尼拟 Newton 更新也不能应用，可以尝试 9.3.4 节描述的修改，如果条件 $\widetilde{\boldsymbol{\delta}}_k^T\widetilde{\boldsymbol{\eta}}_k > \varepsilon_3$ 和 $\varepsilon_3 > 0$ 成立，使用新计算的 $\widetilde{\boldsymbol{\delta}}_k$ 和 $\widetilde{\boldsymbol{\eta}}_k$ 执行阻尼拟 Newton 更新。如果此更新也不能应用，则必须跳过部分矩阵的更新。受到阻尼拟 Newton 更新的推动，选择

$$\varepsilon_1 = 10^{-8} + \boldsymbol{\delta}_k^T\boldsymbol{B}_k\boldsymbol{\delta}_k$$

$$\varepsilon_2 = \beta\boldsymbol{\delta}_k^T\boldsymbol{B}_k\boldsymbol{\delta}_k$$

$$\varepsilon_3 = \beta\widetilde{\boldsymbol{\delta}}_k^T\boldsymbol{B}_k\widetilde{\boldsymbol{\delta}}_k$$

式中，$\beta>0$，常见的选择是 $\beta\in(0.2,0.3)$。

用于离散最优控制问题的整个拟 Newton 更新算法将在算法 9.12 中说明。

算法 9.12　离散最优控制问题的拟 Newton 更新

选择 $\beta\in[0.2,0.3]$
定义 $\varepsilon_1=10^{-8}$
通过算法 9.3 计算 Hessian 稀疏结构的邻接图 $G(V,B)$ 的消除排序 $\boldsymbol{\pi}$
通过算法 9.2 计算稀疏结构的弦延伸 B_{fill}
通过算法 9.9 和消除排序 $\boldsymbol{\pi}$ 确定填充图 $G(V,B_{fill})$ 的集合 $C_{cl,1}$，$C_{cl,2}$，…，C_{cl,N_c}
for $i\leftarrow 1$ to N_y do
　　初始化 $\boldsymbol{N}_{\gamma}^{[i]}\leftarrow 0$
end for
for $i\leftarrow 1$ to N_c do
　　初始化部分矩阵 $\overline{\boldsymbol{B}}_{C_{cl,i}}=\boldsymbol{I}_{|C_{cl,i}|}$
　　for $j\leftarrow 1$ to $|C_{cl,i}|$ do
　　　　$\boldsymbol{N}_{\gamma}^{[C_{cl,i}^{[j]}]}\leftarrow\boldsymbol{N}_{\gamma}^{[C_{cl,i}^{[j]}]}+1$
　　end for
end for
然后，在每次 NLP 迭代中对拟 Newton 更新重复以下步骤：
计算 $\overline{\boldsymbol{\gamma}}=\left[\frac{\boldsymbol{\gamma}_{[1]}}{\boldsymbol{N}_{\gamma}^{[1]}},\cdots,\frac{\boldsymbol{\gamma}_{[N_y]}}{\boldsymbol{N}_{\gamma}^{[N_y]}}\right]^T$、$\overline{\boldsymbol{\eta}}=\left(\frac{\boldsymbol{\eta}_{[1]}}{\boldsymbol{N}_{\gamma}^{[1]}},\cdots,\frac{\boldsymbol{\eta}_{[N_y]}}{\boldsymbol{N}_{\gamma}^{[N_y]}}\right)^T$ 和 $\widetilde{\boldsymbol{\eta}}=\left(\frac{\widetilde{\boldsymbol{\eta}}_{[1]}}{\boldsymbol{N}_{\gamma}^{[1]}},\cdots,\frac{\widetilde{\boldsymbol{\eta}}_{[N_y]}}{\boldsymbol{N}_{\gamma}^{[N_y]}}\right)^T$
for $i\leftarrow 1$ to N_c do
if $\boldsymbol{\delta}_{C_{cl}^{[i]}}^T\overline{\boldsymbol{\gamma}}_{C_{cl}^{[i]}}>\varepsilon_1+\boldsymbol{\delta}_{C_{cl}^{[i]}}^T\overline{\boldsymbol{B}}_{C_{cl}^{[i]}}\boldsymbol{\delta}_{C_{cl}^{[i]}}$ then
　　按 2.2.4 节定义对由具有 $\boldsymbol{\delta}_{C_{cl}^{[i]}}$ 和 $\overline{\boldsymbol{\gamma}}_{C_{cl}^{[i]}}$ 的集合 $C_{cl}^{[i]}$ 引起的部分矩阵 $\overline{\boldsymbol{B}}_{C_{cl}^{[i]}}$ 执行密集 SR1 更新
else
　　计算 $\varepsilon_2=\beta\boldsymbol{\delta}_{C_{cl}^{[i]}}^T\overline{\boldsymbol{B}}_{C_{cl}^{[i]}}\boldsymbol{\delta}_{C_{cl}^{[i]}}$
　　if $\boldsymbol{\delta}_{C_{cl}^{[i]}}^T\overline{\boldsymbol{\eta}}_{C_{cl}^{[i]}}>\varepsilon_2$ then
　　　按 2.2.4 节定义对由具有 $\boldsymbol{\delta}_{C_{cl}^{[i]}}$ 和 $\overline{\boldsymbol{\eta}}_{C_{cl}^{[i]}}$ 的集合 $C_{cl}^{[i]}$ 引起的部分矩阵 $\overline{\boldsymbol{B}}_{C_{cl}^{[i]}}$ 执行密集 BFGS 更新

（续）

24： else

25： 计算 $\varepsilon_3 = \beta\tilde{\boldsymbol{\delta}}^T_{C_{cl}^{[i]}}\bar{\boldsymbol{B}}_{C_{cl}^{[i]}}\tilde{\boldsymbol{\delta}}_{C_{cl}^{[i]}}$

26： if $\tilde{\boldsymbol{\delta}}_k^T\tilde{\bar{\boldsymbol{\eta}}}_k > \varepsilon_2$ then

27： 按 2.2.4 节定义对由具有 $\tilde{\boldsymbol{\delta}}_{C_{cl}^{[i]}}$ 和 $\tilde{\bar{\boldsymbol{\eta}}}_{C_{cl}^{[i]}}$ 的集合 $C_{cl}^{[i]}$ 引起的部分矩阵 $\bar{\boldsymbol{B}}_{C_{cl}^{[i]}}$ 执行密集拟 BFGS 更新

28： end if

29： end if

30： end if

31： end for

32： 计算更新的矩阵 $\boldsymbol{B} = \sum_{i=1}^{N_c} \boldsymbol{B}_{C_{cl}^{[i]}}$

步骤 1 ~ 步骤 14 必须在 NLP 求解过程开始时执行一次，步骤 16 ~ 步骤 32 描述实际更新过程。

9.4 相关研究

本章只介绍了稀疏线性方程求解器的基本原理，这是对算法进行描述所需的。为了这样做，跳过了这些求解器的许多其他关键特性，如超节点、延迟消除和多边形策略。建议读者参阅 Davis[7]、Duff 等[8]、George 和 Liu[12]、Hogg 等[21]与 Pissanetzky[33]等的教科书和著作。

通过种子矩阵给出压缩 Jacobi 矩阵和 Hessian 矩阵计算的基本原理，但是跳过了更先进的技术，如双向分区，其中压缩的 Hessian 矩阵 $\boldsymbol{B} = \boldsymbol{W}^T\boldsymbol{HS}$ 由两个种子矩阵 $\boldsymbol{S}$ 和 $\boldsymbol{W}$ 计算。在许多情况下，通过双向分区可以进一步减少函数计算，但是算法会变得更加复杂。双向分区的描述可以在 Gebremedhin 等[10]和本章的参考文献中找到。

本章还跳过了替换方法，其通过降低结构正交列和对称正交列的条件可以进一步减少必要的函数计算。这些方法的一个缺点是对未压缩 Jacobi 矩阵或 Hessian 矩阵的计算需要求解三角形方程组。因此，必须在函数计算和更复杂的解压缩算法之间找到一种平衡。对这种技术的描述也可以在 Gebremedhin 等[10]的著作及其参考文献中找到。

此外，本章只关注有限差分的导数计算，而忽略了常用的自动微分和更不寻常的复杂步骤的计算，而这两者都非常有效。

实值函数导数数值计算的复数计算的想法可以追溯到 J N Lyness[22]，他为此使用了 Cauchy 积分定理。另一种取决于快速 Fourier 变换的算法由 Fornberg[9] 描述。不幸的是，两种算法都需要许多函数计算才能准确逼近数值导数。

Squire 和 Trapp[37] 与 Martins 等[29] 后来描述了计算一阶导数的一种有效算法，即复数步长算法。与有限差分相比，这种方法的优点是避免了对消误差，使得这种方法比有限差分更加准确。这种方法的一个缺点是，函数计算使用的所有基本运算实现也必须针对复数进行。Lantoine 等[25] 描述了对高阶导数计算的扩展，这需要实现多复数的所有基本运算。

另一种计算导数的有效方法是自动微分（AD），其想法可以追溯到 Nolan[32] 和 Kahrimanian[23] 的研究。Bischof 等[1,2] 描述了利用 FORTRAN 实现的方法，称为 ADIFOR；Griewank 等[19] 描述了利用 C 实现的方法，称为 ADOL - C。在 Griewank 和 Walther[18] 的教科书中，对自动微分提供了详细的描述。

AD 具有很大的优势，即导数的计算是精确的，而不是有限差分的近似，并且可以自动应用稀疏性。要使用 AD，计算期间执行的所有操作都必须重载。AD 可以通过两种模式实现，即前向模式和反向模式。在前向模式中，计算树从叶节点遍历到根（按照函数计算的顺序），并且对内部导数应用链规则。在反向模式中，计算树存储在内存中，从根到叶节点执行导数计算。反向模式计算通常需要较少的函数计算，但是需要更多的内存来存储计算树。

AD 方案的另一个优点是，索引域和非线性交互域的传播可以简单地添加为进一步的运算符重载特性。最近，Gower 和 Mello[17] 引入一种非常快速确定 Hessian 矩阵稀疏模式的反向模式方法，称为边推。

参 考 文 献

1. Bischof CH, Carle A, Corliss GF, Griewank A, Hovland PD (1992) ADIFOR—generating derivative codes from Fortran programs. Sci Program 1(1):11–29
2. Bischof CH, Carle A, Khademi P, Mauer A (1996) ADIFOR 2.0: automatic differentiation of Fortran 77 programs. IEEE Comput Sci Eng 3(3):18–32
3. Cain BE (1980) Inertia theory. Linear Algebr Appl 30:211–240
4. Chabrillac Y, Crouzeix JP (1984) Definiteness and semidefiniteness of quadratic forms revisited. Linear Algebr Appl 63:283–292
5. Coleman TF, Moré JJ (1983) Estimation of sparse Jacobian matrices and graph coloring problems. SIAM J Numer Anal 20(1):187–209
6. Curtis AR, Powell MJD, Reid JK (1974) On the estimation of sparse Jacobian matrices. IMAJ Appl Math 13(1):117–119
7. Davis T (2006) Direct methods for sparse linear systems. Fundamentals of algorithms, Society for Industrial and Applied Mathematics
8. Duff I, Erisman A, Reid J (1986) Direct methods for sparse matrices. Monographs on numerical analysis. Clarendon Press
9. Fornberg B (1981) Numerical differentiation of analytic functions. ACM Trans Math Soft 7(4):512–526. doi:10.1145/355972.355979
10. Gebremedhin AH, Manne F, Pothen A (2005) What color is your Jacobian? graph coloring for computing derivatives. SIAM REV 47:629–705
11. George A (1973) Nested dissection of a regular finite element mesh. SIAM J Numer Anal 10(2):345–363
12. George A, Liu JW (1981) Computer solution of large sparse positive definite. Prentice Hall Professional Technical Reference

13. George A, Liu JW (1989) The evolution of the minimum degree ordering algorithm. Siam Rev 31(1):1–19
14. Gilbert JR (1988) Some nested dissection order is nearly optimal. Inf Process Lett 26(6):325–328
15. Gilbert JR, Tarjan RE (1986) The analysis of a nested dissection algorithm. Numerische Mathematik 50(4):377–404
16. Gill PE, Murray W, Saunders MA (2002) SNOPT: an SQP algorithm for large-scale constrained optimization. SIAM J OPTIM 12(4):979–1006
17. Gower RM, Mello MP (2014) Computing the sparsity pattern of Hessians using automatic differentiation. ACM Trans Math Softw 40(2):10:1–10:15. doi:10.1145/2490254
18. Griewank A, Walther A (2008) Evaluating derivatives: principles and techniques of algorithmic differentiation, 2nd edn, Society for Industrial and Applied Mathematics. SIAM e-books
19. Griewank A, Juedes D, Mitev H, Utke J, Vogel O, Walther A (1999) ADOL-C: a package for the automatic differentiation of algorithms written in C/C++. Technical Report, Institute of Scientific Computing, Technical University Dresden, updated version of the paper published in. ACM Trans Math Softw 22(1996):131–167
20. Heggernes P, Eisesstat S, Kumfert G, Pothen A (2001) The computational complexity of the minimum degree algorithm. Technical Report, DTIC Document
21. Hogg J, Hall J, Grothey A, Gondzio J (2010) High performance cholesky and symmetric indefinite factorizations with applications. University of Edinburgh
22. Lyness JN, Moler CB (1967) Numerical differentiation of analytic functions. SIAM J Numer Anal 4(2):202–210. http://www.jstor.org/stable/2949389
23. Kahrimanian HG (1953) Analytical differentiation by a digital computer. PhD thesis, Temple University
24. Karypis G, Kumar V (1998) A fast and high quality multilevel scheme for partitioning irregular graphs. SIAM J Sci Comput 20(1):359–392
25. Lantoine G, Russell RP, Dargent T (2012) Using multicomplex variables for automatic computation of high-order derivatives. ACM Trans Math Softw 38(3):1–21. doi:10.1145/2168773.2168774
26. Lipton RJ, Rose DJ, Tarjan RE (1979) Generalized nested dissection. SIAM J Numer Anal 16(2):346–358
27. Liu JW (1985) Modification of the minimum-degree algorithm by multiple elimination. ACM Trans Math Softw (TOMS) 11(2):141–153
28. Markowitz HM (1957) The elimination form of the inverse and its application to linear programming. Manag Sci 3(3):255–269
29. Martins JRRA, Sturdza P, Alonso JJ (2003) The complex-step derivative approximation. ACM Trans Math Softw 29(3):245–262. doi:10.1145/838250.838251
30. Mathur R (2012) An analytical approach to computing step sizes for finite-difference derivatives. PhD thesis, University of Texas at Austin
31. McCormick ST (1983) Optimal approximation of sparse Hessians and its equivalence to a graph coloring problem. Math Program 26(2):153–171
32. Nolan JF (1953) Analytical differentiation on a digital computer. PhD thesis, Massachusetts Institute of Technology
33. Pissanetzky S (2014) Sparse Matrix Technology. Elsevier Science
34. Powell M, Toint PL (1979) On the estimation of sparse Hessian matrices. SIAM J Numer Anal 16(6):1060–1074
35. Rose DJ (1972) A graph-theoretic study of the numerical solution of sparse positive definite systems of linear equations. Graph theory and computing 183:217
36. Saad Y (2003) Iterative methods for sparse linear systems, 2nd edn. Society for Industrial and Applied Mathematics
37. Squire W, Trapp G (1998) Using complex variables to estimate derivatives of real functions. SIAM Rev 40(1):110–112. doi:10.1137/S003614459631241X
38. Tarjan RE, Yannakakis M (1984) Simple linear-time algorithms to test chordality of graphs, test acyclicity of hypergraphs, and selectively reduce acyclic hypergraphs. SIAM J Comput 13(3):566–579

39. Tewarson P, (1973) Sparse matrices, Mathematics in Science and Engineering. Elsevier Science
40. Tinney WF, Walker JW (1967) Direct solutions of sparse network equations by optimally ordered triangular factorization. Proc IEEE 55(11):1801–1809
41. Toint PL, Griewank A (1982) On the unconstrained optimization of partially separable objective functions. Nonlinear Optimization. Academic Press, London
42. Walther A (2008) Computing sparse hessians with automatic differentiation. ACM Trans Math Softw 34(1):1–15
43. Yannakakis M (1981) Computing the minimum fill-in is NP-complete. SIAM J Algebr Discret Methods 2(1):77–79

第四部分　混合动力车辆控制建模

第 10 章　作为切换系统的混合动力车辆建模

10.1　引言

原油价格不断上涨、环境问题日益严重以及法律要求越来越严格，迫切需要开发新的动力传动架构，以减少对环境和/或人类健康有害的二氧化碳和其他燃烧产物的排放。在过去几年里，混合动力车辆是取得相当大进展的发展之一。在这种类型的动力传动架构中，将一个附加能源和一个附加转换器组合刀具有油箱和内燃机的传统动力传动中。在大多数情况下，附加能源是高压电池，而附加转换器至少是一个电动机/发电机。为了与其他提出的混合构型区分，如机械、气动[12,33]、液压[14]和燃料电池混合[16]，将具有电动构型的混合动力车辆更准确地称为混合动力电动汽车（HEV）。如果汽车可以使用本地电网在外部再充电，则称为插电式混合动力车辆。

开发 HEV 的一个主要动机是，将纯电动车辆和基于内燃机的传统车辆的优点相结合，以提高燃料经济性。HEV 可以从各种可能性中获益，包括：

1）内燃机的小型化。

2）在减速阶段回收一些能量，而不是将其作为热量在机械摩擦制动器上耗散，制动过程的能量恢复称为回收。

3）通过控制内燃机和电动机/发电机之间的能量分布，优化内燃机效率。

4）当不需要动力时，关闭内燃机，避免发动机怠速。

5）通过交替使用电动机/发电机，消除发动机低效率运行点。

当然，并非所有上述可能性都可以同时使用。例如，出于经济上的考虑，高效率的小型发动机并不需要昂贵的混动化。因此，需要一个很好的平衡。

对于混合动力车辆的设计和控制，设计符合主要物理特征的适当模型是重要的，此过程通常由一组耦合的微分方程、代数方程、静态（非线性）特性和自由度（DOF），以模式转换的形式来建模。混合动力车辆的 DOF 对于实现有效控制是至关重要的，它为控制策略目标的实现提供了多种可能性。这需要将离散决策以离散方程或事件的形式整合到车辆模型中，结合这些模型拟定出混合动力车辆的抽象混合系统模型，这是本章的主题。通过附加包括网络通信、不连续性和嵌入式软件构件，可以获得更广泛的视图。通常将这类系统归类为网络物理系统[34,35]，这种系统会产生更复杂的描述，从而在更高的抽象层次上管理复杂性。

混合动力车辆作为混合动力系统的抽象是双重的。首先，它代表了感兴趣的主要特征，允许只从一个部件的数据表和可重复车辆试验获得的信息来校准这些模型。其次，这些模型具有较低的复杂性，在实时控制的在线求解中易于实现，详见第 11 章和第 12 章。

本章首先通过描述纵向汽车动力学（10.2 节）和主要机电系统部件，包括内燃机、电动机/发电机、变速器和电池，开始建模任务。

然后，将部件级视图更改为系统级视图。存在几种不同的布局，它们在热路径和电路径的能量耦合方法上都不同。在 10.4 节中，将讨论最重要的混合动力构型。动力传动附加的复杂性带来新的自由度，可以用于改善动力传动的整体效率。因此，可以描述为系统的附加控制输入。

许多汽车系统本质上是混合系统，文献报道了许多著名的例子。例如，配备四档手动变速器的汽车在 Van Der Schaft 等的书中被建模为一个切换系统[61]。车辆运动需要在档位之间进行外部强制切换，因而离散决策产生沿着二维连续动态的演变。火花点火（SI）发动机的主要部件是电子节气门，Morari 等将其考虑为混合动力系统[44]，一个明显的例子是多模式内燃机中模式转换的控制[52]。汽车软件通常包含许多滞后因素，以避免在离散决策之间切换。这种不连续性可以表示为混合自动机，具有两个位置和由内部强制切换产生的转换事件，如 Branicky[10] 和 Van Der Schaft 等[61] 所述。

在 10.5 节中，后续章节将所有混合动力车辆模型都描述为切换系统。本书只考虑行为良好的切换系统，这意味着，在感兴趣的时间区间 $[t_0, t_f]$ 内非零序列最多只能切换有限次数。

在 10.6 节中，引入（混合动力）车辆设计和控制的一些重要行驶循环。

10.2　车辆动力学

为了建立车辆纵向动态模型，将车辆表示为一个沿着斜坡行驶移动的刚体，在 x 方向应用 Newton 第二运动定律，得到两个静态平衡方程：

$$\sum F_y(t) = 0 \tag{10.1}$$

$$\sum T(t) = 0 \tag{10.2}$$

式（10.1）的力和式（10.2）的力矩的约束，意味着所有垂直作用的力和力矩都是平衡的。

在图 10.1 中，施加的力和力矩与约束式（10.1）、式（10.2）产生三个常微分方程（ODE）和一个代数方程：

$$m_{ch}\dot{v}_{veh}(t) = F_{wh_x}(t) - F_{g_{veh}}(t) - F_{drag}(t) \tag{10.3}$$

$$m_{wh}\dot{v}_{wh}(t) = F_x(t) - F_{wh_x}(t) - F_{gwh}(t) \tag{10.4}$$

$$0 = F_y(t) - F_{ch_y}(t) - F_{wh_y}(t) \tag{10.5}$$

$$I_{wh}\dot{\omega}_{wh}(t) = T_{wh}(t) - T_{roll}(t) - r_{wh}F_x(t) \tag{10.6}$$

式中，r_{wh}为车轮半径；$\omega_{wh}(\cdot)$ 为车轮角速度；$F_{wh_x}(\cdot)$ 为车轮与车辆之间的纵向相互作用力；$F_{g_{veh}}(\cdot)$ 为重力产生的底盘力；$F_{gwh}(\cdot)$ 为重力产生的车轮力；$F_{drag}(\cdot)$ 为空气阻力；$F_x(\cdot)$ 为牵引力；$F_y(\cdot)$ 为法向力；I_{wh}为车轮转动惯量；m_{ch}为底盘质量；m_{wh}为车轮质量；$T_{roll}(\cdot)$ 为车轮与道路接触点的滚动摩擦力矩；$T_{wh}(\cdot)$ 为所需的车轮力矩。

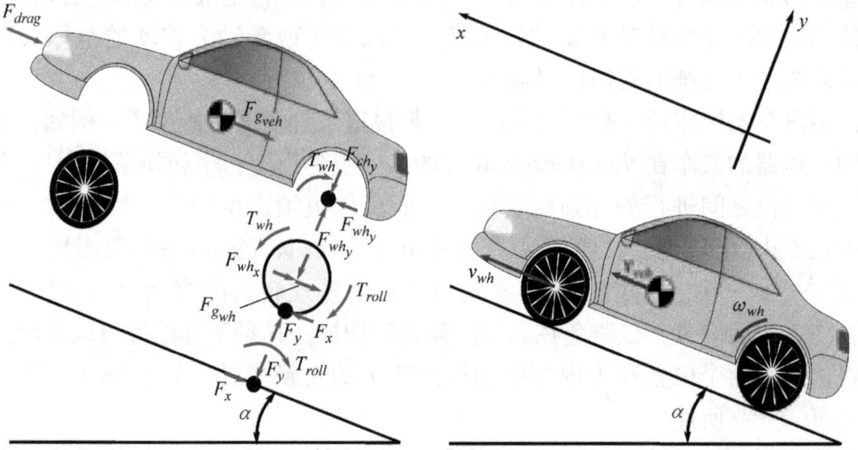

图 10.1　车辆上施加的力和力矩

x 方向的力

当车辆转向时，车轮之间的速度不同。为简单起见，假设车轮的速度是相等的。此外，还假设不发生滑动，即车轮速度和车速相同：

$$v(t) = v_{wh}(t) = v_{veh}(t) \tag{10.7}$$

使用式（10.7），可以将式（10.3）和式（10.4）加在一起获得加速度力：

$$m\dot{v}(t) = F_x(t) - F_g(t) - F_{drag}(t) \tag{10.8}$$

整车质量为

$$m = m_{ch} + m_{wh}$$

所需的车轮力矩 $T_{wh}(\cdot)$ 和滚动阻力矩 $T_{roll}(\cdot)$ 可以表示为

$$F_{wh}(t) = \frac{T_{wh}(t)}{r_{wh}} \tag{10.9}$$

$$F_{roll}(t) = \frac{T_{roll}(t)}{r_{wh}} \tag{10.10}$$

将式（10.9）和式（10.10）代入式（10.6），得到常微分方程（ODE）：

$$I_{wh}\dot{\omega}_{wh}(t) = r_{wh}(F_{wh}(t) - F_{roll}(t) - F_x(t)) \tag{10.11}$$

假设车轮在行驶时没有变形和滑动，即

$$v(t) = r_{wh}\omega_{wh}(t)$$

刚性耦合式（10.8）和式（10.11），获得用于纵向汽车运动的ODE：

$$\left(m + \frac{I_{wh}}{r_{wh}^2}\right)\dot{v}(t) = F_{wh}(t) - F_{drag}(t) - F_g(t) - F_{roll}(t) \tag{10.12}$$

其可以等效表示为

$$\widetilde{m}\dot{v}(t) = F_{wh}(t) - F_w(t) \tag{10.13}$$

其中

$$F_w(t) = F_{drag}(t) + F_g(t) + F_{roll}(t)$$

是总阻力，并且

$$\widetilde{m} = m + \frac{I_{wh}}{r_{wh}^2}$$

是有效的惯性。

式（10.12）中的项含义如下：

1）$F_{drag}(\cdot)$ 为空气阻力，近似为

$$F_{drag}(t) = \frac{1}{2}\rho_{air}c_w A_{sec}v^2(t)$$

式中，c_w 为空气阻力系数；A_{sec} 为车辆最大迎风面积；ρ_{air} 为空气的密度。

空气阻力系数取决于车辆的形状，因此也取决于外部环绕流和通过车辆的流动，后者用于发动机冷却和空调。

2）$F_{roll}(\cdot)$ 为滚动阻力，近似为

$$F_{roll}(t) = \frac{T_{roll}(t)}{r_{wh}} = F_y(t)c_r(v(t))$$

式中，$c_r(\cdot)$ 为滚动系数，取决于轮胎和轮胎压力，随着车速增加而增加。

3）$F_g(\cdot)$ 为重力，表示为

$$\begin{aligned} F_g(t) &= F_{gch}(t) + F_{gwh}(t) \\ &= (m_{ch} + m_{wh})g\sin\alpha(t) \\ &= mg\sin\alpha(t) \end{aligned}$$

式中，$\alpha(\cdot)$ 为道路坡度。

4）$F_a(\cdot)$ 为加速阻力，由下式给出：

$$F_a(t) = \left(m + \frac{I_{wh}}{r_{wh}^2}\right)\dot{v}(t)$$

为了简化符号，加速阻力可以改写为

$$F_a(t) = \gamma_m m\dot{v}(t)$$

其中，有效惯性与车辆质量的比率称为质量因子，即

$$\gamma_m = \frac{\tilde{m}}{m} = 1 + \frac{I_{wh}}{mr_{wh}^2}$$

注释 10.1：实际上，由于轴承摩擦和轮胎弹性等因素，难以确定空气阻力和滚动阻力。因此，通常用车速的二次多项式来描述这些项：

$$F_{drag}(t) + F_{roll}(t) \approx a_2 v^2(t) + a_1 v(t) + a_0$$

式中，系数 a_0、a_1 和 a_2 通常由底盘测功机上的滑行试验确定。

在滑行测试中，关闭发动机的燃料供应，让车辆在气动阻力和滚动阻力的作用下减速。

***y* 方向的力**

法向力由下式给出：

$$F_y(t) = m_{ch} g\cos\alpha(t) + m_{wh} g\cos\alpha(t) = mg\cos\alpha(t)$$

一个重要因素是 x 方向的摩擦系数或轮胎 - 路面摩擦系数，通过比值描述：

$$\mu_x = \frac{F_x}{F_y}$$

其描述了可以在车辆上施加的牵引力，这个因素取决于轮胎滑转[50]。

10.3 机电系统

本节将导出许多不同混合动力系统中使用的主要机电系统。

对机电系统进行建模有两种基本方法。理论模型基于能量、质量和脉冲平衡方程、本构方程、不可逆过程的唯象和熵平衡方程，以及过程元素的耦合方程原理建立[26]。理论模型包含物理数据及其参数之间的功能描述，因此称为白箱建模技术。相反，黑箱建模假设所考虑的过程是完全或部分未知的，并且试验获得的数据可以用于描述具有数字驱动参数的过程，它与物理数据的功能关系仍然是未知的。在白箱和黑箱之间，还存在许多灰箱建模技术。

与空间和时间有关的系统通常由偏微分方程控制。对于可以忽略空间相关性的情况，系统简化为具有集总参数的常微分方程。

计算模型设计的一种典型方法是关注对系统行为有重大影响的动态。根据建模深度的不同，可以得到静态、准静态、低频动态模型和高频动态模型，这导致模型的复杂性变化很大。例如，存在丰富的内燃机模型，可以分为曲柄角分解或曲柄角平均，甚至准静态模型[27]。同样的类比也适用于电机和电池等。

本节提出的内燃机、电机、变速器和电池模型，可以归类为具有集总参数的准静态灰箱模型。这类模型的推导集中于提供一种简单的表示，可以很容易地校准，但是仍然是物理上可以解释的，而且是成本上可以负担的。请注意，需要在模型目标的上下文中解读“可以负担”的。不需要通过解析或微分方程来模拟所有的物

理效应，否则将产生比所需更复杂和难以校准的模型。一些非线性效应可以很容易通过多项式或样条函数映射。在系统建模中，没有考虑标准线性查找表，因为它会在网格点处引入不可微性，这是由于分段线性插值特性阻止了计算效率高的优化过程，如序列二次规划。

在 10.5.2 节中，提出了一种用于排放控制的动态内燃机模型。该模型解决了充气和点火角问题，需要从其他子系统获得若干连续状态，包括离散决策等。组合模型形成一个完整的（混合动力）车辆，因此将在本章后面讨论。

10.3.1　内燃机

混合动力车辆可以使用不同类型的内燃机（ICE），以便开发利用其燃料效益，但是活塞发动机是最常用的发动机类型。活塞基本上通过气体压力产生的活塞运动来定义，可以通过过程管理类型来区分。柴油发动机或汽油发动机被归类为开式过程，而 Stirling 发动机被归类为闭式过程。尽管活塞发动机的技术高度成熟，但是只有一小部分燃料能量转化为有效机械功。发动机损失的主要来源可以归纳为：

1）废气（超过 50%）。

2）不理想的燃烧。

3）泄漏。

4）热损失。

5）气体交换。

6）发动机摩擦、支撑驱动和侧面聚合。

这些损失因发动机类型而异。特别是在部分负荷下，柴油发动机的损失明显低于汽油发动机。读者可以参考 Kiencke 和 Nielsen[30] 了解更多细节。

本书只关注配备汽油发动机的混合动力车辆。因此，使用通用术语“内燃机”简写为 ICE，表示只涉及汽油发动机。

10.3.1.1　发动机的准静态建模

发动机解析模型是很难获得的。因此，通常使用 map 图来描述 IC 发动机的燃料消耗。一个重要的 map 图是制动比燃料消耗（BSFC）图，它可以通过发动机试验台上的经验程序确定，或者也可以通过一些软件包计算。对于这两个程序，所获得的 map 图只对发动机热态运行有效。

汽油发动机作为燃料转换器产生机械输出功率，其热力学效率由机械输出功率与燃料热值的比值来定义：

$$\eta_{ice}(t) = \frac{\omega_{ice}(t)T_{ice}(t)}{\dot{Q}_{fuel}(t)} \tag{10.14}$$

式中，$\omega_{ice}(t)$ 为发动机角速度；$T_{ice}(t)$ 为发动机输出转矩（有效转矩）；$\dot{Q}_{fuel}(t)$ 为与质量流相关的焓流，有

$$\dot{m}_{fuel}(t) = \frac{\dot{Q}_{fuel}(t)}{H_l}$$

式中，H_l 为燃料的低热值，单位为 MJ/kg，其描述了相对于所用物质的反应焓。

提供的总燃料能量是焓流的时间积分：

$$Q_{fuel}(t) = H_l\int_{t_0}^{t}\dot{m}_{fuel}(\tau)\mathrm{d}\tau$$

使用光滑的制动比燃料消耗 map 图和自然常数的乘积 γ_f，以升为单位的 ICE 燃料消耗可以通过微分方程计算：

$$\dot{\beta}(t) = \gamma_f\zeta(t)\mathrm{bsfc}(T_{ice}(t),\omega_{ice}(t))T_{ice}(t)\omega_{ice}(t) \tag{10.15}$$

$$\beta(t_0) = 0 \tag{10.16}$$

$\zeta(\cdot)$ 用于模拟燃油喷射开/关命令的开关。制动比燃料消耗 map 图 bsfc：$R\geqslant 0\times R\geqslant 0\rightarrow R\geqslant 0$ 由参数转矩和速度的光滑函数表示，如 B 样条或张量积样条，通常与温度无关，并且只对热态发动机有效，即 $\vartheta_{cw}(t) = 90℃$ 的冷却液。如有必要，可以引入预热校正系数以解决预热损失，见 10.3.1.2 节。

发动机效率通常以等势曲线的形式描述，如图 10.2 所示。

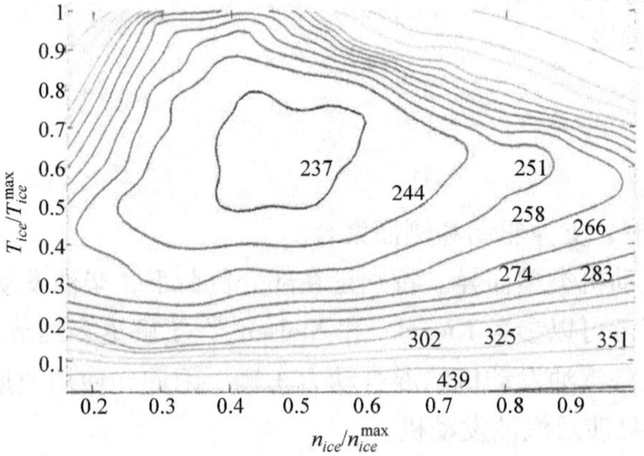

图 10.2　直接喷射火花点火发动机的制动比燃料消耗 map 图（g/kW·h）

消耗主要是以每单位功的燃料量 g/kW·h 给出的，其可以用 SI 单位重新表示为

$$1\left(\frac{\mathrm{g}}{\mathrm{kW\cdot h}}\right) = 1\left(\frac{\mathrm{g}}{3.6\mathrm{MJ}}\right) = 0.278\left(\frac{\mathrm{kg}}{\mathrm{GJ}}\right)$$

利用反应焓 H_l，燃料消耗可以直接转换成发动机效率 $\eta_{ice}(\cdot)$。例如，对于汽油发动机，优质汽油的低热值是 $H_l = 41.8$（MJ/kg）。在图 10.2 中，最优工作点的燃料消耗效率为

$$\eta_{ice} = \frac{1}{237\left(\frac{\mathrm{g}}{\mathrm{kW\cdot h}}\right)\times 41.8\left(\frac{\mathrm{MJ}}{\mathrm{kg}}\right)} = \frac{1}{66.72\left(\frac{\mathrm{kg}}{\mathrm{GJ}}\right)\times 41.8\left(\frac{\mathrm{MJ}}{\mathrm{kg}}\right)} = 0.363$$

注释 10.2：IC 发动机不能自行起动，其需要一个辅助设备，在中度混合动力车辆中以传动带驱动的起动/发电机形式出现，或者在全混合动力车辆中以电动驱动电动机形式出现。在两种情况下，发动机被带动至一定的转速，通常为500r/min，燃料喷射开始。

然而，IC 发动机的每次起动都会导致更多的喷射燃料量的额外损失，以确保第一次旋转中发动机产生稳定的燃烧过程，应用更大的电动力矩以克服静摩擦和压缩功。如果其中一个气缸的活塞必须在喷射开始之前完全移动到上止点位置，则后者可以产生大的分离力矩。这些效应需要使用力学和热力学中的第一原理深入理解燃烧过程，而其超出本书的范围。然而，通过积累所有损失贡献，这些影响可以简单地建模为瞬时发动机起动损失，如 10.5.1 节所示。

运行工况：

发动机的可行运行范围是有限的。因此，控制策略的任务是速度和转矩满足如下约束：

$$\omega_{ice}^{\min} \leqslant \omega_{ice}(t) \leqslant \omega_{ice}^{\max}$$

$$T_{ice}^{\min} \leqslant T_{ice}(t) \leqslant T_{ice}^{\max}(\omega_{ice}(t))$$

发动机转矩上限 $T_{ice}^{\max}(\cdot)$ 的函数可以通过二阶多项式[50]或样条来近似。在发动机低转速运行过程中，由于 ICE 的不稳定燃烧过程，禁止从发动机静止（$\omega_{ice}(t)=0$）起动汽车，可以考虑以下约束：

$$\zeta(t)=0,\forall t \in [t_0,t_f]\omega_{ice}(t) \leqslant \omega_{ice}^{\min} \tag{10.17}$$

Willans 线方法：

建立 ICE 效率模型的另一种方法是使用 Willans 线方法[69,20,72]。该方法通过提出的化学输入能量与机械输出能量之间关系近似：

$$T_{ice}(t)\omega_{ice}(t)=e_{ice}(\omega_{ice}(t))\dot{Q}_{fuel}(t)-P_{ice,loss}(t) \tag{10.18}$$

式中，$e_{ice}(\cdot)$ 为热力学能量转换的效率。

然而，由于 $e_{ice}(\cdot)$ 和 $P_{ice,loss}(\cdot)$ 之间的强非线性行为，输入和输出功率的关系不是线性相关。通过将式（10.18）两边除以 $\omega_{ice}(\cdot)$ 和引入如下关系：

$$p_{me}(t)=\frac{4\pi}{V_d}T_{ice}(t)$$

$$p_{mf}(t)=\frac{4\pi}{V_d}\frac{\dot{Q}_{fuel}(t)}{c_m(t)}$$

$$c_m(t)=\frac{S}{\pi}\omega_{ice}(t)$$

在所谓标准化变量中，产生一种 Willans 关系：

$$p_{me}(t)=e_{ice}(c_m(t))p_{mf}(t)-p_{me0}(c_m(t))$$

式中，$p_{me}(\cdot)$ 为制动平均有效压力；$p_{mf}(\cdot)$ 为燃料平均有效压力，是通过燃烧具有较低热值 H_l 和 $p_{me0}(\cdot)$ 的质量 $m_{fuel}(\cdot)$ 达到热力学效率为 100% 的发动机压力，说明了发动机中所有机械摩擦和气体交换；S 为活塞冲程；V_d 为总排量。

如果假设 $p_{me0}(c_m(t))=0$，则可以重新定义热力学效率式（10.14）为

$$\eta_{ice}(t)=\frac{p_{me}(t)}{p_{mf}(t)}$$

10.3.1.2 具有冷却液和三元催化转化器温度的发动机扩展准静态建模

基于相似性原理，Boehme[8]等给出了一个简单的模型来说明发动机和催化转化器的预热。为了考虑发动机预热，扩展燃料微分方程（10.15），加入取决于冷却液的预热修正系数 $CF_{fc}(\cdot)$。然后，可以很容易描述与温度相关的燃料率：

$$\begin{aligned}\dot{\beta}(t)&=\gamma_f\zeta(t)CF_{fc}(\vartheta_{cw}(t))\mathrm{bsfc}(T_{ice}(t),\omega_{ice}(t))T_{ice}(t)\omega_{ice}(t)\\\beta(t_0)&=0\end{aligned}\tag{10.19}$$

式中，$\vartheta_{cw}(t)$ 为冷却液的温度。

通过假设相对气缸充量 $m_{cyl}(\cdot)$、气缸内平均温度 $\vartheta_{cyl}(\cdot)$ 和原始排气温度 $\vartheta_{exh}(\cdot)$ 可以分别通过 map 图表示，即 m_{cyl}（$T_{ice}(t)$，$\omega_{ice}(t)$）、ϑ_{cyl}（$T_{ice}(t)$，$\omega_{ice}(t)$，$\zeta(t)$）和 ϑ_{exh}（$T_{ice}(t)$，$\omega_{ice}(t)$，$\zeta(t)$），不需要对气缸壁、排气门、排气歧管和涡轮的温度损失进行显式建模。冷却液的当前温度和三元催化转化器的温度（TWC）$\vartheta_{twc}(\cdot)$ 可以用两个非线性一阶 ODE 近似：

$$\begin{aligned}\dot{\vartheta}_{cw}(t)=&\,c_1CF_{d\vartheta}(\vartheta_{cw}(t))\dot{m}_{cyl}(T_{ice}(t),\omega_{ice}(t))[\vartheta_{cyl}(T_{ice}(t),\omega_{ice}(t),\zeta(t))-\\&\vartheta_{cw}(t)]-c_2[\vartheta_{cw}(t)-\vartheta_{amb}(t)]\\\dot{\vartheta}_{twc}(t)=&\,c_1\dot{m}_{cyl}(T_{ice}(t),\omega_{ice}(t))[\vartheta_{exh}(T_{ice}(t),\omega_{ice}(t),\zeta(t))-\\&\vartheta_{twc}(t)]-c_2[\vartheta_{twc}(t)-\vartheta_{amb}(t)]\end{aligned}\tag{10.20}$$

式中，$CF_{fc}(\cdot)$、$CF_{d\vartheta}(\cdot)$、c_1 和 c_2 为由 ICE 试验台收集的测量数据确定的系数。

在行驶循环开始时，将 TWC 加热到起燃温度是绝对必要的，这需要 ICE 起动以产生大量的热废气。通过复杂的车载功能评估，ECU 负责计算起燃点。在 11.2 节中，提出一种分析模型来说明这种车载功能，而反过来又需要大量的计算资源。从实际的角度来看，还可以估计要接通发动机的最小持续时间，以实现 TWC 对于期望的发动机类型和冷却系统的安全加热。如果是这样，附加约束确保发动机起动，即

$$\zeta(t)=1,t\in[t_{twc,0},t_{twc,f}]$$

式中，$t_{twc,0}$ 和 $t_{twc,f}$ 分别为 TWC 加热的开始和结束时间。

10.3.2 电机

根据汽车概念，可以使用不同的电机，也称为电动机/发电机（MG）。目前，混合动力车辆或电动车辆中的驱动电机主要是永磁同步电机（PMSM）和异步电机（ASM）。前者的优势在于其高效率和良好的可控性，这使得其成为（插电式）混合动力车辆（HEV）或纯电动车辆（BEV）应用的极具吸引力的候选者[11]，而后者通常用于重点关注成本和稳健操作的车辆应用。与 PMSM 相比，ASM 的一个主

要缺点是在车辆中需要更大的安装空间。开关磁阻电机只在原型车辆中进行过测试，直流电机只用于特殊应用。

本书只考虑 PMSM，因为其在（插电式）HEV 和 BEV 中应用广泛。功能布局由固定部件（定子）和旋转部件（转子）组成。通常，向定子提供电力或由定子输出电力，并且将机械动力输出到转子或由转子输出。运行状态 T/n 必须在额定值和标称值之间进行区分。可以永久调整额定值，如最大力矩 $T_{\min}^{\max}$ 和最大功率 $P_{\min}^{\max}$ 。然而，标称值只在短时间内调整，如额定力矩 T_{mg}^{n} 和额定功率 P_{mg}^{n} 。因此，为了正确设计区分永久额定运行极限和瞬态额定运行极限是非常重要的。为此，汽车应用通常在两个极限之间产生几个操作限制，以支持低动态控制回路和高动态控制回路。

可以区分两种基本工作状态方案，如图 10.3 所示。第一，基本转速范围。这个范围的特征是，对于从零开始的每个速度，可以调节额定力矩 $T_{mg}^{\max}$ 。对于恒定的 $T_{mg}^{\max}$ ，转速增加，机械功率线性增加，直至达到额定功率。此时的转速称为基速：

$$\omega_{mg}^{base} = \frac{P_{mg}^{\max}}{T_{mg}^{\max}}$$

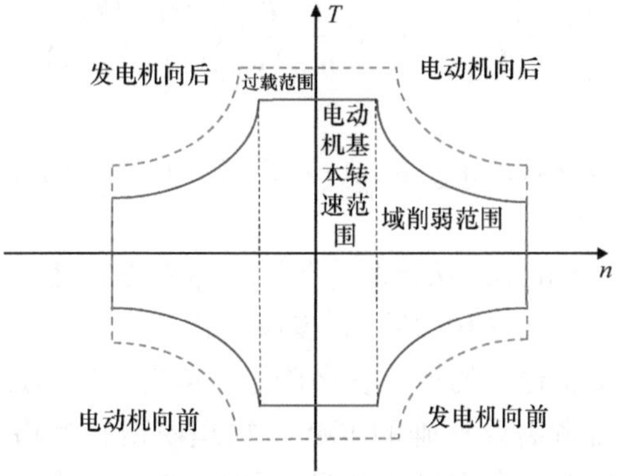

图 10.3　电机的运行图：显示 MG 的四个象限的运行情况，这意味着机器可以对两个旋转方向（向前和向后）进行加速和减速

其在为所需的纵向车辆动力学适当地设计 MG 方面起着重要作用。第二，在连续运行中，不得超过额定功率。为了获得更高的转速，必须降低额定力矩：

$$T_{mg}^{\max}(\omega_{mg}(t)) = \frac{P_{mg}^{\max}}{\omega_{mg}(t)}, \omega_{mg}(t) > \omega_{mg}^{base}$$

这一区域称为恒定功率范围，是通过弱磁来实现的，弱磁范围主要取决于功率逆变器的性能。当 MG 的转速增加时，施加到电动机的电压必须相应增加，以抵消定子绕组中速度比例感应引起的反电磁力。当转速达到额定电压时，施加到 MG 的电压不能进一步增加以维持定子电流从而产生力矩。通过改变基速与最大转速的比

率，可以影响这种特性，即

$$b_{mg} = \frac{\omega_{mg}^{base}}{\omega_{mg}^{\max}}$$

PMSM 的这个比例位于经验确定的区域是可以接受的[6]，即

$$0.2 \leqslant b_{mg} \leqslant 0.6 \tag{10.21}$$

通过对一系列 PMSM 的分析，这一假设得到试验验证。

限制参数是温度、机械稳定性和使用寿命。如果机器受到超过允许值的应力，则由于电流过高而发生热过载。例如，绕组绝缘材料在约 180℃时熔化。

根据设计和尺寸，过载功能通常允许操作的倍数从 1～4。这意味着，MG 可以处理其标称负载 4 倍的短期负载。

研究发现 $P_{mg}^{\max}$ 和 b_{mg} 是调整额定力矩 $T_{mg}^{\max}(\cdot)$ 的设计参数。接下来的两节描述 MG 在额定力矩极限内的效率。第一种方法使用平稳的效率图，第二种方法在物理上更接近这个目标。

10.3.2.1 电动机/发电机的准静态建模

当稳态形式效率图 $\eta_{mg}(\omega_{mg}(t), T_{mg}(t)) < 1$，$\forall \omega_{mg}$，$T_{mg}$ 可用时，电功率 $P_1(\cdot)$ 可以计算为

$$P_1(t) = \frac{P_2(t)}{\eta_{mg}(\omega_{mg}(t), T_{mg}(t))} = \frac{T_{mg}(t)\omega_{mg}(t)}{\eta_{mg}(\omega_{mg}(t), T_{mg}(t))}, \qquad P_2(t) > 0 \tag{10.22}$$

$$P_1(t) = P_2(t)\eta_{mg}(\omega_{mg}(t), T_{mg}(t)), \qquad P_2(t) < 0 \tag{10.23}$$

式中，$P_2(\cdot)$ 为机械功率。

效率图 η_{mg}：$R \geqslant 0 \times R \geqslant 0 \to R \geqslant 0$ 通常只对热操作有效。第一种情况（10.22）是电动机运行，第二种情况（10.23）是发电机运行。

效率图可以通过试验台上的经验程序确定，或者可以通过一些软件包计算，如有限元法计算软件。后者需要精确的 PMSM 物理模型和严格的控制方案。这反过来需要理解对工作原理有一个很好的了解，只有在需要理解更深层次的物理观点时才变得有价值。

类似于 IC 发动机，Willans 方法可以用于描述 MG 的效率。对于电动机/发电机，这种方法采用的形式为

$$P_2(t) = e_{mg}(\omega_{mg}(t))P_1(t) - P_0$$

式中，P_0 为能量转换后的累计功率损耗，如摩擦、热损失等；$e_{mg}(\cdot)$ 为指示的效率，即 P_0 为零时的最大效率。

重新表示，有

$$e_{mg}(\omega_{mg}(t)) = \frac{P_2(t) + P_0}{P_1(t)}$$

其等价于

$$\eta_{mg}(\omega_{mg}(t),T_{mg}(t)) = e_{mg}(\omega_{mg}(t)) - \frac{P_0}{P_1(t)}$$

10.3.2.2　基于物理的电动机/发电机准静态建模

通过考虑定子框架（a-，b-，c-）中的相位变量的电动力学方程，可以导出更具有物理动机的模型，可以方便地用矩阵形式表示为

$$\boldsymbol{V}_{abc}^{s} = \begin{bmatrix} V_a^s(t) \\ V_b^s(t) \\ V_c^s(t) \end{bmatrix} = \mathrm{diag}[R_s\ R_s\ R_s]\begin{bmatrix} I_a^s(t) \\ I_b^s(t) \\ I_c^s(t) \end{bmatrix} + \frac{\mathrm{d}\boldsymbol{\Psi}_{abc}^{s}}{\mathrm{d}t} \tag{10.24}$$

式中，$V_a^s(\cdot)$、$V_b^s(\cdot)$ 和 $V_c^s(\cdot)$ 为 a、b 和 c 端子的电压；$I_a^s(\cdot)$、$I_b^s(\cdot)$ 和 $I_c^s(\cdot)$ 为 a、b 和 c 定子的电流；R_s 为定子绕组各相的唯一定子电阻。

磁链以定子电流表示为

$$\boldsymbol{\Psi}_{abc}^{s} = \begin{bmatrix} \Psi_a^s(t) \\ \Psi_b^s(t) \\ \Psi_c^s(t) \end{bmatrix} = \begin{pmatrix} L_{aa}(\theta(t)) & L_{ab}(\theta(t)) & L_{ac}(\theta(t)) \\ L_{ab}(\theta(t)) & L_{bb}(\theta(t)) & L_{bc}(\theta(t)) \\ L_{ac}(\theta(t)) & L_{bc}(\theta(t)) & L_{cc}(\theta(t)) \end{pmatrix}\begin{bmatrix} I_a^s(t) \\ I_b^s(t) \\ I_c^s(t) \end{bmatrix} + \begin{bmatrix} \Psi_{ma}(\theta(t)) \\ \Psi_{mb}(\theta(t)) \\ \Psi_{mc}(\theta(t)) \end{bmatrix} \tag{10.25}$$

式中，$\theta(\cdot)$ 为以 rad 为单位的转子角度；$L_{aa}(\cdot)$、$L_{bb}(\cdot)$ 和 $L_{cc}(\cdot)$ 为定子的自感；$L_{ab}(\cdot)$、$L_{bc}(\cdot)$ 和 $L_{ac}(\cdot)$ 为互感。

自感表示为

$$L_{aa}(\theta(t)) = L_{0s} + L_{sl} + L_{2s}\cos(2\theta(t))$$

$$L_{bb}(\theta(t)) = L_{0s} + L_{sl} + L_{2s}\cos\left(2\theta(t) + \frac{2}{3}\pi\right)$$

$$L_{cc}(\theta(t)) = L_{0s} + L_{sl} + L_{2s}\cos\left(2\theta(t) - \frac{2}{3}\pi\right)$$

互感表示为

$$L_{ab}(\theta(t)) = -\frac{1}{2}L_{0s} + L_{2s}\cos\left(2\theta(t) - \frac{2}{3}\pi\right)$$

$$L_{bc}(\theta(t)) = -\frac{1}{2}L_{0s} + L_{2s}\cos(2\theta(t))$$

$$L_{ac}(\theta(t)) = -\frac{1}{2}L_{0s} + L_{2s}\cos\left(2\theta(t) + \frac{2}{3}\pi\right)$$

式中，L_{sl}为定子的泄漏；L_{0s}和 L_{2s}为定子绕组的磁化电感分量。

由转子磁体确定的峰值磁链 $\psi_{ma}(\cdot)$、$\psi_{mb}(\cdot)$ 和 $\psi_{mc}(\cdot)$ 定义为

$$\Psi_{ma}(\theta(t)) = \Psi_m\cos(\theta(t))$$

$$\Psi_{mb}(\theta(t)) = \Psi_m\cos\left(\theta(t) - \frac{2}{3}\pi\right)$$

$$\Psi_{mc}(\theta(t)) = \Psi_m\cos\left(\theta(t) + \frac{2}{3}\pi\right)$$

由式（10.25）可以看出，电感是转子位置的函数和（假设转子正在旋转）时间的函数，这意味着电感参数不断变化——在目前形式上，空间使得电机的分析非常困难。通常称为 Clark 变换和 Park 变换的两个变换允许定子电压、电流和电感被变换到参考系中，其中电感不再随着转子的位置而变化。同时应用两个变换，获得一个（3×3）变换矩阵：

$$\boldsymbol{T}(\theta(t))_{abc\to dq0}=\frac{2}{3}\begin{pmatrix}\cos(\theta(t)) & \cos\left(\theta(t)-\frac{2}{3}\pi\right) & \cos\left(\theta(t)+\frac{2}{3}\pi\right)\\ \sin(\theta(t)) & \sin\left(\theta(t)-\frac{2}{3}\pi\right) & \sin\left(\theta(t)+\frac{2}{3}\pi\right)\\ 1/2 & 1/2 & 1/2\end{pmatrix} \tag{10.26}$$

由于变换是线性的，并且 $T(\theta(t))_{abc\to dq0}$ 是满秩的，因此其逆变换存在，定义为

$$\boldsymbol{T}(\theta(t))_{dq0\to abc}=\boldsymbol{T}(\theta(t))^{-1}_{abc\to dq0}$$

$$=\begin{pmatrix}\cos(\theta(t)) & \sin(\theta(t)) & 1\\ \cos\left(\theta(t)-\frac{2}{3}\pi\right) & \sin\left(\theta(t)-\frac{2}{3}\pi\right) & 1\\ \cos\left(\theta(t)+\frac{2}{3}\pi\right) & \sin\left(\theta(t)+\frac{2}{3}\pi\right) & 1\end{pmatrix}$$

将式（10.26）应用于式（10.24）和式（10.25）描述的系统，在转子框架中得到一组简单但耦合的微分方程：

$$\frac{\mathrm{d}I_q^r}{\mathrm{d}t}=\frac{V_q^r(t)-R_sI_q^r(t)-\omega(t)L_dI_d^r(t)-\omega(t)\Psi_m}{L_q} \tag{10.27}$$

$$\frac{\mathrm{d}I_d^r}{\mathrm{d}t}=\frac{V_d^r(t)-R_sI_d^r(t)+\omega(t)L_qI_q^r(t)}{L_d} \tag{10.28}$$

式中，$\omega(\cdot)$ 为电气系统的角频率，如图 10.4 所示。

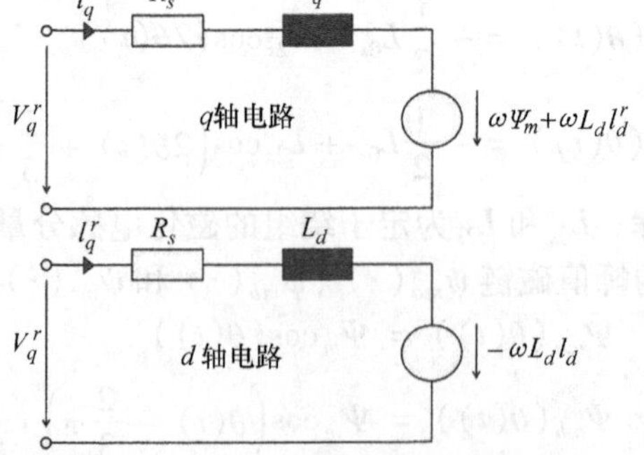

图 10.4　PMSM 的等效电路模型：速度电压项 $\omega(t)L_dI_d^r(t)$ 出现在 $V_d^r(\cdot)$ 方程中，因而系统方程式（10.27）和式（10.28）是线性但耦合的

轴上的机械角速度 $\omega_{mg}(\cdot)$ 和 $\omega(\cdot)$ 的关系与 PMSM 的极对数 p 有关：

$$\omega(t) = p\omega_{mg}(t)$$

注释 10.3：一些关于变换的评论：

1）人工电流 $I_q^r(\cdot)$ 和 $I_d^r(\cdot)$ 产生与定子 a、b 和 c 的电流相同的磁通。

2) L_d 是纵向（d 轴）电感，L_q 是横向（q 轴）电感。

3）q 轴的磁链为 $\psi_q(t) = L_q I_q^r(t)$，d 轴的磁链为 $\psi_d(t) = L_d I_d^r(t) + \psi_m$。

4）$-\omega(t)\psi_q(t) = -\omega(t)L_q I_q^r(t)$ 和 $\omega(t)\psi_d(t) = -\omega(t)L_d I_d^r(t)$ 称为速度电压。

对于平稳运行，耦合微分方程（10.27）–(10.28）简化为

$$V_q^r(t) = R_s I_q^r(t) + \omega(t)L_d I_d^r(t) + \omega(t)\Psi_m \tag{10.29}$$

$$V_d^r(t) = R_s I_d^r(t) - \omega(t)L_q I_q^r(t) \tag{10.30}$$

然后，功率逆变器两侧的功率平衡产生的功率为

$$P_1(t) = \frac{3}{2}(V_q^r(t)I_q^r(t) + V_d^r(t)I_d^r(t)) + P_{loss,c} \tag{10.31}$$

式中，$P_{loss,c}$ 为逆变器的功率损耗；因子 3 考虑了 a、b 和 c 相的功率项（1/2 是峰值转换为有效值的因子）。

式（10.31）的第一项表示供给电机的电功率。忽略式（10.29）和式（10.30）中的欧姆电压降，轴上的机械功率由下式给出：

$$\begin{aligned}&\frac{3}{2}[(\omega(t)L_d I_d^r(t) + \omega(t)\Psi_m)I_q^r(t) - \omega(t)L_q I_q^r(t)I_d^r(t)]\\&= T_m(t)\omega_{mg}(t) = \frac{1}{p}T_m(t)\omega(t)\end{aligned} \tag{10.32}$$

重新表示式（10.32）揭示出横向电感与纵向电感的可能不对称性：

$$T_m(t) = \frac{3}{2}p\left[\Psi_m I_q^r(t) + \underbrace{(L_d - L_q)I_d^r(t)I_q^r(t)}_{\text{磁阻力矩}}\right] \tag{10.33}$$

这会产生额外的磁阻力矩。具有这种特性的电机采用埋入式磁铁，称为内永磁同步电机（IPMSM）。IPMSM 驱动是 HEV/BEV 应用的首选，因为其具有高的机械和热稳定性。在式（10.33）中，对于 q 轴和 d 轴电感相等（即 $L_q = L_d = L_s$）的情况，转子轴处产生的力矩减小到

$$T_m(t) = \frac{3}{2}p\Psi_m I_q^r(t) \tag{10.34}$$

具有这种特性的电机采用表面安装的磁铁，因此称为表面永磁同步电机。将 Newton 第二定律应用于电机轴产生

$$\frac{\mathrm{d}\omega_{mg}}{\mathrm{d}t} = \frac{T_m(t) - T_{mg}(t)}{I_{mg}}$$

式中，$T_{mg}(\cdot)$ 为作用在转子轴上的负载力矩；I_{mg} 为电机的转动惯量。

在准静态情况下，使用稳态方程式（10.29）和式（10.30）以及转子轴处的

力矩（10.34），即 $T_m(t) = T_{mg}(t)$，力矩方程可以表示为设计参数 R_s、Ψ_m 和 L_s 的函数：

$$T_{mg}(t) = \frac{3}{2}p\Psi_m \frac{V_q^r(t)R_s - \rho\omega(t)L_sV_d^r(t) - p\omega(t)R_s\Psi_m}{R_s^2 + p^2L_s^2\omega^2(t)} \tag{10.35}$$

可以应用式（10.22）、式（10.23）和式（10.35）推导 PM 同步电机效率的物理表达式。然而，这将需要知道 q 轴和 d 轴电压的知识，反过来又需要了解功率逆变器和逆变器开关触发的知识（用于高功率电平的栅极关断晶闸管或用于中等功率电平的绝缘栅双极晶体管）。一种特殊但常见的方法是考虑所谓的三相逆变器的共同工作模式[20]。通过这种简化，假设 d 轴电压 $V_d^r(\cdot)$ 为零，式（10.35）简化为

$$T_{mg}(t) = \frac{3}{2}p\Psi_m\left(\frac{V_q^r(t)R_s}{R_s^2 + L_s^2p^2\omega^2(t)} - \frac{p\omega(t)R_s\Psi_m}{R_s^2 + L_s^2p^2\omega^2(t)}\right) \tag{10.36}$$

效率为[20]

$$\eta_{mg}(T_{mg}(t),\omega_{mg}(t)) = \left(1 + \frac{R_s}{\frac{3}{2}p^2\Psi_m^2}\frac{T_{mg}(t)}{\omega_{mg}(t)} + \frac{L_s^2}{R_s}\frac{\omega_{mg}(t)T_{mg}(t)}{\frac{3}{2}\Psi_m^2} + \frac{P_{loss,c}}{T_{mg}(t)\omega_{mg}(t)}\right)^{-1}$$

10.3.3 变速器

如果 IC 发动机直接耦合到动力传动系统中，则发动机的速度传递既不足以支持车辆的整个速度范围，也不能提供良好的动态性能。为了要达到以下目的：

1）生态燃料消耗。

2）良好的动态性能。

3）目标汽车的最高速度。

乘用车配备了手动、自动或功率分流的变速器装置。手动和自动变速器是传统车辆和并联混合动力车辆中速度和力矩转换器的主要形式。

前两个目标是相互矛盾的，因为与高驱动设计相比，生态燃料消耗设计通常导致更多的传动比。这主要是因为由传动比施加的速度限制可能会迫使内燃机在某些低发动机效率的工况下运行。因此，可以说变速器起到一般的速度和力矩变换器的作用。变速器的一个重要特性是传动比，计算公式如下：

$$i_{gbx}(t) = \frac{\omega_{gbx1}(t)}{\omega_{gbx2}(t)} \tag{10.37}$$

式中，$\omega_{gbx1}(\cdot)$ 和 $\omega_{gbx2}(\cdot)$ 分别为输入和输出的转速。

然后，输入功率进入变速器，由下式给出：

$$P_{gbx1}(t) = \omega_{gbx1}(t)T_{gbx1}(t)$$

输出功率传输到剩余的传动系统（减速齿轮，差速器等），由下式给出：

$$P_{gbx2}(t) = \omega_{gbx2}(t)T_{gbx2}(t)$$

如果假设变速器在没有损失和没有惯性的情况下工作，即

$$P_{gbx1}(t) = \omega_{gbx1}(t)T_{gbx1}(t) = P_{gbx2}(t) = \omega_{gbx2}(t)T_{gbx2}(t)$$

可以很容易导出力矩比：

$$i_{gbx}(t) = \frac{T_{gbx2}(t)}{T_{gbx1}(t)}$$

在实际中，由于轴承和齿轮摩擦，变速器会产生功率损失。为了说明这一点，可以通过使用类似于 Willans 描述的式（10.18）得到效率的表示：

$$P_{gbx2}(t) = e_{gbx}(\omega_{gbx1}(t))P_{gbx1}(t) - P_0 \tag{10.38}$$

式中，P_0 为恒定或与速度相关的功率损耗项。

如果假设 $P_0=0$，则可以将效率式（10.38）重新定义为

$$\eta_{gbx}(t) = \frac{P_{gbx2}(t)}{P_{gbx1}(t)}$$

具有一个固定传动比的变速器的效率通常为 $\eta_{gbx} \approx 0.95 \sim 0.98$。多速变速器的整体效率取决于啮合齿轮。

10.3.3.1　自动变速器

离合器与车轮之间有两个传动装置：变速器和主减速器。忽略作为主减速器的差速器，自动变速器的传动特性由式（10.37）定义。主减速器的传动特性由变速器输出转速 $\omega_{fd1}(t) = \omega_{gbx2}(t)$ 与车轮转速 $\omega_{fd2}(t) = \omega_{wh}(t)$ 之比来定义，因此

$$i_{fd} = \frac{\omega_{fd1}(t)}{\omega_{fd2}(t)} \tag{10.39}$$

然后，传动系统的总传动比为

$$i_t(t) = i_{gbx}(t)i_{fd} = \frac{\omega_{gbx1}(t)}{\omega_{wh}(t)} = \frac{r_{wh}\omega_{gbx1}(t)}{v(t)} \tag{10.40}$$

式中，$\omega_{gbx1} \in [\omega_{gbx1}^{\min}, \omega_{gbx1}^{\max}]$ 被限制在允许的发动机运行状态下，这意味着变速器必须提供一组传动比而不是简单的一个传动比。

传动比数量

$$\boldsymbol{i}_{gbx} := [i_{gbx,1}, i_{gbx,2}, \cdots, i_{gbx,N_{gbx}}]^T$$

取决于由包络线规定的车辆性能的实现情况。

最大的传动比专用于一档，由满足所需的滑动速度来确定，如 $v_{crp}(t) < 7\text{km/h}$ 和/或最大期望道路坡度角 $\alpha_{\max}$。例如，使用式（10.40）的滑动速度为例：

$$\boldsymbol{i}_{gbx}^{[1]} = \frac{r_{wh}\omega_{idle}}{i_{fd}v_{crp}}$$

式中，ω_{idle}为所需的发动机怠速。

然而，通过假设在最大路面坡度的平衡（$a=0$，即没有车辆加速度），可以导出实现最大爬坡能力的传动比 $\boldsymbol{i}_{gbx}^{[1]}$。

然后，获得力矩平衡：

$$\boldsymbol{i}_{gbx}^{[1]} T_{gbx1}^{\max} \eta_{gbx}(T_{gbx1}^{\max}) = r_{wh}(F_{roll} + F_{g}^{\max})$$

其中，忽略了空气阻力。

重新排列产生满足最大道路坡度角 $\alpha_{\max}$ 的传动比：

$$\boldsymbol{i}_{gbx}^{[1]} = \frac{r_{wh}(F_{roll} + F_{g}^{\max})}{T_{gbx1}^{\max} \eta_{gbx}(T_{gbx1}^{\max})} = \frac{r_{wh}[mg(c_r + \sin\alpha^{\max})]}{T_{gbx1}^{\max} \eta_{gbx}(T_{gbx1}^{\max})}$$

其中，变速器最大输入力矩为

$$T_{gbx1}^{\max} = \max_{\forall \omega_{gbx1} \in [\omega_{gbx1}^{\min}, \omega_{gbx1}^{\max}]} [T_{ice}^{\max}(\omega_{gbx1}) + T_{mg}^{\max}(\omega_{gbx1})]$$

最小的传动比专用于最高档，它通常取决于车辆的最高速度。然而，在某些情况下，设计第二高档实现车辆的最高速度可能是有益的，而最后一档可以自由选择以支持生态驾驶。

第一个传动比与最后一个传动比的比值定义了总传动：

$$\varphi_s := \frac{\boldsymbol{i}_{gbx}^{[1]}}{\boldsymbol{i}_{gbx}^{[N_{gbx}]}}$$

式中，N_{gbx} 为最高档数。

两个档之间的齿轮级由下式定义：

$$\varphi_j := \frac{\boldsymbol{i}_{gbx}^{[j]} i_{fd} \omega_{wh}(t)}{\boldsymbol{i}_{gbx}^{[j+1]} i_{fd} \omega_{wh}(t)} = \frac{\boldsymbol{i}_{gbx}^{[j]}}{\boldsymbol{i}_{gbx}^{[j+1]}},\ j = 1, \cdots, (N_{gbx} - 1) \tag{10.41}$$

并且，可以由如下因素确定：

1）几何设计，使传动比恒定：

$$\varphi_j := \frac{\boldsymbol{i}_{gbx}^{[j]}}{\boldsymbol{i}_{gbx}^{[j+1]}} = \text{const},\quad j = 1, \cdots, (N_{gbx} - 1)$$

2）渐进式设计，其特点是附加系数 p 乘以几何齿轮级。这导致较大传动比的齿轮级更大，而小传动比的齿轮级更小，这有益于变速器设计，只需较少的传动比或者传动比更平滑。渐进式设计定义为

$$\boldsymbol{i}_{gbx}^{[j]} = \boldsymbol{i}_{gbx}^{[N_{gbx}]} \varphi_1^{(N_{gbx}-j)} p^{0.5(N_{gbx}-j)(N_{gbx}-j-1)},\ j = 1, \cdots, (N_{gbx} - 1)$$

其中，基本的齿轮级为

$$\varphi_1 = \sqrt[(N_{gbx}-1)]{\frac{\varphi_s}{p^{0.5(N_{gbx}-1)(N_{gbx}-2)}}}$$

式中，p 为渐进因子，当 $p=1$，渐进式设计成为几何设计。

3）自由设计（基于行驶循环）。在文献中，可以找到 $\varphi_1 = 1.1 \sim 1.7$ 和 $p = 1.05 \sim 1.2$ 的范围。后一种设计方法将在第 13 章讨论。

对于所有设计过程，必须满足称为变速器稳定性条件[50]的约束。这意味着，

在最大发动机转矩下降档不应导致发动机在最大允许速度以上运行。这意味着最大档位

$$\varphi^{\max} = \frac{\omega_{ice}^{\max}}{\omega_{T_{ice}^{\max}}}$$

式中，$\omega_{ice}^{\max}$ 为允许的最大发动机转速；$\omega_{T_{ice}^{\max}}$ 为最大发动机转矩下的发动机转速。

10.3.3.2　行星变速器

与传动装置为正变速器的传统车辆相比，用于功率分流 HEV 的最不同和最重要的机械系统是行星变速器（PG）。作为正变速器，PG 更为紧凑，通常包括五个或者最多八个正齿轮，同时其可以提供更宽范围的速比。根据 PG 的结构，力矩可以叠加或分流，后者是功率分流混合动力车辆的关键元件。图 10.5 描述了两种基本类型的行星变速器：负行星变速器和正行星变速器。

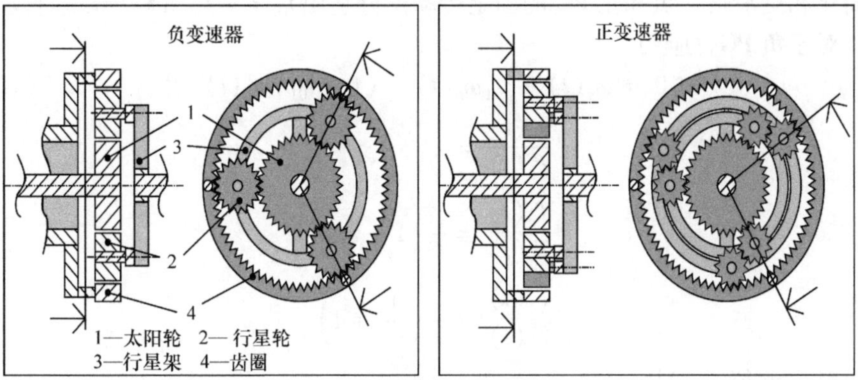

图 10.5　负变速器和正变速器的机械设计

两种类型都有三个轴，由四个主要部件组成：太阳轮、几个行星轮（小齿轮）、行星架和齿圈，如图 10.5 所示。三个或更多个行星轮由行星架保持，行星架围绕太阳轮旋转，而太阳轮和齿圈的轴固定。由图 10.5 可以看出，正变速器需要一组附加的行星齿轮组来反转速度方向，因此在机械结构中需要更多的努力。如果通过施加制动或通过与底盘的机械连接使行星架轴保持零速度，则给出一个基本特性。然后获得的固定传动比为

$$i_{sr} = \frac{r_r}{r_s}$$

式中，r_r 和 r_s 分别为齿圈和太阳轮的半径。

在基于机电一体化的表征方面，将固定传动比表示为太阳轮与齿圈的转速比更为有利：

$$i_{sr} = \frac{\omega_s(t)}{\omega_r(t)}$$

固定传动比也是计算转速和力矩分布的重要参数。转速关系可以用 Willis 方程

来描述：

$$0 = \omega_s(t) - i_{sr}\omega_r(t) - (1 - i_{sr})\omega_c(t)$$

力矩比（不考虑惯性和损失）是恒定的：

$$\frac{T_r(t)}{T_s(t)} = -i_{sr}$$

$$\frac{T_c(t)}{T_s(t)} = i_{sr} - 1$$

$$\frac{T_c(t)}{T_r(t)} = \frac{1}{i_{sr}} - 1$$

式中，$T_r(\cdot)$、$T_c(\cdot)$ 和 $T_s(\cdot)$ 分别为施加在齿圈、行星架和太阳轮上的力矩。

对于负行星变速器，固定传动比为负；对于正行星变速器，固定传动比为正。为了简化和更清晰，负和正 PG 的固定传动比分别用 $i_{01} = -i_{sr}$ 和 $i_{01} = i_{sr}$ 代替。这意味着，对于负 PG，应用

$$0 = \omega_s(t) + i_{01}\omega_r(t) - (1 + i_{01})\omega_c(t) \tag{10.42}$$

$$\frac{T_r(t)}{T_s(t)} = i_{01}$$

$$\frac{T_c(t)}{T_s(t)} = -(1 + i_{01})$$

$$\frac{T_c(t)}{T_r(t)} = -\left(\frac{1}{i_{01}} + 1\right)$$

而对于正 PG，应用

$$0 = \omega_s(t) - i_{01}\omega_r(t) - (1 - i_{01})\omega_c(t)$$

$$\frac{T_r(t)}{T_s(t)} = -i_{01}$$

$$\frac{T_c(t)}{T_s(t)} = i_{01} - 1$$

$$\frac{T_c(t)}{T_r(t)} = \frac{1}{i_{01}} - 1$$

PG 的动态关系可以通过将角动量原理和 Euler 第二定律应用于 PG 刚体而得到，其具有行星架 I_c、齿圈 I_r 和太阳轮 I_s 的惯性。为了方便起见，将式（10.42）乘以 -1。然后，得到负 PG 的如下动态关系：

$$T_c(t) = I_c\dot{\omega}_c(t) + (1 + i_{01})T_i(t) \tag{10.43}$$

$$T_r(t) = I_r\dot{\omega}_r(t) - i_{01}T_i(t) \tag{10.44}$$

$$T_s(t) = I_s\dot{\omega}_s(t) - T_i(t) \tag{10.45}$$

而

$$T_i(t) = F(t)r_s \tag{10.46}$$

是 PG 的内部力矩，r_s 是行星架的半径。

这些一阶 ODE 的演化受到静态 Willis 方程（10.42）的影响。可以得到描述系统动力学的微分 - 代数方程，很容易地表示为

$$\begin{bmatrix} T_c(t) \\ T_r(t) \\ T_s(t) \\ 0 \end{bmatrix} = \begin{pmatrix} I_c & 0 & 0 & (1+i_{01}) \\ 0 & I_r & 0 & -i_{01} \\ 0 & 0 & I_s & -1 \\ (1+i_{01}) & -i_{01} & -1 & 0 \end{pmatrix} \begin{bmatrix} \dot{\omega}_c(t) \\ \dot{\omega}_r(t) \\ \dot{\omega}_s(t) \\ T_i(t) \end{bmatrix}$$

10.3.4 离合器

离合器是动力传动的耦合元件。当离合器接合并且假设没有滑动时，则输入角速度 $\omega_{clth1}(\cdot)$ 和输出角速度 $\omega_{clth2}(\cdot)$ 是相同的，即

$$\omega_{clth1}(t) = \omega_{clth2}(t)$$

由于摩擦和执行机构运行需要消耗动力，真正的机电离合器具有负损失力矩：

$$T_{clth1}(t) = T_{clth2}(t) + T_{clth,loss}(t)$$

式中，$T_{clth1}(\cdot)$ 和 $T_{clth2}(\cdot)$ 分别为离合器的输入力矩和输出力矩。

这些影响不容易建模，可以抽象为能量损失。因此，本书将离合器操作简化为打开和关闭之间的瞬时切换，并且对每次切换操作假定一个能量损失。对离合器建模感兴趣的读者，建议参考 Koprubasi[31] 和 Beck[4] 等的研究。

这种模型抽象已经在发动机起动问题遇到，既有优点也有缺点。这种方法的主要优点是使建模任务更加容易，如果所考虑的物理过程没有真正得到很好的理解或建模工作量非常大，则这就特别有用。但是设计师必须记住，物理系统在现实中并没有表现出跳跃，这只是一种简化，同时在控制任务中引入了更多的复杂性。为什么？在系统上引起不连续性的一些或所有连续值状态都必须考虑瞬时能量损失。在前面的几章中，已经看到混合系统连续值状态的不连续性会导致一些严重的控制问题。混合系统模型的设计者必须决定哪个问题——建模或控制导致的工作量更小。

10.3.5 电池

可充电电池（也称为二次电池）是通过化学反应过程将化学能转化为电能和反之亦然的一种装置，这一特性使电池成为许多汽车应用的便携式能源。驱动电池是 BEV 和 HEV 设计的关键因素，其影响这些车辆的整体成本效益，具有不同的技术、尺寸和形状，并且可以根据诸如比功率、容量、电压和化学成分等进行分类。因此，重要的是驱动电池必须具有某些属性，如高比功率、高比能量，长时间和循环寿命、高可靠性与高稳健性，才能成为优秀的候选者。

通常，在一个电池中，几个电化学电池串联连接以提供固定电压。每个电池的主要元件是两个电极（阴极和阳极），以及分隔两个电极的电解质。在电极处，发

生化学反应以获得和失去电子。在放电过程中，还原剂（R）在阳极处提供 m 个电子，其被释放到连接的电路中。然后，这些电子被阴极处的氧化剂（O）接受。第一个电化学过程称为氧化反应，后一个称为还原反应。一般反应模式是

$$\begin{cases} R \rightarrow R^{+}\ me^{-}, \text{氧化反应} \\ O + me^{-} \rightarrow O^{-}, \text{还原反应} \\ R + O \rightarrow R^{+} + O^{-}, \text{氧化还原反应} \end{cases} \tag{10.47}$$

电荷分离将持续，直到达到平衡条件。

由式（10.47）可以看出，电池建模是一项非常复杂的任务。这使得文献中引入了许多针对特定应用领域不同的复杂电池模型。主要使用的模型类型是

1）经验模型。

2）等效电路模型。

3）基于物理的模型（电化学模型）。

4）高水平随机模型。

经验模型是最简单的模型，描述观察到的关系，并且通常不考虑所研究电池的任何物理特性。然而，基于物理的模型对电池运行过程中的物理过程提供深入的了解。这些模型很容易增加复杂性，并且由许多参数组成。随机电池模型基于 Markov 过程，如用于预测电池寿命[49]。然而，这样的模型依赖于巨大的数据集，这些数据集应当准确地表示感兴趣的特征，因此只有当许多试验能够以可重复的方式进行时才适用。

对于本书所讨论问题集的复杂性，一个好的折中是由理想电压源、电阻和电容器组成的等效电路模拟。在文献中，经常进行类似的建模假设，其中包括 Hu 等[25]和 Stockar 等[60]的研究。

10.3.5.1 电池的准静态建模

将重要电池参数的简要定义如下。

电池容量

电池容量 Q_{bat} 通常以 A·h 表示，表示从完全充电的电池提取直到其完全放电的电量。定义为

$$I_{1h} = \frac{Q_{bat}}{1(\mathrm{h})}$$

其提供了在 1h 内完全放电从电池提取的电流量。

充电率

这个参数用于显示为电池充电的电流量：

$$c(t) = \frac{I_{bat}(t)}{I_{1h}}$$

荷电状态（SOC）

荷电状态 $\xi(\cdot)$ 是电池的可用电荷 $Q(\cdot)$ 与电池额定容量之比：

$$\xi(t) = \frac{Q(t)}{Q_{bat}}$$

其中，$Q(\cdot)$ 难以直接测量，但可以使用与电流 $I_{bat}(\cdot)$ 相关的电荷变化表示：

$$\dot{Q}(t) = I_{bat}(t)$$

这导致了众所周知的 Coulomb 计数方法：

$$Q(t) = \int_{t_0}^{t} I_{bat}(\tau)\mathrm{d}\tau + Q(t_0)$$

只要电流测量准确，这种方法就是可靠的[20]。更先进的技术使用如扩展 Kalman 滤波的估计方法来确定 SOC。

放电深度

放电深度 DoD(·) 定义为

$$\mathrm{DoD}(t) = 1 - \xi(t)$$

这个量通常由电池制造商根据寿命问题使用，例如，建议不应超过 DoD = 0.7。

等效电路模型

使用一个理想电压源和欧姆内阻，可以获得一个相当简单的电池模型，如图 10.6所示。考虑到电池内阻 R_{bat} 引起功率损耗和应用 Kirchhoff 定律，通过以下功率平衡方程，得到与电池电流 $I_{bat}(\cdot)$ 相关的电池功率 $P_{bat}(\cdot)$：

$$V_{oc}(\xi(t))I_{bat}(t) + R_{bat}I_{bat}^2(t) = P_{bat}(t) \tag{10.48}$$

式中，$V_{oc}(\cdot)$ 为开路电压。

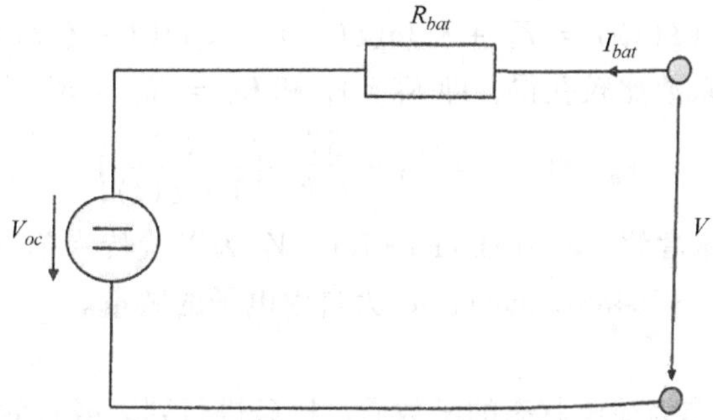

图 10.6 电池的简单等效电路模型：该等效电路模型主要应用于铅酸电池、镍镉电池、镍氢电池和现代锂离子电池[20]

电池功率的符号表示：$P_{bat}(t) < 0$，电池放电；$P_{bat}(t) > 0$，电池充电。

电池功率是由 MG 的电功率 $P_{mg}(\cdot)$（可以多于一个 MG）和用于供应车载电气系统所需的功率 $P_{aux}(\cdot)$ 组成的净功率，由下式给出：

$$P_{bat}(t) = -P_{mg}(T_{mg}(t), \omega_{mg}(t)) - P_{aux}(t) \tag{10.49}$$

解式（10.48），可得到电池电流 $I_{bat}(\cdot)$：

$$I_{bat}(t) = \frac{-V_{oc}(\xi(t)) + \sqrt{V_{oc}^2(\xi(t)) + 4R_{bat}P_{bat}(t)}}{2R_{bat}} \tag{10.50}$$

然后，使用式（10.50），将 $\xi(\cdot)$ 的微分方程表示为

$$\dot{\xi}(t) = \frac{1}{Q_{bat}} I_{bat}(\xi(t), u(t)) \tag{10.51}$$

$$\xi(t_0) = \xi_0 \tag{10.52}$$

开路电压

开路电压（OCV）$V_{oc}(\cdot)$ 是无负载时电池两端之间的电压。这个电压是电池荷电状态的函数，可以使用物理原理或经验方法建模。对于后者，Weng 等给出 OCV 的通式[70]：

$$V_{oc}(\xi(t)) = K_0 + K_1\xi(t) + \frac{K_2}{\xi(t)} + K_3\ln(\xi(t)) + K_4\ln(1 - \xi(t)) \tag{10.53}$$

使用式（10.53），有两种常见的参数化。

仿射关系：

$$V_{oc}(\xi(t)) = K_0 + K_1\xi(t)$$

式中，K_0 和 K_1 只取决于电池结构和电池数量[20]。

Nernst 方程：

由 Nernst 方程导出[47]

$$V_{oc}(\xi(t)) = K_0 + K_3\ln(\xi(t)) + K_4\ln(1 - \xi(t))$$

参数可以通过系数比较获得，即 $K_0 = V_0$ 和 $K_3 = K_4 = RT/(n_eF)$。这会产生

$$V_{oc}(\xi(t)) = V_0 + \frac{RT}{n_eF}\ln\left(\frac{\xi(t)}{1 - \xi(t)}\right)$$

式中，R 为通用气体常数（8.315J/mol·K）；V_0 为以伏特为单位的标准电池电位；F 为 Faraday 常数（≈96485C/mol）；n_e 为自由电子的数量。

映射：

$V_{oc}(\cdot)$ 也可以作为荷电状态的函数通过样条进行列表或映射。

一些电池类型对 OCV 表现出相当大的滞后行为。换句话说，这意味着充电和放电模式适用于不同的 OCV 曲线。在镍氢电池中，这些效应尤为显著[62]。然而，对于现代电池类型，如锂离子电池，通常可以忽略滞后效应，因为它们只表现出小的滞后。

电池电阻

电池内部欧姆电阻 R_{bat} 取决于荷电状态和温度，并且可以由样条函数表示。在许多情况下，采用恒定近似足以优化车辆的能量消耗。

电池效率

电池效率基于充电/放电循环定义为放电能量与能量的比值，确定此值是用相

同的电流对电池再充电所必须的。假设一个稳态等效电路模型，给定时间间隔 $[t_0=0,\ t_f]$ 的能量可以计算为

$$\begin{aligned} E &= \int_0^{t_f} P_2(t)\,\mathrm{d}t = \int_0^{t_f}[\widetilde{V}_{oc} + R_{bat}I_{bat}(t)]I_{bat}(t)\,\mathrm{d}t \\ &= t_f[\widetilde{V}_{oc} + R_{bat}I_{bat}(t_f)]I_{bat}(t_f) \end{aligned}$$

式中，$\widetilde{V}_{oc}$和 R_{bat}为常数。

为了表达更清晰，恒定的开路电压和恒定的电池电流用波浪号标记。然后，可以计算具有恒定放电电流 $\widetilde{I}_{bat}<0$ 的放电能量 E_d：

$$\begin{aligned} E_d &= \int_0^{t_f} |\widetilde{P}_d|\,\mathrm{d}t = \int_0^{t_f}[\widetilde{V}_{oc} - R_{bat}|\widetilde{I}_{bat}|]\,|\widetilde{I}_{bat}|\,\mathrm{d}t \\ &= t_f[\widetilde{V}_{oc} - R_{bat}|\widetilde{I}_{bat}|]\,|\widetilde{I}_{bat}| \end{aligned}$$

必须限制放电电流 $\widetilde{I}_{bat}$，使得 $\widetilde{V}_{oc}-R_{bat}|\widetilde{I}_{bat}|$保持为正。用相同的电流给电池充电，即 $\widetilde{I}_{bat}=|\widetilde{I}_{bat}|$，产生

$$\begin{aligned} E_c &= \int_0^{t_f} \widetilde{P}_c\,\mathrm{d}t = \int_0^{t_f}[\widetilde{V}_{oc} + R_{bat}|\widetilde{I}_{bat}|]\,|\widetilde{I}_{bat}|\,\mathrm{d}t \\ &= t_f[\widetilde{V}_{oc} + R_{bat}|\widetilde{I}_{bat}|]\,|\widetilde{I}_{bat}| \end{aligned}$$

E_d 与 E_c 的比值是电池效率：

$$\eta_{bat,g} = \frac{E_d}{E_c} = \frac{\widetilde{V}_{oc} - R_{bat}|\widetilde{I}_{bat}|}{\widetilde{V}_{oc} + R_{bat}|\widetilde{I}_{bat}|} \tag{10.54}$$

式（10.54）称为全局电池效率。如 Guzzella 和 Sciarretta[20] 所示，全局电池效率基于完全充电/放电循环，因此取决于循环模式，而局部电池效率基于瞬时功率评估，产生类似的关系：

$$\eta_{bat,l}(t) = \frac{|P_d(t)|}{P_c(t)} = \frac{V_{oc}(t) - R_{bat}|I_{bat}(t)|}{V_{oc}(t) + R_{bat}|I_{bat}(t)|} \tag{10.55}$$

区别在于，式（10.55）采用的开路电压 $V_{oc}(\cdot)$ 和电池电流 $I_{bat}(\cdot)$ 取决于时间。

10.3.5.2　电池动态建模

实际使用的动态模型是 Randles 和 Thevenin 模型，如图 10.7 和图 10.8 所示。附加的动态属性采用非欧姆电压降修改准静态模型，增加的无源电路驱动两个并联支路，是电容电流和电荷转移电流的流动。电容电流流过双层电容器 $C_{bat,1}$，描述了电极和电解质之间界面发生的电荷积聚/分离的影响；电荷转移电流由电荷分离引起。由 Kirchhoff 电压和电流定律，导出该电路的动态方程：

$$\begin{aligned} V(t) &= V_{oc}(\xi(t)) + R_{bat,0}I_{bat}(t) + V_{RC1}(t) \\ I_{bat}(t) &= I_{C1}(t) + I_{R1}(t) = C_{bat,1}\frac{\mathrm{d}V_{RC1}}{\mathrm{d}t} + \frac{V_{RC1}}{R_{bat,1}} \end{aligned} \tag{10.56}$$

式中，$V_{RC1}(\cdot)$ 为非欧姆过电位。

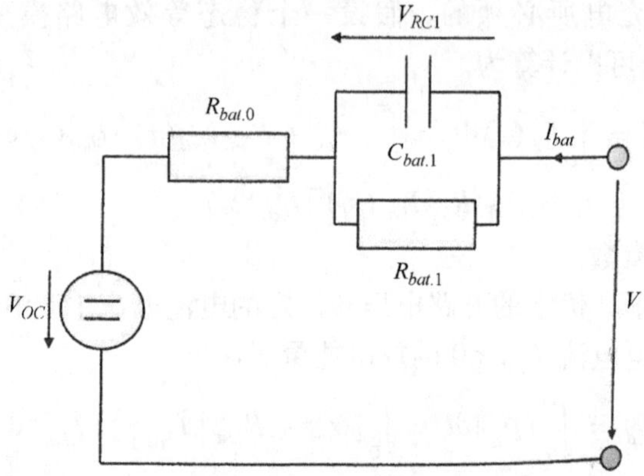

图 10.7　电池的 Randles 模型

将 $I_{bat}(\cdot)$ 代入式（10.56），重新排列得到微分方程：

$$R_{bat,0}C_{bat,1}\frac{\mathrm{d}V_{RC1}}{\mathrm{d}t}=V(t)-V_{RC1}(t)\left(1+\frac{R_{bat,0}}{R_{bat,1}}\right)-V_{oc}(\xi(t))$$

式中，$R_{bat,0}C_{bat,1}$ 具有时间单位，是 RC 电路的时间常数。

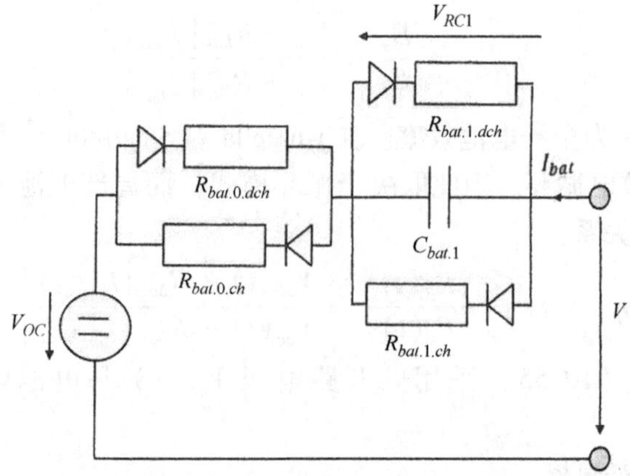

图 10.8　具有相当大滞后效应的电池扩展 Randles 模型，可以将二极管视为用于控制通过相应电阻电流的开关

在稳态下，可以将电容器视为断路器，即

$$V(t)=V_{oc}(\xi(t))+(R_{bat,0}+R_{bat,1})I_{bat}(t)$$

其中，$R_{bat}=R_{bat,0}+R_{bat,1}$。

不可忽略的滞后效应可能会限制电池的统一建模，需要进行一些处理。在实践中，可以采用一些特殊的过程来捕获这些非线性效应。一种常见的方法是用一些理想的二极管修改 Randles 模型，以反映在充电和放电期间欧姆电路和非欧姆电路中电阻是不同的[25]。这需要在这些映射之间附加一些平滑条件来进行过渡。

10.4　混合动力车辆构型

本节的主要内容是混合动力电动车辆的三种主要类型：

1）并联混合：内燃机和电动机/发电机都与车轮机械耦合。

2）功率分流混合：并联和串联功能的组合。

3）串联混合：电动机作为原动机驱动车辆，IC 发动机提供牵引动力。

这些构型采用不同尺寸的原动机、不同的功能布局和不同的驱动模式，正确选择这些 HEV 构型取决于几个关键因素，包括：

1）应用类型。

2）成本和重量。

3）目标客户的期望。

一些重要的驱动模式是：

1）起动/停止：打开和关闭 IC 发动机。

2）负载水平转换：将 IC 发动机的工作点转移到其最佳效率区域。

3）再生：车辆动能的回收。

4）增压：如果所需转矩超过最大 ICE 转矩 $T_{ice}^{\max}$（ω_{ice}），则提供转矩辅助。

5）零排放行驶：只用驱动电机驱动车辆。

6）外部充电：使用净电网为电池充电。

在速度 – 转矩图 10.9 中，显示了不同驱动模式的区域。Baumann 等[3]提出混合度（DOH）作为混合的量度，其定义为

$$\mathrm{DOH} = 1 - \frac{\left|P_{mg}^{\max} - P_{ice}^{\max}\right|}{P_{mg}^{\max} + P_{ice}^{\max}} \tag{10.57}$$

式中，$P_{mg}^{\max}$ 为电动机/发电机的最大功率；$P_{ice}^{\max}$ 为 IC 发动机的最大功率。

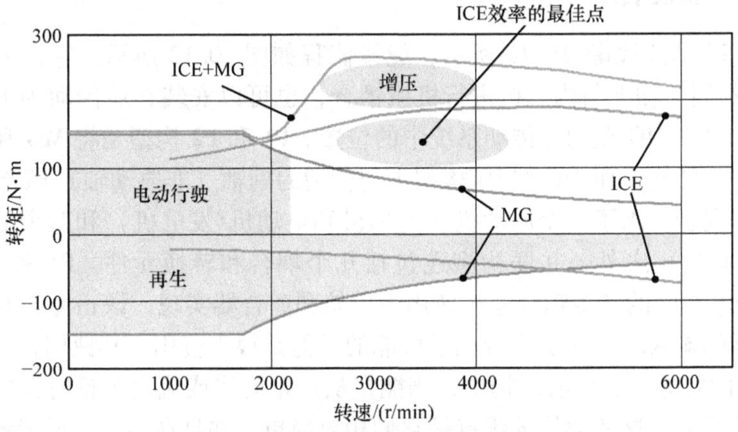

图 10.9　混合动力车辆的驱动模式

DOH 值的范围是 0≤DOH≤1。这意味着，完全基于内燃机的车辆对应于 DOH=0，并且完全的电动车辆也对应于 DOH=0。如果最大 MG 功率等于最大 ICE 功率，则根据式（10.57）实现完全混合设计。

通常认为具有低 DOH 的基于内燃机的概念是微型或轻度混合，即使其结构与完全并联的混合相同。通常认为具有低 DOH 的基于电动机的概念是增程器。

这种简单的指标可以帮助设计人员将早期的车辆设计分类到功能组中，从而提供应当强调哪些控制的指示，如图 10.10 所示。例如，如果 HEV 以 ICE 为主，则主要能量流来自 IC 发动机，控制设计的重点应当是最佳的化学 - 机械能流。然而，如果 HEV 的设计以电驱动系统为主，则重点应当是最佳的电 - 机械能流。

图 10.10 显示了混合度与功能模式之间的关系。

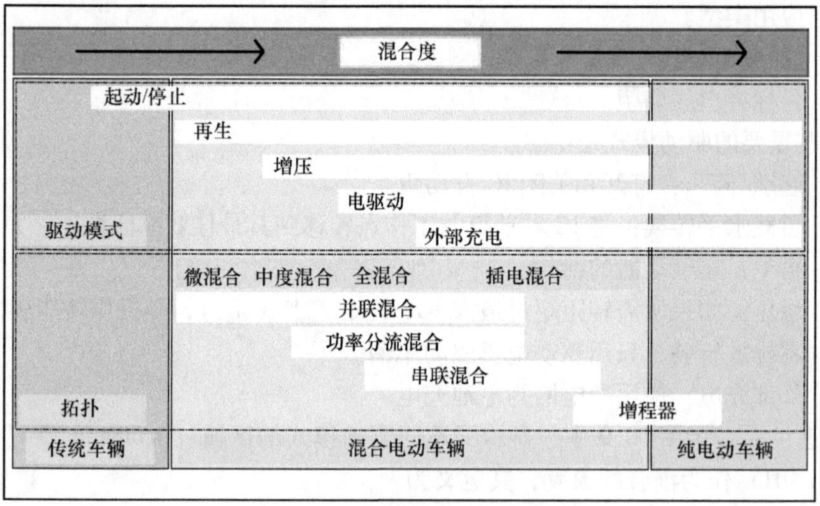

图 10.10 混合度与功能模式的关系

10.4.1 并联混合

并联 HEV 构型如图 10.11 所示，能量流程如图 10.12 所示。它们采用附加的 MG，可以在同一轴上与内燃机进行机械耦合，也可以安装在后传动轴上。常见架构的区别取决于 MG 在动力传动系统中的位置。P1 和 P2 构型是将 MG 和 ICE 耦合在同一轴上的架构，而 MG 在 P4 构型中与所谓的副轴（非驱动轴）耦合。P4 构型也称为通路混合。除了两个原动机（内燃机和电动机/发电机）和两个能量存储器（燃料箱和电池）之外，并联构型还包括几个耦合和转换元件。P1 和 P2 构型的 ICE 和传动系之间的转矩耦合通过使用正齿轮和离合器实现，该正齿轮和离合器安装在变速器的输入端。速度耦合也是可能的，但是很少应用，其使用行星轮来叠加 ICE 和 MG 的转速。在所有结构中，当能量从车轮流出或流向车轮时，电机永久地连接到传动系上。这些架构的优点是它们相对简单，并且在不进行昂贵的重新设计的情况下就能应用传统车辆的大量生产部件。

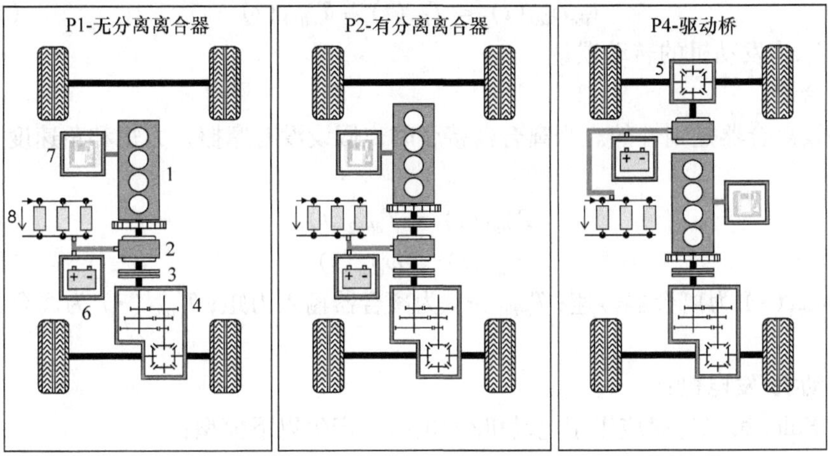

1—内燃机　2—电动机/发电机　3—离合器　4—变速器/差速器　5—差速器　6—电池　7—油箱
8—预期负荷

图 10.11　并联混合的拓扑

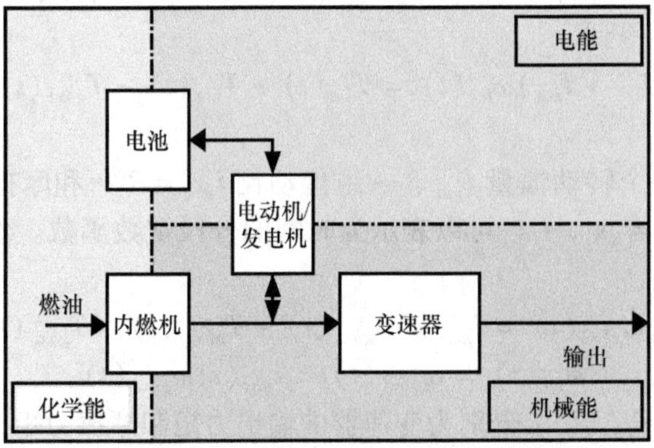

图 10.12　并联混合的能量流动原理

两个原动机都可以单独或同时用于驱动车辆。在转矩叠加的情况下，该构型允许在一定限度内选择 ICE 转矩，而与驾驶员的要求无关。然而，在转速叠加的情况下，内燃机的转速可以在一定限制内选择，而不受车速影响。

通过使用 Euler 第二定律导出基本方程，开发了用于 P1、P2 和 P4 拓扑的简单动力传动系统模型。对于所有动力传动系统模型，假设零小齿轮惯性和没有驱动轴柔性。关于动力传动系统动力学的一个很好的概述，可以在 Kiencke 和 Nielsen 的文献中找到[30]。

首先，对 P2 动力传动系统动力学进行建模。

发动机：

由 Euler 第二定律得出以下模型：

$$I_{ice}\dot{\omega}_{ice}(t) = T_{ice}(t) - T_{clth1}(t) \tag{10.58}$$

式中，I_{ice}为发动机的转动惯量。

离合器：

假设离合器是刚性的。当离合器接合时，假设没有摩擦，力矩和角速度有以下方程：

$$T_{clth1}(t) = T_{clth2}(t) \tag{10.59}$$

$$\omega_{ice}(t) = \omega_{clth}(t) \tag{10.60}$$

式中，$\omega_{clth}(\cdot)$ 为离合器转速；$T_{clth1}(\cdot)$ 为离合器输入力矩；$T_{clth2}(\cdot)$ 为离合器输出力矩。

电动机/发电机：

将 Euler 第二定律应用于电动机/发电机，产生以下模型：

$$I_{mg}\dot{\omega}_{mg}(t) = T_{clth2}(t) + T_{mg}(t) - T_{gbx1}(t) \tag{10.61}$$

$$\omega_{clth}(t) = \omega_{mg}(t) \tag{10.62}$$

式中，$T_{gbx1}(\cdot)$ 为变速器输入力矩。

通过使用式（10.58）~式（10.60）和式（10.62），将式（10.61）转换为发动机转速的函数，得到

$$(I_{ice} + I_{mg})\dot{\omega}_{ice}(t) = T_{ice}(t) + T_{mg}(t) - T_{gbx1}(t)$$

变速器：

变速器只由一个转动惯量 I_{gbx}、一组传动比 $\boldsymbol{i}_{gbx} \in R^{N_{gbx}}$ 和摩擦建模。实际传动比 $i_{gbx}(t) \in \boldsymbol{i}_{gbx}$，$t \in [t_0, t_f]$ 可以表示为时间的分段常数函数。然后，给出变速器模型：

$$I_{gbx}\dot{\omega}_{gbx2}(t) = i_{gbx}(t)T_{gbx1}(t) - T_{gbx,f}(t) - T_{gbx2}(t) \tag{10.63}$$

$$\omega_{ice}(t) = \omega_{gbx1}(t) = i_{gbx}(t)\omega_{gbx2}(t) \tag{10.64}$$

式中，$T_{gbx2}(\cdot)$ 和 $T_{gbx,f}(\cdot)$ 分别为变速器的输出力矩和摩擦力矩，摩擦力矩可以在动力传动试验台上测量。

P2 拓扑的力矩约束满足变速器输入力矩 $T_{gbx1}(\cdot)$ 给出的条件：

$$T_{gbx1}(t) = T_{ice}(t) + T_{mg}(t) - (I_{ice} + I_{mg})\dot{\omega}_{ice}(t) \tag{10.65}$$

将式（10.64）应用于式（10.63），将式（10.65）代入变速器模型式（10.63），得到发动机转速 ODE 为

$$[I_{gbx} + i_{gbx}^2(t)(I_{ice} + I_{mg})]\dot{\omega}_{ice}(t) = i_{gbx}^2(t)(T_{ice}(t) + T_{mg}(t)) - i_{gbx}(t)T_{gbx,f}(t) - i_{gbx}(t)T_{gbx2}(t) \tag{10.66}$$

作为本书其余内容的惯例，没有编号的 $T_{gbx}(\cdot)$ 意味着变速器输入力矩。

主减速器：

与变速器类似，主减速器由一个转动惯量 I_{fd} 建模。主减速器模型由下式给出：

$$I_{fd}\dot{\omega}_{fd2}(t) = i_{fd}T_{gbx2}(t) - T_{fd,f}(t) - T_{wh}(t) \tag{10.67}$$

$$\begin{aligned}\omega_{fd2}(t) &= \omega_{wh}(t)\\ \omega_{fd1}(t) &= i_{fd}\omega_{wh}(t)\\ \omega_{ice}(t) &= i_{gbx}(t)i_{fd}\omega_{wh}(t)\end{aligned} \tag{10.68}$$

式中，$\omega_{fd1}(\cdot)$ 和 $\omega_{fd2}(\cdot)$ 分别为主减速器的输入和输出转速；$T_{fd,f}(\cdot)$ 为主减速器的摩擦力矩。

重新排列式（10.66），代入主减速器模型式（10.67）和应用式（10.68），发动机转速的 ODE 为

$$\begin{aligned}\{I_{fd} + i_{fd}^2[I_{gbx} + i_{gbx}^2(t)(I_{ice} + I_{mg})]\}\dot{\omega}_{ice}(t) = {} & i_{gbx}^2(t)i_{fd}^2(T_{ice}(t) + T_{mg}(t))\\ & - i_{gbx}(t)i_{fd}^2T_{gbx,f}(t)\\ & - i_{gbx}(t)i_{fd}T_{fd,f}(t)\\ & - i_{gbx}(t)i_{fd}T_{wh}(t)\end{aligned} \tag{10.69}$$

为了简单起见，将摩擦力矩合计为

$$T_{loss}(t) = i_{fd}T_{gbx,f}(t) + T_{fd,f}(t)$$

车轮：

使用式（10.9）和将 Euler 第二定律应用于式（10.13），有

$$\begin{aligned}T_{road}(t) &= r_{wh}F_w(t)\\ I_{veh}\dot{\omega}_{wh}(t) &= T_{wh}(t) - T_{road}(t) - T_{brk}(t)\end{aligned} \tag{10.70}$$

式中，$I_{veh} = \widetilde{m}r_{wh}^2$ 为有效的转动惯量；$T_{road}(\cdot)$ 为道路载荷；$T_{brk}(\cdot)$ 为摩擦制动器的附加机械力矩贡献。

P2 动力传动：

使用替代惯性的紧凑符号简化式（10.69），有

$$\widetilde{I}_{p2}(t) = \frac{I_{fd} + i_{fd}^2[I_{gbx} + i_{gbx}^2(t)(I_{ice} + I_{mg})]}{i_t(t)}$$

转速为

$$\omega_{ice}(t) = \omega_{mg}(t) = i_{gbx}(t)i_{fd}\omega_{wh}(t) = i_t(t)\omega_{wh}(t) \tag{10.71}$$

于是

$$\widetilde{I}_{p2}(t)\dot{\omega}_{ice}(t) = i_t(t)(T_{ice}(t) + T_{mg}(t)) - T_{loss}(t) - T_{wh}(t) \tag{10.72}$$

获得 P2 混合动力传动系统模型的剩余步骤是，将式（10.70）与式（10.72）耦合。因此，使用链式规则计算式（10.71）的时间导数：

$$\dot{\omega}_{ice}(t) = \frac{\mathrm{d}i_t}{\mathrm{d}t}\omega_{wh}(t) + i_t(t)\dot{\omega}_{wh}(t) \tag{10.73}$$

除了换档时间 t_j 之外，分段常数函数的时间导数 $i_t(\cdot)$ 为零。在这样的时刻，导数 $\mathrm{d}i_t/\mathrm{d}t|_{t=t_j}$ 没有定义。这让式（10.73）简化为

$$\dot{\omega}_{ice}(t) = i_t(t)\dot{\omega}_{wh}(t) \tag{10.74}$$

将式（10.70）代入式（10.74）使其等于式（10.72），得到 P2 动力传动的控制方程为

$$I_{p2h}(t)\dot{\omega}_{ice}(t) = i_t(t)(T_{ice}(t) + T_{mg}(t)) - T_{loss}(t) - T_{road}(t) - T_{brk}(t) \tag{10.75}$$

其中，混合驱动的替代惯性为

$$I_{p2h}(t) = \frac{mr_{wh}^2 + I_{wh} + I_{fd} + i_{fd}^2[I_{gbx} + i_{gbx}^2(t)(I_{ice} + I_{mg})]}{i_t(t)}$$

在假设离合器接合的情况下，导出控制方程（10.75）。当离合器分离时，控制方程简化为

$$I_{p2e}(t)\dot{\omega}_{mg}(t) = i_t(t)T_{mg}(t) - T_{loss}(t) - T_{road}(t) - T_{brk}(t)$$

其中，电气驱动的替代惯量为

$$I_{p2e}(t) = \frac{mr_{wh}^2 + I_{wh} + I_{fd} + i_{fd}^2(I_{gbx} + i_{gbx}^2(t)I_{mg})}{i_t(t)}$$

然后，P2 拓扑的加速度阻力 $F_a(\cdot)$ 和加速度力矩 $T_a(\cdot)$ 可以分别细化为

$$\begin{aligned} F_a(t) &= m\left(1 + \frac{I_{wh} + I_{fd} + i_{fd}^2[I_{gbx} + i_{gbx}^2(t)(I_{ice} + I_{mg})]}{mr_{wh}^2}\right)\dot{v}(t) \\ &= m\widetilde{\gamma}_m(i_{gbx}(t))\dot{v}(t) \end{aligned}$$

和

$$T_a(t) = mr_{wh}^2\widetilde{\gamma}_m(i_{gbx}(t))\dot{\omega}_{wh}(t)$$

式中，$\widetilde{\gamma}_m(\cdot)$ 为增强的质量因子，可以通过汽车测试来确定。

可以意识到，对于最大传动比，质量因子具有最高值。

P1 动力传动：

P1 和 P2 拓扑的区别在于，ICE 和 MG 之间缺少分离离合器。因此，当离合器接合时，P1 动力传动与 P2 动力传动的控制方程相同。

P4 动力传动：

在 P4 拓扑中，MG 安装在二轴上。使用之前导出的模型很容易获得 P4 拓扑的动力传动模型。假设在道路上从二轴到一轴的动力传递没有任何损失，并且 MG 连接到具有转动惯量 I_{fd2} 的固定传动比 i_{fd2}。因为有两个驱动轴，一半的车轮力矩应用于每个轴上。

然后，将主减速器模型式（10.67）~式（10.69）导出的原理应用于二轴，有

$$\begin{aligned} (I_{fd2} + i_{fd2}^2 I_{mg})\dot{\omega}_{mg}(t) &= i_{fd2}^2 T_{mg}(t) - T_{fd2,f}(t) \\ &\quad - \frac{i_{fd2}}{2}T_{wh}(t) \end{aligned} \tag{10.76}$$

$$\begin{aligned} [I_{fd} + i_{fd}^2(I_{gbx} + i_{gbx}^2(t)I_{ice})]\dot{\omega}_{ice}(t) &= i_t^2(t)T_{ice}(t) - i_t(t)i_{fd}T_{gbx,f}(t) \\ &\quad - i_t(t)T_{fd,f}(t) - \frac{i_t(t)}{2}T_{wh}(t) \end{aligned} \tag{10.77}$$

使用下式

$$\omega_{mg}(t) = \frac{i_{fd2}}{i_t(t)}\omega_{ice}(t)$$

将式（10.76）转换为发动机转速的 ODE，其结果为

$$(I_{fd2} + i_{fd2}^2 I_{mg})\dot{\omega}_{ice}(t) = i_t(t) i_{fd2} T_{mg}(t) - \frac{i_t(t)}{i_{fd2}} T_{fd2,f}(t) - \frac{i_t(t)}{2} T_{wh}(t) \tag{10.78}$$

组合式（10.77）和式（10.78），产生

$$[I_{fd} + I_{fd2} + i_{fd}^2(I_{gbx} + i_{gbx}^2(t) I_{ice}) + i_{fd2}^2 I_{mg}]\dot{m}_{ice}(t) = \\ i_t(t)\left(i_t(t) T_{ice}(t) + i_{fd2} T_{mg}(t) - i_{fd} T_{gbx,f}(t) - T_{fd,f}(t) - \frac{1}{i_{fd2}} T_{fd2,f}(t) - T_{wh}(t)\right) \tag{10.79}$$

使用替代惯量

$$\widetilde{I}_{p4} = \frac{I_{fd} + I_{fd2} + i_{fd}^2(I_{gbx} + i_{gbx}^2(t) I_{ice}) + i_{fd2}^2 I_{mg}}{i_t(t)}$$

简化式（10.79），得到

$$\widetilde{I}_{p4}\dot{\omega}_{ice}(t) = i_t(t) T_{ice}(t) + i_{fd2} T_{mg}(t) - T_{loss}(t) - \frac{1}{i_{fd2}} T_{fd2,f}(t) - T_{wh}(t) \tag{10.80}$$

现在，可以直接将车轮模型应用于式（10.80），获得 P4 动力传动的控制方程。

10.4.2 功率分流混合

并联和串联的共同组合就是所谓的功率分流混合，图 10.13 显示了两种流行的功率分流拓扑。在这样的混合构型中，输入功率分为两部分，如图 10.14 所示。ICE 的一部分机械输出功率直接通过一个或多个行星轮传递到驱动轮，剩余部分通过所谓的电动变速器传递到车轮。电动变速器是两个电动机/发电机的组合，一个作为发电机工作，而另一个作为电动机工作。这使得 ICE 速度的变化独立于车速，因此称为电动无级变速器（ECVT）。这种变速器的效率较低，是由于其两次电能转换造成的，当然不如机械部件的效率好。

在过去 40 年中，已经开发出许多不同的功率分流构型，以最小化电动变速器上的功率吞吐量和各种速比下的再循环功率损耗，其中包括 Schmidt[54,55] 以及 Holmes 和 Schmidt[23] 的研究。因此，必须选择行星轮的传动比，使得功率分流系数

$$\epsilon(t) := \frac{P_{el}(t)}{P_{mech}(t)} \tag{10.81}$$

类似于电气分支上的功率 $P_{el}(\cdot)$ 与机械分支上的功率 $P_{mech}(\cdot)$ 之比，对于规

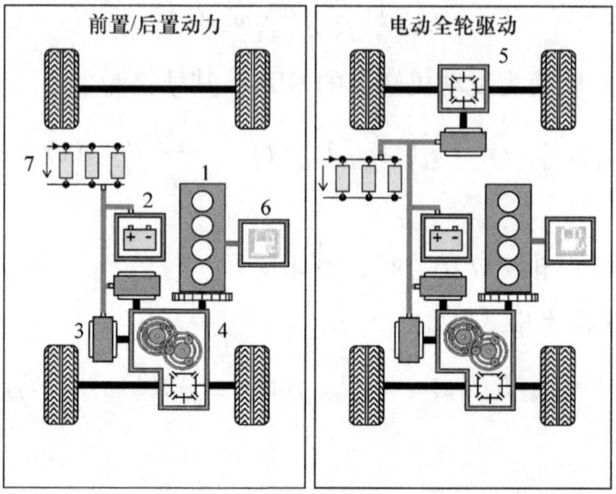

1—内燃机　2— 电池　3— 电动机/发电机　4—行星齿轮组/差速器
5—差速器　6— 油箱　7— 预期负荷

图 10.13　功率分流混合的拓扑

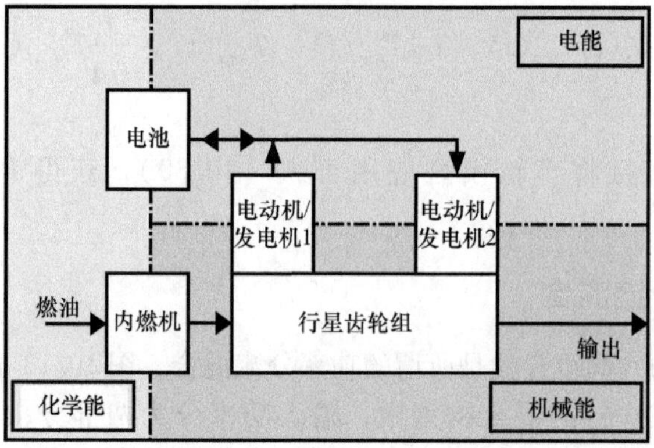

图 10.14　功率分流混合的拓扑

定的车速范围而言是较小的。

实现功率分流传动主要有三种不同的构型：

1）输入功率分流。

2）输出功率分流。

3）复合功率分流。

三种构型的共同点是，来自 ICE 的一部分输入功率通过机械路径传递，而另一部分通过电动变速器传递。

与并联和串联构型相比，通常将功率分流构型指定为更复杂的混合驱动的变体。在许多设计变型中，机械结构更加简单，但是由于更严格的控制要求而增加了复杂性。对此的概述可以在 Guzzella 和 Sciarretta 的文献中找到[20]。

10.4.2.1 功率分流的特征

行星变速器可以连接在一起以获得不同的构型。如果功率分流构型产生两个输入/输出轴用于电动变速器、ICE 和剩余的传动系统，则静态转速关系可以通过线性方程组计算：

$$\begin{bmatrix} \omega_{mg1}(t) \\ \omega_{mg2}(t) \end{bmatrix} = \boldsymbol{A}\begin{bmatrix} \omega_{ice}(t) \\ \omega_{wh}(t) \end{bmatrix} = \begin{pmatrix} a_{11} & a_{12} \\ a_{21} & a_{22} \end{pmatrix}\begin{bmatrix} \omega_{ice}(t) \\ \omega_{wh}(t) \end{bmatrix} \tag{10.82}$$

式中，$\omega_{mg1}(\cdot)$ 和 $\omega_{mg2}(\cdot)$ 分别为 MG1 和 MG2 的角速度。

假设系统没有损耗，两个 MG 的电功率相互补偿，即电池功率为零，电池既不充电也不放电，线性系统（10.82）可以重新表示成静态力矩关系：

$$\begin{aligned} \begin{bmatrix} T_{mg1}(t) \\ T_{mg2}(t) \end{bmatrix} &= (-\boldsymbol{A}^T)^{-1}\begin{bmatrix} T_{ice}(t) \\ -T_{road}(t) - T_{brk}(t) \end{bmatrix} \\ &= \frac{1}{a_{11}a_{22} - a_{12}a_{21}}\begin{pmatrix} -a_{22} & a_{21} \\ a_{12} & -a_{11} \end{pmatrix}\begin{bmatrix} T_{ice}(t) \\ -T_{wh}(t) \end{bmatrix} \end{aligned} \tag{10.83}$$

式中，$T_{mg1}(\cdot)$ 和 $T_{mg2}(\cdot)$ 分别为 MG1 和 MG2 的力矩。

对于所有功率分流构型，不能以相同的方式来定义最期望的电功率流动方向。优选的功率流取决于 MG1 和 MG2 的布局，因而也取决于 MG1 和 MG2 的运行模式。因此，通过使用以下定义来确定式（10.81）的一般功率分流比：

$$\epsilon(t) := \frac{P_{mg1}(t)}{P_{ice}(t)} = \frac{T_{mg1}(t)\omega_{mg1}(t)}{T_{ice}(t)\omega_{ice}(t)} \tag{10.84}$$

随后将看到，一些功率分流构型需要对式（10.84）的定义进行略微修改，包括一个附加的负号。

根据所使用的构型的性质，由式（10.84）得到的功率分流比仍然不精确。因此，使用式（10.83）的 $T_{mg1}(\cdot)$ 和式（10.82）的 $\omega_{mg1}(\cdot)$，可以针对更多构型特别改进 $\epsilon(\cdot)$：

$$\begin{aligned} \epsilon(t) &:= -\frac{a_{11}a_{22} + a_{12}a_{21}}{a_{11}a_{22} - a_{12}a_{21}} + \frac{-a_{11}a_{21}i_{ecvt}(t) - \dfrac{a_{12}a_{22}}{i_{ecvt}(t)}}{a_{11}a_{22} - a_{12}a_{21}} \\ &= m_0 + m_1 i_{ecvt}(t) + \frac{m_2}{i_{ecvt}(t)} \end{aligned} \tag{10.85}$$

式中，$i_{evct}(\cdot)$ 为总传动比，由下式定义：

$$i_{evct}(t) := \frac{\omega_{ice}(t)}{\omega_{wh}(t)}$$

显然，功率分流比由三项组成。第一项是常数，第二项与 ECVT 传动比 $i_{evct}(\cdot)$（如果 a_{11}，$a_{21} \neq 0$）成比例，第三项与 $i_{evct}(\cdot)$ 的倒数成比例（如果 a_{12}，$a_{22} \neq 0$）。在后续部分中，对式（10.85）的检查表明，除了输入、输出和复合功率分流之外，不存在额外的基本类型的功率分流。表 10.1 和表 10.2 总结了基本功率分流构型的功率分流比。

对于单节点功率分流，由式（10.85）可以看出，$\epsilon(\cdot)$ 在如下条件下为零：

$$i_{ecvt,1} = -\frac{a_{22}}{a_{21}} \text{对于 } a_{11} = 0 \vee a_{12} = 0$$

或者

$$i_{ecvt,1} = -\frac{a_{12}}{a_{11}} \text{对于 } a_{21} = 0 \vee a_{22} = 0$$

对于双节点功率分流，得到

$$i_{ecvt,1} = -\frac{a_{22}}{a_{21}}$$

$$i_{ecvt,2} = -\frac{a_{12}}{a_{11}}$$

这些传动比造成了 ECVT 的纯机械传动特性，因为 $\omega_{mg1}(\cdot)$ 或 $\omega_{mg2}(\cdot)$ 是零。这些转速称为机械节点。

功率分流系统的总效率可以表示为

$$\eta_{tot}(t) = \frac{P_{wh}(t)}{P_{ice}(t)} = \left(1 - \frac{|\epsilon(t)|}{\eta_{mg1}(t)}\right)\eta_{mech} + |\epsilon(t)|\eta_{mg2}(t) \tag{10.86}$$

式中，η_{mech} 为机械传动系统的效率，包括行星轮的效率。

10.4.2.2 输入功率分流

面向市场的首款商业化功率分流 HEV 是由 Toyota 推出的采用输入功率分流架构的 Toyota Prius Ⅰ，称为 Toyota 混合动力系统（THS），其由一个负行星轮和两个电动机/发电机组成。2003 年，Toyota 发布了一个 THS 系统，简称为 THS Ⅱ，通过利用更高的电压来改善电气效率。2005 年，Lexus 和 Toyota 通过增加第二个行星轮改进了这种系统构型，以降低 MG2 的功率，将其称为第二代输入功率分流（IPS2）。这种架构已经在 Toyota Prius Ⅲ 和 Lexus RX 450h 中使用，如图 10.15 所示。

输入功率分流（IPS）构型必须满足一个行星轮式（10.42）的转速约束：

$$0 = (1 + i_{01})\omega_{ice}(t) - \omega_{mg1}(t) - i_{01}i_{fd}\omega_{wh}(t) \tag{10.87}$$

式中，i_{01} 为行星轮 1 的固定齿轮比。

PG2 的行星架固定，如图 10.15 所示，PG2 作为具有传递比 i_{rd} 的减速齿轮。然后，简单给出车轮转速

$$\omega_{wh}(t) = \frac{1}{i_{rd}i_{fd}}\omega_{mg2}(t) \tag{10.88}$$

减速齿轮的目的是降低 MG2 处的力矩。

现在，使用式（10.87）和式（10.88）的转速方程推导运动学约束是比较容

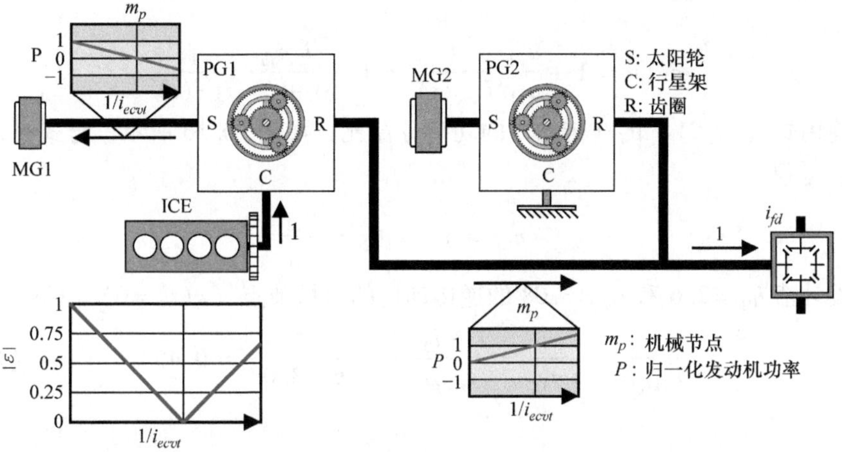

图 10.15　输入功率分流构型示意，逆传动比的无功功率结果高于机械节点的 $-a_{11}/a_{12}$

易的。运动转速约束是

$$\begin{bmatrix}\omega_{mg1}(t)\\ \omega_{mg2}(t)\end{bmatrix} = \boldsymbol{A}_{ips}\begin{bmatrix}\omega_{ice}(t)\\ \omega_{wh}(t)\end{bmatrix} = \begin{pmatrix}1+i_{01} & -i_{01}i_{fd}\\ 0 & i_{rd}i_{fd}\end{pmatrix}\begin{bmatrix}\omega_{ice}(t)\\ \omega_{wh}(t)\end{bmatrix}$$

通过矩阵 $\boldsymbol{A}_{ips}$ 的转置和逆可以计算运动学力矩约束，即

$$\begin{bmatrix}T_{mg1}(t)\\ T_{mg2}(t)\end{bmatrix} = (-\boldsymbol{A}_{ips}^{T})^{-1}\begin{bmatrix}T_{ice}(t)\\ -T_{wh}(t)\end{bmatrix} = \begin{pmatrix}\dfrac{-1}{1+i_{01}} & 0\\ \dfrac{-i_{01}}{(1+i_{01})i_{rd}} & \dfrac{-1}{i_{rd}i_{fd}}\end{pmatrix}\begin{bmatrix}T_{ice}(t)\\ -T_{wh}(t)\end{bmatrix} \tag{10.89}$$

应当指出的是，这些方程只适用于零电池功率和没有机械功率损耗的假设。

输入分流系统的设计要求 MG1 作为发电机工作，以稳定 ICE 和获得无功率再循环。因此，有符号的功率分流比定义为

$$\epsilon(t):=-\frac{P_{mg1}(t)}{P_{ice}(t)} \tag{10.90}$$

与式（10.84）的一般定义相比，其包含了一个附加的负号。

由传递矩阵 $\boldsymbol{A}_{ips}$ 可以看出，值 a_{21} 为零。这导致力矩约束第一个方程中的零项，见式（10.89）。功率分流比简化为

$$\epsilon(t)=\frac{1}{1+i_{01}}\left(1+i_{01}-\frac{i_{01}i_{fd}}{i_{ecvt}(t)}\right)=1-\frac{i_{01}i_{fd}}{1+i_{01}}\frac{1}{i_{ecvt}(t)} \tag{10.91}$$

比较式（10.91）和式（10.85）可知

$$\epsilon(t)=-1+\frac{m_2}{i_{ecvt}(t)}=-1-\frac{a_{12}}{a_{11}}\frac{1}{i_{ecvt}(t)} \tag{10.92}$$

由于式（10.90）的符号与定义式（10.84）不同，式（10.92）必须乘以 −1，

得到

$$\epsilon(t) = 1 + \frac{a_{12}}{a_{11}} \frac{1}{i_{ecvt}(t)} = 1 - \frac{i_{01} i_{fd}}{1 + i_{01}} \frac{1}{i_{ecvt}(t)}$$

使用式（10.91）的逆传动比的功率分流比，如图 10.16 所示。与式（10.85）相比，得到

$$-m_0 = 1, \ -m_2 = \frac{a_{12}}{a_{11}}$$

设计值 $i_{01} = 2.6$ 和 $i_{fd} = 3.08$ 的逆传动比的机械节点（$\varepsilon(t) = 0$）由下式给出：

$$\frac{1}{i_{ecvt,1}} = -\frac{a_{11}}{a_{12}} = \frac{1 + i_{01}}{i_{01} i_{fd}} = \frac{1 + 2.6}{2.6 \cdot 3.08} \approx 0.45 \quad (10.93)$$

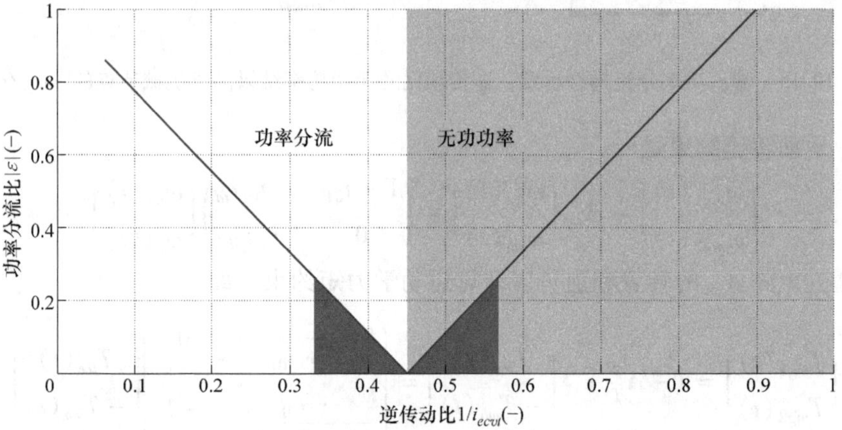

图 10.16　输入分流构型的功率分流比 ϵ，其中 $i_{01} = 2.6$ 和 $i_{fd} = 3.08$：浅灰色阴影区域表示具有无功功率的逆传动比，使用式（10.86）确定的深色阴影区域表示总效率高于 90% 的运行域

由式（10.93）可以看出，修改的功率分流定义式（10.90）对机械节点没有影响。

在不将 ICE 与动力传动解耦的情况下，从静止状态起动是可能的。这也许可以解释，为什么大多数功率分流混合没有一个解耦元件。然而，式（10.91）的研究表明，在低速时，图 10.15 所示的输入分流系统将所有来自 ICE 的功率通过电动变速器传递到车轮，由于存在双能量转换，这是相当低效率的。只有在式（10.93）的机械节点处，ICE 功率完全从行星架传递到齿圈，从而产生最高的系统效率。因此，希望将系统设计靠近该机械节点。如 Boehme 等[5] 所示，几乎所有车速都可以实现这一点。然而，这种折中会导致车辆的动态响应降低。

因此，一个好的设计是在机械节点附近运行 ICE，以切断从 MG1 到 MG2 的电能量流，并且使用 MG2 作为起动或加速支持的驱动电机。然后，车辆的敏捷性主要取决于 MG2 的大小。具有低传动比的超速档功能，即 $i_{ecvt}(t) < 1$，通常用于具有手动或自动变速器的车辆以降低燃料消耗，这与高电功率流和功率再循环造成的

损失成正比。

只要行星轮的任何轴承受到 ICE 提供的更大的机械功率，就会出现机械功率再循环的区域。功率再循环称为无功功率，如图 10.16 右侧所示。一方面，由于行星轮的效率相对较高，额外的机械损失相对较小，但是可能需要调整轴和轴承的尺寸。另一方面，由于电路中的高损耗，这种无功功率会严重降低 ECVT 的整个传动效率。通常建议将功率分流比保持在 30% 以下。

通过假设零小齿轮惯性和车辆纵向动力学，推导动力传动系统的动态特性[38]。对于 PG1 的齿圈、太阳轮和行星架节点，分别应用 Euler 第二定律，使用式（10.43）~式(10.45)，得到输入功率分流构型的控制方程，可以概括为

$$(I_{ice}+I_{c1})\dot{\omega}_{ice}(t)=T_{ice}(t)-(1+i_{01})T_{i1}(t)$$

$$(I_{mg1}+I_{s1})\dot{\omega}_{mg1}(t)=T_{mg1}(t)+T_{i1}(t)$$

$$\begin{aligned}[I_{veh}+(I_{mg2}i_{rd}^2+I_{r1})i_{fd}^2]\dot{\omega}_{wh}(t)=&-(T_{brk}(t)+T_{road}(t))\\&+i_{rd}i_{fd}T_{mg2}(t)+i_{01}i_{fd}T_{i1}(t)\end{aligned}$$

式中，$T_{i1}(\cdot)$ 为 PG1 小齿轮上的内部力矩，见式（10.46）。

采用矩阵表示为

$$\begin{bmatrix} T_{ice}(t) \\ T_{mg1}(t) \\ -(T_{brk}(t)+T_{road}(t))+i_{rd}i_{fd}T_{mg2}(t) \\ 0 \end{bmatrix} = \begin{pmatrix} I_{ice}+I_{c1} & 0 & 0 & 1+i_{01} \\ 0 & I_{mg1}+I_{s1} & 0 & -1 \\ 0 & 0 & I_{veh}+(I_{mg2}i_{rd}^2+I_{r1})i_{fd}^2 & -i_{01}i_{fd} \\ 1+i_{01} & -1 & -i_{01}i_{fd} & 0 \end{pmatrix} \begin{bmatrix} \dot{\omega}_{ice}(t) \\ \dot{\omega}_{mg1}(t) \\ \dot{\omega}_{wh}(t) \\ T_{i1}(t) \end{bmatrix} \tag{10.94}$$

对右侧矩阵的逆，产生系统动力学的微分代数方程：

$$\begin{bmatrix} \dot{\omega}_{ice}(t) \\ \dot{\omega}_{mg1}(t) \\ \omega_{wh}(t) \\ T_{i1}(t) \end{bmatrix} = \underbrace{\begin{pmatrix} \boldsymbol{I}_{ips} & \boldsymbol{D}_{ips}^{[1:3]} \\ (\boldsymbol{D}_{ips}^{[1:3]})^T & 0 \end{pmatrix}^{-1}}_{\boldsymbol{P}_{ips}=\begin{pmatrix} p_{11} & \cdots & p_{14} \\ \vdots & \ddots & \vdots \\ p_{41} & \cdots & p_{44} \end{pmatrix}} \begin{bmatrix} T_{ice}(t) \\ T_{mg1}(t) \\ -(T_{brk}(t)+T_{road}(t))+i_{rd}i_{fd}T_{mg2}(t) \\ 0 \end{bmatrix} \tag{10.95}$$

式中，$\boldsymbol{I}_{ips}\in R^{3\times 3}$ 为每个齿轮节点的对角惯性矩阵：

$$\boldsymbol{I}_{ips}=\operatorname{diag}\{I_{ice}+I_{c1},I_{mg1}+I_{s1},I_{veh}+(I_{mg2}i_{rd}^2+I_{r1})i_{fd}^2\}$$

$\boldsymbol{D}_{ips} \in R^{4\times 1}$为输入功率分流的运动约束矩阵，描述了由式（10.87）得到的静态转速约束：

$$\boldsymbol{D}_{ips} = \begin{pmatrix} 1 + i_{01} \\ -1 \\ -i_{01} i_{fd} \\ 0 \end{pmatrix}$$

10.4.2.3 输出功率分流

输出功率分流（OPS）动力传动由一个负行星轮和两个电动机/发电机组成，类似于输入分流构型。发动机和 MG2 在一个轴上同轴，并且连接到行星架上。MG1 连接到太阳轮，并且由主减速器齿轮和差速器组成的剩余传动连接到齿圈上。

根据图 10.17，输出功率分流构型必须满足一个行星轮的转速约束：

$$\omega_{mg1}(t) = (1 + i_{01})\omega_{ice}(t) - i_{01} i_{fd} \omega_{wh}(t) \tag{10.96}$$

$$\omega_{mg2}(t) = \omega_{ice}(t) \tag{10.97}$$

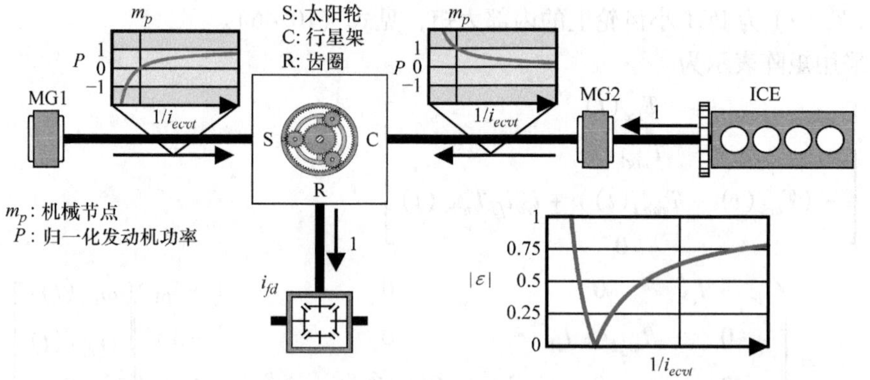

图 10.17 输出功率分流构型示意，逆传动比的无功功率结果低于机械节点的 $-a_{11}/a_{12}$

由式（10.96）和式（10.97），运动转速约束为

$$\begin{bmatrix} \omega_{mg1}(t) \\ \omega_{mg2}(t) \end{bmatrix} = \boldsymbol{A}_{ops} \begin{bmatrix} \omega_{ice}(t) \\ \omega_{wh}(t) \end{bmatrix} = \begin{pmatrix} 1 + i_{01} & -i_{01} i_{fd} \\ 1 & 0 \end{pmatrix} \begin{bmatrix} \omega_{ice}(t) \\ \omega_{wh}(t) \end{bmatrix} \tag{10.98}$$

通过矩阵 $\boldsymbol{A}_{OPS}$的转置和逆，可以计算运动力矩约束，即

$$\begin{bmatrix} T_{mg1}(t) \\ T_{mg2}(t) \end{bmatrix} = (-\boldsymbol{A}_{ops}^{T})^{-1} \begin{bmatrix} T_{ice}(t) \\ -T_{wh}(t) \end{bmatrix} = \begin{pmatrix} 0 & \dfrac{1}{i_{01} i_{fd}} \\ -1 & \dfrac{-1 - i_{01}}{i_{01} i_{fd}} \end{pmatrix} \begin{bmatrix} T_{ice}(t) \\ -T_{wh}(t) \end{bmatrix} \tag{10.99}$$

输出分流系统带符号的功率分流比定义为

$$\epsilon(t) := \frac{P_{mg1}(t)}{P_{ice}(t)} \tag{10.100}$$

使用式（10.98）和式（10.99）的第一个方程，得到功率分流比

$$\epsilon(t) = -\frac{i_{ecvt}(t)}{i_{01}i_{fd}}\left(1 + i_{01} - \frac{i_{01}i_{fd}}{i_{ecvt}(t)}\right) = 1 - \frac{1 + i_{01}}{i_{01}i_{fd}}i_{ecvt}(t) \tag{10.101}$$

与输入分流混合动力相比，由式（10.101）可以看出，功率再循环发生在高传动比下，因此在低车速下产生。然而，输出分流系统在高车速下实现有效的功率分流。

因此，图 10.18 中的功率分流比为

$$\epsilon(t) = 1 + m_1 i_{ecvt}(t) = 1 + \frac{a_{11}}{a_{12}}i_{ecvt}(t) = 1 - \frac{1 + i_{01}}{i_{01}i_{fd}}i_{ecvt}(t)$$

与式（10.85）相比，有

$$m_0 = 1, \quad m_1 = \frac{a_{11}}{a_{12}}$$

由此，获得逆传动比对应的机械节点为

$$\frac{1}{i_{ecvt,1}} = -\frac{a_{11}}{a_{12}} = \frac{1 + i_{01}}{i_{01}i_{fd}}$$

对于设计值 $i_{01}=2.6$ 和 $i_{fd}=3.08$，获得输出分流系统的机械节点为

$$\frac{1}{i_{ecvt,1}} = \frac{1 + 2.6}{2.6 \cdot 3.08} \approx 0.45$$

这与输入分流系统式（10.93）相同。

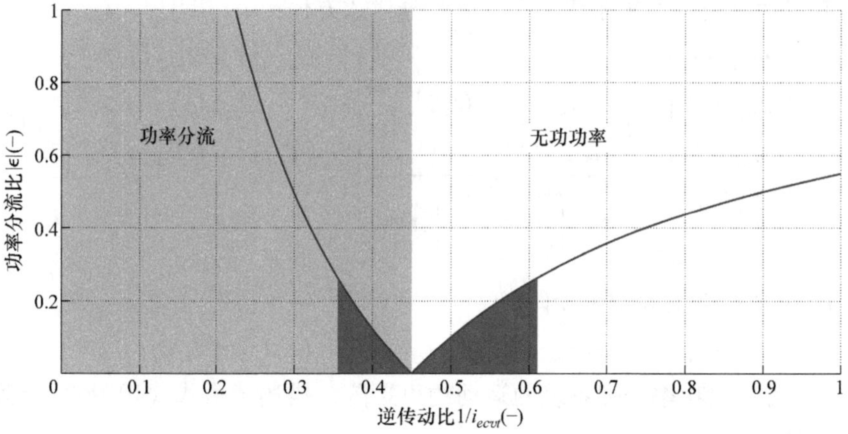

图 10.18 输出分流构型的功率分流比 ϵ，其中 $i_{01}=2.6$ 和 $i_{fd}=3.08$：浅灰色阴影区域表示具有无功功率的逆传动比，使用式（10.86）确定的深色阴影区域表示总效率高于 90% 的运行域

由于高传动比下的大功率再循环，输出分流系统不适合起动。通过使用一个电动机以低速驱动汽车，可以解决这个问题，该电动机通过行星轮连接到主减速器齿

轮上。在这种情况下，行星轮作为一个简单的固定齿轮工作，将其 DOF 减小到 1，这限制了其运动。如果达到与低传动比相对应的某个车速，则能量管理切换到输出分流构型。这种策略适用于 GM Volt 和 Opel Ampera，有关详细信息请参阅 Matthé 和 Eberle 的研究[41]。

再次，分别对 PG1 的齿圈、太阳轮和行星架节点应用 Euler 第二定律，并且应用式（10.43）~式（10.45），得到输出功率分流系统的控制方程。它们可以总结为

$$(I_{ice}+I_{mg2}+I_{c1})\dot{\omega}_{ice}(t)=T_{ice}(t)+T_{mg2}(t)-(1+i_{01})T_{i1}(t) \quad (10.102)$$

$$(I_{mg1}+I_{s1})\dot{\omega}_{mg1}(t)=T_{mg1}(t)+T_{i1}(t) \quad (10.103)$$

$$(I_{veh}+I_{r1}i_{fd}^2)\dot{\omega}_{wh}(t)=-(T_{brk}(t)+T_{road}(t))+i_{01}i_{fd}T_{i1}(t) \quad (10.104)$$

$$\begin{bmatrix} T_{ice}(t)+T_{mg2}(t) \\ T_{mg1}(t) \\ -(T_{brk}(t)+T_{road}(t)) \\ 0 \end{bmatrix}=$$

$$\begin{pmatrix} I_{ice}+I_{mg2}+I_{c1} & 0 & 0 & 1+i_{01} \\ 0 & I_{mg1}+I_{s1} & 0 & -1 \\ 0 & 0 & I_{veh}+I_{r1}i_{fd}^2 & -i_{01}i_{fd} \\ 1+i_{01} & -1 & -i_{01}i_{fd} & 0 \end{pmatrix}\begin{bmatrix} \dot{\omega}_{ice}(t) \\ \dot{\omega}_{mg1}(t) \\ \dot{\omega}_{wh}(t) \\ T_{i1}(t) \end{bmatrix}$$

对右侧矩阵逆，产生系统动力学的微分代数方程：

$$\begin{bmatrix} \dot{\omega}_{ice}(t) \\ \dot{\omega}_{mg1}(t) \\ \dot{\omega}_{wh}(t) \\ T_{i1}(t) \end{bmatrix}=\underbrace{\begin{pmatrix} \boldsymbol{I}_{ops} & \boldsymbol{D}_{ops}^{[1:3]} \\ (\boldsymbol{D}_{ops}^{[1:3]})^T & 0 \end{pmatrix}^{-1}}_{\boldsymbol{P}_{ops}=\begin{pmatrix} p_{11} & \cdots & p_{14} \\ \vdots & \ddots & \vdots \\ p_{41} & \cdots & p_{44} \end{pmatrix}\in\boldsymbol{R}^{4\times 4}}\begin{bmatrix} T_{ice}(t)+T_{mg2}(t) \\ T_{mg1}(t) \\ -(T_{brk}(t)+T_{road}(t)) \\ 0 \end{bmatrix} \quad (10.105)$$

式中，$\boldsymbol{I}_{ops}\in R^{3\times 3}$ 为对角惯性矩阵：

$$\boldsymbol{I}_{ops}=\mathrm{diag}\{I_{ice}+I_{mg2}+I_{c1},I_{mg1}+I_{s1},I_{veh}+I_{r1}i_{fd}^2\}$$

$\boldsymbol{D}_{ops}\in R^{4\times 1}$ 为输出功率分配系统的运动约束矩阵，描述了由式（10.96）得到的静态转速约束：

$$\boldsymbol{D}_{ops}=\begin{pmatrix} 1+i_{01} \\ -1 \\ -i_{01}i_{fd} \\ 0 \end{pmatrix}$$

10.4.2.4 复合功率分流

复合功率分流（CPS）构型是基本功率分流系统中的最后一个构型。它的发明是为了在很大范围内实现功率分流比低于30%。不幸的是，单独的系统既不能使车辆从静止状态行驶，也不能在高车速下提供良好的效率。必需的大尺寸电动机/发电机将使这种构型完全不可接受。因此，它只适用于与其他功率分流构型的组合。

CPS系统由两个负行星轮和两个电动机/发电机组成。与输入/输出分流系统相比，没有任何电机直接连接到输入轴或输出轴上。这提供了额外的自由度，导致总自由度为2。这种构型如图10.19所示。

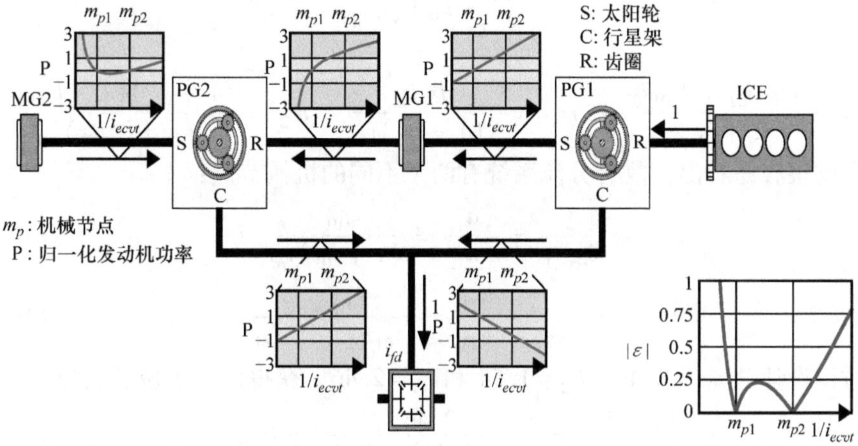

图10.19 复合功率分流构型示意，逆传动比的无功功率结果低于机械节点 $-a_{11}/a_{12}$ 和高于机械节点 $-a_{21}/a_{22}$

复合功率分流构型必须满足两个行星轮的转速关系：

$$0 = -i_{01}\omega_{ice}(t) - \omega_{mg1}(t) + (1+i_{01})i_{fd}\omega_{wh}(t) \tag{10.106}$$

$$0 = -i_{02}\omega_{mg1}(t) - \omega_{mg2}(t) + (1+i_{02})i_{fd}\omega_{wh}(t) \tag{10.107}$$

式中，i_{01} 和 i_{02} 分别为行星轮1和2的固定传动比。

将式（10.106）代入式（10.107），得到运动转速约束

$$\begin{bmatrix}\omega_{mg1}(t)\\ \omega_{mg2}(t)\end{bmatrix} = \boldsymbol{A}_{cps}\begin{bmatrix}\omega_{ice}(t)\\ \omega_{wh}(t)\end{bmatrix} = \begin{pmatrix}-i_{01} & (1+i_{01})i_{fd}\\ i_{01}i_{02} & (1-i_{01}i_{02})i_{fd}\end{pmatrix}\begin{bmatrix}\omega_{ice}(t)\\ \omega_{wh}(t)\end{bmatrix} \tag{10.108}$$

通过矩阵 $\boldsymbol{A}_{cps}$ 转置和逆，可以计算运动力矩约束：

$$\begin{bmatrix}T_{mg1}(t)\\ T_{mg2}(t)\end{bmatrix} = (-\boldsymbol{A}_{cps}^{T})^{-1}\begin{bmatrix}T_{ice}(t)\\ -T_{wh}(t)\end{bmatrix} = \begin{pmatrix}\dfrac{1-i_{01}i_{02}}{(1+i_{02})i_{01}} & \dfrac{-i_{02}}{(1+i_{02})i_{fd}}\\ \dfrac{-1-i_{01}}{(1+i_{02})i_{01}} & \dfrac{-1}{(1+i_{02})i_{fd}}\end{pmatrix}\begin{bmatrix}T_{ice}(t)\\ -T_{wh}(t)\end{bmatrix} \tag{10.109}$$

使用式（10.100）的定义以及式（10.108）和式（10.109）的第一个方程，获得功率分流比为

$$\epsilon(t) = \left(-i_{01} + \frac{(1+i_{01})i_{fd}}{i_{ecvt}(t)}\right)\left(\frac{1-i_{01}i_{02}}{(1+i_{02})i_{01}} + \frac{i_{02}}{(1+i_{02})i_{fd}}i_{ecvt}(t)\right) \tag{10.110}$$

扩展式（10.110）和与式（10.85）比较，产生

$$\epsilon(t) = \frac{-1+i_{02}+2i_{01}i_{02}}{1+i_{02}} - \frac{i_{01}i_{02}}{(1+i_{02})i_{fd}}i_{ecvt}(t) + \frac{(1+i_{01})(1-i_{01}i_{02})i_{fd}}{(1+i_{02})i_{01}}\frac{1}{i_{ecvt}}(t)$$

和

$$m_0 = \frac{-1+i_{02}+2i_{01}i_{02}}{1+i_{02}},\quad m_1 = -\frac{i_{01}i_{02}}{(1+i_{02})i_{fd}},\quad m_2 = \frac{(1+i_{01})(1-i_{01}i_{02})i_{fd}}{(1+i_{02})i_{01}}$$

由此很容易看出，复合分流系统有两个不同的机械节点：

$$\frac{1}{i_{ecvt,1}} = -\frac{a_{11}}{a_{12}} = \frac{i_{01}}{(1+i_{01})i_{fd}} \tag{10.111}$$

$$\frac{1}{i_{ecvt,2}} = -\frac{a_{21}}{a_{22}} = \frac{i_{01}i_{02}}{(i_{01}i_{02}-1)i_{fd}} \tag{10.112}$$

对于设计值 $i_{01}=2.46$、$i_{02}=1.54$ 和 $i_{fd}=2.46$，获得以下机械节点为

$$\frac{1}{i_{ecvt,1}} = \frac{2.46}{(1+2.46)\times 2.64} \approx 0.27$$

$$\frac{1}{i_{ecvt,2}} = \frac{2.46\times 1.54}{(2.46\times 1.54-1)\times 2.64} \approx 0.51$$

复合分流系统的功率分流比如图 10.20 所示。如果逆传动比位于两个机械节点之间，但在外部迅速增加，则 $\epsilon(\cdot)$ 为低传动比。因此，最好将操作保持在这些节点内。

分别对 PG1 的齿圈、太阳轮和行星架节点以及 PG2 的太阳轮节点应用 Euler 第二定律，可以得到功率分流构型的控制方程，表示为

$$(I_{ice}+I_{r1})\dot{\omega}_{ice}(t) = T_{ice}(t) + i_{01}T_{i1}(t) \tag{10.113}$$

$$(I_{mg1}+I_{s1}+I_{r2})\dot{\omega}_{mg1}(t) = T_{mg1}(t) + T_{i1}(t) + i_{02}T_{i2}(t) \tag{10.114}$$

$$(I_{mg2}+I_{s2})\dot{\omega}_{mg2}(t) = T_{mg2}(t) + T_{i2}(t) \tag{10.115}$$

$$(I_{veh}+(I_{c1}+I_{c2})i_{fd}^2)\dot{\omega}_{wh}(t) = -T_{brk}(t) - (1+i_{01})i_{fd}T_{i1}(t) - (1+i_{02})i_{fd}T_{i2}(t) - T_{road}(t) \tag{10.116}$$

式中，I_{r1}、I_{r2}、I_{s1}、I_{s2}、I_{c1} 和 I_{c2} 分别为齿圈、太阳轮和行星架的转动惯量；$T_{i1}(\cdot)$ 和 $T_{i2}(\cdot)$ 分别为 PG1 和 PG2 小齿轮上的内力矩。

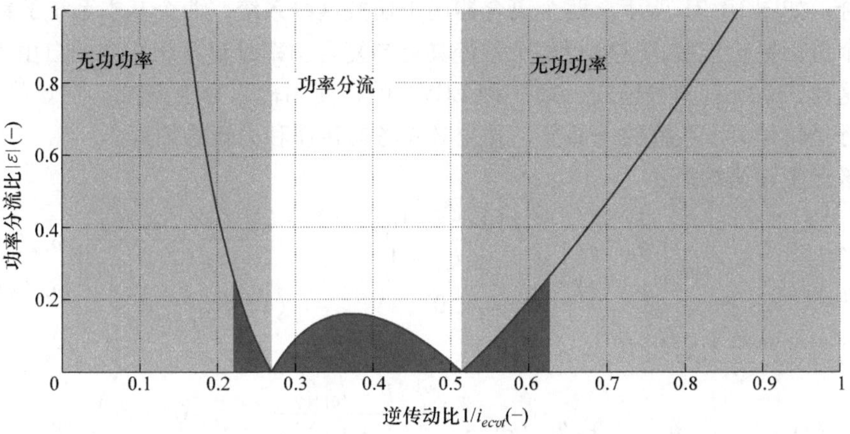

图 10.20　复合功率分流构型的功率比 ε，其中 $i_{01}=2.46$，$i_{02}=1.54$，并且 $i_{fd}=2.64$：浅灰色阴影区域表示具有无功功率的逆传输比，使用式（10.86）确定的深色阴影区域表示总效率高于 90% 的运行域

为了简化方程，假设既没有黏性也没有 Coulomb 摩擦。微分代数方程式(10.106)~式(10.116) 以下列形式表示系统动力学：

$$\begin{bmatrix} \dot{\omega}_{ice}(t) \\ \dot{\omega}_{mg1}(t) \\ \dot{\omega}_{mg2}(t) \\ \dot{\omega}_{wh}(t) \\ T_{i1}(t) \\ T_{i2}(t) \end{bmatrix} = \underbrace{\begin{pmatrix} \boldsymbol{I}_{cps} & \boldsymbol{D}_{cps} \\ \boldsymbol{D}_{cps}^T & \boldsymbol{0}_{2\times 2} \end{pmatrix}^{-1}}_{\boldsymbol{P}_{cps}=\begin{pmatrix} p_{11} & \cdots & p_{16} \\ \vdots & \ddots & \vdots \\ p_{61} & \cdots & p_{66} \end{pmatrix}\in \boldsymbol{R}^{6\times 6}} \begin{bmatrix} T_{ice}(t) \\ T_{mg1}(t) \\ T_{mg2}(t) \\ -T_{road}(t)-T_{brk}(t) \\ 0 \\ 0 \end{bmatrix} \tag{10.117}$$

式中，$\boldsymbol{I}_{cps}\in R^{4\times 4}$为来自于式（10.117）的对角惯性矩阵：

$$\boldsymbol{I}_{cps} = \mathrm{diag}\{I_{ice}+I_{r1}, I_{mg1}+I_{s1}+I_{r2}, I_{mg2}+I_{s2}, I_{veh}+(I_{c1}+I_{c2})i_{fd}^2\}$$

$\boldsymbol{D}_{cps}\in R^{4\times 2}$为复合功率分流的运动约束矩阵，描述了式（10.106）和式（10.107）的静态速度关系：

$$\boldsymbol{D}_{cps} = \begin{pmatrix} -i_{01} & 0 \\ -1 & -i_{02} \\ 0 & -1 \\ (1+i_{01})i_{fd} & (1+i_{02})i_{fd} \end{pmatrix}$$

10.4.2.5　双模式功率分流

顾名思义，双模式功率分流（TMPS）构型支持两种操作模式。在不同的文献中，报道了许多不同的拓扑。双模式是单节点输入分流系统和双节点复合分流系统的组合，如图 10.21 所示。两个离合器用于切换这些系统，两个基本系统的结合需要三个负行星轮连接，这使得整个系统具有与复合功率分流系统相同的自由度。

这样的系统有两种模式，第一种 ECVT 模式使用输入分流系统。在该模式中，第三行星轮是 IPS 系统的一部分，并且必须考虑转速和力矩的约束。

这产生转速约束：

$$\begin{bmatrix}\omega_{mg1}(t)\\ \omega_{mg2}(t)\end{bmatrix} = \boldsymbol{A}_{tmps}\begin{bmatrix}\omega_{ice}(t)\\ \omega_{wh}(t)\end{bmatrix} = \begin{pmatrix}\dfrac{(1+i_{02})i_{01}}{i_{01}i_{02}-1} & \dfrac{(1+i_{01})(1+i_{03})i_{fd}}{1-i_{01}i_{02}}\\ 0 & (1+i_{03})i_{fd}\end{pmatrix}\begin{bmatrix}\omega_{ice}(t)\\ \omega_{th}(t)\end{bmatrix}$$

同时，产生力矩约束：

$$\begin{bmatrix}T_{mg1}(t)\\ T_{mg2}(t)\end{bmatrix} = (-\boldsymbol{A}_{tmps}^{T})^{-1}\begin{bmatrix}T_{ice}(t)\\ -T_{wh}(t)\end{bmatrix} = \begin{pmatrix}\dfrac{1-i_{01}i_{02}}{(1+i_{02})i_{01}} & 0\\ \dfrac{-1-i_{01}}{(1+i_{02})i_{01}} & \dfrac{-1}{(1+i_{03})i_{fd}}\end{pmatrix}\begin{bmatrix}T_{ice}(t)\\ -T_{wh}(t)\end{bmatrix}$$

第二种 ECVT 模式使用复合功率分流系统。在该模式中，第三行星轮没有机械贡献。因此，无需修改式（10.108）和式（10.109）的转速和力矩约束。

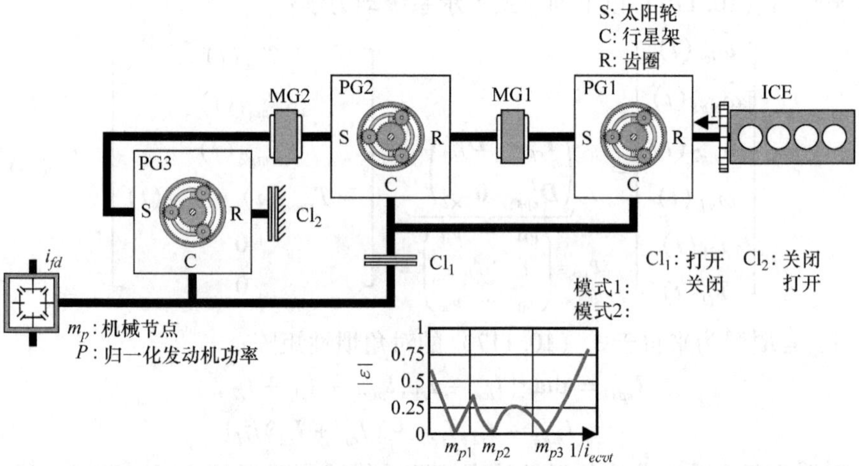

图 10.21　双模功率分流构型的示意：对于高于机械节点 $-a_{11}/a_{12}$ 的逆传动比，在模式 1 下产生无功功率，对于低于机械节点 $-a_{11}/a_{12}$ 和高于机械节点 $-a_{21}/a_{22}$ 的逆传动比，在模式 2 下产生无功功率

使用式（10.90）的名义功率分流比定义，得到

$$\epsilon(t) = -\frac{1-i_{01}i_{02}}{(1+i_{02})i_{01}}\left(\frac{(1+i_{02})i_{01}}{i_{01}i_{02}-1} + \frac{(1+i_{01})(1+i_{03})i_{fd}}{1-i_{01}i_{02}}\frac{1}{i_{ecvt}(t)}\right)$$

$$= 1 - \frac{(1+i_{01})(1+i_{03})i_{fd}}{(1+i_{02})i_{01}}\frac{1}{i_{ecvt}(t)} \tag{10.118}$$

式（10.118）的第一种 ECVT 模式机械节点超过的逆传动比，由下式给出：

$$\frac{1}{i_{ecvt,1}} = -\frac{a_{11}}{a_{12}} = \frac{(1+i_{02})i_{01}}{(1+i_{01})(1+i_{03})i_{fd}}$$

第二 ECVT 模式的机械节点由式（10.111）和式（10.112）给出。对于 $i_{01}=2.46$，$i_{02}=1.54$，$i_{03}=2.72$ 和 $i_{fd}=2.64$ 的设计示例，得到以下机械节点：

$$\frac{1}{i_{ecvt,1}} \approx 0.18$$

$$\frac{1}{i_{ecvt,2}} \approx 0.27$$

$$\frac{1}{i_{ecvt,3}} \approx 0.51$$

类似于式（10.95）和式（10.117），可以得出动态系统的描述。

可以将模式 1 用于车辆的低速范围，将模式 2 用于更高速范围。输入分流和复合分流系统之间的平滑模式改变，既没有冲击也没有振动，这对于该构型的成功是必要的。可以起动的模式改变为：

1）保持 $\omega_{mg1}(\cdot)$ 和 $\omega_{mg2}(\cdot)$ 的连续性[64]。

2）在一个机械节点：这意味着，变速器一侧的速度等于零。

3）使用一对相互关闭/打开的制动器[64]。

双模式系统的功率分流比如图 10.22 所示。由图可以看出，如果逆传动比位于机械节点 0.18 和 0.51 之间，则 ε 为低，这是所讨论的所有功率分流的最大区域。然而，可以预见，即使采用最优设计，双模式系统也无法提供过驱动功能。GM 公司推出一款具有固定齿轮比的双模式系统的改进型，这种名为先进混合系统（Advanced Hybrid System）2 的拓扑包含一个附加的固定离合器和一个附加的需要复杂控制策略的旋转离合器。通过接合或分离四个离合器，系统实现六种不同的模式，包括两种 ECVT 模式和四种固定档位模式。

功率分流比的一般定义允许比较四种功率分流拓扑，如图 10.23 所示。

10.4.3 串联混合

串联混合采用串联连接的两台电机，而没有 ICE 到车轮的机械部分，如图 10.24所示。ICE 直接为发电机（MG1）供电，MG1 将主要部分能量提供给牵引电动机（MG2），其余部分提供给电池。

可以将串联混合设想为功率分流比 $\varepsilon(t)=1$ 的一种功率分流构型，见表 10.1 和表 10.2。使用功率分流的定义，旋转角速度的约束为

$$\begin{bmatrix}\omega_{mg1}(t)\\ \omega_{mg2}(t)\end{bmatrix} = A_{se}\begin{bmatrix}\omega_{ice}(t)\\ \omega_{wh}(t)\end{bmatrix} = \begin{pmatrix}1 & 0\\ 0 & i_{fd}\end{pmatrix}\begin{bmatrix}\omega_{ice}(t)\\ \omega_{wh}(t)\end{bmatrix} \tag{10.119}$$

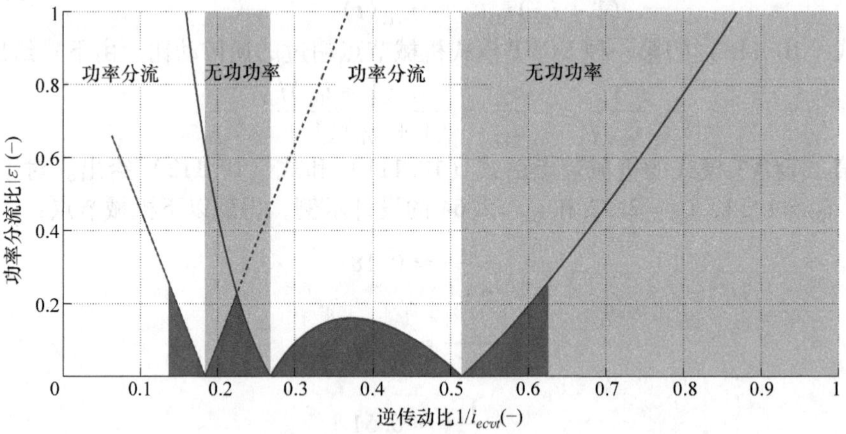

图 10.22　双模式功率分流构型的功率比 ε，其中 $i_{01}=2.46$，$i_{02}=1.54$，$i_{03}=2.72$，并且 $i_{fd}=2.64$ 的：浅灰色阴影区域表示具有无功功率的逆传动比，使用式（10.86）确定的深色阴影区域表示总效率高于 90% 的运行域

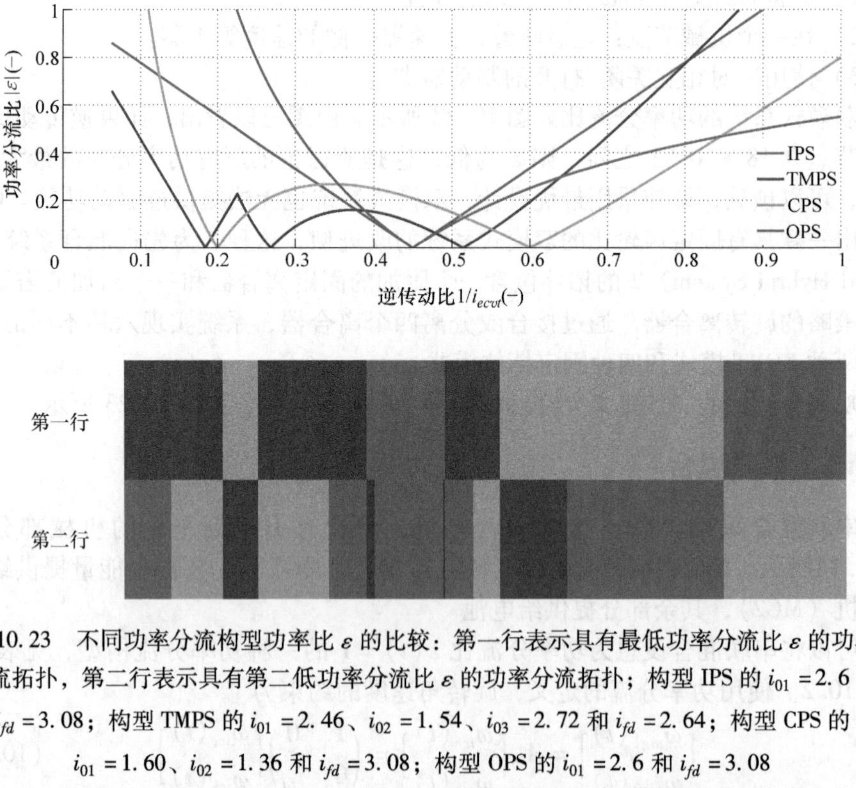

图 10.23　不同功率分流构型功率比 ε 的比较：第一行表示具有最低功率分流比 ε 的功率分流拓扑，第二行表示具有第二低功率分流比 ε 的功率分流拓扑；构型 IPS 的 $i_{01}=2.6$ 和 $i_{fd}=3.08$；构型 TMPS 的 $i_{01}=2.46$、$i_{02}=1.54$、$i_{03}=2.72$ 和 $i_{fd}=2.64$；构型 CPS 的 $i_{01}=1.60$、$i_{02}=1.36$ 和 $i_{fd}=3.08$；构型 OPS 的 $i_{01}=2.6$ 和 $i_{fd}=3.08$

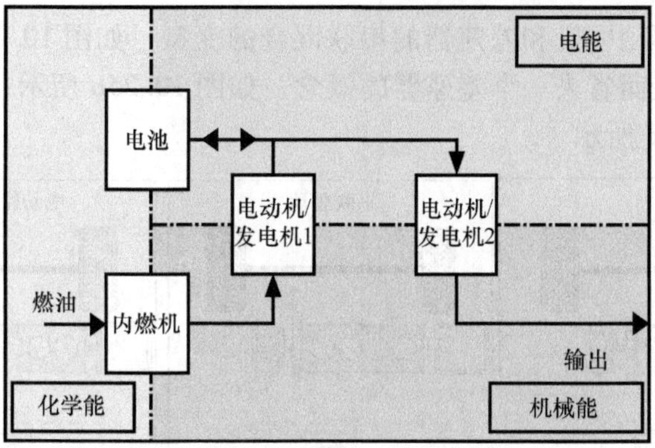

图 10.24　串联混合动力能量流原理

力矩的约束为

$$\begin{bmatrix} T_{mg1}(t) \\ T_{mg2}(t) \end{bmatrix} = (-A_{se}^{T})^{-1}\begin{bmatrix} T_{ice}(t) \\ -T_{wh}(t) \end{bmatrix} = \begin{pmatrix} -1 & 0 \\ 0 & -\frac{1}{i_{fd}} \end{pmatrix}\begin{bmatrix} T_{ice}(t) \\ -T_{wh}(t) \end{bmatrix} \tag{10.120}$$

表 10.1　构型和功率分流比的关系 1

配置	串联混合	输入功率分流
参数	$a_{12}=a_{21}=0$ 或者 $a_{11}=a_{22}=0$	MG2 直接连接到动力传动系统中，即 $a_{11}=0$ 或者 $a_{21}=0$
功率分流比 $\varepsilon(\cdot)$	1	$\pm 1+\frac{m_2}{i_{ecvt}(t)}$

然后，由式（10.119）和式（10.120），带符号的功率分流比定义为

$$\epsilon(t) = -\frac{P_{mg1}(t)}{P_{ice}(t)} = \frac{T_{ice}(t)\omega_{ice}(t)}{T_{ice}(t)\omega_{ice}(t)} = 1$$

由于完全机械解耦，在独立于驾驶员的要求选择 IC 发动机运行机制方面，串联混合提供了最大的灵活性。IC 发动机为发电机提供动力，因此可以动态、静态或间歇运行，以满足某些特定的性能、经济性或排放目标。

表 10.2　构型和功率分流比的关系 2

配置	输出功率分流	复合功率分流
参数	$a_{12}=0$ 或者 $a_{22}=0$	没有 MG 直接连接到动力传动系统中，即 $a_{11}\neq 0$，$a_{12}\neq 0$ $a_{21}\neq 0$，$a_{22}\neq 0$
功率分流比	$\pm 1+m_1 i_{evct}(t)$	$m_0+m_1 i_{ecvt}(t)+\frac{m_2}{i_{ecvt}(t)}$

存在具有单驱动电机和差速器的串联混合的变型，如图 10. 25a 所示；每个轴具有两个驱动电机而省去一个差速器的概念，如图 10. 25b 所示；具有电动轮毂的概念，如图 10. 25c 所示。

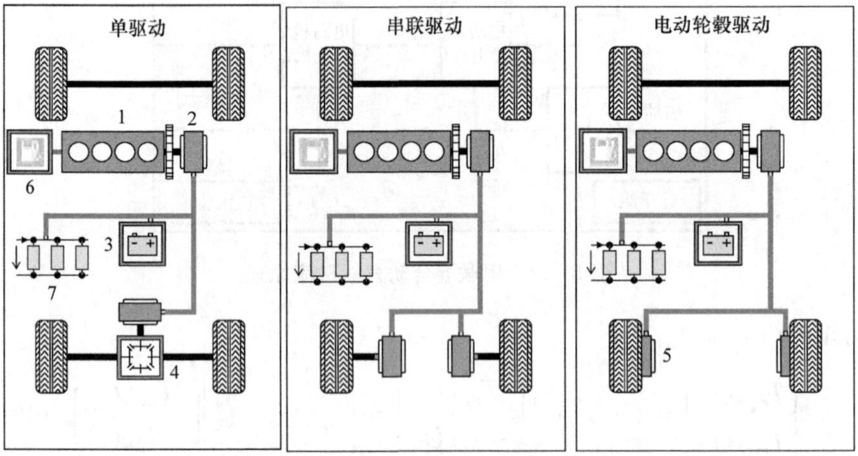

a) b) c)

1—内燃机 2— 电动机/发电机 3—电池 4— 差速器
5— 电动轮毂电机 6— 油箱 7—载荷预期负载

图 10. 25 串联混合构型

在 MG2 和差速器之间，也存在左侧布局的变型，可能有一个或多个减速齿轮。

串联混合的能量管理目标是双重的：一方面是尽可能长时间地使 ICE 固定运行在其最佳工作点，即最优发动机效率的一个或多个工作点，因为瞬态可能引起大的排放峰值；另一方面，要使整体动力传动效率最大化。

在最佳 ICE 工作点运行，可以根据需要产生更大的 ICE 功率驱动车辆。在这种驾驶场景中，电池用于存储多余的能量。相反，最终必须消耗掉多余的能量。

这种电池充电和放电的组合代表了一个占空比操作，这是典型的串联混合动力车辆。这种占空比操作增加了电池损耗，因此应当加以限制。

动态系统描述由两个常微分方程给出：

$$(I_{ice}+I_{mg1})\dot{\omega}_{ice}(t)=T_{ice}(t)+T_{mg1}(t)$$

$$(I_{veh}+I_{mg2}i_{fd}^{2})\dot{\omega}_{wh}(t)=i_{fd}T_{mg2}(t)-T_{brk}(t)-T_{road}(t)$$

采用矩阵表示为

$$\begin{bmatrix} T_{ice}(t)+T_{mg1}(t) \\ i_{fd}T_{mg2}(t)-T_{brk}(t)-T_{road}(t) \end{bmatrix}=\begin{pmatrix} I_{ice}+I_{mg1} & 0 \\ 0 & I_{veh}+I_{mg2}i_{fd}^{2} \end{pmatrix}\begin{bmatrix} \dot{\omega}_{ice}(t) \\ \dot{\omega}_{wh}(t) \end{bmatrix}$$

对右侧矩阵求逆，动态系统成为

$$\begin{bmatrix} \dot{\omega}_{ice}(t) \\ \dot{\omega}_{wh}(t) \end{bmatrix}=I_{se}^{-1}\begin{bmatrix} T_{ice}(t)+T_{mg1}(t) \\ i_{fd}T_{mg2}(t)-T_{brk}(t)-T_{road}(t) \end{bmatrix}$$

$$= \begin{pmatrix} \dfrac{1}{I_{ice} + I_{mg1}} & 0 \\ 0 & \dfrac{1}{I_{veh} + I_{mg2} i_{fd}^2} \end{pmatrix} \begin{bmatrix} T_{ice}(t) + T_{mg1}(t) \\ i_{fd} T_{mg2}(t) - T_{brk}(t) - T_{road}(t) \end{bmatrix} \tag{10.121}$$

由式（10.121）可以看出，其不包含代数约束。

串联混合通常用于重型车辆，如货车和机车[42]，而用于乘用车的串联混合只能用于原型展示或与其他动力传动概念相结合，如 GM Volt[41]。

10.4.4 组合混合

组合混合大多是并联混合构型，但是具有串联混合特性。组合混合动力传动采用两台电机，一台电机连接在发动机的输出轴上，作为提供电驱动或给电池充电的发电机，而另一个电机作为驱动电动机或再生制动的发电机。在 MG1 作为发电机和 MG2 作为电动机的情况下，组合混合以功率分流模式运行，其 $\epsilon(t) > 0$ 和 $\epsilon(t) << 1$。组合混合构型的能量流动示意，如图 10.26 所示。

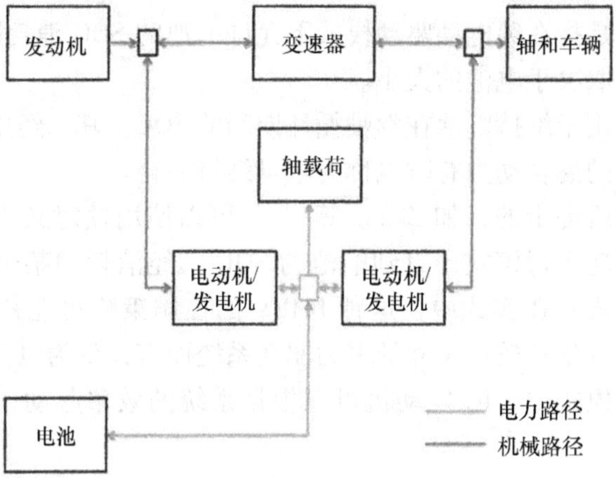

图 10.26 组合混合构型的能量流动

在城市速度范围内，激活纯电动驱动模式。如果电池荷电状态过低，起动 IC 发动机提供驱动动力，包括电池的充电功率。

与串联混合构型相比，组合混合提供了直接将 IC 发动机的一部分机械动力通过接合离合器传递给车轮的选择。在具有高功率需求以减少 ϵ 从而改善整体效率的运行条件下，这样的并联模式尤其重要。

在某些构型中，可以同时使用两个电机以提供电动四轮驱动，这取决于两台电机的安装功率。电能要么由电池提供，要么由 IC 发动机提供，类似于串联概念的方式。一个实例是 Porsche 918 Spyder，完全安装的电功率为 180kW，最大内燃机功率为 426kW[48]。

10.4.5 插电混合

插电混合动力电动车辆（PHEV）与电量维持 HEV 的不同之处在于，其使用高容量的储能系统，通过与电网连接，具有独立于车辆使用情况和驾驶状况的再充电的能力。虽然 PHEV 需要的电池容量比 BEV 少得多，但是其可能需要的电池容量至少是当今电量维持 HEV 的 5 倍。通常，PHEV 可以使用并联、功率分流、串联或组合混合等构型来实现，但通常需要更大的电动原动机。然而，功率分流 PHEV 构型可能会受到无法将 ICE 与动力传动解耦缺点的影响。在这种情况下，总是存在阻力矩。

与通过控制来自于电池或 IC 发动机的主要能量流的传统混合相比，电网连接引入额外的自由度。这引入了以下运行模式：

1）电量消耗。

2）电量维持。

3）电量混合。

电量消耗模式是指在纯电动驱动模式下允许电池的 SOC 消耗降至一定的阈值。因此，全电量范围取决于电池的大小。

电量维持模式用于维持电池在驾驶循环期间的 SOC，其已经用于传统的混合动力中。因此，传统的混合动力有时也称为电量维持混合。

正如许多作者所提出的，如 Zhang 等[71]，可以使用预定义的策略是，在车辆起动时选择电量消耗运行模式，直到电池的 SOC 已经消耗到某个阈值，然后转换到电量维持运行模式。在实践中，这种 PHEV 的控制策略可能是最常见的实施方式。然而，就系统效率和较小尺寸的电力驱动系统而言，认为电量混合模式是更有效的。在电量混合模式中，IC 发动机可以根据系统的效率起动，这需要更复杂的控制策略。

10.4.6 纯电动车辆

纯电动驱动系统，如纯电动车辆的特征在于只存在电能流动，这种零排放车辆由高密度电池和驱动电机组成。高能电池通常基于锂技术，能量密度范围为 30 ~ 80W · h/kg。新发布的 VW UP 的最大车速达到 130km/h，而且每次充电行驶里程大于 120km[65]。

许多人认为 BEV 最合适的应用是在城市环境中使用，尤其是以共享汽车的形式存在。

在串联混合构型中，BEV 的动力传动布局可以通过去除燃料路径而简单形成，如图 10.24 所示。转速和力矩约束式（10.119）和式（10.120）简化为

$$\omega_{mg}(t) = i_{fd}\omega_{wh}(t)$$

$$T_{mg2}(t) = \frac{1}{i_{fd}}T_{wh}(t)$$

然后，动态系统描述由下面的ODE形式给出：

$$\dot{\omega}_{wh}(t) = I_{bev}^{-1}[i_{fd}T_{mg2}(t) - T_{brk}(t) - T_{road}(t)]$$

式中，$I_{bev} \in R$为BEV的惯性，以$I_{bev} = I_{veh} + I_{mg}I_{fd}^2$给出。

10.5　混合动力车辆模型

在混合动力车辆的运行过程中，可以进行连续值控制以及离散决策以实现期望的目标。连续值控制可能包括内燃机的大量参数，例如点火角、节气门、曲轴位置和许多其他参数。离散决策可能意味着自动变速器的档位选择、不同的离合器状态以及ICE运行中的几个离散参数，如充电接触器的激活。一个包含所有这些决策及其决策对系统影响的模型，在计算时间方面会非常昂贵，并且需要在车辆标定过程早期阶段不易获得的大量信息。因此，明智的做法是，选择模型中所需的控制和状态，谨慎地定义模型深度。在大多数情况下，ICE的基本运行参数将在混合动力车辆能量管理标定过程开始之前就确定。因此，可以假设这些参数是给定的，所需的模型维数显著降低。

本节将把前几节构建的机电子模型混合在一起，描述混合动力车辆的四种主要模型。所有车型在一些动态方面是准静态的。

1）第一种模型基于准稳态燃料关系，使用混合动力车辆中ICE和MG之间的力矩分流作为连续值控制的输入和驱动模式（混合或纯电动）以及档位选择作为离散控制的输入；这种模型允许车辆在预热的假设下优化这些参数。

2）不能总是假设车辆在预热的条件下，尤其是在用于认证目的相当短的循环以及热力学对ICE的影响不能完全忽视的情况下，因为加热过程是整个行驶循环的重要组成部分。此外，应用一些主要依赖于热力学条件的约束，特别是有害排放受到各种立法的严格限制，不可能在标定过程中被忽视。因此，第二种模型包括最重要的热力学状态，具有点火角作为附加控制变量，控制三元催化转化器的加热。

3）第三种模型与第一种模型具有相同的模型深度，但是用于功率分流混合。

4）最后一种模型建立在第一种模型之上，但是引入一个附加的状态（冷却液温度）和一个附加的连续值控制变量（机械制动力矩）。

10.5.1　并联混合准静态模型

下面的模型用于描述具有N_{gbx}个档位自动变速器的并联混合动力车辆架构，如图10.12所示。所提出的模型具有相互作用力矩之间的准静态关系的共同特点，体现了用于建模电子系统一个简单的电路类比。MG和ICE的高度非线性效率是通过混合样条函数或张量积样条函数存储的，见 10.7 节。

并联构型允许不同的操作模式，如纯电动驱动、电动起动、发动机负荷转换、发动机力矩辅助和再生制动等可供选择。如果离合器接收指令分离，电动驱动、起动和再生制动可以在没有发动机阻力矩的情况下进行。相反，如果离合器接合，则发动机和 MG 一起提供驾驶员所需的力矩。因此，可以将众多的操作模式转换为与离合器相关的驱动模式，表示为

$$\zeta(t)=\begin{cases}0, & \text{纯电驱动模式(离合器分离)}\\ 1, & \text{混合驱动模式(离合器接合)}\end{cases}$$

对于采用自动变速器的车辆，列举档位数集合 $K=\{1,2,\cdots,N_{gbx}\}$。时刻 t 的主动齿轮由离散函数 $\boldsymbol{\kappa}(t)\in K$ 给定。因此，可以通过以下方程确定时刻 t 的离散决策：

$$q(t)=N_{gbx}\zeta(t)+\boldsymbol{\kappa}(t)$$

赋予唯一值 $q(t)\in\Theta=\{1,2,\cdots,2N_{gbx}\}$ 到每种可能的档位和驱动组合模式中。

假设驾驶员完全遵循给定的车速轨迹 $v(t)>0$，$\forall t$。然后，使用 10.2 节的纵向车辆动力学，加速度引起的力矩可以计算为

$$T_a(t)=\tilde{\gamma}_m m r_{wh}\dot{v}(t)$$

之后，可以直接由车速轨迹确定车轮力矩：

$$T_{wh}(t)=T_a(t)+T_{road}(t) \tag{10.122}$$

使用式（10.75）表示的 P2 动力传动系统的控制方程，变速器输入侧的力矩 $T_{gbx}(\cdot)$ 和角速度 $\omega_{gbx,\boldsymbol{\kappa}(t)}(\cdot)$ 根据所选档位获得：

$$T_{gbx,\boldsymbol{\kappa}(t)}(t)=\frac{1}{i_t(\boldsymbol{\kappa}(t))}\left[T_{wh}(t)+T_{loss}(\boldsymbol{\kappa}(t),T_{wh}(t),\omega_{wh}(t))+T_{brk}(t)\right]$$

$$\omega_{gbx,\boldsymbol{\kappa}(t)}(t)=i_t(\boldsymbol{\kappa}(t))\omega_{wh}(t)$$

其中，力矩损失是 $T_{loss}(\boldsymbol{\kappa}(t),T_{wh}(t),\omega_{wh}(t))$ 的函数。在任何时刻 t，变速器输入力矩必须由 ICE 和 MG 提供，即

$$T_{gbx,\boldsymbol{\kappa}(t)}(t)=T_{mg,q(t)}(t)+T_{ice}(t) \tag{10.123}$$

请注意，出于简化原因，忽略了式（10.65）的动态部分。式（10.123）中 MG 和 ICE 之间的力矩分配提供了可以用作系统控制输入的连续自由度。控制 $u(t)\in U$ 的定义在某种程度上是任意的，因此定义

$$u(t)=T_{ice}(t) \tag{10.124}$$

在纯电动驱动模式过程中，ICE 与动力传动系统通过分离离合器断开连接。在这种情况下，式（10.124）变成

$$u(t)=T_{ice}(t)=0$$

相应的转速为

$$\omega_{mg,\boldsymbol{\kappa}(t)}(t)=\omega_{gbx,\boldsymbol{\kappa}(t)}(t)$$

$$\omega_{ice,q(t)}(t) = \begin{cases} 0, \zeta(t) = 0 \\ \omega_{gbx,\kappa(t)}(t), \quad \zeta(t) = 1 \end{cases}$$

因此，可以将可允许连续值控制的集合定义为

$$\widetilde{u}(q(t),t) = \begin{cases} 0, & \zeta(t) = 0 \\ \{u(t) \in U \mid T_{ice}^{\min}(\omega_{ice,q(t)}(t)) \leqslant u(t) \leqslant T_{ice}^{\max}(\omega_{ice,q(t)}(t))\}, & \zeta(t) = 1 \end{cases}$$

式（10.49）的电池功率 $P_{bat,q(t)}(\cdot)$ 也取决于离散决策：

$$P_{bat,q(t)}(u(t)) = -P_{mg}(T_{mg,q(t)}(t), \omega_{mg,\kappa(t)}(t)) - P_{aux}$$

其中，假设 P_{aux} 是常数，$T_{mg,q(t)}(\cdot)$ 可以由式（10.123）的力矩约束获得，$P_{mg}(\cdot)$ 由平滑的 map 图表示。因此，有

$$\begin{aligned} \dot{\xi}(t) &= \frac{1}{Q_{bat}} \frac{-V_{oc}(\xi(t)) + \sqrt{V_{oc}(\xi(t))^2 + 4R_{bat}R_{bat,q(t)}(u(t))}}{2R_{bat}} \\ &= \frac{1}{Q_{bat}} I_{bat,q(t)}(\varepsilon(t), u(t)) \end{aligned} \tag{10.125}$$

现在，反向仿真的车辆模型可以由电池 SOC 和燃料消耗的连续值状态连接起来：

$$\boldsymbol{x}(t) = \begin{bmatrix} \beta(t) \\ \xi(t) \end{bmatrix}, \quad \boldsymbol{x}(t_0) = \boldsymbol{x}_0 = \begin{bmatrix} 0 \\ \xi_0 \end{bmatrix}$$

式中，初始状态 ξ_0 是预定义的。

由微分方程式（10.125）和式（10.15）的切换特性可以很容易看出，系统表示遵循第 3 章的定义：

$$\mathcal{M}_1 : \dot{\boldsymbol{x}}(t) = \begin{bmatrix} \dot{\beta}(t) \\ \dot{\xi}(t) \end{bmatrix} = \boldsymbol{f}_{q(t)}(\boldsymbol{x}(t), u(t)) \, \forall q \in \Theta \tag{10.126}$$

系统（10.126）由 q 个子系统组成，而每个子系统都有一个连续值控制输入和两个连续值状态。矢量场子系统定义为

$$f_{1,q(t)} := \gamma_f \zeta(t) \times \mathrm{bsfc}(u(t), \omega_{ice,q(t)}(t)) u(t) \omega_{ice,q(t)}(t), \forall q \in \Theta$$

$$f_{2,q(t)} := \frac{1}{Q_{bat}} I_{bat,q(t)}(x_2(t), u(t)), \forall q \in \Theta$$

出于优化目的，反向仿真方法将车辆运动处理为准稳态。因此，不假定车速为系统状态，而是视为与时间相关的固定输入。这有助于进一步减少模型的维度，使执行速度快于正向仿真模型。反向仿真意味着预先假设一个行驶循环，根据预定义的行驶循环计算车轮所需的力矩和转速。因此，不对驾驶员行为进行建模。非常相似的模型来源于 Wei[69]、Guzzella 和 Sciarretta[20]、de Jager[27] 等。相反，正向仿真方法模拟真实车辆中发生事件的因果关系，需要对人的复杂行为进行建模。显然，模型预测控制策略是这一任务的候选者。

基于这些控制变量，发动机输出力矩 $T_{ice}(\cdot)$ 构成如下：最佳点火角由平滑函

数 $g_1(\cdot)$ 和 $g_2(\cdot)$ 给出，取决于 HIS 或标准喷射是否有效。在本节中，平滑映射将表示为 $g_i(\cdot)$：

$$\chi_{opt,q(t)}(t) = \begin{cases} g_1(m_{cyl}(t), \omega_{ice,q(t)}(t)), & q(t) \in \{1,2,3\} \\ g_2(m_{cyl}(t), \omega_{ice,q(t)}(t)), & q(t) \in \{5\} \end{cases}$$

应用最佳点火角将产生理论上最佳的发动机力矩：

$$T_{\chi_{opt},q(t)}(t) = g_3(m_{cyl}(t), \omega_{ice,q(t)}(t))$$

偏离最佳点火角会导致燃烧效率降低：

$$\eta_{d\chi,q(t)}(t) = g_4(\chi_{opt,q(t)}(t) - \chi(t))$$

这反过来又会降低发动机内部力矩：

$$T_{\chi,q(t)}(t) = T_{\chi_{opt},q(t)}(t)\eta_{d\chi,q(t)}(t)$$

然后，通过减去依赖于温度的摩擦力矩 $T_l(\cdot)$ 来获得发动机输出力矩：

$$T_{ice,q(t)}(t) = T_{\chi,q(t)}(t) - T_l(\theta_{cw}(t))$$

式中，冷却液温度 $\theta_{c\omega}(\cdot)$ 用于表示对温度的依赖。

一般来说，油温是表达内部摩擦损失的更好的方式，但这需要引入额外的状态。假设空燃比 λ_f 不变，燃料体积流量与通过气缸的空气质量流量 $\dot{m}_{air}(\cdot)$ 成正比：

$$\dot{\beta}(t) = \frac{1}{\lambda_f}\gamma_f \dot{m}_{air}(m_{cyl}(t), \omega_{ice,q(t)}(t))$$

同样，γ_f 是不同自然常数的乘积。电气子系统的建模完全类似于前面部分建模的简单电路模型。系统热力学使用三个温度状态建模，分别描述冷却液、气缸和歧管以及 TWC 的温度

$$\vartheta(t) = \begin{bmatrix} \vartheta_{cw}(t) \\ \vartheta_{cyl}(t) \\ \vartheta_{twc}(t) \end{bmatrix}$$

中间状态 $\vartheta_{cyl}(\cdot)$ 是组合排气系统中多个元件壁温的状态，如气缸、排气门和歧管。对排气系统中的每个管道元件进行单独建模，就像在商业发动机仿真软件，如 Gamma Technologies 的 GT－Power 中通常所做的那样，将再次导致非常高的系统维度，这是应当避免的。原始排气温度由下面的映射给出：

$$\vartheta_{exh,q(t)}(t) = g_5(m_{cyl}(t), \omega_{ice,q(t)}(t))$$

延迟点火角 $\chi(\cdot)$ 会导致排气温度升高，由测量分别获得各个校正因子，HIS 由 $g_6(\cdot)$ 给出，标准喷射由 $g_7(\cdot)$ 给出：

$$\vartheta_{exh,corr,q(t)}(t) = \begin{cases} \vartheta_{exh,q(t)}(t) g_6(m_{cyl}(t), \omega_{ice,q(t)}(t)), & q(t) \in \{1,2,3\} \\ \vartheta_{exh,q(t)}(t) g_7(m_{cyl}(t), \omega_{ice,q(t)}(t)), & q(t) \in \{5\} \end{cases}$$

由于气缸壁、排气门和排气歧管壁的温度损失，歧管中的气体温度降低到

$$\vartheta_{man,q(t)}(t) = \vartheta_{exh,corr,q(t)}(t) - p_1(\vartheta_{exh,corr,q(t)}(t) - \vartheta_{cyl}(t))$$

温度状态 $\vartheta_{cyl}(\cdot)$ 的变化由非线性微分方程控制：

$$\dot{\vartheta}_{cyl}(t) = p_2(\vartheta_{exh,corr,q(t)}(t) - \vartheta_{cyl}(t)) - p_3(\vartheta_{cyl}(t) - \vartheta_{cw}(t))$$

在这里和下文中，参数 p_i 包括热容量、传热系数和自然常数。此外，排气系统中的气体温度在涡轮机中降低，减少量为

$$\vartheta_{turb,q(t)}(t) = g_8(\dot{m}_{exh}(t), \vartheta_{man,q(t)}(t)\vartheta_{man,q(t)}(t))$$

假设喷射的燃料对排气质量流量的影响很小，因此 $m_{exh} = \dot{m}_{\text{air}}$。最后，催化转化器温度可以由非线性微分方程建模：

$$\dot{\vartheta}_{twc}(t) = p_4(\vartheta_{turb,q(t)}(t) - \vartheta_{twc}(t)) - p_5(\vartheta_{twc}(t) - \vartheta_{amb}(t))$$

当达到 TWC 起燃温度时，由未燃烧的碳氢化合物引起的放热反应在温度增加中也起作用。由于对加热行为最感兴趣，在达到起燃温度之前，不考虑放热反应。冷却液温度的时间导数由能量流平衡给出：

$$\dot{\vartheta}_{cw}(t) = p_6[P_{fuel,q(t)}(t) - P_{ice,q(t)}(t) - \dot{\tau}_{exh,q(t)}(t) - \dot{\tau}_{amb}(t)] \tag{10.127}$$

式中，$P_{fuel,q(t)}(\cdot)$、$\dot{\tau}_{exh,q(t)}(\cdot)$ 和 $\dot{\tau}_{amb}(\cdot)$ 分别为由燃烧产生的能量流、对排气的损失和对环境的损失；$P_{ice,q(t)}(\cdot)$ 为 ICE 的机械功率。

式（10.127）的量由下式给出：

$$\begin{aligned} P_{fuel,q(t)}(t) &= H_l \dot{m}_{fuel,q(t)}(t) \\ \dot{\tau}_{exh,q(t)}(t) &= p_7 \dot{m}_{exh}(t)\vartheta_{man,q(t)}(t) \\ \dot{\tau}_{amb}(t) &= p_8(\vartheta_{cw}(t) - \vartheta_{amb}(t)) \end{aligned}$$

考虑到车辆能量管理，可以假设 IC 发动机起动在一个时间瞬间内执行而不会损失大多数车辆的准确性。发动机起动将需要 ICE 和/或 MG 的一些附加力矩，而发动机停止通常是通过切断燃料喷射来完成的。因此，停止不需要额外能量，也不需要恢复任何动能。起动的附加能量用跳跃函数建模：

$$\boldsymbol{\delta}_{(\zeta(t_j^-),\zeta(t_j^+))}(\boldsymbol{x}(t_j^-)) := \begin{cases} [\Delta\beta, \Delta\xi]^T, & \zeta(t_j^-) = 0 \wedge \zeta(t_j^+) = 1 \\ \boldsymbol{0}, & \text{其他} \end{cases}$$

式中，$\Delta\beta$ 和 $\Delta\xi$ 分别为发动机起动产生的相应测量跳跃。

应当注意的是，模型 M1 只适用于车辆电动起动。为了模拟具有较少甚至没有电驱动能力的起停系统，必须对这些模型进行调整，见 Koprubasi[31]。

10.5.2　采用火花点火发动机并联混合的热力学模型

温度变化是混合动力传动所有机电一体化部件的关键量，这种变化取决于部件的热质量和连接的冷却系统。在排放方面，应当尽可能快地加热 TWC 达到起燃温度，以确保其转换能力，因为低温 TWC 几乎是不活动的。因此，前面部分基于一般准静态发动机描述的模型，适用于使用汽油、柴油或任何其他发动机类型的混合动力车辆。然而，基本描述意味着这些模型只适用于冷却液温度远高于 330K 的加

热发动机，使用这种简化的模型无法进一步研究加热过程本身。因此，本节将描述更详细的SI模型，也包含热力学模型[56]，如图10.27所示。在任何行驶循环的开始，需要特别注意排气系统中的TWC加热，因为TWC只在给定温度阈值之上以可接受的效率运行。实现快速加热的常用措施是延迟点火角，这将导致更高的排气焓和降低燃烧效率。允许非常晚的点火角，通常采用均匀分流喷射方案(HIS)[2]，而不是采用标准喷射方案（SIS）。在加热TWC的过程中，附加的自由度取决于离合器C0和C1的状态。与上一节的模型相反，当C0打开时，ICE不一定关闭，但发动机可以在怠速模式下运行。所有离散的决策，见表10.3。

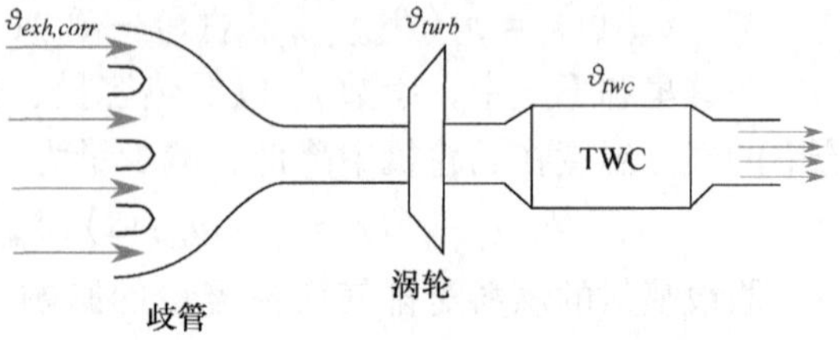

图10.27 在模型中考虑的排气系统的元件示意

表10.3 任意时刻 t 对于给定值 q（·）的离散决策

$q(\cdot)$	C0	C1	ICE开/关	喷射方案
1	关	开	开	HIS
2	开	关	开	HIS
3	关	关	开	HIS
4	开	关	关	无
5	关	关	开	HIS

模式 $q(t) \in \{1,2,3\}$ 是专门为TWC加热设计的模式，模式 $q(t) = 4$ 是纯电动驱动模式，$q(t) = 5$ 是传统的混合驱动模式。因此，在时刻 t 的离散决策由 $q(t) \in \Theta = \{1,2,3,4,5\}$ 唯一标识。

为了降低已经非常高的模型复杂度，使用反向仿真方法，在系统描述中不考虑变速器。相反，测量或计算 $\omega_{gbx}(\cdot)$ 和 $T_{gbx}(\cdot)$ 的轨迹作为时间的输入。

对于发动机转速，有

$$\omega_{ice,q(t)}(t) = \begin{cases} 0, & q(t) \in \{4\} \\ \omega_{idle}, & q(t) \in \{1,2\} \\ \omega_{gbx}(t), & q(t) \in \{3,5\} \end{cases}$$

应用于MG转速，有

$$\omega_{mg,q(t)}(t) = \begin{cases} \omega_{idle}, & q(t) \in \{1\} \\ \omega_{gbx}(t), & q(t) \in \{2,3,4,5\} \end{cases}$$

式中，ω_{idle} 为发动机怠速时的恒定角速度。

同样，变速器输入力矩必须由ICE和MG共同提供。因此，条件为

$$T_{gbx}(t) = T_{ice}(t) + T_{mg}(t)$$

连续值控制输入向量由相对气缸电荷 $m_{cyl}(\cdot)$ 和点火角 $\chi(\cdot)$ 组成：

$$\boldsymbol{u}(t) = \begin{bmatrix} m_{cyl}(t) \\ \chi(t) \end{bmatrix}$$

凸集的允许连续值控制定义为

$$\hat{U}(q(t),t)=$$

$$\left\{\boldsymbol{u}(t)\in U\left[\begin{matrix}m_{cyl}^{\min}(\omega_{ice,q(t)}(t))\\\chi_{q(t)}^{\min}(m_{cyl}(t),\omega_{ice,q(t)}(t))\end{matrix}\right]\leqslant\boldsymbol{u}(t)\leqslant\left[\begin{matrix}m_{cyl}^{\max}(\omega_{ice,q(t)}(t))\\\chi_{q(t)}^{\max}(m_{cyl}(t),\omega_{ice,q(t)}(t))\end{matrix}\right]\right\}$$

对于 HIS 喷射，通常可以延迟更多点火角，使得对于 $q(t)\in\{1,2,3\}$，允许控制的集合更大。对于电动驱动模式，适用于 $\hat{U}(q(t),t)=\{0\}$。

$$P_{ice,q(t)}(t)=T_{ice}(t)\omega_{ice,q(t)}(t)$$

多年来，有害排放建模已经成为一个日益发展的研究领域。一方面，大多数详细排放模型的计算时间对于优化来说仍然太高了。另一方面，清楚的是基于映射的准稳态模型不能提供足够的精度以获得定量可靠的结果[58]。因此，至少在定性方面引入类似于排放分量的人工状态 Z_i。每一个排放分量 $i\in\{1,\cdots,E\}$，由微分方程控制状态得

$$\dot{Z}_i(t)=\dot{m}_{e,i}(m_{cyl}(t),\omega_{ice,q(t)}(t),q(t))(1-\eta_{conv}(\vartheta_{twc}(t)))$$

同时，将初始状态 $Z_i(t_0)=0$ 增加到系统描述中。函数 $\dot{m}_{e,i}(m_{cyl}(t),\omega_{ice,q(t)}(t),q(t))$ 是原始排放图，还取决于所应用的喷射方案，η_{conv} 是 TWC 与温度相关的转换效率。转换效率可以用 Kum 等提出的反正切函数近似表示[32]：

$$\eta_{conv}(\vartheta_{twc}(t))=\frac{1}{\pi}\left(\arctan\frac{\vartheta_{twc}(t)-\vartheta_{lo}}{s_1}+\frac{\pi}{2}\right)$$

式中，参数 ϑ_{lo}和 s_1 分别为起燃温度和拟合参数。

在区间 $[t_0,t]$，排放成分 i 的平均转换效率可以表示为

$$n_{twc}(t)=1-\frac{Z_i(t)}{m_{e,i}(t)}$$

然后，整个模型由混合系统给出，由 5 个子系统组成：

$$M_2:\dot{\boldsymbol{x}}(t)=\begin{bmatrix}\dot{\beta}(t)\\\dot{\xi}(t)\\\dot{\vartheta}_{cw}(t)\\\dot{\vartheta}_{cyl}(t)\\\dot{\vartheta}_{twc}(t)\\\dot{Z}_1(t)\\\vdots\\\dot{Z}_E(t)\\\dot{m}_{e,1}(t)\\\vdots\\\dot{m}_{e,N_e}(t)\end{bmatrix}=\boldsymbol{f}_{q(t)}(\boldsymbol{x}(t),u(t)),\forall q\in\Theta \qquad (10.128)$$

加热过程建模精度很高。在较高的温度 $\vartheta_{twc}\gg 550\text{K}$ 下，催化转化器中的放热

反应对 TWC 温度具有显著的影响。然而，建立这些化学反应的模型是相当困难的。因为直到这个温度，加热过程本身是最重要的，该模型仍然足够可靠。

10.5.3 功率分流混合准静态模型

功率分流构型允许类似于并联构型的操作模式，无需将 ICE 与行星齿轮组分离。这简化了建模，但需要依赖于建立关于喷射命令的操作模式：

$$\zeta(t) = \begin{cases} 0, & \text{纯电动模式(喷射关闭)} \quad (q = 1) \\ 1, & \text{混合模式(喷射起动)} \quad (q = 2) \end{cases}$$

由于这个原因，存在两个独立的决策，子系统则由 $q(t) \in \Theta = \{1,2\}$ 唯一标识。

从动力系统［IPS：式（10.95），OPS：式（10.105），CPS：式（10.117）等］到式（10.70）中代入车轮转速微分方程得到车轮力矩，其现在分别取决于 ICE、MG1 和 MG2。

例如，考虑复合功率分流混合，将式（10.117）代入式（10.70）得到

$$T_{wh}(t) = I_{veh}(p_{41}T_{ice}(t) + p_{42}T_{mg1}(t) + p_{43}T_{mg2}(t)) \tag{10.129}$$

式中，$p_{43} = 1/I_{veh}$ 通过系数比较获得。

对于 $T_{mg2}(\cdot)$，重新排列式（10.129），将结果代入发动机转速微分方程（10.117），得到重新排列的发动机转速微分方程：

$$\dot{\omega}_{ice}(t) = \left(p_{11} - p_{13}\frac{p_{41}}{p_{43}}\right)T_{ice}(t) + \left(p_{12} - p_{13}\frac{p_{42}}{p_{43}}\right)T_{mg1}(t) - \frac{p_{13}}{p_{43}I_{veh}}T_{wh}(t) - p_{14}(T_{road}(t) + T_{brk}(t)) \tag{10.130}$$

读者应当注意的是，p_{ij}参数由矩阵 $\boldsymbol{P}_{cps}$ 获得。

连续值控制 $\boldsymbol{u}(\cdot)$ 在控制空间 U 上定义。对于混合驱动模式，第一个连续值控制 $u_1(\cdot)$ 再次定义为

$$u_1(t) = T_{ice}(t)$$

在纯电动驱动模式下，ICE 的燃油喷射停止，但是 ICE 仍然连接在行星轮轴上。在这种情况下，ICE 的阻力矩为

$$u_1(t) = T_{ice}(t) = T_{ice}^{drag}(t)$$

第二个控制 $u_2(\cdot)$ 定义为

$$u_2(t) = T_{mgl}(t)$$

对于这种情况，电动机/发电机都不足以制动，可选的第三个连续值控制 $u_3(\cdot)$ 定义为

$$u_3(t) = T_{brk}(t)$$

将输入控制向量写为

$$\boldsymbol{u}(t)=\begin{bmatrix}T_{ice}(t)\\T_{mg1}(t)\\T_{brk}(t)\end{bmatrix} \tag{10.131}$$

然后，将这组可允许的连续值控制定义为

$$\mathcal{U}(q(t),t)=\begin{cases}\left\{\boldsymbol{u}(t)\in U\left|\begin{bmatrix}T_{ice}^{drag}(\omega_{ice}(t))\\T_{mg1}^{\min}(\omega_{ice}(t))\\0\end{bmatrix}\leqslant\boldsymbol{u}(t)\leqslant\begin{bmatrix}T_{ice}^{drag}(\omega_{ice}(t))\\T_{mg1}^{\max}(\omega_{ice}(t))\\T_{brk}^{\max}\end{bmatrix}\right.\right\}, & \zeta(t)=0\\ \left\{\boldsymbol{u}(t)\in U\left|\begin{bmatrix}T_{ice}^{\min}\omega_{ice}(t))\\T_{mg1}^{\min}(\omega_{ice}(t))\\0\end{bmatrix}\leqslant\boldsymbol{u}(t)\leqslant\begin{bmatrix}T_{ice}^{\max}(\omega_{ice}(t))\\T_{mg1}^{\max}(\omega_{ice}(t))\\T_{brk}^{\max}\end{bmatrix}\right.\right\}, & \zeta(t)=1\end{cases}$$

第一个约束表示 $u_1(\cdot)$ 不适用于驱动模式 $\zeta(\cdot)=0$ 。

现在，电池的 SOC 取决于两个连续值控制 $u_1(\cdot)$ 和 $u_2(\cdot)$ ：

$$\dot{\xi}(t)=\frac{1}{Q_{bat}}\frac{-V_{ac}(\xi(t))+\sqrt{V_{oc}^2(\xi(t))+4R_{bat}P_{bat,q(t)}(\boldsymbol{u}(t))}}{2R_{bat}} \tag{10.132}$$

和

$$P_{bat,q(t)}(\boldsymbol{u}(t))=-P_{mg1}(T_{mg1,q(t)}(t),\omega_{mg1}(t))-P_{mg2}(T_{mg2,q(t)}(t),\omega_{mg2}(t))-P_{aux}$$

其中，假设 P_{aux} 是不变的，$T_{mg2,q(t)}(\cdot)$ 可以从 $\boldsymbol{u}(\cdot)$ 和力矩约束（10.129）得到，而 $\omega_{mg1}(\cdot)$ 和 $\omega_{mg2}(\cdot)$ 可以由动态系统获得，如复合功率分流的式（10.117）。

现在，用于反向仿真的车辆模型可以将发动机转速连续状态、电池 SOC 和燃油消耗连接起来：

$$\boldsymbol{x}(t)=\begin{bmatrix}\beta(t)\\\xi(t)\\\omega_{ice}(t)\end{bmatrix},\quad \boldsymbol{x}(t_0)=\boldsymbol{x}_0=\begin{bmatrix}0\\\xi_0\\\omega_{ice_0}\end{bmatrix}$$

其中，初始状态 ω_{ice_0} 和 ξ_0 是预定义的。

使用式（10.15）、式（10.130）和式（10.132）的微分方程，切换系统可以表示为

$$\mathcal{M}_3:\dot{\boldsymbol{x}}(t)=\begin{bmatrix}\dot{\beta}(t)\\\dot{\xi}(t)\\\dot{\omega}_{ice}(t)\end{bmatrix}=\boldsymbol{f}_{q(t)}(\boldsymbol{x}(t),\boldsymbol{u}(t)),q(t)\in\Theta \tag{10.133}$$

系统（10.133）由两个子系统组成，每个子系统至少有两个连续值控制输入和三个连续状态。向量场定义为

$$f_{1,q(t)}:=\gamma_f\zeta(t)\times\mathrm{bsfc}(u_1(t),x_3(t))u_1(t)x_3(t),\quad\forall q(t)\in\Theta$$

$$f_{2,q(t)} := \frac{1}{Q_{bat}} I_{bat,q(t)}(x_2(t), u_1(t), u_2(t)), \quad \forall q(t) \in \Theta$$

$$f_{3,q(t)} := \left(p_{11} - p_{13}\frac{p_{41}}{p_{43}}\right)u_1(t) + \left(p_{12} - p_{13}\frac{p_{42}}{p_{43}}\right)u_2(t)$$

$$+ \frac{p_{13}}{p_{43} I_{veh}} T_{wh}(t) - p_{14}(T_{road}(t) + u_3(t)), \quad \forall q(t) \in \Theta$$

固定轨迹 $T_{wh}(t)$ 和 $T_{road}(t)$ 由行驶循环确定。

10.5.4 并联混合的扩展准静态模型

源自 10.5.1 节的准稳态发动机模型式（10.19）和式（10.20）可以扩展包括冷却液状态，包括 ODE 式（10.127）产生混合系统：

$$\mathcal{M}_4 : \dot{\boldsymbol{x}}(t) = \begin{bmatrix} \dot{\beta}(t) \\ \dot{\xi}(t) \\ \dot{\vartheta}_{cw}(t) \end{bmatrix} = \boldsymbol{f}_{q(t)}(\boldsymbol{x}(t), \boldsymbol{u}(t)), \forall q(t) \in \Theta \qquad (10.134)$$

和

$$\boldsymbol{x}(t) = \begin{bmatrix} \beta(t) \\ \xi(t) \\ \vartheta_{cw}(t) \end{bmatrix}, \quad \boldsymbol{x}(t_0) = \boldsymbol{x}_0 = \begin{bmatrix} 0 \\ \xi_0 \\ \vartheta_{cw_0} \end{bmatrix}$$

其中，连续值的控制向量定义为

$$\boldsymbol{u}(t) = \begin{bmatrix} T_{ice}(t) \\ T_{brk}(t) \end{bmatrix}$$

因此，可以将该组允许的连续值控制集合定义为

$$\hat{\mathcal{U}}(q(t), t) =$$

$$\begin{cases} \left\{ \boldsymbol{u}(t) \in U \,\middle|\, \begin{bmatrix} 0 \\ 0 \end{bmatrix} \leqslant \boldsymbol{u}(t) \leqslant \begin{bmatrix} 0 \\ T_{brk}^{\max} \end{bmatrix} \right\}, & \zeta = 0 \\ \left\{ \boldsymbol{u}(t) \in U \,\middle|\, \begin{bmatrix} T_{ice}^{\min}(\omega_{ice,q(t)}(t)) \\ 0 \end{bmatrix} \leqslant \boldsymbol{u}(t) \leqslant \begin{bmatrix} T_{ice}^{\max}(\omega_{ice,q(t)}(t)) \\ T_{brk}^{\max} \end{bmatrix} \right\}, & \zeta = 1. \end{cases}$$

10.6 行驶循环

对于车辆的能源经济和污染物排放标准化评估，可以使用几种与行驶（测试）循环相关的测试程序进行。这些行驶循环由速度和高程组成，有时还有档位选择说明，并且根据车辆类型（轻型或重型）、车辆使用情况（如典型的城市速度下的短距离或高速公路下的长距离）、区域认证机构（欧洲、日本、美国等）、动态或静

态运作机制会有所不同[27]。

相关的标准排放认证测试是：

1）机动车排放组织（MVEG），也称新欧洲行驶循环（NEDC），如图 10.28 所示。这种行驶循环代表典型欧洲车辆的使用情况，包括城市、郊区和公路部分。自 1970 年以来，这种循环用于欧盟的排放认证。

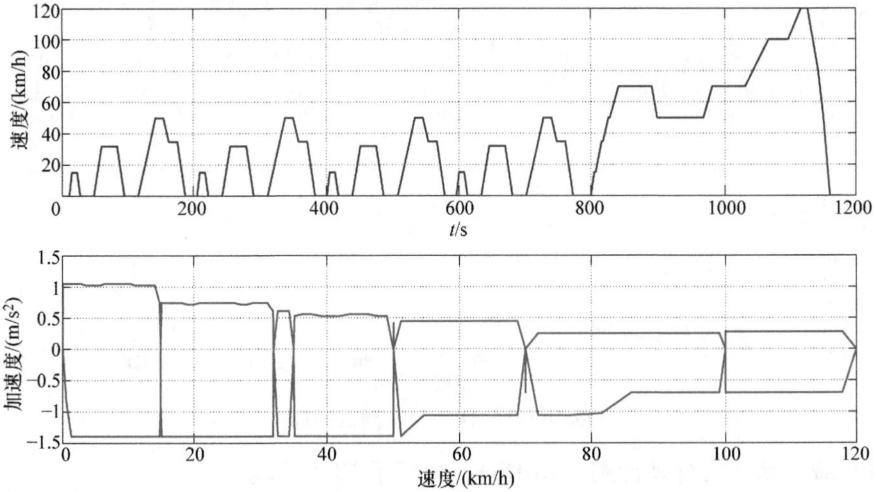

图 10.28　MVEG 测试循环

2）联邦测试程序 FTP－72 或 FTP－75。FTP－72 循环描述，如图 10.29 所示。自 1975 年以来，FTP 行驶循环已经用于美国排放认证，其以实测的行驶循环为基础。

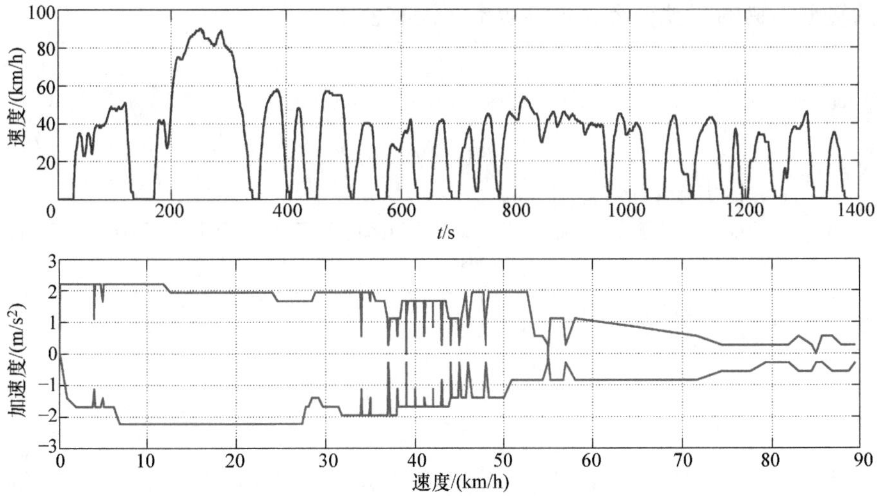

图 10.29　FTP－72 或 UDDS 测试循环

3）运输排放模型及库存系统的评估和可靠性（ARTEMIS），如图 10. 30 所示。这种欧洲行驶循环基于对实际行驶模式的统计分析[1]。它类似于 MVEG 行驶循环，明确区分了城市、郊区和公路部分。

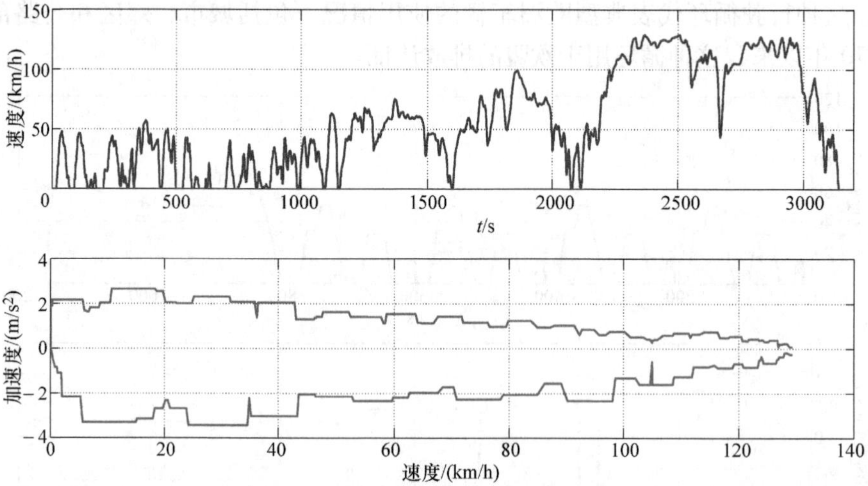

图 10. 30　ARTEMIS 测试循环

4）城市测功机行驶计划（UDDS），相当于 FTP－72。

5）联邦补充测试程序（US06），另外开发用于解决 FTP－75 循环有关激进和高速行驶的缺点。

6）10－15 模式是日本能源和排放认证的官方行驶循环。这种循环的平均速度相对较低，为 22. 7km/h，是专为日本城市交通流而设计的[29]。

7）全球统一的轻型车辆测试程序（WLTP），如图 10. 31 所示。这是一个全球统一的轻型车辆的行驶循环，最终版本还没有公布。

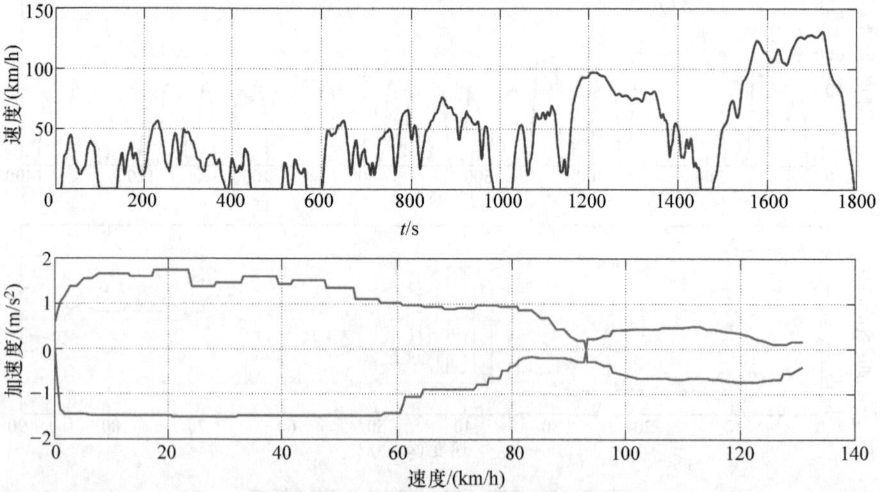

图 10. 31　WLTP 测试循环

这些测试是在受控环境（温度和湿度等）下进行的，遵循严格的程序以达到精确定义的（混合动力）车辆的热初始条件。

在理想情况下，行驶循环将以近似于车辆在道路上遇到的实际工况的方式构造。然而，这并不总是可能的，因为排放认证测试必须有严格的界限，以确保不同车辆的结果可以直接比较，并且确保在给定市场上销售的所有车辆都保持相同的标准。这种情况导致车辆制造商考虑其区域特征作为实际的应用情况，例如改变拓扑、加速度、停止概率等。一个这样的区域测试循环，具体针对城市周围的区域，例如德国的 Wolfsburg 和 Braunschweig，如图 10.32 所示；城乡的贡献率高，如图 10.33 所示。与认证专用的行驶循环相比，加速度明显更大，以便更好代表远程行驶情况。

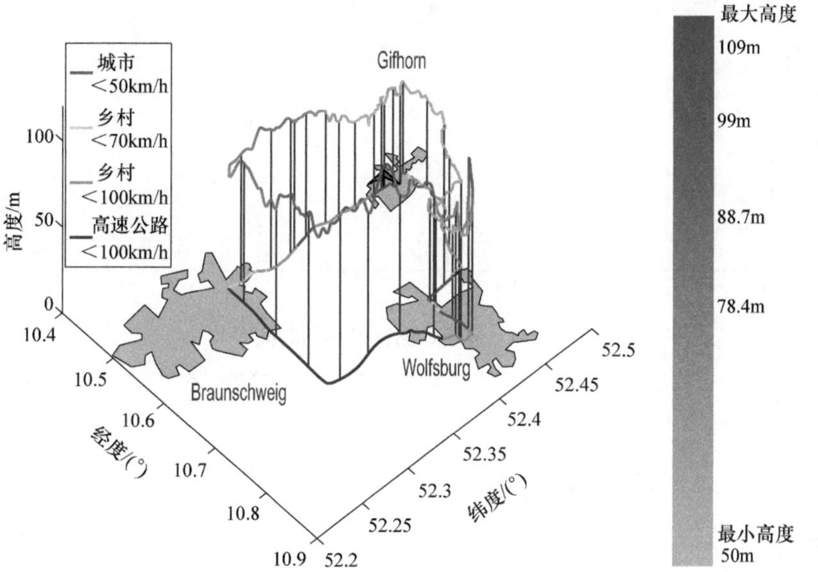

图 10.32　实际的对标循环 1 的路线图

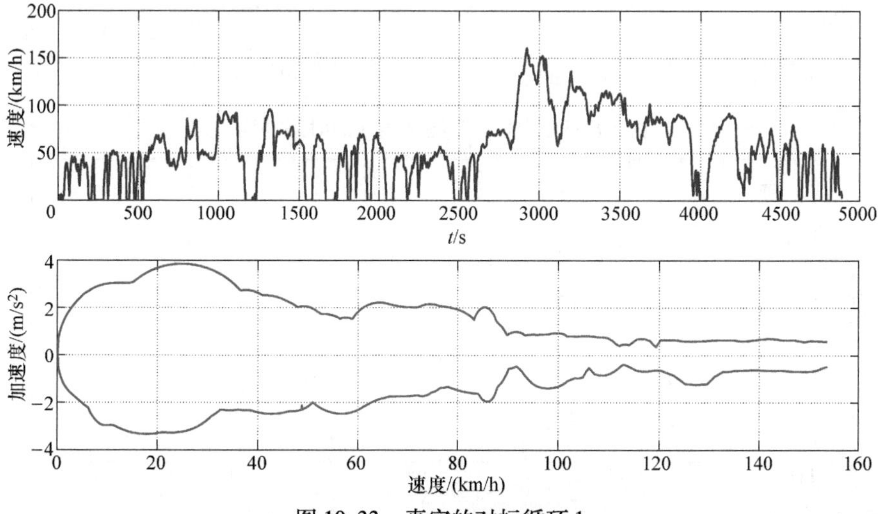

图 10.33　真实的对标循环 1

通过 Guzzella 和 Sciarretta[20] 提出的时间平均分析，可以获得与时间相关的行驶循环的一些重要统计指标。

时间平均分析根据下式计算不同时间窗尺寸 Δt 的平均值：

$$\overline{P}(\Delta t) = \max_{t}\left\{\frac{1}{\Delta t}\int_{t}^{t+\Delta t} P(\tau)\,\mathrm{d}\tau\right\}$$

对于两种极端情况，$\lim_{\Delta t\to 0}\overline{P}(\Delta t) = \overline{P}(0)$ 和 $\lim_{\Delta t\to\infty}\overline{P}(\Delta t) = \overline{P}(\infty)$，分别获得行驶循环的最大值和平均值。

图 10.34 ~ 图 10.38 显示了图 10.28 ~ 图 10.33 所示的行驶循环的时间平均分析

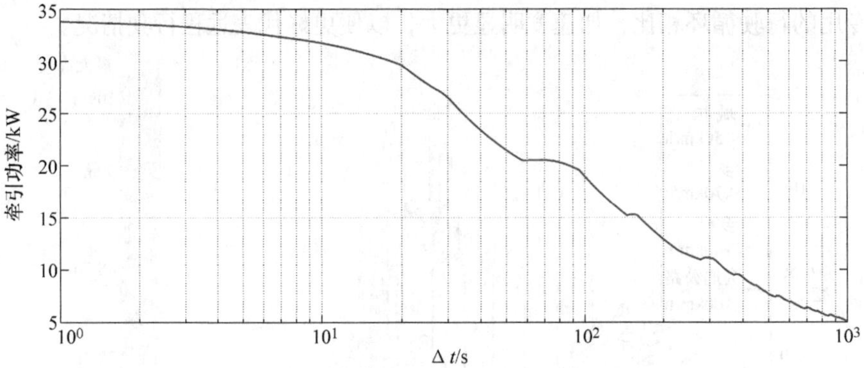

图 10.34　MVEG 测试循环的时间平均

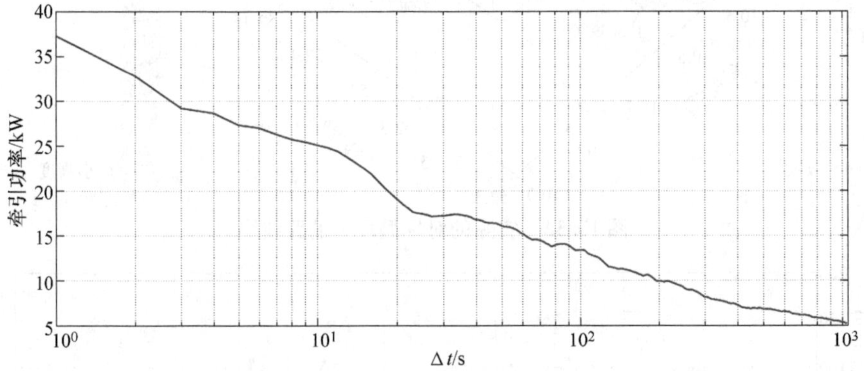

图 10.35　FTP－72 测试循环的时间平均

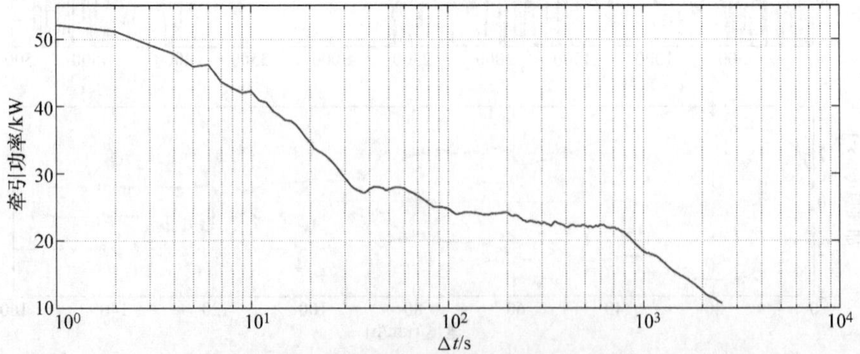

图 10.36　ARTEMIS 测试循环的时间平均

过程，其对动力总成组成的分级任务具有参考作用。

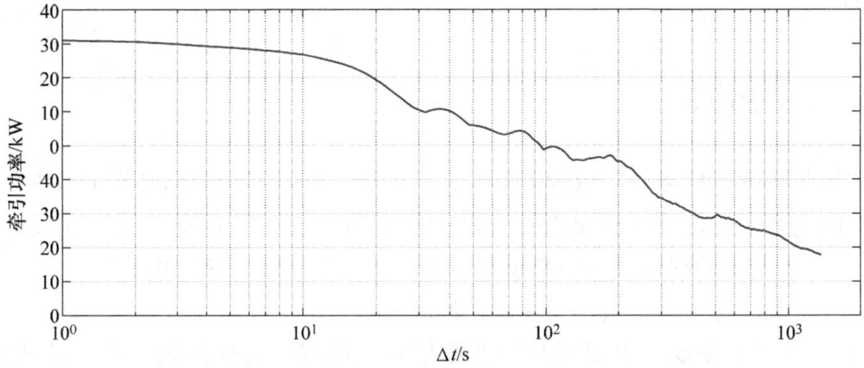

图 10.37 WLTP 测试循环的时间平均

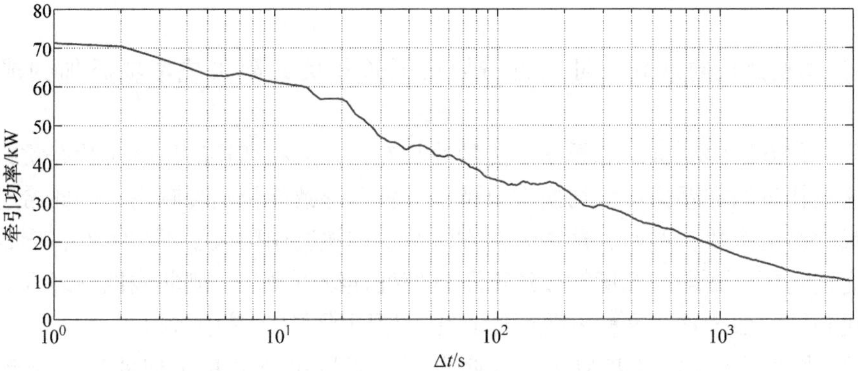

图 10.38 Wolfsburg 测试循环的时间平均

10.7 静态函数表示

单个动力传动元件的效率或功率损耗通常由测量来确定，并且需要以某种形式存储，以便在优化过程中进行后续评估。这些静态非线性函数的表示通常在 ECU 中以表函数存储。然而，表函数完全不适合于 SQP，因为其只具有分段可微性。重要的是，函数 $g(\cdot)$ 要足够平滑以确保目标函数梯度或最优控制问题公式中的约束以可预测的方式计算，而在非光滑问题中，可能发生扭结和跳跃。因此，函数 $g(\cdot)$ 应当具有以下属性：

1） 函数 $g(\cdot)$ 在需要梯度的方向上应是两次连续可微。

2） 优化过程需要大量的函数计算，因此需要计算快速。

3） 测量数据通常受到噪声的影响，可能会阻止优化收敛，函数应使测量数据平滑到所需程度。

用于表示函数 $g(\cdot)$ 的常用技术是最小二乘插值[7]、混合样条和张量积样条[9]。

10.8 切换成本

切换系统的优化可能导致频繁的切换，由于一些明显的原因必须加以限制。例如，机电离合器的切换因接触磨损而减少该装置的寿命。因此，通过在成本函数 $\phi(\cdot)$ 中加入适当的附加成本项来惩罚过多的切换是一种自然的想法[59,46]。

通常，有三种常见方法用于考虑切换成本：

1）引入状态跳跃：可以将与切换能量相关的成本值附加到一些物理状态中，模拟每次切换时的平均能量消耗。

2）切换次数的惩罚：可以将与切换次数相关的附加成本项添加到成本函数中。

3）切换弧长的惩罚：可以将与切换弧长相关的附加成本项添加到成本函数中。

第一种方法的动机是选择基于能量的状态，并且在切换时以瞬时状态跳跃的形式向这些状态添加惩罚项。切换次数越多，就会导致能量消耗越高，因此希望优化过程减少切换次数。然而，这种惩罚方法在状态轨迹中引入了不连续性，导致不可微的优化问题。如果目标函数或约束不是处处连续可微的，则非线性规划方法可能无法找到解，如 SQP。这种失败可能有几个原因[36,53]，其中包括：

1）当遇到不存在梯度和接近这些点时，通过平滑方法近似的目标函数效果很差；

2）因为梯度在 KKT 点可能不存在，所以在当前迭代中不能使用梯度范数作为停止准则进行停止测试。

3）通过有限差分计算导数可能会产生差的近似值。

第二种方法通过添加总变化项来惩罚切换次数，该总变化项用于测量离散控制信号的变化，总变化的最小化会导致切换最小化[39]。

第三种方法更直接地惩罚小的切换弧，在成本函数中添加与切换弧长相关的附加成本项。这种方法的挑战是使用可微的成本项，该成本项是切换弧长的函数。这样的成本项要求将最优控制问题重新表示为具有参数化切换间隔的切换时间优化（STO），如 8.3.3 节所述。

可以通过以下形式附加项实现惩罚：

$$\widetilde{\phi} = \gamma_l \sum_{j=1}^{N_{t_3}-1} \exp\left(-\frac{1}{2}\left(\frac{\varsigma_j - \frac{c}{2}}{\frac{0.9545}{2} - \frac{c}{4}}\right)^2\right) \tag{10.135}$$

式中，γ_l 为常数加权因子，在每次迭代 l 单调增加。

成本函数变化为

$$\breve{\phi}(u(\cdot)) = \phi(u(\cdot)) + \widetilde{\phi}$$

式（10.135）表示修正的 Gauss 钟形曲线，其最大值在 $c/2$ 处。小于 c 的弧长应当由非线性规划求解器强制为零或 c。通常，选择参数 c 大于最小切换弧。

为了节省计算时间，第一个 STO 可以减半的期望精度计算。然后，由于小切换弧的惩罚和滤波，每次重新优化应当以期望的数值精度进行。可选择的是，许多“最先进的”序列二次规划求解器允许提供精确的 Hessian 矩阵，这样可以大大减少迭代次数。

小切换弧的滤波对于 STO 的成功至关重要。连接的切换弧具有相同二进制控制函数值 $\sigma(\cdot)$，可以通过简单去除一定数量的这些小切换弧进行滤波。滤波过程可以重复进行，这增加了迭代计数器 l。然而，对于每个滤波步骤，都需要重新求解 STO。这是必要的，因为对解轨迹的强滤波可能导致后续优化的初始条件变差，最终导致条件变差的 STO 难以求解或者甚至是不可行的。因此，对于每个滤波步骤，只去除少量短切换弧是至关重要的。滤波方法可以看作是与几个作者[28]提出的间隔插入相反的一种方法。

10.9 相关研究

有几本关于混合动力车辆的教科书，其中包括 Miller[42]、Guzzella 和 Sciarretta[20]、Hofmann[22]与 Esanani[16]等。Rizzoni 等综述了混合动力车辆的建模方法[51]，Isermann 在教科书中给出针对机电系统建模原理的详细处理[26]。数值积分和模型表示形式是仿真成功的关键，Gao 等对这些问题进行了讨论[17]。一种是阻性伴生形式，这种方法源于电气工程，但也适用于混合动力传动的建模。使用阻性伴生建模技术，可以获得每个机电子系统模块化格式的高保真物理模型。

有大量文献可用于处理功能丰富的车辆仿真的高复杂度模型，例如 Gopal 和 Rousseau[19]、Halbach 等[21]。但是用于优化的材料较少，适合的模型要具有低复杂性和高保真度。

面向前向仿真的功能丰富的车辆模型可以采用不同的语言开发，并且与不同的数值求解器进行交互。这样的模型通常来自于产品开发过程，例如具有许多协作学科的“V 型图”。IC 发动机专家可能使用 GT - Power，而变速器专家可能更喜欢 AMESim。这些模型还可能包括所选部件的附加硬件原型，一些应对这些挑战的仿真包在商业上是可购的。值得注意的是，动力传动系统分析工具包是由 Argonne 国家实验室（Gao 等[17]）开发的基于 MATLAB®/Simulink®的仿真软件和由国家可再生能源实验室开发的先进车辆仿真器（ADVISOR）（Markel 等[40]）。进一步的开发是 Autonomie，针对遗留代码重用进行了优化。这些仿真环境是准静态 HEV 仿真器的示例。

Verdonck 等[63]提出了一种方法，将面向前向的动态模型自动转换为面向反向的准静态模型。

Ward[68]等已经广泛考虑了具有燃料电池系统的混合。

Koprubasi[31]研究了一种用于驾驶性能和稳定性问题的混合动力车辆模型。其所提出的纵向动力学可以捕捉低至中频的动态变化，从而对影响车辆稳定性、驾驶性能和操纵性的相关影响提供更深入的了解。Waltermann[66]讨论了混合带宽 HEV 模型，用于串联 HEV 的车辆稳定性控制器的设计，这种方法由与详细侧向动力学特性相结合的简化纵向传动模型来支撑。

功率分流机构的早期研究可以追溯到 20 世纪 70 年代，当时由 Gelb 进行了研究[18]。功率分流装置发展的前史，可以在 Miller 和 Everett[43]的著作中找到。在 Conlon[13]和 Boehme 等[5]的研究中，可以找到不同的单模式和双模式 ECVT 运行模式的比较。Liu [37]研究了基于通用格式的功率分流布局的自动生成，Koprubasi[31]考虑了具有 4 个以上同轴（如 Ravigneaux 轮对）的更复杂的行星齿轮变速器。

电池是每个电动动力传动的致命弱点。近年来，已经对电池寿命进行了大量研究。通常，电池老化得益于多种因素。Wang 等[67]的老化试验研究表明，容量衰减与当前速率和温度有很强的相关性。因此，通过应用适当的控制方案来减少这些应力因素是显而易见的。与电池老化有关的量是健康状态（SOH），一些研究在处理电池温度变化时没有明确考虑老化，反之亦然。Padovani 等[45]提出了 ECMS 策略，对电池温度附加软约束。Ebbesen 等[15]使用 SOH 模型来寻找最优控制律，使燃料消耗以及电池磨损最小化。Sciarretta 等[57]和 Hu 等[24]考虑了两种老化效应。

参考文献

1. Andre M (2004) Real-world driving cycles for measuring cars pollutant emissions—part A: the artemis european driving cycles. Rep Inrets-LTE 411:97
2. van Basshuysen R (2013) Ottomotor mit Direkteinspritzung: Verfahren, Systeme, Entwicklung, Potenzial. Atz/Mtz-Fachbuch, Springer Fachmedien Wiesbaden
3. Baumann BM, Washington G, Glenn BC, Rizzoni G (2000) Mechatronic design and control of hybrid electric vehicles. IEEE/ASME Trans Mechatron 5(1):58–72
4. Beck R, Richert F, Bollig A, Abel D, Saenger S, Neil K, Scholt T, Noreikat KE (2005) Model predictive control of a parallel hybrid vehicle drivetrain. In: 44th IEEE conference on decision and control, 2005 and 2005 European control conference. CDC-ECC'05. IEEE, pp 2670–2675
5. Boehme T, Metwally O, Becker B, Meinhardt N, Rucht M, Rabba H (2012) A simulation-based comparison of different power split configurations with respect to the system efficiency. In: SAE world congress, Technical paper 2012-01-0438. doi:10.4271/2012-01-0438
6. Boehme TJ, Becker B, Ruben-Weck M, Rothschuh M, Boldt A, Rollinger C, Butz R, Rabba H (2013) Optimal design strategies for different hybrid powertrain configurations assessed with European drive cycles. In: SAE world congress, Technical paper 2013-01-1751. doi:10.4271/2013-01-1751
7. Boehme TJ, Frank B, Schultalbers M, Schori M, Lampe B (2013) Solutions of hybrid energy-optimal control for model-based calibrations of HEV powertrains. In: SAE world congress, Technical paper 2013-01-1747. doi:10.4271/2013-01-1747

8. Boehme TJ, Schori M, Frank B, Schultalbers M, Lampe B (2013) Solution of a hybrid optimal control problem for parallel hybrid vehicles subjected to thermal constraints. In: 52nd IEEE conference on decision and control
9. Boehme TJ, Rothschuh M, Frank B, Schultalbers M, Schori M, Jeinsch T (2014) Multi-objective optimal design of parallel plug-in hybrid powertrain configurations with respect to fuel consumption and driving performance. SAE Int J Alt Power 3(2):176–192. doi:10.4271/2014-01-1158
10. Branicky MS (1995) Studies in hybrid systems: modeling, analysis, and control. PhD thesis, Massachusetts Institute of Technology
11. Chi S (2007) Position-sensorless control of permanent magnet synchronous machines over wide speed range. PhD thesis, Ohio state University
12. Colin G, Bloch G, Chamaillard Y, Ivanco A (2010) A real time neural energy management strategy for a hybrid pneumatic engine. IFAC symposium advances in automotive control. AAC, Munich, pp 75–80
13. Conlon B (2005) Comparative analysis of single and combined hybrid electrically variable transmission operating mode. In: SAE world congress, Technical paper 2005-01-1162. doi:10.4271/2005-01-1162
14. Du Z, Cheong KL, Li PY, Chase TR (2013) Fuel economy comparisons of series, parallel and HMT hydraulic hybrid architectures. In: Proceedings of the American control conference, Washington, DC, pp 5974–5979
15. Ebbesen S, Elbert P, Guzzella L (2012) Battery state-of-health perceptive energy management for hybrid electric vehicles. IEEE Trans Veh Technol 61(7):2893–2900
16. Ehsani M, Gao Y, Emadi A (2010) Modern electric, hybrid electric, and fuel cell vehicles. Fundamentals, theory, and design, 2nd edn. CRC Press
17. Gao DW, Mi C, Emadi A (2007) Modeling and simulation of electric and hybrid vehicles. Proc IEEE 95(4):729–745
18. Gelb G, Richardson N, Wang T, Berman B (1971) An electromechanical transmission for hybrid vehicle power trains—design and dynamometer testing. In: SAE world congress, Technical Paper 710235. doi:10.4271/710235
19. Gopal RV, Rousseau AP (2011) System analysis using multiple expert tools. In: SAE world congress, Technical Paper 2011-01-0754
20. Guzzella L, Sciarretta A (2005) Vehicle propulsion systems. Introduction to modeling and optimization. Springer, Berlin
21. Halbach S, Sharer P, Pagerit S, Rousseau AP, Folkerts C (2010) Model architecture, methods, and interfaces for efficient math-based design and simulation of automotive control systems. In: SAE world congress, Technical Paper 2010-01-0241
22. Hofmann P (2010) Hybridfahrzeuge. Springer, Wien, New York
23. Holmes A, Schmidt M (2002) Hybrid electric powertrain including a two-mode electrically variable transmission. US Patent 6,478,705
24. Hu X, Johannesson L, Murgovski N, Egardt B (2015) Longevity-conscious dimensioning and power management of the hybrid energy storage system in a fuel cell hybrid electric bus. Appl Energy 137:913–924
25. Hu Y, Yurkovich S, Guezennec Y, Bornatico R (2008) Model-based calibration for battery characterization in HEV applications. Proceedings of the 2008 American control conference, Seattle. IEEE, pp 318–325
26. Isermann R (2007) Mechatronic systems: fundamentals. Springer Science & Business Media
27. de Jager B, van Keulen T, Kessels J (2013) Optimal control of hybrid vehicles. Springer
28. Kaya CY, Noakes JL (2003) Computational method for time-optimal switching control. J Optim Theory Appl 117(1):69–92
29. Khajepour A, Fallah MS, Goodarzi A (2014) Electric and hybrid vehicles: technologies, modeling and control—a mechatronic approach. Wiley
30. Kiencke U, Nielsen L (2000) Automotive control systems. for engine, driveline, and vehicle. Springer, Berlin
31. Koprubasi K (2008) Modeling and control of a hybrid-electric vehicle for drivability and fuel economy improvements. PhD thesis, The Ohio State University

32. Kum D, Peng H, Bucknor N (2011) Supervisory control of parallel hybrid electric vehicles for fuel and emission reduction. ASME J Dyn Syst Meas Control 133(6):4498–4503
33. Lee CY, Zhao H, Ma T (2008) A low cost air hybrid concept. In: Les Rencontres Scientifiques de l'IFP—Advances in hybrid powertrains
34. Lee EA (2006) Cyber-physical systems—are computing foundations adequate? In: Workshop NSF on research motivation, techniques and roadmap, cyber-physical systems
35. Lee EA, Seshia SA (2011) Introduction to embedded systems—a cyber-physical systems approach. LeeSeshia.org
36. Lemaréchal C (1989) Nondifferentiable optimization. In: Handbooks in operations research and management science. Elsevier Science Publishers B.V., North-Holland
37. Liu J (2007) Modeling, configuration and control optimization of power-split hybrid vehicles. PhD thesis, The University of Michigan
38. Liu J, Peng H (2006) Control optimization for a power-split hybrid vehicle. In: Proceedings of the 2006 American control conference, Minneapolis, pp 466–471
39. Loxton R, Lin Q, Teo KL (2013) Minimizing control variation in nonlinear optimal control. Automatica 49(9):2652–2664
40. Markel T, Brooker A, Hendricks T, Johnson V, Kelly K, Kramer B, O?Keefe M, Sprik S, Wipke K, (2002) ADVISOR: a systems analysis tool for advanced vehicle modeling. J Power Sources 110(2):255–266
41. Matthé R, Eberle U (2014) The voltec system-energy storage and electric propulsion. Elsevier, Amsterdam, The Netherlands
42. Miller JM (2004) Propulsion systems for hybrid vehicles, vol 45. The Institution of Electrical Engineers
43. Miller JM, Everett M (2005) An assessment of ultracapacitors as the power cache in toyota THS-II, GM-Allision AHS-2 and ford FHS hybrid propulsion system. In: Applied power electronics conference and exposition, APEC 2005. Twentieth annual IEEE, pp 481–490
44. Morari M, Baotic M, Borrelli F (2003) Hybrid systems modeling and control. Eur J Control 9(2):177–189
45. Padovani TM, Debert M, Colin G, Chamaillard Y (2013) Optimal energy management strategy including battery health through thermal management for hybrid vehicles. In: Advances in automotive control (AAC 2013), pp 384–389
46. Passenberg B, Leibold M, Stursberg O, Buss PC (2011) The minimum principle for time-varying hybrid systems with state switching and jumps. In: Proceedings of the IEEE conference on decision and control, pp 6723–6729
47. Pichler F, Cifrain M (2014) Application-related battery modelling: from empirical to mechanistic approaches. In: Automotive battery technology, Springer, pp 53–69
48. Porsche-Spyder (2013) Hybrid-Supersportler mit 887 PS. http://www.auto-motor-und-sport.de
49. Rao V, Singhal G, Kumar A, Navet N (2005) Battery model for embedded systems. In: 18th international conference on VLSI design, 2005. IEEE, pp 105–110
50. Reza NJ (2009) Vehicle dynamics. Theory and application. Springer
51. Rizzoni G, Guzzella L, Baumann BM (1999) Unified modeling of hybrid electric vehicle drivetrains. IEEE Trans Mechatron 4(3):246–257
52. Roelle MJ, Shaver GM, Gerdes JC (2004) Tackling the transition: a multi-mode combustion model of SI and HCCI for mode transition control. In: ASME 2004 international mechanical engineering congress and exposition. American Society of Mechanical Engineers, pp 329–336
53. Sagastizábal C (1997) Nonsmooth optimization. In: Numerical optimization—theoretical and practical aspects, 2nd edn. Springer, Berlin
54. Schmidt MR (1996) Two-mode, input-split, parallel, hybrid transmission
55. Schmidt MR (1999) Two-mode, compound-split, electro-mechanical vehicular transmission
56. Schori M, Boehme T, Jeinsch T, Schultalbers M (2014) Optimal catalytic converter heating in hybrid vehicles. In: SAE World congress, Technical paper 2014-01-1351. doi:10.4271/2014-01-1351

57. Sciarretta A, di Domenico D, Pognant-Gros P, Zito G (2014) Optimal energy management of automotive battery systems including thermal dynamics and aging. In: Optimization and optimal control in automotive systems, Springer, pp 219–236
58. Silva C, Farias T, Frey H, Rouphail N (2006) Evaluation of numerical models for simulation of real-world hot-stabilized fuel consumption and emissions of gasoline light-duty vehicles. Transp Res Part D 1(5):377–385
59. Stewart DE (1992) A numerical algorithm for optimal control problems with switching costs. J Aust Math Soc Ser B Appl Math 34(02):212–228
60. Stockar S, Marano V, Canova M, Rizzoni G, Guzzella L (2011) Energy-optimal control of plug-in hybrid electric vehicles for real-world driving cycles. IEEE Trans Veh Control 60(7):2949–2962
61. Van Der Schaft AJ, Schumacher JM, van der Schaft AJ, van der Schaft AJ (2000) An introduction to hybrid dynamical systems, vol 251. Lecture notes in control and information science. Springer, London
62. Verbrugge M, Tate E (2004) Adaptive state of charge algorithm for nickel metal hydride batteries including hysteresis phenomena. J Power Sources 126(1):236–249
63. Verdonck N, Chasse A, Pognant-Gros P, Sciarretta A (2010) Automated model generation for hybrid vehicles optimization and control. Oil & Gas Science and Technology-Revue de lInstitut Français du Pétrole 65(1):115–132
64. Villeneuve A (2004) Dual mode electric infinitely variable transmission. In: SAE World congress, Technical paper 04CVT-19
65. VW-UP (2013) Volkswagen e-mobility.
66. Waltermann P (1996) Modelling and control of the longitudinal and lateral dynamics of a series hybrid vehicle. In: Proceedings of the 1996 IEEE international conference on control applications. IEEE, pp 191–198
67. Wang J, Liu P, Hicks-Garner J, Sherman E, Soukiazian S, Verbrugge M, Tataria H, Musser J, Finamore P (2011) Cycle-life model for graphite-LiFePO 4 cells. J Power Sources 196(8):3942–3948
68. Ward J, Moawad A, Kim N, Rousseau A (2012) Light-duty vehicle fuel consumption, cost and market penetration potential by 2020. EVS26, Los Angeles, CA
69. Wei X (2004) Modeling and control of a hybrid electric drive train for optimum fuel economy, performance and drivability. PhD thesis, Ohio State University
70. Weng C, Sun J, Peng H (2014) A unified open-circuit-voltage model of lithium-ion batteries for state-of-charge estimation and state-of-health monitoring. J Power Sources 258:228–237
71. Zhang B, Mi CC, Zhang M (2011) Charge-depleting control strategies and fuel optimization of blended-mode plug-in hybrid electric vehicles. IEEE Trans Veh Technol 60. doi:10.1109/TVT.2011.2122313
72. Zuurendonk B (2005) Advanced fuel consumption and emission modeling using Willans line scaling techniques for engines. Technische Universiteit Eindhoven, Department Mechanical Engineering Dynamics and Control Technology Group, Technical report

第五部分　应用

第 11 章　先进车辆标定

11.1　引言

以高效的功能设计和能量管理标定为目标，工程师在多个方面可以从数值方法和最优控制理论中获益良多。为了能够解决特定行驶循环（工况）的最优控制问题（OCP），工程师可以感受到什么是最优解，并且可以调整某些参数，从而使现有标定更接近于 OCP 解。这个过程可以重复几个行驶循环，以便避免特殊情况的结果，即只在一个特定行驶循环中标定表现良好。

通过将开环能量管理作为原问题的等效问题表示，本章可以为基于规则的能量管理找到合适的参数和查询表。开环能量管理策略，如图 11.1 所示。

对于任意测试循环求解 K 可以获得标定参数，极大简化了标定过程，提高了标定质量。

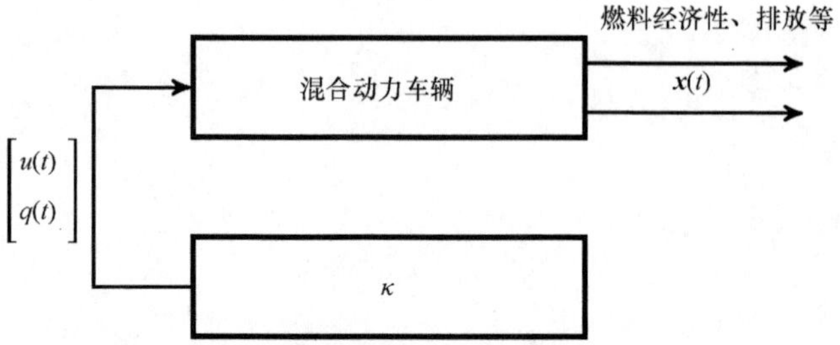

图 11.1　能量管理作为开环控制策略

11.2　已知行驶循环的切换最优控制问题的离线解

本节将制定用于并联混合动力汽车在测试循环中最优运行的 OCP，并且评估前面几章描述的数值方法的优缺点。

11.2.1　无状态跳跃问题

对于前三个问题，使用第 10 章的准稳态模型 M_1，其包括两个连续值状态，即

燃料消耗 $\beta(\cdot)$ 和荷电状态 $\xi(\cdot)$。控制问题在于找到内燃机（ICE）和电动机/发电机（MG）之间的最优力矩分配，以 ICE 力矩 T_{ice} 进行表征，定义为连续值控制 $u(\cdot)$ 以及最优的发动机开/关决策 $\zeta(\cdot)$。在第一个问题中，可以不考虑发动机起动成本，使用状态跳跃函数 $\boldsymbol{\delta}_{(\zeta(t_j^-),\zeta(t_j^+))}(\cdot)$ 进行建模。这种问题的公式总结为 Mayer 问题，如下所述：

$$\mathcal{P}_1 := \begin{cases} \min\limits_{\zeta(t)\in\{0,1\},u(t)\in\hat{\mathcal{U}}(q(t),t)} \beta(t_f) \\ \text{满足式}(10.126)\text{的}\mathcal{M}_1\text{ 约束} \\ \xi(t_0) = 0.5 \\ \xi(t_f) = 0.5 \\ \beta(t_0) = 0 \\ \boldsymbol{\delta}_{(\zeta(t_j^-),\zeta(t_j^+))}(\boldsymbol{x}(t_j^-)) = \boldsymbol{0}, \quad \forall \zeta(t_j^-),\zeta(t_j^+) \in \{0,1\} \end{cases} \tag{11.1}$$

其中，最后施加的一个边界条件要求高压电池具有与测试循环开始时相同的能量水平（$\xi(t_f)=0.5$），这是许多国家立法规定普遍要求的。

评估一阶必要条件是有帮助的，因为其可以对问题的结构提供有用的了解，从而便于选择适当的算法来求解切换最优控制问题（SOCP）。特别是一阶必要条件会产生一些有趣的结果，可以用于简化问题。

回想一下，模型 M_1 的状态向量定义为

$$\boldsymbol{x}(t) := \begin{bmatrix} \beta(t) \\ \xi(t) \end{bmatrix}$$

然后，给出 Mayer 问题的 Hamilton 函数：

$$H(\boldsymbol{x}(t),q(t),\boldsymbol{\lambda}(t),\boldsymbol{u}(t)) = \boldsymbol{\lambda}^T(t)\boldsymbol{f}_{q(t)}(\boldsymbol{x}(t),\boldsymbol{u}(t)) = \lambda_1(t)\dot{\beta}(t) + \lambda_2(t)\dot{\xi}(t)$$

求横截性条件（4.124），得到共态的时间导数：

$$\begin{aligned} \dot{\lambda}_1(t) &= -\frac{\partial H}{\partial x_1}(\boldsymbol{x}(t),q(t),\boldsymbol{\lambda}(t),u(t)) = 0 \\ \dot{\lambda}_2(t) &= -\frac{\partial H}{\partial x_2}(\boldsymbol{x}(t),q(t),\boldsymbol{\lambda}(t),u(t)) = -\frac{1}{Qbat}\frac{\partial I_{bat,q(t)}}{\partial \xi}(\xi(t),u(t)) \end{aligned} \tag{11.2}$$

因此，式（11.2）的第一个共态保持不变。第二个共态在给定区间 $[t_0, t_f]$ 的总变化量也会很小，因为第二个共态时间导数的最后一项产生

$$\frac{\partial I_{bat,q(t)}}{\partial \xi}(\xi(t),u(t)) = \frac{\partial I_{bat,q(t))}}{\partial V_{oc}}(\xi(t),u(t))\frac{\partial V_{oc}}{\partial \xi}(\xi(t)) \tag{11.3}$$

对于现代电池来说，这个方程最后一项的值非常小，这是由 SOC 的开路电压引起的。对于这个实际问题，由于假设 $\boldsymbol{\delta}_{(\xi(t_j^-),\xi(t_j^+))}\boldsymbol{x}(t_j^-) = 0$，Hamilton 函数以及共态在切换上是连续的［见式（4.125）和式（4.126）］：

$$\boldsymbol{\lambda}(t_j^+) = \boldsymbol{\lambda}(t_j^-)$$

$$H(\boldsymbol{x}(t_j^+), q(t_j^+), \boldsymbol{\lambda}(t_j^+), u(t_j^+)) = H(\boldsymbol{x}(t_j^-), q(t_j^-), \boldsymbol{\lambda}(t_j^-), u(t_j^-))$$

根据横截性条件（4.124），可以计算出第一个共态的最终值为

$$\lambda_1(t_f) = \frac{\partial \beta(t_f)}{\partial \beta(t_f)} = 1$$

因此，第一个共态在 Hamilton 函数中是常数，因为 $\lambda_1(t_0) = \lambda_1(t_f) = 1$，第二个共态可以重新映射为

$$\lambda(t) \equiv \lambda_2(t)$$

为了简化，Hamilton 函数可以改写成

$$H(\boldsymbol{x}(t), q(t), \lambda(t), u(t)) = \dot{\beta}(t) + \lambda(t)\dot{\xi}(t) \tag{11.4}$$

根据 Hamilton 函数最小条件（4.123），对于几乎每个时间 $t \in [t_0, t_f]$，Hamilton 函数都需要连续值控制 $u(\cdot)$ 和离散状态 $q(\cdot)$ 最小化。

利用间接单次打靶方法（见 7.3 节）、嵌入式的直接打靶方法或直接配置方法（见 8.3.1 节），可以有效地得到这个问题的解。执行 Newton 类型优化时，这两种方法的表现都优于 DP（动态规划），而动态规划则搜索离散控制和状态空间。

为了对间接单次打靶方法和嵌入式直接打靶方法得到的解轨迹进行对标，将机动车辆尾气排放组（MVEG）测试循环的解轨迹与 DP 的解轨迹进行比较。计算时间见表 11.1，轨迹如图 11.2 所示。DP 要求将最优控制问题表示为没有最终状态值的 Bolza 类型，然后最终状态值 $\boldsymbol{x}_{[I_f]}(t_f) = \boldsymbol{x}_f$ 可以作为软约束包含在端点函数项中。

表 11.1　P_1 的成本函数值和计算时间的比较

	$\phi(\boldsymbol{x}(t_f))$/mL	t_{comp}/s
间接打靶	496.9	29.39
嵌入式（直接打靶）	497.1	10.28
动态规划	496.9	4386.5

间接单次打靶方法和嵌入式直接打靶方法收敛于同一解，与 DP 解的差异完全可以忽略。对于嵌入式直接打靶方法，松弛离散控制是二元容许的，使得 P_1 的解轨迹为二元可行的，不需要进一步的舍入方案（见 8.3.1 节）。嵌入式直接打靶方法的计算时间在很大程度上取决于诸多因素，例如利用第 9 章的压缩方法计算的梯度可以减少 85% 以上的计算时间。此外，通过将问题转化为嵌入式直接配置问题而不是嵌入式直接打靶问题，强烈推荐采用具有稀疏矩阵代数的 SQP（序列二次规划）求解器来利用稀疏问题结构，这大大减少了计算时间。

对于测试循环较长或较短的步长 h，如果可以很容易地估计初始共态 $\hat{\lambda}$，并且式（11.3）的总变化量较小，则间接单次打靶方法是一种有效的选择。如果不能

保证这种简化，则必须采用间接多重打靶方法。由于电池容量有限，在状态约束的情况下，强烈推荐将问题 P_1 转录为嵌入式直接配置方法。

1. 常数二元控制

二元控制，即混合驱动模式的 σ_1 和电动驱动模式的 σ_2 是一些已知的弧。如果没有达到发动机最小转速，则不能起动发动机。对于这些时间区间 K，必须设置二元控制为 $\overline{\boldsymbol{\sigma}}_1^{[K]}=\mathbf{0}$ 和 $\overline{\boldsymbol{\sigma}}_2^{[K]}=\mathbf{1}$，并且在整个优化过程中保持不变。因此，可以忽略这些区间进行优化，从而降低所有方法的优化维数。

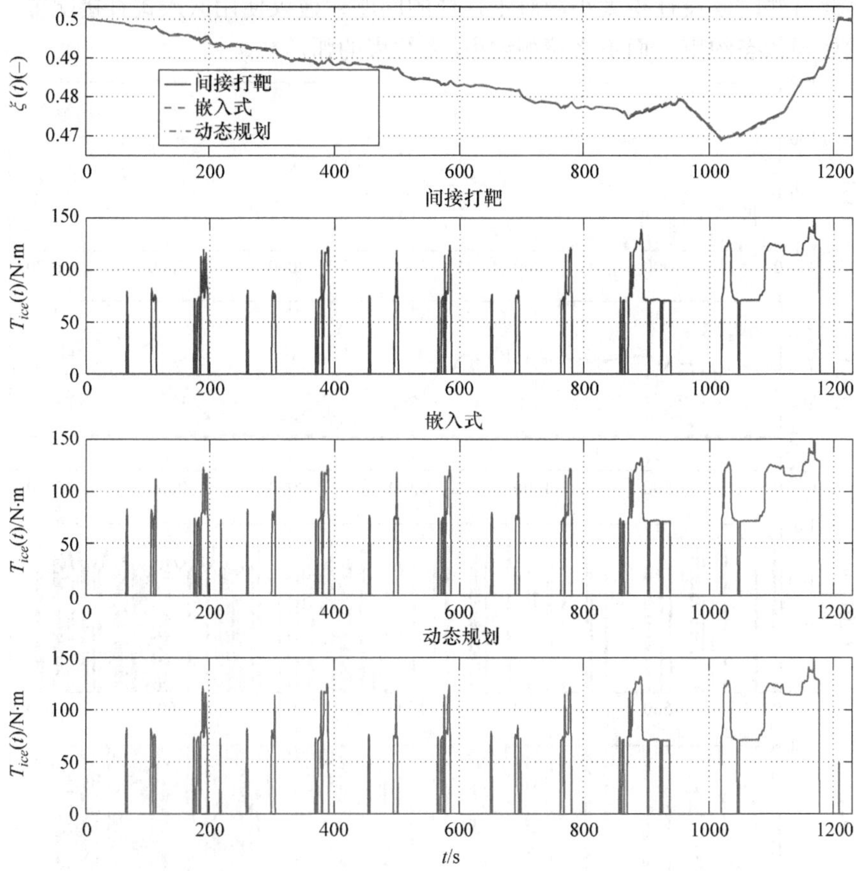

图 11.2　利用间接打靶方法、嵌入式方法和动态规划法获得的 MVEG 测试循环问题 P_1 的解轨迹

2. 二元可行控制

对于某些情况，无法获得二元可行控制。然后，问题 P_1 必须用一个惩罚项进行修改，通常将其添加到成本函数中，得到

$$\hat{\beta}(t_f):=\beta(t_f)+\sum_{q=1}^{2}\alpha\int_{t_0}^{t_f}\hat{\sigma}_q(t)(1-\hat{\sigma}_q(t))\,\mathrm{d}t$$

而 α 在同伦方法中是增加的。

3. 受到约束的 SOC

图 11.3 显示了采用嵌入式直接配置方法求解的 ARTEMIS 测试循环轨迹，深色线表示电池电量有限而导致 SOC 受到限制的状态。在测试循环的前半段，电池电量会增加，以避免长时间的边界弧，因为在低限上滑动会阻止切换到电动驱动模式。对于实际行驶循环，不可能预先预测出边界弧，间接打靶可以解决这种问题。这样的问题也出现在混合动力车辆的设计阶段，其中只是大致了解合适的电池容量，因此有些时候设计得太小。对于这样的问题，建议使用嵌入式直接配置，其可以自然处理状态约束，而不必猜测约束/无约束的弧。

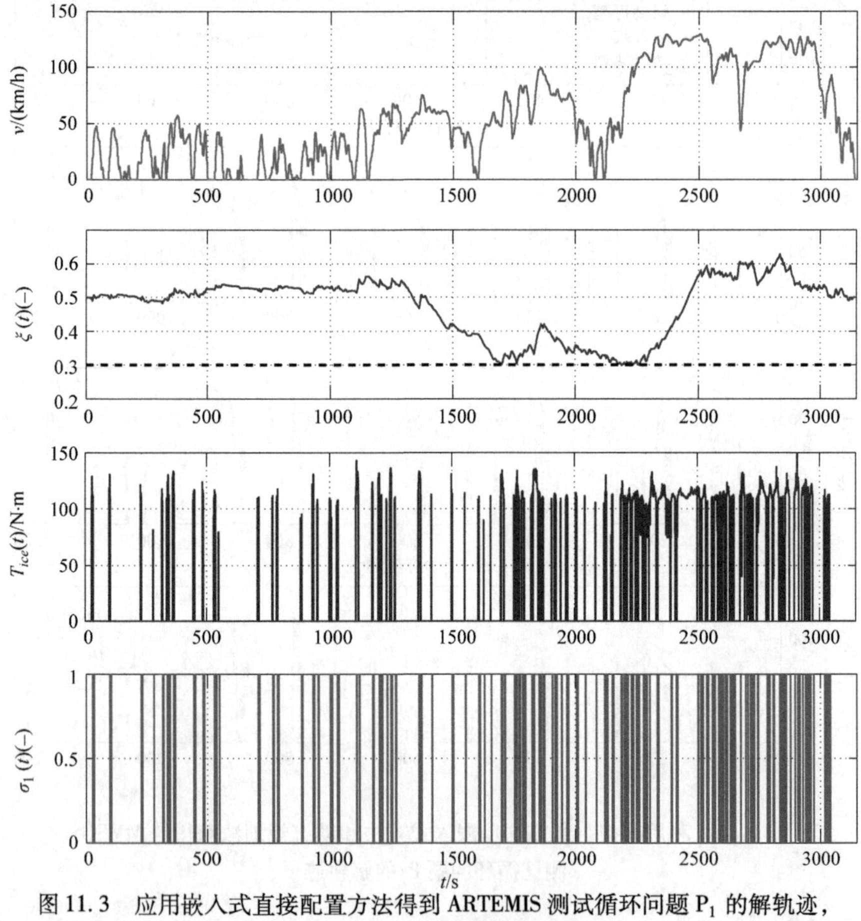

图 11.3　应用嵌入式直接配置方法得到 ARTEMIS 测试循环问题 P_1 的解轨迹，σ_1 是混合驱动模式的离散控制

4. 频繁切换

请注意，两种解都会出现频繁的发动机起动/关闭命令。在图 11.3 中，可以很容易地观察到这种效果，这并不是嵌入式直接配置方法的问题。相反，如果没有与发动机起动相关的成本，则这种效果总可以在如 ARTEMIS 和 WLTP 的高动态测试

循环中实现。因此，这些解对于 P_1 的公式是最优的，这可能显得不切合实际。尽管如此，所得的结果将有助于基于模式的能量管理的标定，这将在本章后面介绍。当然，附加切换成本将有助于克服这个问题，但是这将在优化方法中引入更多的复杂性，稍后再讨论这个问题。

11.2.2 更多离散决策：档位选择

第二个最优控制问题考虑了附加的离散决策，即自动变速器的档位选择 $\kappa(\cdot)$。这使模型中可能的离散决策的数量增加到 $N_q=12$，覆盖所有可能的驱动模式组合，包括 $\zeta(t)\in\{0,1\}$ 和档位 $\kappa(t)\in\{1,\cdots,6\}$。然后，问题表述如下：

$$P_2:=\begin{cases}\min\limits_{\zeta(t)\in\{0,1\},\kappa(t)\in\{1,\cdots,6\},u(t)\in\hat{U}(q(t),t)}\ \beta(t_f)\\ \text{满足式(10.126)的}\mathcal{M}_1\text{问题约束}\\ \xi(t_0)=0.5\\ \xi(t_f)=0.5\\ \beta(t_0)=0\\ \boldsymbol{\delta}_{(\zeta(t_j^-),\zeta(t_j^+))}=\mathbf{0},\forall\zeta(t_j^-),\zeta(t_j^+)\in\{0,1\}\end{cases}\tag{11.5}$$

由于编码较少，在需要管理大量的离散决策时，间接单次打靶方法是较好的选择。在 150s 内得到的解轨迹，如图 11.4 所示。

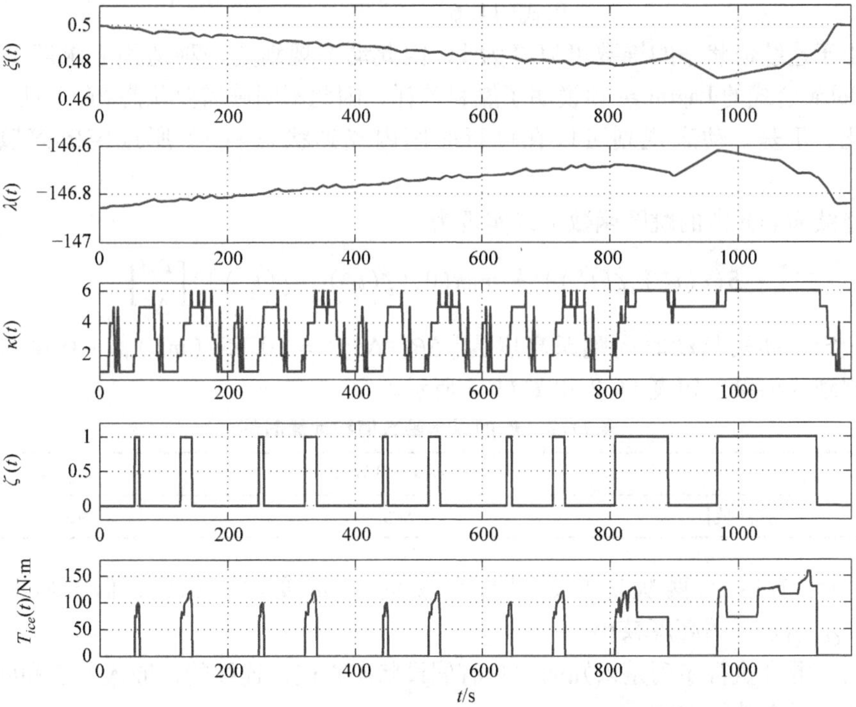

图 11.4 间接打靶方法求解 P_2 问题的轨迹

M_1模型没有考虑驾驶舒适性等因素。因此，在给定驾驶情况下，通常可能会选择最高档位 $\kappa=6$，因为其具有最小的阻力，并且在较高负载下具有同时使用ICE和MG的可能性。为了在驾驶性能方面得到更真实的结果，需要改进模型，改变问题公式中的成本函数或约束。

11.2.3 状态跳跃

下面将考虑内燃机起动需要一些额外燃料和一些电能，这会导致在各自的状态轨迹上跳跃。因此，为了说明发动机起动期间的损失，定义跳转函数如下：

$$\boldsymbol{\delta}_{(\zeta(t_j^-),\zeta(t_j^+))}(x(t_j^-)) = \begin{cases} [\Delta\beta,\Delta\xi]^T, & \zeta(t_j^-)=0 \wedge \zeta(t_j^+)=1 \\ \mathbf{0}, & \text{其他} \end{cases} \tag{11.6}$$

式中，$\Delta\beta$ 和 $\Delta\xi$ 分别为发动机起动所消耗的燃料量和电池容量百分比。

然后，描述问题如下：

$$P_3:=\begin{cases} \min\limits_{\zeta(t)\in\{0,1\},u(t)=\hat{U}(q(t),t)} \beta(t_f) \\ \text{满足式(10.126)的}\mathcal{M}_1\text{问题约束} \\ \xi(t_0)=0.5 \\ \xi(t_f)=0.5 \\ \beta(t_0)=0 \\ \text{和式(11.6)} \end{cases} \tag{11.7}$$

由于连续值状态的维数可以降为1，因此动态规划是一种适用于求解 P_3 的方法。Bolza公式的Lagrange项说明了燃料消耗，因此不明确需要状态 $\beta(\cdot)$ 且不需要网格化。于是，动态规划可以在可行时间内找到状态 $\xi(\cdot)$ 所选定的离散化最优解。

连续而非光滑的跳跃函数可以实现为

$$\boldsymbol{\delta}(\zeta(t_j^-),\zeta(t_j^+)) = \max(0,[\zeta(t_j^+)-\zeta(t_j^-)])\begin{bmatrix}\Delta\beta\\ \Delta\xi\end{bmatrix}$$

假定发动机起动时的跳跃高度为 $[\Delta\beta,\ \Delta\xi]^T=[0.65\ (\text{mL}),\ -0.00013]^T$。动态规划的结果，如表11.2和图11.5所示。

表11.2　P_3的成本函数值和计算时间

	$\phi(\boldsymbol{x}(t_f))/\text{mL}$	t_{comp}/s
动态规划	505.75	9922

注释11.1：与两次切换之间的状态 $\boldsymbol{x}(\cdot)$ 的变化相比较，假设状态跳跃 $\boldsymbol{\delta}_{(\xi(t_j^-),\xi(t_j^+))}(\cdot)$ 的高度较小。

由于混合执行序列是未知的，只有假设状态轨迹是连续的，嵌入方法和间接打靶方法才是有效的方法。

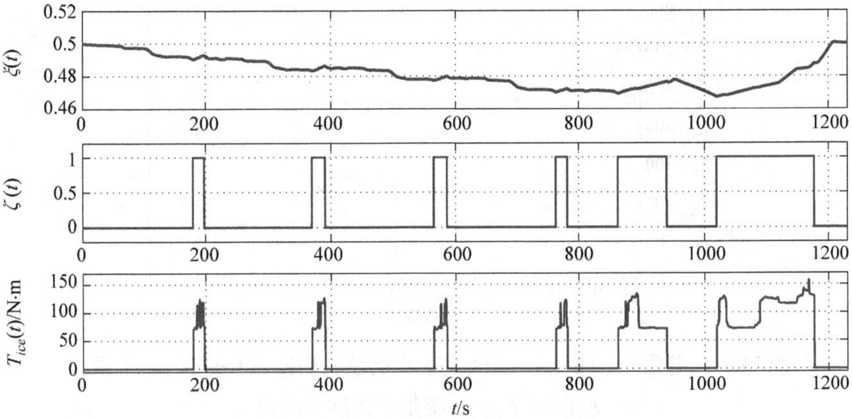

图 11.5　由动态规划获得的 P_3 的解

11.2.4　最优催化转化器加热

下面的问题使用更加复杂的模型 M_2，其使用点火角 $\chi(\cdot)$ 和气缸充气量 $m_{cyl}(\cdot)$ 作为连续值控制，离合器状态和喷射方案的不同组合作为离散状态值，见 10.5.2 节。这个问题对 FTP－75 循环的前 175s 进行描述，目标是找到一种加热内燃机和排气系统的优化策略。在这种情况下，SOCP 的最终状态条件表示是不同的。在最后时刻 t_f，强制要求 ICE 至少加热到 353K。不考虑整个行驶循环，选择 $t_f=175\text{s}$，使得 $0<t_f<t_{cyc}$。因此，不需要 $\xi(t_f)$ 为一个固定值，因为 $\xi(\cdot)$ 至少需要在 t_{cyc} 处平衡，而对于 $t\in[0,\ t_f]$ 则不然。然而，如果 SOC$\xi(t_f)$ 的值较低，则在 $t\in[t_f,\ t_{cyc}]$ 的剩余行驶循环中必须进行更多的充电。根据 $\xi(t_f)$ 和目标值 $\xi(t_{cyc})$ 之差，函数 $B_{rem}(\xi(t_f)-\xi(t_{cyc}))$ 给出剩余行驶循环的燃料消耗，如图 11.6 所示。由于要求 ICE 在 t_f 时被充分加热，因此使用更简单的 M_1 模型求解时间范围 $(t_f,\ t_{cyc})$ 的 SOCP，可以很容易建立这个函数。这是在 $\xi(t_f)$ 的网格上完成的，在网格值之间进行一次三次样条插值。然后，成本函数定义为

$$B(\boldsymbol{x}(t_f)) = \beta(t_f) + B_{rem}(\xi(t_f))$$

问题的公式变为

$$P_4:=\begin{cases}\min\limits_{q(t)\in\{0,\cdots,5\},u(t)\in\hat{U}(q(t),t)} B(\boldsymbol{x}(t_f))\\ \text{满足式(10.128)的}\mathcal{M}_2\text{问题约束}\\ \beta(t_0)=0\\ \xi(t_0)=0.345\\ \vartheta_{cw}(t_f)=\vartheta_{cyl}(t_0)=\vartheta_{twc}(t_0)=293\text{K}\\ \vartheta_{cw}(t_f)=353\text{K}\\ Z(t_f)=Z^{\max}\end{cases}\tag{11.8}$$

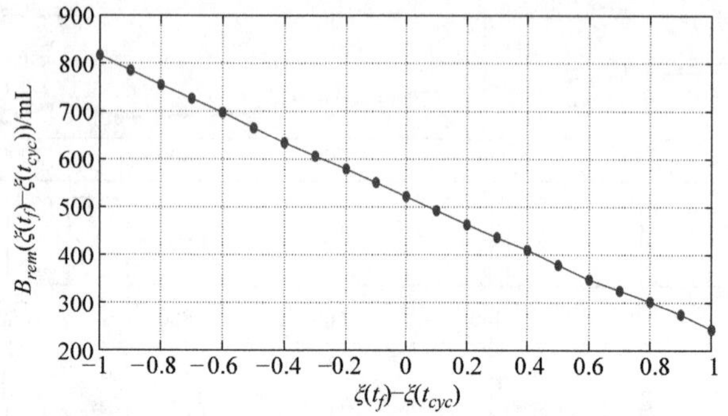

图 11.6　函数 $B_{rem}(\xi(t_f)-\xi(t_{cyc}))$ 在剩余驱动循环 $t\in(t_f,t_{cyc})$ 根据 $\xi(t_f)-\xi(t_{cyc})$ 提供最优燃料消耗

只考虑一种人工排放成分，其类似于状态 $Z(\cdot)$ 和施加上限 $Z(t_f)$，不考虑状态跳跃。

问题 P_4 要比问题 $P_1\sim P_3$ 复杂很多，这是由连续状态的高维度以及大量的离散状态值造成的。因此，由于系统的高维度，动态规划是禁止使用的。间接打靶由于收敛区域低，不太可能得到解。猜测满足最终边界条件的一个解的初始共态，也是一项困难的任务。由于离散状态值数量大，将嵌入式应用于问题将导致大量的优化向量。另一种方法是 8.3.2 节描述的两阶段方法，适用于这类问题，也见 Schori 等的研究[23]。

这样的解为确定催化转化器加热阶段提供了有价值的信息。为了评估不同边界对人工排放成分 $Z(\cdot)$ 的影响，使用三个不同的上限 $Z_1^{\max}=Z_{ref}$、$Z_2^{\max}=1.1Z_{ref}$ 和 $Z_3^{\max}=1.2Z_{ref}$ 进行优化，观察不严格的排放约束如何影响连续值控制以及切换模式序列，结果如图 11.8 所示。需要注意的是，较低上限只会导致三元催化转化器（TWC）加热所用的时间跨度稍微缩短，但会导致点火角明显延迟，从而导致更快的 TWC 加热。TWC 加热主要在怠速期间进行，其中离合器 K0 关闭和 MG 连接（$q(t)=1$）。一旦达到具有良好转化率的 TWC 温度，点火角就会倾向于下限以提高燃烧效率。设定基本点火角为下限，由于 ICE 提供了较低的输出力矩，后续点火角也导致催化加热过程结束时 $\xi(\cdot)$ 的值较低。在 TWC 加热过程中，排气质量流受到限制，因为高质量流降低了催化转化器的效率。在解轨迹中，相对气缸充气量趋于各自的界限。

图 11.7 的第一个子图给出所提出算法的收敛性，收敛相当缓慢但单调递减。这已经说明，相对于 $q(\cdot)$ 的初始预测，其是非常稳健的，$q(\cdot)$ 与找到的解有很大的不同。图 11.7 的第三个子图 $\#H_{\min}$ 说明了当前迭代满足最优条件（4.123）的程度。0.1 的值意味着在时间网格上 10% 的点处，Hamilton 函数值不是最小的。

重新找到的共态值，也如图 11.8 所示。在这种情况下，共态值提供了物理解释。当相应状态的共态值低时，增加相应的状态比在其他时候更有用。为了及时，

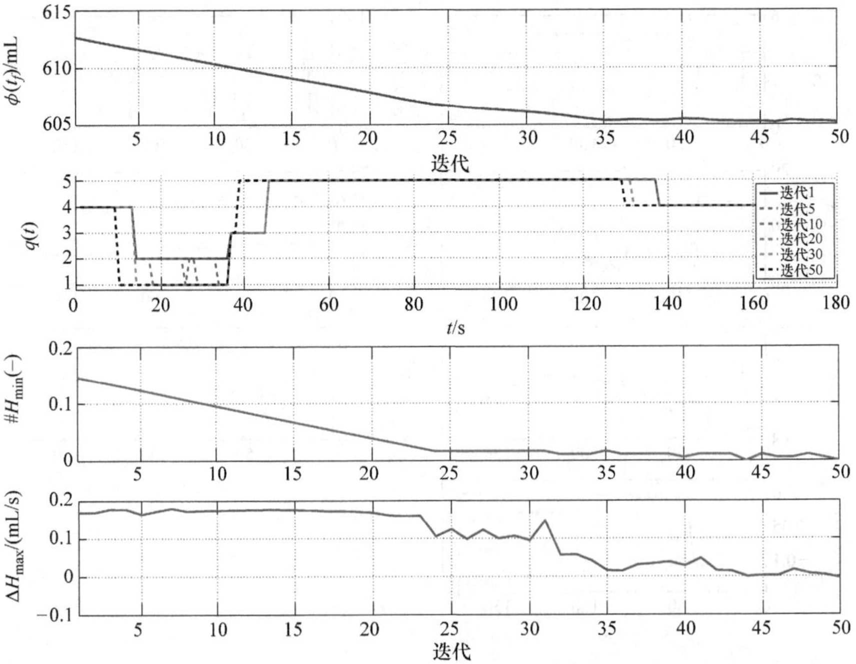

图 11.7　P_4 两阶段算法的收敛性：$\#H_{min}$是最优性指标，ΔH_{max}是 Hamilton 函数在某一时刻可能减少的最大值

建议在行驶循环的早期增加 TWC 温度 $\vartheta_{twc}(\cdot)$，以快速达到良好的转换效率。一旦达到起燃温度，温度进一步升高几乎没有任何效果。只要超过起燃温度，共态 $\lambda_{\vartheta_{twc}}(\cdot)$ 就趋向于零。

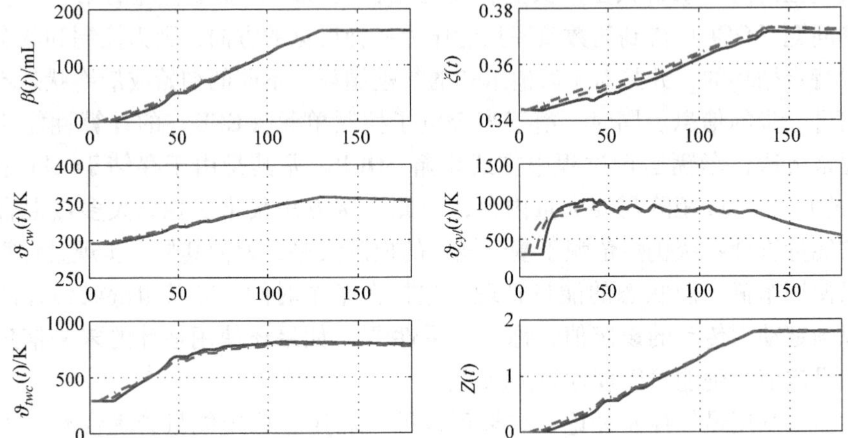

图 11.8　针对不同人工排放状态 $Z(\cdot)$ 获得不同边界下的 P_4 解的轨迹和共态，每个描述的共态对应的连续状态表示成下标

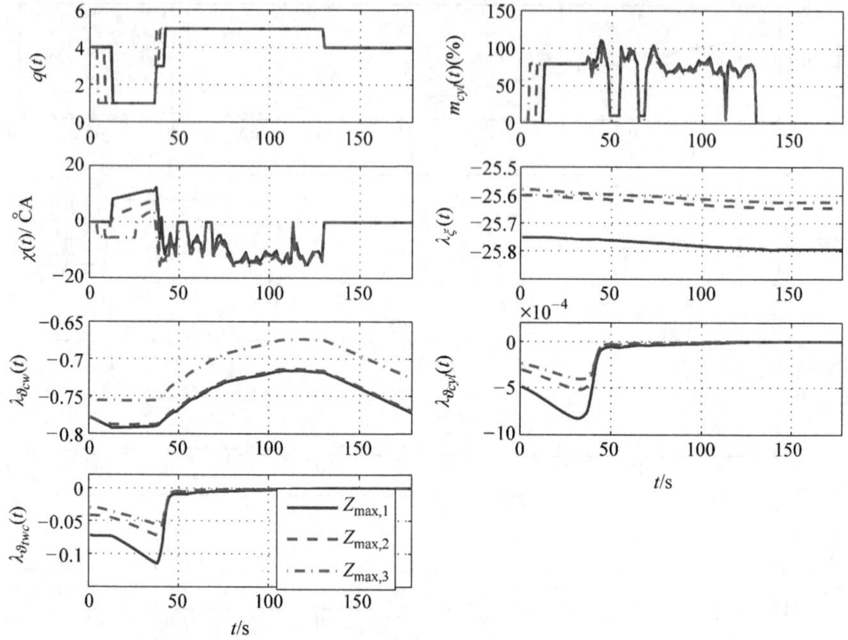

图 11.8　针对不同人工排放状态 $Z(\cdot)$ 获得不同边界下的 P_4 解的轨迹和共态，每个描述的共态对应的连续状态表示成下标（续）

11.3　基于规则的能量管理分析标定

最优控制问题求解只是定义混合动力车辆（HEV）能量管理的第一步。由最优控制问题（OCP）得到的数值解只能作为一种可见的方向，因为控制和状态轨迹是针对特定循环的，并且对于其他未知的行驶循环、不同的初始或最终状态不能提供任何进一步的信息。同时，由于当今电子控制单元（ECU）的计算性能非常有限，通常无法在车辆运行过程中在线求解 SOCP。尤其是由于存储 Jacobi 矩阵和（近似的）Hessian 矩阵需要大量内存，因此直接方法很难实现。大多数混合动力车辆的能量管理系统仍然依赖于基于规则的控制策略，因为其易于实现且计算需求低。只使用车辆当前状态的能量管理，包括在某个时间 t 可以测量或估计的所有值，以确定动力传动的设定值，称为因果性[6]。如果还使用估计的未来信息定义当前的设定值，则能量管理称为预测性。

然而，利用最优控制理论，结果可以推广和用于确定能量管理参数。近十年来，该领域的研究越来越多地侧重于分析方法，Pontryagin 最小原理（PMP）和相关的等效消耗最小化策略（ECMS）是研究的重点。这些方法具有吸引力是由于以下事实：将高维优化问题简化为只求解非线性方程，从而找到一个可行的初始共态值。通过假设共态值为常数，进一步简化问题，这种假设的效果将在本节后面进行评估。如果已知共态值和只考虑连续值控制，则可以完全定义导致特定行驶循环所需的最终 SOC 的最优连续值控制。然后，问题仍是在未知行驶循环的情况下定义一个初始的共态值。Kim 等[13]建议根据代表驱动模式的启发式定义值来选择共态。在 Chen 和 Salman[2]的工作中，描述了一种学习过程，当遇到 SOC 的下限或上限时，该过程修正共态值。Gong[5]等对不同道路类型事件与导致 HEV 维持运行的共态值之间的关系进行了研究。

11.3.1 常共态假设

利用已知共态值，通过数值过程使 Hamilton 函数在每个时刻最小化，可以得到最优连续值控制。尽管对于大多数动力传动架构来说，最小化问题只涉及单个变量，但是数值过程尚未准备好在当今的 ECU 上实施。在本节中，将展示如何自动生成存储最优连续值控制以及最优离散控制的查询表（LUT），基于 LUT 的能量管理如图 11.9 所示。其中，提供给下层控制器结构的设定点值 $\hat{\kappa}(\cdot)$、$\hat{\zeta}(\cdot)$ 和 $\hat{T}_{mg}(\cdot)$ 由 LUT 确定。基于由车轮力矩需求 $T_{wh}(\cdot)$ 和当前轮速 $n_{wh}(\cdot)$ 表示的当前驾驶条件，以 $\hat{\kappa}_{mg}(\cdot)$ 表示的档位基于 LUT 推荐使用。是否实际使用这个档位，将取决于变速器控制策略，因而取决于本书没有涉及的许多条件。通过简单的变速器模型，可以计算变速器输入力矩 $T_{gbx}(\cdot)$ 和变速器输入转速 $\omega_{gbx}(\cdot)$。根据这些值，驱动模式 $\hat{\zeta}(\cdot)$ 的推荐再次由 LUT 获得。如果选择混合驱动模式，则最终需要确定 MG 和 ICE 之间的力矩分流，各自的 MG 力矩 $\hat{T}_{mg}(\cdot)$ 存储在 LUT 中。

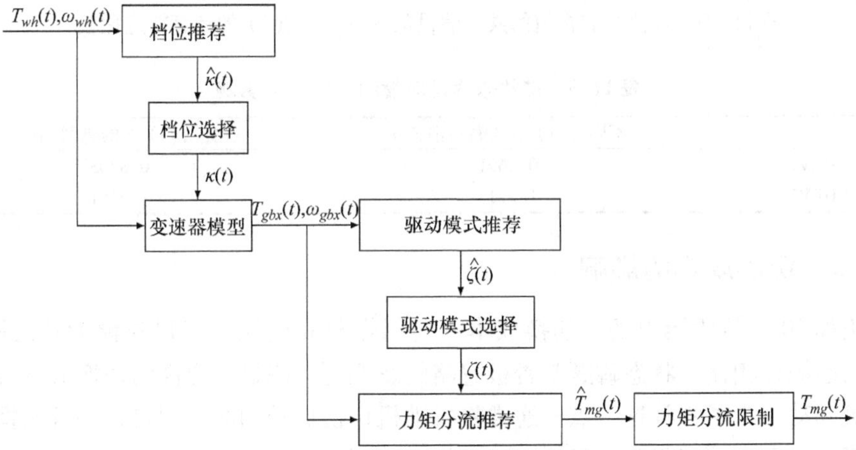

图 11.9 基于规则的混合动力车辆能量管理示意

采用间接打靶方法求解 SOCP，可以很容易得到一个特定循环的共态值轨迹。该轨迹也可以由嵌入式解恢复，如 8.2.4 节所示。由解可以看出，共态在时间上几乎保持不变。这并不奇怪，由式（11.3）可以看出，现代电池类型的导数 $dV_{oc}/d\xi$

通常很小，因为其与开路电压的相关性很小。因此，假设

$$\frac{\mathrm{d}V_{oc}}{\mathrm{d}\xi} \approx 0$$

在整个时间区间 $t \in [t_0, t_f]$，共态保持不变。为了进一步研究这种效应，当 SOC 变化较大时，对耗尽电荷的情况进行计算，初始 SOC 设置为 0.8，最终 SOC 设置为 0.3，如图 11.10 所示。这些计算针对两种不同质量类别的车辆构型和两种不同的行驶循环重复计算，由此产生的燃料消耗，见表 11.3。由表可以看出，具有恒定共态的解是可接受的。

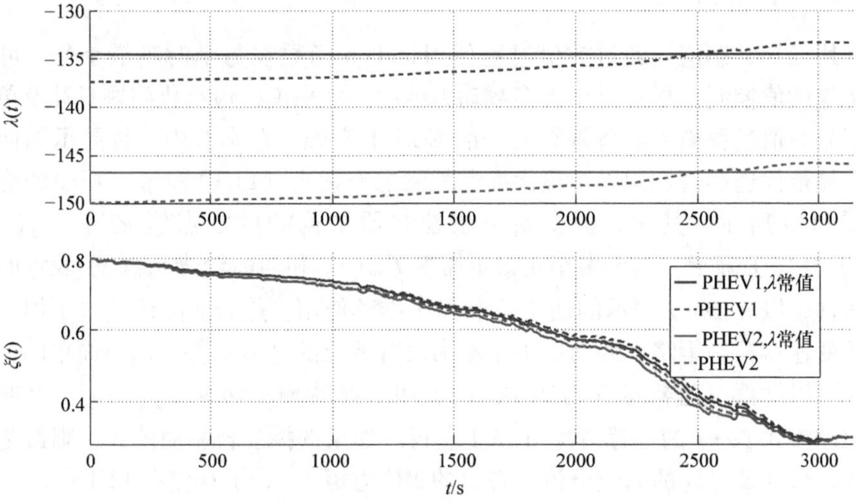

图 11.10　常值与非常值的共态假设的 $\lambda(\cdot)$ 和 $\xi(\cdot)$ 的计算轨迹比较

表 11.3　常共态假设对燃料消耗量的影响

	不同 $\lambda(\cdot)$ 下的燃料消耗量	恒定 $\lambda(\cdot)$ 下的燃料消耗量
PHEV1	0.8691	0.8703
PHEV2	1.2718	1.2761

11.3.2　切换成本的影响

正如 10.8 节所指出的，切换成本（包括燃料和电能）可以建模为状态跳跃。与常共态假设相比，状态跳跃是否被忽略的影响更为明显。更高的切换成本会减少内燃机起动。为了弥补这一点，通常将发动机切换更长的时间间隔，并且选择稍高的力矩。对于高动态 FTP－72 测试循环，考虑不同高度状态跳跃问题得到解的直接比较，如图 11.11 所示。

问题 P_3 只能通过动态规划自然求解，动态规划求解很慢，并且受到问题规模的限制。

另一种选择是以切换成本的形式重新表示状态跳跃，见 3.3.7.4 节。如果这是

可能的，并且切换成本项可以用切换弧长来表示，则原始状态跳跃可以用可微的切换成本代替，使得诸如 SQP 的非线性规划方法可以应用，见 10.8 节。这里的想法是，启用切换时间优化（STO）。因此，首先使用嵌入式方法求解无状态跳跃问题 P_3，然后使用混合执行序列将问题 P_3 转换为时间优化（STO），见 8.3.3 节。

$$P_1:=+\begin{cases}\min\limits_{\tilde{\zeta}_j(\tau)\in\{0,1\},\tilde{u}_j(\tau)\in\tilde{U}(\tilde{q}(\tau),\tau)} \quad \tilde{\beta}_{N_{t3}-1}(1)+\tilde{\phi} \\ \text{满足式(10.126) 的}\mathcal{M}_1\text{ 问题约束} \\ \tilde{\xi}_0(0)=0.5 \\ \tilde{\xi}_{N_{t3}-1}(1)=0.5 \\ \tilde{\beta}(0)=0\end{cases}$$

式中，$\overline{\phi}$ 由式（10.135）给出。

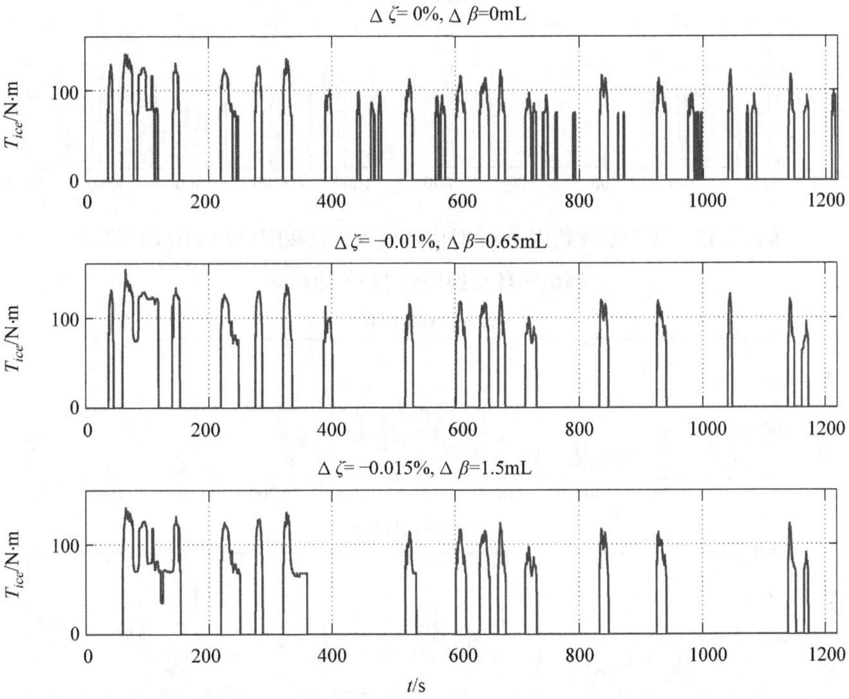

图 11.11　采用动态规划的 FTP－72 测试循环中不同状态跳跃高度对切换序列 $\zeta(\cdot)$ 的影响

图 11.12 和图 11.13 显示了针对 WLTP 测试循环的切转弧长优化。优化由嵌入式直接配置开始，其中只是大致知道档位序列。STO 能够消除不必要的弧，并且分配混合驱动模式弧，时间至少持续 5s。

在存在中等状态跳跃的情况下，由 P_1 获得的解轨迹将足够好地逼近状态跳跃切换系统的一阶必要条件。在较大状态跳跃的情况下，由 P_1 获得的结果对能量管理的标定仍有参考价值。由实际计算可以明显看出，诸如迟滞和延迟时间之类的附加非线性元素可以产生接近动态规划所获得的解轨迹。

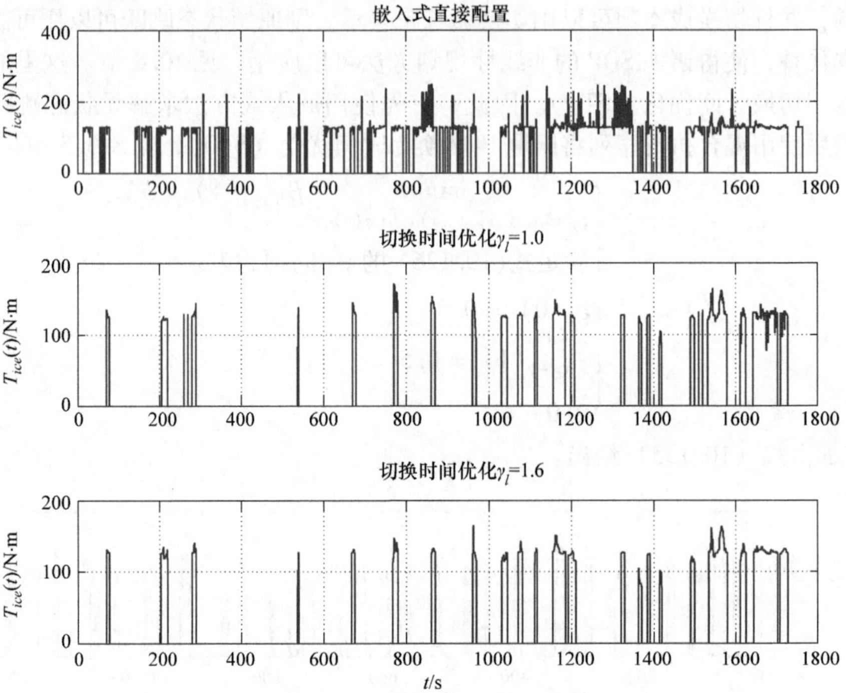

图 11.12　两个不同罚因子 γ_l 对应用嵌入式直接配置和 STO 的 WLTP 测试循环切换序列 $\zeta(\cdot)$ 的影响

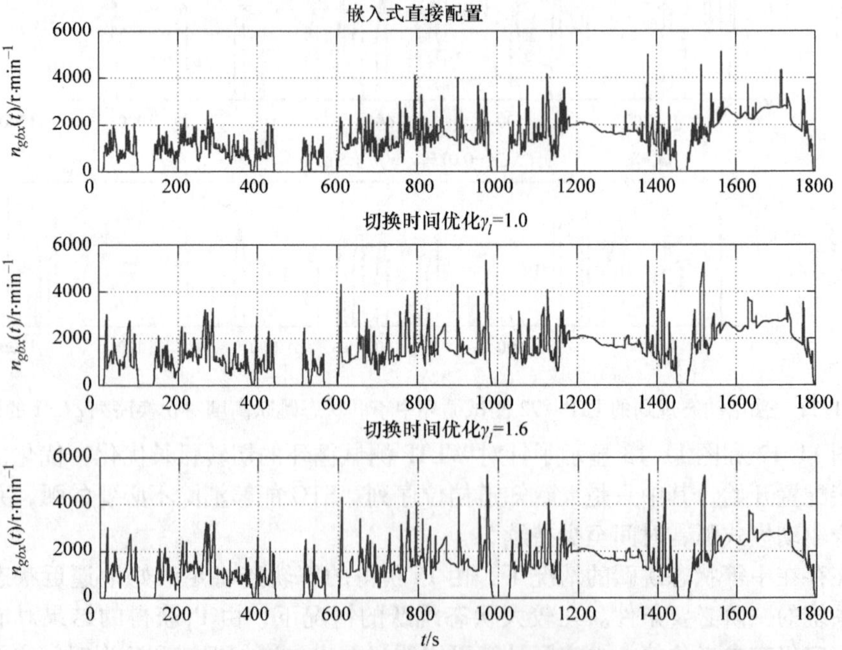

图 11.13　两个不同罚因子 γ_l 对应用嵌入式直接配置和 STO 的 WLTP 测试循环切换序列 $\kappa(\cdot)$ 的影响

11.3.3　查表计算

为了简化基于规则的能量管理，因此对计算查询表感兴趣，以便针对给定的驾驶情况选择最优档位、驱动模式和力矩分配。现在使用离散变量，因为数值计算是重点。将 Hamilton 函数定义为式（11.4），概括出 $\overline{\boldsymbol{T}}_{ice}^{[k]}$ 为连续值控制 $u(\cdot)$，$\overline{\boldsymbol{T}}_{mg}^{[k]}$ 为变速器输入力矩 $\overline{\boldsymbol{T}}_{gbx}^{[k]}$ 与发动机力矩 $\overline{\boldsymbol{T}}_{ice}^{[k]}$ 之差。因为电动机/发电机、变速器和发动机轴向连接在 P_2 混合构型中，MG 转速 $\overline{\boldsymbol{n}}_{mg}^{[k]}$ 等于变速器输入轴转速 $\overline{\boldsymbol{n}}_{gbx}^{[k]}$，发动机转速 $\overline{\boldsymbol{n}}_{ice}^{[k]}$ 等于混合驱动模式下的 $\overline{\boldsymbol{n}}_{mg}^{[k]}$，电动驱动模式下为零，所以附加取决于确定驱动模式的离散决策 $\overline{\zeta}_{[k]}$。$\overline{\boldsymbol{T}}_{gbx}^{[k]}$ 和 $\overline{\boldsymbol{n}}_{gbx}^{[k]}$ 反过来取决于车轮力矩需求 $\overline{\boldsymbol{T}}_{wh}^{[k]}$、车辆速度 $\overline{\boldsymbol{v}}_{[k]}$，和所选档位 $\overline{\boldsymbol{\kappa}}_{[k]}$，如 10.5.1 节所述。假设提供辅助设备 P_{aux} 所需的功率是已知的，再假设 SOC 保持在 $\xi=0.5$。可以这样做，是因为 $\overline{\xi}_{[k]}$ 对 ξ 的影响很小，如 11.3.1 节所述。这简化了 Hamilton 函数，并且将生成的 LUT 减少了一个维度。此外，假设共态值现在是已知的，确定共态值是能量管理的主要挑战之一，确定该值的不同策略将在 11.4 节给出。

对于给定的共态值，在 $\overline{\boldsymbol{T}}_{gbx}^{[k]}\in g_{T_{gbt}}$ 和 $\overline{\boldsymbol{n}}_{gbx}^{[k]}\in g_{n_{gbx}}$ 网格的每个量化点中，Hamilton 函数都可以最小化，有

$$T_{gbx}^{1}<T_{gbx}^{2}<\cdots<T_{gbx}^{N_{gT}},g_{T_{gbx}}=\{T_{gbx}^{1},T_{gbx}^{2},\cdots,T_{gbx}^{N_{gT}}\}$$

和

$$n_{gbx}^{1}<n_{gbx}^{2}<\cdots<n_{gbx}^{N_{gn}},g_{n_{gbx}}=\{n_{gbx}^{1},n_{gbx}^{2},\cdots,n_{gbx}^{N_{gn}}\}$$

在给定的行驶条件下，找出混合驱动模式下的最优力矩分配，得到 Hamilton 最小条件：

$$\hat{T}_{ice}(\boldsymbol{T}_{gbx}^{[k]},\overline{\boldsymbol{n}}_{gbx}^{[k]})=\arg\min_{\overline{\boldsymbol{T}}_{ice}^{[k]}}H(\overline{\boldsymbol{n}}_{gbx}^{[k]},\overline{\boldsymbol{T}}_{gbx}^{[k]},\lambda,\overline{\boldsymbol{T}}_{ice}^{[k]})\tag{11.9}$$

此外，由于发动机力矩 $\overline{\boldsymbol{T}}_{ice}^{[k]}$ 是一个连续值控制，在 Hamilton 函数中为非线性，因此可以使用更容易处理的 Hamilton 最小条件：

$$\frac{\mathrm{d}H}{\mathrm{d}\overline{\boldsymbol{T}}_{ice}^{[k]}}(\overline{\boldsymbol{n}}_{gbx}^{[k]},\overline{\boldsymbol{T}}_{gbx}^{[k]},\lambda,\overline{\boldsymbol{T}}_{ice}^{[k]})=0$$

在下一步中，在同样的网格上，可以计算驱动模式 $\hat{\zeta}(\cdot)$ 的最优选择 LUT：

$$\hat{\zeta}(\boldsymbol{n}_{gbx}^{[k]},\overline{\boldsymbol{T}}_{gbx}^{[k]})=\arg\min_{\overline{\zeta}^{[k]}\in\{0,1\}}H(\overline{\boldsymbol{n}}_{gbx}^{[k]},\overline{\boldsymbol{T}}_{gbx}^{[k]},\lambda,\overline{\boldsymbol{T}}_{ice}^{[k]})\tag{11.10}$$

由于驱动模式 $\overline{\zeta}_{[k]}$ 现在并不是固定的，因此 $\overline{\boldsymbol{T}}_{ice}^{[k]}$ 具有参数 (n_{gbx},T_{gbx},ζ)。对于 $\overline{\zeta}_{[k]}=1$，$\overline{\boldsymbol{T}}_{ice}^{[k]}$ 由先前计算的 LUT 的 $\hat{T}_{ice}$ 进行插值；对于 $\overline{\zeta}_{[k]}=0$，应用 $\overline{\boldsymbol{T}}_{ice}^{[k]}=0$。对于这两种驱动模式，推荐档位 $\overline{\boldsymbol{\kappa}}_{[k]}$ 可以在 $\overline{\boldsymbol{T}}_{wh}^{[k]}\in g_{T_{wh}}$ 和 $\overline{\boldsymbol{n}}_{wh}^{[k]}\in g_{n_{wh}}$ 的量化网格上计算：

$$T_{wh}^{1}<T_{wh}^{2}<\cdots<T_{wh}^{N_{gT}},g_{T_{gbx}}=\{T_{wh}^{1},T_{wh}^{2},\cdots,T_{wh}^{N_{gT}}\}$$

和

$$n_{wh}^{1}<n_{wh}^{2}<\cdots<n_{wh}^{N_{gn}},g_{n_{wh}}=\{n_{wh}^{1},n_{wh}^{2},\cdots,n_{wh}^{N_{gn}}\}$$

有

$$\hat{\kappa}(\overline{T}_{wh}^{[k]}, \overline{n}_{wh}^{[k]}) = \arg \min_{\kappa^{[k]} \in K} H(\overline{n}_{gbx}^{[k]}, \overline{T}_{gbx}^{[k]}, \lambda, \overline{T}_{ice}^{[k]}) \tag{11.11}$$

应当注意的是，在这个等式中，$\overline{n}_{gbx}^{[k]}$ 和 $\overline{T}_{gbx}^{[k]}$ 是 T_{wh} 、n_{wh} 和 κ 的函数。混合模式所需的 ICE 力矩再次由 LUT 的 $\hat{T}_{ice}$ 进行插值。

在原理上，这些映射可以用于计算任意数量的共态，并且可以把共态看作是插值的附加轴。将共态作为附加输入的 LUT，如图 11.14 和图 11.15 所示。第一个 LUT 表示 MG 力矩 $\overline{T}_{mg}^{[k]}$ 取决于变速器的输入力矩和转速，共态作为附加轴存在。在汽车行业中，储存 MG 力矩而不是 ICE 力矩更为常见。下面的 LUT 表示力矩极限 $\hat{T}_{start}$ 。在给定的驾驶情况下，一旦变速器输入力矩超过这个力矩极限，就要求起动发动机。在给定共态的情况下，$\hat{T}_{start}$ 可以由 LUT $\hat{\zeta}$ 计算。

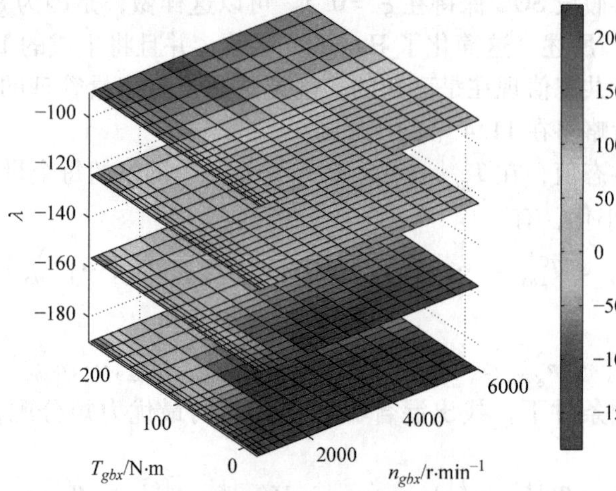

图 11.14　典型的用于 MG 力矩 $\hat{T}_{mg}^{[k]}$ 的 LUT

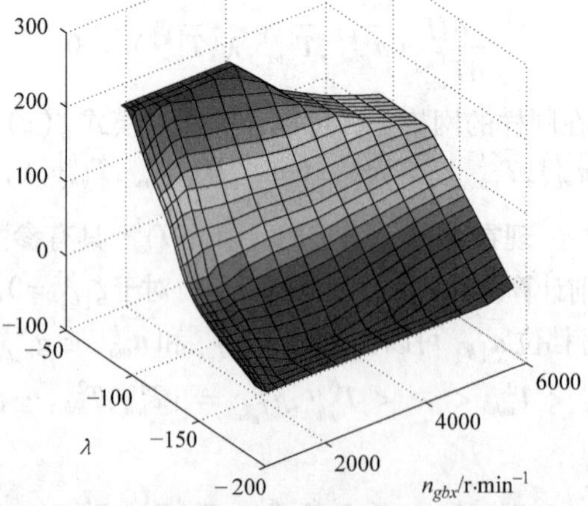

图 11.15　典型的用于起动力矩 $\hat{T}_{start}$ 的 LUT

11.4　基于规则选择共态的策略

在 LUT 中，在给定共态值和所有行驶情况下，存储最优连续值和离散控制之后，剩余的能量管理问题是确定共态值。在车辆运行过程中，确定共态 λ 的一种非常吸引人的方法是预测能量管理，其利用未来行驶路线的可用信息对共态进行很好估计。预测能量管理将在第 12 章单独讨论，本节的重点是在不了解未来驾驶概况的情况下可以实施的策略。

11.4.1　基于规则选择使用共态映射

针对未知行驶循环的电荷维持（CS），引入共态映射的概念。其中，根据当前道路类型和当前 SOC 选择共态，如图 11.16 所示。也可以使用其他信息，如 Boehme 等所示[1]。每种颜色代表一个共态值，因此代表一组 LUT。前面几节描述的 LUT 过程用于计算几个共态值的 $\hat{T}_{mg}$ 和 $\hat{T}_{start}$ 映射：

$$\lambda_1 < \lambda_2 < \lambda_3 < \lambda_4 < \lambda_5$$

其中，通过求解不同城市场景 SOCP 的式（11.1）或式（11.5）来选择 λ_2，分别在乡村和公路场景中选择 λ_3 和 λ_4 维持 $\xi(\cdot)$，选择 λ_1 和 λ_5 是为了可靠保护高压电池不被过度耗尽或过度充电。

当前道路类型可以通过使用电子地平线导航系统获得，见 12.3 节，也可以很容易通过短时间内平均车速确定，现代 PHEV 也可以让驾驶员选择操作模式。电荷消耗（CD）模式，其目的是在到达下一个补给设施之前，使未知路线上的燃料消耗最小化，可以通过使用不同的共态映射来实现，其中使用下一个更高的启发式确定共态值，直到达到一个低 SOC。由图 11.16 可以看出，对于 CD 模式来说，大多数 $\xi(\cdot)$ 范围使用的共态值高于 CS 模式。

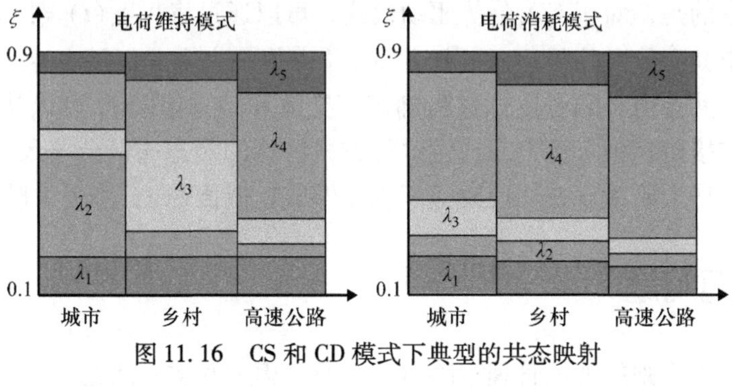

图 11.16　CS 和 CD 模式下典型的共态映射

11.4.2　最优 CO_2排放的共态

如果需要 CO_2最优策略，参见 Schori[24] 等的研究，则 SOCP 的目标函数可以表

示为

$$\varphi_{co_2}(\boldsymbol{x}(t)) = r_1\beta(t_f) + r_2(\xi_0 - \xi(t_f))$$

式中，r_1 为常数因子，表示每升燃料释放的 CO_2 量，对应于发动机制动时特定的 CO_2[30]；系数 r_2 类似于电池电能消耗的 CO_2 成本，包括各国能源混合的信息、充电效率 η_{grid}、自然常数和电池容量 Q_{bat}。

然后，Hamilton 函数可以定义为

$$H_{co_2}(\boldsymbol{x}(t), q(t), \boldsymbol{\lambda}(t), u(t)) = \lambda_{1,co_2}(t)\dot{\beta}(t) + \lambda_{2,co_2}(t)\dot{\xi}(t)$$

求横截性条件（4.46）得到

$$\lambda_{1,co_2}(t_f) = \frac{\partial \varphi_{co_2}}{\partial \beta(t_f)}(\boldsymbol{x}(t_f)) = r_1$$

$$\lambda_{2,co_2}(t_f) = \frac{\partial \varphi_{co_2}}{\partial \xi(t_f)}(\boldsymbol{x}(t_f)) = -r_2$$

共态的动态由下式给出：

$$\dot{\lambda}_{1,co_2}(t) = -\frac{\partial H_{co_2}}{\partial \beta}(\boldsymbol{x}(t), q(t), \boldsymbol{\lambda}(t), u(t)) = 0$$

$$\dot{\lambda}_{2,co_2}(t) = -\frac{\partial H_{co_2}}{\partial \xi}(\boldsymbol{x}(t), q(t), \boldsymbol{\lambda}(t), u(t)) \approx 0$$

因此，CO_2 最优驱动模式的 Hamilton 函数可以写成

$$H_{co_2}(\boldsymbol{x}(t), q(t), \boldsymbol{\lambda}(t), u(t)) = r_1\dot{\beta}(t) - r_2\dot{\xi}(t) \tag{11.12}$$

再次利用 $dV_{oc}/d\xi$ 对于现代电池是很小的事实。最小化 Hamilton 函数（11.12）以获得连续值控制 $u(\cdot)$，得到与最小化缩放 Hamilton 函数相同的结果：

$$\hat{H}_{co_2}(\boldsymbol{x}(t), q(t), \boldsymbol{\lambda}(t), u(t)) = \dot{\beta}(t) - \frac{r_2}{r_1}\dot{\xi}(t)$$

需要注意的是，对于 CO_2 最优驱动模式，可以通过将 $\lambda_{CO_2}(t) = -r_2/r_1$ 设置为常数值来确定共态值。值得注意的是，CO_2 共态值现在变成解析表达式，而对于燃料最优模式，共态值必须由优化过程确定。交流和地方因子 r_2 可以从充电站或通过无线网络连接传输到车辆上，通过这种方式计算的共态通常会导致 CD 行为。为了防止电池耗尽，驱动模式切换到基于规则模式，低值 $\xi(\cdot)$ 使用 λ 映射。

11.5 实施问题

在实施基于规则的能量管理策略时，需要考虑一些实施问题。

LUT 的 $\hat{T}_{mg}$ 通常可以在 PHEV 中实现而无需进一步修改。在某些情况下，映射可能需要进一步平滑，以避免所需的 MG 力矩出现跳跃。然而，无数的数值试验表明，这种操作几乎不影响燃料消耗。

在无需切换成本的情况下，式（11.10）和式（11.11）可以很容易对系统求值。切换成本在状态轨迹中引入不连续性，因此需要提前知道混合执行序列，如果没有进一步的帮助，这几乎是不可能的。然而，实际经验表明，由这些方程获得的 LUT 仍然可以用于具有切换成本的系统。结合迟滞和延迟时间，这些 LUT 得到的结果接近于使用动态规划离线计算的结果。迟滞和延迟参数的数量很少，因此可以应用诸如进化算法之类的无导数优化方法找到，见 2.5.1 节。

为了确定推荐的档位，需要附加约束，例如对驾驶舒适性的限制。这些因素很难用数学模型来解释。因此，不能总是遵循推荐的档位。计算出的 LUT 更适合作为进一步分析和驾驶试验的基础，而不是现成车辆的应用。已经证明，LUT 有助于评估偏离推荐解的效果。如果使用 LUT 的值，通常式（4.126）成立，在分段常数离散状态 $q(\cdot)$ 发生变化的过程中，Hamilton 函数是连续的，例如从一种驱动模式到另一种驱动模式或档位变化的转换。当偏离推荐的过渡时，会产生 Hamilton 跳跃条件的差异：

$$\Delta H = H(\boldsymbol{x}(t_j^+), q(t_j^+), \boldsymbol{\lambda}(t_j^+), u(t_j^+)) - H(\boldsymbol{x}(t_j^-), q(t_j^-), \boldsymbol{\lambda}(t_j^-), u(t_j^-))$$

这种差异有两层含义：一方面，其偏离最优条件；另一方面，将 Hamilton 函数解释为电池电流和燃料质量流量的加权和表明，这种具有较低加权和的连续值控制 $u(\cdot)$ 存在，但是由于一些约束而不能使用。此外，在常共态假设下，Hamilton 函数值不显式取决于时间，而是取决于当前驾驶情况。图 11.17 所示为电动和混合驱动模式下，绝对值 $|\Delta H|$ 取决于 $T_{gbx}(\cdot)$ 和 $n_{gbx}(\cdot)$，推荐切换是在差异消失的地方。如果不能遵循这个推荐切换，图 11.17 允许对效果进行评估。当 $|\Delta H|$ 值较低时，更容易接受推荐的切换偏差。

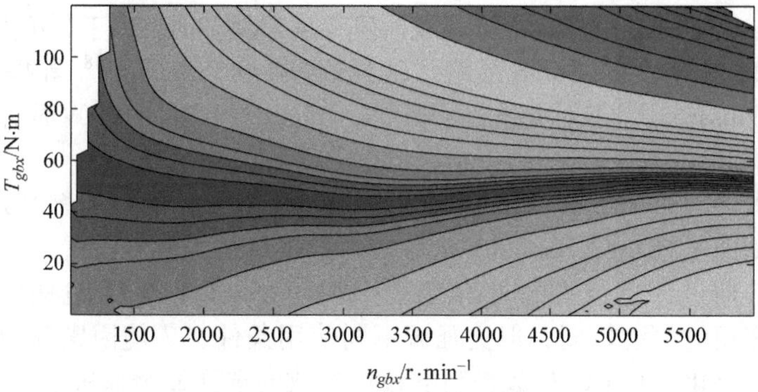

图 11.17　$|\Delta H|$为给定共态值计算的混合驱动和电动驱动模式

基于共态映射定义的档位映射，也可能因驾驶员导致车辆行为意外改变。因此不进行推荐。然而，为电动和混合驱动模式定义的单独档位映射可以产生可观的效率改进，因为推荐的档位选择可能有很大的不同，如图 11.18 所示。

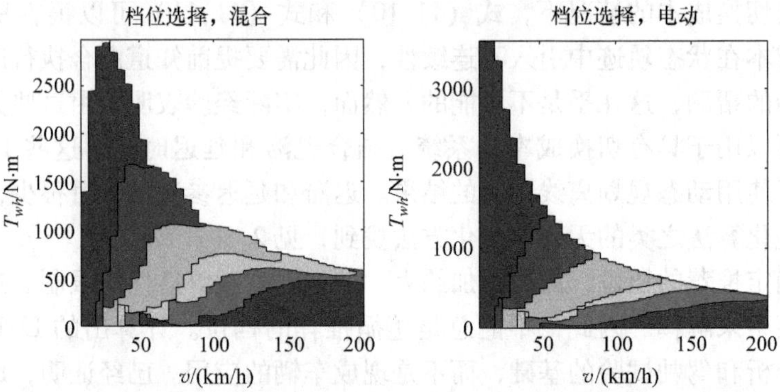

图 11.18 电动和混合驱动模式的档位选择映射

11.6 相关研究

许多不同的能量管理策略已经在文献中报道，Salmasi[20]、Hofman[7] 等、Serrao 等[28] 和 Wang 等[34] 进行了比较综述。

关于混合动力车辆能量管理的早期出版物通常关注基于规则的概念，这些概念具有完全因果性的优势，因此直接适用于给定的混合动力传动构型。Schouten 等[25,26]、Farrokhi 和 Mohebbi[4] 提出了基于模糊逻辑控制器的能量管理。在 Lin 等[16] 的工作中，应用动态规划获得特定循环解的结果用于规则的手动定义，Karbowski 等[11] 采用了非常相似的方法。Schori[21,22] 提出了一种基于规则的能量管理策略的 LUT 标定方法。

近十年来，混合动力车辆标定领域的研究越来越多地集中于分析方法上，最受关注的是 PMP 和相关的 ECMS 战略。ECMS 最初由 Paganelli[18] 等提出，Chen 和 Salman [2]、Musardo[17] 等对此进行了扩展，Tulpule[32] 等对 PHEV 应用了 ECMS 策略的改进版本。

Kim 等[13,14]、Serrao 和 Rizzoni[27] 提出了一种基于 PMP 的燃料最小化策略，即在任何时刻通过最小化 Hamilton 函数来确定连续值控制。设置 Hamilton 函数所需要的共态，通过评估过去的驱动模式来确定。Stockar 等[30] 也提出了类似的方法，对在线实现的关注较弱，但更强调不同使用条件、环境因素和地理场景的影响。此外，最小化累积 CO_2 排放控制器最优参数的选择显著取决于局部能量组合，Elgowainy 等[3] 证明了这一点。

找到合适共态值的问题可以不同的方法来解决。Kim 等[13] 建议了基于表示驱动模式的启发式定义值选择共态。当遇到 SOC 的下限或上限时，Chen 和 Salman[2] 描述了修正共态值的学习过程。Gong 等[5] 对不同道路类型事件与导致 HEV 电量持续运行的共态值之间的关系进行了研究。在 ECMS 环境下，Chen 和 Salman[2] 还提出了存储连续值控制的 Hamilton 函数最小值的想法。同样通过 ECMS 公式，Sivertsson 等[29]将其扩展到档位选择。

在文献中，广泛假设常共态，Guzzella 和 Sciarretta[6]、Kim 等[14]在之前的几项研究中研究了其影响，即电量保持操作，而 SOC 只在狭窄的窗口内变化。Sivertsson 等[29]和 Schori 等[21]的研究表明，在量子化网格上保持连续值控制对燃料消耗的影响很小。

Uthaichana 等[33]提出了采用直接配置方法的嵌入式方法，用于优化并联 HEV 的双模式操作。

随机动态规划已经由不同的作者用于最小化燃料消耗，其中包括 Kim 等[12]和 Tate 等[31]。

最小化燃料消耗和排放的控制策略已经得到许多关注，其中包括 Johnson 等[10]、Tate 等[9]和 Kum 等[15]。

Rousseau 等[19]使用一种称为 DIRECT 的无导数算法对能量控制策略参数进行了优化。Johnson 等[10]、Tate 等[9]和 Huang 等[8]也提出了类似的瞬时优化策略。

参考文献

1. Boehme TJ, Sehnke T, Schultalbers M, Jeinsch T (2014) Implementation of an optimal control like energy management for hybrid vehicles based on driving profiles. In: SAE world congress, Technical paper 2014-01-1903. doi:10.4271/2014-01-1903
2. Chen JS, Salman M (2005) Learning energy management strategy for hybrid electric vehicles. In: IEEE conference on vehicle power and propulsion, pp 68–73
3. Elgowainy A, Burnham A, Wang M, Molburg J, Rousseau A (2009) Well-to-wheels energy use and greenhouse gas emissions of plug-in hybrid electric vehicles. In: SAE world congress, Technical paper 2009-01-1309
4. Farrokhi M, Mohebbi M (2005) Optimal fuzzy control of parallel hybrid electric vehicles. ICCAS2005 June, pp 2–5
5. Gong Q, Tulpule P, Marano V, Midlam-Mohler S, Rizzoni G (2011) The role of ITS in PHEV performance improvement. In: Proceedings of the 2011 American control conference, on O'Farrell Street. IEEE, San Francisco, pp 119–124
6. Guzzella L, Sciarretta A (2005) Vehicle propulsion systems. Introduction to modeling and optimization. Springer, Berlin
7. Hofman T, Steinbuch M, Van Druten R, Serrarens A (2008) Rule-based equivalent fuel consumption minimization strategies for hybrid vehicles. In: Proceedings of the 17th IFAC world congress, pp 5652–5657
8. Huang Y, Yin C, Zhang J (2008) Modeling and development of the real-time control strategy for parallel hybrid electric urban buses. WSEAS Trans Inf Sci Appl 5(7):1113–1126
9. Huang Y, Yin C, Zhang J (2008) Optimal torque distribution control strategy for parallel hybrid electric urban buses. WSEAS Trans Syst 7(6):758–773
10. Johnson VH, Wipke KB, Rausen DJ (2000) HEV control strategy for real-time optimization of fuel economy and emissions. In: SAE world congress, Technical paper 2000-01-1543
11. Karbowski D, Rousseau A, Pagerit S, Sharer P (2006) Plug-in vehicle control strategy: from global optimization to real time application. In: 22nd electric vehicle symposium, EVS22, Yokohama, Japan
12. Kim MJ, Peng H, Lin CC, Stamos E, Tran D (2005) Testing, modeling, and control of a fuel cell hybrid vehicle. In: Proceedings of the 2005 American control conference. IEEE, pp 3859–3864
13. Kim N, Lee D, Cha SW, Peng H (2009) Optimal control of a plug-in hybrid electric vehicle (PHEV) based on driving patterns. In: International battery, hybrid and fuel cell electric vehicle symposium
14. Kim N, Cha S, Peng H (2011) Optimal control of hybrid electric vehicles based on Pontryagin's minimum principal. IEEE Trans Control Syst Technol 1279–1287

15. Kum D, Peng H, Bucknor N (2011) Supervisory control of parallel hybrid electric vehicles for fuel and emission reduction. ASME J Dyn Syst Measur Control 133(6):4498–4503
16. Lin CC, Kang JM, Grizzle JW, Peng H (2001) Energy management strategy for a parallel hybrid electric truck. In: Proceedings of the 2001 American control conference, Arlington, vol 4, pp 2878–2883
17. Musardo C, Rizzoni G, Staccia B (2005) A-ECMS: An adaptive algorithm for hybrid electric vehicle energy management. In: Proceedings of the 44th IEEE conference on decision and control, pp 1816–1823
18. Paganelli G, Guezennec Y, Rizzoni G (2002) Optimizing control strategy for hybrid fuel cell vehicle. In: SAE world congress, Technical paper 2002-01-0102. doi:10.4271/2002-01-0102
19. Rousseau A, Pagerit S, Gao DW (2008) Plug-in hybrid electric vehicle control strategy parameter optimization. J Asian Electr Veh 6(2):1125–1133
20. Salmasi FR (2007) Control strategies for hybrid electric vehicles: Evolution, classification, comparison, and future trends. IEEE Trans Veh Technol 56(5):2393–2404
21. Schori M, Boehme TJ, Frank B, Schultalbers M (2013) Calibration of parallel hybrid vehicles based on hybrid optimal control theory. In: 9th IFAC symposium on nonlinear control systems (NOLCOS), Toulouse, pp 475–480
22. Schori M, Boehme TJ, Frank B, Schultalbers M (2013) Solution of a hybrid optimal control problem for a parallel hybrid vehicle. In: 7th IFAC symposium on advances in automotive control (AAC), Tokyo, pp 109–114
23. Schori M, Boehme T, Jeinsch T, Schultalbers M (2014) Optimal catalytic converter heating in hybrid vehicles. In: SAE world congress, Technical pper 2014-01-1351. doi:10.4271/2014-01-1351
24. Schori M, Boehme TJ, Frank B, Lampe B (2014) Optimal calibration of map-based energy management for plug-in parallel hybrid configurations: a hybrid optimal control approach. IEEE Trans Veh Technol 64(9):3897–3907. doi:10.1109/TVT.2014.2363877
25. Schouten N, Salman M, Kheir N (2002) Fuzzy logic control for parallel hybrid vehicles. IEEE Trans Control Syst Technol 10(3):460–468
26. Schouten NJ, Salman MA, Kheir NA (2003) Energy management strategies for parallel hybrid vehicles using fuzzy logic. Control Eng Pract 11:171–177
27. Serrao L, Rizzoni G (2008) Optimal control of power split for a hybrid refuse vehicle. In: Proceedings of the American control conference. IEEE, pp 4498–4503
28. Serrao L, Onori S, Rizzoni G (2011) A comparative analysis of energy management strategies for hybrid electric vehicles. J Dyn Syst Measur Control 133(3):031,012. doi:10.1115/1.4003267
29. Sivertsson M, Sundstroem C, Eriksson L (2011) Adaptive control of a hybrid powertrain with map-based ECMS. In: Proceedings of the IFAC world congress, pp 357–362
30. Stockar S, Marano V, Canova M, Rizzoni G, Guzzella L (2011) Energy-optimal control of plug in hybrid electric vehicles for real-world driving cycles. IEEE Trans Veh Control 60(7):2949–2962
31. Tate ED, Grizzle JW, Peng H (2010) SP-SDP for fuel consumption and tailpipe emissions minimization in an EVT hybrid. IEEE Trans Control Syst Technol 18(3):673–687
32. Tulpule P, Marano V, Rizzoni G (2009) Effects of different PHEV control strategies on vehicle performance. In: Proceedings of the 2009 American control conference, St. Louis, pp 3950–3955
33. Uthaichana K, Bengea S, Decarlo R, Pekarek S, Zefran M (2008) Hybrid model predictive control tracking of a sawtooth driving profile for an HEV. In: American control conference, 2008. IEEE, pp 967–974
34. Wang X, He H, Sun F, Sun X, Tang H (2013) Comparative study on different energy management strategies for plug-in hybrid electric vehicles. Energies 6

第 12 章　预测实时能量管理

12.1　引言

前一章的最优控制解不能直接在实际车辆上实现，因为干扰和变化的驾驶条件会严重影响最优解轨迹。为了使前馈结果对这些干扰具有鲁棒性，需要从当前状态获得某种形式的反馈。本章集中于能量管理的闭环实现，如图 12.1 所示。在图 12.1中，状态反馈可以实现为永久反馈或基于事件的反馈。

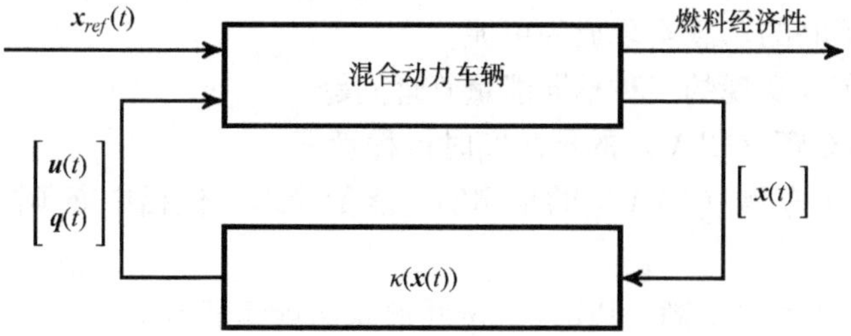

图 12.1　能量管理实时控制策略的总体结构

一般而言，能量管理的实时控制策略 $K(\boldsymbol{x}(t))$ 可以分类为：

1）基于规则策略。

2）等效消耗最小化策略。

3）模型预测控制策略。

基于规则（RB）策略，见 Lin 等[29]、Schouten 等[43,44]、Farrokhi 和 Mohebbi[11]、Karbowski 等[21]、Schori 等[39,40]的研究。如第 11 章所讨论的，基于规则策略依赖于多维控制映射，具有完全因果关系的优势，因此可以直接适用于给定的混合动力传动构型。然而，大量参数显著依赖于特别的标定，这是一项耗时和繁琐的任务，从而将基于规则策略的结果限制为一种混合动力传动构型上。

等效消耗最小化策略（ECM）[45,35]将优化问题简化为瞬时最小化问题，如

1.3.2 节所示。该方法的优点是计算时间短，可以作为实时控制策略的一种后续实现。然而，确定一个有意义的等价因子可能是一项艰巨的任务。

在文献中，经常引用模型预测控制策略（MPC）。作为一种有前景的更通用的能量管理控制实现，其依赖于精确的传感器信息和强大的电子控制单元（ECU）。这种控制策略经常用于相当短的预测范围，正如许多作者所指出的那样[1,8]。

这里讨论的 MPC 策略与最优控制技术密切相关。然而，一方面，最优控制问题（OCP）的车载求解通常由于 ECU 有限的计算能力而难以实现。尽管最近一些作者[12]提出一些在线优化策略，但它们在 ECU 上的应用仍然具有挑战性。另一方面，解是基于预先定义的行驶循环的速度 $v(\cdot)$ 和道路坡度 $\alpha(\cdot)$ 的轨迹给出的，而实际的行驶循环通常是未知的。然而，基于智能交通系统（ITS）提供的信息预测轨迹是可能的，因为 ITS 包含在许多最近的导航系统[37]中。这一领域的发展不断进步，越来越多的道路信息将为能量管理所知。在这些有限信息集合的帮助下，可以对轨迹进行估计。这些估计可以用于求解 OCP。离散现象的存在使得问题更难解决。但是，第 11 章已经表明，如果可以忽略状态约束，则间接打靶方法对于 P_1 和 P_2 问题是非常有效的。切换最优控制问题（SOCP）简化为只寻找一个初始的共态。同时，如 11.5 节所述，在给定共态和驾驶情况下，最优连续值控制可以很容易地存储在查询表（LUT）中，而不会显著降低精度。这些事实使得基于 SOCP 解的实时控制策略的车载实现成为可能。

本章讨论车载实现的三种不同能量管理问题：

1）纯电动车辆（BEV）的预测实时行程管理。

2）混合动力车辆（HEV）的预测实时能量管理，包括中期预测和基于事件的反馈。

3）插电混合动力车辆（PHEV）的预测实时能量管理。

12.2 实际的基准循环

为了评价预测能量管理策略，除了 10.6 节外，还选择几个实际的基准循环。这些基准循环全部位于德国北部，应当能够反映典型的驾驶场景。实际的基准循环，包含城市、农村、公路和山区道路交通状况的不同贡献，如图 12.2 ~ 图 12.4 所示。第二个实际的基准循环的特点是平均速度低，穿过 Gifhorn 市行驶的路程较长，停车事件的概率高，因此加速和减速次数多。第三个基准循环的特点是具有城市、农村和大型高速公路部分的路线，具有日 - 时高交通量的路段。第四个基准循环是一个典型的山路，从 Oberharz 的 Braunlage 开始，途经 Sankt Andreasberg，最后再次到达 Braunlage。由图 12.4 可以看出，行程由两个山谷组成，两个山谷有长的上坡和下坡驾驶部分。此外，该循环还包括城市和农村部分。

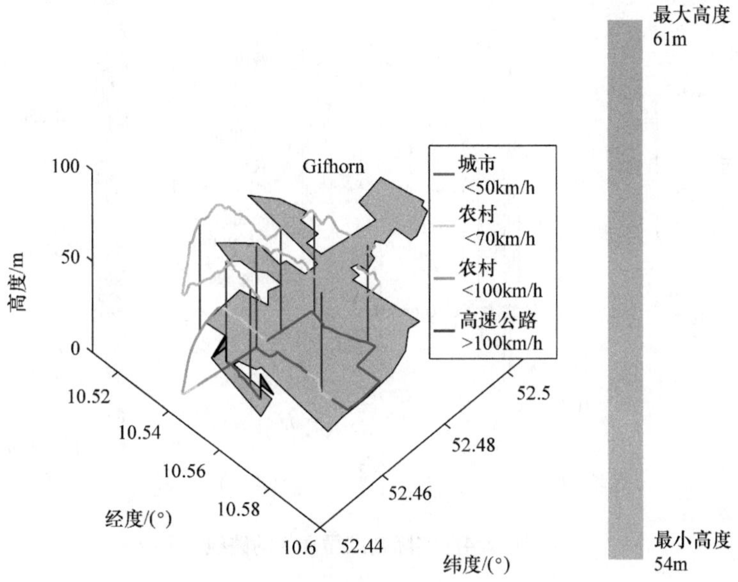

图 12.2　实际基准循环 2 的路线

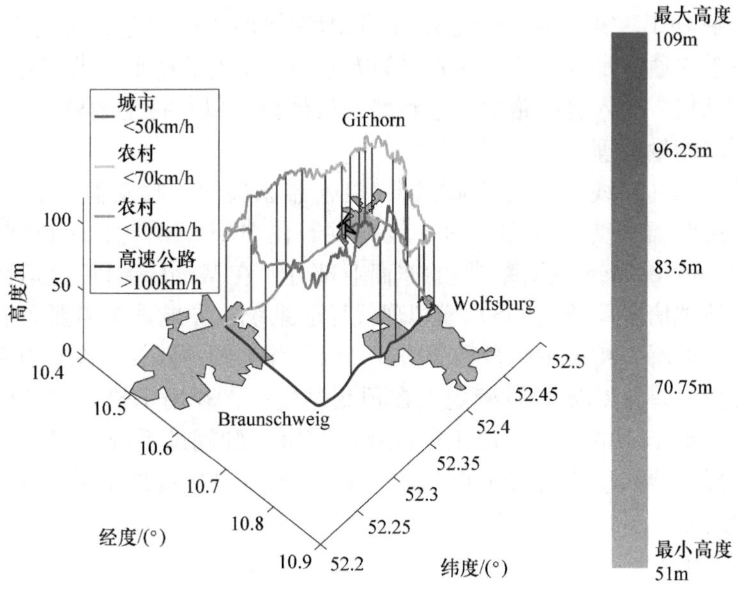

图 12.3　实际基准循环 3 的路线

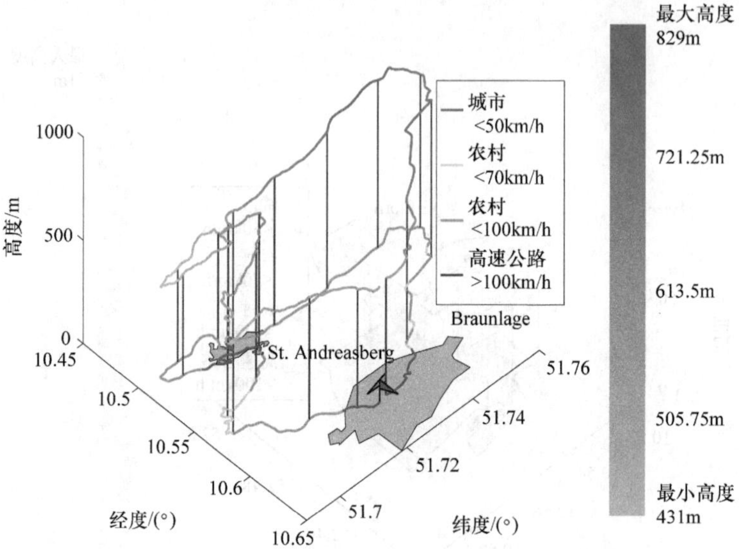

图 12.4　实际基准循环 4 的路线

12.3　智能交通系统

为了求解 OCP，需要基于速度 $v(\cdot)$ 和道路坡度 $\alpha(\cdot)$ 轨迹预先定义行驶循环，这在实际行驶中通常是未知的。最先进的方法是采用电子地平线供应商，其提供有限的路由信息集。输入这种路由信息到驾驶员模型，以获得期望轨迹的良好估计，可以用于预测能量管理。

电子地平线（路线）是基于收发器/接收器原理的。收发器称为地平线提供器，应用的接收器称为重建器。地平线提供器在 MATLAB®/ Simulink®环境中实现，访问 OpenStreetMap 数据库[48]的非商业部分，在 Windows PC 上运行，利用符合数据库的地理信息系统（GIS）模拟现代导航系统。导航系统需要车辆位置以确定目标方向上的所有相关主路径和子路径，以此作为预测路线。在导航系统初始化时，车辆位置由差分 GPS 设备确定。在预测过程中，利用车轮内增量传感器测量车速，进而测量车辆的位置。使用标准化的高级驾驶辅助系统（ADAS）协议[37]完成地平线提供器和重建器之间的通信，该协议在实现中提供了以下属性：

1）速度限制。

2）道路构成。

3）停车点（没有先行通过权的交叉口）。

4）道路倾角。

曲线半径是目前 GIS 中存在的一个可用属性，但很少用于提高能量管理质量。

然后，根据速度限制和道路倾角变化[5]，在空间网格上将路线划分成多个段：

$$s_{seg,0} < s_{seg,1} < \cdots < s_{seg,N_r}, \mathcal{G}_{seg} = \{s_{seg,0}, s_{seg,1}, \cdots, s_{seg,N_r}\}$$

由于目前的 ECU 通常不允许动态存储分配，因此速度限制和道路坡度的第一个 N_r+1 段存储在静态分配的向量中：

$$\bar{\boldsymbol{s}}_{seg} = [s_{seg,0}, s_{seg,1}, \cdots, s_{seg,N_r}] \tag{12.1}$$

$$\bar{\boldsymbol{v}}_{seg} = [v_{seg,0}, v_{seg,1}, \cdots, v_{seg,N_r}] \tag{12.2}$$

$$\bar{\boldsymbol{\alpha}}_{seg} = [\alpha_{seg,0}, \alpha_{seg,1}, \cdots, \alpha_{seg,N_r}] \tag{12.3}$$

并且转移到驾驶员模型，生成车速轨迹 $v(\cdot)$，这将在下节讨论。

读者应当注意，由于行程的拓扑特性，分段并不是等距的。例如，行程的某些部分可能包含比其他部分更多的海拔变化，或者包含更多的曲线数；在这两种情况下，为了准确描述拓扑，需要更多的段。

12.3.1 基于时间的驾驶员模型

使用驾驶员模型的目的是，尽可能真实地预测前方 10min 的车速轨迹。时间域的轨迹是在恒定大小 N_r+1 的均匀网格（5.9）上计算的，时间量 t_k，$k=0$，1，…，N_t 存储在向量中：

$$\bar{\boldsymbol{t}} = [t_0, t_1, \cdots, t_{N_t}]$$

选择时间网格是等距的，然后步长为

$$h = t_k - t_{k-1} = 常数, k = 1, \cdots, N_t$$

在过去的 60 年里，进行了许多研究，以便模拟相邻车辆之间的纵向相互作用。这些方法可以大致分为宏观和微观的交通仿真。宏观模型试图通过如交通流和交通密度的统计量来预测交通行为，而微观模型则基于自组织代理。通常将 Markov 链模型提出为宏观模型[17]，因为其能够反映真实的统计行为。然而，用于确定相应的转移矩阵的费用相当高，并且这些矩阵在 ECU 中需要大量的存储。另一方面，一种流行的代理类依赖于前面相邻车辆的反应，称为汽车跟随模型，其中最流行的是 Gipps 模型[15]。在文献［36］中，对不同的汽车跟随模型进行了综述。进一步的发展是连续时间单车道智能驾驶员模型（IDM），由 Treiber 和 Kesting[46] 提出。其提供了一组微分方程，根据前面障碍的可用信息，模拟不同驾驶情况下的驾驶员行为。其时间域描述使得易于参数化不同的驾驶员类型 δ 并促使应用 IDM 模型部分的加速和减速场景，通过电子地平线提供下一个速度限制。

速度推导由显式 Euler 方法近似如下：

$$\bar{\boldsymbol{v}}_p^{[k+1]} = \begin{cases} \bar{\boldsymbol{v}}_p^{[k]} + h\left[1 - \left(\dfrac{\bar{\boldsymbol{v}}_p^{[k]}}{v_{lim}}\right)^{\delta}\right]e, d = 1 \\ \bar{\boldsymbol{v}}_p^{[k]} - h\left[1 - \left(\dfrac{v_{lim}}{\bar{\boldsymbol{v}}_p^{[k]}}\right)^{\delta}\right]e, d = 2 \\ \bar{\boldsymbol{v}}_p^{[k]} + h\left(\dfrac{\bar{\boldsymbol{v}}_p^{[k]}\Delta v}{2s_{rem}}\right)^2 \dfrac{1}{f}, d = 3 \end{cases}$$

式中，e 和 f 为与驾驶员相关的平均加速/减速值；s_{rem} 和 Δv 分别为与下一个速度限制 v_{lim} 的实际间距和速度差。

由于对静止交通标志的速度差 Δv 是当前车速，因此最后一项可以简化为 $(\bar{\boldsymbol{v}}_p^{[k]})^2/2s_{rem}$。驾驶情况 $d=1$ 定义了自由道路上速度限制高于当前速度的加速，$d=2$ 模型模拟了达到低于当前速度的速度限制时的减速，$d=3$ 描述了完全减速直到静止。在 IDM 模型中，将速度限制视为空间固定障碍。

定义向量

$$\bar{\boldsymbol{v}}_p = [v_{p,0}, v_{p,1}, \cdots, v_{p,N_t-1}]^T \tag{12.4}$$

$$\bar{\boldsymbol{a}}_p = [a_{p,0}, a_{p,1}, \cdots, a_{p,N_t-1}]^T \tag{12.5}$$

$$\bar{\boldsymbol{\alpha}}_p = [\alpha_{p,0}, \alpha_{p,1}, \cdots, \alpha_{p,N_t-1}]^T \tag{12.6}$$

预测的速度、距离和加速度计算为

$$\bar{\boldsymbol{v}}_p^{[k]} = \max(0, \bar{\boldsymbol{v}}_p^{[k]}) \tag{12.7}$$

$$\boldsymbol{s}_p^{[k+1]} = \boldsymbol{s}_p^{[k]} + h\,\bar{\boldsymbol{v}}_p^{[k]} \tag{12.8}$$

$$\bar{\boldsymbol{a}}_p^{[k]} = \frac{\bar{\boldsymbol{v}}_p^{[k+1]} - \bar{\boldsymbol{v}}_p^{[k]}}{h} \tag{12.9}$$

在每个时间实例中，使用量 v_{lim} 和 s_{rem} 计算驾驶员模型。电子地平线提供静态分配阵列，以检索速度限制 v_{lim} 和到下一个交通标志的间距 s_{rem}。改进的 IDM 模型增加了视距

$$r_s := p_0(\bar{\boldsymbol{v}}_p^{[k]})^2 + p_1\,\bar{\boldsymbol{v}}_p^{[k]}$$

式中，p_0 和 p_1 是与驾驶员相关的值。

这应该模仿人的感知，并且当检测到较低的速度限制或停止位置在视线范围内时开始制动过程。

研究表明，由预测的车速轨迹确定的 SOC 的共态值接近试验测量的车速轨迹确定的共态值。换句话说，OCP 的解对于预测中的一些误差是鲁棒的。应当指出的是，考虑空间固定速度限制概念可以很容易扩展为结合固定或移动的交通流速度限制，例如移动的交通堵塞。

算法 12.1 给出基于时间的驾驶员模型的计算过程。

算法 12.1　基于时间的驾驶员模型

1：初始化：填充静态分配的向量 $\bar{\boldsymbol{s}}_{seg}$、$\bar{v}_{seg}$ 和 $\bar{\boldsymbol{\alpha}}_{seg}$

2：设置段计数器 $j \leftarrow 0$

3：for k：$=0$ to N_t do

4：　$\bar{\boldsymbol{\alpha}}_p^{[k]} \leftarrow \bar{\boldsymbol{\alpha}}_{seg}^{[j]}$

5：　$s_{rem} = \bar{\boldsymbol{s}}_{seg}^{[j]} - \bar{\boldsymbol{s}}_p^{[k]}$

（续）

if s_{rem} < 阈值 then
    $j = j + 1$
    $v_{lim} \leftarrow \overline{v}_{seg}^{[j]}$
end if
分别使用式（12.7）、式（12.8）和式（12.9）计算$\overline{v}_p$、$\overline{s}_p$ 和 $\overline{a}_p$
end for

12.3.2 基于空间的驾驶员模型

可以将距离视为是时间的替代自变量。这使得使用空间纵向坐标而不是时间变量，以减少长期预测优化策略问题的规模变得具有吸引力。因此，以空间坐标获得前一节的驾驶员模型是必要的。通过微分方程右边除以 $v(\cdot)$，可以将方程变换到空间域中。当考虑如下变换时，这一点变得清晰：

$$\frac{\mathrm{d}v}{\mathrm{d}s} = \frac{\mathrm{d}v}{\mathrm{d}t}\frac{\mathrm{d}t}{\mathrm{d}s} = \frac{\mathrm{d}v}{\mathrm{d}t}\frac{1}{v(t)} \tag{12.10}$$

参考轨迹在空间网格上计算：

$$0 = s_0 < s_1 < \cdots < s_i < \cdots < s_{N_s} = s_{dist}, \mathcal{G}_s = \{s_0, s_1, \cdots, s_{N_s}\} \tag{12.11}$$

可以选择网格在 N_s+1 位置上等距：

$$\Delta s = s_i - s_{i-1} = 常数$$

或者不等距：

$$\Delta s_i = s_i - s_{i-1}, i = 1, \cdots, N_s$$

式中，s_i 为到第 i 个空间离散点的累计距离；s_{dist}为行驶循环的总长度。

为了使符号更清晰，空间域枚举与时间域枚举的区别在于通过索引 i 代替索引 k。N_s+1 离散化的次数，肯定取决于行程的拓扑结构和使用的优化算法。

一旦实际距离超过空间网格上覆盖的距离（12.11）或重新计算路线规划，重构器就会触发电子地平线，以更新空间向量式（12.1）~式（12.3）。

定义向量

$$\overline{\boldsymbol{v}}_p = [v_{p,0}, v_{p,1}, \cdots, v_{p,N_s-1}]^T$$
$$\overline{\boldsymbol{t}} = [t_0, t_1, \cdots, t_{N_s-1}]^T$$
$$\overline{\boldsymbol{a}}_p = [a_{p,0}, a_{p,1}, \cdots, a_{p,N_s-1}]^T$$
$$\overline{\boldsymbol{\alpha}}_p = [\alpha_{p,0}, \alpha_{p,1}, \cdots, \alpha_{p,N_s-1}]^T$$

根据当前驾驶情况 d，速度的空间导数由下式给出：

$$\frac{\mathrm{d}\,\bar{\boldsymbol{v}}_p^{[i]}}{\mathrm{d}s} = \begin{cases} \dfrac{e}{\bar{\boldsymbol{v}}_p^{[i]}}\left[1 - \left(\dfrac{\bar{\boldsymbol{v}}_p^{[i]}}{v_{lim}}\right)^{\delta}\right], & d = 1 \\ -\dfrac{e}{\bar{\boldsymbol{v}}_p^{[i]}}\left[1 - \left(\dfrac{v_{lim}}{\bar{\boldsymbol{v}}_p^{[i]}}\right)^{\delta}\right], & d = 2 \\ \dfrac{1}{f\,\bar{\boldsymbol{v}}_p^{[i]}}\left(\dfrac{(\bar{\boldsymbol{v}}_p^{[i]})^2}{2s_{rem}}\right)^2, & d = 3 \end{cases} \tag{12.12}$$

式中，常数 e 和 f 的意义与 12.3.1 节相同。

由测量可以看出，由于交通流的不协调，速度往往在速度限制附近波动。为了解释这些波动，将具有不同的幅值 A_r、频率 ω_r 和相移 ϕ_r 的 l－余弦之和加到当前的速度限制中：

$$\begin{aligned} v_{lim} &= \bar{\boldsymbol{v}}_{seg}^{[j]} + v_d \\ &= \bar{\boldsymbol{v}}_{seg}^{[j]} + \sum_{r=1}^{l} A_r(\bar{\boldsymbol{v}}_{seg}^{[j]})\cos(\omega_r \bar{\boldsymbol{t}}_{[i]} + \phi_r) \end{aligned}$$

振幅、频率和相移可以通过 Fourier 分析由测量识别。由式（12.12），可以用显式 Euler 方法求解如下初值问题：

$$\bar{\boldsymbol{v}}_p^{[i+1]} = \max\left(\epsilon, \bar{\boldsymbol{v}}_p^{[i]} + \Delta s\,\frac{\mathrm{d}\,\bar{\boldsymbol{v}}_p^{[i]}}{\mathrm{d}s}\right) \tag{12.13}$$

式中，常数 ϵ 为速度的下限，这是必要的，因为式（12.12）在 $\bar{\boldsymbol{v}}_p^{[i]} = 0$ 时没有定义。

已知空间域上的预测车速 $\bar{\boldsymbol{v}}_p^{[i]}$，可以近似估计时间和加速度的相应值：

$$\bar{\boldsymbol{t}}_{[i+1]} = \bar{\boldsymbol{t}}_{[i]} + \frac{\Delta s}{\bar{\boldsymbol{v}}_p^{[i]}} \tag{12.14}$$

$$\bar{\boldsymbol{a}}_p^{[i+1]} = \frac{\bar{\boldsymbol{v}}_p^{[i+1]} - \bar{\boldsymbol{v}}_p^{[i]}}{\bar{\boldsymbol{t}}_{[i+1]} - \bar{\boldsymbol{t}}_{[i]}} \tag{12.15}$$

算法 12.2 给出基于空间的驾驶员模型的计算过程。

算法 12.2　基于空间的驾驶员模型

初始化：填充静态分配的向量 $\bar{\boldsymbol{s}}_{seg}$、$\bar{\boldsymbol{v}}_{seg}$ 和 $\bar{\boldsymbol{\alpha}}_{seg}$

设置段计数器 $j \leftarrow 0$

for i：$=0$ to N_s do

　$\bar{\boldsymbol{\alpha}}_p^{[i]} \leftarrow \bar{\boldsymbol{\alpha}}_{seg}^{[j]}$

　　$s_{rem} = \bar{\boldsymbol{s}}_{seg}^{[j]} - \bar{\boldsymbol{s}}_p^{[i]}$

　　if s_{rem} < 阈值 then

　　　$j = j + 1$

（续）

$v_{lim} \leftarrow \bar{v}_{seg}^{[j]} + v_d$

end if

分别使用式（12.13）、式（12.14）和式（12.15）计算 $\bar{v}_p^{[i]}$、$\bar{t}_{[i]}$、$\bar{a}_p^{[i]}$ 和 $\bar{\alpha}_p^{[i]}$

end for

图 12.5 显示了驾驶员模型的验证，只将速度限制 $\bar{v}_{seg}$、道路坡度 $\bar{\alpha}_{seg}$ 和等待情况反馈给驾驶员模型。并不是所有的交通事件，特别是密集的交通情况，都可以预测，因此会出现与预测车速轨迹偏离的现象。然而，由于对真实车速轨迹形状捕获令人满意和期望的鲁棒能量管理设计，这对性能没有显著的影响。

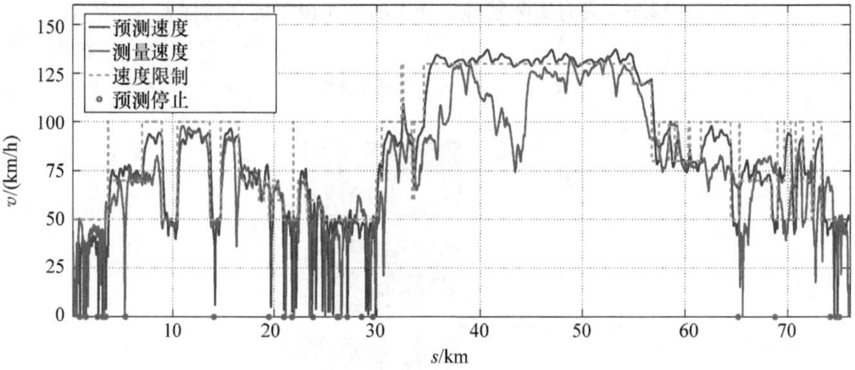

图 12.5　实际基准循环的预测和测量的车速轨迹

12.3.3　停车事件的估计

在 GIS 数据库的实现中，假设将无法确定的停车事件归类为随机事件。这种分类适用于如下交通标志：先右后左、准予右行、交通灯、环形交叉口、人行横道等，将它们称为随机停车类。大量的独立试验表明，随机停车事件的数量、准稳态速度和白天时间之间存在相关性。图 12.6 显示一些随机停车类的预期值随着准稳定速度变化，图 12.7 显示预期值随着白天时间变化。显然，交通高峰期的停车次数会增加。

每个停车类的概率分布已经由最大似然估计量估计，所有情况都为正态分布。为了避免同一停车事件的多次计数，由于交通密度的不协调，每个停车事件必须在交通标志范围有一个单独的观察半径用于观察。

停车估计的置信度与学习未知行程概率分布的要求有关。因此，有必要通过在线计算最大似然估计量来适应分布。

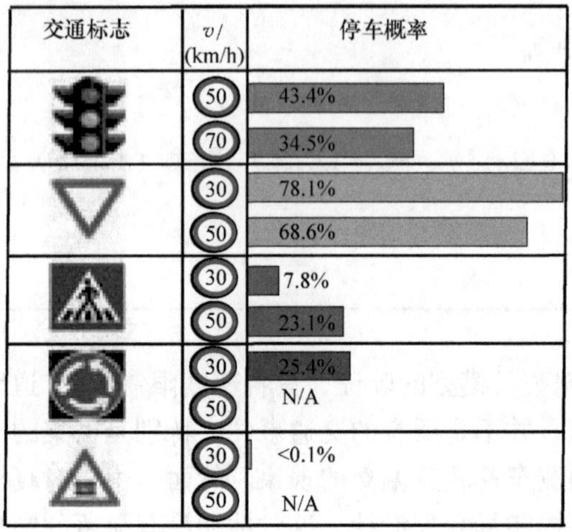

图 12.6　具有实际基准循环 1 的停车概率的交通标志

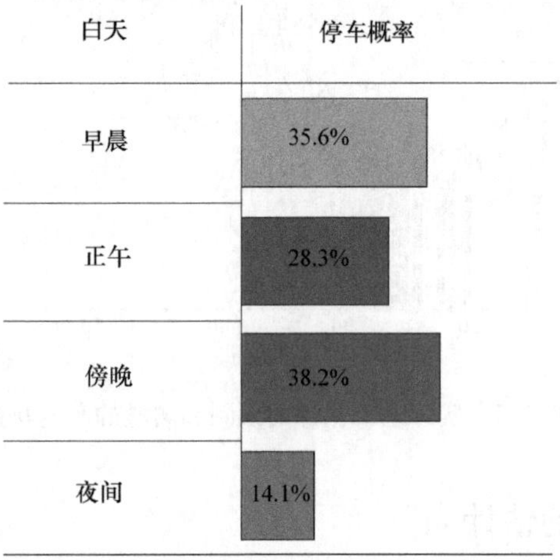

图 12.7　基于实际基准循环 1 的随着时间变化的停车概率

12.4　纯电动车辆的预测能量管理

在当今的 BEV 中，对能量管理的考虑只限于辅助的用户管理。这主要是由于缺乏系统提供的可用自由度。然而，通过引入“人工”车辆速度限制，可以通过给驾驶员建议来影响能量消耗。行程管理（TM）作为 BEV 能量管理的监督控制，可以在当前电池状态和最高可能速度的情况下，为驾驶员提供安全到达行程目的地的最高车速的建议。如果这是可能的，则产生最优的时间/能量消耗平衡。这种算法的实现可以归类为驾驶员辅助。

采用空间域实时实现的动态规划（DP）算法（最初 Gong[16] 等提出，在文献［3］中进一步开发）利用了 ITS 信息。影响 $\bar{\xi}$ 轨迹的不同随机事件，如交通信号灯等，视为外部扰动。一些扰动的期望值用于关联 ξ 值作为预控制，其在某些行程段释放，以改善在整个行驶行程中的预测轨迹 $\bar{\xi}_{ref}$。

预测行程管理实现是由轨迹规划单元和反馈控制律组成的 2 自由度控制结构，如图 12.8 所示。

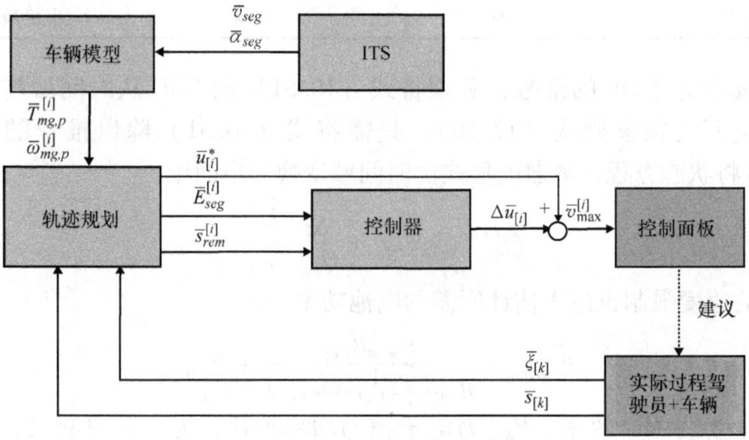

图 12.8　预测行程管理的控制结构

控制策略由以下几个部分组成：

1）ITS：确定改变速度限制 $\bar{\boldsymbol{v}}_{seg}$ 和道路坡度 $\bar{\boldsymbol{\alpha}}_{seg}$ 的行程分段。

2）车辆模型：计算轨迹 $\bar{\boldsymbol{T}}^{[i]}_{mg,p}$、$\bar{\boldsymbol{\omega}}^{[i]}_{mg,p}$ 和 $\bar{\boldsymbol{P}}^{[i]}_{bat,p}$。

3）轨迹规划：使用 DP 计算 $\bar{\xi}_{ref}$ 的参考轨迹和最优推荐的最大速度限制 $\bar{\boldsymbol{u}}^{*}$。

4）瞬时速度修正：反馈控制律计算修正的 $\Delta\bar{\boldsymbol{u}}_{[i]}$。

基于 ITS 信息，轨迹规划单元和反馈控制律一起确定推荐的最高车速轨迹 $\bar{\boldsymbol{v}}^{[i]}_{\max}=\bar{\boldsymbol{u}}^{*}_{[i]}+\Delta\bar{\boldsymbol{u}}_{[i]}$。轨迹规划单元包括一个 DP 范例，计算剩余行程的最优最高车速轨迹 $\bar{\boldsymbol{u}}^{*}$ 和相应的预测 SOC 轨迹 $\bar{\xi}^{[i]}_{ref}$。为了考虑随机停车事件，轨迹规划单元还会估计这些事件在行程中所需的能量，用于在 DP 计算开始之前修改初始 SOC。设计反馈控制器补偿过程扰动（如车辆质量改变、空调能耗等）和建模的不匹配，这发生在粗糙的 DP 网格内。

12.4.1　车辆模型

预测行程管理是在一个属于微小型车辆类别的 BEV 原型上实施的，采用高速电机和高能驱动电池。使用的高压电池基于锂离子技术，容量为 77A・h。一些车辆规格，见表 12.1。

表 12.1　BEV 原型（微小型类别）的车辆参数

符号	数值	单元	描述
m	1085	kg	车辆质量
Q_{bat}	77	A · h	电池容量
V_{oc}	330	V	开路电压
i_{gbx}	9.8	—	固定传动比
$A_{sec}c_w$	0.66	m²	阻力面积
P_{mg}^{max}	60	kW	电机最大功率

为了减小实时 DP 的维数，必须将式（10.51）的 SOC 从时间域转换到空间域。利用空间变换规则式（12.10），只需将式（10.51）除以推荐的速度极限 $\overline{\boldsymbol{u}}_{[i]}$，即可将状态方程以离散的形式由时间域变换为空间域：

$$\overline{\xi}_{ref}^{[i+1]} = \overline{\xi}_{ref}^{[i]} + \frac{\Delta s}{Q_{bat}} \frac{\overline{\boldsymbol{I}}_{bat}^{[i]}}{\overline{\boldsymbol{u}}_{[i]}}$$

推荐的速度限制也用于估计所需的电池功率：

$$\overline{\boldsymbol{P}}_{bat,p}^{[i]} = \frac{\overline{\boldsymbol{F}}_{w,p}^{[i]} \overline{\boldsymbol{u}}_{[i]}}{\eta_{mg}(\overline{\boldsymbol{T}}_{mg,p}^{[i]}, \overline{\boldsymbol{\omega}}_{mg,p}^{[i]})} + P_{aux}$$

式中，$\eta_{mg}(\cdot)$ 为 MG 效率；P_{aux} 为电子辅助功率消耗，为了简单起见，假定其是常数。

预测的角速度 $\overline{\boldsymbol{\omega}}_{mg,p}$ 和力矩 $\overline{\boldsymbol{T}}_{mg,p}$，可以通过一个简化的单个传动比的动力学模型计算：

$$\overline{\boldsymbol{\omega}}_{mg,p}^{[i]} = i_{gbx} \frac{\overline{\boldsymbol{u}}_{[i]}}{r_{wh}}$$

$$\overline{\boldsymbol{T}}_{mg,p}^{[i]} = \frac{r_{wh}}{i_{gbx}} \overline{\boldsymbol{F}}_{w,p}^{[i]}$$

$\overline{\boldsymbol{F}}_{w,p}^{[i]}$ 是预测的总摩擦力：

$$\begin{aligned}\overline{\boldsymbol{F}}_{w,p}^{[i]} &= \overline{\boldsymbol{F}}_{drag,p}^{[i]} + \overline{\boldsymbol{F}}_{roll,p}^{[i]} + mg\sin\overline{\boldsymbol{\alpha}}_{seg}^{[i]} \\ &\approx a_2 \overline{\boldsymbol{u}}_{[i]}^2 + a_1 \overline{\boldsymbol{u}}_{[i]} + a_0 + mg\sin\overline{\boldsymbol{\alpha}}_{seg}^{[i]}\end{aligned}$$

最后一个方程中的二次多项式是空气阻力和滚动阻力的近似值，见 10.2 节。

与时间域过程相比，空间域过程大大减少了网格点的数量。这种转换的另一个积极的副作用是，最终距离 s_f 是固定的，而在时间域内同样的任务会导致可变的最终时间 t_f。在后一种情况下，DP 的应用是困难的。

12.4.2　用于最大速度限制的动态规划

求解预测行程管理的一个基本要素是将能量限制过程制定为 OCP。使用空间网格式（12.11），离散形式的 OCP 可表示为

$$\mathcal{P}_6:=\begin{cases}\min\limits_{\bar{\boldsymbol{u}}_{[i]}\in\hat{\mathcal{U}}_i} m(\bar{\xi}_{ref}^{[N_s]})+\sum\limits_{i=1}^{N_s} l(\bar{\boldsymbol{u}}_{[i]})\\ \bar{\boldsymbol{\xi}}_{ref}^{[i+1]}=\bar{\xi}_{ref}^{[i]}+\dfrac{\Delta s}{Q_{bat}}\dfrac{\bar{\boldsymbol{I}}_{bat}^{[i]}}{\bar{\boldsymbol{u}}_{[i]}}\\ \bar{\boldsymbol{\xi}}_{ref}^{[i]}\in\hat{\mathcal{X}}_i\\ \bar{\boldsymbol{\xi}}_{ref}^{[0]}=\xi_0\\ \bar{\boldsymbol{\xi}}_{ref}^{[N_s]}=\xi_f\end{cases}\tag{12.16}$$

式中，ξ_0 和 ξ_f 分别为行程开始和结束时的边界值。

P_6的目标是找到最小的能量消耗，这意味着对目标目的地 s_{N_s} 的行程距离上累积的电力消耗的“虚拟”限制。“虚拟”限制通过向驾驶员推荐最优最高车速 $\bar{\boldsymbol{u}}^*$ 来实现，将自然选择的瞬时成本函数定义为

$$l(\bar{\boldsymbol{u}}_{[i]})=\frac{1}{\bar{\boldsymbol{u}}_{[i]}}\bar{\boldsymbol{P}}_{bat,p}^{[i]}\Delta s$$

式中，$\Delta s/\boldsymbol{u}$ 为第 i 个距离段的时间长度。

问题表示的允许集由简单的边界约束展开，从而得到允许状态集：

$$\hat{\mathcal{X}}_i=\{\bar{\boldsymbol{\xi}}_{ref}^{[i]}\in\boldsymbol{X}\mid\xi^{\min}\leqslant\bar{\boldsymbol{\xi}}_{ref}^{[i]}\leqslant\xi^{\max}\}\tag{12.17}$$

允许的控制集：

$$\hat{\mathcal{U}}_i=\{\boldsymbol{u}_{[i]}\in U\mid v_{tr,i}^{\min}\leqslant\bar{\boldsymbol{u}}_{[i]}\leqslant v_{tr,i}^{\max}\}\tag{12.18}$$

式中，$\xi^{\min}$和 $\xi^{\max}$为连续状态的边界约束；$v_{tr,i}^{\min}$和 $v_{tr,i}^{\max}$为每 i 个距离段遵守 ITS 的速度限制。

为了在空间域中应用动态规划算法 6.1[3,16]，必须将 P_6 中的最终状态边界条件作为一个软约束来实现，并且施加在成本函数上，以惩罚偏离期望目标值 ξ_f 的偏差。在 P_6中，惩罚项作为端点函数 $m(\cdot)$ 来实现：

$$m(\bar{\boldsymbol{\xi}}_{ref}^{[N_s]})=K_f(\bar{\boldsymbol{\xi}}_{ref}^{[N_s]}-\xi_f)^2\tag{12.19}$$

式中，K_f 为加权因子。

因此，电池储存的能量可以完全消耗到再储备。允许状态集（12.17）和允许控制集（12.18）作为附加罚函数纳入算法中，定义为

$$P_i(\bar{\boldsymbol{\xi}}_{ref}^{[i+1]},\bar{\boldsymbol{u}}_{[i]})=K_{p1}\max(\bar{\boldsymbol{u}}_{[i]}-v_{tr}^{\max},0)+K_{p2}\max(v_{tr}^{\min}-\bar{\boldsymbol{u}}_{[i]},0)$$

式中，K_{p1}和 K_{p2}为加权因子。

建议的最高车速 $\bar{\boldsymbol{u}}_{[i]}$也取决于电动辅助装置的功耗 P_{aux}。电动载荷越高，建议的最高车速也应越高。

DP 算法向后进行，从行程目的地到行程开始。因此，初始条件由式（12.19）在 N_s处施加：

$$V(\bar{\boldsymbol{\xi}}_{ref}^{[N_s]})=m(\bar{\boldsymbol{\xi}}_{ref}^{[N_s]})$$

式中，$V(\cdot)$ 为成本函数。

下一步是在空间状态空间（s_{N_s-1}，$\bar{\xi}_{ref}^{[N_s-1]}$）处计算成本函数：

$$V(\bar{\boldsymbol{\xi}}_{ref}^{[N_s-1]}, s_{N_s-1}) = \min_{\bar{\boldsymbol{u}}_{[N_s]-1} \in \hat{\mathcal{U}}_{N_s-1}} C(\bar{\boldsymbol{\xi}}_{ref}^{[N_s-1]}, \bar{\boldsymbol{u}}_{[N_s-1]})$$

式中，$g(\cdot)$ 用于计算连续状态 $\bar{\xi}_{ref}^{[i+1]}$。

重复这个过程直到行程开始。因此，最小化成本函数遍历所有可行控制序列 $\bar{\boldsymbol{u}} = \{u_1 \cdots u_{N_s}\}$，给出最优控制解。

12.4.3 瞬时速度限制校正

通过计算“当前段的剩余能量 $\bar{E}_{seg}$”与“当前段的剩余距离 $\bar{s}_{rem}$”的比值，可以设计得到 $\Delta\bar{\boldsymbol{u}}_{[i]}$ 的反馈控制器。在每个空间网格点 i 处求这个比值，并且包括动力传动的效率，得到

$$F_{seg,p} = \frac{\bar{\boldsymbol{E}}_{seg}^{[i]} \boldsymbol{\eta}_{mg}(\bar{\boldsymbol{T}}_{mg,p}^{[i]}, \bar{\boldsymbol{\omega}}_{mg,p}^{[i]}) \boldsymbol{\eta}_{bat}(\bar{\boldsymbol{P}}_{bat,p}^{[i]})}{\bar{\boldsymbol{s}}_{rem}^{[i]}} \tag{12.20}$$

类似地，还必须对所测得车辆信号计算剩余能量与剩余距离的比值，用 F_{seg} 表示。从物理的观点来看，这两个比值都代表着力和力差

$$\Delta F = F_{seg,p} - F_{seg}$$

用于显示力，可以另外推荐应用于车辆上。

因此，控制器输出 $\Delta\bar{\boldsymbol{u}}_{[i]}$ 可以通过评估力平衡来计算：

$$F_{seg,p} + \Delta F = a_2 v_c^2 + a_1 v_c + a_0 + mg\sin\bar{\boldsymbol{\alpha}}_{seg}^{[i]}$$

式中，a_0、a_1 和 a_2 为车辆阻力因子；g 为重力加速度。

求解修正后的车速 v_c，得到

$$\Delta\bar{\boldsymbol{u}}_{[i]} = \frac{-a_1 + \sqrt{4a_2(F_{seg,p} + \Delta F - mg\sin\bar{\boldsymbol{\alpha}}_{seg}^{[i]} - a_0) + a_1^2}}{2a_2} - \bar{\boldsymbol{u}}_{[i]}^*$$

控制器输出 $\Delta\bar{\boldsymbol{u}}_{[i]}$ 可以任意选择使用 floor$\lfloor\cdot\rfloor$ 和 ceil$\lceil\cdot\rceil$ 函数进行滤波，以减少驾驶员显示面板上的小增量速度。

在轨迹规划单元中，对于测量的 $\bar{\xi}$ – 轨迹和规划的 $\bar{\xi}_{ref}$ – 轨迹的偏差进行评估，在偏差超出电池 SOC 的 ±5% 的公差情况下执行复位。

12.4.4 试验结果

利用 PC 级别的实时原型系统，针对 BEV 原型车实现预测行程管理。Mathworks© 实时码生成器已经用于为 2.8GHz 的小型计算机生成实时执行代码。第三个基准循环，用于实时验证，如图 12.3 所示。离散为 49 段，跨越 DP 的离散化网格。最终的 SOC 应该在行程目的地的 15% 左右。因此，设置 $\xi_f = 0.15$。对于基准循环，假设随机停车时的预留能量为 1.8%，当检测到一定停止速度模式时，将其作为干扰补偿具体释放。

试验结果如图 12.9 ~ 图 12.11 所示。在图 12.9 中，灰色阴影区域是交通规则

速度限制和最低速度跨越的区域，是允许驾驶员自由操控的允许速度范围。在图 12.10中，灰色阴影区域是交通规则推荐的最高车速和最低车速跨越的区域。该区域受到预测行程管理的限制，以便驾驶员可以安全到达行程目的地。如果驾驶员超过设定的允许速度 60s，将会发出一个警告。

图 12.11 显示了 $\bar{\xi}$ - 轨迹规划和测量的 SOC。在测试过程中，出现了两个用红点标记的再优化，主要是因为出现了意想不到的交通流，如前面的车很慢、走走停停等。再优化是在可接受的时间内通过修改网格进行的，因为轨迹规划单元总是只覆盖剩余的行程距离。

强调驾驶员忽视推荐的速度也是不常见的。因此，预测行程管理必须是稳健的，以应对这种情况。

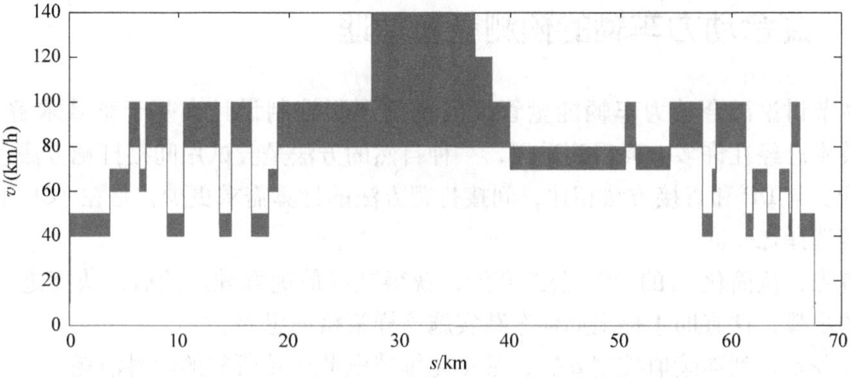

图 12.9　灰色填充区域是由交通规则确定的允许车速 $\hat{U}_i$

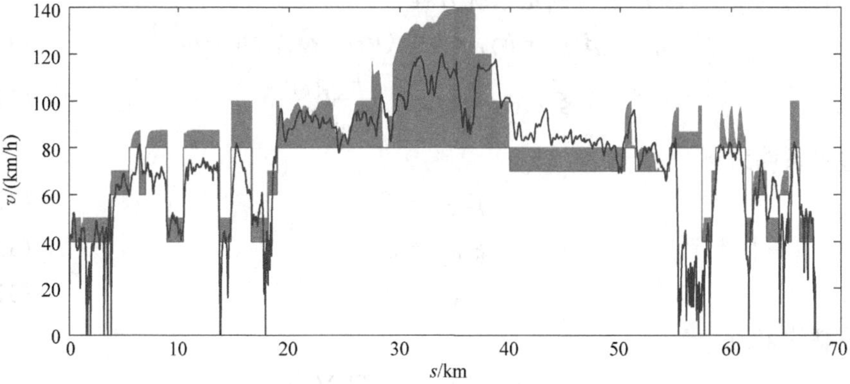

图 12.10　灰色填充区域是由 TM 确定的允许车速 $\hat{U}_i$ ，图中轨迹是通过试验测量的车速

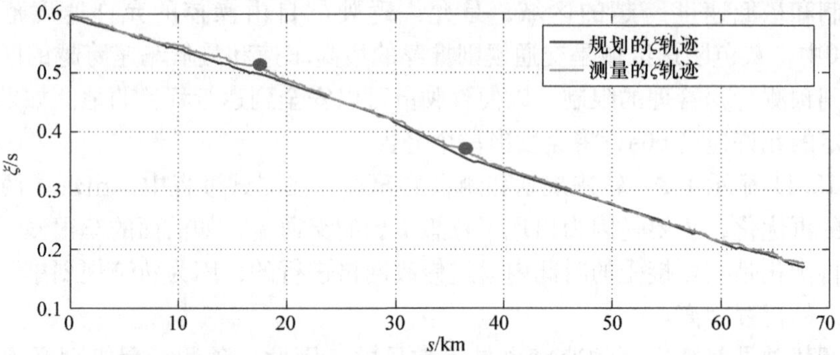

图 12.11　基准行程中的规划和测量的 $\bar{\xi}$ 轨迹，填充点指示再优化的触发点

12.5　混合动力车辆的预测能量管理

本节讨论混合动力车辆能量管理问题的预测控制设计，基于车载求解 OCP。这项技术已经在许多方面得到采用，一种自然的方法是尝试用间接打靶方法直接求解 OCP。与 DP 和直接方法相比，间接打靶方法的计算需求更少，是在 ECU 上实现的最佳选择之一。

首先，从简化 P_1 的 OCP 公式开始，获得燃料最优驾驶。然后，快速进入求解问题的步骤，这有助于提出如何车载实施这样策略的思路。

任务是找到连续值控制 $\bar{\boldsymbol{u}}^*_{[k]}$，最小化维持电荷运转所需的燃料消耗：

$$\min_{\bar{\boldsymbol{u}}_{[k]}} \bar{\boldsymbol{\beta}}_{[N_t]} \tag{12.21}$$

在时间网格（5.9）上，满足系统方程

$$\bar{\boldsymbol{\beta}}_{[k+1]} = \bar{\boldsymbol{\beta}}_{[k]} + h\gamma_f \times \mathrm{bsfc}(\bar{\boldsymbol{u}}_{[k]}, \bar{\boldsymbol{\omega}}_{ice}^{[k]})\bar{\boldsymbol{u}}_{[k]}\bar{\boldsymbol{\omega}}_{ice}^{[k]} \tag{12.22}$$

$$\bar{\boldsymbol{\xi}}_{[k+1]} = \bar{\boldsymbol{\xi}}_{[k]} + \frac{h}{Q_{bat}}\bar{\boldsymbol{I}}_{bat}^{[k]} \tag{12.23}$$

边界条件为

$$\bar{\boldsymbol{\beta}}_{[0]} = 0 \tag{12.24}$$

$$\bar{\boldsymbol{\xi}}_{[0]} = \xi_0 \tag{12.25}$$

$$\bar{\boldsymbol{\xi}}_{[N_t]} = \xi_f \tag{12.26}$$

控制约束为

$$\boldsymbol{c}_u^-(\bar{\boldsymbol{u}}_{[k]}) := \begin{bmatrix} \bar{\boldsymbol{u}}_{[k]} - T_{ice}^{\max}(\bar{\boldsymbol{\omega}}_{ice}^{[k]}) \\ T_{ice}^{\min} - \bar{\boldsymbol{u}}_{[k]} \\ \boldsymbol{T}_{gbx,p}^{[k]} - \bar{\boldsymbol{u}}_{[k]} - T_{mg}^{\max}(\bar{\boldsymbol{\omega}}_{mg}^{[k]}) \\ T_{mg}^{\min}(\bar{\boldsymbol{\omega}}_{mg}^{[k]}) + \bar{\boldsymbol{u}}_{[k]} - \boldsymbol{T}_{gbx,p}^{[k]} \end{bmatrix} \tag{12.27}$$

其中，连续值控制 $\overline{\boldsymbol{u}}_{[k]}$ 为发动机转矩 $T_{ice}^{[k]}$，边界值 $T_{mg}^{\max}(\cdot)$、$T_{mg}^{\min}(\cdot)$ 和 $T_{ice}^{\max}(\cdot)$ 分别用于取决于转速的电动机/发电机（MG）和内燃机（ICE）。为了简化起见，与转速相关的发动机阻力矩近似为恒定力矩 $T_{ice}^{\min}(\overline{\boldsymbol{\omega}}_{ice}^{[k]}) \equiv T_{ice}^{\min}$。式（12.22）和式（12.23）分别为 ODE 式（10.15）、式（10.16）和式（10.51）、式（10.52）的显式 Euler 离散。

然后，OCP 的式（12.21）~式(12.27）可以采用算法 7.1 求解，需要定义离散形式的 Hamilton 函数：

$$\mathcal{H}(\overline{\boldsymbol{x}}_{[k]},\overline{\boldsymbol{u}}_{[k]},\overline{\boldsymbol{\lambda}}_{[k]}) = \gamma_f \times \mathrm{bsfc}(\overline{\boldsymbol{u}}_{[k]},\overline{\boldsymbol{\omega}}_{ice}^{[k]})\overline{\boldsymbol{u}}_{[k]}\overline{\boldsymbol{\omega}}_{ice}^{[k]} + \overline{\boldsymbol{\lambda}}_{[k]}\frac{\boldsymbol{I}_{bat}^{[k]}}{Q_{bat}} \tag{12.28}$$

由 Hamilton 函数（12.28）来看，燃料消耗的常数共态值为 1，将扩展状态定义为

$$\overline{\boldsymbol{y}}_{[k]} = \begin{bmatrix} \overline{\boldsymbol{\xi}}_{[k]} \\ \overline{\boldsymbol{\lambda}}_{[k]} \end{bmatrix}$$

这些状态的时间导数为

$$\boldsymbol{G}(\overline{\boldsymbol{y}}_{[k]},\overline{\boldsymbol{u}}_{[k]}) = \begin{bmatrix} \dfrac{\overline{\boldsymbol{I}}_{bat}^{[k]}}{Q_{bat}} \\ -\dfrac{\overline{\boldsymbol{\lambda}}_{[k]}}{Q_{bat}}\dfrac{\partial \overline{\boldsymbol{I}}_{bat}^{[k]}}{\partial \overline{\boldsymbol{\xi}}_{[k]}} \end{bmatrix}$$

其中，$\overline{\boldsymbol{I}}_{bat}^{[k]}$ 依赖于 $\overline{\xi}_{[k]}$，轨迹 $\overline{\boldsymbol{y}}_{[k+1]}$ 可以通过简单的显式 Euler 积分得到

$$\overline{\boldsymbol{y}}_{[k+1]} = \overline{\boldsymbol{y}}_{[k]} + h\boldsymbol{G}(\overline{\boldsymbol{y}}_{[k]},\overline{\boldsymbol{u}}_{[k]}) \tag{12.29}$$

为了求解式（12.29），必须猜测初始共态值 $\overline{\boldsymbol{\lambda}}_{[0]} = \hat{\lambda}$ 和求解每个时刻 k 的 Hamilton 最小化问题：

$$\overline{\boldsymbol{u}}_{[k]}^{*} = \arg \min_{\overline{\boldsymbol{u}}_{[k]} \in \hat{\mathcal{U}}_k} \mathcal{H}(\overline{\boldsymbol{y}}_{[k]},\overline{\boldsymbol{u}}_{[k]})$$

允许控制集的定义为

$$\hat{\mathcal{U}}_k := \{\overline{\boldsymbol{u}}_{[k]} \in U \mid \boldsymbol{c}_{\overline{u}}(\overline{\boldsymbol{u}}_{[k]}) \leqslant \boldsymbol{0}\}$$

重复该过程，直到满足边界条件

$$\gamma(\overline{\boldsymbol{y}}_{[N_t]}) = \overline{\boldsymbol{\xi}}_{[N_t]} - \xi_f \tag{12.30}$$

在 ECU 上在线实施和求解 OCP 具有低内存要求的优点，但是上面的算法有一个致命的弱点。该算法代价最大的运算是最小化 Hamilton 函数，以找到最优的连续值控制。这项操作费用很高，需要 ECU 上的大量资源。这样的要求阻碍了在车辆上进行在线应用，因此希望简化操作。幸运的是，可以用低要求的 LUT 操作来替换这个昂贵的操作。在 11.3.3 节中，已经看到如何在 LUT 中存储控制而不造成明显的精度损失，并且这种技术可以直接应用于求解预测能量管理问题，通过离线计算 LUT 共态值的范围。

在下面的部分中，将演示式（12.30）嵌入操作的两种控制结构和执行预测能量管理的 LUT 插值。

12.5.1 事件触发的预测能量管理

采用 Musardo 等[34]的推理来开发一种控制结构，在驾驶曲线的短时间预测范围（滚动时域）内非定期求解 OCP 式（12.21）～式（12.27）以产生前馈控制。通过将开环策略嵌入到基于事件的模式中，这种开环控制策略可以转化为闭环。然后，获得事件触发的预测能量管理，只在特定的时间点关闭控制回路。该策略是为一辆采用干式 7 速双离合变速器的 P2 HEV 进行设计、实施和验证的。

本节的关键技术是非定期求解式（12.30）。基于事件的控制循环具有这样的特性：采样不是由外部时钟调用的，是由于环境条件变化而由超过一定范围的系统行为调用的。这种控制模式可以在控制环内减少反馈链接的使用，以便在一个事件指示需要新的信息交换时保持所需的闭环性能时刻。

在这种预测能量管理的版本中，假设驾驶模式是由简单的基于规则逻辑建模的，这取决于车速和要求的车轮力矩。这意味着，切换结构是通过在预测范围内预测模型的仿真获得的，从而使 SOCP 简化为普通的 OCP[6]。

OCP 可以表述为如下的 Mayer 问题：

$$\mathcal{P}_7:=\begin{cases}\min\limits_{\bar{\boldsymbol{u}}_{[k]}}\bar{\boldsymbol{\beta}}_{[N_t]}\\ \bar{\boldsymbol{\beta}}_{[k+1]}=\bar{\boldsymbol{\beta}}_{[k]}+h\gamma_f\times\mathrm{bsfc}(\bar{\boldsymbol{u}}_{[k]},\bar{\boldsymbol{\omega}}_{ice,p}^{[k]})\bar{\boldsymbol{u}}_{[k]}\bar{\boldsymbol{\omega}}_{ice,p}^{[k]}\\ \bar{\boldsymbol{\xi}}_p^{[k+1]}=\bar{\boldsymbol{\xi}}_p^{[k]}+\dfrac{h}{Q_{bat}}\bar{\boldsymbol{I}}_{bat}^{[k]}\\ \bar{\boldsymbol{\beta}}_{[0]}=0\\ \bar{\boldsymbol{\xi}}_p^{[0]}=\xi_0\\ \bar{\boldsymbol{\xi}}_p^{[N_t]}=\xi_f\end{cases}\tag{12.31}$$

求解 P_7的任务是找到连续值控制 $\bar{\boldsymbol{u}}_{[k]}^*$，使 $\bar{\boldsymbol{T}}_{gbx,p}$、$\bar{\boldsymbol{\omega}}_{ice,p}$和 $\bar{\boldsymbol{\omega}}_{mg,p}$在 10min 的预测范围内预测轨迹的燃料消耗最小化。P_7的控制约束定义为

$$\boldsymbol{c}_{\bar{u}}(\bar{\boldsymbol{u}}_{[k]}):=\begin{bmatrix}\bar{\boldsymbol{u}}_{[k]}-T_{ice}^{\max}(\bar{\boldsymbol{\omega}}_{ice,p}^{[k]})\\ T_{ice}^{\min}-\bar{\boldsymbol{u}}_{[k]}\\ \bar{\boldsymbol{T}}_{gbx,p}^{[k]}-\boldsymbol{u}_{[k]}-T_{mg}^{\max}(\bar{\boldsymbol{\omega}}_{mg,p}^{[k]})\\ T_{mg}^{\min}(\bar{\boldsymbol{\omega}}_{mg,p}^{[k]})+\bar{\boldsymbol{u}}_{[k]}-\bar{\boldsymbol{T}}_{gbx,p}^{[k]}\end{bmatrix}\tag{12.32}$$

车辆构型数据见表 12.2，其档位包括在集合 $K=\{1, 2, \cdots, 7\}$ 中。如图 12.12所示，控制策略由以下部分组成。

1）ITS：提供速度限制和道路坡度信息。

2）基于时间的驾驶员模型：在 10min 预测时间范围内计算$\overline{\boldsymbol{v}}_p$。

3）车辆模型：计算轨迹 $\overline{\boldsymbol{T}}_{gbx,p}$、$\overline{\boldsymbol{\omega}}_{ice,p}$和 $\overline{\boldsymbol{\omega}}_{mg,p}$。

4）开环控制发生器：在线优化，使 OCP 在预测范围内最小化，并且产生电池的 SOC 轨迹 $\overline{\xi}_p$ 和控制轨迹 $\overline{\boldsymbol{u}}$。

5）事件发生器：触发开环控制发生器的重新计算，以确保闭环性能。

表 12.2　P2 HEV 样机（紧凑型）的车辆参数

符号	数值	单位	描述
m	1520	kg	车辆质量
Q_{bat}	1.1	kW · h	电池容量
$i_{gbx}(1)$	15.5	—	一档传动比
$i_{gbx}(2)$	9.3	—	二档传动比
$i_{gbx}(3)$	6	—	三档传动比
$i_{gbx}(4)$	4.1	—	四档传动比
$i_{gbx}(5)$	3.1	—	五档传动比
$i_{gbx}(6)$	2.5	—	六档传动比
$i_{gbx}(7)$	2.1	—	七档传动比
$T_{ice}^{\max}$	250	N · m	发动机最大力矩
$T_{mg}^{\max}$	160	N · m	电机最大力矩

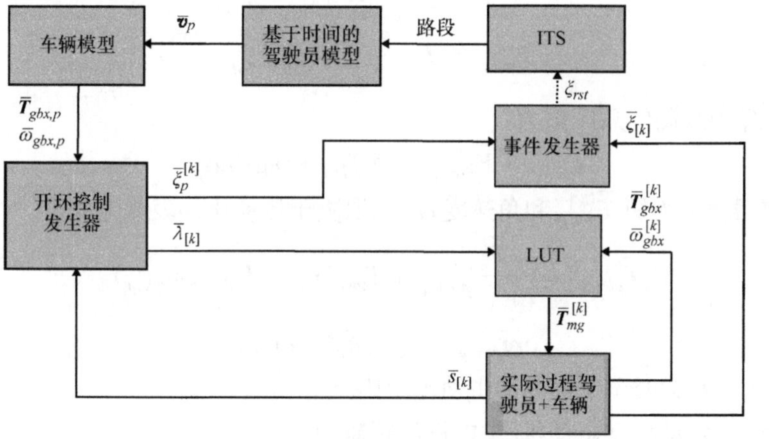

图 12.12　事件触发预测能量管理的控制结构，实线表示连续信号，而虚线表示信号只在由事件发生器确定的事件时刻发送

速度限制和预测的道路坡度 $\overline{\boldsymbol{\alpha}}_{seg}$ 由 ITS 提供和反馈给重构器，其在 dSPACE MicroAutoBox 上实现。基于时间的驾驶员模型使用重构器作为接口，以获得更新和预

处理的速度限制和道路坡度，生成在10min的时间范围内的预测车速$\overline{v}_p$轨迹。一个简单的车辆模型计算所需的变速器输入力矩$\overline{T}_{gbx,p}$轨迹和角速度$\overline{\omega}_{ice,p}$、$\overline{\omega}_{mg,p}$的轨迹，然后传递给开环控制发生器，求解OCP和确定λ的一个可行值。在求解问题之前，电驱动模式和混合驱动模式之间的预测转换ζ_p及预测档位转换$\overline{\kappa}_p$需要在预测范围内确定。这是仿真的，只取决于预测车速$\overline{v}_p^{[k]}$和预测车轮力矩$\overline{T}_{wh,p}^{[k]}$。结合测量的$\overline{v}_p^{[k]}$、$\overline{T}_{wh,p}^{[k]}$和$\lambda$，任何时刻的连续值控制可以由LUT插值。一旦实际行程预测的$\overline{\xi}_p^{[k]}$偏离测量的$\overline{\xi}_{[k]}$大于给定的阈值或者预测的驾驶行程改变，则事件发生器重复此过程。

连续值控制必须发送到车辆的车载ECU上，以便使用P_2并联混合动力的底层软件结构。因此，ECU和MicroAutoBox之间的通信使用一些重编程的CAN信号建立。这些CAN信号在ECU中重新映射，以提供对力矩结构的访问。力矩结构是在能量管理之下的软件层，协调ICE和MG的自由度。

12.5.1.1 车辆模型

预测车速$\overline{v}_p^{[k]}$、车辆加速度$\overline{a}_p^{[k]}$和道路坡度$\overline{\alpha}_p^{[k]}$的轨迹，由基于时间驾驶员模型使用静态分配向量式（12.4）~式（12.6）提供。

采用简化的车辆纵向动力学模型，计算车轮角速度$\overline{\omega}_{wu,p}$和预测的车轮力矩$\overline{T}_{wh,p}$：

$$\overline{\omega}_{wh,p}^{[k]} = \frac{\overline{v}_p^{[k]}}{r_{wh}}$$

$$\overline{T}_{wh,p}^{[k]} = I_{veh}\frac{\overline{a}_p^{[k]}}{r_{wh}} + r_{wh}\overline{F}_{w,p}^{[k]}$$

其中，$\overline{F}_{w,p}^{[k]}$为预测的总摩擦力：

$$\overline{F}_{w,p}^{[k]} = \overline{F}_{drag,p}^{[k]} + \overline{F}_{roll,p}^{[k]} + mg\sin\overline{\alpha}_p^{[k]}$$

变速器输入力矩$\overline{T}_{gbx,p}^{[k]}$和角速度$\overline{\omega}_{gbx,p}^{[k]}$取决于传动比，表示为

$$\overline{T}_{gbx,p}^{[k]} = \frac{\overline{T}_{wh,p}^{[k]}}{i_{gbx}(\overline{\kappa}_p^{[k]})} + T_{loss}(\overline{\kappa}_p^{[k]},\overline{T}_{wh,p}^{[k]},\overline{\omega}_{wh,p}^{[k]})$$

$$\overline{\omega}_{gbx,p}^{[k]} = i_{gbx}(\overline{\kappa}_p^{[k]})\overline{\omega}_{wh,p}^{[k]}$$

式中，$\overline{\kappa}_p^{[k]}\in K$为时刻$k$预测的主动传动比。

使用$\overline{\zeta}$，发动机和电动机/发电机的转速为

$$\overline{\omega}_{ice,p}^{[k]} = \overline{\zeta}_p^{[k]}\overline{\omega}_{gbx,p}^{[k]}$$

$$\overline{\omega}_{mg,p}^{[k]} = \overline{\omega}_{gbx,p}^{[k]}$$

预测信号$\overline{T}_{gbx,p}$、$\overline{\omega}_{ice,p}$和$\overline{\omega}_{mg,p}$用于作为10min时间范围内$P_7$的固定轨迹。

12.5.1.2 在线求解OCP

由车辆模型得到的轨迹现在可以用于在开环中生成控制轨迹$\overline{u}$，这种任务有时

也称为控制发生器。基本上，在现在的例子中，将问题 P_7 简化为一个 BVP，通过一个带有标量方程的间接单次打靶方法来求解：

$$\overline{\boldsymbol{\xi}}_p^{[N_t]} - \xi_f = 0 \tag{12.33}$$

然后，通过迭代改进初始猜测 $\hat{\lambda}$ 找到最优的 λ^*，使得边界条件（12.33）得到满足。这是通过数字计算找到序列 $\{\boldsymbol{\lambda}_l\}_{l=1,2,\cdots}$，从而使 $|\boldsymbol{\gamma}| < \varepsilon$ 逼近较低的误差限，达到期望的精确性。这个问题可以通过 Pegasus 方法有效求解，如图 12.13 所示。在所有情况下，λ 的有效值在 5 次迭代内决定。平均而言，在 dSPACE 原型 MicroAutoBox 上的确定时间持续 0.3s。

在使用 Pegasus 方法确定适当的恒定共态值 λ 的过程中，Hamilton 函数的最小化由 LUT 插值所取代，这使得求解式（12.33）的计算时间减少 90% 以上。然后，将最优连续值控制反馈给动力传动。

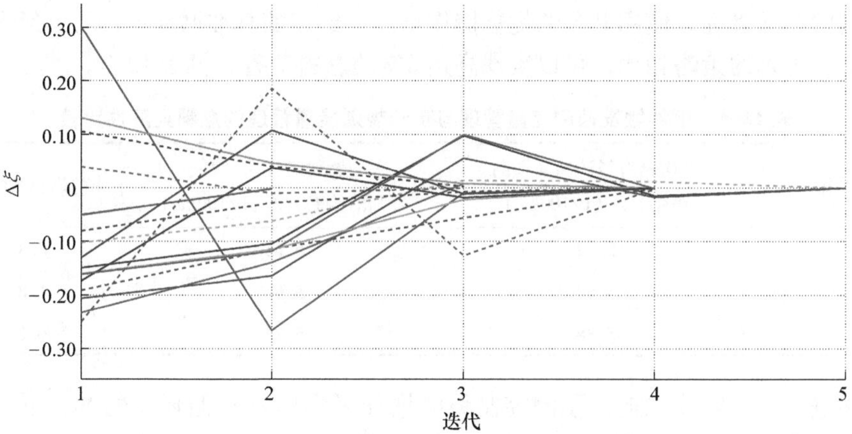

图 12.13 Pegasus 方法求解 OCP 的收敛性[6]

12.5.1.3 事件发生器

将连续值开环控制 $\overline{\boldsymbol{u}}_{[k]}$ 应用于动力传动，直到触发新事件或超出预测范围。在这两种情况下，重新计算开环控制发生器和启动一个新的计算线程。

一方面，为了实现闭环稳定性，预测时间范围 T_p 的选择不宜过大，但也要大到足以保证 OCP 优化的高效运行。另一方面，由于 Zeno 行为，T_p 不应当接近于零。预测范围长度直接取决于预测的最大数目，间接由重置阈值 ξ_{rst} 的选择来确定，这或多或少是直观的。这两个约束是控制器设计的主要杠杆，应当谨慎选择。此外，还应记住，事件的先后顺序事先不知道，因此不是均匀分布的。

预测时间范围 T_p 定义为两个触发事件之间的时间，限制为 10min。为了方便起见，将 t_j 表示为事件开始的时间。然后，事件触发预测控制器的触发逻辑可以简单实现为

$$t_{j+1}=\begin{cases}t_j+kh, & \text{若 } k=\arg\min\limits_{k}(\|\bar{\boldsymbol{\xi}}_{[k]}-\bar{\boldsymbol{\xi}}_p^{[k]}\|>\xi_{rst})\\ t_j+N_ph, & \text{若 } \|\bar{\boldsymbol{\xi}}_{[k]}-\bar{\boldsymbol{\xi}}_p^{[k]}\|\leqslant\xi_{rst},k=0,1,\cdots,N_p\\ t_j+kh, & \text{若 } b_{ext}=1\end{cases}$$

如果更改路径，则触发位 b_{ext}。

12.5.1.4 试验结果

采用事件触发控制策略，实现了对持续充电 HEV 的控制。为了评估控制策略，使用了实际的基准循环 2、3 和 4。由驾驶员模型生成的预测速度曲线既不反映不同的驾驶员类型，也不包括交通密度的信息。相反，确定这些参数是为了与普通驾驶员的测量数据相符，每次预测相同的车速轨迹。因此，为了研究控制策略的鲁棒性，由不同的驾驶员在不同的白天时间进行试驾。

选择 ξ_{rst} 重置阈值为0.05 和 $N_p=1000$ 离散值，对应于10min。基准策略作为基于规则的能量管理，使用 ICE 的优化操作点。在给定的基准循环中，与已经很好标定的基于规则的策略相比，可以实现高达 6% 的燃料节省，见表 12.3。

表 12.3 事件触发预测能量管理与基于规则能量管理的燃料经济性比较

基准循环	平均燃料经济性（预测策略）/（L/100km）	平均燃料经济性（基于规则的策略）/（L/100km）	平均的燃料节省（%）
2	5.58	5.63	0.8
3	5.58	5.68	1.8
4	5.38	5.74	6.2

在进入城市路线之前，预测控制策略增加了实际基准循环 2 的 SOC 值 $\bar{\xi}$，如图 12.14所示。这一行为增加了在城市环境中的电动驱动能力，从而增加了电动驱动的感觉，这可以是一个重要的宣传信息，充电行为与共态的高绝对值有关。由图 12.16可以看出，实际基准循环 4 达到最大燃料节省。预测控制策略比基于规则的能量管理更能降低 SOC，从而在漫长的下山坡道开始前增大高压电池的缓冲能力，以适应海拔差近 400m 的路段。基于规则的能量管理控制也降低了 SOC，因为控制策略不能补偿上坡过程较短电动驱动模式下的电能消耗。对于平坦的农村部分，预测控制策略显著减少了 $\bar{\xi}$，如图 12.15 所示。在实际基准循环 3 的高速公路部分，MG 力矩减小，这可以从共态的低绝对值观察到。在这种驱动条件下，SOC 几乎保持不变，因为由于 MG 速度更高，功率保持不变。

12.5.1.5 性能问题

针对能量管理，难以解决所提出的事件触发非线性模型预测控制的稳定性问题，通常只能得到保守估计。这样的问题超出了本书的范围，感兴趣的读者可以在以下文献中找到有价值的结果：Chen 和 Allgower[10]、Findeisen 等[13] 和 Fontes 等[14]。

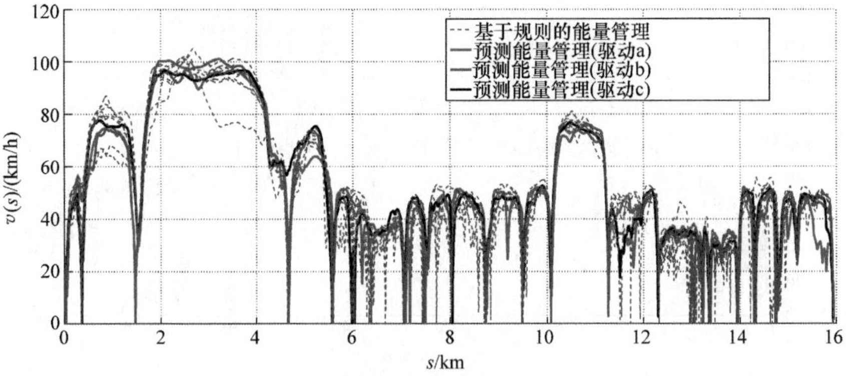

a) 虚曲线是基于规则的能量管理驱动测量的$\bar{v}$轨迹，实曲线是采用预测能量管理驱动测量的$\bar{v}$轨迹

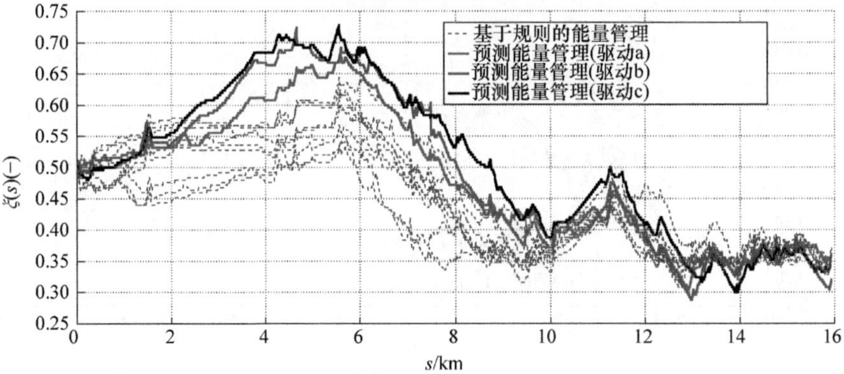

b) 虚曲线是基于规则的能量管理驱动测量的$\bar{\xi}$轨迹，实曲线是采用预测能量管理驱动测量的$\bar{\xi}$轨迹

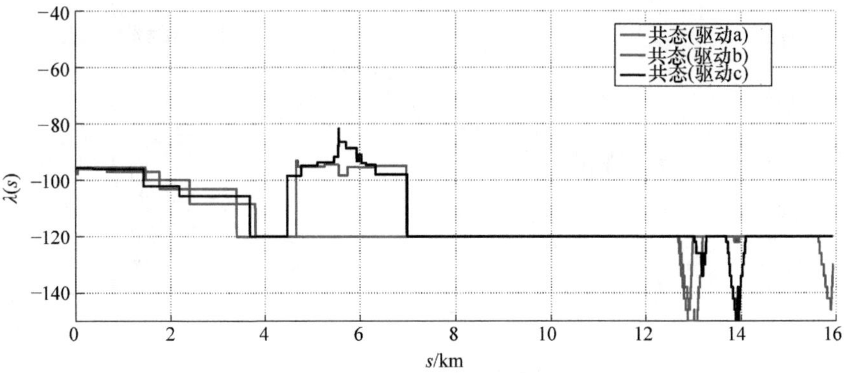

c) 驱动a、驱动b和驱动c的共态轨迹$\bar{\lambda}$

图 12.14　实际基准循环 2 的轨迹

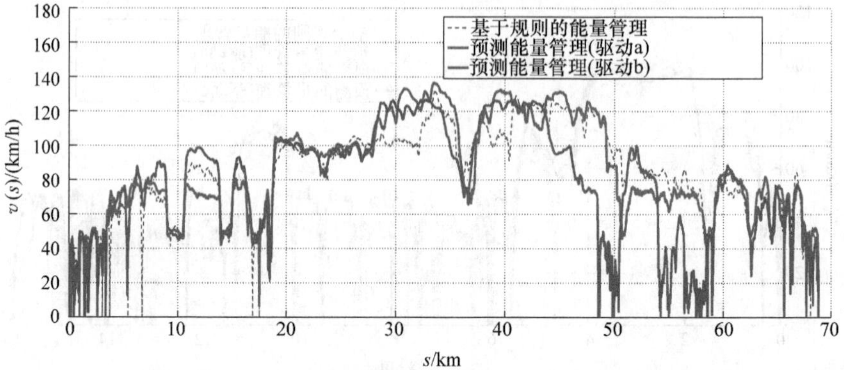

a) 虚曲线是基于规则的能量管理驱动测量的$\overline{v}$轨迹，实曲线是采用预测能量管理驱动测量的$\overline{v}$轨迹

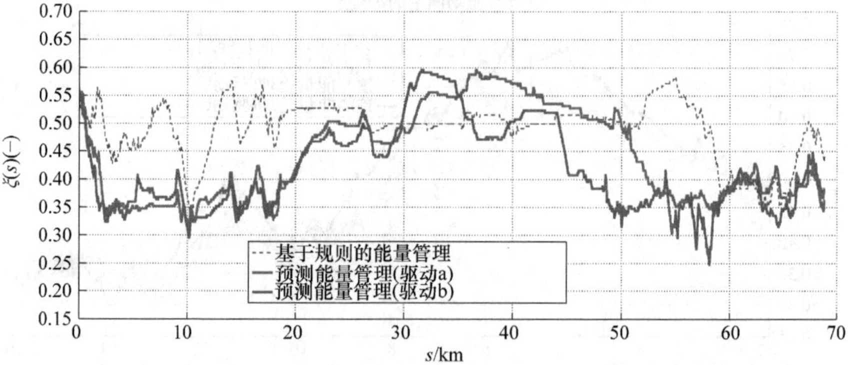

b) 虚曲线是基于规则的能量管理驱动测量的$\overline{\xi}$轨迹，实曲线是采用预测能量管理驱动测量的$\overline{\xi}$轨迹

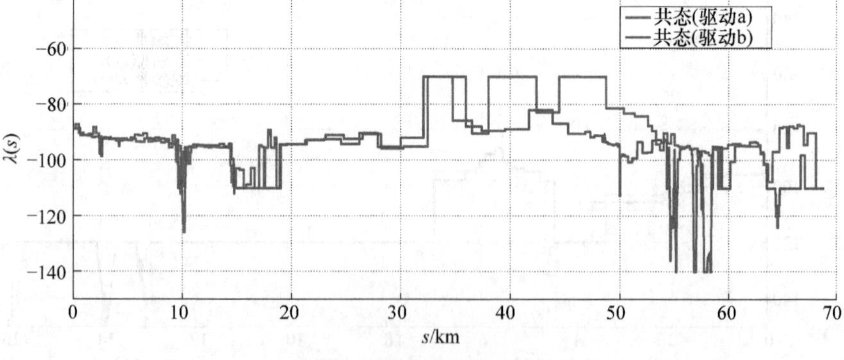

c) 驱动a和驱动b的共态轨迹$\overline{\lambda}$

图 12.15　实际基准循环 3 的轨迹

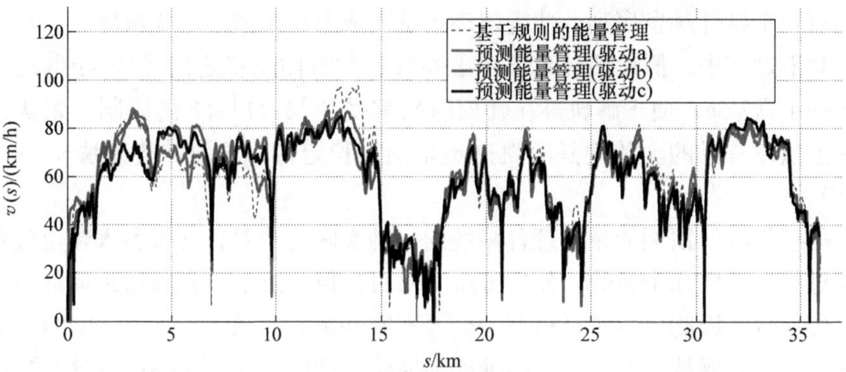

a) 虚曲线是基于规则的能量管理驱动测量的$\bar{v}$轨迹，实曲线是采用预测能量管理驱动测量的$\bar{v}$轨迹

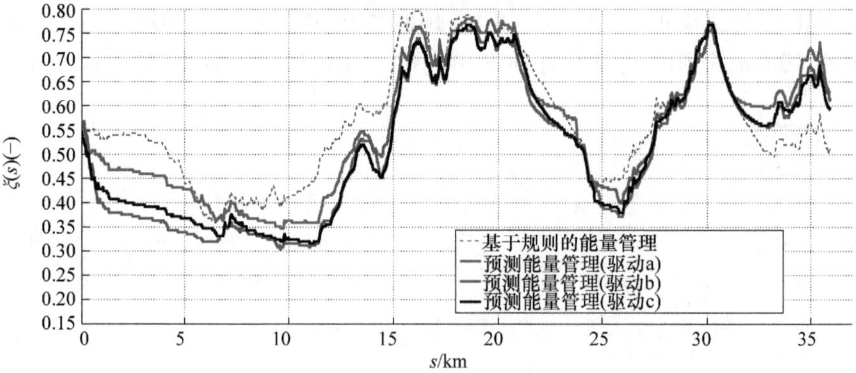

b) 虚曲线是基于规则的能量管理驱动测量的$\bar{\xi}$轨迹，实曲线是采用预测能量管理驱动测量的$\bar{\xi}$轨迹

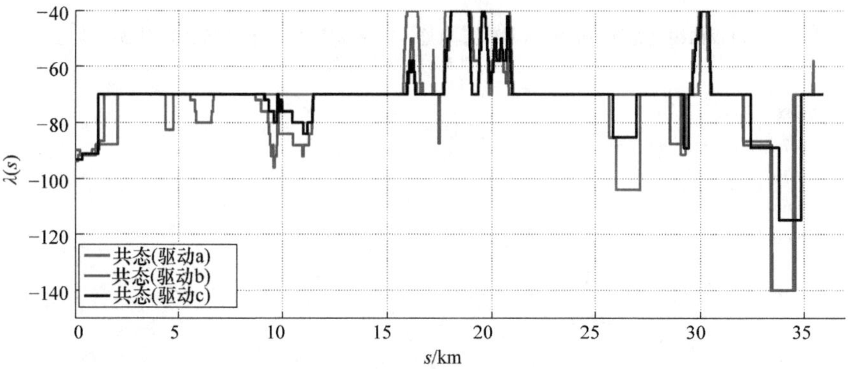

c) 驱动a、驱动b和驱动c的共态轨迹 $\bar{\lambda}$

图 12.16　实际基准循环 4 的轨迹

因此，将对稳定性的关注限制在以下评论中：

1）由于过程是在开环中进行的，直到超过阈值 ξ_{thd}，不能期望达到闭环渐近稳定性，而只能期望绕原点的最终有界性。

2）开环模型是稳定的一阶类型，但由于测量的状态，闭环系统是二阶的，然后可能有一个事件触发序列，使得闭环系统变成不稳定或一个极限环。

在剩下章节中，假设闭环系统在最终有界性方面是稳定的[26]。松散地说，如果存在一个常数 b，使得解轨迹在任何时候都受到 $|\xi(t)|<b$ 的限制，则认为解轨迹是一致最终有界的。关键是解轨迹不是渐近稳定的，这意味着无法实现 $\lim_{t\to\infty}\xi(t)=0$。

评估事件触发预测能量管理鲁棒性的一种实际方法是，通过引入建模误差来扰动标准过程模型的几个参数，然后分析其对目标值的影响以及收敛到局部最小值所需的迭代次数。因此，驾驶员模型的交通限制和阻力参数 a_0、a_1 和 a_2 的值受到随机变量的扰动，服从正态分布，标准差为原值的20%。在这些不确定性的情况下，重复地对相同的基准循环进行仿真，但是不在预测中使用。在这两种情况下，无论是无扰动的还是扰动的模型参数，如果预测和衡量的 $\bar{\xi}$ 轨迹偏离超过 $\xi_{rst}=0.05$，则触发在10min的预测范围内的OCP再优化。由图12.17可以随时观察，对于扰动

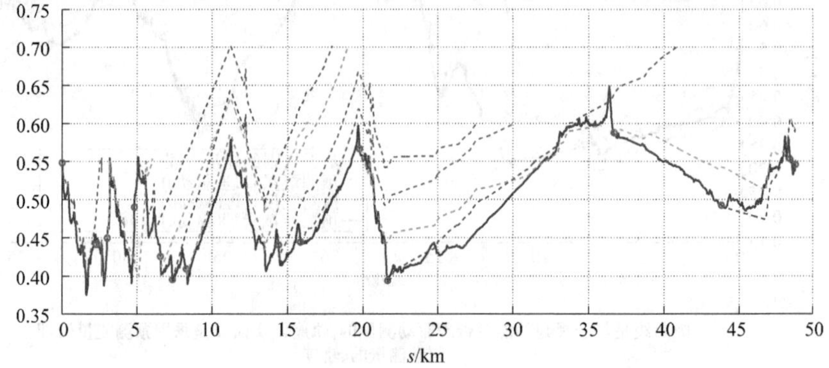

a) 虚曲线是无扰动情况下预测的 $\bar{\xi}_p$ 轨迹，实曲线是由车辆模型仿真的 $\bar{\xi}$ 轨迹，填充圆表示再优化事件

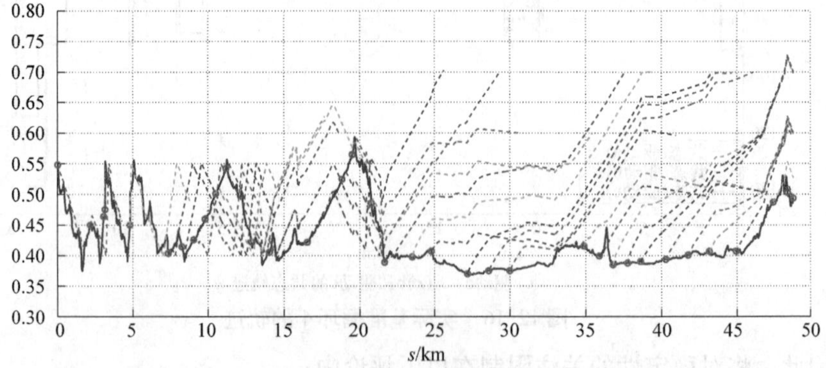

b) 虚曲线是扰动情况下预测的 $\bar{\xi}_p$ 轨迹，实曲线是由车辆模型仿真的 $\bar{\xi}$ 轨迹，填充圆表示再优化事件

图12.17 扰动和无扰动模型参数的预测和优化次数

的模型参数，预测和测量 $\bar{\xi}$ 轨迹之间的偏差超过 5% 的阈值，需要两倍多的共态重新计算。然而，扰动系统的燃料消耗与无干扰系统的燃料消耗只在 0.48% ~0.75% 之间存在偏差，这说明预测能量管理在模型不确定性情况下达到目标值的鲁棒性。

大量的重新计算肯定会降低控制策略的吸引力，因为现代 ECU 设计具有较少的额外计算能力。因此，希望在不影响节省燃料的前提下，尽可能减少该控制策略的计算基础负载，从而减少触发事件的数量。提高预测车速轨迹的精度肯定是一个关键因素，可以通过在驾驶员模型中使用更多的路线属性（如曲线半径）或交通流信息（如交通密度）来实现。

12.5.2　长预测范围能量管理

对于带有大型电池组的 PHEV，其能量管理需要长预测范围才能找到最优控制。在前面讨论的事件触发预测控制策略情况下，长预测时间范围很容易被扰动中断。长预测的事件触发预测控制策略缺乏鲁棒性，这可能导致许多再优化步骤，具体取决于驾驶情况、车速预测的质量和标准车辆模型的精度。在本节中，将针对长预测范围提出更加鲁棒的预测控制策略，再次使用间接打靶方法求解 SOCP，将力矩分流作为连续值控制 $\bar{\boldsymbol{u}}_{[k]}$，将驱动模式作为离散决策 $\bar{\zeta}_{[k]}$。在 SOCP 中，不考虑档位选择策略，而是将其定义为类似于真实车辆基于规则的档位选择策略。再由驾驶员模型和车辆模型导出求解 SOCP 的所需信息。在偏离标准模型的情况下，不再重新计算 SOCP，而是不断地调整常数共态值以适应新的情况。

预测能量管理是针对电量消耗（CD）和电量维持（CS）驱动模式实施的，但可以推广到任何情况，在可预测的循环内达到某个目标值 $\bar{\xi}$。例如，在驶过零排放区之前，要求电池 SOC 在不起动 ICE 的情况下正确通过这个区域。换句话说，预测能量管理必须决定，在剩余的行驶循环中，在到达零排放区域之前，电池何时以及如何密集充电，以确保车辆可以只靠 MG 驱动。

对于 CD 策略，其目标是在电池 SOC 接近最小条件下使燃料消耗 $\bar{\boldsymbol{\beta}}$ 最小，在达到目的时，SOCP 可以用如下形式离散化：

$$
\mathcal{P}_8:=\begin{cases}
\min\limits_{\bar{\boldsymbol{\zeta}}_{[i]},\bar{\boldsymbol{u}}_{[i]}} \bar{\boldsymbol{\beta}}_{[N_s]} \\
\bar{\boldsymbol{\beta}}_{[i+1]} = \bar{\boldsymbol{\beta}}_{[i]} + \Delta s \gamma_f \bar{\boldsymbol{\zeta}}_{[i]} \times \mathrm{bsfc}(\bar{\boldsymbol{u}}_{[i]}, \bar{\boldsymbol{\omega}}_{ice,p}^{[i]}) \dfrac{\bar{\boldsymbol{u}}_{[i]}\bar{\boldsymbol{\omega}}_{ice,p}^{[i]}}{\bar{\boldsymbol{v}}_p^{[i]}} \\
\bar{\boldsymbol{\xi}}_{ref}^{[i+1]} = \bar{\boldsymbol{\xi}}_{ref}^{[i]} + \dfrac{\Delta s}{Q_{bat}} \dfrac{\bar{\boldsymbol{I}}_{bat,\zeta}^{[i]}}{\bar{\boldsymbol{v}}_p^{[i]}} \\
\bar{\boldsymbol{\beta}}_{[0]} = 0 \\
\bar{\boldsymbol{\xi}}_{ref}^{[0]} = \xi_0 \\
\bar{\boldsymbol{\xi}}_{ref}^{[N_s]} = \xi_f
\end{cases}
\tag{12.34}
$$

式中，ξ_{ref}为行程结束时 SOC 的期望目标值，并且定义为接近$\xi^{\min}$。

控制约束定义为

$$c_u^-(\bar{u}_{[i]},\bar{\zeta}_{[i]}):=\begin{bmatrix}\bar{\zeta}_{[i]}-1\\0-\bar{\zeta}_{[i]}\\\bar{u}_{[i]}-T_{ice}^{\max}(\bar{\omega}_{ice,p}^{[i]})\\T_{ice}^{\min}-\bar{u}_{[i]}\\\bar{T}_{gbx,p}^{[i]}-\bar{u}_{[i]}-T_{mg}^{\max}(\bar{\omega}_{mg,p}^{[i]})\\T_{mg}^{\min}(\bar{\omega}_{mg,p}^{[i]})+\bar{u}_{[i]}-\bar{T}_{gbx,p}^{[i]}\end{bmatrix}\leqslant 0 \tag{12.35}$$

式中，预测轨迹$\bar{v}_p$、$\bar{T}_{gbx,p}$、$\bar{\omega}_{ice,p}$和$\bar{\omega}_{mg,p}$为固定值；MG 和 ICE 的边界值$T_{mg}^{\min}(\cdot)$和$T_{ice}^{\max}(\cdot)$分别与速度有关。

求解P_8的任务是，找到控制$\bar{\zeta}_{[i]}^*$和$u_{[i]}^*$使空间网格（12.11）上的燃料消耗最小化，这将使 ICE 产生的局部CO_2排放量降到最低。通过交换P_8中的最终状态边界条件，可以得到一种简化的 CS 策略：

$$\xi_{ref}^{[N_s]}=\xi_0$$

如图 12.18 所示，鲁棒的预测控制策略由以下元素组成：

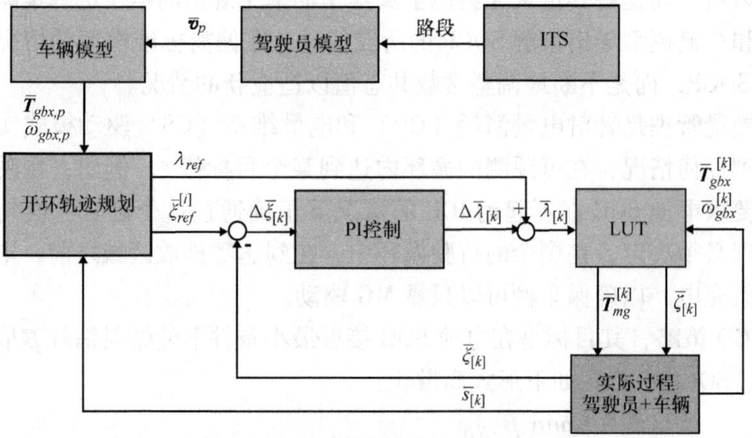

图 12.18 鲁棒预测能量管理控制结构

1）ITS：提供有关速度限制和道路坡度的信息。

2）基于空间的驾驶员模型：计算空间网格上的轨迹$\bar{v}_p$和$\bar{T}_{wh,p}$。

3）车辆模型：计算空间网格上的轨迹$\bar{T}_{gbx,p}$、$\bar{\omega}_{mg,p}$和$\bar{\omega}_{ice,p}$。

4）轨迹规划：计算参考轨迹$\bar{\xi}_{ref}$和恒定的共态值λ_{ref}。

5）瞬时共态更新：计算偏差$\Delta\bar{\lambda}_{[k]}$到恒定共态值，以确保遵循参考轨迹。

6）LUT：计算瞬时控制$\bar{u}_{[k]}$和$\bar{\zeta}_{[k]}$。

再次使用 ITS，它在应用方面为重构器提供了速度限制和道路坡度的预测。

$\overline{\boldsymbol{v}}_p^{[i]}$、$\overline{\boldsymbol{\omega}}_{ice,p}^{[i]}$ 和 $\overline{\boldsymbol{\omega}}_{mg,p}^{[i]}$ 由基于空间的驾驶员模型和车辆模型的完整行驶循环确定，然后传递到轨迹规划单元。通过在空间网格上求解 P_8，这种单元计算电池 SOC $\overline{\xi}_{ref}^{[i]}$ 和恒定的共态值 λ_{ref}的参考轨迹。这种计算只执行一次，只有在路线更改时才会重复执行，恒定的共态值在每个时刻 k 适应于当前的行驶情况。偏移量 $\Delta\lambda_k$ 取决于测量的 $\overline{\xi}$ 和预测的 $\overline{\xi}_{ref}$的轨迹偏差，并且由 PI 控制器计算和添加到共态值中。然后，力矩分配的瞬时控制 $\overline{\boldsymbol{u}}_{[k]}$ 和驱动模式 $\overline{\zeta}_{[k]}$ 由 LUT 使用测量的车速 $\overline{\boldsymbol{v}}_{[k]}$、测量的车轮力矩 $\overline{\boldsymbol{T}}_{wh}^{[k]}$ 和调整的共态值 $\overline{\boldsymbol{\lambda}}_{[k]}$ 确定。

12.5.2.1　在线求解 SOCP

间接打靶方法的在线应用，需要根据 11.3.3 节存储 MG 控制和 LUT 的驱动模式 $\hat{T}_{mg}(\overline{\boldsymbol{\omega}}_{gbx}^{[k]},\overline{\boldsymbol{T}}_{gbx}^{[k]},\lambda)$ 和 $\hat{T}_{start}(\overline{\boldsymbol{\omega}}_{gbx}^{[k]},\lambda)$。预测的模式序列 $\overline{\zeta}_p$ 由预测的变速器输入转速 $\overline{\boldsymbol{\omega}}_{gbx,p}$获得：

$$\overline{\boldsymbol{\zeta}}_p^{[i]}=\begin{cases}1,\overline{\boldsymbol{\omega}}_{gbx,p}^{[i]}\geqslant\hat{T}_{start}(\overline{\boldsymbol{\omega}}_{gbx,p}^{[i]},\lambda_{ref})\\0,\overline{\boldsymbol{\omega}}_{gbx,p}^{[i]}<\hat{T}_{start}(\overline{\boldsymbol{\omega}}_{gbx,p}^{[i]},\lambda_{ref})\end{cases}$$

在空间域中，量 $\overline{\boldsymbol{\omega}}_{gbx,p}^{[i]}$ 和 $\overline{\boldsymbol{T}}_{gbx,p}^{[i]}$ 由车辆模型获得，见 12.5.1.1 节。

再次假设共态 λ_{ref}为常数，通过在整个行驶循环求解 SOCP 获得。一旦求解了 IVP，就可计算边界值 $\overline{\xi}_{ref}^{[N_s]}$ 和改善 $\lambda_{ref,0}$的初始猜测。因此，将 SOCP 简化为求解标量方程：

$$\overline{\boldsymbol{\xi}}_{ref}^{[N_s]}-\xi_f=0\tag{12.36}$$

再次使用 Pegasus 方法，即使在快速原型平台上也能高效和稳健执行。

图 12.19 显示了预测和测量的车速轨迹 $\overline{\boldsymbol{v}}_p$ 和 $\overline{\boldsymbol{v}}$ 以及预测和测量的发动机起动/停止轨迹 $\overline{\zeta}_p$ 和 $\overline{\zeta}$ 的比较。可以注意到偏差，特别是预测的发动机起动/停止序列在某些弧线处有明显的偏差。驾驶员不可预知的行为，有时需要或多或少的车轮力矩估计，是这种行为的主要来源之一。此外，ECU 的力矩结构可以根据进一步的信息防止模式的改变，而这并不是用于预测。然而，这些偏差仍然是可以接受的。

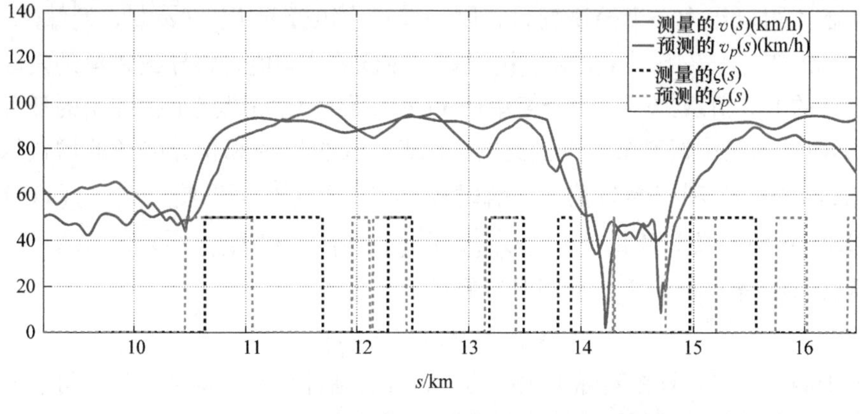

图 12.19　预测的车速轨迹 $\overline{\boldsymbol{v}}_p$ 和预测的最佳发动机起动/停止序列 $\overline{\zeta}_p$

当空间网格上的轨迹$\bar{\xi}_{ref}$包含一个边界弧时，即

$$\bar{\xi}_{ref}^{[i]} < \xi^{\min}$$

添加一个内部边界条件到 SOCP 中。识别出具有最低值$\bar{\xi}_{ref}^{[i]}$的空间瞬间值$s_{i_{\min}}$和内部边界条件：

$$\bar{\xi}_{ref}^{[i_{\min}]} - \xi^{\min} = 0 \tag{12.37}$$

如 de Jager 等[18]提出的，将其添加到 SOCP 公式中。然后，求解 SOCP。首先，在区间 $[s_0, s_{i_{\min}}]$ 上以式（12.37）作为最终状态。其次，在区间 $[s_{i_{\min}}, s_{N_s}]$ 上将$\xi^{\min}$作为初始值和ξ_f作为最终值，该过程如图 12.20 所示。$\bar{\xi}_{ref}$轨迹 1 包含一个低于下边界$\xi^{\min}=0.2$的弧，空间瞬间$s_{i_{\min}}$识别为 47.7km，其有最小值$\bar{\xi}_{ref}^{[i_{\min}]}$。然后，插入一个内部边界条件，要求该点在下状态界$\xi^{\min}$上。$\bar{\xi}_{ref}$轨迹 2 是以内点条件作为初始条件的解。

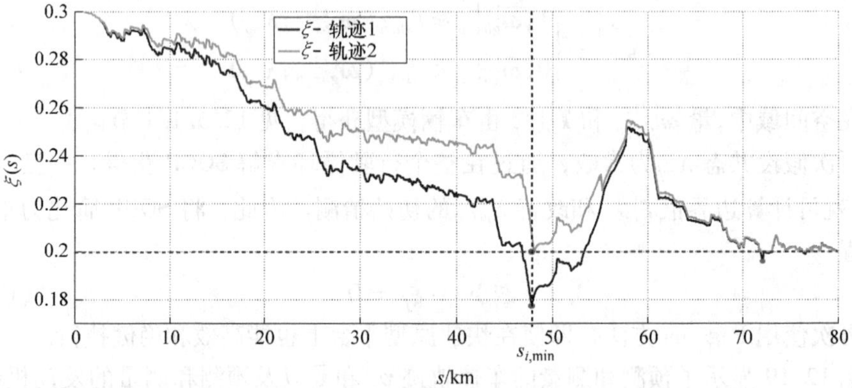

图 12.20　获得满足状态约束的次优轨迹的过程，虚线表示状态边界$\xi^{\min}$

12.5.2.2　瞬时共态更新

轨迹规划的若干不确定性因素使得控制器不可分割，其中包括模型误差和离散误差。然而，如前所述，最具影响力的不确定性是驾驶员的行为，其只能粗略预测。共态 λ 可以作为一个控制变量，因为其对力矩分配 $\hat{T}_{mg}$（$\bar{\boldsymbol{\omega}}_{gbx}^{[k]}$，$\bar{\boldsymbol{T}}_{gbx}^{[k]}$，λ）以及起动力矩 $\hat{T}_{start}$（$\bar{\boldsymbol{\omega}}_{gbx}^{[k]}$，λ）有直接影响。较低的共态值，将导致较早的发动机起动和较高的 ICE 负载力矩。一个简单的 PI 控制器可以完成抗干扰抑制的任务，与规划$\bar{\xi}_{ref}$轨迹的较小偏离是可以接受的。因此，比例路径和积分路径的增益保持相对较低的水平，有利于燃料消耗。瞬时控制$\bar{\boldsymbol{T}}_{ice}^{[k]}$和$\bar{\zeta}^{[k]}$可以使用在式（11.9）和式（11.10）中定义 LUT 的 $\hat{T}_{mg}$（$\bar{\boldsymbol{\omega}}_{gbx}^{[k]}$，$\bar{\boldsymbol{T}}_{gbx}^{[k]}$，$\bar{\boldsymbol{\lambda}}_{[k]}$）和 $\hat{T}_{start}$（$\bar{\boldsymbol{\omega}}_{gbx}^{[k]}$，$\bar{\boldsymbol{\lambda}}_{[k]}$）确定，当前驾驶条件是$\bar{\boldsymbol{\omega}}_{gbx}^{[k]}$和$\bar{\boldsymbol{T}}_{gbx}^{[k]}$，同时有修正的共态$\bar{\boldsymbol{\lambda}}_{[k]}$：

$$\bar{\boldsymbol{\lambda}}_{[k]} = \boldsymbol{\lambda}_{ref} + \Delta\bar{\boldsymbol{\lambda}}_{[k]}$$

由于测量值$\bar{\xi}_{[k]}$只在实际车辆中估计，并且估计会不时得到修正，可能发生跳跃。由于控制器增益较低，这不会导致不稳定。

12.5.2.3 试验结果

在电池容量为 7.5kW · h 的 PHEV 中，实现了预测策略。作为原型单元，使用了 dSPACE 的 MicroAutobox。用 $N_s=10000$ 离散值对路线进行离散。参考轨迹 $\bar{\xi}_{ref}^{[i]}$ 和恒定值 λ_{ref} 的计算在 MicroAutobox 上需要 1 ~ 5s，根据所需的迭代次数求解式（12.36）。为了避免频繁起动发动机，定义围绕 $\hat{T}_{start}$ 的迟滞实现起动/停止延迟，其参数使用遗传算法离线确定。

行驶循环使用实际的基准循环 1。驾驶测试再次由不同的驾驶员在白天的不同时间进行，以调查对预测驱动情况偏离的鲁棒性。

1. 电量混合（CB）操作

当目标目的地提供充电设施以及总行驶距离超过当前 SOC 的范围时，采用 CB 策略。在这种情况下，可以耗尽整个电能，但是 ICE 必须起动多次，以防止电池在到达目标目的地之前低于其最小值。这是预测能量管理的任务，确定 ICE 何时起动和力矩分配，SOC 的目标值设定为 0.2。

图 12.21 描述了 4 个测试驱动的 SOC 的参考轨迹 $\bar{\xi}_{ref}$ 和测量轨迹 $\bar{\xi}$。可以遵循参考轨迹，达到期望的目标值 $\xi_f=0.2$，所有测试情况实现狭窄公差 $\Delta\xi=\bar{\xi}_{[Ns]}-0.2$ 的 ±1.2%。即使预测的车速轨迹接近于测量曲线，控制器也必须明显修正共态值。这主要是由于发动机起动/停止的预测误差序列 $\bar{\zeta}_p$，可以由图 12.24 ~ 图 12.27 所示的 4 个测试驱动看出。图 12.22 描述了在效率图中 4 个测试驱动的 ICE 的操作点，特别是在高速公路上行驶时，发动机转速较高，ICE 的工作效率几乎达到最佳状态。低速行驶的情况也是如此，其中由于城市或农村的驾驶条件不太稳定，这种情况的传播稍微高一些。对于 2 个测试驱动，与基于规则的能量管理获得的操作点相比，预测能量管理获得的最优点得到严格控制。当然，基于规则的能量管理能够产生类似的结果，如图 12.23 的上图所示。然而，如果实际条件与名义上的设计期望有着显著改变，则这种策略的性能就会不好。

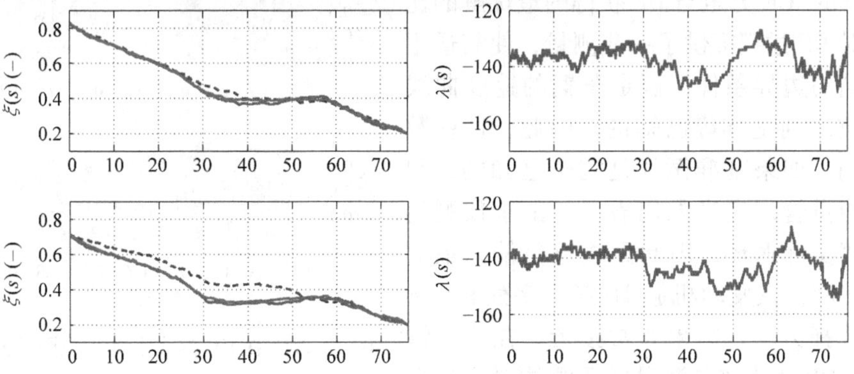

图 12.21 规划和测量的轨迹 $\bar{\xi}$ 以及修正的共态值 $\bar{\lambda}$，在 CB 模式的不同初始 SOC 下，在基准循环 1 上进行四次测量，DP 解作为参考 $\bar{\xi}$ 轨迹

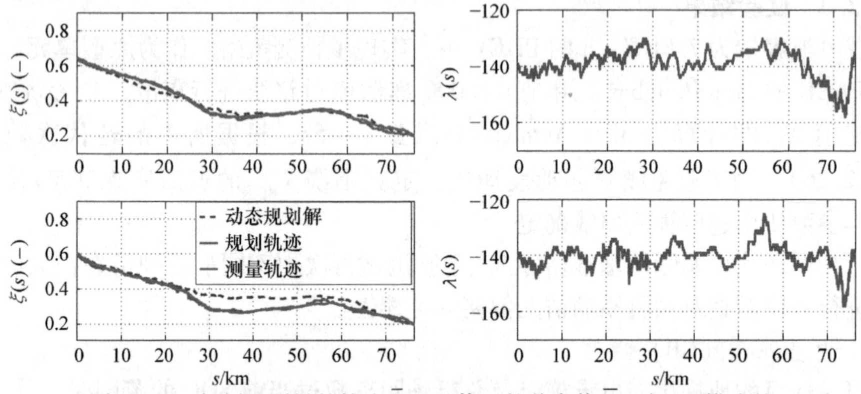

图 12.21　规划和测量的轨迹 $\bar{\xi}$ 以及修正的共态值 $\bar{\lambda}$，在 CB 模式的不同初始 SOC 下，在基准循环 1 上进行四次测量，DP 解作为参考 $\bar{\xi}$ 轨迹（续）

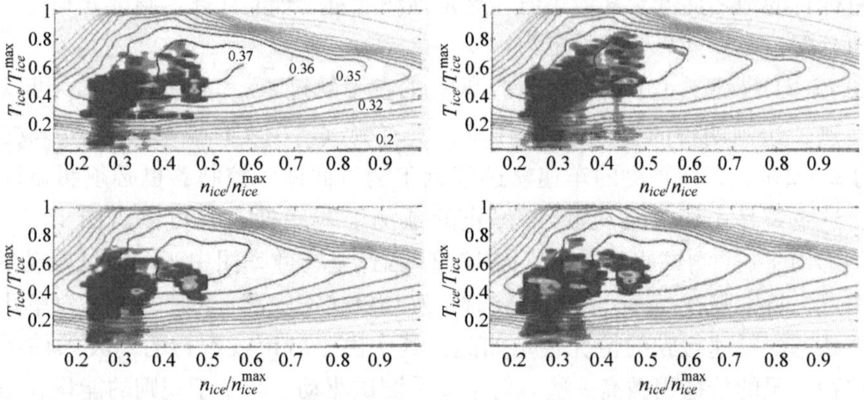

图 12.22　在 CB 模式下采用预测能量管理获得的 ICE 效率

图 12.24 ~ 图 12.27 显示了预测能量管理选择的 ICE 力矩与 DP 获得的最优解的比较。对 DP 过程提供了一些测量，使其适用于相同的边界条件，假定车辆的速度曲线和档位序列是准确已知的。因此，这些数据表明，如果基准循环是完全已知的，则预测能量管理应当如何表示。由于预测仍然偏离实际循环，因此无法避免偏离最优解。然而，在发动机起动/停止序列和 ICE 力矩选择方面，结果非常接近。在所有情况下，DP 最优解与测量的预测能量管理方案的燃料消耗差异均在 2.5% 以下。

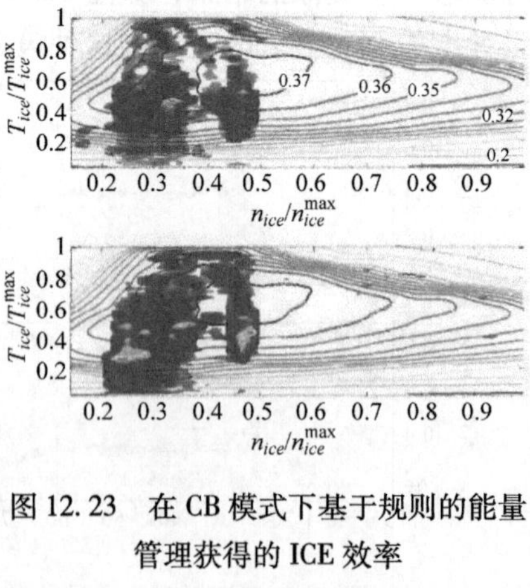

图 12.23　在 CB 模式下基于规则的能量管理获得的 ICE 效率

红色信号表示诊断功能的干预，它改变了预测能量管理选择的 ICE 力矩。

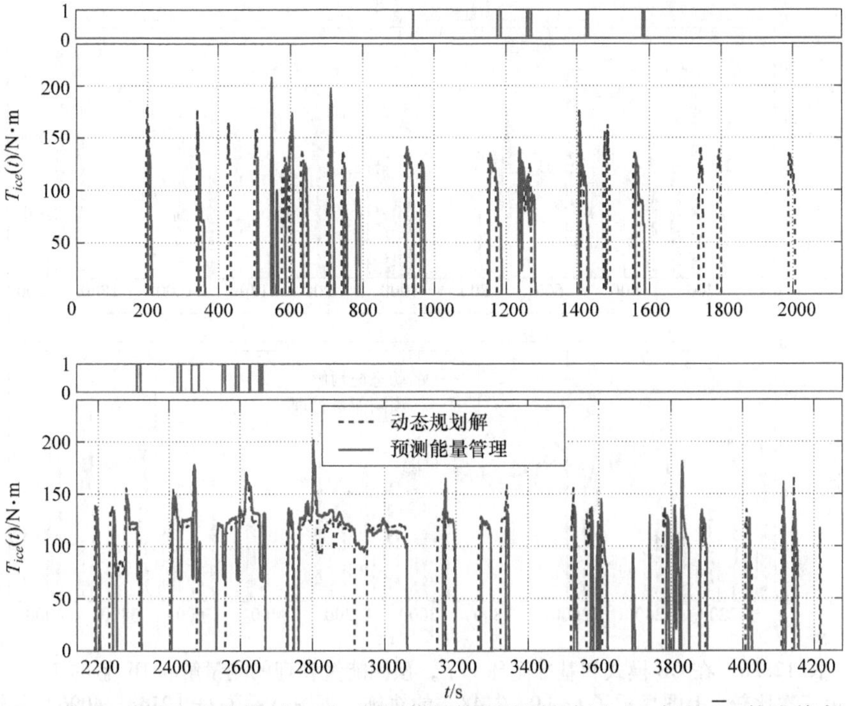

图 12.24　在 CB 模式和基准循环 1 下，预测能量管理的测量解和 DP 解的 $\overline{T}_{ice}$ 轨迹首次比较，上图显示了 $t\in[0,\ 2140]$ 的轨迹，下图显示了 $t\in[2140,\ 4280]$ 的轨迹

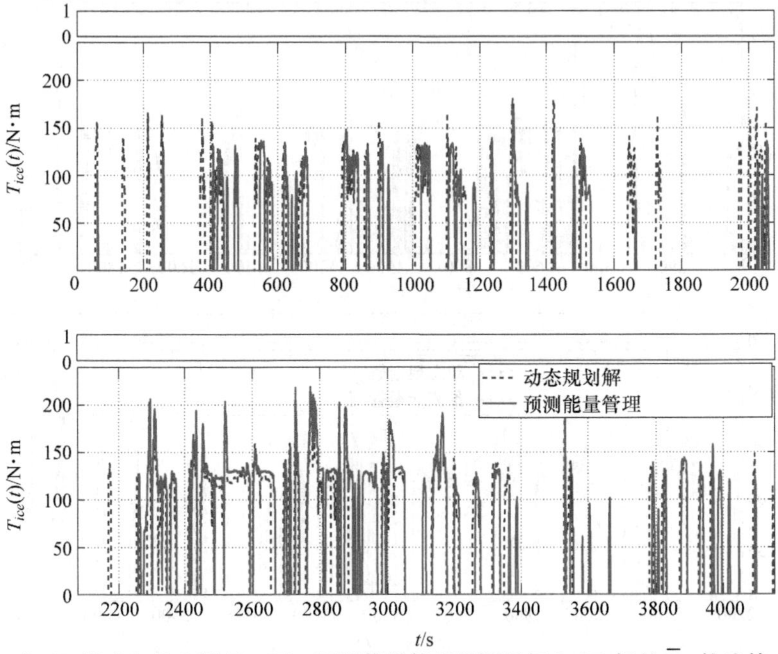

图 12.25　在 CB 模式和基准循环 1 下，预测能量管理的测量解和 DP 解的 $\overline{T}_{ice}$ 轨迹第二次比较，上图显示了 $t\in[0,\ 2076]$ 的轨迹，下图显示了 $t\in[2076,\ 4152]$ 的轨迹

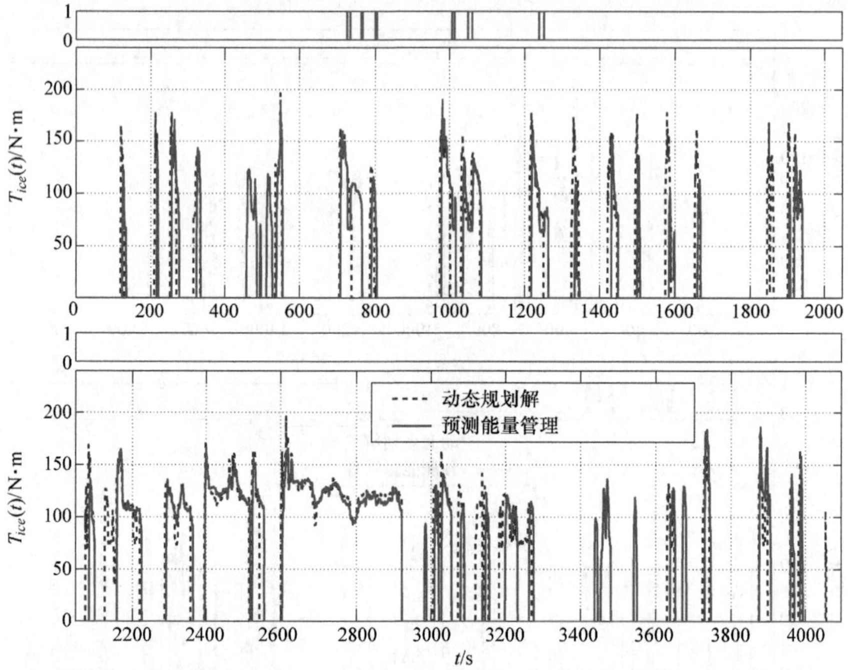

图 12.26 在 CB 模式和基准循环 1 下，预测能量管理的测量解和 DP 解的 $\overline{T}_{ice}$ 轨迹第三次比较，上图显示了 $t \in [0, 2148]$ 的轨迹，下图显示了 $t \in [2148, 4096]$ 的轨迹

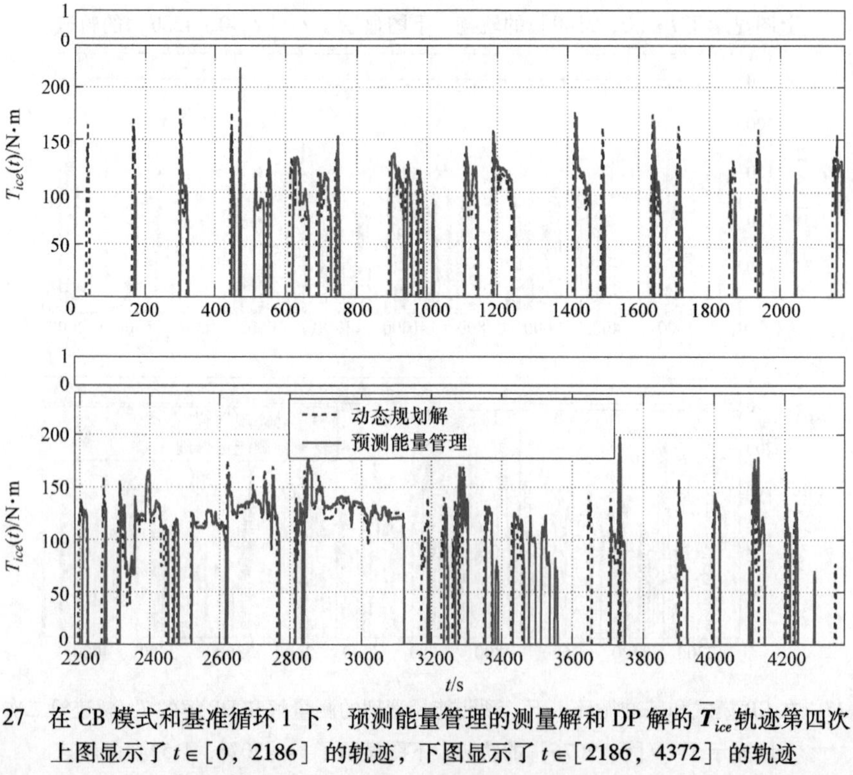

图 12.27 在 CB 模式和基准循环 1 下，预测能量管理的测量解和 DP 解的 $\overline{T}_{ice}$ 轨迹第四次比较，上图显示了 $t \in [0, 2186]$ 的轨迹，下图显示了 $t \in [2186, 4372]$ 的轨迹

表 12.4 显示了总里程为 75km 的基准循环 1 的基于规则和预测能量管理的定量比较。

表中的项根据以下假设计算：充电效率 $\eta_{grid}=0.7$，燃料成本 1.49€/L，电能成本 26ct /kW · h。

表 12.4　预测能量管理和基于规则的能量管理的燃料经济性的典型比较

类型	基于规则策略	预测策略
$\bar{\xi}_{[0]}$	0.83	0.83
$\bar{\xi}_{[Ns]}$	0.31	0.20
电能/kW · h	4.44	5.43
$\bar{\boldsymbol{\beta}}_{[Ns]}$/L	2.98	2.46
电能成本/€	1.63	2.00
燃料成本/€	4.44	3.66
总成本/（€/100km）	8.09	7.54

2. 电量维持（CS）操作

CS 策略是 PHEV 的一种备选自由度，也可以手动选择。在这种情况下，电池 SOC 得以维持。预测能量管理的任务是，确定 ICE 何时开始和确定力矩分配。

图 12.28 描述了 4 个测试驱动的 SOC 的参考轨迹 $\bar{\xi}_{ref}$ 和测量轨迹 $\bar{\xi}$。与 CB 模式相比，PI 控制器更频繁地调整共态值以保持 SOC。对于 4 种测试驱动，图 12.29 所

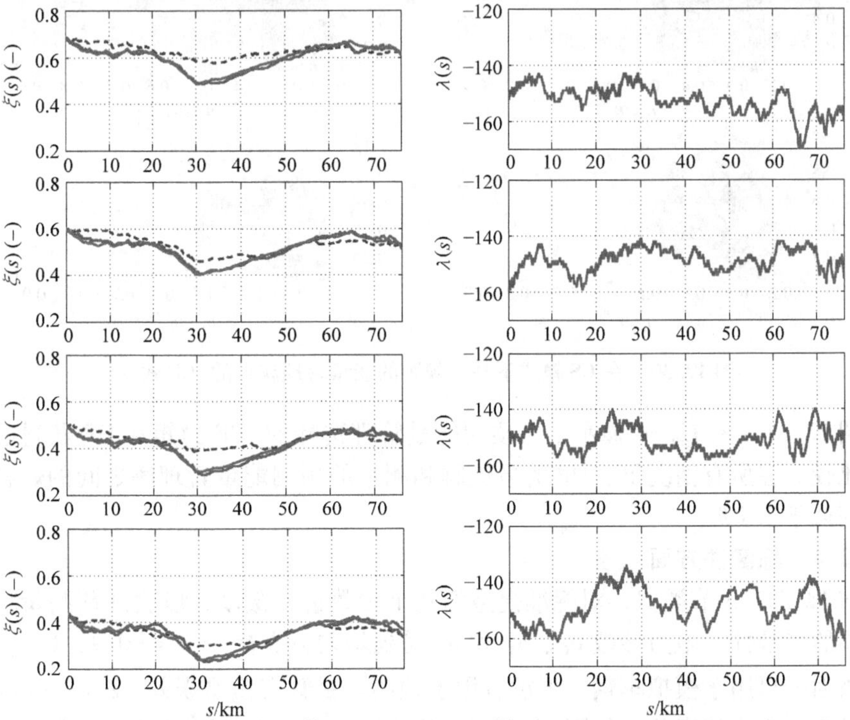

图 12.28　规划和测量的轨迹 $\bar{\xi}$ 和修正的共态值 $\bar{\lambda}$，在 CS 模式的不同初始 SOC 下，在基准循环 1 上进行四次测量，DP 解作为参考 $\bar{\xi}$ 轨迹

示的预测能量管理得到的最优点，与图 12.30 所示的基于规则的能量管理得到的操作点相比再次得到更严格的控制。值得注意的是，低发动机力矩和低发动机转速的郊区集群，通过预测能量管理向高负载的集群转移，从而提高效率。

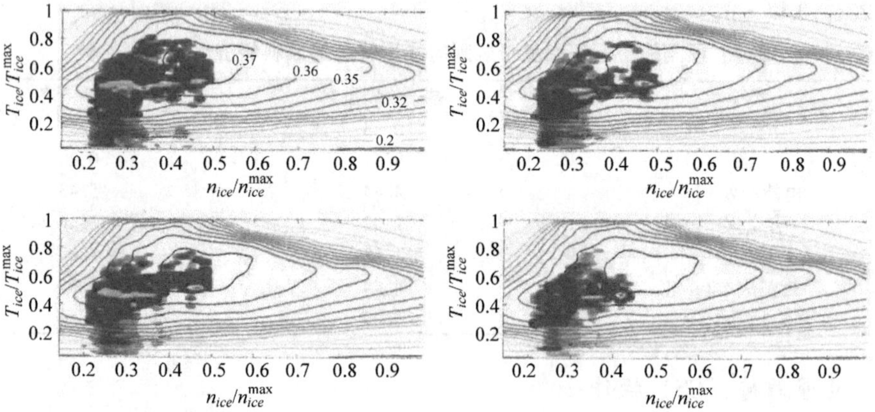

图 12.29　在 CS 模式下采用预测能量管理获得的 ICE 效率

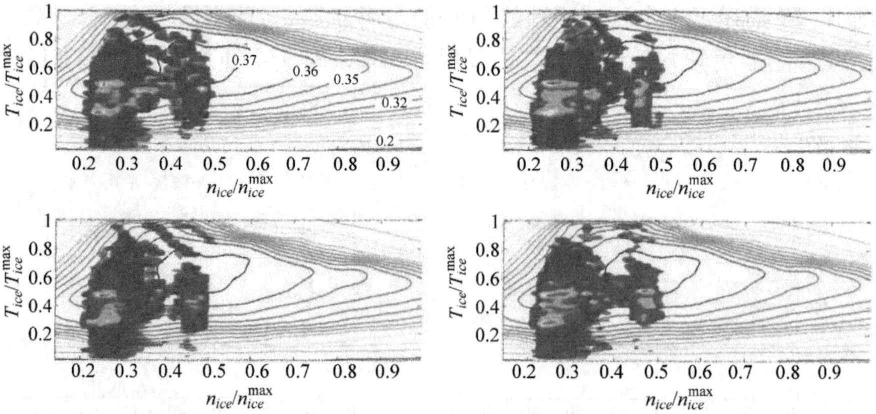

图 12.30　在 CS 模式下基于规则的能量管理获得的 ICE 效率

图 12.31 ~ 图 12.34 显示了由预测能量管理选择的 ICE 力矩和 DP 获得的最优解的比较。在所有情况下，DP 的最优解和测量的预测能量管理解之间的燃料消耗差异都低于 1.1%。

12.5.2.4　稳健性方面

与 12.5.1.5 节类似，对标准模型的几个参数进行摄动，以验证预测策略对建模误差的稳健性。阻力参数 a_0、a_1 和 a_2 受到均匀分布因子 $w \in [0.9, 1.1]$ 的扰动，该因子只用于模拟车辆，但没有用于预测。尽管有模型误差，$\bar{\xi}_{[Ns]} - \xi_f = 0$ 仍然满足于一个小的容差，如图 12.35 左侧所示。由散点图可以看出，由阻力系数扰动引起的燃料消耗分布与变速器的输入能量直接相关：

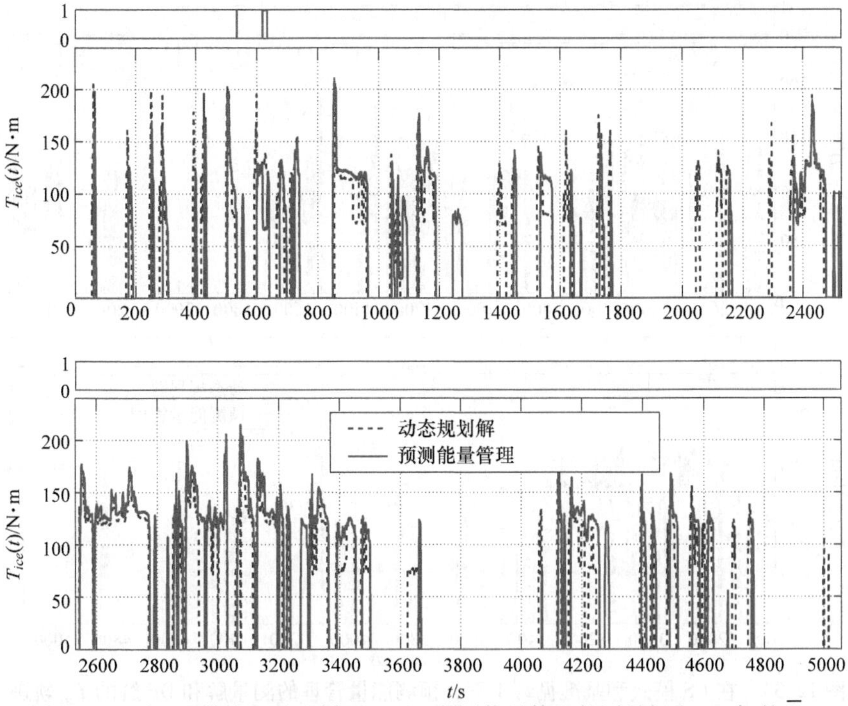

图 12.31　在 CS 模式和基准循环 1 下，预测能量管理的测量解和 DP 解的 $\overline{T}_{ice}$ 轨迹首次比较，上图显示了 $t\in[0, 2529]$ 的轨迹，下图显示了 $t\in[2529, 5058]$ 的轨迹

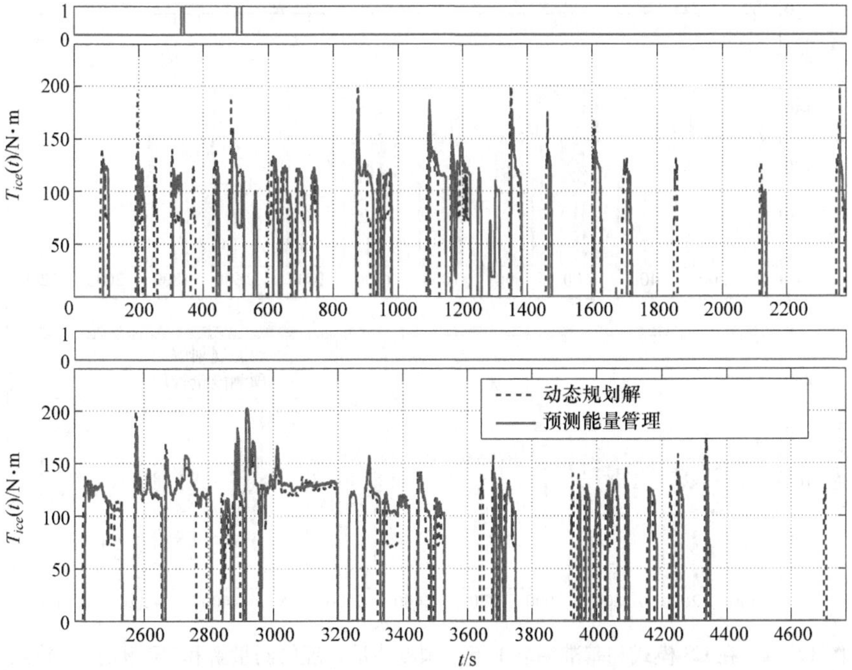

图 12.32　在 CS 模式和基准循环 1 下，预测能量管理的测量解和 DP 解的 $\overline{T}_{ice}$ 轨迹第二次比较，上图显示了 $t\in[0, 2385]$ 的轨迹，下图显示了 $t\in[2385, 4007]$ 的轨迹

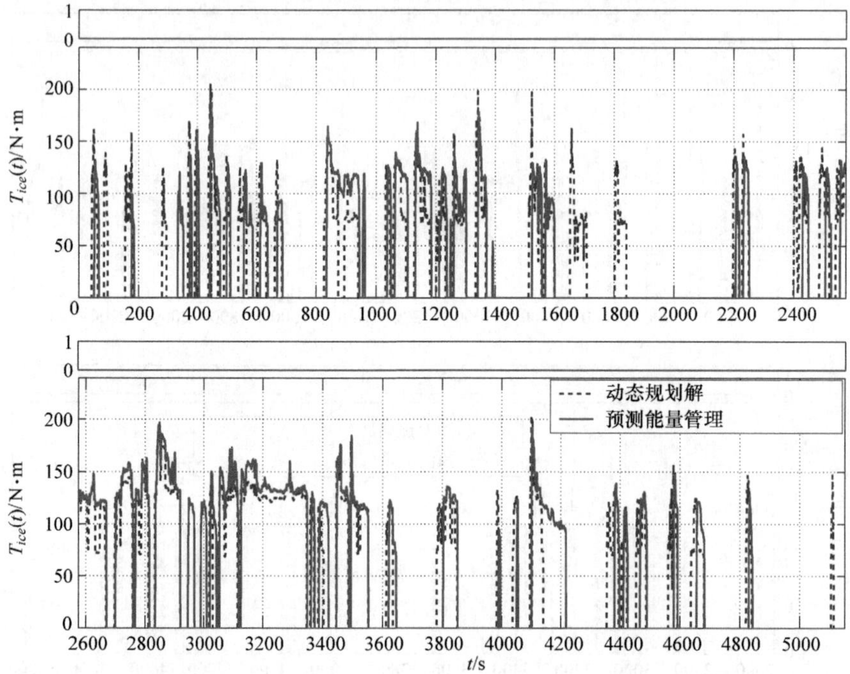

图 12.33　在 CS 模式和基准循环 1 下，预测能量管理的测量解和 DP 解的 $\overline{T}_{ice}$ 轨迹第三次比较，上图显示了 $t\in[0,\ 2576]$ 的轨迹，下图显示了 $t\in[2576,\ 5152]$ 的轨迹

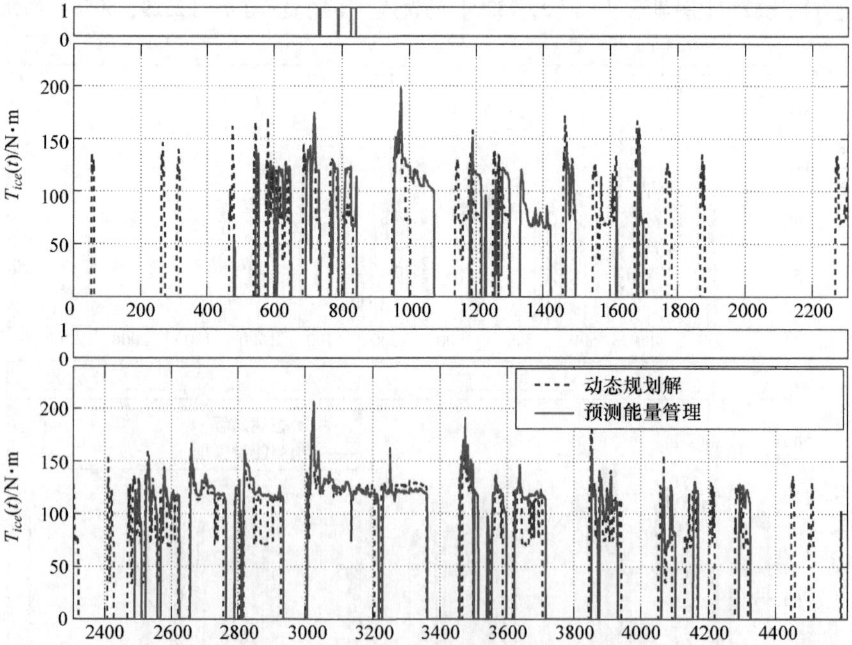

图 12.34　在 CS 模式和基准循环 1 下，预测能量管理的测量解和 DP 解的 $\overline{T}_{ice}$ 轨迹第四次比较，上图显示了 $t\in[0,\ 2306]$ 的轨迹，下图显示了 $t\in[2306,\ 4614]$ 的轨迹

$$E_{gbx}=\frac{1}{3600}\int_{t_0}^{t_f}T_{gbx}(t)\omega_{gbx}(t)\,\mathrm{d}t$$

为了研究不同驾驶员和交通状况下的鲁棒性，对22个记录的速度曲线进行了模拟。由ITS和驾驶员模型生成预测车速轨迹（在12.3节描述），既不反映驾驶员类型，也不包含交通密度信息。因此，每次预测的速度曲线是相同的。在这种情况下，$\Delta\xi$ 的影响更大，但仍在可接受的范围内，如图12.35右图所示。

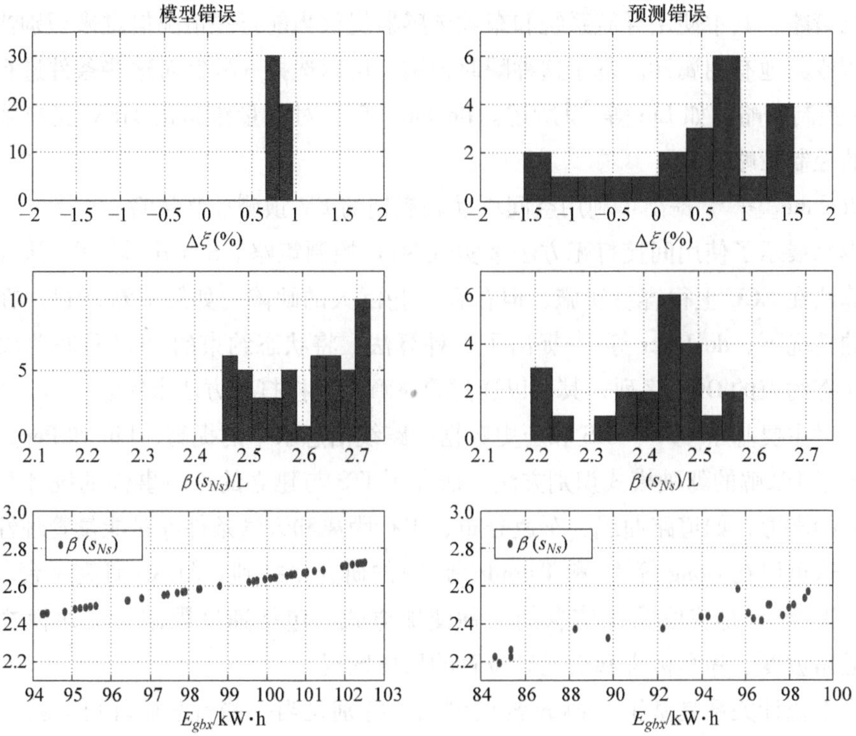

图12.35 最终状态实现和燃料消耗对建模误差和驾驶员不可预测行为的稳健性

12.6 相关研究

在关于混合动力车辆控制的文献中，模型预测控制经常用于相当短的预测范围，如文献[1，8]的工作。然而，基于PMP或ECMS的策略也越来越重要。在文献中，解释了基于寻找纯连续OCP共态值的许多方法。Musardo等[34]描述了基于驱动曲线预测周期性更新等效因子的ECM自适应控制的一般框架。Lee等[27]根据预测的车速曲线和所需的平均车轮功率由表选择共态，然后用于预测估计共态的初始值。在 Kermani 等[25]的研究中，实施模型预测控制器来确定预测驱动曲线上的共态值。Johannesson 等[20]提出的预测能量管理也包含离散决策，在此基础上离合器状态和连续值控制的优化分为两个阶段进行，采用动态规划和近似动态规划进行优化。在 Katsargyri 等[24]的研究中，路线分解成一系列具有部分已知属性（如道路等级）的路段连接。然后，采用动态规划方法确定每个路段电池 SOC 设置点的顺序，提出在线实施滚动时域控制策略[23]。复杂的预测控制策略的另一种选择是非预测策略，其中使用导航系统和车载传感器提供当前行驶情况信息来识别当前道路类型或其他有用属性。基于这种瞬时识别，可以选择一种针对这些条件进行优化的 RB 控制策略，如 Lin 等[30]所述。Boehme 等[7]对电量维持的 HEV 实施采用了类似的控制策略。

Boehme 等[4,5]提出了利用空间域动态规划的 EV 预测控制策略。

本章展示了使用间接打靶方法来实现 MPC 控制策略。Schori 等[41,42]认为间接打靶算法在 ECU 上很容易实施，但存在一些巨大的缺陷，如第 7 章所述。在状态约束的情况下，de Jager 等[18]提出了一种算法，将状态约束的 OCP 重写为没有不等式状态约束的 OCP 序列，其可以通过第 7 章的间接打靶方法求解。

针对主要基于 GPS、GIS 和历史数据的路线信息水平的提高，Lin 和 Peng[28]提出了基于 DP 解的驾驶模式识别方法。研究了 ITS 与建立的道路事件的统计和启发式关系的潜力，如道路曲线、车速分布、出行距离和天气条件等对能量管理性能的影响，这可以在 Gong 等[17]和 Tulpule 等[47]的研究中找到。ADAS 研究平台（Karbowski 等[22]）是获取路线信息的一种便捷方式，包括速度限制、交通模式的速度、道路坡度、停车标志和交通灯位置的历史数据。

许多统计关系是基于 Markov 链模型的，特别是当一些行驶循环可以找到在统计上代表车辆的使用时。然后，随机动态规划就显得特别有吸引力。最近的研究，包括 Moura 等[33]和 Liu 等[32]等的研究，显示了能量消耗的改善，这是由于混合动力传动具有根据多个行驶循环而不是单个行驶循环的概率分布来优化的能力。然而，随机动态规划方法是公认的需要大量数据进行验证和大量计算时间的方法（Bertsekas[2]、Johannesson 等[19]和 Lin 等[31]）。后者的特性使得该技术在实时算法中难以实现。

Carvalho 等[9]讨论了通过机器学习工具标定个性化驾驶员模型的优点。Boehme 等[6]提出的时间域驾驶员模型已经成功应用于功率分流混合动力的能量预测管理。

Sampathnarayanana 等[38]提出了一种非线性最优调节问题，使用一种控制 Lyapunov 函数进行能量管理。

参考文献

1. Back M (2005) Prädiktive Antriebsregelung zum energieoptimalen Betrieb von Hybridfahrzeugen. PhD thesis, Universität Stuttgart
2. Bertsekas DP (1976) Dynamic programming and stochastic control. Academic Press, New York
3. Bin Y, Li Y, Gong Q, Peng ZR (2009) Multi-information integrated trip specific optimal power management for plug-in hybrid electric vehicles. In: Proceedings of the 2009 Amercian control conference. Hyatt Regency riverfront. IEEE, St. Louis, pp 4607–4612
4. Boehme TJ, Held F, Rollinger C, Rabba H, Schultalbers M, Lampe B (2013) Application of an optimal control problem to a trip-based energy management for electric vehicles. SAE Int J Alt Power 6(1):115–126. doi:10.4271/2013-01-1465
5. Boehme TJ, Held F, Schultalbers M, Lampe B (2013) Trip-based energy management for electric vehicles: an optimal control approach. In: Proceedings of the 2013 American control conference (ACC 2013). IEEE, Washington, pp 5998–6003
6. Boehme TJ, Schori M, Frank B, Schultalbers M, Drewelow W (2013) A predictive energy management for hybrid vehicles based on optimal control theory. In: Proceedings of the 2013 American control conference (ACC 2013). IEEE, Washington, pp 6004–6009
7. Boehme TJ, Sehnke T, Schultalbers M, Jeinsch T (2014) Implementation of an optimal control like energy management for hybrid vehicles based on driving profiles. In: SAE world congress, Technical paper 2014-01-1903. doi:10.4271/2014-01-1903
8. Borhan HA, Vahidi A, Phillips AM, Kuang ML (2009) Predictive energy management of a power-split hybrid electric vehicle. In: Proceedings of the 2009 American control conference. IEEE, St. Louis, pp 3970–3976
9. Carvalho A, Lefèvre S, Schildbach G, Kong J, Borrelli F (2015) Automated driving: the role of forecasts and uncertainty—a control perspective. Eur J Control 24:14–32
10. Chen H, Allgöwer F (1998) A quasi-infinite horizon nonlinear model predictive control scheme with guaranteed stability. Automatica 34(10):1205–1217
11. Farrokhi M, Mohebbi M (2005) Optimal fuzzy control of parallel hybrid electric vehicles. In: ICCAS2005, pp 2–5
12. Ferreau HJ, Bock HG, Diehl M (2008) An online active set strategy to overcome the limitations of explicit MPC. Int J Robust Nonlinear Control 18(8):816–830
13. Findeisen R, Imsland L, Allgöwer F, Foss B (2003) Towards a sampled-data theory for nonlinear model predictive control. In: New trends in nonlinear dynamics and control and their applications. Springer, pp 295–311
14. Fontes FA (2001) A general framework to design stabilizing nonlinear model predictive controllers. Syst Control Lett 42(2):127–143
15. Gipps PG (1981) A behavioural car-following model for computer simulation. Transp Res Part B Methodol 15:105–111
16. Gong Q, Li Y, Peng ZR (2008) Computationally efficient optimal power management for plug-in hybrid electric vehicles based on spatial-domain two-scale dynamic programming. In: IEEE international conference on vehicular electronics and safety, ICVES 2008, pp 90–95
17. Gong Q, Tulpule P, Marano V, Midlam-Mohler S, Rizzoni G (2011) The role of ITS in PHEV performance improvement. In: Proceedings of the 2011 American control conference on O'Farrell Street. IEEE, San Francisco, pp 119–124
18. de Jager B, van Keulen T, Kessels J (2013) Optimal control of hybrid vehicles. Springer
19. Johannesson L, Åsbogård M, Egardt B (2007) Assessing the potential of predictive control for hybrid vehicle powertrains using stochastic dynamic programming. IEEE Trans Intell Transp Syst 8(1):71–83
20. Johannesson L, Petterson S, Egardt B (2009) Predictive energy management of a 4QT series-parallel hybrid electric bus. Control Eng Pract 17:1440–1453

21. Karbowski D, Rousseau A, Pagerit S, Sharer P (2006) Plug-in vehicle control strategy: from global optimization to real time application. In: 22nd electric vehicle symposium, EVS22, Yokohama, Japan
22. Karbowski D, Pagerit S, Calkins A (2012) Energy consumption prediction of a vehicle along a user-specified real-world trip. In: Proceedings from the electric vehicle symposium (EVS26)
23. Katsargyri GE, Kolmanovsky I, Michelini J, Kuang M, Phillips A, Rinehart M, Dahleh M (2009) Path dependent receding horizon control policies for hybrid electric vehicles. In: 2009 IEEE control applications, (CCA) & intelligent control, (ISIC). IEEE, pp 607–612
24. Katsargyri GE, Kolmanovsky IV, Michelini J, Kuang ML, Phillips AM, Rinehart M, Dahleh MA (2009) Optimally controlling hybrid electric vehicles using path forecasting. In: Proceedings of the 2009 American control conference. IEEE, pp 4613–4617
25. Kermani S, Delprat S, Guerra T, Trigui R, Jeanneret B (2012) Predictive energy management for hybrid vehicle. Control Eng Pract 20:408–420
26. Khalil HK, Grizzle J (1996) Nonlinear systems, vol 3. Prentice hall, New Jersey
27. Lee D, Cha S, Rousseau A, Kim N, Karbowski D (2012) Optimal control strategy for PHEVs using prediction of future driving schedule. In: Proceedings of the 26th electric vehicle symposium
28. Lin CC, Peng H (2002) Control of a hybrid electric truck based on driving pattern recognition. In: Proceedings of the 2002 advanced vehicle control conference, Hiroshima, Japan
29. Lin CC, Kang JM, Grizzle JW, Peng H (2001) Energy management strategy for a parallel hybrid electric truck. In: Proceedings of the 2001 American control conference, Arlington, vol 4, pp 2878–2883
30. Lin CC, Jeon S, Peng H, Moo Lee J (2004) Driving pattern recognition for control of hybrid electric trucks. Veh Syst Dyn 42(1–2):41–58
31. Lin CC, Peng H, Grizzle J (2004) A stochastic control strategy for hybrid electric vehicles. In: Proceedings of the 2004 American control conference, vol 5. IEEE, pp 4710–4715
32. Liu J, Peng H (2008) Modeling and control of a power-split hybrid vehicle. IEEE Trans Control Syst Technol 16:1242–1251
33. Moura SJ, Fathy HK, Callaway DS, Stein JL (2011) A stochastic optimal control approach for power management in plug-in hybrid electric vehicles. IEEE Trans Control Syst Technol 19. doi:10.1109/TCST.2010.2043736
34. Musardo C, Rizzoni G, Staccia B (2005) A-ECMS: An adaptive algorithm for hybrid electric vehicle energy management. In: Proceedings of the 44th IEEE conference on decision and control, pp 1816–1823
35. Paganelli G, Ercole G, Brahma A, Guezennec Y, Rizzoni G (2001) General supervisory control policy for the energy optimization of charge-sustaining hybrid electric vehicles. JSAE Rev 22(4):511–518
36. Ranjitkar P, Nakatsuji T, Kawamua A (2005) Car-following models: an experiment based benchmarking. J Eastern Asia Soc Transp Stud 6:1582–1596
37. Ress C, Balzer D, Bracht A, Durekovic S, Loewenau J (2013) Adasis protocol for advanced in-vehicle applications. http://www.ertico.com/assets/pdf/ADASISv2-ITS-NY-Paper-Finalv4.pdf
38. Sampathnarayanana B, Onori S, Yurkovich S (2014) An optimal regulation strategy with disturbance rejection for energy management of hybrid electric vehicles. Automatica 50:128–140
39. Schori M, Boehme TJ, Frank B, Schultalbers M (2013) Calibration of parallel hybrid vehicles based on hybrid optimal control theory. In: 9th IFAC symposium on nonlinear control systems (NOLCOS), Toulouse, pp 475–480
40. Schori M, Boehme TJ, Frank B, Schultalbers M (2013) Solution of a hybrid optimal control problem for a parallel hybrid vehicle. In: 7th IFAC symposium on advances in automotive control (AAC), Tokyo, pp 109–114
41. Schori M, Boehme TJ, Frank B, Lampe B (2014) Optimal calibration of map-based energy management for plug-in parallel hybrid configurations: a hybrid optimal control approach. IEEE Trans Veh Technol 64(9):3897–3907. doi:10.1109/TVT.2014.2363877

42. Schori M, Boehme TJ, Jeinsch T, Schultalbers M (2015) A robust predictive energy management for plug-in hybrid vehicles based on hybrid optimal control theory. In: Proceedings of the 2015 American control conference (ACC). IEEE, Palmer House Hilton, Chicago, pp 2278–2283. doi:10.1109/ACC.2015.7171072
43. Schouten N, Salman M, Kheir N (2002) Fuzzy logic control for parallel hybrid vehicles. IEEE Trans Control Syst Technol 10(3):460–468
44. Schouten NJ, Salman MA, Kheir NA (2003) Energy management strategies for parallel hybrid vehicles using fuzzy logic. Control Eng Pract 11:171–177
45. Serrao L, Onori S, Rizzoni G (2011) A comparative analysis of energy management strategies for hybrid electric vehicles. J Dyn Syst Measur Control 133(3):031012. doi:10.1115/1.4003267
46. Treiber M, Kesting A (2010) Verkehrsdynamik und -simulation: Daten, Modelle und Anwendungen der Verkehrsflussdynamik. Springer, Berlin, Heidelberg
47. Tulpule P, Marano V, Rizzoni G, Mcgee R, Yu H (2011) A statistical approach to assess the impact of road events on PHEV performance using real world data. In: SAE world congress, Technical Paper 2011-01-0875. doi:10.4271/2011-01-0875
48. Wiki O (2013) Srtm2Osm—OpenStreetMap Wiki. http://wiki.openstreetmap.org/w/index.php?title=Srtm2Osm&oldid=936315

第 13 章　混合动力传动构型的优化设计

13.1 引言

传统上，首先对混合动力电动车辆（HEV）动力传动的结构和参数及其插电式衍生品进行优化。然后，在混合动力车辆构型的基础上设计一种能量协调控制策略[10]。在这种设计理念中，结构、参数优化和控制设计都是连续进行的。在现代车辆设计方法中[7]，混合动力车辆系统及其动力传动部件与控制策略 K 之间强烈的依存关系增加了车辆设计的成功性，从而产生了同步设计方法。

强烈的依存关系可以通过问题描述来说明，如图 13.1 所示。将跨越车辆设计构型空间的参数表示为设计参数。这些设计参数以一种相互矛盾的方式影响目标，如燃料经济性和驾驶性能等。图 13.1 中的控制策略 K 取决于构型空间，因为不同的设计参数会扩展、压缩甚至分离可达集合，从而使设计可行或不可行。

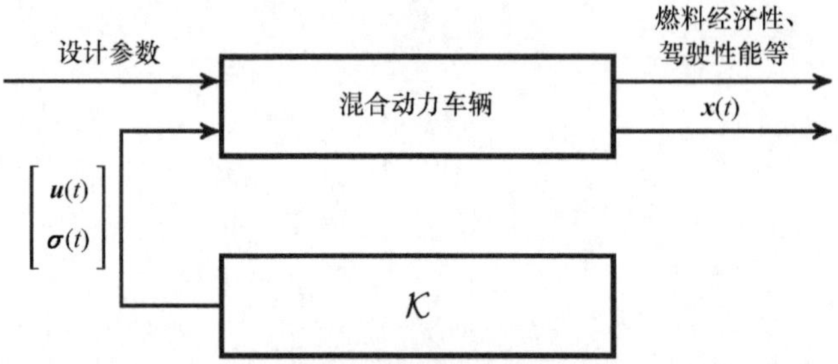

图 13.1　设计参数和能量管理的依存关系

因此，将结构和参数优化与能量管理设计相匹配，使整个动力传动集成达到最优效率，是一个不可分割的良好设计过程。这就使得整个设计过程成为一个复杂的课题。如何应用前面各章提出的优化方法来处理如此庞大的问题，这里只能给出一些提示。为了简便起见，做出如下假设：

1）动力传动结构固定为 P2 混合动力传动。

2）预先选择内燃机（ICE）和电池。

3）档位的数量是固定的。

此外，为了使计算工作易于管理，部件模型必须是简单的。这时只考虑通过集中参数模型来实现，避免如有限元的计算。基本部件特性由测量收集和映射到张量积表面[6]。

本章将通过应用多目标优化策略对 P2 HEV 系统的动力传动构型和能量管理同时进行优化。Boehme 等[5,6]的研究通过求解批处理最优控制问题（OCP）得到扩展，嵌入到多目标遗传算法（MOGA）中。

13.2　过程描述

图 13.1 所示的混合动力传动设计的过程模型，由设计参数、连续值控制 $\boldsymbol{u}(\cdot)$ 、二元控制 $\boldsymbol{\sigma}(\cdot)$ 、连续状态 $\boldsymbol{x}(\cdot)$ 和性能输出组成，将在下一节中描述。

13.2.1　驾驶性能指标

除了燃料消耗外，一个重要的性能输出是驾驶性能。车辆驾驶性能可以通过性能指标来评价。可以考虑不同的性能指标，如从 0 到 100km/h 加速时间的计算、最高速度或者两者的结合。对配备多速变速器车辆进行评价时，每档可达到的加速度加权准则可以给出可靠的解决方案。加权因子通常由许多驾驶员评估的驾驶性能测试得出，将这样的性能指标称为主观驾驶性能指标（SDPI），以突出这些因素的主观特性。

在形式上，SDPI 是通过计算每个档位可实现的加速度来确定的。然后，对这些选定的加速度进行加权。可以定义不同规则从每个加速度曲线中选择值，如每个档位可达到的最大加速度。以下规则用于确定每个档位的加速度点，在实践中效果良好。第一个选定的加速度由下式计算：

$$a_1^{sel} = \max\left(\frac{F_{wh,j}(v) - F_w(v)}{m\,\widetilde{\gamma}_m(\boldsymbol{i}_{gbx}^{[1]})}\right)$$

式中，$F_w(\cdot)$ 为总摩擦力；$\widetilde{\gamma}_m(\cdot)$ 为取决于档位的质量系数；v 为车速。

在啮合第 j 个齿轮的传动比 $i_{t,j}$ 处，使用安装的最大发动机和电机功率可实现的车轮力矩为

$$F_{wh,j}(v) = \left[T_{mg}^{\max}\left(\frac{v i_{t,j}}{r_{wh}}\right) + T_{ice}^{\max}\left(\frac{v i_{t,j}}{r_{wh}}\right) - T_{loss}\left(\frac{v i_{t,j}}{r_{wh}}\right)\right]\frac{i_{t,j}}{r_{wh}}$$

然后，对于所有 $j=2$，…，N_{gbx}，计算下一个选定的加速度：

$$\widetilde{v}_j = \arg\min_{\forall v}\left(F_{trac}^{\max}(v) - F_{wh,j}(v)\right)$$

$$a_j^{sel} = \frac{F_{wh,j}(\widetilde{v}_{j-1}) - F_w(\widetilde{v}_{j-1})}{m\,\widetilde{\gamma}_m(\boldsymbol{i}_{gbx}^{[j]})}$$

最大牵引力 $F_{trac}^{max}(\cdot)$ 简单计算为

$$F_{trac}^{max}(v) = \frac{P_{ice}^{max} + P_{mg}^{max}}{v}$$

最后，SDPI 由所有选定的加速度的加权和得到

$$\mathrm{SDPI} := \sum_{j=1}^{N_{gbx}} a_j^{sel} \boldsymbol{c}_{sdpi}^{[j]}$$

式中，常系数 $\boldsymbol{c}_{sdpi}$ 由来自许多驾驶员的调查问卷确定，因此主观印象不同。

Rechs 等[25]提出了一种不同的版本，使用每个档位可达到的最大加速度。

13.2.2 设计参数

良好的燃料经济性和高驱动性能在很大程度上取决于齿轮传动比的正确选择。因此，自动变速器（10.41）的档位在一定的范围内进行优化，而最高传动比 $i_{t,1}$ 需要满足蠕变速度和最大道路倾角约束，因而不考虑优化。然后，得到齿轮级的优化向量为

$$\boldsymbol{y}_t = [\varphi_1, \varphi_2, \varphi_3, \cdots, \varphi_{N_{gbx}-1}]^T \tag{13.1}$$

每一个齿轮级的改变限制在

$$\varphi_j^{min} \leqslant \varphi_j \leqslant \varphi_j^{max}$$

式中，φ_j^{min} 和 φ_j^{max} 分别为第 j 个齿轮的最小级和最大级。

使用式（13.1）的齿轮级，可以计算出传动比：

$$\boldsymbol{i}_t = \left[i_{t,1}, \frac{i_{t,1}}{\varphi_1}, \frac{i_{t,2}}{\varphi_2}, \frac{i_{t,3}}{\varphi_3}, \frac{i_{t,4}}{\varphi_4}, \ldots, \frac{i_{t,N_{gbx}-1}}{\varphi_{N_{gbx}-1}} \right]^T \tag{13.2}$$

一个适当的电动机/发电机（MG）对于获得良好的效率/重量的平衡是非常重要的。因此，最大功率 P_{mg}^{max} 和基本速度与最大速度的比值 b_{mg} 用于作为 MG 的设计变量，给出优化向量：

$$\boldsymbol{y}_{mg} = \begin{bmatrix} P_{mg}^{max} \\ b_{mg} \end{bmatrix}$$

由于只使用永磁同步电机（PMSM），因此假定比值 b_{mg} 位于可接受范围（10.21）内。

13.2.3 动力传动动力学

P2 混合动力的动力传动动力学基于模型 M_4，状态向量为

$$\overline{\boldsymbol{x}}_{[k]} = \begin{bmatrix} \overline{\boldsymbol{\xi}}_{[k]} \\ \overline{\boldsymbol{\beta}}_{[k]} \\ \overline{\boldsymbol{\vartheta}}_{cw}^{[k]} \end{bmatrix}$$

式中，$\bar{\boldsymbol{\xi}}_{[k]}$、$\bar{\boldsymbol{\beta}}_{[k]}$和 $\bar{\boldsymbol{\vartheta}}_{cw}^{[k]}$ 分别为 SOC、燃料消耗量和冷却液温度。

该模型有两个连续值控制：

$$\bar{\boldsymbol{u}}_{[k]} = \begin{bmatrix} \bar{\boldsymbol{T}}_{ice}^{[k]} \\ \bar{\boldsymbol{T}}_{brk}^{[k]} \end{bmatrix} \tag{13.3}$$

其中，如果达到电池的充电限制或者（MG）的 $T_{mg}^{\max}$（$\bar{\boldsymbol{\omega}}_{mg}^{[k]}$），则 $\bar{\boldsymbol{T}}_{brk}^{[k]}$ 提供剩余的制动力矩。

离散决策是驱动模式 $\bar{\zeta}_{[k]} \in \{0, 1\}$ 和选择的档位 $\bar{\boldsymbol{\kappa}}_{[k]} \in \{1, 2, \cdots, 7\}$，其可以聚合为离散状态：

$$\bar{\boldsymbol{q}}_{[k]} = 7\bar{\boldsymbol{\zeta}}_{[k]} + \bar{\boldsymbol{\kappa}}_{[k]}$$

由于数值优化方法的原因，将驱动模式状态 $\bar{\zeta}_{[k]}$ 表示为两个 Boole 变量：混合驱动模式的 $\bar{\boldsymbol{\sigma}}_1^{[k]}$ 和电动驱动模式 $\bar{\boldsymbol{\sigma}}_2^{[k]}$。

为了以后在参数敏感性研究中使用，引入以下参数：

p_1	电池容量 Q_{bat}	p_9	比例速度
p_2	电池电阻 R_{bat}	p_{10}	比例 MG 功率 $P_{mg}^{\max}$
p_3	辅助功率 P_{aux}	p_{11}	初始的 SOC ξ_0
p_4	车辆质量 m	p_{12}	最终的 SOC ξ_f
p_5	车轮半径 r_{wh}	$p_{13,\cdots,19}$	传动比 $i_{t,1}$，…，$i_{t,7}$
$p_{6,7,8}$	阻力系数 a_0，a_1，a_2		

这些参数建立了参数空间 $\hat{P}$，出现在模型 M_4系统动力学以及边界条件中。

模型 M_4的状态方程可以用第 5 章的任意 RK 方法离散。这里，使用隐式 Euler 格式来离散状态方程。然后，计算 SOC：

$$\begin{aligned}\bar{\boldsymbol{\xi}}_{[k+1]} &= \bar{\boldsymbol{\xi}}_{[k]} + h\Gamma_{\xi}(\bar{\boldsymbol{\xi}}_{[k+1]}, \bar{\boldsymbol{T}}_{ice}^{[k+1]}, \bar{\boldsymbol{\sigma}}_{[k+1]}) \\ &= \bar{\boldsymbol{\xi}}_{[k]} + \sum_{q=1}^{2} \bar{\boldsymbol{\sigma}}_q^{[k+1]} \frac{h}{p_1} I_{bat,q}(\bar{\boldsymbol{\xi}}_{[k+1]}, \bar{\boldsymbol{T}}_{ice}^{[k+1]})\end{aligned} \tag{13.4}$$

计算燃料消耗率：

$$\begin{aligned}\bar{\boldsymbol{\beta}}_{[k+1]} &= \bar{\boldsymbol{\beta}}_{[k]} + h\Gamma_{\beta}(\bar{\boldsymbol{\vartheta}}_{cw}^{[k+1]}, \bar{\boldsymbol{T}}_{ice}^{[k+1]}, \bar{\boldsymbol{\sigma}}_1^{[k+1]}) \\ &= \bar{\boldsymbol{\beta}}_{[k]} + h\,\bar{\boldsymbol{\sigma}}_1^{[k+1]}\gamma_f CF_{fc}(\bar{\boldsymbol{\vartheta}}_{cw}^{[k+1]}) \times \mathrm{bsfc}(\bar{\boldsymbol{T}}_{ice}^{[k+1]}, \bar{\boldsymbol{\omega}}_{ice}^{[k+1]})\bar{\boldsymbol{T}}_{ice}^{[k+1]}\bar{\boldsymbol{\omega}}_{ice}^{[k+1]},\end{aligned} \tag{13.5}$$

计算冷却液温度：

$$\begin{aligned}\bar{\boldsymbol{\vartheta}}_{cw}^{[k+1]} &= \bar{\boldsymbol{\vartheta}}_{cw}^{[k]} + h\Gamma_{\vartheta_{cw}}(\bar{\boldsymbol{\vartheta}}_{cw}^{[k+1]}, \bar{\boldsymbol{T}}_{ice}^{[k+1]}, \bar{\boldsymbol{\sigma}}_1^{[k+1]}) \\ &= \bar{\boldsymbol{\vartheta}}_{cw}^{[k]} + hc_1[\gamma_{cw}H_l\Gamma_{\beta}(\bar{\boldsymbol{\vartheta}}_{cw}^{[k+1]}, \bar{\boldsymbol{T}}_{ice}^{[k+1]}, \bar{\boldsymbol{\sigma}}_1^{[k+1]}) - \bar{\boldsymbol{T}}_{ice}^{[k+1]}\bar{\boldsymbol{\omega}}_{ice}^{[k+1]}] \\ &\quad - c_2[\bar{\boldsymbol{\vartheta}}_{cw}^{[k+1]} - \bar{\boldsymbol{\vartheta}}_{amb}^{[k+1]}]\end{aligned} \tag{13.6}$$

式中，$\Gamma_{\xi}(\cdot)$、$\Gamma_{\beta}(\cdot)$ 和 $\Gamma_{\vartheta_{cw}}(\cdot)$ 分别为 SOC、燃料消耗量和冷却液温度的隐式 Euler 格式的增量函数；H_l 为燃料的低热值；$CF_{fc}(\cdot)$ 为发动机预热的燃料修正值；

参数 c_1、c_2、γ_f 和 γ_{cw} 包括热容和自然常数。

微分方程式（13.4）~式（13.6）使用以下量：

$$\overline{\boldsymbol{\omega}}_{gbx}^{[k]} = \frac{p_9\,\overline{\boldsymbol{v}}_{[k]}}{2\pi p_5}\overline{\boldsymbol{i}}_t^{[k]} \tag{13.7}$$

$$\overline{\boldsymbol{\omega}}_{mg}^{[k]} = \overline{\boldsymbol{\omega}}_{gbx}^{[k]} \tag{13.8}$$

$$\overline{\boldsymbol{\omega}}_{ice}^{[k]} = \overline{\boldsymbol{\zeta}}_{[k]}\overline{\boldsymbol{\omega}}_{gbx}^{[k]} \tag{13.9}$$

$$\overline{\boldsymbol{T}}_{gbx}^{[k]} = \frac{p_5}{\overline{\boldsymbol{i}}_t^{[k]}}\left(p_4\overline{\boldsymbol{a}}_{[k]} + p_6 + p_7p_9\,\overline{\boldsymbol{v}}_{[k]} + p_8(p_9\,\overline{\boldsymbol{v}}_{[k]})^2 + \overline{\boldsymbol{T}}_{loss}^{[k]} + \overline{\boldsymbol{T}}_{brk}^{[k]}\right) \tag{13.10}$$

$$I_{bat,q}(\overline{\boldsymbol{\xi}}_{[k]},\overline{\boldsymbol{T}}_{ice}^{[k]}) = \frac{-V_{oc}(\overline{\boldsymbol{\xi}}_{[k]}) + \sqrt{V_{oc}^2(\overline{\boldsymbol{\xi}}_{[k]}) + 4p_2P_{bat,q}(\overline{\boldsymbol{T}}_{ice}^{[k]})}}{2p_2}$$

$$P_{bat,1}(\overline{\boldsymbol{T}}_{ice}^{[k]}) = -P_{mg}\left(\frac{\overline{\boldsymbol{T}}_{gbx}^{[k]} - \overline{\boldsymbol{T}}_{ice}^{[k]}}{p_{10}},\overline{\boldsymbol{\omega}}_{mg}^{[k]}\right) - p_3$$

$$P_{bat,2} = -P_{mg}\left(\frac{\overline{\boldsymbol{T}}_{gbx}^{[k]}}{p_{10}},\overline{\boldsymbol{\omega}}_{mg}^{[k]}\right) - p_3$$

$$\overline{\boldsymbol{i}}_t^{[k]} \in [p_{13},p_{14},p_{15},p_{16},p_{17},p_{18},p_{19}]^T$$

式中，$\overline{\boldsymbol{a}}$ 和 $\overline{\boldsymbol{v}}$ 分别为离散的车辆加速度和速度。

13.3 动力传动多目标设计

通常使用电量维持的 HEV 的设计目标，可以表示如下[9]：

1）满足性能要求（可分级性、高牵引力、最大巡航速度和最高速度）。

2）尽可能回收制动能量。

3）实现高燃料经济性。

4）实现低排放。

5）保持合理水平的 SOC。

6）不应超出每个部件的工作范围。

对这些设计目标进行分类可以发现，设计目标 1 取决于车辆的设计参数，如 MG 额定功率和齿轮级，而目标 2 ~5 取决于设计参数和能量控制策略。这些不足为奇的事实将有助于构建优化算法，使设计目标 1 可以独立于能量控制设计。对于其他 5 个设计目标，这种简化是不适用的。此外，设计目标 2 和 3 可以概括为一个目标，即节能。设计目标 5 表示等式约束，设计目标 6 表示不等式约束。设计目标 4 要求很高，需要额外的复杂动力学，如 10.5.2 节所述。在本章的介绍中，将先跳过这个目标，但是在 13.6 节进行一些评论来处理这样的问题。

与燃料经济性有关的动力传动设计只会导致多档位低传动比的齿轮尺寸，这有利于低燃料消耗，但会产生不良的驱动性能。通过将设计目标1的牵引力需求描述为SDPI，可以防止这种次优驱动性能。现在，优化问题有两个目标：最小化燃料消耗和最大化主观驾驶性能指标。这两个目标是相互矛盾的，因此无法找到单一的最优。这不可避免地导致多目标优化问题，可实现的最好性能具有Pareto前沿特征。最大巡航速度和最高速度目标可以通过固定第一个和最后一个齿轮尺寸的所需值来实现，见10.3.3.1节。

在数值优化实践中，经常将MOGA用于同时找到部件和能量管理的最优参数[7]。这主要是由于进化算法可以自然处理多目标、不连续和不可微的问题，见2.5.1节。在本章中，针对切换系统，提出一种MOGA和最优控制算法组合同时优化设计参数和能量管理控制的方法。这种方法的结构由一个主问题和相关的切换最优控制子问题（SOCP）组成。在主问题中，设计参数通过NSGA-II算法[8]进行变化和排序。然后，将能量控制问题转化成一系列的SOCP，产生越来越多现实的最优控制和状态轨迹。将这种优化方法称为动力传动多目标设计（MOPD）。由于新的设计参数意味着对车辆重量和效率图进行修正，因此优化策略包括动力传动部件的尺寸和质量修正的步骤。

所提出的优化过程假定测试循环是完全已知的，这个假设是不现实的。如第12章所述，这意味着对每个车辆构型总是找到最优的能量管理策略K。应用第11章和第12章演示的方法，自动产生预测能量管理策略当然是可能的，但是并没有采用这种方法。

13.3.1　主问题

除了寻找最优设计参数之外，主问题还包括部件缩放、车辆质量修正和能量管理设计。

P2混合动力传动的设计参数是MG的额定功率和速比与变速器的齿轮级。ICE和电池是预先选定的并保持固定。然后，约束主问题可以表述为

找到最优设计参数：

$$\boldsymbol{y} = \begin{bmatrix} \boldsymbol{y}_{mg} \\ \boldsymbol{y}_{t} \end{bmatrix} \tag{13.11}$$

使静态多目标函数最小化：

$$\boldsymbol{f}(\boldsymbol{y}) = \begin{bmatrix} \bar{\boldsymbol{\beta}}_{[N_t]} \\ -\mathrm{SDPI} \end{bmatrix}$$

满足设计不等式约束$\boldsymbol{g}(\boldsymbol{y}) \leqslant \boldsymbol{0}$，其约束的参数及范围，见表13.1。

表 13.1 动力传动设计约束

约束	范围
MG 的额定功率 P_{mg}^{max} /kW	8 ~ 40
MG 的速比 b_{mg}	0.2 ~ 0.6
齿轮级 φ_1	1.60 ~ 2.10
齿轮级 φ_2	1.55 ~ 1.85
齿轮级 φ_3	1.40 ~ 1.60
齿轮级 φ_4	1.20 ~ 1.50
齿轮级 φ_5	1.12 ~ 1.50
齿轮级 φ_6	1.12 ~ 1.45

13.3.2 动力传动部件的映射缩放

电气和机械部件的特性是可以通过线性或多项式关系缩放。

在 MG 尺寸一定的情况下，电输入功率通过力矩轴的线性缩放获得。缩放过程的基础是主效率的模板映射，这通常是由测试台收集的测量结果生成的。主模板的速度和力矩的网格轴分别定义为

$$\mathcal{G}_{x,mg}:=\{x^1,x^2,\cdots,x^{\#\mathcal{G}_{x,mg}}\}$$

和

$$\mathcal{G}_{y,mg}:=\{y^1,y^2,\cdots,y^{\#\mathcal{G}_{y,mg}}\}$$

然后，网格点 $g_{x,mg}$和 $g_{y,mg}$的电输入功率值表示为

$$\mathcal{G}_{z,mg}=\{z^{1.1},\cdots,z^{2.1},\cdots,z^{\#\mathcal{G}_{z,mg}}\}$$

首先，包络电输入功率的最大力矩 $T_{mg}^{max}(\cdot)$ 和最小力矩 $T_{mg}^{min}(\cdot)$ 分别计算为

$$T_{mg}^{max}(\omega_{mg})=\frac{P_{mg}^{max}}{\omega_{mg}}$$

和

$$T_{mg}^{min}(\omega_{mg})=-\frac{P_{mg}^{max}}{\omega_{mg}}$$

对于所有 $\omega_{mg}\in g_{x,mg}$，力矩必须分别约束于最大和最小可实现的力矩上：

$$T_{mg}^{max}(\omega_{mg})=\min\left(T_{mg}^{max}(\omega_{mg}),\frac{P_{mg}^{max}}{\omega_{mg}^{base}}\right)$$

和

$$T_{mg}^{min}(\omega_{mg})=\max\left(T_{mg}^{min}(\omega_{mg}),-\frac{P_{mg}^{max}}{\omega_{mg}^{base}}\right)$$

其中

$$\omega_{mg}^{base}=b_{mg}\omega_{mg}^{max}$$

为 MG 的基本速度，而 b_{mg} 为速比。

读者应当注意到，最大功率 $P_{mg}^{\max}$ 和速比 b_{mg} 是 13.2.2 节的设计变量，其从主问题传递到缩放过程。

其次，对力矩网格轴进行线性缩放：

$$\widetilde{y}^j = \frac{\max\limits_{\forall \omega_{mg}} \{ T_{mg}^{\max}(\omega_{mg}) \}}{T_{orig}^{\max}} y^j, \forall y^j \in \mathcal{G}_{y,mg}$$

式中，$T_{orig}^{\max}$ 为主 MG 的最大力矩；$\widetilde{y}^j \in g_{\widetilde{y},mg}$ 为新缩放轴项。

计算 MG 固定效率得到

$$\boldsymbol{\eta}_{mg}^{[i],[j]} = \frac{\gamma_p x^i y^j}{z^{i,j}}, \quad \forall x^j \in \mathcal{G}_{x,mg}, \forall y^j \in \mathcal{G}_{y,mg}, \forall z^{i,j} \in \mathcal{G}_{z,mg}$$

式中，γ_p 为获得与$\mathcal{G}_{z,mg}$相同单位的常数。

然后，在缩放力矩网格上计算新的电输入功率：

$$\widetilde{z}^{i,j} = \frac{\gamma_p x^i \widetilde{y}^j}{\boldsymbol{\eta}_{mg}^{[i],[j]}}, \quad \forall x^i \in \mathcal{G}_{x,mg}, \quad \forall \widetilde{y}^j \in \mathcal{G}_{\widetilde{y},mg} \tag{13.12}$$

映射缩放的原理，如图 13.2 所示。

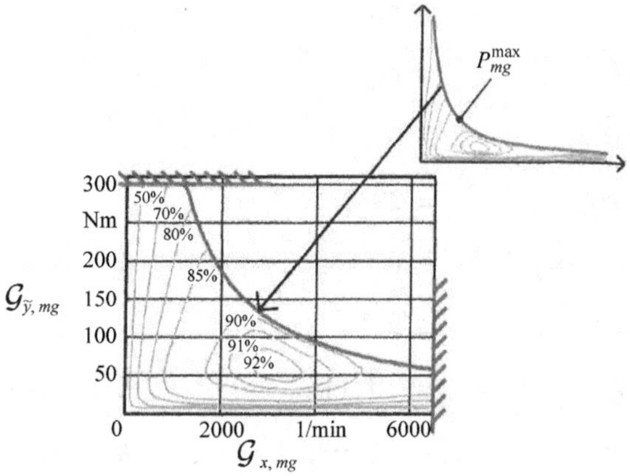

图 13.2　映射缩放原理：右上角的图显示了新 $P_{mg}^{\max}$ 的未缩放效率，其中主模板作为缩放的基础；左下角的图显示了在网格$\mathcal{G}_{x,mg}$和$\mathcal{G}_{\widetilde{y},mg}$上的力矩比例缩放效率 $\boldsymbol{\eta}_{mg}^{[i],[j]} = \gamma_p x^i \widetilde{y}^j / \widetilde{z}^{i,j}$

这种简单的映射缩放过程可能会导致磁场减弱区域产生一些失真。如果不能忽略这些失真扭曲，则缩放过程必须将速度轴 $g_{x,mg}$ 分解为恒定力矩和磁场减弱的区域。然后，必须按照不同的比例调整这些区域的电输入功率。

在其他情况下，当没有保留新的电输入功率的一些特性时，可以测试功率损失是否由摩擦、热损失等造成不能很好地缩放功率。如果是这样的，则可以通过使用仿射 Willans 方法来改进式（13.12）：

$$\gamma_p \widetilde{x}^i \widetilde{y}^j = \boldsymbol{\eta}_{mg}^{[i],[j]} \widetilde{z}^{i,j} - P_0, \quad \forall \widetilde{x}^i \in \mathcal{G}_{\widetilde{x},mg}, \forall \widetilde{y}^j \in \mathcal{G}_{y,mg}, \widetilde{z}^{i,j} \in \mathcal{G}_{\widetilde{z},mg}$$

式中，P_0 为能量转换后的总功率损失；$g_{\widetilde{x},mg}$为新的缩放速度轴。

MG 的质量可以多项式缩放[4]，存在通过经验发现的关系：

$$m_{mg} = a\sqrt{P_{mg}^{\max} T_{mg}^{\max}} + b$$

式中，a 和 b 为由一系列 PMSM 分析确定的常系数。

在这项工作中，使用的变速器固定为 7 速双离合变速器。但是，如果需要调整变速器的规格，每个齿轮的效率映射可以通过相同的过程缩放。

由于需要 x 和 y 方向上的梯度，因此使用张量积曲面近似效率图。

13.3.3 批处理最优控制子问题

在动力传动构型研究中，寻找最优燃料消耗的能量管理问题定义如下：

$$\mathcal{P}_9 := \begin{cases} \min\limits_{\underline{q},\underline{u}} & \bar{\boldsymbol{\beta}}_{[N_t]} & \\ \text{满足式} & (13.3) \sim \text{式}(13.6) & \\ \bar{\boldsymbol{\xi}}_{[0]} & = p_{11} & \\ \bar{\boldsymbol{\xi}}_{[N_t]} & = p_{12} & \\ \bar{\boldsymbol{\beta}}_{[0]} & = 0 & \\ \bar{\boldsymbol{\vartheta}}_{cw}^{[0]} & = 293\text{K} & \\ \boldsymbol{c}_u^-(\bar{\boldsymbol{u}}_{[k]}) & \leqslant \boldsymbol{0}, & k = 0,\cdots,N_t \\ \boldsymbol{c}_x^-(\bar{\boldsymbol{\xi}}_{[k]}) & \leqslant \boldsymbol{0}, & k = 1,\cdots,N_t - 1 \\ \bar{\boldsymbol{\zeta}}_{[k]} & \in \{0,1\}, & k = 0,\cdots,N_t \\ \bar{\boldsymbol{\kappa}}_{[k]} & \in \{1,\cdots,7\}, & k = 0,\cdots,N_t \end{cases} \tag{13.13}$$

如果使用具有许多离散点的测试循环作为 SOCP 的固定输入，对于分支定界（BB）、两阶段方法和动态规划（DP），则这个问题就会变得难以解决。由于主动状态约束，也必须将间接打靶排除在外，这可能是由于 MG 额定功率缩放造成的。对于这类问题，一种很有前途的优化方法是直接构型，因为其可以很容易处理状态约束。许多离散化点的问题需要一个稀疏的 SQP 求解器实现，见第 9 章。

为了获得可靠的解，需要逐步应用一些约束。这就产生一种方法，求解一系列单独的最优控制问题，称为批处理最优控制问题。

1. 第一次重构

首先，将原问题 P_9重新表述为二元切换最优控制问题（BSOCP）。然而，将完整的离散状态（$N_q=14$）表示为 Boole 变量需要大量的编码。避免使用大量二元决策的 BSOCP 的技巧是将离散齿轮传动比近似为连续值齿轮传动比，即

$$\bar{\hat{\boldsymbol{i}}}_t^{[k]}\in[i_{t,7},i_{t,1}]$$

这种松弛模拟了无级变速器（CVT）行为，允许控制齿轮传动比作为一个连续值控制，扩大的控制向量为

$$\bar{\boldsymbol{u}}_{[k]}=\begin{bmatrix}\bar{\boldsymbol{T}}_{ice}^{[k]}\\ \bar{\boldsymbol{T}}_{brk}^{[k]}\\ \hat{\boldsymbol{i}}_t^{[k]}\end{bmatrix}\tag{13.14}$$

离散状态减少到 $\bar{\boldsymbol{q}}_{[k]}\in\{1,2\}$，然后只有两个 Boole 变量。这样的 Boole 变量 $\bar{\boldsymbol{\sigma}}_{[k]}\in\{0,1\}^2$ 是松弛的，从而可以使 $\bar{\hat{\boldsymbol{\sigma}}}_{[k]}$ 从紧凑的集合$[0,1]^2$ 中取值。增广的控制向量定义为

$$\bar{\boldsymbol{\rho}}_{[k]}=\begin{bmatrix}\bar{\boldsymbol{u}}_{[k]}\\ \bar{\hat{\boldsymbol{\sigma}}}_{[k]}\end{bmatrix}\tag{13.15}$$

然后，根据时间网格 g_t 可以将嵌入式最优控制问题（EOCP）表示为

$$\mathcal{P}_{10}:=\begin{cases}\phi(\bar{\boldsymbol{\rho}}^*)=\min\limits_{\bar{\boldsymbol{\rho}}}\bar{\hat{\boldsymbol{\beta}}}_{[N_t]}+\gamma_\sigma\sum\limits_{k=0}^{N_t}\prod\limits_{q=1}^{2}\bar{\hat{\boldsymbol{\sigma}}}_q^{[k]}\\ \text{满足式}\quad(13.4)\sim\text{式}(13.6)\text{、式}(13.14)\text{和式}(13.15)\\ \bar{\hat{\boldsymbol{\xi}}}_{[0]}=p_{11}\\ \bar{\hat{\boldsymbol{\xi}}}_{[N_t]}=p_{12}\\ \bar{\hat{\boldsymbol{\beta}}}_{[0]}=0\\ \bar{\hat{\boldsymbol{\vartheta}}}_{cw}^{[0]}=293\text{K}\\ \boldsymbol{c}_{\bar{\rho}}(\bar{\boldsymbol{\rho}}_{[k]})\leqslant\boldsymbol{0},\quad k=0,\cdots,N_t\\ \boldsymbol{c}_{\bar{\hat{x}}}(\bar{\hat{\boldsymbol{\xi}}}_{[k]})\leqslant\boldsymbol{0},\quad k=1,\cdots,N_t-1\\ \sum\limits_{q=1}^{2}\bar{\hat{\boldsymbol{\sigma}}}_q^{[k]}=1,\quad k=0,\cdots,N_t\end{cases}\tag{13.16}$$

而状态和控制的约束分别定义为

$$\boldsymbol{c}_{\bar{\hat{x}}}(\bar{\hat{\boldsymbol{\xi}}}_{[k]}):=\begin{bmatrix}\bar{\hat{\boldsymbol{\xi}}}_{[k]}-\xi^{\max}\\ \xi^{\min}-\bar{\hat{\boldsymbol{\xi}}}_{[k]}\end{bmatrix}\tag{13.17}$$

和

$$
\boldsymbol{c}_{\rho}^{-}(\bar{\boldsymbol{\rho}}_{[k]}) := \begin{bmatrix} \hat{\bar{\boldsymbol{\sigma}}}_1^{[k]} \boldsymbol{T}_{ice}^{[k]} - T_{ice}^{\max}(\bar{\boldsymbol{\omega}}_{ice}^{[k]}) \\ \bar{\boldsymbol{T}}_{gbx}^{[k]} - \hat{\bar{\boldsymbol{\sigma}}}_1^{[k]} \bar{\boldsymbol{T}}_{ice}^{[k]} - p_{10} T_{mg}^{\max}(\bar{\boldsymbol{\omega}}_{mg}^{[k]}) \\ p_{10} T_{mg}^{\min}(\bar{\boldsymbol{\omega}}_{mg}^{[k]}) - \bar{\boldsymbol{T}}_{gbx}^{[k]} + \hat{\bar{\boldsymbol{\sigma}}}_1^{[k]} \bar{\boldsymbol{T}}_{ice}^{[k]} \\ \bar{\boldsymbol{\omega}}_{gbx}^{[k]} - \omega_{gbx}^{\max} \\ \omega_{gbx}^{\min} - \bar{\boldsymbol{\omega}}_{gbx}^{[k]} \\ \hline T_{ice}^{\min} - \bar{\boldsymbol{T}}_{ice}^{[k]} \\ \bar{\boldsymbol{T}}_{brk}^{[k]} - T_{brk}^{\max} \\ T_{brk}^{\min} - \bar{\boldsymbol{T}}_{brk}^{[k]} \\ \hat{\bar{\boldsymbol{i}}}_t^{[k]} - i_{t,1} \\ i_{t,7} - \hat{\bar{\boldsymbol{i}}}_t^{[k]} \\ -\hat{\bar{\boldsymbol{\sigma}}}_{[k]} \\ \hat{\bar{\boldsymbol{\sigma}}}_{[k]} - \mathbb{1}_{2\times 1} \end{bmatrix} \tag{13.18}
$$

固定轨迹 $\bar{\boldsymbol{\omega}}_{gbx}$、$\bar{\boldsymbol{\omega}}_{mg}$、$\bar{\boldsymbol{\omega}}_{ice}$ 和 $\bar{\boldsymbol{T}}_{gbx}$ 分别由式（13.7）、式（13.8）、式（13.9）和式（13.10）得到，并且取决于所选的测试循环。与速度相关的发动机阻力矩近似为一个恒定的力矩 $T_{ice}^{\min}(\bar{\boldsymbol{\omega}}_{ice}^{[k]}) \equiv T_{ice}^{\min}$。由于数值上的原因，将 $T_{ice}^{\min}$ 设置为一个小的正数，以确保发动机停止时不是由 $\bar{T}_{ice}^{[k]} = 0$ 而是由 $\hat{\bar{\boldsymbol{\sigma}}}_1^{[k]}$ 唯一确定。这对于动态系统的相干计算和约束有着重要的意义。最小值 $T_{ice}^{\min}$、$\xi^{\min}$、$\omega_{gbx}^{\min}$ 和 $T_{brk}^{\min}$ 与最大值 $\xi^{\max}$、$\omega_{gbx}^{\max}$ 和 $T_{brk}^{\max}$ 是固定的，而最小值 $T_{mg}^{\min}$ 与最大值 $T_{mg}^{\max}$、$T_{ice}^{\max}$ 取决于时刻 k 的速度，因此取决于齿轮传动比 $\hat{\bar{\boldsymbol{i}}}_t$。控制约束 $\boldsymbol{c}_u^{-}(\cdot)$ 保持自治。横线以下的约束实现为边界约束，低速限制 $\omega_{gbx}^{\min}$ 对应于怠速限制。

通过直接构型方法将 EOCP 转录为 NLP，应用稀疏 SQP 方法求解。选择时间网格 g_t 为等距的，必须选择步长 h 来处理精度和计算时间之间的平衡。

为了获得松弛二元控制的 bang – bang 解，针对松弛二元控制应用迭代惩罚方法。下面的项惩罚非整数值，并且添加到 Mayer 成本函数中：

$$
\gamma_{\sigma} \sum_{k=0}^{N_t} \prod_{q=1}^{2} \hat{\bar{\boldsymbol{\sigma}}}_q^{[k]}
$$

采用稳定增加的权重因子 $\gamma_{\sigma} = \gamma_{\sigma,0} \gamma_{\sigma,i}^{inc}$ 多次求解问题 P_{10}，其中 $\gamma_{\sigma,0}$ 是一个恒定的加权因子。对于第一次求解 NLP，设置因子 $\gamma_{\sigma,1}^{inc}$ 为零，这样只有较弱的条件

$$
\sum_{q=1}^{2} \hat{\bar{\boldsymbol{\sigma}}}_q^{[k]} = 1
$$

对于 $k=0, \cdots, N_t$ 适用。如果在最大迭代次数内找不到二元可行解，则应用求和舍入策略。

2. 第二次重构

第二次重构是使用整数值档位序列 $\overline{\boldsymbol{\kappa}}$ 作为 EOCP 的固定控制值，其由 NSGA－Ⅱ 通过将连续值轨迹舍入到最接近式（13.2）的齿轮传动比而得到。这必须谨慎进行，因为盲目的四舍五入会导致严重违反约束，并且连续的 OCP 过程可能会失败。一个常见的问题是没有达到最小发动机转速。如果尚未应用最低档位，解决这个问题的方法则是简单的减速换档。否则，必须关闭发动机，即 $\bar{\hat{\boldsymbol{\sigma}}}_1^{[k]}=0$ 和 $\bar{\hat{\boldsymbol{\sigma}}}_2^{[k]}=1$。

利用整数值档位序列作为固定控制，将连续值控制向量降为式（13.3）。

时间网格 g_t 可以选择与问题式（13.16）~式(13.18）相同。然后，第二次重构根据时间网格 g_t 生成 EOCP：

$$\mathcal{P}_{11}:=\begin{cases}\phi(\overline{\boldsymbol{\rho}}^*)=\min\limits_{\boldsymbol{\rho}} \quad \bar{\hat{\boldsymbol{\beta}}}_{[N_t]}+\gamma_\sigma\sum\limits_{k=0}^{N_t}\prod\limits_{q=1}^{2}\bar{\hat{\boldsymbol{\sigma}}}_q^{[k]}\\ \text{满足式} \quad (13.3)\sim\text{式}(13.6)、\text{式}(13.15)\\ \bar{\hat{\boldsymbol{\xi}}}_{[0]}=p_{11}\\ \bar{\hat{\boldsymbol{\xi}}}_{[N_t]}=p_{12}\\ \bar{\hat{\boldsymbol{\beta}}}_{[0]}=0\\ \hat{\boldsymbol{\vartheta}}_{cw}^{[0]}=293\mathrm{K}\\ \boldsymbol{c}_{\bar{\rho}}(\overline{\boldsymbol{\rho}}_{[k]})\leqslant\boldsymbol{0}, \quad k=0,\cdots,N_t\\ \boldsymbol{c}_{\bar{\hat{x}}}(\bar{\hat{\boldsymbol{\xi}}}_{[k]})\leqslant\boldsymbol{0}, \quad k=1,\cdots,N_t-1\\ \sum\limits_{q=1}^{2}\bar{\hat{\boldsymbol{\sigma}}}_q^{[k]}=1, \quad k=0,\cdots,N_t\end{cases} \tag{13.19}$$

具有状态约束（13.17）和控制约束：

$$\boldsymbol{c}_{\bar{\rho}}(\overline{\boldsymbol{\rho}}_{[k]}):=\begin{bmatrix}\overline{\boldsymbol{T}}_{ice}^{[k]}-T_{ice}^{\max}(\overline{\boldsymbol{\omega}}_{ice}^{[k]})\\ \overline{\boldsymbol{T}}_{gbx}^{[k]}-\bar{\hat{\boldsymbol{\sigma}}}_1^{[k]}\overline{\boldsymbol{T}}_{ice}^{[k]}-p_{10}T_{mg}^{\max}(\overline{\boldsymbol{\omega}}_{mg}^{[k]})\\ p_{10}T_{mg}^{\min}(\overline{\boldsymbol{\omega}}_{mg}^{[k]})-\overline{\boldsymbol{T}}_{gbx}^{[k]}+\bar{\hat{\boldsymbol{\sigma}}}_1^{[k]}\overline{\boldsymbol{T}}_{ice}^{[k]}\\ \hline T_{ice}^{\min}-\overline{\boldsymbol{T}}_{ice}^{[k]}\\ \overline{\boldsymbol{T}}_{brk}^{[k]}-T_{brk}^{\max}\\ T_{brk}^{\min}-\overline{\boldsymbol{T}}_{brk}^{[k]}\\ -\bar{\hat{\boldsymbol{\sigma}}}_{[k]}\\ \bar{\hat{\boldsymbol{\sigma}}}_{[k]}-\mathbb{1}_{2\times1}\end{bmatrix} \tag{13.20}$$

同样，将连续最优控制问题由直接构型方法转化为 NLP，采用 SQP 方法求解。

3. 第三次重构

为了减少驱动模式控制命令和换档命令的切换弧数量，将问题 P_{11} 重新转换为主时间和次时间网格的切换时间优化（STO）。

根据 8.3.3 节，主时间网格为

$$\mathcal{G}_{t_2}:=\{T_1,T_2,\cdots,T_{N_{t_2}}\}$$

其包含长度为 10s 的固定间隔和不可移动的时间实例。这样的时间段，例如催化转化器加热，必须事先知道，以确定这些区间。

次时间网格为

$$\mathcal{G}_{t_3}:=\{t_0,t_1,\cdots,t_{N_{t_3}}\}$$

其包含可移动的时间实例和根据驱动模式二元命令 $\bar{\hat{\boldsymbol{\sigma}}}$ 和换档命令 $\bar{\boldsymbol{\kappa}}$ 的切换弧。

由此获得状态和控制函数。对于 $j=0,\cdots,N_{t3}-1$ 和 $\tau\in[0,1]$，这些函数在时间网格$\mathcal{G}_{t_3}$上定义为

$$\begin{aligned}
\tilde{\xi}_j(\tau)&:=\xi(t_j+\tau\varsigma_j)\\
\tilde{\beta}_j(\tau)&:=\beta(t_j+\tau\varsigma_j)\\
\tilde{\boldsymbol{\vartheta}}_{cw,j}(\tau)&:=\boldsymbol{\vartheta}_{cw}(t_j+\tau\varsigma_j)\\
\tilde{\boldsymbol{u}}_j(\tau)&:=\boldsymbol{u}(t_j+\tau\varsigma_j)\\
\tilde{\boldsymbol{\sigma}}_j(\tau)&:=\boldsymbol{\sigma}(t_j+\tau\varsigma_j)
\end{aligned}$$

然后，对于每个切换弧 ζ_j，在时间网格 g_t 上分别离散这些函数，得到

$$\begin{aligned}
\bar{\tilde{\boldsymbol{\xi}}}_j^{[k+1]}&=\bar{\tilde{\boldsymbol{\xi}}}_j^{[k]}+h\varsigma_j\Gamma_{\tilde{\xi}}(\bar{\tilde{\boldsymbol{\xi}}}_j^{[k+1]},\bar{\tilde{\boldsymbol{T}}}_{ice,j}^{[k+1]},\bar{\tilde{\boldsymbol{\sigma}}}_j^{[k+1]})\\
&=\bar{\tilde{\boldsymbol{\xi}}}_j^{[k]}+h\varsigma_j\cdot\left[\sum_{q=1}^{2}\bar{\tilde{\boldsymbol{\sigma}}}_{q,j}^{[k+1]}\frac{1}{p_1}I_{bat,q}(\bar{\tilde{\boldsymbol{\xi}}}_j^{[k+1]},\bar{\tilde{\boldsymbol{T}}}_{ice,j}^{[k+1]})\right]
\end{aligned}\tag{13.21}$$

$$\begin{aligned}
\bar{\tilde{\boldsymbol{\beta}}}_j^{[k+1]}&=\bar{\tilde{\boldsymbol{\beta}}}_j^{[k]}+h\varsigma_j\Gamma_{\tilde{\beta}}(\bar{\tilde{\boldsymbol{\vartheta}}}_{cw,j}^{[k+1]},\bar{\tilde{\boldsymbol{T}}}_{ice,j}^{[k+1]},\bar{\tilde{\boldsymbol{\sigma}}}_{1,j}^{[k+1]})\\
&=\bar{\tilde{\boldsymbol{\beta}}}_j^{[k]}\\
&\quad+h\varsigma_j[\bar{\tilde{\boldsymbol{\sigma}}}_{1,j}^{[k+1]}\gamma_f CF_{fc}(\bar{\tilde{\boldsymbol{\vartheta}}}_{cw,j}^{[k+1]})\times\mathrm{bsfc}(\bar{\tilde{\boldsymbol{T}}}_{ice,j}^{[k+1]},\bar{\tilde{\boldsymbol{\omega}}}_{ice,j}^{[k+1]})\bar{\tilde{\boldsymbol{T}}}_{ice,j}^{[k+1]}\bar{\tilde{\boldsymbol{\omega}}}_{ice,j}^{[k+1]}]
\end{aligned}\tag{13.22}$$

和

$$\begin{aligned}
\bar{\tilde{\boldsymbol{\vartheta}}}_{cw,j}^{[k+1]}&=\bar{\tilde{\boldsymbol{\vartheta}}}_{cw,j}^{[k]}+h\varsigma_j\Gamma_{\tilde{\vartheta}_{cw}}(\bar{\tilde{\boldsymbol{\vartheta}}}_{cw,j}^{[k+1]},\bar{\tilde{\boldsymbol{T}}}_{ice,j}^{[k+1]},\bar{\tilde{\boldsymbol{\sigma}}}_{1,j}^{[k+1]})\\
&=\bar{\tilde{\boldsymbol{\vartheta}}}_{cw,j}^{[k]}+h\varsigma_j\Big\{c_1\left[\gamma_{cw}H_l\Gamma_{\tilde{\beta}}(\bar{\tilde{\boldsymbol{\vartheta}}}_{cw,j}^{[k+1]},\bar{\tilde{\boldsymbol{T}}}_{ice,j}^{[k+1]},\bar{\tilde{\boldsymbol{\sigma}}}_{1,j}^{[k+1]})-\bar{\tilde{\boldsymbol{T}}}_{ice,j}^{[k+1]}\bar{\tilde{\boldsymbol{\omega}}}_{ice,j}^{[k+1]}\right]\\
&\quad-c_2\left[\bar{\tilde{\boldsymbol{\vartheta}}}_{cw,j}^{[k+1]}-\bar{\tilde{\boldsymbol{\vartheta}}}_{amb,j}^{[k+1]}\right]\Big\}
\end{aligned}\tag{13.23}$$

式中，$\Gamma_{\tilde{\xi}}(\cdot)$、$\Gamma_{\tilde{\beta}}(\cdot)$ 和 $\Gamma_{\tilde{\vartheta}_{cw}}(\cdot)$ 分别为 SOC、燃料消耗量和冷却液温度的增量函数。

为了使动力学离散化，再次使用隐式 Euler 方法求解问题 P_{11}，但这不是强制性的。在不损失一般性的情况下，可以使用第 5 章的任何 RK 格式。

采用

$$\overline{\widetilde{\boldsymbol{u}}}_j^{[k]} = \begin{bmatrix} \overline{\widetilde{\boldsymbol{T}}}_{ice,j}^{[k]} \\ \overline{\widetilde{\boldsymbol{T}}}_{brk,j}^{[k]} \end{bmatrix} \tag{13.24}$$

重新将问题 P_{11} 表示为 STO：

$$\mathcal{P}_{12}: = \begin{cases} \phi(\overline{\widetilde{\boldsymbol{u}}}^*) = \min\limits_{\overline{\widetilde{\boldsymbol{u}}}, \varsigma \in \mathbf{R}^{N_{t_3}}} & \overline{\widetilde{\boldsymbol{\beta}}}_{N_{t_3}-1}^{[N_t]} + \widetilde{\phi} \\ \text{满足式} & (13.21) \sim \text{式}(13.24) \\ \overline{\widetilde{\boldsymbol{\xi}}}_0^{[0]} & = p_{11} \\ \overline{\widetilde{\boldsymbol{\xi}}}_{N_{t_3}-1}^{[N_t]} & = p_{12} \\ \overline{\widetilde{\boldsymbol{\beta}}}_0^{[0]} & = 0 \\ \overline{\widetilde{\boldsymbol{\vartheta}}}_{cw,0}^{[0]} & = 293\text{K} \\ \boldsymbol{c}_{\widetilde{u}}(\overline{\widetilde{\boldsymbol{u}}}_j^{[k]}) & \leqslant \boldsymbol{0}, j = 1, \cdots, N_{t_3-1}, k = 0, \cdots, N_t \\ \boldsymbol{c}_{\widetilde{x}}(\overline{\widetilde{\boldsymbol{\xi}}}_j^{[k]}) & \leqslant \boldsymbol{0}, j = 1, \cdots, N_{t_3-1}, k = 0, \cdots, N_t \\ \sum\limits_{j=\overline{\boldsymbol{\alpha}}_{[j]}}^{\overline{\boldsymbol{\alpha}}_{[i+1]}-1} \varsigma_j - T_{i+1} + T_i & = 0, i = 1, \cdots, N_{t_2} - 1 \\ -\varsigma_j & \leqslant 0, j = 1, \cdots, N_{t_3} - 1 \\ \overline{\widetilde{\boldsymbol{\xi}}}_j^{[0]} - \overline{\widetilde{\boldsymbol{\xi}}}_{j-1}^{[N_t]} & = 0, j = 1, \cdots, N_{t_3} - 1 \end{cases} \tag{13.25}$$

式中，T_i 为主时间网格 g_{t_2} 的固定网格点；$\overline{\boldsymbol{\alpha}}$ 将主时间网格的索引分配给次时间网格 g_{t_3} 的索引。

状态和控制约束定义为

$$\boldsymbol{c}_{\widetilde{x}}(\overline{\widetilde{\boldsymbol{\xi}}}_j^{[k]}): = \begin{bmatrix} \overline{\widetilde{\boldsymbol{\xi}}}_j^{[k]} - \boldsymbol{\xi}^{\max} \\ \boldsymbol{\xi}^{\min} - \overline{\widetilde{\boldsymbol{\xi}}}_j^{[k]} \end{bmatrix}$$

和

$$\boldsymbol{c}_{\widetilde{u}}(\overline{\widetilde{\boldsymbol{u}}}_j^{[k]}): = \begin{bmatrix} \overline{\widetilde{\boldsymbol{T}}}_{ice,j}^{[k]} - T_{ice}^{\max}(\overline{\widetilde{\boldsymbol{\omega}}}_{ice,j}^{[k]}) \\ \overline{\widetilde{\boldsymbol{T}}}_{gbx,j}^{[k]} - \overline{\widetilde{\boldsymbol{\sigma}}}_{1,j}^{[k]} \overline{\widetilde{\boldsymbol{T}}}_{ice,j}^{[k]} - p_{10} T_{mg}^{\max}(\overline{\widetilde{\boldsymbol{\omega}}}_{mg,j}^{[k]}) \\ p_{10} T_{mg}^{\min}(\overline{\widetilde{\boldsymbol{\omega}}}_{mg,j}^{[k]}) - \overline{\widetilde{\boldsymbol{T}}}_{gbx,j}^{[k]} + \overline{\widetilde{\boldsymbol{\sigma}}}_{1,j}^{[k]} \overline{\widetilde{\boldsymbol{T}}}_{ice,j}^{[k]} \\ \hline T_{ice}^{\min} - \overline{\widetilde{\boldsymbol{T}}}_{ice,j}^{[k]} \\ \overline{\widetilde{\boldsymbol{T}}}_{brk,j}^{[k]} - T_{brk}^{\max} \\ T_{brk}^{\min} - \overline{\widetilde{\boldsymbol{T}}}_{brk,j}^{[k]} \end{bmatrix}$$

固定轨迹$\overline{\widetilde{\boldsymbol{\omega}}}_{mg,j}$、$\overline{\widetilde{\boldsymbol{\omega}}}_{ice,j}$和$\overline{\widetilde{\boldsymbol{T}}}_{gbx,j}$是由式（13.8）、式（13.9）和式（13.10）的轨迹变换得到的。

为了使 STO 具有尽可能多的自由度，可以通过切换引入零弧，即跳过中间齿轮。例如，档位序列 4→6 转换为档位序列 4→5→6，其中啮合的第 5 档齿轮的弧长为零。如果这个变换不影响最优性，可以预期这些人工引入的弧将被数值优化挤出。

问题 P_{12} 采用一个稳定增加的式（10.135）项 $\overline{\phi}$ 的加权因子 γ_l 来多次求解，以惩罚小的切换弧。在每次迭代之后，通过简单删除一定数量的小切换弧来过滤具有相同离散值的连接切换弧。对于 P_{12} 的成功求解，短切换弧的过滤和惩罚是非常重要的。然而，必须谨慎执行过滤过程。删除小而重要的切换弧，会导致严重的条件甚至不可行的优化问题。因此，建议在每个过滤步骤只删除少量的小弧。首先建议对驱动模式$\overline{\widetilde{\boldsymbol{\sigma}}}_j$ 的二元控制进行过滤和惩罚。然后，应当对齿轮换档$\overline{\widetilde{\boldsymbol{\kappa}}}_j$ 进行过滤。

13.4　P2 混合设计研究

对于 P2 混合动力传动设计研究，以干式 7 速双离合器变速器为例进行研究。假设行驶循环是已知的，选择图 10.30 所示的 ARTEMIS 循环，因为其具有实际的速度曲线和可接受的长度。一般来说，选择合适的测试循环是非常重要的，并且会强烈影响设计结果。参数 p_{11} 和 p_{12} 设置为 0.5。

设计研究的一个好实践，是对固定网格上的一些变量进行优化。因此，选择一个没有冷却液状态的简化模型，将电动机/发电机的最大功率固定为 $P_{mg}^{\max}=15\text{kW}$、$P_{mg}^{\max}=20\text{kW}$ 、$P_{mg}^{\max}=25\text{kW}$、$P_{mg}^{\max}=30\text{kW}$、$P_{mg}^{\max}=35\text{kW}$ 和 $P_{mg}^{\max}=40\text{kW}$。Pareto 前沿不需要非常精确，因此将代数限制为 20，应当可以给出 Pareto 前沿的很好的近似值，从而在功率大小有影响的前提下推断出 MG 的哪个功率是进行进一步研究的很好选择。

对于每个固定的最大 MG 功率，获得一套非支配解。由图 13.3 可以观察到 Pareto 前沿，其说明了更高的可驾驶性能使燃料消耗的数量增加。由这些图可以看出，在燃料消耗和可驾驶性能方面，40kW 的 MG 比具有较小 $P_{mg}^{\max}$ 车辆构型表现更好。图 13.4 ~ 图 13.6 描述了沿着 Pareto 前沿对应的速比和齿轮传动比。

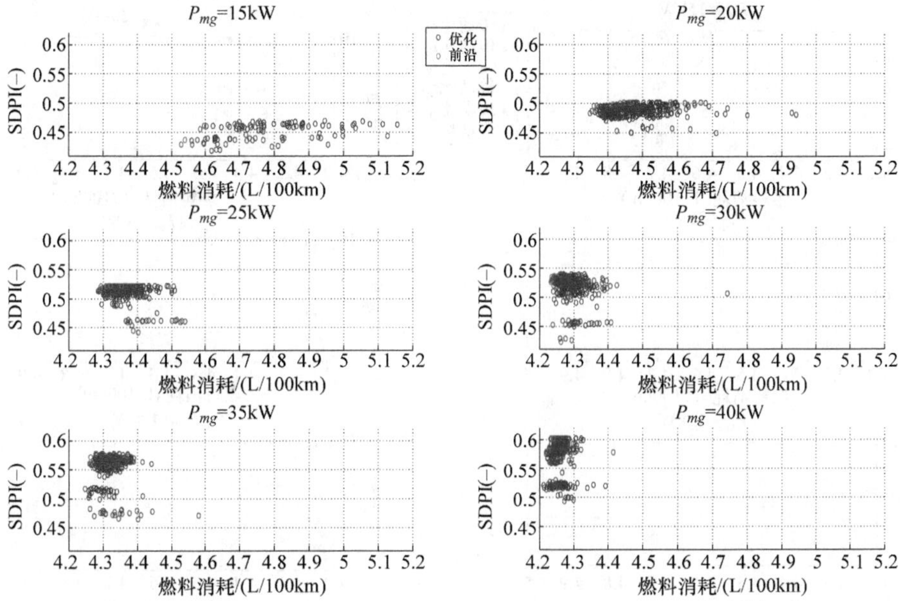

图 13. 3　六组 Pareto 前沿矩阵

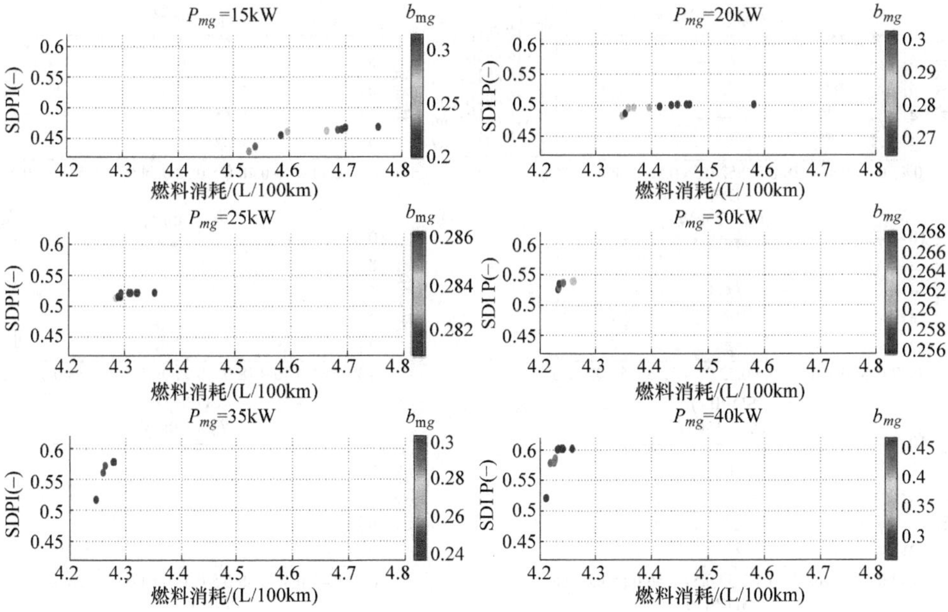

图 13. 4　对应燃料消耗和 SDPI 的六组速比 b_{mg} 矩阵

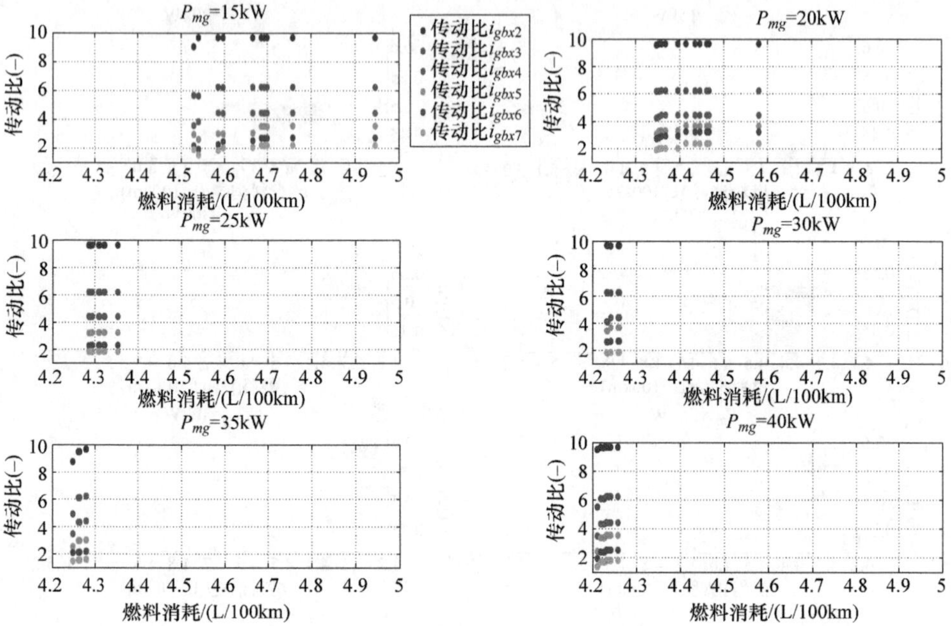

图 13.5　对应燃料消耗的六组传动比矩阵

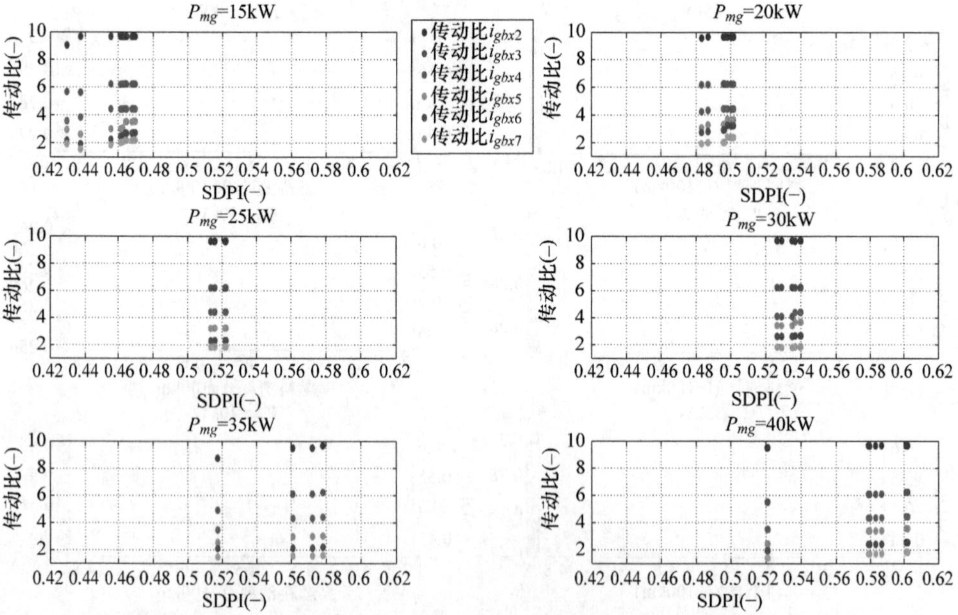

图 13.6　对应 SDPI 的六组传动比矩阵

有了这样的先验知识，可以预期，MOPD 算法使用 MG 功率作为附加变量和冷却液 $\tilde{\vartheta}$ 作为附加状态收敛于类似的 Pareto 前沿，这给出对求解的一些信心。现在把算法应用到扩展问题上，得到 Pareto 前沿，如图 13.7a 所示。该图显示了 Pareto 前沿的构成取决于 40 代所有个体的档位分布。图 13.7b 所示的燃料消耗增加是由于发动机预热的燃料修正 $CF_{fc}(\cdot)$ 造成的。

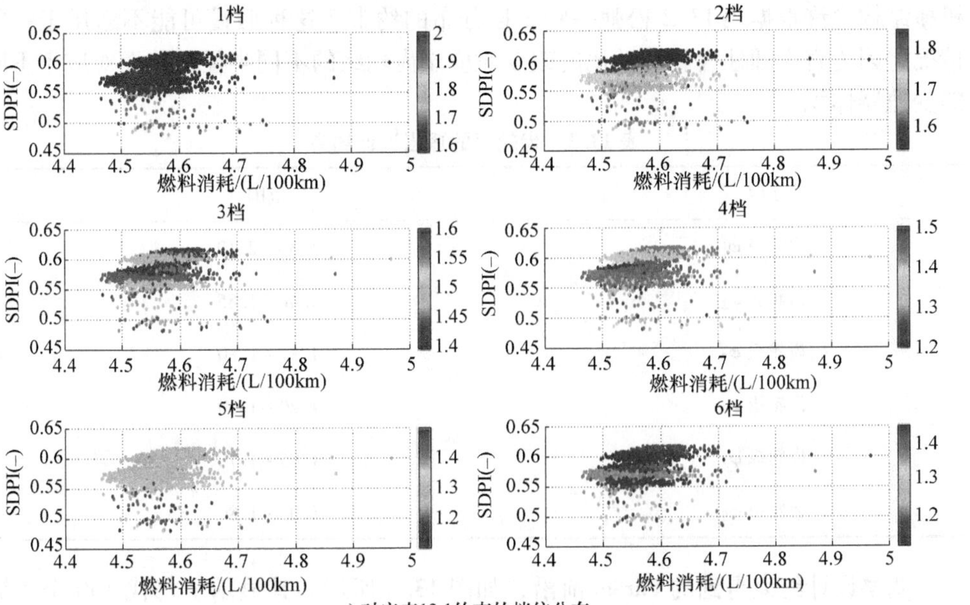

a) 对应表13.1约束的档位分布

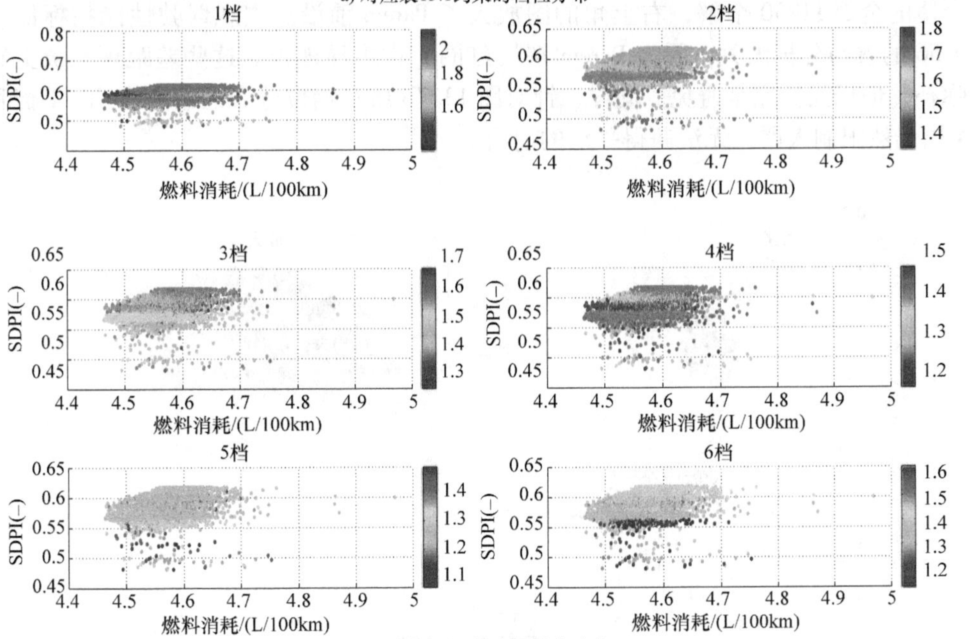

b) 对应表13.2约束的档位分布

图 13.7　对应燃料消耗和 SDPI 的档位分布

由图 13.7 可以清楚地看出，Pareto 前沿并不是完全连通的，特别是在主观驾驶性能指标 0.57 ~0.60 范围内，可能存在无法达到的车辆构型。针对该区域档位分布的检查表明，对应表 13.1 的 3 档的界限太严。作为补救措施，假设变速器的机械结构允许根据表 13.2 松弛一些 3 档分布的约束。这种假设可能不适用于一般情况，因为直齿圆柱齿轮传动比的改变对应于齿轮组的不同半径，从而对应于不同的变速器体积。

表 13.2　齿轮级的适当设计约束

约束	范围
齿轮级 φ_1	1.30 ~2.10
齿轮级 φ_2	1.40 ~1.85
齿轮级 φ_3	1.30 ~1.80
齿轮级 φ_4	1.20 ~1.50
齿轮级 φ_5	1.05 ~1.70
齿轮级 φ_6	1.05 ~1.80

调整设计约束得到的 Pareto 前沿，如图 13.8 所示。其显示了每代 150 个车辆个体的全部 11250 个解，右上角的图放大了 Pareto 前沿。主观驾驶性能指标低于 0.56 的解与分析无关，因为 Pareto 解（红圈）占主导地位。这些差距现在被更好弥补，但仍无法完全避免。同样，针对图 13.7b 所示档位分布的检查表明，1 档和 4 档仍然限制太严，无法获得平滑的前沿。

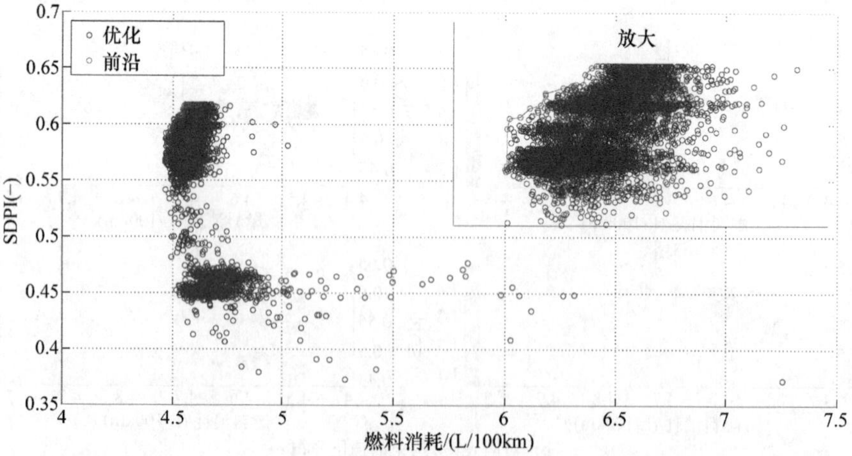

图 13.8　75 代以内和种族个体规模为 150 的计算车辆构型的所有解

如果需要的话，允许进一步对这些约束松弛，则应当可以使算法更容易探索这些差距。

正如预期的那样，图 13.9 所示的 MG 输出功率沿着 Pareto 前沿的所有车辆构型都是最大的。

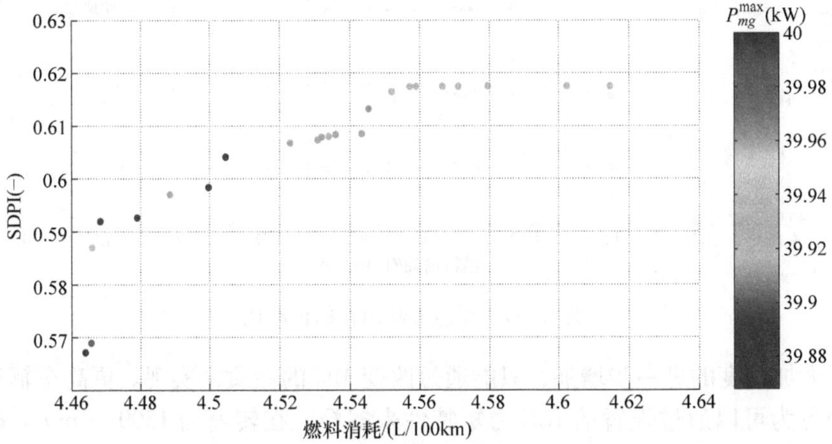

图 13.9　对应燃料消耗和主观驾驶性能指标的 MG 最大功率

由图 13.10 和图 13.11 可以看出，齿轮传动比近似于渐进设计，这意味着低档位对应较大齿轮级和高档位对应较小齿轮级。由图 13.11 可以清楚地看出，高档位的小传动比获得最好的燃料经济性。在图 13.10 中，车辆敏捷性的增加导致高档位更高的传动比。选择较小齿轮级支持更高要求的纵向车辆动力学，达到 SDPI ≈ 0.6。

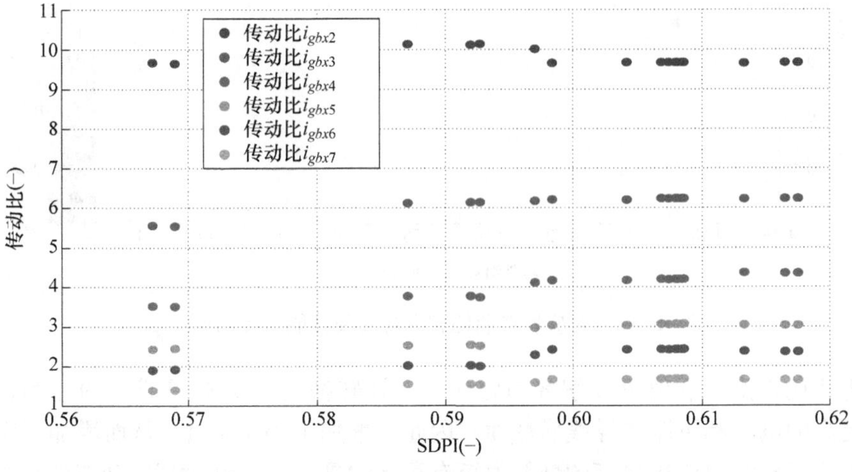

图 13.10　对应主观驾驶性能指标的传动比

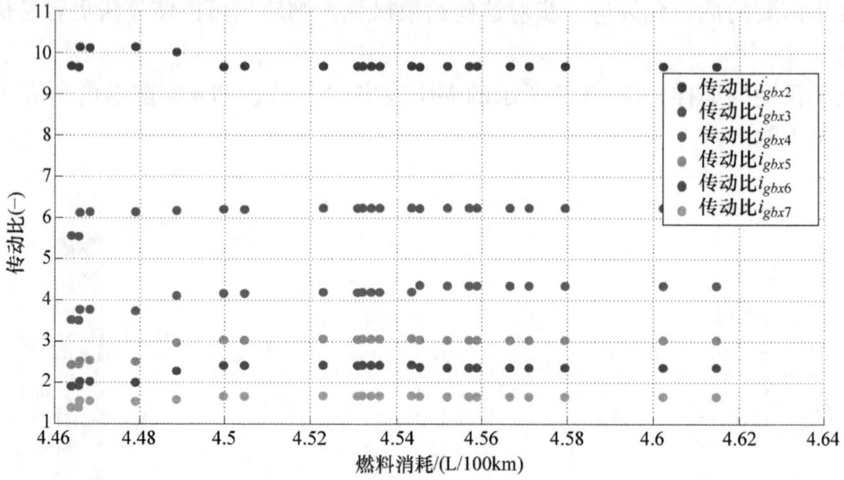

图 13. 11　对应燃料消耗的传动比

最大加速度的进一步增加，只能通过改变 MG 的性质来实现。更高车辆敏捷性的适当行为可以通过设置的 ICE 力矩特性来解释。在转速为 1500r · min^{-1}时，所使用的 ICE 最大力矩达到 250N · m，在机械工程教科书中，通常缩写为 250N · m @ 1500r · min^{-1}。这意味着，在磁场减弱区域变得活跃之前，MG 必须至少为转速 1500r · min^{-1}提供最高力矩。而这可以通过降低速比 b_{mg}来实现，如图 13. 12 所示。

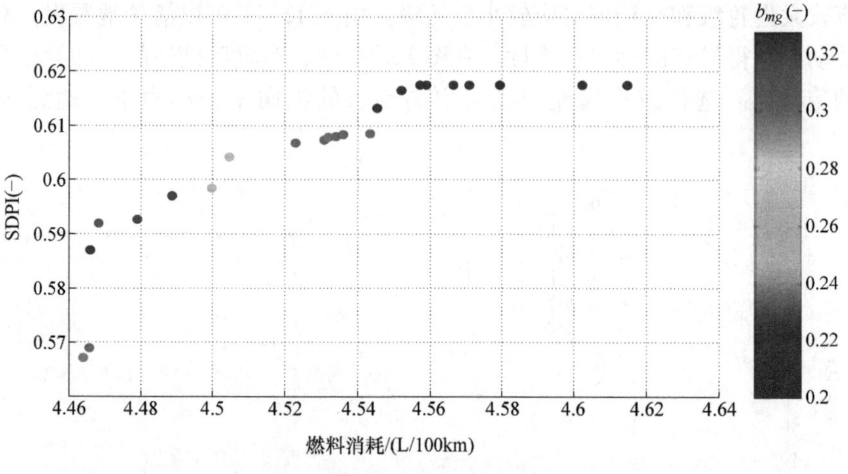

图 13. 12　对应燃料消耗和主观驾驶性能指标的速 b_{mg}

将速比转换为低值可以解释为将 MG 设计转换为“力矩机器”的行为，这意味着更高的电流和更厚的导线横截面。因此，增加了 MG 质量，从而增加了车辆质量。缩小齿轮级对应用更高的恢复力矩有积极的副作用，这对高度动态的行驶循环是有益的。

现在研究控制策略是如何执行的。Pareto 解的极端轨迹：一种具有最优燃料经济性的车辆构型和一种具有最高敏捷性的车辆构型，如图 13.13 所示。

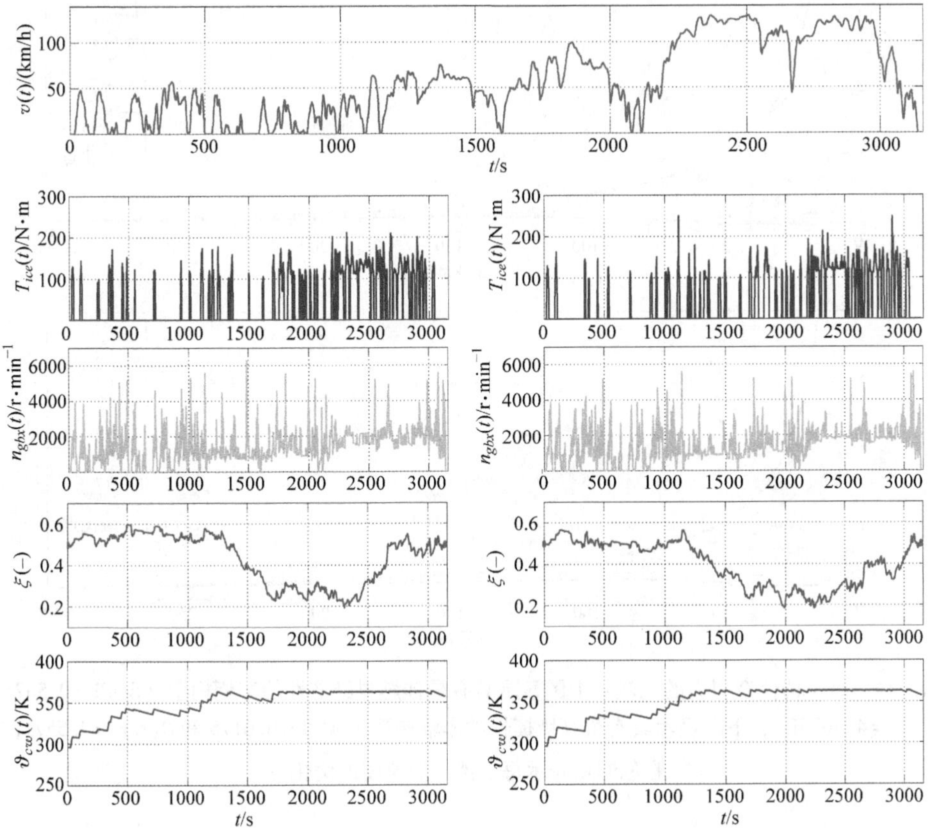

图 13.13　左边显示具有最佳燃料经济性（SDPI = 0.5671 和 β（t_f） = 4.4639L）的车辆构型的最优轨迹；右边显示具有最高敏捷性（SDPI = 0.6175 和 β（t_f） = 4.5571L）的车辆构型的最优轨迹

两种能量控制策略的控制没有太大的差别，两种车辆构型 SOC 的$\tilde{\xi}$和冷却液温度 $\tilde{\vartheta}_{cw}$ 的轨迹看上去很相似就不足为奇了。由于频繁的电驱动，冷却液温升相对较慢。显然，这些能量管理策略在排放方面并不是最优的。

可以将由 SDPI 准则测量的车辆敏捷性想象为一种衡量，即在车速 v 时利用耦合的 ICE 和 MG 最大力矩在每个档位近似理论牵引力有多好的程度。由图 13.14 可以清楚地看出，具有最高敏捷性的车辆构型比具有最优燃料经济性的车辆构型更接近于总牵引力，尤其是在怠速以下的低速区域，由 MG 产生的牵引力明显更大。另一个更好的近似指标是优化点，其在最高敏捷性构型中向左移动。

值得注意的是，两种控制策略所提供的切换结构几乎不受参数变化的影响，这表明控制策略是鲁棒的，需要在下一节进一步研究。

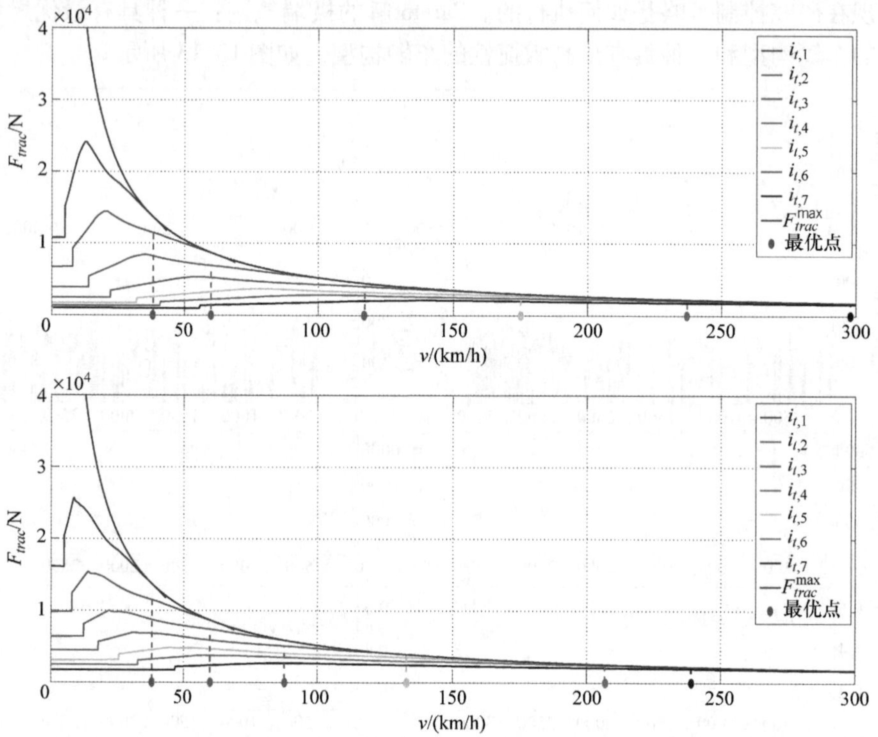

图 13.14 每个档位牵引力的比较：上图显示具有最佳燃料经济性的车辆构型（SDPI = 0.5671 和 $\beta(t_f)$ = 4.4639L）；下图显示具有最高敏捷性的车辆构型（SDPI = 0.6175 和 $\beta(t_f)$ = 4.5571L）；彩色的点表示每个档位加速度的优化点

13.5 后优化参数灵敏度分析

求解 MOPD 问题提供了确定零件尺寸的有价值信息，从而实现混合动力车辆设计最优规格。目前为止找到的最优车辆构型可以进一步用于获得更多的信息，如获得车辆设计如何响应设计参数扰动的知识。这里的关键是参数灵敏度，也称为参数敏感性，其在分析系统的行为方面非常强大。

为了计算参数灵敏度，由图 13.8 选择两种车辆构型。第一种构型在 Pareto 前沿附近，第二种构型远离 Pareto 前沿。所选车辆构型的参数，见表 13.3。

成本函数、连续值控制、连续状态和一些重要的车辆指标的灵敏度微分近似，可以在计算名义问题 P_{12} 的 NLP（$\boldsymbol{p}_0$）最优解后得到，其中 $\boldsymbol{p}_0 := [p_1, p_2, \cdots, p_{19}]^T$ 定义为模型参数。问题 P_{12} 必须应用具有精确 Hessian 矩阵的 SQP 方法进行重新优化。用精确 Hessian 矩阵进行重新优化是计算要求，但却是强制性的，以便满足最优性条件。因此，如 9.2.3 节所讨论的，实现 Lagrang 函数的 Hessian 矩阵压缩计算是很重要的。

一旦得到精确 Hessian 矩阵的最优解，定理 2.6 就保证了一个解存在，即

$$\bar{y}(\boldsymbol{p}) = \begin{bmatrix} \bar{\tilde{\boldsymbol{T}}}_{ice}(\boldsymbol{p}) \\ \bar{\tilde{\boldsymbol{T}}}_{brk}(\boldsymbol{p}) \\ \bar{\varsigma}(\boldsymbol{p}) \\ \bar{\tilde{\xi}}(\boldsymbol{p}) \\ \bar{\tilde{\boldsymbol{\omega}}}_{gbx}(\boldsymbol{p}) \\ \bar{\tilde{\boldsymbol{T}}}_{gbx}(\boldsymbol{p}) \end{bmatrix}$$

灵敏度微分 $\mathrm{d}\bar{\tilde{\boldsymbol{T}}}_{ice,j}^{[k]}/\mathrm{d}(\boldsymbol{p}_0)$、$\mathrm{d}\bar{\tilde{\boldsymbol{T}}}_{brk,j}^{[k]}/\mathrm{d}(\boldsymbol{p}_0)$、$\mathrm{d}\varsigma_j/\mathrm{d}(\boldsymbol{p}_0)$、$\mathrm{d}\bar{\tilde{\xi}}_j^{[k]}/\mathrm{d}(\boldsymbol{p}_0)$、$\mathrm{d}\bar{\tilde{\boldsymbol{\omega}}}_{gbx,j}^{[k]}/\mathrm{d}(\boldsymbol{p}_0)$ 和 $\mathrm{d}\bar{\tilde{\boldsymbol{T}}}_{gbx,j}^{[k]}/\mathrm{d}(\boldsymbol{p}_0)$ 直接由推论 2.2 得到，成本函数的灵敏度微分由推论 2.4 获得。

表 13.3 靠近 Pareto 前沿的车辆构型

设计参数	构型 1	构型 2
MG 的额定功率 P_{mg}^{max} /kW	40	26.2
MG 的速比 b_{mg}	0.31	1.438
齿轮级 φ_1	1.6131	2.0191
齿轮级 φ_2	1.5505	1.8312
齿轮级 φ_3	1.3859	1.4104
齿轮级 φ_4	1.4369	1.3230
齿轮级 φ_5	1.3787	1.1256
齿轮级 φ_6	1.3776	1.4357

为了评价参数灵敏度，引入最大灵敏度和平均灵敏度，即

$$s_{\max} = \mathrm{sgn}\left(\max\left\{\frac{\mathrm{d}\boldsymbol{y}}{\mathrm{d}\boldsymbol{p}}(\boldsymbol{p}_0)\Delta\boldsymbol{p}\right\}\right)\left\|\frac{\mathrm{d}\boldsymbol{y}}{\mathrm{d}\boldsymbol{p}}(\boldsymbol{p}_0)\Delta\boldsymbol{p}\right\|_\infty$$

和

$$s_{mean} = \frac{1}{N_t}\sum_{k=0}^{N_t}\frac{\mathrm{d}\boldsymbol{y}}{\mathrm{d}\boldsymbol{p}}(\boldsymbol{p}_0)\Delta\boldsymbol{p}$$

式中，$\boldsymbol{y}(\cdot)$ 表示最优解函数。

为了比较不同参数的影响，重要的是每次评价时只扰动一个参数。因此，每个参数只增加名义值的 1%，即 $\Delta p_{0,i}=0.01\Delta p_{0,i}$的规则，于是

$$p_i = p_{0,i} + \Delta p_{0,i}$$

在表 13.4 中，总结了车辆构型 1 和 ARTEMIS 行驶循环的 5 个最大灵敏度，灵敏度根据相对值进行排序。

表 13.4 名义值 1% 扰动下目标函数、连续值控制和连续状态的 5 个最大灵敏度，针对车辆构型 1 和 ARTEMIS 的行驶循环进行的计算

	序号	参数	扰动 Δp_i	绝对最大值灵敏度 $s_{\max}$		平均灵敏度 s_{mean}	
				绝对值	相对值	绝对值	相对值
$\mathrm{d}\phi/\mathrm{d}\boldsymbol{p}\Delta\boldsymbol{p}$	1.	p_9：sc. v	0.010000	0.035269	1.9107%	—	—
	2.	p_8：a_2	0.000238	0.008232	0.4460%	—	—
	3.	p_4：m	16.450000	0.007465	0.4044%	—	—
	4.	p_6：a_0	0.000785	0.005299	0.2871%	—	—
	5.	p_{11}：$\xi\ (t_0)$	0.005000	−0.001759	−0.0953%	—	—
$\mathrm{d}\,\overline{\overline{\boldsymbol{T}}}_{ice,j}^{[k]}/\mathrm{d}\boldsymbol{p}\Delta\boldsymbol{p}$	1.	p_{11}：$\xi\ (t_0)$	0.005000	−6.017674	−16.4189%	−0.113537	−0.1052%
	2.	p_9：sc. v	0.010000	2.725457	2.5636%	1.089569	1.0093%
	3.	p_{12}：$\xi\ (t_f)$	0.005000	1.818968	2.5502%	0.102549	0.0950%
	4.	p_{16}：i_{t_4}	0.044714	−0.645859	−1.7622%	−0.091022	−0.0843%
	5.	p_5：r_{wh}	0.003080	1.899554	1.5635%	1.010704	0.9362%
$\mathrm{d}\,\overline{\overline{\boldsymbol{T}}}_{brk,j}^{[k]}/\mathrm{d}\boldsymbol{p}\Delta\boldsymbol{p}$	1.	p_9：sc. v	0.01	−3.526717	40.5377%	−0.003054	9.8214%
	2.	p_4：m	16.450000	−1.958081	22.5071%	−0.001635	5.2566%
	3.	p_{10}：sc. T_{mg}	0.010000	1.729357	−19.8780%	0.001540	−4.9530%
	4.	p_8：a_2	0.000238	0.141726	−1.6291%	0.000146	−0.4704%
	5.	p_6：a_0	0.000785	0.122715	−1.4105%	0.000170	−0.5482%
$\mathrm{d}\varsigma_j/\mathrm{d}\boldsymbol{p}\Delta\boldsymbol{p}$	1.	p_{19}：i_{t_7}	0.016384	0.000525	2.2841%	−0.000000	< −0.0000%
	2.	p_9：sc. v	0.010000	0.002353	0.1207%	0.000000	<0.0000%
	3.	p_{11}：$\xi\ (t_0)$	0.005000	−0.002271	−0.1136%	−0.000000	<0.0000%
	4.	p_4：m	16.450000	0.001587	0.0814%	0.000000	<0.0000%
	5.	p_5：r_{wh}	0.002958	0.001454	0.0746%	−0.000000	<0.0000%
$\mathrm{d}\,\overline{\overline{\boldsymbol{\xi}}}_j^{[k]}/\mathrm{d}\boldsymbol{p}\Delta\boldsymbol{p}$	1.	p_{12}：$\xi\ (t_f)$	0.005000	0.501022	1.0387%	0.033651	0.0905%
	2.	p_{11}：$\xi\ (t_0)$	0.005000	0.500560	1.0207%	0.046042	0.1238%
	3.	p_9：sc. v	0.010000	−0.189159	−0.9763%	0.006195	0.0167%
	4.	p_1：Q_{bat}	180.000000	0.135385	0.6988%	0.001042	0.0028%
	5.	p_{10}：sc. T_{mg}	0.010000	0.116654	0.6021%	−0.000275	−0.0007%
$\mathrm{d}\,\overline{\overline{\boldsymbol{\omega}}}_{gbx,j}^{[k]}/\mathrm{d}\boldsymbol{p}\Delta\boldsymbol{p}$	1.	p_5：r_{wh}	0.002958	−44.158950	−1.0003%	−12.960732	−1.0000%
	2.	p_{17}：i_{t_5}	0.031119	31.356994	1.0000%	2.356548	0.1818%
	3.	p_{16}：i_{t_4}	0.044714	44.144781	1.0000%	1.620858	0.1251%
	4.	p_{14}：i_{t_2}	0.096087	24.795318	1.0000%	0.685270	0.0529%
	5.	p_{18}：i_{t_6}	0.022571	25.896579	1.0000%	2.852519	0.2201%

（续）

	序号	参数	扰动 Δp_i	绝对最大值灵敏度 $s_{\max}$		平均灵敏度 s_{mean}	
				绝对值	相对值	绝对值	相对值
$\mathrm{d}\,\overline{\overline{\boldsymbol{T}}}_{gbx,j}^{[k]}/\mathrm{d}\boldsymbol{p}\Delta\boldsymbol{p}$	1.	p_4：m	16.450000	−2.131149	9.5074%	0.143773	0.4596%
	2.	p_8：a_2	0.000238	1.385211	−6.1796%	0.167323	0.5349%
	3.	p_6：a_0	0.000785	0.642181	−2.8649%	0.125447	0.4010%
	4.	p_9：sc. v	0.010000	2.083920	1.0488%	0.346172	1.1066%
	5.	p_{15}：i_{t_3}	0.061971	−0.932212	−1.0007%	−0.004936	−0.0158%

当然，需要对表 13.4 进行一些讨论。对燃料消耗影响最大的是车速 v 和阻力系数 a_2，后者使阻力随着车速二次增长。这意味着，对于高度动态的行驶循环，对燃料消耗的主要影响是设计参数 p_9、p_8、p_4 和 p_6，这些参数独立于能量管理，只是初始 SOC 的选择对燃油效率的影响很小。对于一个具有大速度和加速度的行驶循环（图 10.30）来说，这些结果并不奇怪。在低动态行驶循环的情况下，$\xi(t_0)$ 和 $\xi(t_f)$ 的影响变得更相关，正如 Schäfer[28] 的研究所显示的那样。

连续值控制$\overline{\overline{\boldsymbol{T}}}_{ice}$主要对初始和最终的 SOC 变化敏感。由于较高的阻力，车速增加也起着重要的作用。有趣的是，在所有传动比中，4 档传动比对发动机力矩影响最大。然而，该传动比增加 1% 对燃料消耗的影响微乎其微。

连续值控制$\overline{\overline{\boldsymbol{T}}}_{brk}$具有最大相对变化，这是非常小的最优值的结果。这种控制的绝对变化对能量管理没有显著影响。

特别重要的是切换间隔的灵敏度ς，因为切换间隔长度的变化会导致控制策略的修改。可以观察到，切换间隔对所有扰动参数都是稳健的。最大的绝对变化在 2ms 的范围内。

变速器输入转速$\overline{\overline{\boldsymbol{\omega}}}_{gbx}$显然是由车轮半径和齿轮传动比的变化控制的。如果用最大灵敏度来衡量，5 档传动比在所有传动比中对变速器输入转速的影响最大。如果以平均灵敏度来衡量，6 档传动比在所有传动比中对变速器输入转速的影响最大。

车辆质量增加 1%，$\overline{\overline{\boldsymbol{T}}}_{gbx}$的负力矩就会增加，从而机械制动力矩也会增加。令人惊讶的是，参数 p_4、p_8 和 p_6 的三个最大的灵敏度对发动机力矩$\overline{\overline{\boldsymbol{T}}}_{ice}$的影响很小。这意味着，如果 MG 在力矩方向上不受约束，并且可以补偿这些扰动，则最优的发动机力矩对这些参数的小扰动具有鲁棒性。

显然，齿轮传动比 1% 的小扰动和 MG 额定功率对燃料消耗的影响很小。但是，更大的扰动会发生什么呢？为了回答这个问题，必须近似每个灵敏度参数的置信区间。利用 2.4.4 节讨论的理论，置信区间是由保持不变的主动约束来呈现的。

对于车辆构型 1，获得置信区间，见表 13.5。由表可以看出，一些设计参数的下限和上限是相当小的。这意味着，最优解 $\boldsymbol{y}^*$ 有值，其接近于改变主动集约束。扩大这些限制的一种补救方法是识别涉及的约束，并在可能的情况下加以调整。利用表13.5的下限和上限，可以计算对目标函数的最大影响，见表13.6。

由表13.6可以看出，如果将辅助功率 p_3 设置为零，则可以节省约4.5%的燃料。不幸的是，这不是一个合适的车辆设计的选择，但是也给出一个提示，只有在需要的时候才可以操作电子辅助设备。

在设计参数方面，额定功率 P_{mg}^{max} 和齿轮传动比 i_{t1} ~ i_{t7} 增加了燃料消耗。相反，额定功率和齿轮传动比的降低只会略微降低燃料消耗。这可以推断车辆构型1确实是最优的车辆构型，接近Pareto前沿。

表13.5 设计参数摄动的置信区间下限和上限，针对车辆构型1和ARTEMIS行驶循环进行的计算

参数	p_0	p_{min}		p_{max}	
		绝对值	相对值	绝对值	相对值
$p_0:Q_{bat}$	18000.000000	17999.152273	−0.0047%	18003.395003	0.0189%
$p_2:R_{bat}$	0.160600	0.000000	−100.0000%	1.334537	730.9694%
$p_3:P_{aux}$	225.500000	0.000000	−100.0000%	622.000861	175.8319%
$p_4:m$	1645.000000	1571.911947	−4.4430%	1736.571050	5.5666%
$p_5:r_{wh}$	0.295800	0.289728	−2.0527%	0.296772	0.3285%
$p_6:a_0$	0.078480	0.071866	−8.4278%	0.119776	52.6202%
$p_7:a_1$	0.000245	0.000187	−23.9065%	0.000948	286.6503%
$p_8:a_2$	0.023800	0.022967	−3.5004%	0.036031	51.3924%
p_9:sc. v	1.000000	0.996711	−0.3289%	1.031787	3.1787%
p_{10}:sc. P_{mg}^{max}	1.000000	0.940047	−5.9953%	1.050307	5.0307%
$p_{11}:\xi(t_0)$	0.500000	0.433622	−13.2757%	0.525467	5.0935%
$p_{12}:\xi(t_f)$	0.500000	0.434703	−13.0594%	0.730564	46.1127%
$p_{13}:i_{t_1}$	15.500000	0.000000	−100.0000%	57.709697	272.3206%
$p_{14}:i_{t_2}$	9.608700	6.774686	−29.4943%	14.982137	55.9226%
$p_{15}:i_{t_3}$	6.197100	5.836386	−5.8207%	8.990280	45.0724%
$p_{16}:i_{t_4}$	4.471400	4.440582	−0.6892%	6.077389	35.9169%
$p_{17}:i_{t_5}$	3.111900	3.014668	−3.1245%	4.621720	48.5176%
$p_{18}:i_{t_6}$	2.257100	2.249682	−0.3286%	2.422387	7.3230%
$p_{19}:i_{t_7}$	1.638400	1.631894	−0.3971%	1.688223	3.0409%

表13.6 目标函数灵敏度的下限和上限，针对车辆构型1和ARTEMIS行驶循环进行的计算

参数	s_{max}的下限		s_{max}的上限	
	绝对值	相对值	绝对值	相对值
$p_1:Q_{bat}$	0.00000012	0.0000%	−0.00000047	−0.0000%
$p_2:R_{bat}$	−0.06949813	−3.7650%	0.18589175	10.0706%

（续）

参数	s_{max}的下限		s_{max}的上限	
	绝对值	相对值	绝对值	相对值
$p_3:P_{aux}$	-0.08265268	-4.4777%	0.10619492	5.7531%
$p_4:m$	-0.03316868	-1.7969%	0.04155660	2.2513%
$p_5:r_{wh}$	0.00221054	0.1198%	-0.00035382	-0.0192%
$p_6:a_0$	-0.04466250	-2.4196%	0.27885754	15.1070%
$p_7:a_1$	-0.03365011	-1.8230%	0.40348034	21.8584%
$p_8:a_2$	-0.02881488	-1.5610%	0.42305457	22.9188%
$p_9:\text{sc.}\ v$	-0.01159976	-0.6284%	0.11210965	6.0735%
$p_{10}:\text{sc.}\ P_{mg}^{max}$	-0.00544826	-0.2952%	0.00457164	0.2477%
$p_{11}:\xi(t_0)$	0.02335170	1.2651%	-0.00895937	-0.4854%
$p_{12}:\xi(t_f)$	-0.02165741	-1.1733%	0.07647240	4.1429%
$p_{13}:i_{t_1}$	-0.000040000	-0.2200%	0.01088200	0.5895%
$p_{14}:i_{t_2}$	-0.00176085	-0.0954%	0.00333867	0.1809%
$p_{15}:i_{t_3}$	-0.00039315	-0.0213%	0.00304432	0.1649%
$p_{16}:i_{t_4}$	-0.00012092	-0.0066%	0.00630128	0.3414%
$p_{17}:i_{t_5}$	-0.00038057	-0.0206%	0.00590944	0.3201%
$p_{18}:i_{t_6}$	-0.00008959	-0.0049%	0.00199637	0.1082%
$p_{19}:i_{t_7}$	-0.00011858	-0.0064%	0.00090808	0.0492%

13.6　进一步的研究

13.6.1　算法的加速

对于 75 代 150 个体的种群大小的评估，计算需求可能非常高，即使使用并行方法，在标准计算机硬件上计算也可能需要数周时间。显然，可以使用参数灵敏度加速这一过程。

如果选择车辆构型 2，计算目标函数灵敏度的下限和上限，预期额定功率 P_{mg}^{max} 和齿轮传动比 $i_{t2}-i_{t7}$ 应当增加到降低燃料消耗是合理的。表 13.7 计算的参数灵敏度与期望相符合。

表 13.7　目标函数的灵敏度（仅针对设计参数）的下限和上限，针对车辆构型 2 和 ARTEMIS 行驶循环进行的计算

参数	s_{max}的下限		s_{max}的上限	
	绝对值	相对值	绝对值	相对值
$p_{10}:\text{sc.}\ P_{mg}^{max}$	0.00000000	0.0000%	-0.00256460	-0.1438%
$p_{14}:i_{t_2}$	0.00000000	0.0000%	-0.00000009	-0.0000%

（续）

参数	s_{max}的下限		s_{max}的上限	
	绝对值	相对值	绝对值	相对值
$p_{15}:i_{t_3}$	0.00000000	0.0000%	−0.00037202	−0.0209%
$p_{16}:i_{t_4}$	0.00000000	0.0000%	−0.00129533	−0.0726%
$p_{17}:i_{t_5}$	0.00000001	0.0000%	−0.00215873	−0.1210%
$p_{18}:i_{t_6}$	0.00000000	0.0000%	−0.00040805	−0.0229%
$p_{19}:i_{t_7}$	0.00000001	0.0000%	−0.00002093	−0.0012%

一种策略可以是将种群规模实际增加一倍，利用13.3节的MOPD过程求解种群的前一半。种群的后一半利用前一半的最优解作为模板来求解。使用目标函数（只有表13.7的参数是必需的）灵敏度的下限和上限调整设计参数似乎是合理的，相应的解轨迹可以通过扰动解轨迹来近似。如2.4.3节所述，对于$j=1,\cdots,N_{t3}-1$和$k=0,\cdots,N_t$，使用如下方程

$$\phi(\tilde{\bar{\boldsymbol{u}}}^*(\boldsymbol{p}),\boldsymbol{p}) \approx \phi(\tilde{\bar{\boldsymbol{u}}}^*) + \frac{\mathrm{d}\phi}{\mathrm{d}\boldsymbol{p}}(\tilde{\bar{\boldsymbol{u}}}^*,\boldsymbol{p}_0)\Delta\boldsymbol{p}$$

$$\bar{\bar{\boldsymbol{T}}}_{ice,j}^{[k]}(\boldsymbol{p}) \approx (\bar{\bar{\boldsymbol{T}}}_{ice,j}^*)_{[k]} + \frac{\mathrm{d}\,\bar{\bar{\boldsymbol{T}}}_{ice,j}^{[k]}}{\mathrm{d}\boldsymbol{p}}(\boldsymbol{p}_0)\Delta\boldsymbol{p}$$

$$\bar{\bar{\boldsymbol{T}}}_{brk,j}^{[k]}(\boldsymbol{p}) \approx (\bar{\bar{\boldsymbol{T}}}_{brk,j}^*)_{[k]} + \frac{\mathrm{d}\,\bar{\bar{\boldsymbol{T}}}_{brk,j}^{[k]}}{\mathrm{d}\boldsymbol{p}}(\boldsymbol{p}_0)\Delta\boldsymbol{p}$$

$$\varsigma_j(\boldsymbol{p}) \approx \varsigma_j^* + \frac{\mathrm{d}\varsigma_j}{\mathrm{d}\boldsymbol{p}}(\boldsymbol{p}_0)\Delta\boldsymbol{p}$$

$$\tilde{\bar{\boldsymbol{\xi}}}_j^{[k]}(\boldsymbol{p}) \approx (\tilde{\bar{\boldsymbol{\xi}}}_j^*)_{[k]} + \frac{\mathrm{d}\,\tilde{\bar{\boldsymbol{\xi}}}_j^{[k]}}{\mathrm{d}\boldsymbol{p}}(\boldsymbol{p}_0)\Delta\boldsymbol{p}$$

$$\tilde{\bar{\boldsymbol{\omega}}}_{gbx,j}^{[k]}(\boldsymbol{p}) \approx (\tilde{\bar{\boldsymbol{\omega}}}_{gbx,j}^*)_{[k]} + \frac{\mathrm{d}\,\tilde{\bar{\boldsymbol{\omega}}}_{gbx,j}^{[k]}}{\mathrm{d}\boldsymbol{p}}(\boldsymbol{p}_0)\Delta\boldsymbol{p}$$

$$\bar{\bar{\boldsymbol{T}}}_{gbx,j}^{[k]}(\boldsymbol{p}) \approx (\bar{\bar{\boldsymbol{T}}}_{gbx,j}^*)_{[k]} + \frac{\mathrm{d}\,\bar{\bar{\boldsymbol{T}}}_{gbx,j}^{[k]}}{\mathrm{d}\boldsymbol{p}}(\boldsymbol{p}_0)\Delta\boldsymbol{p}$$

然而，扰动解的近似只允许不改变主动约束集的扰动。这个限制是必要的，因为Lagrange函数的Hessian矩阵是无效的，并且使灵敏度微分不正确。

预计这一修改应当会显著加快MOPD的运行速度。

13.6.2 模型复杂性的增加

正如已经提到的，有时需要增加模型的复杂性，以便考虑对设计参数选择的一些影响。例如，原始排放甚至是排气管末端的演变。就经验而言，不建议用所提出的优化方法直接求解复杂的模型聚合。一个更有吸引力的方法可能是"同伦"，即先用简单模型开始多目标动力传动设计，在可接受的时间范围内获得Pareto前沿。

然后，从这样的前沿选择一些有前景的构型，使用其解作为初始条件，进一步探索功能更丰富的模型，这样可以保持计算工作量的可管理性。这些构型候选可以扩展到更多的特性，比如热力学（见 10.2 节）或者模型预测控制策略。

13.7　相关研究

通过优化设计研究，已经分析了不同的 PHEV 构型[18,14]、电池规格[31]、发动机和电机规格[1,21]等。

许多作者将这种优化问题视为动态环境的优化问题。Cook[7]等通过固定控制器结构和应用遗传算法（GA）求解了这种优化问题，这个过程忽略了系统动力学。

在优化设计的背景下，应用了不同的优化技术，以找到最有效的动力传动规格。例如，Boehme 等[3,4]应用 MOGA 只在燃料消耗方面找到了次优的齿轮比、电池容量和 MG 额定功率。Boehme 等[5,6]对以前版本的 MOPD 方法与现在的 MOGA 方法进行了比较。Sundstrmm 等[34]应用 DP 方法对非凸、混合整数动力传动模型进行了优化，Johannesson 等[12]提出一种用于组件规格的凸优化方案。Jore 等[13]研究了应用 DIRCOL 和 BB 方法的直接配置方法，用于设计如 MG 的电子元件和具有 CVT 的混合动力车辆的超级电容。

本章忽略了关于 HEV 或 PHEV 的最佳电池规格问题。Paul[22]处理了 PHEV 的电池规格问题，使用一种组合优化方法评估最小生命周期 CO_2 排放的最佳电池规格。与特定电池寿命相关的 CO_2 影响，可分类为材料和制造、用例和回收阶段的 CO_2。Sullivan 等[33]的报告指出，制造阶段产生的 CO_2 量的范围为 90 ~ 120kg/kW · h。作者利用每天电池产生的 CO_2、燃料使用产生的 CO_2 以及利用电网充电的能量混合相对应的 CO_2，组合成优化问题的成本函数。关于电池容量对燃料经济性影响的研究，可以在 Neglur 和 Ferdowsi[20]、Moura 等[19]的研究中找到。Moura 等[19]的研究指出，优化的能量控制策略可以减少能量消耗，从而降低电池容量的需求。

在一辆混合动力客车的全寿命周期中，Johannesson 等[12]考虑了电池的健康状况（SOH）。Hu 等[11]提出了一种凸性规划范例，用于优化混合动力客车的锂离子电池和超级电容的组合。在此基础上，利用动态的 SOH 模型来检验新的混合能量储能系统的替代效果。

Rousseau 等[26]对电池的相关要求、全电动范围、行驶循环和控制策略等进行了研究。电池老化效应会对混合动力车辆设计产生巨大的影响，已经由不同的作者对此进行了研究，其中包括 Serrao 等[30]、Smith 等[32]和 Sciarretta 等[29]。Pourabdollah 等[24]研究了不同的驱动模式对最佳电池规格、MG 和一系列 PHEV 发动机的影响。

车辆设计的一个关键点是可行性。只有在满足所有设计约束的情况下，才能认为具有优化参数的候选车辆是有效的。Kolmanovsky 等[16]对动力传动性能进行了多目标评估，使用 DP 算法检查其设计目标和约束是否满足。

Rousseau 等[27]基于相关性研究，对控制策略参数与燃料经济性之间的灵敏度进行了分析。Schaufer[28]研究了一些重要行驶循环的参数灵敏度，结果表明，不同行驶循环产生不同的级别和高度的参数灵敏度。

Koprubasi[17]等考虑了驾驶性能方面的问题，提出了一种能量管理和阻尼控制分离的设计过程，用于由换档或踩踏/松开加速踏板激励引起的振动。Pisu 等[23]将驾驶性能目标作为控制目标，设计了一种达到平滑换档和最小传动振动的解耦控制。Barbarisie 等[2]也将 SOC 作为单独的控制元件，在燃料管理和驾驶性能控制中完全解耦$\xi(\cdot)$。

在混合动力车辆设计中，许多作者都考虑了排放约束，其中如 Kleimaier[15]。

参 考 文 献

1. Assanis D, Delagrammatikas G, Fellini R, Filipi Z, Liedtke J, Michelena N, Papalambros P, Reyes D, Rosenbaum D, Sales A et al (1999) Optimization approach to hybrid electric propulsion system design. J Struct Mech 27(4):393–421
2. Barbarisi O, Westervelt ER, Vasca F, Rizzoni G (2005) Power management decoupling control for a hybrid electric vehicle. In: Proceedings of the 44th decision and control conference, IEEE, pp 2012–2017
3. Boehme T, Metwally O, Becker B, Meinhardt N, Rucht M, Rabba H (2012) A simulation-based comparison of different power split configurations with respect to the system efficiency. In: SAE world congress. Technical paper 2012-01-0438. doi:10.4271/2012-01-0438
4. Boehme TJ, Becker B, Ruben-Weck M, Rothschuh M, Boldt A, Rollinger C, Butz R, Rabba H (2013) Optimal design strategies for different hybrid powertrain configurations assessed with European drive cycles. In: SAE world congress, Technical paper 2013-01-1751. doi:10.4271/2013-01-1751
5. Boehme TJ, Frank B, Schori M, Jeinsch T (2014a) Multi-objective optimal powertrain design of parallel hybrid vehicles with respect to fuel consumption and driving performance. In: Proceedings of the 2014 European control conference (ECC). IEEE, pp 1017–1023
6. Boehme TJ, Rothschuh M, Frank B, Schultalbers M, Schori M, Jeinsch T (2014) Multi-objective optimal design of parallel plug-in hybrid powertrain configurations with respect to fuel consumption and driving performance. SAE Int J Alt Power 3(2):176–192. doi:10.4271/2014-01-1158
7. Cook R, Molina-Cristobal A, Parks G, Correa CO, Clarkson PJ (2007) Multi-objective optimisation of a hybrid electric vehicle: drive train and driving strategy. Springer
8. Deb K, Pratap A, Agarwal S, Meyarivan T (2002) A fast and elitist multiobjective genetic algorithm: NSGA-II. IEEE Trans Evol Comput 6:182–197
9. Ehsani M, Gao Y, Emadi A (2010) Modern electric, hybrid electric, and fuel cell vehicles. Fundamentals, theory, and design, 2nd edn. CRC Press
10. Guzzella L, Sciarretta A (2005) Vehicle propulsion systems. Introduction to modeling and optimization. Springer, Berlin
11. Hu X, Johannesson L, Murgovski N, Egardt B (2015) Longevity-conscious dimensioning and power management of the hybrid energy storage system in a fuel cell hybrid electric bus. Appl Energy 137:913–924
12. Johannesson L, Murgovski N, Ebbesen S, Egardt B, Gelso E, Hellgren J (2013) Including a battery state of health model in the HEV component sizing and optimal control problem. In: Proceedings of the 7th IFAC symposium on advances in automotive control, Tokyo, Japan, pp 388–393

13. Jörg A et al (2010) Optimale Auslegung und Betriebsführung von Hybridfahrzeugen. PhD thesis, Technische Universität München
14. Kaushal N, Shiau CSN, Michalek JJ (2009) Optimal plug-in hybrid electric vehicle design and allocation for diverse charging patterns. In: ASME 2009 international design engineering technical conferences and computers and information in engineering conference. American Society of Mechanical Engineers, pp 899–908
15. Kleimaier A (2004) Optimale Betriebsführung von Hybridfahrzeugen. PhD thesis, Technische Universität München
16. Kolmanovsky IV, Sivashankar SN, Sun J (2005) Optimal control-based powertrain feasibility assessment: a software implementation perspective. In: Proceedings of the American control conference. IEEE, pp 4452–4457
17. Koprubasi K, Morbitzer J, Westervelt E, Rizzoni G (2006) Toward a framework for the hybrid control of a multi-mode hybrid-electric driveline. In: Proceedings of the American control conference. Minneapolis, IEEE, pp 3296–3301
18. Liu J (2007) Modeling, configuration and control optimization of power-split hybrid vehicles. PhD thesis, The University of Michigan
19. Moura SJ, Callaway DS, Fathy HK, Stein JL (2010) Tradeoffs between battery energy capacity and stochastic optimal power management in plug-in hybrid electric vehicles. J Power Sources 195(9):2979–2988
20. Neglur S, Ferdowsi M (2009) Effect of battery capacity on the performance of plug-in hybrid electric vehicles. In: Vehicle power and propulsion conference 2009, VPPC'09. IEEE, pp 649–654
21. Patil R, Adornato B, Filipi Z (2010) Design optimization of a series plug-in hybrid electric vehicle for real-world driving conditions. SAE Int J Engines 3(2010-01-0840):655–665
22. Patil RM (2012) Combined design and control optimization: application to optimal PHEV design and control for multiple objectives. PhD thesis, The University of Michigan
23. Pisu P, Koprubasi K, Rizzoni G (2005) Energy management and drivability control problems for hybrid electric vehicles. In: Proceedings of the 44th IEEE conference on decision and control. IEEE, pp 1824–1830
24. Pourabdollah M, Grauers A, Egardt B (2013) Effect of driving patterns on components sizing of a series PHEV. In: Proceedings of the 7th IFAC symposium on advances in automotive control, Tokyo, Japan, pp 17–22
25. Rechs M, Menne R, Tielkes U, Pingen B (2002) Torque Boost - Drehmomenterhhung und Verbrauchsreduzierung im realen Fahrbetrieb. In: 23. International Wiener Motorensymposium
26. Rousseau A, Shidore N, Carlson R, Freyermuth V (2007) Research on PHEV battery requirements and evaluation of early prototypes. Technical report, Argonne National Laboratory
27. Rousseau A, Pagerit S, Gao DW (2008) Plug-in hybrid electric vehicle control strategy parameter optimization. J Asian Electr Veh 6(2):1125–1133
28. Schäfer R (2014) Gemischt-ganzzahlige Optimalsteuerung, Sensitivitätsanalyse und Echtzeitoptimierung von Parallel-Hybridfahrzeugen. Master's thesis, Universität Bremen
29. Sciarretta A, di Domenico D, Pognant-Gros P, Zito G (2014) Optimal energy management of automotive battery systems including thermal dynamics and aging. In: Optimization and optimal control in automotive systems. Springer, pp 219–236
30. Serrao L, Onori S, Sciaretta A, Guezennec Y, Rizzoni G (2011) Optimal energy management of hybrid electric vehicles including battery aging. In: Proceedings of the 2011 American control conference. IEEE, San Francisco, pp 2125–2130
31. Shiau CSN, Kaushal N, Hendrickson CT, Peterson SB, Whitacre JF, Michalek JJ (2010) Optimal plug-in hybrid electric vehicle design and allocation for minimum life cycle cost, petroleum consumption, and greenhouse gas emissions. J Mech Des 132(9):1–11
32. Smith K, Earleywine M, Wood E, Neubauer J, Pesaran A (2012) Comparison of plug-in hybrid electric vehicle battery life across geographies and drive cycles. In: SAE world congress, Technical paper 2012-01-0666. doi:10.4271/2012-01-0666
33. Sullivan J, Gaines L et al (2010) A review of battery life-cycle analysis: state of knowledge and critical needs. Technical report, Argonne National Laboratory (ANL)
34. Sundström O, Guzzella L, Soltic P (2010) Torque-assist hybrid electric powertrain sizing: from optimal control towards a sizing law. IEEE Trans Control Syst Technol 18. doi:10.1109/TCST.2009.2030173

附录 稀疏矩阵图论基础

附录只陈述本书范围内的图论概念，图论的全面介绍可以在 Diestel[1]、George 等[2]、Golumbic[3]和 Wilson[4]的教科书中找到。

在处理稀疏矩阵时，图论方法发挥着很大的作用，因为稀疏矩阵的结构可以由图直观表示。因此，首先回顾图论的一些基本原理，这些原理是应用这些方法所必需的。

重要的集合操作如下：

1）集合大小：$|\cdot|$。

2）并集：$B_1 \cup B_2 := \{v \mid v \in B_1 \vee v \mid v \in B_2\}$。

3）交集：$B_1 \cap B_2 := \{v \mid v \in B_1 \wedge v \mid v \in B_2\}$。

4）差集：$B_1 \setminus B_2 := \{v \mid v \in B_1 \wedge v \mid v \notin B_2\}$。

定义 F.1（无向图）

无向图 $G(\mathcal{V},\mathcal{B})$ 由顶点集合 V 的边集合 $B \subseteq [V]^2$ 定义，使边集合 B 由顶点集合 V 的两个元素子集组成。

一个简单的无向图，如图 F.1 所示。

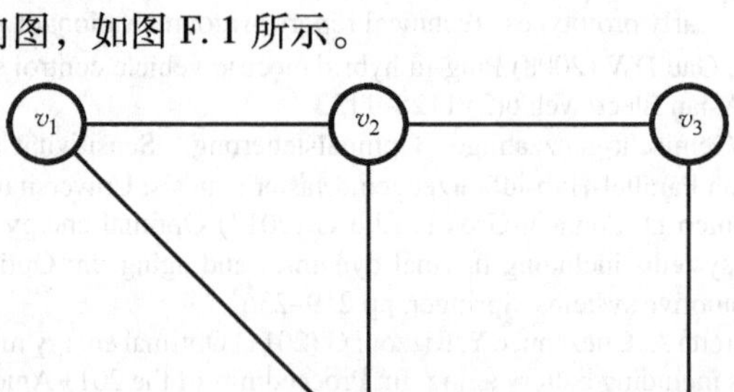

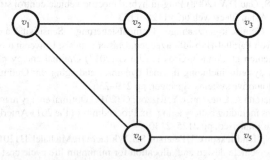

图 F.1 一个简单的无向图 $G(\mathcal{V},\mathcal{B})$，具有顶点 $V = \{v_1, v_2, v_3, v_4, v_5\}$ 和边 $B = \{v_1v_2, v_1v_4, v_2v_4, v_2v_3, v_3v_5, v_4v_5\} = \{v_2v_1, v_4v_1, v_4v_2, v_3v_2, v_5v_3, v_5v_4\}$

定义 F.2（有向图）

有向图 $G(\mathcal{V},\mathcal{A})$ 由顶点集合 V 的边集合 $A \subseteq [V]^2$ 定义，使边集合 A 由顶点集

合 V 的两个元素子集组成，但与无向图相反，其边有方向，因此 $uv \in A$ 不等于 $vu \in A$，边用箭头直观表示。

一个简单的有向图，如图 F.2 所示。

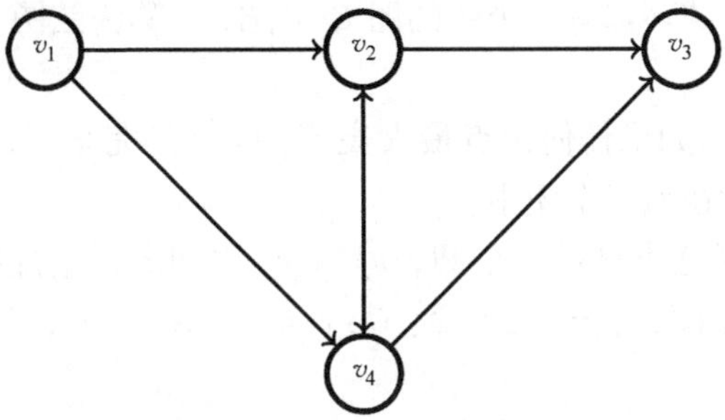

图 F.2 一个简单的有向图 $G(V,A)$，具有顶点 $V=\{v_1,v_2,v_3,v_4,v_5\}$ 和边 $B=\{v_1v_4,v_1v_2,v_2v_3,v_2v_4,v_4v_2,v_4v_3\}$

定义 F.3（邻接）

由一条边相连的两个顶点称为邻接。

定义 F.4（邻接集）

对于顶点 $v\in\mathcal{V}$，集合 $adj(v)$ 由与 v 邻接的所有顶点组成，称为邻接集。

定义 F.5（完全图）

如果一个图 $G(\mathcal{V},\mathcal{B})$ 的所有顶点都是邻接的，则其称为完全图。

定义 F.6（路径）

一个路径是一个子图 $P(\mathcal{V}_p,\mathcal{B}_p)\subseteq G(\mathcal{V},\mathcal{B})$，具有

$$\mathcal{V}_p=\{v_0,v_1,\cdots,v_k)\subseteq\mathcal{V},\ \mathcal{B}_p=\{v_0v_1,v_1v_2,\cdots,v_{k-1}v_k\}\subseteq\mathcal{B}$$

其中，所有 v_i 对于 $i=1$，…，k 是不同的，顶点 v_0 和 v_k 由路径 $P(\mathcal{V}_p,\mathcal{B}_p)$ 连接，$P(\mathcal{V}_p,\mathcal{B}_p)$ 的边数是路径的长度。

定义 F.7（环）

路径 $P(\mathcal{V}_p,\mathcal{B}_p)$ 加上附加边 v_kv_0 称为长度 $k+1$ 的环 $C:=P(\mathcal{V}_p,\mathcal{B}_p)\cup v_kv_0$，不包含环的子图称为无环图。

路径和环的图解，如图 F.3 所示。

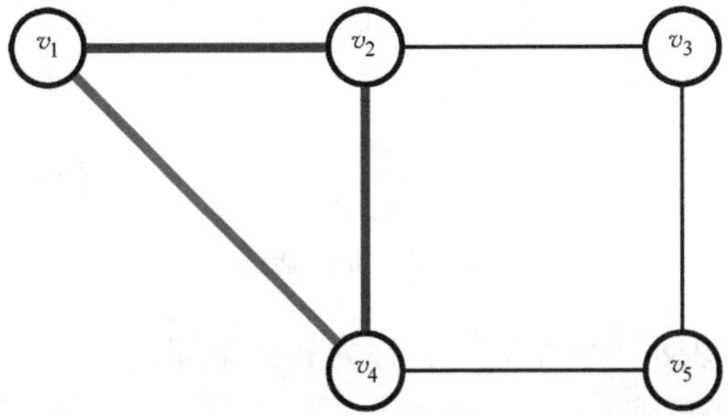

图 F.3 长度为 2 的路径（深色边）和一个环（深色边和浅色边）

定义 F. 8（弦）

一条边，不是环 C 中的元素，而是连接 C 的两个顶点的边，称为环的弦。

定义 F. 9（弦图）

每个长度大于 3 的环都有一个弦的图 $G(\mathcal{V},\mathcal{B})$ ，称为弦图。

定义 F. 10（团）

在图 $G(\mathcal{V},\mathcal{B})$ 中,如果任何顶点最大集 $C_{cl} \subseteq \mathcal{V}$ 是完全图，则称为一个团。因此，一个团完全包含在另一个团中。

在图 F. 4 中，深色边显示一个圆，v_2 和 v_5 之间的深色虚线是该圆的一个弦。与该弦一起的图是弦图，包含三个团：$C_{cl,1} = \{v_1, v_2, v_4\}$ 、$C_{cl,2} = \{v_2, v_4, v_5\}$ 和 $C_{cl,3} = \{v_2, v_3, v_5\}$ 。

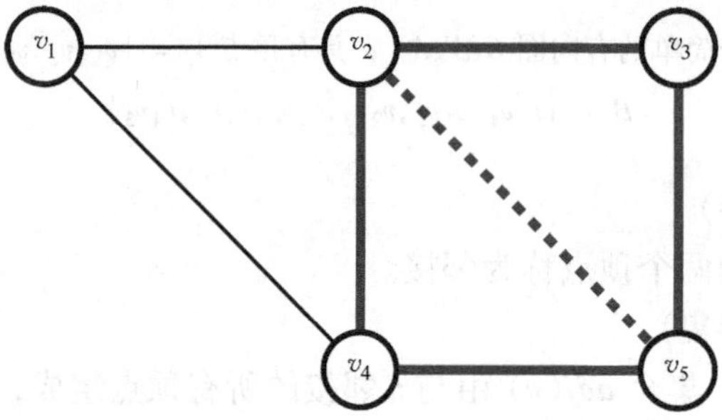

图 F. 4　弦图

定义 F. 11（单纯点）

对于顶点 $v \in \mathcal{V}$，如果其邻接集 $abj(v)$ 是一个团，则该顶点称为单纯点。

定义 F. 12（连通图）

在图 $G(\mathcal{V},\mathcal{B})$ 中，如果任意两个顶点被一条路径连接，则图 $G(\mathcal{V},\mathcal{B})$ 称为连通图；如果任意两个顶点没有被一条路径连接，则图 $G(\mathcal{V},\mathcal{B})$ 称为非连通图，如图 F. 5所示。

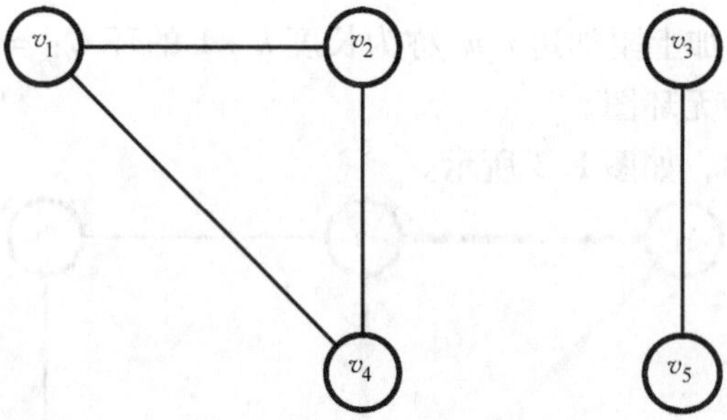

图 F. 5　非连通图

图 $G(\mathcal{V},\mathcal{B})$ 可以表示为一个矩阵，称为邻接矩阵。

定义 F. 13（邻接矩阵）

对于具有 N_v 维顶点集合 $\mathcal{V}=\{v_1,v_2,\cdots,v_{Nv}\}$ 的无向图 $G(\mathcal{V},\mathcal{B})$，其维数为 $N_v\times N_v$ 的对称邻接矩阵 $\boldsymbol{A}$ 的第 i 行和第 j 列的元素项 $a_{i,j}$定义为

$$a_{i,j}=\begin{cases}1,\text{如果 } v_iv_j\in\mathcal{B}\\0,\text{其他}\end{cases}$$

邻接矩阵也可以由有向图导出。然后，对邻接矩阵 $\boldsymbol{A}$ 进行转置，改变边的方向。具有相应邻接矩阵的邻接图，如图 F.6 所示。

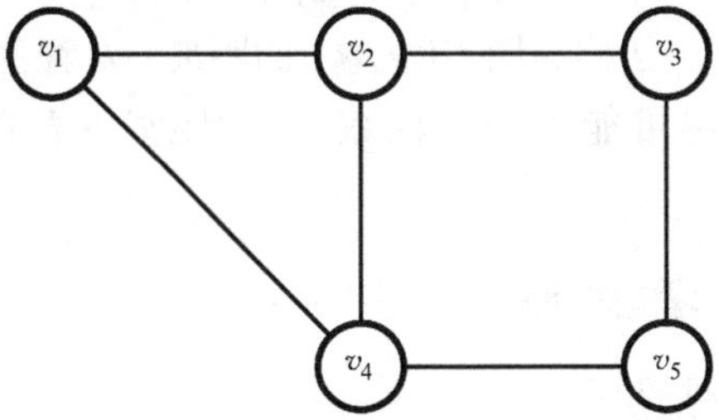

$$\boldsymbol{A}=\begin{pmatrix}0&1&0&1&0\\1&0&1&1&0\\0&1&0&0&1\\1&1&0&0&1\\0&0&1&1&0\end{pmatrix}$$

图 F.6　图 F.1 所示的图及其邻接矩阵

定义 F.14（二分图）

对于具有边集合$\mathcal{B}$和两个不同顶点集合$\mathcal{W}$和$\mathcal{V}$的图 $G(\mathcal{W},\mathcal{V},\mathcal{B})$，如果每个边 $e\in B$将集合$\mathcal{W}$中的一个顶点与集合 V 中的一个顶点连接，这样的图称为二分图。

定义 F.15（二分邻接矩阵）

对于具有 N_w 维顶点集合$\mathcal{W}$和 N_v 维顶点集合$\mathcal{V}$的二分图 $G(\mathcal{W},\mathcal{V},\mathcal{B})$，其维数为 $N_w\times N_v$ 的二分邻接矩阵 $\boldsymbol{B}$ 的第 i 行和第 j 列的元素项 $b_{i,j}$定义为

$$b_{i,j}=\begin{cases}1,\text{如果 } w_iv_j\in\mathcal{B}\\0,\text{其他}\end{cases}$$

因此，顶点 w_i 对应于矩阵 $\boldsymbol{B}$ 的第 i 行，顶点 v_j 对应于矩阵 $\boldsymbol{B}$ 的第 j 列。

具有二分邻接矩阵的二分图，如图 F.7 所示。

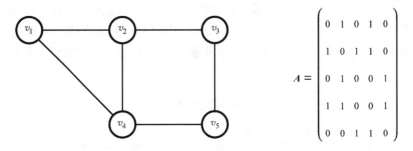

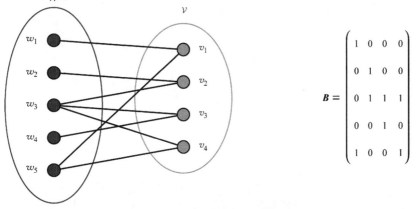

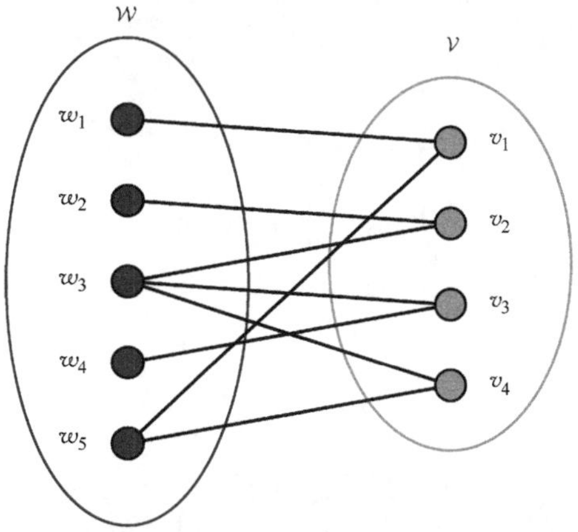

$$\boldsymbol{B}=\begin{pmatrix}1&0&0&0\\0&1&0&0\\0&1&1&1\\0&0&1&0\\1&0&0&1\end{pmatrix}$$

图 F.7　二分图及其二分邻接矩阵

定义 F.16（顶点着色）

对于所有邻接的 $u \in \mathcal{V}$和 $v \in \mathcal{V}$，J 的元素是可用的颜色，如果 $c(u) \neq c(v)$，则映射 c：$\mathcal{V} \to J$ 称为图 $G(\mathcal{V},\mathcal{B})$ 的顶点着色。

顶点着色问题，是找到具有尽可能少的颜色数$|J|$的着色 $c(v)$ 问题。

定义 F.17（距离 $-k$ 着色）

对于长度 k 的每个路径 $P(\mathcal{V}_p,\mathcal{B}_p) \subseteq G(\mathcal{V},\mathcal{B})$，有

$$\mathcal{V}_p = \{v_0,\cdots,v_k\} \subseteq \mathcal{V}, \quad \mathcal{B}_p = \{v_0v_1,\cdots,v_{k-1}v_k\} \subseteq \mathcal{B}$$

如果 $c(v_0) \neq c(v_k)$，则映射 $c:\mathcal{V} \to J$ 称为图 $G(\mathcal{V},\mathcal{B})$ 的距离 $-k$ 着色。

距离 $-k$ 着色问题，是找到具有尽可能少的颜色数$|J|$的距离 $-k$ 着色 $c(v)$ 问题。

参考文献

1. Diestel R (2005) Graph theory. Grad texts in math (2005)
2. George A, Gilbert JR, Liu JW (1993) Graph theory and sparse matrix computation, vol 56. Springer
3. Golumbic MC (2004) Algorithmic graph theory and perfect graphs, vol 57. Elsevier
4. Wilson R (1996) Introduction to graph theory. Longman

图书在版编目(CIP)数据

混合系统、最优控制和混合动力车辆：理论、方法和应用/（德）托马斯·J. 伯梅（Thomas J. Böhme),（德）本亚明·弗兰克（Benjamin Frank）著；李杰等译.—北京：机械工业出版社，2022.11
（汽车先进技术译丛. 汽车创新与开发系列）
书名原文：Hybrid Systems, Optimal Control and Hybrid Vehicles
ISBN 978-7-111-71946-5

Ⅰ.①混…　Ⅱ.①托…②本…③李…　Ⅲ.①混合动力汽车
Ⅳ.①U469.7

中国版本图书馆 CIP 数据核字（2022）第 203643 号

机械工业出版社（北京市百万庄大街 22 号　邮政编码 100037）
策划编辑：孙　鹏　　　责任编辑：孙　鹏　丁　锋
责任校对：张晓蓉　王明欣　封面设计：鞠　杨
责任印制：张　博
北京建宏印刷有限公司印刷
2023 年 2 月第 1 版第 1 次印刷
169mm×239mm·27.5 印张·2 插页·561 千字
标准书号：ISBN 978-7-111-71946-5
定价：249.00 元

电话服务　　网络服务
客服电话：010-88361066　机　工　官　网：www.cmpbook.com
010-88379833　机　工　官　博：weibo.com/cmp1952
010-68326294　金　书　网：www.golden-book.com
封底无防伪标均为盗版　机工教育服务网：www.cmpedu.com